Ortwin Schweitzer
DAS HAUSKREIS-ABC

W0273767

Ortwin Schweitzer

Das Hauskreis-ABC

Projektion J Buch- und Musikverlag GmbH, Wiesbaden

© by Projektion J Buch- und Musikverlag
Published by Projektion J Buch- und Musikverlag GmbH,
Niederwaldstr. 14, 65187 Wiesbaden

ISBN 3-925352-82-1

Die Bibelstellen wurden der Einheitsübersetzung entnommen.

Umschlaggestaltung: Büro für Kommunikationsdesign
Wolfram Heidenreich, Haltern am See
Satz: Projektion J Buch- und Musikverlag GmbH, Wiesbaden
Druck: J. Ebner Ulm, Graphische Betriebe GmbH & Co. KG,
89007 Ulm

Nachdruck, auch auszugsweise,
nur mit Genehmigung des Verlages.

1 2 3 4 97 96 95 94

Gewidmet

Manfred Bittighofer,
dem Leiter des Amtes für
missionarische Dienste, Stuttgart.

In großer Dankbarkeit für die
brüderliche Zusammenarbeit und
treue Begleitung in den Jahren
meines Dienstes als Referent
für die Hauskreisarbeit.

INHALT

Ein Wort voran

Vor einiger Zeit frug ein Gemeindemitglied in Württemberg seinen Bischof: »Herr Bischof, wo sehen Sie ein Hoffnungszeichen in unserer Evangelischen Landeskirche?« Und spontan, ohne große Überlegung, kam die Antwort des geistlichen Oberhauptes: »In den Hauskreisen!«

Was für Württemberg gilt, gilt auch für ganz Deutschland, im Süden und im Norden, sogar im Osten, wo auch schon zur Zeit der DDR unzählige Hauskreise in den Gemeinden bestanden. Dasselbe Bild großer Zuwachsraten findet sich besonders auch bei den Freikirchen und in gewissem Umfang auch als gemeindliche Zellgruppen in der Katholischen Kirche.

Man wird auf die achtziger Jahre dieses Jahrhunderts einmal zurückschauen und sagen: Ja, das waren die Jahre, in denen die Kirchen anfingen, sich zu wandeln, wo es begann, daß aus den Pastorenkirchen der Vergangenheit langsam wieder Gemeinden wurden, in denen die Vielfalt der Gaben aller Glieder zum Tragen kamen. Und das begann und breitete sich aus durch die Hauskreise, die damals entstanden.

Die Hauskreise der vergangenen Jahre brachten in die Anonymität der Großkirchen jene Struktur ein, welche die Voraussetzung ist für die Entfaltung von Vertrauen, geistlicher Reifung und Beheimatung in der Gemeinde. Ohne solche Beheimatung bleiben Menschen in unserer Kirche allein oder sie wandern aus. Die Form des Hauskreises ist so einfach, sie ist urbiblisch und - dies sei den Evangelischen gesagt - auch urreformatorisch. Weil dies so ist, möchte dieses Buch Mut machen, unverzagt mit einem Hauskreis zu beginnen. Wie, wo und alles andere können Sie unter den entsprechenden Stichpunkten nachlesen. Aber auch für die alten Hauskreishasen wird dieses Buch eine unerschöpfliche Fundgrube für neue Ideen und eine Gelegenheit zum Nachdenken über die alten Muster sein. Viele haben mitgeholfen, daß das Hauskreis-ABC zu dem wurde, was es jetzt ist. Allen Autoren meinen Dank und ganz besonders auch dem Lektor des Verlags für all seinen Fleiß und die Mühe.

Leinfelden-Echterdingen, August 1994

Ortwin Schweitzer

DANK

Je mehr praktische Erfahrungen in ein Buch einfließen, desto nützlicher wird es für seinen Benutzer sein. Das war auch der Grundgedanke, den unser Autor Ortwin Schweitzer verfolgte, als er über sechzig Autoren bat, ihre Erfahrungen in einem Nachschlagewerk für Hauskreise mit einzubringen. Das Echo war überwältigend, auch die Geduld und Treue, mit der über mehr als zwei Jahre hinweg der Werdegang dieses Buches mit seinen redaktionellen Überarbeitungen mitgetragen wurde.

Nun ist es fertig, und wir sind alle voller Zuversicht, daß es sein Ziel, ein wirklich praktisches Handbuch zu werden, erreicht hat. Grund genug, nicht nur dem Autor großer Teile des ABC, Ortwin Schweitzer, sondern vor allem auch seinen zahlreichen Mitautoren von Herzen zu danken.

Möge sich ihre Arbeit für die Benutzer des Hauskreis-ABC in Segen verwandeln!

Der Verlag

P.S.: Wichtige Vorbemerkung zu diesem Buch:

Unzählige Male ist von »Pfarrer«, »Leiter«, »Sprecher« oder sonst einem männlichen Akteur die Rede. Es hätte den Rahmen dieses Buches wirklich gesprengt, jedesmal auch die weibliche Form dazuzuschreiben. Wir bitten dafür um ganz viel Nachsicht! Natürlich ist bei allen diesen Bezeichnungen sofort auch die weibliche Form mitzudenken, auch ohne lästiges »Schrägstrichgewitter«.

TEIL I
Das Hauskreis-ABC

Die Mitautoren des ABC

Hans-Hermann Böhm
• *Umwelt-verantwortung*

Marcel Bregenzer
• *Glaubenskurse*
• *Pfarrei-Bibel-gruppe*

Gerhard Bruns
• *Krisen im Haus-kreis*

Elfriede Digel
• *Alleinstehende im Hauskreis*

Peter Dippl
• *Mitarbeiter-schulung*

Joachim Fichtel
• *Politische Themen*

Peter Gleiss
• *Missionarischer Hauskreis*

Alfred Herb
• *Gemeinde-wachstum*

Beate Hille
• *Schülerbibel-kreis*

Mechthild Humpert
• *Zellgruppen*

Jürgen Körnlein
• *Priestertum aller Gläubigen*
• *Beten im HK*

Ulrich Köstlin
• *Gemeinde-Pflanzungen*

Hermann Kotthaus
• *Gemeinde-gottesdienstt*

Gerda Krüger
• *Seelsorge*

Hanns-Herrmann Lohrer
• *Offener Abend*

Christa und Dirk Lüling
• *Kinder im Hauskreis*

Die Mitautoren des ABC

Heino Masemann
• *Jugendhauskreis*

John McFarlane
• *Geistliche Kampfführung*

Günther Moll
• *Gemeinde und Hauskreis*

Claudia und Eberhard Mühlan
• *Ehe und Hauskreis*

Peter Neumann
• *Freizeitgestaltung*

Helene Pfetsch
• *Aussiedler*

Martin Pflaumer
• *Gruppenpädagogik*

Wolfgang Raupp
• *Charismen*

Helga-Christiane und Karlfriedrich Sauer
• *Ökumene*

Birgit Schindler
• *Gemeindeaufbau*
• *Glaubenskurse*

Adelheid Schlotterbeck
• *Anbetung*

Paul Toaspern
• *Einheit*
• *Ökumene*

Bernd Umbreit
• *Gemeinsame Unternehmungen*

Anneliese Wiedmann
• *Asylanten*

Hans Wörner
• *Jugendbibelkreis*

Margret und Eberhard Zimmer
• *Lebensgemeinschaft*

Ohne Bild: | **Hedwig und Fritz Kern** • *Lebensgemeinschaft* | **Ingolf Liesen** • *Suchtkranke* • *Schnupperkurse* | **Kai Scheunemann** • *»Open house«*

Elemente

Was ist wichtig für den Ablauf eines ganz normalen Abends in einem Hauskreis?

Zunächst zum *Stil*. Er wird vornehmlich bestimmt durch den Leiter bzw. die verantwortlichen Mitarbeiter und sollte in jedem Fall offen, zugewandt und fröhlich sein. Wer kommt, sollte sich zu Hause fühlen.

Der Abend im Hauskreis hat grundsätzlich zwei *Erwartungen* zu erfüllen: Man möchte einerseits neue Einsichten gewinnen, andererseits gute Gemeinschaft erleben. Beide Ziele sind z. B. mit Apg 2,42-47 biblisch begründbar (nicht nur das erste!) und stehen geistlich gleichberechtigt nebeneinander, wobei das Gebet stärker zum zweiten Schwerpunkt gehört. Das Programm des Hauskreises muß darum in seinem Ablauf beidem Rechnung tragen.

Den einen Schwerpunkt bildet daher der Bibeltext oder das Thema, der andere Schwerpunkt wird erlebt im Gespräch über den Text, wie man miteinander umgeht im Zuhören und Argumentieren und vor allem beim Gespräch über persönliche Dinge im anschließenden gemütlichen Teil. Jeder Teilnehmer wünscht sich zutiefst, von den anderen angenommen und in seiner Meinung ernstgenommen zu werden.

Nur wo beide Erwartungen erfüllt werden, gehen die Teilnehmer bereichert und fröhlich nach Hause.

Wie läuft nun ein solcher Hauskreisabend ab?

Die Abende von zielgerichtet arbeitenden Hauskreisen, haben alle mehr oder weniger dieselben Elemente. Dies liegt an den Erwartungen, die die Besucher eines solchen Kreises haben. Aber je nach Kreis fehlt mal das eine oder andere Element bzw. es werden Elemente umgestellt. Abwechslung ab und zu macht Freude, auch im Hauskreis. Dies gilt vor allem für die Methodik der Bibelarbeiten oder die Art des gemeinsamen Betens. Auf der anderen Seite vermittelt eine bestimmte Form im Ablauf auch Vertrautheit und Sicherheit.

Folgende Elemente kehren immer wieder:

- Begrüßung (untereinander)/Kontaktzeit
- Lied (oft mehrere)/vorbereitete Lobpreiszeit
- Kurzer Austausch persönlicher Erlebnisse
- Gebet/Gebetsgemeinschaft/Fürbitten

- Bibelarbeit
  Lesen – Einleitung – Fragen/Stille – Gespräch – Zusammenfassung
- Stille: persönliche Konsequenzen
- Gebet/Gebetsgemeinschaft
- Opfer
- Gemütlicher Teil mit Bewirtung.

Die *Begrüßung* ist von großer Bedeutung für die Entwicklung eines Gemeinschaftsgefühls. Die »Vorrunde« ist von daher ganz wichtig. Der Gesprächsleiter sollte von der Gruppe die ausdrückliche Erlaubnis haben, die laufenden Unterhaltungen unterbrechen zu dürfen und den Abend zu eröffnen.

Das *Singen* am Anfang ist für den Hauskreis wichtiger als die meisten denken. Es ist eine durchgehende Erfahrung in unzähligen Gruppen, daß Kreise, in denen engagiert und viel gesungen wird, geistlich und menschlich zueinander viel offener sind als Kreise, in denen nicht oder nur ungern gesungen wird.

Musikalität ist eine Gabe Gottes; in wohl jeder Gemeinschaft sind zwei oder drei, die diese Gabe haben und sie zum Wohle aller ausüben oder entwickeln können, wenn sie von den anderen ermutigt und nicht durch Stöhnen und Bemerkungen verunsichert werden. Die Musikalischen sollten es natürlich nicht übertreiben und ihre Vorschläge dem Können der Gruppe angleichen.

Wir sind uns sehr unsicher darüber, welche Art von Liedern wir singen sollen, weil wir den Geschmack von allen respektieren und niemand zurücksetzen wollen. Soll man nun mehr alte oder eher mehr neue Lieder singen?

Dazu gibt es keine Regel, weil der Geschmack und die Frömmigkeitsstile in den Gruppen verschieden sind. Singen die einen mehr aus dem Gesangbuch, so singen die anderen ebenso gerne mit Gitarrenbegleitung Lieder aus den verschiedenen neueren Liederbüchern. (Eine kleine Auswahl findet sich auf S. 341.)

Es ist unwichtig, was man singt; entscheidend ist, daß das Herz mitsingt. Wo nur der Mund dahersingt, ob alte Lieder oder neue, verändert sich nicht viel beim einzelnen oder in der Gruppe.

Singen ist beten! Darum sollte man unbedingt vereinbaren, daß während der Lieder nicht geredet wird. Das wiederum setzt voraus, daß die Lieder schon vorher ausgesucht sind. Ein »Wunschkonzert« ist deshalb auch nicht unbedingt der ideale Einstieg. Auf jeden Fall sollte der Leiter die letzten zwei Lieder des anfänglichen Singens festlegen, da sie oft zum Text oder Thema hinführen können. !

Bei uns möchten am Anfang alle irgend etwas los werden. Ist dafür nach dem Singen der beste Platz?

Nicht alle Kreise pflegen einen *Austausch* am Anfang. Gemeint ist die Möglichkeit für jeden, der das möchte (nicht alle!), ganz knapp im Kreis etwas mitzuteilen, was ihn seit dem letzten Mal besonders bewegt hat. Dies kann dann in einem Eingangsgebet (evtl. kurze Gebetsgemeinschaft) aufgegriffen werden, wobei der Erzählende erleben sollte, daß andere sein Anliegen vor Gott bringen.

Wenn am Anfang mehr eine Zeit des betenden Singens stand, dann leitet diese im Normalfall in eine Zeit des Gebetes und der Stille vor Gott über. Nach dieser bietet es sich an, gleich mit dem Bibeltext fortzufahren, sodaß der allgemeine Austausch eher am Ende des Abends zustandekommt.

Der Hauptteil des Abends ist doch wohl die Bibelarbeit. Was gilt es hier zu beachten?

Bei der *Bibelarbeit* geht es immer wieder um die Frage, ob jemand im Kreis vorbereitet sein soll oder ob alles von der Stille und der Inspiration erwartet wird.

Es gibt Kreise, die es ablehnen, daß einer schon vorbereitet ist. Sie haben die schlechte Erfahrung gemacht, daß der Vorbereitete all sein Wissen anbringen will und in der Einleitung alles das schon sagt, worauf die anderen im Gespräch gerne selbst gekommen wären. Die Gefahr zu predigen ist zweifellos da. Die Gefahr andererseits, daß man nicht weiterkommt und eben nur das wiederholt, was man vorher schon wußte, ist ebenso gegeben. Ist erstere Gefahr durch Einübung vermeidbar, so ist letztere auf Dauer kaum vermeidbar.

Ideal ist es, wenn einer vorbereitet ist, mit seinem Wissen aber so (demütig) zurücktritt und Hilfestellung gibt, daß die anderen von selber auf die Fragen des Textes und deren Antworten kommen können. Was dabei am Text noch offen bleibt, könnte er zum Schluß in der Zusammenfassung noch bringen.

Gesprächsleitung / Stil

Um die Vorbereitung der Gesprächsleiter zu erleichtern, gibt es verschiedene Arbeitshilfen. Speziell für Hausbibelkreise gibt das Amt für missionarische Dienste der württembergischen Landeskirche in Stuttgart die Vierteljahres-Zeitschrift »Bibel aktuell« heraus. (☞ Literatur S. 341.)

Mir wurde die Gesprächsleitung für die nächste Zeit übertragen, und ich fühle mich der Aufgabe überhaupt nicht gewachsen. Was muß ein Gesprächsleiter denn alles »bringen«?

Ein Gespräch zu leiten ist gar nicht so schwer. Man kann das durchaus lernen. Kurz zusammengefaßt sind die Aufgaben eines Gesprächsleiters:

- Vorbereitung zu Hause: Erarbeitung des Textes; Überlegungen zur Methode
- Begrüßung mit einer kurzen Vorschau auf den Ablauf des Abends
- Einführung in den Text (das Thema) des Abends.
  Diese Einführung soll knapp sein:
  Sie stellt den Text in den Zusammenhang, sofern dieser von Bedeutung ist; sie gibt, wo nötig, Informationen zur Zeitgeschichte und Kultur von damals; sie macht evtl. Abschnitte im Text deutlich, wenn sie für den Sinn wichtig sind; sie endet mit 1-2 Fragen für die Zeit der Stille, wenn dies als hilfreich empfunden wird.

Für die Gesprächsleitung gilt die Grundregel:

!

- Die anderen möglichst alles selber finden lassen!
- Möglichst viele am Gespräch beteiligen!
  Darum lieber Fragen als eigene Stellungnahmen.
  Anstoß zum Beginn des Gesprächs geben.
  Abweichung vom Thema nach einer bestimmten Zeit bewußt machen, ggf. die »Unterhaltung« abbrechen und wieder neue Impulse vom Text her geben.
  Zusammenfassung am Ende des Abends geben (dazu während des Gesprächs sich kurze Notizen machen).

In unserem Hauskreis sind alle sehr gutwillig, aber fast alle sehr, sehr still. Wie kann man es anstellen, die Gruppenmitglieder zum Gespräch zu bewegen?

Hier nur ein paar Wegweiser:

- Im Gespräch Atmosphäre der Echtheit und des Angenommenseins schaffen, das erzeugt Offenheit!
- Zaghafte Eingaben bestärken
- Dauerredner dezent unterbrechen (und anschließend evtl. unter vier Augen diese »Unterbrechung« erklären)
- Patentantworten (vorschnelle Bibelsprüche) zurückgeben mit der Frage, wie sie praktisch gelebt werden können
- Frontenbildung verhindern, etc.

Unsere Abende ufern oft aus und enden ebensooft sehr formlos. Wie sollte nun ein Hauskreisabend wirklich enden?

In den Hauskreisen wird der inhaltliche Teil mit seinem Bibelgespräch in der Regel durch ein Gebet abgeschlossen. Die meisten empfinden dabei das freie Gebet aller (oder zumindest einiger), also eine echte *Gebetsgemeinschaft,* als die, dem geschwisterlichen Beisammensein angemessenste Form des Gebets. Dies sollte aber auf keinen Fall zum Gesetz gemacht werden. Es ist durchaus denkbar, daß auch nur ein Mitglied das abschließende Gebet spricht.

Der gemütliche Teil hat ein offenes Ende. Dabei ist immer wieder die Frage, wie umfangreich die *Bewirtung* aussehen soll. Abgesehen von besonderen Festen (Geburtstag, Advent etc.) sollte die Bewirtung so sein, daß der Gastgeber die Küche nicht betreten muß; Kekse und kalte Getränke sind bereitgestellt – und das genügt. Andernfalls eskaliert die Bewirtung und wird zur Entmutigung für die Gastgeber, besonders wenn der Hauskreis »wandert«. Die Hauptsache beim gemütlichen Teil sind nicht die Getränke, sondern die Gespräche! !

Und noch eins: Es ist leider erst vereinzelt bei Hauskreisen üblich, ein regelmäßiges *Opfer* einzusammeln. Manche tun dies von Zeit zu Zeit mit größeren Beiträgen, wenn eine konkrete Not oder ein bestimmter Zweck in den Blick gekommen sind. Auf welche Weise das Opfer eingesammelt wird, ist gleichgültig. Wichtig ist nur, daß die Hauskreise anfangen, auch im Finanziellen ein gemeinsames Leben zu praktizieren und allmählich und immer stärker zu einer »Opfergemeinschaft« werden, die das geistliche Leben des Einzelnen stärkt und die Gruppe untereinander verbindet und anderen zum Segen wird. Denn es ist mit Gebet gespendetes Geld!

Ablauf eines Abends im Hauskreis

Schema contra Lebendigkeit?

Wir sind froh, einen klaren Grundriß für unsere Hauskreisabende zu haben, befürchten aber, uns irgendwie festzufahren. Darum fragen wir uns, ob eigentlich jeder Abend nach diesem Schema verlaufen muß?

Auf keinen Fall! Je jünger die Teilnehmer eines Hauskreises, desto nötiger die Abwechslung. So sollte jeder Hauskreis – egal mit welcher Altersstruktur – in nicht zu großen Abständen immer wieder einen Austausch- und Erzählabend mit Fürbitte einlegen.

Viele Hauskreise reservieren einen Abend pro Monat dem Gebet. Sangesfreudige Kreise erfreuen sich hin und wieder an einem Singabend (wo auch mal etwas eingeübt werden kann). Eine gute Abwechslung stellt gewiß die Vorstellung eines wichtigen Buches oder das Abspielen eines Referats von einer Kassette dar, über das man dann ins Gespräch kommen kann. Natürlich sollten Abende vor Weihnachten, in der Passions- oder Osterzeit und an Pfingsten der besonderen Zeit des Kirchenjahres entsprechen. Eine gute Hilfe dazu sind immer wieder Bildbetrachtungen, sei es per Dias, sei es per Einzelblätter. Zuletzt sei auf die Notwendigkeit hingewiesen, daß sich Hauskreise auch einmal einen Abend über Vorgänge in der Kirche, in der Gesellschaft, z. B. ihrer Gemeinde (politischen und kirchlichen) informieren oder aber einen Blick über den Zaun in die Arbeit eines christlichen Werkes tun sollten. Solch ein Abend führt vielleicht auch einmal alle Hauskreise eines Ortes zusammen. Nein, langweilig muß es niemals werden!

☞
- Bibelarbeit
- Singen
- Gebetsgemeinschaft

Bibelkenntnis

Wir hätten gerne noch ein paar Mitglieder in unserem Hauskreis. Wenn wir jemanden ansprechen, kommt meist mehr oder weniger deutlich die Frage: »Was bringt's mir?« Was kann man denn auf eine solche Frage antworten?

Die Antwort auf diese Frage ist so vielfältig, wie die Menschen verschieden sind, die an einem Hauskreis teilnehmen. Und doch ergeben viele Einzelstimmen wie ein Mosaik einen Eindruck davon, was den Menschen ihr Hauskreis bedeutet. Die Fülle von Gedanken läßt sich am ehesten unter drei Gesichtspunkten zusammenfassen.

Bibel

- Es fällt mir allein oft schwer, die Bibel zu verstehen. Ich bin erst seit einem Jahr Christ und kenne mich da noch nicht so aus. Da hilft mir das Schriftgespräch sehr.
- Für mich sind die vielen und unterschiedlichen Gesichtspunkte immer wieder faszinierend, die da im Lauf des Gespräches herauskommen. Selbst als »alter Hase« muß ich bei vielem sagen: Da wäre ich allein nie draufgekommen.
- Bei uns sind immer einer oder zwei vorbereitet. Die bringen dann dazwischen immer mal ein, was die Theologen dazu sagen. Das finde ich interessant. Am meisten hab' ich natürlich davon, wenn ich selbst an der Reihe bin, vorzubereiten.
- Bei der Predigt, da hör' ich eben nur zu. Ich höre, was unser Pfarrer über den Text denkt. Im Hauskreis muß ich mir selber Gedanken machen. Das empfinde ich als anstrengend, aber dann auch interessant. Weiter habe ich inzwischen gelernt, meine Gedanken auszudrücken. Sprechen über den Glauben ist gar nicht so einfach. Auch heute noch.
- Was mir an unserem Hauskreis besonders gefällt, ist, daß wir nicht nur versuchen, den Text zu verstehen, sondern daß wir einander helfen, den Text auf heute zu übertragen. Da sind mir schon verschiedene »Kronleuchter« aufgegangen. Mein Leben hat sich dadurch verändert, z. B. in bezug auf meine Finanzen. Ich habe inzwischen keine Angst mehr, zu kurz zu kommen, wenn ich spende. Für meinen »Zehnten« habe ich ein Extra-Konto eingerichtet mit Dauerauftrag vom Hauptkonto.

- Im Hauskreis habe ich laut beten gelernt. Konnte ich vorher nicht. Ich bin ziemlich schüchtern.
- Seitdem ich im Hauskreis bin, singe ich wieder richtig Lieder. Ich habe mir das Liederbuch gekauft und auch Kassetten. Durch die Loblieder hat sich mein Leben verändert.

Gemeinschaft

- Neulich sagte ich im Hauskreis: »Was ich euch jetzt gesagt habe, das hätte ich mich im Gesangverein niemals getraut zu sagen.« Manchmal habe ich bei uns im Hauskreis so das Gefühl, als ob wir Geschwister wären. Der Hauskreis ist für mich wie eine neue Familie. Erstaunlich!
- Ich schätze am Hauskreis, daß ich da mit meiner Frau hingehen kann. Zu vielen anderen Gemeindeveranstaltungen könnte ich oder meine Frau, nur allein hingehen. Hier sind auch andere Ehepaare in unserem Alter. Das gibt guten Zusammenhalt.
- Unsere Kinder fragen schon immer, wann der »Hauskreis wieder kommt«. Da dürfen sie dann etwas länger aufbleiben und beim Singen noch dabei sein. Die anderen sind auch immer so nett zu ihnen. Auf Ausflüge oder Gartenfeste mit dem Hauskreis sind sie besonders scharf. Da kommen eben auch alle Kinder mit … high life!!
- Ich muß ehrlich sagen, von Natur aus bin ich ein wechselhafter Typ, ich tu mich schwer, etwas durchzuhalten. Ich weiß nicht, ob ich meine Entscheidung für den Glauben ohne den Hauskreis durchgehalten hätte. So ging ich manchen Abend hin ohne große Erwartung, eigentlich ohne Lust und wäre auch daheim geblieben, wenn ich nicht gewußt hätte, daß die anderen erwarten, daß ich komme. Es kam dann der Punkt, wo ich mir sagte: »Mareike, entweder du steigst jetzt aus oder du diskutierst nie mehr, ob du hingehst oder nicht!« Seitdem geht's mir besser! Und im Kreis fühle ich mich seitdem erst richtig dazugehörig.
- Bei uns im Kreis ist ein Mann, den fand ich am Anfang soo doof. ›Fromme Sprüche und nichts dahinter‹, dachte ich. Außerdem roch er immer aus dem Mund. Inzwischen habe ich gehört, daß er eine theologische Ausbildung hat. Und wenn ich neben ihm sitze, dann biete ich, immer bevor wir anfangen, meinen beiden Nachbarn ein Hustenbonbon an…
- Es war mir von Kindheit an peinlich, mir von jemandem helfen zu lassen. Ich mag mich einfach nicht abhängig ma-

chen. Neulich brauchte ich aber unbedingt für unsere vielen Gäste einen VW-Bus (der bestellte fiel aus!). Da hab ich halt beim Hauskreisleiter angerufen. Der wußte jemanden. Und innerhalb von fünf Minuten hatten wir einen Bus. Da hat mein Mann nicht schlecht gestaunt, der sonst nicht viel von ›meinem Hauskreis‹ hält. Und ich lernte: Ich darf mich auch mal tragen lassen.
- Ohne den Hauskreis wäre ich nie darauf gekommen, daß Gott mir eine Gabe der Seelsorge gegeben hat. Leute kommen einfach und vertrauen sich mir an. Unser Leiter sagte, daß ich wohl diese Gabe hätte und gab mir Bücher darüber.

Dienst

- Wir haben es uns als Hauskreis zur Gewohnheit gemacht, etwa 3-4 mal im Jahr in unser örtliches Altenheim zu gehen und dort mit den alten Menschen eine Stunde zu singen.
- Neulich besprachen wir »Unser tägliches Brot gib uns heute«. Die Konsequenz aus dem Abend war, daß jemand den Auftrag bekam, jedesmal ein Kässchen aufzustellen, in das wir ein kleines Opfer einlegen wollen. Das Geld soll unser Bezirksdiakon bekommen für die Armen in unserem Dekanat.
- Ein Arztehepaar aus unserem Kreis ging nach Tansania. Wir haben vereinbart, daß wir für sie beten und regelmäßig größere Spenden für sie geben wollen, solange sie »draußen« sind und den Kontakt regelmäßig zu ihnen halten wollen.
- Neulich kam unser Pfarrer auf uns zu und fragte, ob wir nicht die Gründonnerstags-Andacht im Gemeindehaus gestalten könnten – was wir gerne taten. Hat uns selber gut getan.
- Nachdem wir in Bibeltexten immer wieder darauf stießen und andere dazu auch positive persönliche Erfahrungen beigesteuert haben, wuchs in mir der Mut, auch einmal anderen etwas von meinem Glauben zu erzählen. Ich betete, dann lud ich die Nachbarin zu einem 2. Frühstück ein und irgendwie kamen wir dann plötzlich auf den Hauskreis, und ich sprach und sprach wie von selbst von meinem Glauben.

Sie fragte und war interessiert. Wenn ich das früher gewußt hätte …

☞

- Chancen der Hauskreisarbeit
- Konzeptionen
- Vertiefender Hauskreis

Beten im Hauskreis

Angst vor dem freien Gebet

Viele Mitglieder unseres Hauskreises würden gerne frei beten, haben aber Angst, beim Beten nicht die richtigen Worte zu finden. Wie können wir da weiterhelfen?

Den Jüngern Jesu war sicherlich das Beten nicht fremd. Aber Jesu Gebetspraxis bringt sie neu zum Nachdenken, so daß sie bitten: »Herr, lehre uns beten.« Vielleicht erwarteten sie einen Vortrag über das frei formulierte Beten oder über Gebetstechniken oder über Gebetshaltungen. Aber Jesus lehrt seine Jünger ein Gebet, das sich geradezu zum Auswendig lernen anbietet, das Vaterunser. Keine großartigen Worte, sondern kurze und schlichte Sätze, vor allem Bitten. Bitten fällt uns Menschen am leichtesten; Jesus erlaubt uns, wie Kinder zu beten.

»Abba« (= Papa) darf und soll das erste Wort sein, wenn wir beten. Luther hat nicht gewagt, dieses »Abba« wörtlich zu übersetzen; zu radikal ist diese Anrede Gottes, die hier Jesus gebraucht: »Papa! Lieber Papa im Himmel.« Unkompliziert wie Kinder dürfen wir beten; in einem solchen Vertrauensverhältnis, wie es ein Kleinkind zu seinen Eltern hat (oder haben könnte), darf unser Beten geschehen. Ein Papa weiß, daß Kleinkindern oft die richtigen Worte fehlen, und er versteht sie trotzdem.

Mit dieser Antwort auf die Frage »Herr, lehre uns beten«, will Jesus uns Menschen alle Scheu und Kompliziertheit im Beten wegnehmen. Beim Beten sind also nicht die einzelnen Worte entscheidend, sondern der Wunsch, mit Gott in Kontakt zu treten; Gott weiß ja längst, was wir bitten wollen (vgl. Mt 6,8). Auch die bestens formulierten Sätze gelten bei Gott nicht mehr, als wenn jemand stottert oder stammelt. Selbst Paulus sagt, »wir wissen nicht, was wir beten sollen, wie sich's gebührt; sondern der Geist selbst vertritt uns mit unaussprechlichem Seufzen« (Röm 8,26, Luther).

Die Angst vor zu schlichten Worten wird mich bei einem Papa oder einem Freund und Bruder doch nicht von einem Gespräch abhalten.

Trotzdem fällt vielen das Beten in Gruppen schwer. Soll man überhaupt in Gruppen beten?

Das gemeinsame Beten hat eine besondere Verheißung. Jesus sagt: »Wenn zwei unter euch eins werden auf Erden, worum sie bitten wollen, so soll es ihnen widerfahren von meinem Vater im Himmel. Denn wo zwei oder drei versammelt sind in meinem Namen, da bin ich mitten unter ihnen« (Mt 18,19f, Luther).

Außerdem erweitert das gemeinsame Beten den begrenzten Blickwinkel des privaten Beters und führt ihn zu einer größeren Breite des Betens und der Gebetsanliegen; es bereichert sein privates Gebetsleben. Freilich darf man Gebetsgemeinschaft nicht gegen das Beten im stillen Kämmerlein ausspielen oder umgekehrt. Beides braucht einander. Gerade das Beten mit einer Gruppe lebt auch vom Gebet der einzelnen und deren Erfahrungen mit dem Beten; es wird durch die private Stille der einzelnen reicher und oft vor Routine und Oberflächlichkeit bewahrt.

Mit der Begründung, »die anderen können das besser«, schweigen manche beim Beten im Hauskreis. Was soll man solchen Teilnehmern raten?

Für die *Hemmungen* beim gemeinsamen Gebet gibt es sehr verschiedene Gründe. Leider machen oft auch erfahrene Hauskreis-Mitglieder anderen das Beten im Hauskreis schwer. Man sollte deshalb den Ursachen genau nachgehen:

- Gemeinsames Beten kann ungewohnt sein: Manche Teilnehmer haben bisher nur für sich selber gebetet oder das stellvertretende Gebet eines Leiters (z. B. Pfarrers) erlebt. Neues verunsichert jeden.
- Es gibt stille Genießer. Wenn andere Hauskreis-Mitglieder die Stillen ermutigen wollen: »Sie brauchen keine Angst zu haben beim Beten. Sie haben bestimmt auch etwas vor Gott zu bringen«, kann so eine Ermutigung zu Verunsicherung führen. Manche sind schon weggeblieben, weil sie sich durch solche harmlosen Aufforderungen unter Druck gesetzt fühlten. Zeit lassen und Gebetsgemeinschaft erleben lassen ist hier ganz wichtig. Stille Mitbeter sind genauso wertvoll.
- Vielbeter können erschlagen: Einigen Hauskreis-Mitgliedern ist es überhaupt kein Problem, laut und in Gemeinschaft zu beten. Sie beten lange und nennen wichtige Anliegen. Andere Teilnehmer fühlen sich neben solchen »Gebetsspezialisten« von Mal zu Mal unbedeutender. Der einfache Satz, den sie beten wollten, erscheint ihnen mit einem mal so unbedeutend. Selbst die Ermutigung, »bei uns muß niemand laut beten und auch kurze Sätze sind will-

kommen«, wird nicht mehr wahrgenommen, wenn das Gebet einiger *Vielbeter* alles andere in den Schatten stellt. Hier müssen zuerst die Vielbeter lernen, sich kurz zu fassen. Ich schlage oft vor, daß jeder »nur einen Satz ohne Strichpunkt« beten soll. So kann jeder mit einem kurzen Anliegen zu Wort kommen und das Vor- oder besser Schrekkensbild von langen, erdrückenden Gebeten entsteht nicht.

- Manche wollen »schön« beten: Es ist ganz menschlich, daß das eigene Tun andern gefallen soll. So versucht man, schön zu beten.
  Manchmal kommt sogar anschließend das Echo: »Ihr Gebet war besonders schön.« Schönes Beten ist aber kein Kriterium vor Gott. Vorsicht: Hier kann man mehr die Menschen im Blick haben als Gott, der doch Adressat des Gebetes sein sollte.
- Beim Beten wird gepredigt. Wenn das passiert, fühlen sich viele von einer Gebetsgemeinschaft abgestoßen: »Du weißt doch, Herr, daß auf der Welt soviel Unfrieden ist, …« Hier versucht der Beter seinen Zuhörern noch etwas mitzuteilen und verkleidet es in Gebetsform; das ist Heuchelei. Noch schlimmere Entgleisungen: »Laß doch Herrn X oder Frau Y erkennen, daß sie … tun oder lassen.« Wenn ich jemandem etwas zu sagen habe, dann soll ich es im Gespräch tun. Noch unmöglicher sind Gegengebete, wenn einer für etwas und ein anderer wenig später gegen dasselbe betet. Das Gebet ist nicht dazu da, Gespräche zu ersetzen, die hätten geführt werden müssen. Ein Hauskreis-Leiter sollte an solchen Punkten sofort das Gebet unterbrechen und zu einer klärenden Aussprache anleiten.

Sie haben schon das Beten in kurzen Sätzen genannt, gibt es noch andere »Regeln«, die das Beten im Hauskreis fördern können?

Das Entscheidende beim Beten ist die innere Haltung, zu der auch die Rücksicht auf den Nächsten gehört. Gebetsregeln oder -varianten können aber oft das Miteinanderbeten erleichtern und zum Rücksichtnehmen aufeinander anleiten. Diese Methoden helfen nichts, wenn weiterhin das freie, gemeinsame Beten als Idealform angesehen wird. Vor Gott sind viele Formen gleichberechtigt; das muß im Hauskreis nicht nur ausgesprochen, sondern auch praktiziert werden. Ein schriftlich vorbereitetes Gebet hat genauso sein Recht wie spontan freies Gebet oder ein Gebet aus einem Buch oder eine vorgelesene Liedstrophe. Daneben darf das schweigende Mitbeten stehen oder die gemeinsame Stille. Einem Hauskreis fehlt meiner Meinung nach nichts, wenn einer stellvertretend für die anderen betet oder die vorher gesammelten Anliegen vorträgt. Auch die, welche gern frei beten, sollten von Zeit zu Zeit die anderen Formen benutzen und z. B. ein Gebet aus dem Gesangbuch vorlesen, sonst bleibt eine Form höher geschätzt als eine andere.

Ist das Singen nicht auch eine Form des Betens?

Selbstverständlich. Unsere Lieder sind entweder Gebete oder Verkündigung. Ein gemeinsam gesungenes Gebetslied ist auch eine Gebetsgemeinschaft. Viele Kreise beten, indem sie Lieder und gesprochene Gebete abwechseln. Sie singen erst ein oder zwei Lieder, sprechen einige Bitten oder Danksätze und singen dann das nächste Lied. – In einer Form, die ich persönlich sehr schätze, folgt auf eine Bitte immer ein kurzes Bittlied (»Herr, wir bitten dich …«) und nach einem Dank oder Lob ein kurzes Danklied (»Herr, wir danken dir …«); Melodie wie das viermalige »Herr, erbarme dich«. – Für viele Hauskreise, die neu anfangen, ist das Singen die einfachste Art, ins gemeinsame Beten einzusteigen.

In unserem Hauskreis herrscht nur eine einzige Gebetsart vor, was ich auf die Dauer ermüdend finde. Wie kann ich deutlich machen, daß wir zu einseitig sind?

Beten hat immer mit dem ganzen Menschen zu tun. Um keinen Aspekt unseres Lebens auszublenden, muß einem Hauskreisleiter sehr an einer Ausgeglichenheit von Lob, Dank, Bitte, Fürbitte und Klage liegen. Freilich gibt es Lebensphasen, in denen einem einer dieser Aspekte näher liegt als ein anderer. Dann ist es aber wichtig, daß die anderen im Hauskreis mich ergänzen. *Nur* Klage und Fürbitte kann den Blick auf Gottes gutes Wirken in Vergangenheit und Gegenwart vergessen lassen und niederdrückend wirken. *Nur* Lob und Dank kann Probleme der Welt übersehen und überdecken, so daß Christen ihre Verantwortung für die Menschheit und Schöpfung vergessen.

Wann beten?

Wenn es einem Hauskreis nicht gelingt, im Gebetsteil die unterschiedlichen Aspekte zu berücksichtigen, empfiehlt es sich, entweder von Treffen zu Treffen Schwerpunkte zu setzen oder es ist auch denkbar, daß ein Hauskreis mit einem Gebetsteil beginnt, der sich dem Lobpreis widmet; darauf folgt das Bibelgespräch, um schließlich mit Fürbitte, Bitte oder Klage zu enden – oder umgekehrt.

Wenn das gemeinsame Gebet eingeübt ist, kann man auch gliedern: z. B. wird zuerst Gott angebetet, dann wird für die Anliegen der einzelnen im Hauskreis gebetet, als nächstes bringt man die Ortsgemeinde und die ganze Kirche vor Gott, um mit den Bitten für die Völker, Staaten und die ganze Welt zu schließen.

Einige in unserem Hauskreis meinen, wir sollten am Anfang des Abends beten, andere sind für den Schluß. Wann ist es denn besser?

Das muß jeder Hauskreis für sich selbst entscheiden. Eine Gebetsgemeinschaft am Schluß hat den Vorteil, daß man im Lauf des Abends ruhig werden und neue Gedanken und Inhalte im (Bibel-) Gespräch entdecken konnte, die zum Schluß ins Gebet einfließen.

Andere Hauskreise wollen schon zu Beginn alles vor Gott bringen, was ihnen auf der Seele liegt. Dies ist eine gute Entlastung vorab, wenn man miteinander vertraut genug ist und keine Anwärmphase braucht.

Wieder andere stimmen zu Beginn einen Lobpreis an, um die Größe Gottes anzubeten und den Alltagshorizont für die Dimension Gottes zu öffnen. Auch hat das Gebet am Anfang den Vorteil, daß man nicht in Zeitnot kommt, was am Schluß fast immer der Fall ist. Beides sind aber völlig gleichwertige Möglichkeiten.

Mancherorts kommen außer zum Hauskreistreffen einige oder alle Mitglieder zusätzlich noch einmal pro Woche oder vierzehntägig zusammen, um mehr Zeit zum Gebet zu haben. Wenn das nicht zur Norm für alle gemacht wird, ist es eine wertvolle Ergänzung. Manchmal nutzen Hausfrauen oder Schichtarbeiter den Vormittag für einen solchen Termin.

Personbezogenes Fürbittgebet

Neulich haben wir ganz gezielt für jemanden in unserem Kreis gebetet. Das warf die Frage auf, wie wir es im Hauskreis grundsätzlich mit der personbezogenen Fürbitte halten sollen.

Daß für jemand mit Namen gebetet wird, ist im christlichen Beten ein alter Brauch. Es ist auch ein Stück Nächstenliebe, wenn jemand ganz bewußt im Gebet mitgetragen wird. In schwierigen Zeiten kann es eine große Entlastung sein, wenn ich mit meinem Beten nicht allein stehe. Wenn für mich einige auch nach dem gemeinsamen Gebet im Hauskreis beten, weiß ich mich von ihnen mitgetragen und begleitet. Umgekehrt nimmt es mich in Verantwortung, wenn ich für jemanden gebetet habe. Mein Gebet für jemanden kann mich auch herausfordern, selbst aktiv zu werden. Gebet steht immer in dem Beziehungsgeflecht von Gott, dem anderen und mir.

Bei der ganz persönlichen Fürbitte ist zu beachten, daß der Genannte dieses Gebet im Hauskreis auch will. Wenn ich jemandem unter vier Augen auf dem Weg zum Hauskreis etwas mitteile, heißt das noch nicht, daß es alle im Hauskreis wissen sollen. Man sollte auch sehr genau aufpassen, was man für den Genannten erbittet. Gott kennt die Wege und Lösungen besser als wir, auch hier soll nicht der Wille des Betenden (oder seine Besserwisserei) in den Vordergrund treten, sondern Gottes Wille geschehen.

Dies gilt auch bei Segensgebeten und Gebeten unter *Handauflegung*. Zum Glück entdecken auch die großen Kirchen diese Formen des Betens wieder. Wenn auch ein Gebet ohne Handauflegung nicht weniger wert ist, kann doch die Handauflegung eine besondere Gewißheit der Zuwendung Gottes vermitteln. Warum sollen wir Christen nur abstrakt beten, während Jesus die Menschen ganz handfest angefaßt und berührt hat? – Nur darf mit der Handauflegung kein falsches Erfolgsdenken verknüpft werden: Sie spricht einem die Begleitung und Nähe Gottes zu, egal wie es mit Krankheit oder Schwierigkeiten weitergeht; sie gibt Raum für die unkalkulierbare Überraschung, daß konkrete Heilung und handfeste Hilfe geschieht. Wenn keine körperliche Besserung geschieht, darf nicht der Eindruck entstehen, Gott enthalte dem Betreffenden etwas vor oder gar, der Betreffende habe nicht genug geglaubt. Unser Glaube ist nie groß genug! Allgemeine Segensworte beugen dieser Gefahr vor.

Bibelverständnis

In den meisten Hauskreisen steht die Beschäftigung mit Bibeltexten im Mittelpunkt. In unserem Kreis herrscht die Meinung vor, das sei für uns zu schwierig, wenn nicht gar gefährlich, weil wir alle keinerlei Vorbildung dafür haben. Was müssen wir denn bei der Bibelarbeit beachten?

Im Grunde sind es drei Dinge, die für ein fruchtbares Arbeiten mit einem Bibeltext in der Gruppe wichtig sind und deren Bedeutung man für das Gelingen eines Hauskreisabends im Auge behalten sollte:

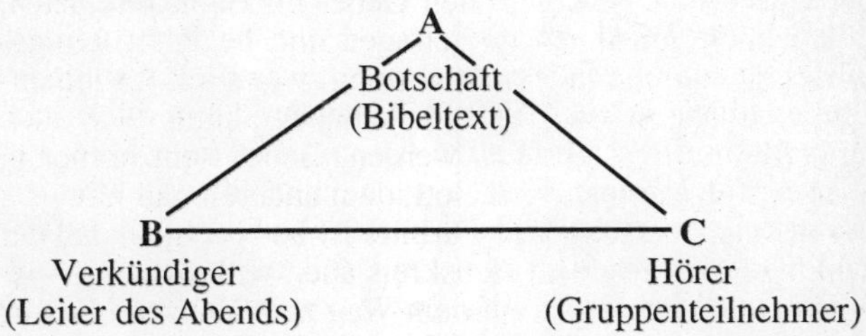

Dieses Dreieck gilt es bei jedem Lernvorgang zu beachten, darum auch bei einem Bibelabend. Im folgenden wird noch deutlicher werden, warum.

In unserem Hauskreis gibt es immer wieder die Diskussion darüber, ob etwas wörtlich zu verstehen ist oder ob man das von der damaligen Zeit her verstehen muß. Die einen sagen: Das ist Gottes Wort und das kann man nur wörtlich nehmen, da es für alle Zeiten gilt. Die anderen halten dagegen, daß die Bibel doch von Menschen geschrieben worden sei, d. h. Fehler enthalten kann und aus ihrer Zeit heraus verstanden werden muß. Was ist denn nun richtig? Ist die Bibel nun Gottes Wort oder nur Menschenwort?

Die Bibel ist Gottes Wort insofern, als Gott die Menschen, die diese Texte schrieben, durch den Heiligen Geist geführt hat. Gut, das ist eine Glaubensaussage. Aber wenn man selber oft und oft erlebt, wie Gott gerade Worte der Bibel so lebendig macht durch seinen Geist, daß man wirklich nicht umhin kann, Gott darin zu hören, dann kann man von der heutigen Erfahrung aus durchaus verstehen, daß die damals in gleicher Weise und noch viel mehr Gott gehört haben. Schreibt der Hebräerbrief z. B. über diese Erfahrung: »Denn das Wort Gottes ist lebendig und kräftig und schärfer als jedes zweischneidige Schwert« (Hebr 4,12). Gottes Geist, würde ich sagen, ist der wesentliche Faktor bei der Frage nach der Bibel als Gottes Wort: sowohl bei ihrer Entstehung als auch bei ihrem Verstehen heute. Darum ist es nötig, vor dem Lesen der Bibel, sei es allein, sei es im Kreis, um den Heiligen Geist zu bitten.

Wenn das klar ist, dann kann man sich durchaus auch mit der Bibel als einem Wort von Menschen beschäftigen und sie befragen wie jedes andere Schriftstück der Antike auch. Immerhin sind es ja 2 000 Jahre etwa, seitdem das letzte Schriftstück der Bibel verfaßt wurde. Sechsundsechzig Teile enthält das ganze Buch, das man eigentlich besser eine Bibliothek nennen könnte. Origines nannte diese Schriftensammlung im dritten Jahrhundert darum *ta biblia* = »die Bücher«, daher der Name. Fast tausend Jahre liegen zwischen der Abfassung des ersten und des letzten Buches, schon in dieser Zeit hat sich gewaltig viel verändert. Und in den zweitausend Jahren seither wurde das Buch vor der Erfindung des Buchdrucks oft und oft abgeschrieben, was immer auch Schreibfehler bedeutete. Dann wurde die Bibel im Laufe der Ausbreitung des Evangeliums hundertfach übersetzt, was jeweils den Schritt in eine andere Kultur bedeutete.

Wenn wir heute einen deutschen Bibeltext aufschlagen, lohnt sich also durchaus die Frage: Wie ist der ursprüngliche Wortlaut? (Hierfür ist allein schon hilfreich, verschiedene Übersetzungen zu lesen). Was hat der Text ursprünglich gemeint und zu wem ist er gesprochen worden?

Der Großteil in unserem Hauskreis findet das intensive Befragen des Textes interessant und hilfreich. Einige meinen aber, daß solches historische Fragen schlußendlich einem Text die Unmittelbarkeit der göttlichen Anrede an uns heute nimmt. Wie sollen wir damit umgehen?

Zunächst einmal: ernstnehmen, denn es kann durchaus sein, daß Leute (auch Pfarrer!) die damalige Situation zum Schutz und Abwehr vor dem Anspruch des Textes nehmen, um sich heute nicht mehr danach richten zu müssen.

Aber ich will eine Gegenfrage stellen: Kann ein Theologieprofessor vor seiner Forschung beten und »trotz« seines Forschens Gott in der Bibel hören? Es gibt, Gott sei Dank, viele gute Beispiele dafür. Es ist also nicht die Forschung ungläubig, sondern schlimmstenfalls der Forscher: Ja, über das Ergebnis seiner theologischen Forschung entscheidet immer sein persönlicher Glaube, den er an seinen Schreibtisch mitbringt.

So sagt Martin Luther, daß, wenn er etwas an der Bibel nicht verstehe, er dann demütig sein Käpplein ziehe, gehe daran vorüber und warte, bis er das nächste Mal vorbeikomme und es dann vielleicht besser versteht. Das halte ich für die rechte Haltung engagierter, wißbegieriger Bibelleser: Forschen in Ehrfurcht, aber ohne Furcht! !

Wer so Bibel liest, lernt dazu und hat einen großen Segen. Je mehr er sich hineinarbeitet, desto mehr wird er gesegnet. »Diese Einleitung zum Bibelgespräch für heute abend vorzubereiten, hat mir selbst am meisten gebracht« – wie oft habe ich Leute so sagen hören. Hier kommen erweitertes Wissen undvertiefter Glaube zusammen. »Ich freue mich über deine Verheißung wie einer, der reiche Beute gemacht hat« (Ps 119, 162). An der Bibel arbeiten, schenkt uns Begeisterung. Denken und Glauben gehören zusammen – auch bei Hauskreisleuten! Und wenn wir Fragen nicht klären können, lassen wir sie getrost offen, bevor wir uns in Grundsatzdiskussionen zerstreiten.

In unserem Hauskreis steht und fällt die Bibelarbeit mit demjenigen, der den Text vorbereitet hat. Was würden Sie den »Verkündigern« (in Ihrem Schema: B) mit auf den Weg geben?

Ja, der Mann oder die Frau, die den Bibelabend halten, müssen wissen, daß es auf sie entscheidend ankommt: Über sie geht an diesem Abend der Weg der Botschaft zu den Hörern. Wenn sie (aus Bequemlichkeit?) schlecht vorbereitet sind, sitzen die anderen evtl.im Bild gesprochen vor einer guten Suppe (Text), möchten essen, weil sie Hunger haben, aber sie bekommen nichts, weil der Leiter an diesem Abend ihnen nur Gabeln reicht. Im Klartext heißt das: Man kann nicht ein Bibelgespräch sinnvoll und fruchtbringend leiten, ohne sich ausreichend vorzubereiten.

Stimmt. Bei uns fehlt es oft an der Vorarbeit, doch eher, weil wir nicht wissen, wie eine solche Vorbereitung denn am besten aussieht.

Zunächst, bevor derjenige, der das Schriftgespräch leitet mit der eigentlichen Arbeit anfängt, möge er prüfen, ob momentan etwas Unbereinigtes zwischen ihm und Gott steht. Wie will er sonst hören? Dann darf er seine Armut Gott sagen und wissen, daß dies die beste Voraussetzung ist, gut zuzuhören, wenn er die Bibel jetzt aufschlägt. Und auch das ist hilfreich: in Liebe im Gebet die Gruppe zu segnen.

Wenn er dann an die Arbeit geht, d. h. die Bibel aufschlägt, dann ist der Geist schon so vorbereitet, daß das Hören der Anrede Gottes ganz leicht ist.
Und nun zur konkreten *Vorbereitung*.

Eines voraus: Die Beschäftigung mit dem Text aus dem Gebet heraus geschieht immer im langsamen, hörenden (halblauten) Lesen und mit Schreibzeug dabei, weil alles, was mir kommt, sofort notiert wird: Erkenntnisse, Fragen, Gedanken an andere Texte etc. Bin ich damit fertig, dann schaue ich in Lexika oder Kommentaren nach, nicht vorher.

Wenn mir der Text durchsichtig geworden ist, und ich gesegnet worden bin dadurch, fange ich an, darüber nachzudenken, wie die anderen auch von diesem Segen abbekommen können. Eine »Predigt« zu halten, wäre jetzt am einfachsten. Aber die anderen wollen ja schließlich auch selber entdecken. Insofern muß ich mir dann Gedanken zur Methode machen, wie ich das Ganze oder das Wichtigste »rüberbringe«.
In einer Skizze zusammengefaßt sieht das so aus:

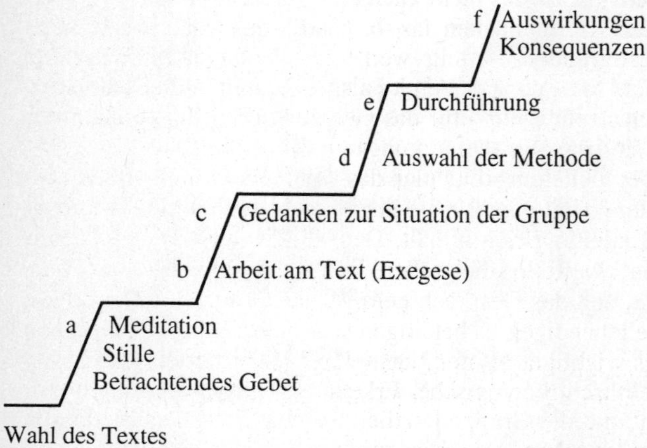

Zuhörer/Spontaneität

Wir erleben in unserem Hauskreis immer wieder einmal, daß trotz gründlicher Vorbereitung das Bibelgespräch ausgesprochen »zäh« ist. Kann das nicht auch an den Zuhörern liegen (in Ihrem Schema: C)?

Hiermit möchte ich anregen, in liebevoller Weise über die *Verfassung* nachzudenken, in der unsere Freunde zum Hauskreis kommen werden (Müdigkeit, Schmerzen, Ärger) oder mir klar zumachen, wo die Einzelnen momentan stehen (Durchhänger, lernbegierig, Ängste vor ...) Aber hierher gehört auch die Überlegung zur äußeren Situation des Abends z.B. Sitzordnung, Wärme, Lüftung, Hilfsmittel, die man evtl. braucht, pünktlicher Anfang. Die Liebe zu den Leuten des eigenen Hauskreises zeigt sich sehr konkret in den Gedanken, die sich ein Bibelgesprächsleiter über die Situation des Einzelnen und der Gruppe macht. Das macht zugegebenermaßen Mühe, aber darum sollte die Vorbereitung auch reihum gehen, und nicht nur am Leiter hängen. Aber es ist gut zu realisieren, daß eine Bibelarbeit eben eine Bibel-Arbeit ist. Allerdings eine Arbeit, die sich wirklich »lohnt«!

Wir bereiten uns in unserem Hauskreis bewußt nicht vor, um alle gleich zu sein. Wir lesen zusammen den Bibeltext, meditieren ihn in der Stille und tauschen dann unsere Gedanken aus. Ist das nicht auch eine gute Methode?

Viele Kreise machen das so. Teils, weil sich keiner findet – aus Zeitgründen? –, teils weil man die schlechte Erfahrung gemacht hat, daß »der Leiter« als Einleitung immer schon den Text auslegte und so für das Gespräch der Gruppe dann nur noch ein paar Randbemerkungen übrigblieben.

Aber vielleicht sollte man das Kind nicht mit dem Bad ausschütten, denn man könnte ja vielleicht auch lernen, wie man eine Einleitung richtig hält. Der Vorteil der Nicht-Vorbereitung ist zweifellos die größere Verantwortung, die jeder übernimmt, daß das Gespräch gelingt; das Gespräch ist auf diese Weise lebendiger, es beteiligen sich mehr. Manchen Gruppen ist das wichtiger als der Nachteil. Und der besteht darin, daß die biblisch-theologische Erkenntnis nicht wesentlich zunimmt und die Gruppe letztlich bei den Gedanken bleibt, die sie vorher schon hatte. Dies merkt man meist nicht so schnell.

Insofern, wenn dieses Defizit empfunden wird, kann man ja wieder umstellen. Dasselbe umgekehrt. Eventuell kann man immer wieder einmal einen Abend von der anderen »Sorte« einstreuen.

Wenn ein Kreis sich entschlossen hat, mit Vorbereitung zu arbeiten, soll das dann jeder mal machen oder nur einige?

Ziel ist, daß jeder einmal drankommt. Natürlich fängt man mit den Mutigsten an. Und es sollte von Anfang an die Möglichkeit angeboten werden, daß es zwei zusammen machen können. Im Team macht es sowieso mehr Spaß!

Damit es aber keine »Predigt« wird, macht man aus, daß als Einstieg höchstens ein paar Sätze zur Situation damals gesagt werden dürfen und zwei Fragen für die Stille gestellt werden, die in den Text hineinführen.

Wäre es nicht sinnvoll, den Predigttext des vergangenen Sonntags zu nehmen und sich mit der gehörten Auslegung des Pfarrers nochmal zu beschäftigen? Dann wäre das Problem »Einleitung« auf jeden Fall gelöst.

Tatsächlich machen das viele Kreise und schreiben dann sogar im Gottesdienst mit. In diesem Fall ist nicht nur einer, sondern sind alle vorbereitet und trotzdem »gleich«, was wohl sonst in keiner anderen Methode unter einen Hut zu bringen ist. In manchen Freikirchen wird das sogar von allen Hauskreisen gemacht, was eine gute Verklammerung von Gottesdienst und Hauskreisen, von Sonntag und Alltag bewirkt. Auf katholischer Seite wird dieser Tip besonders Bibelgruppen gegeben, die frisch anfangen wollen und noch unsicher sind.

Wenn Gruppen den Predigttext vor dem Sonntag behandeln, weckt dies das Interesse, in den Gottesdienst zu gehen um zu sehen, was der Pfarrer aus diesem Text »herausholt«. Außerdem könnte der Pfarrer einen solchen Kreis als Predigtvorbereitungsgruppe »nutzen«.

Wir möchten in unserem Hauskreis fortlaufende Texte behandeln. Wie wählen wir einen solchen Text aus?

Die Behandlung des sonntäglichen Predigttextes hat manche Vorteile, für den Hauskreis und die Gemeinde. Aber sie hat den gewichtigen Nachteil, daß die Texte immer aus dem Zusammenhang herausgerissen sind. Dieser Nachteil wird vermieden, wenn man Texte fortlaufend behandelt.

Welche Bücher man auswählt, hängt ab:

- von den Interessen der Personen (»in heutiger Zeit muß man einfach die Offenbarung gelesen haben«)
- von den vorhergehenden Texten (»nach einem Jahr Matthäusevangelium würde ich gerne mal im Alten Testament lesen«)
- von der Reife der Teilnehmer (»immer wenn ich mal im Römerbrief lese oder Epheserbrief oder gar Hebräer, dann weiß ich gar nicht, warum das überhaupt in der Bibel steht. Ist mir einfach zu hoch«)
- von dem Material, das man zur Verfügung hat (»könnten wir nicht mal was ganz seltenes lesen wie Ruth. Da kommt nämlich im »Bibel aktuell« eine gute Auslegung und sogar eine schöne Bildbetrachtung zu einem Bild von Rembrandt«).

Ich möchte die Bibelarbeit für unseren Kreis gründlich vorbereiten. Wie komme ich an den Text heran, auch wenn ich nur ein Laie auf diesem Gebiet bin?

Natürlich ist die Frage zu groß, als daß man sie auf zwei Seiten beantworten könnte. Dazu braucht man besser zwei Seminare. Und dann würde man seine Hilflosigkeit noch mehr spüren als vorher.

Daß sich ein Text erschließt und anfängt zu leben, liegt zunächst nicht daran, daß ich ihn mit ein paar exegetischen Tricks, die ich mir angeeignet habe, »geknackt« habe, sondern dies ist das Geheimnis des Heiligen Geistes, der redet. Diese Armut, auch eines Theologen oder versierten Bibel-Arbeiters, gibt Gott Raum, zum Herzen seines Dieners oder seiner Dienerin zu kommen.

Darum ist das Gebet, die Stille, das betende Hineinhören in den Text nicht »Vorübung«, sondern oft schon die Zündkerze, wo es zündet und den ganzen Motor in Gang setzt für einen evtl. langen Weg. Nach dieser Zeit mit dem Herrn über dem Text folgt dann die Arbeit am, im und um den Text. Zusätzlich zur Zündung kommen ja auch beim Autofahren noch eine ganze Reihe weiterer Handgriffe, bis der Wagen fährt.

Erschließung des Bibeltextes

Gibt es konkrete Arbeitsschritte, die man für die Erschließung eines Bibeltextes anwenden kann?

Aus einer Fülle von Möglichkeiten nur eine Auswahl. Und natürlich sind auch diese Methoden nie alle an einem Text fruchtbar anzuwenden, sondern wie bei einem Schlüsselbund muß man eben sehen, welcher Schlüssel die Tür öffnet.

1. Nachdem ich den Text in meiner Übersetzung meditiert und so gut wie auswendig gelernt habe, nehme ich nun andere Übersetzungen hinzu. Dies konzentriert meine Aufmerksamkeit nochmals ganz neu auf die Details.
   - Was geschieht hier eigentlich?
   - Was von dem, was geschieht, steht nicht da, ist aber zu erschließen?
   - Was ist nur unklar?
   - Was überrascht – im positiven, im negativen Sinn?
2. Dann frage ich nach dem biblischen Zusammenhang. Dies ist bei den Psalmen z. B. als Einzellieder weniger wichtig als bei einem Erzählzusammenhang im Evangelium oder in einem Brief.
   - Welche Bedeutung gewinnt der Text in diesem Zusammenhang? (Er steht ja nicht zufällig an dieser Stelle.)
   - Was würde diesem biblischen Buch fehlen, was der Bibel, wenn es diesen Text nicht gäbe?
3. Daraufhin beschaffe ich mir Informationen zum Text. Jetzt brauche ich Hilfsmittel wie z. B. ein Bibellexikon oder einen Kommentar. Denn jetzt will ich wissen:
   - Wie war der geschichtliche Hintergrund zu dieser Zeit (z. B. Juden – Römer)?
   - Was waren die Sitten und Gebräuche der Menschen in der morgenländischen Kultur damals? Da fangen viele Texte erst richtig an zu sprechen (Hirte, Ackerbau, Tempel, Opferkult u.v.m.).
4. Weiter frage ich nach der Form des Textes. Wir machen heute auch einen Unterschied z. B. zwischen einer Geburtsanzeige und dem erzählenden Brief an die glückliche Oma und der Abkündigung der Taufe im Gottesdienst. So gibt es auch in der Bibel alle üblichen Textformen vom Brief bis zur Erzählung, vom Gesetzestext bis zu verschlüsselten Geheimtexten in der Offenbarung. Wer darauf achtet, wird ein Gleichnis z. B. nicht plattwalzen durch Auslegung von tausend Details, die alle am Ziel vorbeigehen,

sondern nach der einen Sache fragen, mit der verglichen werden soll.

5. Welche Personen treten auf und wie verhalten sie sich? Könnte sowas heute auch passieren?
   - Kann man sich auch einen anderen Ausgang der Geschichte vorstellen?
6. Gibt es Schlüsselbegriffe in dem Text, die sinntragend sind? (Gerechtigkeit, ewiges Leben)
   - Wie würde ich sie mit eigenen Worten umschreiben?
7. In jedem Text sind Parallelstellen unter den Versen angegeben. Es lohnt, diesen mal nachzugehen. Man stößt dabei auf verblüffende, neue Aspekte. Dasselbe gilt für die Parallelerzählungen bei den Evangelisten, besonders den ersten drei, die um ihrer Gemeinde willen die Begebenheit oft jeweils etwas anders akzentuieren.
8. An diesem Punkt hat man soviel Stoff angesammelt, daß es dringend nötig ist, ihn zu ordnen:
   - Welche Gliederung hat der Text?
   - In welchem Satz kann ich das ganz besondere Anliegen dieses Textes zusammenfassen? (Bitte, keine allgemeine Wahrheit, die überall paßt!) Sehr oft liegt hier auch der Punkt, über den Gott zu mir in der Stille gesprochen hat.
   - Welche Informationen sind wesentlich (auch für den Kreis), welche kann ich weglassen?

Jedesmal, wenn ich die Bibelarbeit vorbereite, schwimme ich in einer Fülle von Stoff. Es fällt mir dann besonders schwer, alles irgendwie den anderen zu vermitteln. Gibt es da Wege oder Methoden, die einem dabei helfen? Und darf man im Hauskreis überhaupt »Methoden« anwenden? Für viele ist doch ein Mehr an Methode ganz schnell auch Manipulation?

Nun mal langsam! Zunächst: »Methode« als Wort kommt aus dem Griechischen: *met-hodos* heißt »der Weg mitten hinein«. Wohin? Ins Herz des Hörers, denke ich. Und dahin soll doch wohl die Botschaft von Jesus! Es genügt nicht, sie im Kopf zu verankern, sondern sie muß »vom Kopf ins Herz rutschen«. Das ist die Aufgabe der Met-hode. Manche meinen nun, das sei ausschließlich Aufgabe des Heiligen Geistes. Und in der Tat wird ohne den Heiligen Geist jede Methode sehr schnell zur Manipulation, d. h. ein Mensch bringt den/die anderen dahin, wo *er* will. Wer aber betet, der erfährt, wie der Heilige Geist, der ja auf jeden Fall die biblische Botschaft in die Herzen bringen will, in dem Leiter, der betet, plötzlich so viel methodische Phantasie entbindet, daß deutlich wird: Methode ist nicht Manipulation, sondern der Weg des Geistes mit dem Wort in das Herz der Hörer.

Denn wenn einer mit seiner Vorbereitung an diesem Punkt ist, daß er den Text erschlossen hat (Exegese) und sich jetzt fragt: Wie bringe ich das jetzt in die Gruppe? –, der wählt auf jeden Fall immer irgendeine Methode – eine gute oder eine schlechte. Methode ist die Brücke vom Text zum Hörer – und diese baut der Leiter des Abends. Es liegt an ihm, ob die Brücke breit und allen zugänglich oder wackelig oder schmal und nur für ihn ist. Kurz: Jeder wählt eine Methode. Darum, wenn schon, dann die beste.

Und was ist die beste Methode?

Die beste Methode ist die der Situation angemessenste. Die beste Methode ist die, die alle drei Faktoren: den Text, den Gesprächsleiter und die Teilnehmer (s. S. 27) berücksichtigt. Sie ist daher kein Zufallstreffer (»Ich hab da so ein Buch, da kommen zwanzig interessante Methoden drin ...«), sondern Methode ist das Ergebnis betender, gezielter Überlegung im Horizont dieser drei Vorgaben. Wobei ich erlebt habe, daß sich eine methodische Idee an jeder der drei Vorgaben entzünden kann. Hier zur Illustration einige Beispiele:

Beginnen wir mit den Impulsen, die einem der Text geben kann.

1. Wie bekannt ist der Text?

Ist er allen schon sehr vertraut (z. B. Der Verlorene Sohn), löst er bei allen vermutlich eine (freundlich unterdrückte) Langeweile aus. Was tun, um mit dem Text doch in das Herz meiner Teilnehmer zu kommen? Methode:

Die Geschichte wird von jedem auswendig aufgeschrieben, danach vergleicht jeder haargenau am Text, was er vergessen hat (engagierte Text-Arbeit ist gewährleistet!) und das Gespräch beginnt damit, was jeder vergessen hat und warum wohl und was der Geschichte abgehen würde, wenn dieses Detail nicht käme. Herausfordernd ist es bei bekannten Geschichten auch, wenn man ab einem bestimmten Punkt den gewohnten Verlauf verändert (»Sagte der Vater: Junge, kommt gar nicht in Frage daß du gehst!« »Da ihn aber sein Vater von ferne sah, stand er auf und drehte sich um ...«). Äußerst erregte Gespräche ergeben sich daraus.

2. Wie verständlich ist der Text?

Wie vermittle ich einen Bandwurmsatz wie Epheser 1,3 ff mit so vielen inhaltsschweren Begriffen? Indem die Gruppe sich in ein Team von Bibelübersetzern verwandelt und je drei versuchen, eine Übersetzung in heutigem Deutsch anzufertigen (Nachsehen in der »Guten Nachricht« nicht erlaubt!). Auch hier entwickelt sich eine Vertiefung in den Text und seine Zentralbegriffe und ein engagiertes Gespräch daraus.

Will man noch einen Schritt weitergehen, so kann man die Aufgabe stellen, ins Schwäbische, ins Platt etc. zu übersetzen. Der Dialekt verträgt keine Abstraktionen!

3. Wie lang ist der Text?

Bei langen Texten gilt es, sich mit Zielangabe und Gliederung einen Überblick zu verschaffen. Bei sehr kurzen Texten gilt es, illustrierende weitere Texte heranzuziehen, die man vorbereitet, aber doch die Gruppe erst mal selber finden läßt. Einzelverse (»Lobe den Herrn meine Seele ...«) kann man auch zuerst einmal mit Ölkreide von jedem malen lassen; danach Erklärungen zu den Bildern und Abschluß mit einer Auslegung mit Rundgespräch.

4. Welche literarische Form hat der Text?

Wozu regt einen ein Gleichnis oder eine Erzählung an? Doch zum Erzählen! Man muß dazu die Geschichte so gut wie auswendig können und die Abläufe vor sich sehen wie einen Film. Dies ist das Geheimnis des interessanten Erzählens. Und sogar Erwachsene hören gerne zu, wenn gut erzählt wird (zu Hause üben, z. B. am Bett der eigenen Kinder!).

Bei Erzählungen mit mehreren Personen bietet sich an, daß z. B. bei der Geschichte von der Heilung des Gelähmten (Mk 2) verschiedene Hauskreisleute (die sich zu Hause vorbereitet haben) Personen spielen, die das Geschehen aus ihrer Perspektive beschreiben (Freund, Hausbesitzer, Pharisäer). Die anderen aus der Gruppe sind Dorfbewohner, die einer Person nach der anderen Fragen stellen. Der Leiter des Abends moderiert als Bürgermeister. Er achtet darauf, daß die Sache nicht nur an der Oberfläche bleibt.

Schwellenangst bei »Methoden«

Auf einen Brief möchte man doch antworten. Tun wir's doch und geben Paulus ein Feedback zu einem Abschnitt aus seinem Brief.

! Kurz: Wer darauf achtet, in welchem Gewand ein Text auf ihn zukommt, hat oft schon eine Methode vor Augen, bevor er alles in dem Text verstanden hat.

Methodisch hätte ich manchmal wirklich gute Ideen, unseren Kreis an Bibeltexten arbeiten zu lassen, traue mich aber nicht, sie vorzuschlagen. Wie komme ich über diese »Schwelle«?

Nun man muß nicht jedes Mal eine neue Rakete abbrennen, wiewohl Jugendbibelkreise darauf ausgesprochen gerne einsteigen. Aber es ist schon richtig: Man muß sich als Leiter die Methode zutrauen, sie muß einem liegen. Aber andererseits darf man einfach auch einmal etwas wagen – und meistens gelingt es einem auch, weil die anderen ja mithelfen!

Noch drei kurze Tips für Leiter, die mit ermutigender »Ausstrahlung« etwas Mühe haben, die wissen, daß sie leicht langweilig wirken:

1. Sieh die Angeredeten an, schau ihnen in die Augen.

Viele wirken uninteressant, weil sie den Blick immer schräg nach unten oder nach oben richten, als ob ihr Text dort stünde. Also: Augenkontakt!

2. Sprich in normalem Tonfall.

Der Kanzelton ist eine Unsitte mancher Pfarrer. Machen wir es nicht nach! Wirkt in einem Wohnzimmer außerdem lächerlich. Also: Originalton Fritz Maier!

3. Rede nicht wie die Nachrichten-Sprecher im Fernsehen: nur mit dem Mund, ohne Mimik.

Nein: Jede lebendige Rede ist automatisch (!) begleitet vom Gesichtsausdruck und kleinen Gesten des Sprechenden, was Reden und Zuhören zu einem ganzheitlichen Vorgang macht. Also: Sei, wie du bist! Nicht mehr, aber auch nicht weniger!

Wenn ich am Text gearbeitet und mir eine Methode zurechtgelegt habe, merke ich manchmal erst im Hauskreis, daß mein Vorhaben nicht richtig zu den Leuten paßt. Was muß ich stärker beachten?

Behalten Sie beim nächsten Mal folgende drei Punkte im Auge:

Auswahl der Methoden

1. Die Auswahl der Methode muß der inneren und äußeren Situation der Gruppe Rechnung tragen.

a) äußere Situation
- kann man sich bewegen, oder sitzt man um einen Tisch?
- kann man ein Blatt Papier aufhängen?
- wieviel Zeit steht real zur Verfügung?
- welches Alter haben die Teilnehmer?
- welche Bereitschaft zum Mitmachen besteht?

b) innere Situation
- gibt es eine spezielle Belastung?
- stehen in der Gruppe bestimmte Fragen an?
- was erwarten die Teilnehmer:
  - gründliche Textarbeit,
  - spontanen Zugang zum Text,
  - tiefere persönliche Betroffenheit,
  - Zurüstung zu einem bestimmten Dienst?

2. Bei der Auswahl der Methode sollte man folgende Zahlen kennen:

Der Mensch behält
20 % von dem Gehörten
30 % von dem Gesehenen
50 % von dem Gehörten und Gesehenen
70 % von dem selber Gesagten
90 % von dem selber Getanen.

Dies bedeutet im Klartext:
- Keine Vorträge als Auslegung/Einleitung
- Statt dessen das Gesagte mit einer kleinen Strichzeichnung auf einem Blatt an der Wand verdeutlichen.
- Jeder sollte mit seiner Erkenntnis unbedingt zu Wort kommen.
- Ein gespielter Text wird nie mehr vergessen.

3. Die Ganzheit des Menschen berücksichtigen

Aus der Ganzheit des Menschen, in dem Geist/Verstand, Seele/Emotionen und Leib/Körper ineinandergreifen aber unterscheidbar sind, ergibt sich, daß wir uns an jeden »Kanal« des Menschen im Aufnehmen und Lernen wenden können. Dabei hat sich gezeigt, daß das Verstehen und Lernen über den Körper der kürzeste Weg ist und am nachhaltigsten in Erinnerung bleibt. Sagt ja der Volksmund: »Wer nicht hören will (Einsicht), muß fühlen« (Körper) – jeder weiß, wann das gesagt wird. So sprechen manche Methoden hauptsächlich den Verstand, andere die Gefühle, wieder andere den Körper an – und entsprechend ist das Verstehen und Behalten. Eine Verstandes-Methode umfaßt gewöhnlich nur den Verstand, eine Gefühls-Methode Gefühl und Verstand, eine Körper-Methode meist alle drei Ebenen.

Nehmen wir z. B. noch einmal die Geschichte des Gelähmten in Mk 2,1-12.
Die Kopf-Methode (kognitiv) befaßt sich etwa mit der Klärung des Begriffs »Menschensohn« oder der Frage, ob es biblisch einen Zusammenhang von Sünde und Krankheit gibt.
Die Methoden, die stärker das Gefühl erreichen (affektiv), wären z. B.

- das Gruppengespräch um die Frage: Habe ich schon mal erlebt, wie Vergebung von Schuld und körperliches Wohlbefinden zusammenhängen?
- Die Erzählung der Geschichte aus der Perspektive eines Zuhörers Jesu, der sich mit im Hause befand.
- dasselbe, erweitert, wäre das Interview mit diesem Zuschauer, einem Träger und einem Schriftgelehrten. Ziel: die Person Jesu in den Blick rücken.

Die Methode, die den Körper beteiligt (motorisch), wäre z. B. das Bibliodrama, bei dem eine Gruppe die Geschichte spielt ohne Worte, die aber von einem Sprecher nebenher vorgelesen werden.
Eine Körper-Methode eigener Art ist, wenn die Gruppenmitglieder aus dem Text Konsequenzen ziehen, die sie in den nächsten Tagen umsetzen.

☞ Literaturhinweis S. 341

Wir sind eine Gruppe junger Christen und gehen alle noch zur Schule. Ein regelmäßiges Hauskreistreffen ist uns nicht möglich. Wie können wir trotzdem gemeinsame Bibelarbeit machen?

Vielleicht ist das die Gelegenheit für euch, einen Schüler(bibel)kreis zu gründen, von denen es in Deutschland um die 800 gibt? Ein Schülerkreis trifft sich normalerweise ja am Arbeitsort, in der Schule. Das ist etwas Besonderes, denn alle anderen Kreise treffen sich im geschützten Raum der Gemeinde oder eben zuhause. Und so »arbeitet« ein Schülerkreis: Die meisten Schülerkreise treffen sich ein bis zwei Mal wöchentlich in der großen Pause zu einer Andacht und Gebetsgemeinschaft. Die komplizierten Stundenpläne und die vielen Fahrschüler erlauben nur in den seltensten Fällen ein längeres Treffen in einer Randstunde. Manche Kreise treffen sich vor der Schule zum Beten, manche laden speziell zu einem Unterstufenkreis ein oder zur »Denkpause«, die für interessierte Mitschüler konzipiert ist. Die Leitung und inhaltliche Gestaltung wird von den Schülern selbst übernommen – und da hängt viel am Engagement einzelner motivierter »Zugpferde«.

Das klingt sehr interessant, gibt es für solche Schülerkreise auch irgendwelche Hilfen? Wen könnten wir ansprechen?

Versucht es mal mit einem gläubigen Lehrer, einem Jugendpastor oder einem Studenten, der früher selbst einmal in einem solchen Kreis war. Dann gibt es noch die Schülerkreisarbeit der Studenten-Mission Deutschland (SMD, Adresse S. 494), die kann zwar nicht die Kreise im einzelnen betreuen, beraten und unterstützen aber auf Wunsch alle Gruppen durch Besuche der Reisesekretäre, den Schülerrundbrief sowie durch Material, z. B. zur Vorbereitung von Pausenandachten. Diese Hilfen sollen Schüler dazu ermutigen und befähigen, mitten in einer gottlosen Schule mit Gott zu leben, das heißt, ihn zu loben, anderen von ihm zu erzählen und gemeinsam in der Bibel zu lesen. Ein besonderes Anliegen der Schülerkreisarbeit des SMD ist es, den Christen unter den Schülern Hilfe zur geistig-geistlichen Auseinandersetzung mit den Themen zu geben, die ihnen in der Schule begegnen und Möglichkeiten direkter missionarischer Arbeit unter Schülern, wie z. B. missionarische Freizeiten, Unterrichtseinsätze, Mitarbeit bei Projektwochen und Schulgottesdiensten zu nutzen.

☞
- Kinder im Hauskreis
- Kinder-Hauskreis
- Jugendbibelkreis

Charismen im Hauskreis

Was heißt »charismatisch«?

Der Großteil unserer Hauskreisteilnehmer hat Erfahrungen mit der charismatischen Erneuerung gemacht, möchte nun gerne auch einmal in Sprachen beten oder unter Handauflegung für den einen oder anderen unter uns beten, der konkrete Hilfe braucht. Gehört so etwas in einen Hauskreis?

Wenn Sie mich so direkt fragen, sage ich: Ja, natürlich. Wenn Gott will, daß wir in Sprachen beten, dann werden wir uns doch nicht dagegen wehren. Und daß wir unseren Vater im Himmel für alles anrufen dürfen, was uns Not bereitet, ist das Vorrecht der Kinder Gottes. Das gilt natürlich auch bei Krankheiten. Gott wird helfen. Ob er aus der Krankheit heraushilft oder hindurchhilft, das dürfen wir getrost seiner Weisheit überlassen.

Kann man auch »charismatisch« sein ohne spektakuläre Erfahrungen und Ereignisse?

In dieser Frage spiegelt sich ein verkürztes Verständnis der Charismen wider. Danach ist ein »Charismatiker«, wer in Sprachen betet und Kranke durch das Gebet heilen will. Paulus dagegen spricht z. B. in Röm 12,4-8 von einer Fülle von Gaben. Und in 1 Kor 14 sehen wir, daß er das Sprachengebet oder die Zungenrede, wie man auch sagt, gar nicht für so besonders wichtig hält. Gaben sind ganz einfach Kräfte und Fähigkeiten, die Gott schenkt, nicht als Schmuckstück oder Orden, um bestimmte Christen auszuzeichnen, auch nicht als Erlebnisse, die uns in einen besonderen Gefühlszustand versetzen sollen. Durch Gaben will Gott seine Gemeinde aufbauen. Nur dazu gibt er sie.

Ich denke, zu den Gaben gehören auch Veranlagungen, die uns Gott von Geburt an mitgegeben hat. Zum Charisma werden sie dadurch, daß sie unter der Leitung des Heiligen Geistes zum Dienst in der Gemeinde gebraucht werden. Aber der Heilige Geist ist immer noch schöpferisch. Wer in den Wirkungsbereich Christi eintritt, bleibt nicht einfach der alte. Er wird sozusagen noch einmal geschaffen oder noch einmal geboren. Dann wird er in sich auch Möglichkeiten entdecken, zum Werden und Wachsen des Gottesreiches beizutragen, die er zuvor nicht gekannt hat.

Paulus zählt an verschiedenen Stellen Gaben auf. Diese Aufzählungen machen einen recht unsystematischen Eindruck. Ich komme immer mehr zu der Überzeugung, daß es einen festen »Satz« von Gaben gar nicht gibt, sondern daß der Herr seiner Gemeinde gibt, was sie zu jeder Zeit braucht. Nun gibt es Dinge, die die Gemeinde immer braucht, z. B. die Erkenntnis der Schrift. Darum wird es Gaben geben, die Gott immer schenken möchte. Aber daneben gibt es sicher eine unendliche Fülle der Arten und Gestalten der Gaben. Das geht von der Fähigkeit, etwas zu organisieren, über das einfühlsame Zuhören oder das ästhetische Empfinden und künstlerische Gestalten bis hin zur belehrenden oder ergreifenden Schriftauslegung oder eben bis zum Sprachengebet. Aber diese Gaben werden nicht zu jeder Zeit gleichermaßen zur Verfügung stehen.

Wir möchten dem, was Gott auch durch unseren Hauskreis tun möchte, nicht im Wege stehen. Dazu wollen wir unsere Gaben einsetzen. Aber wie endeckt man sie bei sich und den anderen?

Vielleicht zunächst einmal dadurch, daß man sich von seinen Vorurteilen befreien läßt, z. B. davon, das Sprachengebet sei die eigentliche oder wichtigste Gabe und gerade diese Gabe müsse ich haben, damit alle merken, daß ich den Heiligen Geist habe. Oder von dem Vorurteil, die Gabe des Sprachengebets könne und dürfe es in unserer rationalen Zeit nicht mehr geben. Nur wenn ich offen bin für das, was Gott meiner Gemeinde heute schenken will, kann ich meine Gaben empfangen oder die eines anderen erkennen und anerkennen. Diese Befreiung von einem Denken, das in den Bahnen von Vorurteilen verläuft, ist ein Teil der neuen Schöpfung oder neuen Geburt, von der ich vorhin gesprochen habe. Nur wer sich diesem Neuwerden zur Verfügung stellt und wie ein Kind bereit ist, in neue Horizonte hineinzuwachsen, kann neue Gaben empfangen oder seine natürlichen Gaben in einer neuen Weise gebrauchen.

Es gibt die Volksweisheit: Der Mensch wächst mit seinen Aufgaben. Daran ist viel Wahres, denn Gaben haben etwas mit Auf-Gaben zu tun, genauer: sie sind auf Aufgaben bezogen. Der Heilige Geist schenkt seine Gaben, damit wir damit dienen. Darum besteht ein Zusammenhang zwischen Gaben und Demut. Demut ist ein Gemüt, das bereit ist zu dienen. Gaben werden in der Regel entdeckt, wenn jemand bereit ist, einen bestimmten Dienst zu übernehmen oder schon darin steht.

Charismen für den Dienst

Ein Dienst muß übernommen werden, wenn eine Not entstanden ist. Dann stellt sich die Frage: Wer würde sich dazu eignen und wer springt tatsächlich ein? In diesen beiden Fragerichtungen werden Gaben entdeckt.

Das erste ist die Frage nach menschlichen Voraussetzungen, die jemand eventuell mitbringt. Jeder kann sich hier selbst prüfen. Am Anfang ist jeder wahrscheinlich unsicher, ob er sich dazu eignet. Darum ist es wichtig, einander zu bestätigen. Das kann im Gespräch im Hauskreis geschehen, indem wir einander erzählen, wie wir einander erleben. Das ist eine kostbare Chance der kleinen Gemeindegruppe: Hier können wir einander wahrnehmen. Die Bestätigung kann auch durch eine Berufung geschehen, indem ein Ältestenkreis einem Gemeindeglied sagt: »Wir bitten dich, diesen Dienst zu übernehmen, weil wir dir das zutrauen.«

Das zweite ist die Frage, wer sich von der Not treffen und bewegen läßt. Die Tatsache, daß mich eine Not anspricht und mir unter die Haut geht, ist oft ein Anzeichen dafür, daß sich in mir etwas helfend in Bewegung setzt. Eine mir bisher vielleicht verborgene Gabe beginnt sich zu melden. Schließlich erweist sich die Gabe im praktischen Vollzug. Indem jemand eine Aufgabe annimmt, merkt er, daß ihm da eine Gabe gegeben ist, oder die anderen merken es. Auch hier liegen Möglichkeiten, die nur die kleine Gemeindegruppe hat. Hier können Aufgaben im kleinen Rahmen übernommen werden. Da ist es auch nicht so schlimm, wenn etwas mal nicht sofort klappt. In unseren kleinen Diensten merken wir, wo die Gaben für größere Dienste liegen. Wiederum trägt es zur Klärung bei, wenn wir einander in unseren Gaben bestätigen. Dies ist besonders eine Aufgabe des Leiters.

Eventuell könnte auch ein Gabentest Hinweise geben, wo Gaben liegen. Ich selbst halte aber die Erfahrungen, die wir in der kleinen Gruppe mit uns selbst und miteinander machen, für viel aufschlußreicher, weil sie direkt in der Praxis entstehen. Der Hauskreis ist der beste Ort, den ich mir denken kann, um Gaben zu entdecken und einzuüben.

Mein Problem ist, daß ich anscheinend viele Gaben habe und mich auch sehr leicht von irgendeiner Notwendigkeit ansprechen lasse. Vieles nehme ich deshalb selbst in die Hand, was wieder die anderen zurücksetzt und lähmt. Was tun?

Wenn jemand zu einer solchen Einsicht wie Sie kommt, kann man zunächst nur gratulieren. Auch hier ist Selbsterkenntnis der erste Schritt zur Besserung. Ein »starkes« Gruppenmitglied, das zu einer so selbstkritischen Wahrnehmung fähig oder bereit ist, sich das sagen zu lassen und es anzunehmen, zeigt damit eine ganz wichtige Gabe – auch zur Leitung.

Nun wären noch die Konsequenzen aus dieser Einsicht zu ziehen. Denn es ist klar: Jemand, der am liebsten alles selbst in die Hand nimmt, verhindert, daß andere an Aufgaben ihre Gaben entdecken. Das habe ich ja gerade beschrieben. Damit inszeniert er einen Teufelskreis: Weil andere ihre Gaben nicht entdecken und entfalten können, werden sie sich, wenn sie einmal eine Aufgabe übernehmen, entsprechend ungeschickt anstellen. Also werden sie bei sich und bei den »starken« Mitgliedern die Erwartung verstärken: Die sollen es machen, sonst wird nichts draus!

Was wäre das Gegenteil von solch einem Teufelskreis? Vielleicht eine Himmelsspirale: Jeder – vor allem der »Begabte« – ermuntert jeden, Aufgaben zu übernehmen. Er unterstreicht, wo etwas gelungen ist und macht dadurch den anderen bewußt, wo ihre Gabenschwerpunkte liegen. Anliegen des Leiters muß es sein, jeden zu ermutigen, auch einmal andere Aufgaben zu übernehmen. Dadurch werden alle immer geübter, die Zusammenkünfte werden abwechslungsreicher und interessanter. Außerdem wird auch noch der Leiter entlastet und gewinnt Zeit, um z. B. weiter darüber nachzudenken, wer in seinem Kreis wohl welche Gaben hat.

Wie können wir die Entfaltung der Gaben in unserem Hauskreis am wirkungsvollsten fördern?

Einiges habe ich dazu schon gesagt: sich öffnen für die Fülle der Gaben, Aufgaben annehmen, einander bestätigen usw. Aber es gibt noch ein paar andere Gesichtspunkte:

Gaben haben etwas mit der neuen Schöpfung zu tun: Sie sind ein Stück neue Schöpfung. Und sie sind Ausdruck des schöpferischen Gottesgeistes. Wo es so kreativ zugeht, da ändern sich die Verhältnisse. Und das macht jedem von uns nicht nur Freude, sondern je nach Charakter auch mehr oder weniger Angst. Aus lauter Angst wollen manche dann diese Veränderungen in den Griff kriegen und in ganz geordnete Bahnen lenken. Daran, wie dieses Lenken der Gaben geschieht, entscheidet sich unglaublich viel.

Paulus sagt z. B., man solle das Wirken des Geistes nicht dämpfen. Das geschieht aber oft gerade aus Angst vor dem Schöpferischen, das in den Gaben spürbar wird. Dann werden manchmal Ordnungen eingeführt, die genau regeln, wer was wann tun muß oder nicht tun darf. Übermächtige Ordnungen oder Amtsstrukturen können wie ein Betondeckel sein, der jede freie Regung von Kräften unter sich begräbt. Gemeindeglieder, die sich mit ihren Gaben einbringen wollen und dauernd wieder einen Dämpfer verpaßt kriegen, verlieren die Lust und, was noch schlimmer ist, das Vertrauen in ihre Gaben.

In unserem Hauskreis berufen sich einige auf den Heiligen Geist und lehnen jede Art von Regeln und Strukturen ab. Fehlt uns dazu der Mut oder sind wir nicht geistlich genug?

Man muß aufpassen, daß man das Kind nicht mit dem Bade ausschüttet und alles dem freien Spiel der Kräfte überläßt. Das Resultat wäre merkwürdigerweise fast dasselbe wie bei einer übertriebenen Reglementierung. Nur würde dieses Mal die Dämpfung der Gaben nicht von der übermächtigen Ordnung, sondern von der überwältigenden Unordnung ausgehen. Wenn jeder sich einfach so einbringt, wie es den eigenen Impulsen gerade entspricht, dann bricht in der Gemeinde das Chaos aus: Die Organisatoren wollen die Gemeinde organisieren und pflastern die Wände mit Strukturskizzen voll. Die Musiker sind davon überzeugt, daß alles von den richtigen Liedern abhängt, und wollen nur noch komponieren und proben. Die Beter sind gegen beides, weil es aufs Gebet ankommt, und bitten dringend um Stille. Schließlich laufen die einen frustriert davon und die anderen sagen, es sei doch besser, wenn nicht so viele am Werk sind. Diese kleine Übertreibung soll deutlich machen, daß das Schöpferische in den Gaben einer Einweisung bedarf, die das Ganze im Blick hat und die Gaben zueinander in Beziehung setzt. Wenn die Leitung einer Gemeinde oder eines Hauskreises die weise Gabe hat, zu ordnen und doch Freiheit zu lassen, dann können sich Gaben erst richtig entfalten.

Noch ein letztes: Gaben wollen dankbar angenommen werden. Ein Christ und eine Gemeinde, die Gaben empfangen haben, sollen den Geber dafür loben. Auch das fördert die weitere Entfaltung von Gaben. Gaben, die nicht in Dankbarkeit gebraucht und dadurch auch geachtet werden, verkümmern.

Charismen im Hauskreis

Gaben für einen lebendigen Gottesdienst

Könnte es nicht soweit kommen, daß ein Hauskreis durch die Entfaltung der Gaben seiner Mitglieder in die Lage versetzt wird, eigene Gottesdienste anzubieten, in denen mehr Beteiligung möglich ist?

Ja, und das gibt es ja schon, wir feiern ja Gottesdienste. Jede Zusammenkunft im Hauskreis ist ein Gottesdienst, wenn auch kein Hauptgottesdienst. Die Besonderheit dieses Gottesdienstes ist, daß alle daran mitgestalten. Hier geschieht etwas, das in den Hauptgottesdiensten am Sonntag in aller Regel fehlt. Dort kommt die Lebenswirklichkeit der Gemeinde nur eingeschränkt vor. Es kann kaum Gemeinschaft entstehen. Menschen kommen, singen und hören die Predigt. Einzig beim Abendmahl (Eucharistie) wird der einzelne symbolisch in eine Gemeinschaft hineingenommen, geht aber meistens wieder als einzelner nach Hause. Auch der, der spricht und handelt, ist ein einzelner. Leider spielen auch die Gruppen, in denen Gemeinde lebt, in solchen Normalgottesdiensten kaum eine Rolle, wenn man von den Chören einmal absieht.

Zum Wesen der Gemeinde von Schwestern und Brüdern würde es besser passen, wenn die Vielfalt der Glieder am Leib Christi auch im Gottesdienst deutlicher zum Ausdruck käme. Das scheitert aber oft daran, daß die Gemeindeglieder ihre Gaben zu wenig kennen und eingeübt haben. Ich denke, daß in Hauskreisen die persönlichen Einsichten und Fragen des Glaubens ihren Ort haben und daß neben anderen auch die Gabe entwickelt wird, solche Dinge auszusprechen. Hier sind Christen herangewachsen, die den Gemeindegottesdienst durchaus bereichern könnten, einmal indem sie einfach einen Part in diesem Geschehen übernehmen und schon allein damit den Gottesdienst abwechslungsreicher gestalten. Zum anderen wäre es eine Bereicherung, wenn sie besonders das persönliche Betroffensein durch die Predigt in Worte kleiden könnten.

Ich fände es nicht nur schön, sondern geradezu notwendig, wenn im Laufe der Zeit alle Gruppen der Gemeinde auch im Gottesdienst vorkommen würden.

☞
- Beten im Hauskreis
- Konflikte im Hauskreis
- Priestertum aller Gläubigen

Gemeinschaft und Einheit

Unser Hauskreis ist sehr stark konfessionell geprägt, ja gebunden. Die Mehrzahl meint, wenn wir Vertreter einer anderen Konfession dazunehmen, verlieren wir unsere Einheit. Muß das so sein? Kann man die Einheit der Christen im Hauskreis nicht besonders überzeugend vorleben?

Einheit unter Christen muß uns ein Herzensanliegen sein, weil Jesus der eine Herr ist. In ihm kennen wir Gott, den Vater. Mit ihm ist Jesus ganz eins, und er will uns so mit sich und untereinander eins werden lassen. Daß dies geschehen möge, erbittet Jesus im Hohenpriesterlichen Gebet (Johannes 17) für die Seinen. Dieses Einssein wirkt der Heilige Geist. Wer also den tiefen Wunsch Jesu nach Einheit verstanden hat, wird sich immer danach sehnen, mit den »noch« getrennten Geschwistern die Einheit zu suchen, wo sie nur möglich ist. Er wird dabei erfahren, wie uns Gottes Geist im Blick auf lehrmäßige und traditionsbedingte Unterschiede anderer Konfessionen mit Geschwistern von dort Einheit erleben läßt.

Darum sollte ein Hauskreis offen und missionarisch sein. Bibelauslegung, gemeinsame Stille, ein Austausch reihum, bei dem jeder zu Wort kommen kann, Gebet und Lobpreis miteinander sind starke, verbindende Elemente. Besonders auch das Gebet füreinander legt ein Band der Einheit um die Gruppe. Viele Hauskreise verstehen sich als eine große Familie, was nicht nur die Atmosphäre meint, sondern auch die einfache Tatsache, daß man sich Familienmitglieder nicht aussuchen kann. Je stärker ein Hauskreis auf ein Ziel ausgerichtet ist, desto mehr verliert die *Konfessionszugehörigkeit* der Teilnehmer an Bedeutung.

Wie sehen denn die Ziele eines offenen, evangelistischen Hauskreises aus, die so etwas bewirken könnten?

Mit Sicherheit gehören in irgendeiner Form diese drei Ziele dazu:

1. Menschen zu Jesus zu führen, sie im Glauben zu stärken und sie einzuführen in das Leben unter der Leitung des Heiligen Geistes.
2. Menschen in der Gemeinschaft von Schwestern und Brüdern im Glauben Heimat zu geben und ihnen zu helfen, ihren Glauben im Alltag zu leben.
3. Sie zuzurüsten, über ihren Glauben mit anderen zu sprechen und ihn auch in ihrer Kirchengemeinde einzubringen.

Gemeinschaft und Einheit

Wir haben in unserem Hauskreis eine Super-Gemeinschaft, klammern aber grundsätzlich alle Themen aus, die unsere konfessionellen Unterschiede zutage treten ließen. Jetzt fragen wir uns: Wie steht es eigentlich mit unserer Einheit?

Einheit ist mehr als Gemeinschaft. Gemeinschaft gibt es auch im säkularen Bereich; Menschen sind z. B. in Interessengemeinschaften, Vereinen usw. durch etwas Gemeinsames verbunden. Aber die Einheit, die wir in Jesus Christus erleben, lebt ganz aus dem Einssein mit ihm selbst. Paulus spricht vom Einssein im »Leib Christi«, das ist die Gemeinde Jesu, in der jedes Glied seine unaustauschbare Funktion hat und ausüben soll, und in der alle vom Haupt abhängig sind, aber einander brauchen (Röm 12; 1 Kor 12). Paulus sagt: »Wir sind durch einen Geist alle zu einem Leibe getauft.« (1 Kor 12,13); oder wir sind »einer in Christus Jesus« (Gal 3,28). Oder daß Christen ein Leib und ein Geist sind, einen Herrn, einen Glauben, einen Gott und Vater haben (Eph 4). Hieraus erwächst das Geheimnis jenes Einsseins miteinander, wie es nur Christen kennen und wie es Gottes Geist wirkt.

Kann man sagen: »Wir machen uns eins« – wenn dies doch das Werk des Heiligen Geistes ist? Kann man Einheit »lernen« oder »einüben« oder »fällt sie vom Himmel«?

Einheit in Christus ist nicht machbar, sonst würde sie sicher bald wieder auseinanderfallen. Einheit wächst unter dem Wirken des Heiligen Geistes.

Je mehr wir uns mit unserem Leben ohne Einschränkung an Jesus hingeben, desto mehr werden wir auch in ihm und untereinander eins. Je mehr wir uns dem Geist Gottes öffnen, desto mehr kann auch die Liebe Gottes untereinander wirksam werden. Manchmal ist die Verbundenheit tiefer als die von Blutsverwandten. Wir sind durch das Blut Jesu Christi »blutsverwandt«.

Wir sind also »Familie Gottes«. So kann man Einheit in Christus und untereinander auch im Hauskreis weder »machen«, noch »fällt sie vom Himmel«. Lieben wir den Herrn und öffnen uns anderen, so erfahren wir uns gerade im Hauskreis in besonderer Weise als Familie Gottes.

Störung der Einheit

Wir haben schon eine Menge »gemeinschaftsbildender Maßnahmen« in unserem Hauskreis hinter uns, spüren aber, daß wir alles andere als eins sind. Wo sollen wir ansetzen? Was verlangt die Einheit von jedem von uns?

Einheit und Gemeinschaft untereinander in Christus verlangt von uns vor allem die immer neue Bereitschaft, einander zu vergeben – davon leben wir! Sie verlangt auch, einander anzunehmen, das Gute und die Gaben des anderen zu entdecken, miteinander geduldig umzugehen, einander zu ermutigen und innerlich zu begleiten, füreinander zu beten, dem anderen das Beste zu wünschen, ihn nicht zu provozieren, sich nicht über ihn zu erheben oder negativ über ihn zu reden, nicht Gaben vergleichend zu werten etc.

Wir können darauf vertrauen, daß das Gebet miteinander Entscheidendes ausrichtet (Mt 18,19). So verlangt Einssein auch den Willen und die Bereitschaft von uns, uns selbst immer wieder einzubringen, indem wir Brücken bauen und Verbindungen schaffen. Dabei bleibt das gegenseitige Vergeben der Schlüssel.

Manche halten in unserem Hauskreis die konfessionellen Unterschiede für unüberwindbar. Wie können wir zu einer gemeinsamen, verbindenden Sicht kommen?

Die Frage, wie eine Gruppe zur Einheit findet, ist entscheidend die Frage nach der Liebe, die sie treibt. Gottes Liebe ist die Quelle, aus der wir leben. Die liebende Gemeinschaft ist das Erkennungszeichen der Jünger Jesu. Aus solcher liebenden Gemeinschaft wird Weggemeinschaft und Glaubenshilfe. Ja und daraus wird Anbetungsgemeinschaft.

In Christus sind wir eins, auch wenn es noch die Konfessionen gibt. In der Ewigkeit wird es die »Stolperdrähte« der Konfessionen nicht mehr geben, sondern es wird Anbetung miteinander vor dem Thron Gottes sein. Und damit dürfen wir schon jetzt anfangen. Ein Hauskreis bietet dafür eine wunderbare und unvergleichliche Möglichkeit.

Diese Einstellung kann durch seinen Blick auf das gemeinsame Ziel den konfessionellen Unterschieden den Platz zuordnen, der ihnen zukommt, dem Hauskreis aber die Offenheit schenken, die Einheit erst möglich macht.

☞ • Konflikte im Hauskreis

Ökumene am Ort durch den Hauskreis

Unser Hauskreis besteht aus Christen unterschiedlicher Konfessionen, die in ihrer jeweiligen Kirche fest verwurzelt sind. Ein Gespräch über unterschiedliche Lehrmeinungen läßt sich nicht immer vermeiden. Wie sollen wir damit umgehen?

Viele Kreise haben die Erfahrung gemacht, daß das Zusammenleben und -arbeiten mit Christen anderer Konfessionen dann keine Probleme bereitet, wenn sie alle auf die gemeinsame Glaubensgrundlage in Jesus Christus stellen. Jeder, der zum Hauskreis kommt, hat seinen eigenen geistlichen Hintergrund. Wir sollten uns immer wieder auf das konzentrieren, was wir gemeinsam aus der Bibel für unsere Lebensgestaltung entnehmen können. Dann spielen Lehrunterschiede keine zu beherrschende Rolle. Wir sollten in unseren Gesprächen nicht gegen eine Auffassung arbeiten, sondern für den Glauben an Jesus Christus, und dazu bietet uns die Bibel genügend Stoff. Da ist die Ursprünglichkeit, mit der Mitglieder bestimmter Glaubensrichtungen an die Bibel herangehen, manchmal eine große Bereicherung.

Katholiken sagen einem oft, daß schon die Zugehörigkeit zur Kirche zum ewigen Heil genügt. Genauso kann man von Evangelischen hören, es genüge doch eigentlich, getauft und konfirmiert zu sein. Wie können wir auf solche Haltungen reagieren?

Bei derartigen Auffassungen sollten wir versuchen, aus der Bibel die Spur zu finden, die uns auf den Weg zum Heil führt. Ob einer dann diesen Weg auch gehen möchte, das hängt von seiner Entscheidung ab. »Denn ohne persönliche Entscheidung für Jesus Christus«, so hat uns kürzlich ein Katholik gesagt, »gehe ich am ›ewigen Heil‹ vorbei.«

Bei uns sind einige Mitglieder einer Kirche dabei, die durch den Umgang mit uns am liebsten die Konfession wechseln würden. Sollen wir das anstreben?

Nein, im Hauskreis sollte niemals auf einen Konfessionswechsel hingearbeitet werden. Eigentlich müßte es so sein, daß »Andersgläubige« durch das Wachsen im persönlichen Glauben ihre Verantwortung innerhalb ihrer eigenen Kirche neu sehen können. Es gibt zahllose Beispiele dafür, daß einzelne in ihrer dörflichen Heimatgemeinde einen Haus- oder Bibelkreis gründeten und andere zu solchen Kreisen einluden.

Kontakt zu Pastoren

Raten Sie uns, zum Pastor der jeweiligen anderen Konfession in ihrem Wohngebiet Kontakt zu pflegen?

Ja, ein guter geistlicher Kontakt zu allen Pastoren der im Hauskreis vertretenen Konfessionen (etwa durch die Teilnahme an deren Bibelkreis, Gesprächsrunde o. ä.) schenkt nicht nur neue Erfahrungen für den eigenen Glauben, sondern ermutigt den ganzen Hauskreis. Auch den Seelsorgern fällt es leichter, einem »Hauskreis« mit Vertrauen zu begegnen, wenn sie zumindest einige seiner Mitglieder näher kennenlernen konnten.

☞ • Pfarrer/Pastor und Hauskreis

Hauskreise in einer beziehungsgestörten Gesellschaft

Wir leben in einer Zeit zerbrechender Ehen, kaputter Familien und heimatloser Jugendlicher. Können Hauskreise zur Veränderung dieser gesellschaftlichen Situation einen besonderen Beitrag leisten?

Mit einem Wort: stabile Beziehungen! Denn das ist doch die Krankheit unserer Gesellschaft, wie sie in den genannten Bereichen besonders kraß hervortritt: *Beziehungsstörungen*. Man weiß nicht mehr, wie man sich in der Ehe als Mann und Frau, oder wie Eltern und Kinder in einer Familie sich zueinander verhalten sollen. Schwierigkeiten können immer schlechter bewältigt werden, da das Vorbild durchgehaltener Beziehungen oft schon in der vorigen Generation durch Scheidung der Eltern zerbrach. Hier hilft der Hauskreis durch das Vorbild anderer Ehepaare, die trotz erkennbarer Schwierigkeiten zusammenbleiben, ohne »Wenn« und »Aber« ...

Ich sage: »trotz erkennbarer Schwierigkeiten«, denn die Christen haben dieselben Eheschwierigkeiten wie alle anderen. Aber sie nehmen ihre Ehe als eine Gottesgabe und eine Gottesordnung ernst. Das bedeutet Stabilität auch mitten in Schleifprozessen. Und Christen können einander leichter vergeben und neu anfangen, weil sie wissen, daß ihnen vergeben ist. Der Hauskreis ermutigt jedes Paar auf diesem Weg. Um anders leben zu können als »alle Welt«, bedarf es einer Gruppe von Gleich-Gesinnten, sonst hält man nicht durch. Man sollte dies in den Hauskreisen noch viel mehr nutzen, miteinander offen auch über Eheprobleme zu reden. Dann wäre das Scheinbild einer »heilen Welt« zwar bald verschwunden, aber man könnte sich umso mehr gegenseitige Hilfestellung geben. Wahrscheinlich fängt es immer zuerst im Kleinen an zwischen zwei Personen oder zwei Paaren.

Wir sind ein Kreis von Ehepaaren, die zur Zeit wirklich keine großen Probleme haben. Manchmal fragen wir uns, was der Hauskreis uns bringen kann, auch wenn es keine Eheschwierigkeiten zu lösen gilt.

Immer wieder ist von Ehepaaren festgestellt worden, wie segensreich es sei, daß sie zusammen zu einem Kreis gehen können und sich auf diese Weise auch ihr Freundes- und Bekanntenkreis deckt. Dies bedeutet viele gemeinsame Erlebnisse, gemeinsame Beziehungen und dadurch eine erweiterte Basis für viele gemeinsame Gespräche. Gerade dies ist heute so wichtig, weil die Berufswelt des Mannes und die seiner Frau (oft nicht nur Haus und Kinder!) nicht selten weit auseinanderliegen.

Kinder im Hauskreis

Gemeinsame Freunde zu haben, bedeutet ja auch, gemeinsam etwas unternehmen zu können, Urlaubspartner zu haben, zusammenzustehen nach dem Gottesdienst, Geburtstagsfeiern und anderes mehr.

Auch wenn die Unternehmungen sicher in erster Linie für die Kinder sind, so haben doch auch die Erwachsenen eine ganze Menge davon. Beim Hauskreis selbst sind die Kinder ja meistens schon im Bett und selten oder nie dabei.

Damit Kinder nun nicht den Eindruck bekommen, der Hauskreis nehme ihnen »die Eltern weg«, ist es unbedingt nötig, daß die Unternehmungen auf jeden Fall familienweise gemacht werden. (Dabei nie warten, bis alle können!) So finden die Kinder Spielkameraden ihres Alters durch den Hauskreis. Und wenn an solchen Tagen dann auch die Eltern entspannt sind und Zeit haben und »was los ist«, dann spüren auch die Kinder, daß der Hauskreis ein Dach ist, unter dem sie nicht nur Platz haben, sondern viel Freude und Erlebnis finden.

Wenn die Kinder dann älter werden und in das Alter kommen, wo ihre Eltern nur noch die zweitbesten aller Menschen sind, haben sie nun in den gewachsenen Beziehungen zu den anderen Hauskreis-Elternpaaren Auswahl, um sich an neuen, anderen Vorbildern zu orientieren und sich evtl. auch mal auszusprechen. Kinder christlicher Eltern, die eigentlich auch gerne als Christen leben möchten, brauchen in der Ablösungsphase notwendigerweise andere Erwachsene, die sie – auch als Christen – »ganz toll« finden.

Wenn sie dann noch ein paar Jahre älter sind, setzen sie sich mit anderen Gleichaltrigen zusammen und machen das ganz selbstverständlich, was sie jahrelang gesehen haben an ihren Eltern: einen Hauskreis für junge Leute.
Christliche Kindererziehung ohne Hauskreis ist fast nicht vorstellbar, egal in welchem Alter die Kinder sind.

Gibt es eigentlich keine Möglichkeit, Kinder auch in den Hauskreisabend selber zu integrieren?

Meistens wechseln sich die Eltern mit kleinen Kindern ab, und können deshalb selten zusammen zum Hauskeis kommen. Dies ist die übliche Form der Hauskreise jüngerer Ehepaare.

Ein anderes Modell sei darum an dieser Stelle genannt. Ein Kreis von Ehepaaren mit kleinen Kindern trifft sich wöchentlich Sonntagnachmittag um 17.00 Uhr als ganze Familien. Zuerst wird gesungen und gespielt zusammen mit den

Kindern, dann um 18.00 Uhr gemeinsam zu Abend gegessen. Danach ist eine halbe Stunde getrenntes Programm, was schließlich mit einem gemeinsamen Schluß um ca. 19.30 Uhr endet, so daß die Kinder noch rechtzeitig ins Bett können.

Eine durchaus praktische Variante dieses Hauskreisstils, vor allem dann, wenn die Ehepaare mehr Zeit für den Gesprächsaustausch wünschen, sieht etwa so aus:

Der Hauskreis mit jungen Familien und kleinen Kindern trifft sich in der größten Wohnung am frühen Abend. Es gibt ein einfaches, gemeinsames Abendessen, das jeweils von einer anderen Familie vorbereitet wird. Danach halten wir eine Lobpreiszeit, bei der die Kinder beteiligt werden. Sie sollten jedoch in der Nähe ihrer Eltern sein, um nicht außer Kontrolle zu geraten und damit auch diese Zeit für sie als Familie zu einem gemeinsamen Erlebnis wird. Nach der Lobpreiszeit gehen die Kinder zu Bett. Die Gastkinder bekommen irgendwo ein Notlager, wo sie bis zum Ende des Hauskreises schlafen können. Vielleicht können auch Familien, die in der Nachbarschaft wohnen, ihre Kinder vor oder nach der Lobpreiszeit nach Hause (unter die Obhut eines Babysitters) bringen. In diesem Zusammenhang ein Tip: Babysitter kosten in der Regel Geld. Um die Familien zu entlasten, die einen solchen brauchen, kann man an jedem Abend von allen Familien Geld einsammeln, von dem dann die Babysitter bezahlt werden.

Wir würden gerne in unserem Hauskreis mehr mit unseren Kindern machen, aber einfach nur singen finden sie (und wir) sehr schnell langweilig. Gibt es da noch andere Möglichkeiten?

Es gibt spezielle Kinderlieder oder Lobpreislieder mit Bewegungen oder Tänzen, was den Kindern sehr gefällt und ganz nebenbei die steiferen (gehemmteren) Eltern herausfordert und auflockert.

Aber auch die Bibeleinführung und das Gespräch können für Kinder ab etwa zehn Jahren schon interessant sein. Geistlich und praktisch sollte man allerdings nur so weit gehen, wie die Kinder folgen und die Thematik begreifen können. Mancher Hauskreis hat dabei die Erfahrung gemacht, daß sich die Begeisterungsfähigkeit und der einfache Glaube der Kinder und Teenager auf die Eltern übertragen können und diese dann eher bereit sind, geistliche Schritte zu gehen.

Bei Unternehmungen und gemeinsamen Aktionen mit dem Hauskreis sind Kinder mit ihrer ganzen Familie gefordert sich einzubringen, für manche Aufgaben ist es sogar besser, Teenager als »Zugpferde« einzusetzen. Eine häufige Erfahrung: Die Teenager bringen den richtigen »Drive« in die Sache, die Eltern die nötige Ruhe und Stabilität. Für das weitere Zusammenleben zu Hause sind dies für die Familien wertvolle Erfahrungen.

Unsere Kinder sind alle noch in einem Alter, in dem sie mit inhaltlicher Arbeit am Abend überfordert wären. Wie können unsere Kinder trotzdem etwas von dem Segen erhalten, den wir Erwachsenen im Hauskreis geschenkt bekommen?

Man sollte die Kinder immer ermutigen, mitzubeten, jedoch keinen Druck ausüben. Manche Eltern meinen nach Jahren, sie hätten ihre Kinder ruhig noch mehr in das geistliche Geschehen miteinbeziehen können. Es gibt dafür gute Vorbilder in Vineyard-Gemeinden (USA) und in der Gemeinde von Ishmael (England). Es ist in erster Linie die Aufgabe der Eltern, den Kindern die geistliche Welt zu erschließen. Als Hauskreis sollte man darüber sprechen, wie und wo man die Kinder einbeziehen kann, worüber die Eltern zu Hause die Kinder belehren müssen und was sie dort »trainieren« können.

Gemeinsame Feste, Ausflüge, Bastelstunden, Freizeiten und Urlaube wirken sich nachhaltig auf die Gemeinschaft aus. Die Kinder bekommen so eine positive Einstellung zum Hauskreis und zum geistlichen Leben.

Wir gehen gerne als ganzer Hauskreis am Sonntag zum Gemeindegottesdienst. Unsere vielen Kinder sind wie ein kleiner Bienenschwarm und obwohl sie nicht laut sind, scheint das ältere Gottesdienstbesucher sehr zu stören. Wie sollen wir uns verhalten?

Die Ausgewogenheit zwischen Stille und Freiheit zu finden, ist nicht leicht. Die jungen Eltern sollten wissen, daß ältere Leute leicht Konzentrationsprobleme haben, wenn es zu unruhig wird. Falls sie zur Schwerhörigkeit neigen, können sie die Geräusche nicht mehr richtig sortieren und verpassen wichtige Teile der Predigt.

Kinder sollen sich auch im Gottesdienst wohlfühlen, wir dürfen jedoch ihrem Bewegungsdrang nicht einfach freien Lauf lassen. Falls es keinen Babyraum gibt, sollten sich Eltern mit unruhigen Kindern nach hinten setzen, die Kinder dort spielen lassen und nur dann einen Moment mit einem Kind herausgehen, wenn es zu unruhig wird.

Viele Eltern sind heute verunsichert, wie streng sie sein dürfen. Es ist Aufgabe des Leiters/Pastors, mit der Gemeinde diese Problematik zu besprechen, die unterschiedlichen altersbedingten Gruppierungen füreinander zu sensibilisieren und eine angemessene Lösung für beide Seiten zu finden. Mit einigen Eltern muß man jedoch persönlich sprechen, um ihnen die richtigen Maßstäbe zu vermitteln.

Ein Ehepaar im Hauskreis praktiziert einen Erziehungsstil, den wir für total falsch halten. Wie sollen wir uns verhalten, da sie von ihrer Linie ziemlich überzeugt sind?

Wenn man die Erziehungsmethoden einer Familie für total falsch hält, sollte man zuerst um Weisheit beten, wie man etwas sagt. Unsichere oder harte Eltern sind meist auch verletzte Eltern. Sie müssen gewonnen werden. Liebe und eine dienende Haltung sind der Schlüssel, um gehört zu werden.

Es ist deutlich, daß der Hauskreis der Familie nützt; aber nützt die Familie dem Hauskreis?

Von den Zeiten der ersten Christen bis heute gäbe es keinen Hauskreis, wenn nicht immer wieder offene Familien dagewesen wären, die ihre Haustür aufgemacht und gesagt hätten: »Zu uns kann man kommen!«. So war es in Jerusalem (Apg 2,46) und bei der Purpurhändlerin Lydia in Philippi (Apg 16,15), und so verbreitet sich die Hauskreisbewegung in unseren Tagen rund um die Welt. Gott segnet den Hauskreis durch die Familie und die Familie wieder durch den Hauskreis.

Männer im Hauskreis

In unserem Hauskreis würde man am liebsten einen roten Teppich ausrollen, wenn sich ein Mann entschließt, mitzumachen. Warum legt man im Hauskreis ein so großes Gewicht auf »Männer«?

Weil sie das größere Problem sind! Schauen Sie nur, wieviele Männer bzw. Frauen in den Hauskreisen sind. Manche Hauskreise haben ein ausgewogenes Zahlenverhältnis, besser als in der Kirche allgemein. Dies liegt dann daran, wenn beide Partner der ohnehin meist verheirateten Hauskreisleute gläubig sind und zum Hauskreis kommen. In vielen Hauskreisen ist das aber nicht so, da nähert sich das Verhältnis Anzahl Männer zu Anzahl Frauen der kritischen Grenze. Und die läßt sich ziemlich genau festlegen:

Bei 7:3 hat man/Mann noch das Gefühl, es handelt sich um einen gemischten Kreis, bei 8:2 springt das Empfinden auf »Frauenkreis« und die restlichen Männer bleiben auch weg – »aus Zeitgründen«, versteht sich. Zwei Frauen unter acht Männern fühlen sich anders als zwei Männer unter acht Frauen. Anders aber ist das Empfinden für beide Seiten, wenn ein Mann den Kreis leitet, zumal wenn seine Frau mit im Kreis dabei ist. Darum werden viele solcher Kreise auch von einem der Männer geleitet, mit allseitigem Einverständnis.

Warum tun sich Männer eigentlich so schwer, bei einem Hauskreis mitzumachen?

Meistens aus einem sehr einfachen Grund. Äußerlich gesehen ist ein Mann froh, wenn er nach einem langen Arbeitstag glücklich wieder zu Hause ist. Sein erstes Bedürfnis ist zunächst, sich auszuruhen, zu »relaxen«. Von daher ist ihm jeder Termin, der jetzt noch wahrzunehmen ist, lästig. Nochmal aus dem Haus gehen – nur, wenn es sich wirklich lohnt und es »was bringt«.

Die Ausgangsposition einer Frau im Hausberuf ist da eine ganz andere. Sie ist viel im Haus, hat den Großteil der Kindergespräche geführt bzw. anhören müssen und freut sich deshalb schon den ganzen Tag, daß sie am Abend mal alles hinter sich lassen und sich mit Freunden treffen kann. Das ist schon in sich eine Erholung, ganz unabhängig von dem, »was es bringt«.

Da die Erholung zu Hause für den Mann nur die Hälfte bedeutet, wenn seine Frau fort ist, hat er es am liebsten, wenn sie zu Hause bleibt. Für sie gilt genau das Umgekehrte, weshalb sie stets versuchen wird, ihn zum Mitgehen zu bewegen.

Was Männer von einem Hauskreis erwarten

Wir sind fast nur Frauen in unserem Kreis und machen uns immer wieder Gedanken, wie wir den Hauskreis für unsere Ehemänner attraktiver machen können. Was erwarten Männer vom Hauskreis, wann hat es ihnen »etwas gebracht«?

Es gibt neben äußeren auch einen inneren, mehr psychologischen Grund, warum sich Männer unter bestimmten Bedingungen mit dem Hauskreis schwertun. Wenn Frauen zusammen sind, war es schön, wenn man Zeit zum Reden hatte und so die gegenseitige Beziehung pflegen konnte. Ein Mann fragt: Wozu haben wir jetzt so lange zusammengesessen, was ist dabei herausgekommen? Beziehungen zu pflegen ist gut, aber er fragt nach dem Ergebnis. Dies bringt in die Gespräche ein strukturierendes Element, den Versuch, eine Richtung und ein Ziel zu finden. Darum übertragen Frauen, auch wenn sie in der Mehrzahl sind, lieber einem Mann die Leitung – wobei dies natürlich auch Frauen können. Es ist allgemein kennzeichnender für Männer als für Frauen, daß sie am Ende »ein Ergebnis haben wollen«. Man sollte dies im Hauskreis umsetzen und am Ende des Gesprächs versuchen, eine gute Zusammenfassung zu geben.

Ein anderer Unterschied im Empfinden von Frauen und Männern ist, daß es für einen Mann auf die Dauer unbefriedigend ist, wenn nur geredet und nichts in die Tat umgesetzt wird. Für ihn ist es befriedigend, wenn es »etwas zu tun« gibt und dies dann »geklappt hat«. Auch Männer, die sonst nie zum Hauskreis kommen, sind evtl. sogar gerne zur Mithilfe bereit, wenn es um die Vorbereitung eines Grillfestes oder um eine Maiwanderung geht.

Wohl dem Hauskreis, der sich grundsätzlich »aktiv« versteht. Er wird unter anderem auch keinen Mangel an kräftigen Männern haben! Hiermit sollen keine Rollen festgeschrieben werden und es gibt sicher eine Menge Ausnahmen unter den Frauen und Männern, die genau anders empfinden. Aber auch in der neueren Forschung kommt man wieder stärker zurück zu Aussagen, die das Verhalten von Männern und Frauen in ihren jeweils wesensmäßigen, auch physiologisch begründeten Unterschieden beschreiben. Hilfreich wäre es wohl, sich von dem Begriff »Rolle« als einziger Aussage zum Verhalten der Menschen untereinander zu lösen, da »Rollen« immer erlernt sind. Der Begriff verstellt den Zugang zu dem, was das Wesen einer Frau oder eines Mannes ausmacht.

Männer gewinnen, aber wie?

Wie kommen eigentlich Männer zum Hauskreis?

Langfristig durch ihre Frauen. Kurzfristig durch Kontakt mit anderen Männern aus dem Hauskreis. Der langfristige Weg ist der schwierigere. Er besteht vor allem in »zugewandtem Leben«, weniger in Worten. Wenn ein Mann sieht, daß der Hauskreis seine Frau entspannter und fröhlicher gemacht hat, geht es ihm ja auch besser, und er gewinnt Interesse an »ihren« Freunden. Besteht eine ungezwungene Gelegenheit, diese mal kennenzulernen – warum nicht?

Fängt sie aber an, ihn unter Druck zu setzen, wird es ihn nerven und er wird abblocken. Sie muß ihm einerseits an bestimmten Stellen zeigen, daß er die Nummer 1 in ihren Beziehungen bleibt, wenn sie z. B. spürt, daß er sie an einem Hauskreisabend einmal wirklich braucht. Andererseits muß sie ihm aber auch zeigen, wieviel ihr der Hauskreis bedeutet und wie gerne sie regelmäßig dort hin gehen will. Auch diese Festigkeit wird von ihm registriert.

Daneben muß die Brücke von anderen, vor allem von Männern aus dem Hauskreis zu ihm gebaut werden. Sei es eine gemeinsame Freizeitbeschäftigung wie Joggen oder Schwimmen, sei es eine konkrete Mithilfe z. B. bei einem Bauprojekt oder ein gemeinsames Männerwochenende mit Wandern oder Skifahren. Immer geht es dabei aber darum, echte Freundschaften zu schließen. Denn es geht um diesen Mann, unabhängig von seiner Frau und unabhängig vom Hauskreis. Nur wer sich als Person angenommen fühlt, öffnet sich auch.

Es gilt: **M**änner **m**üssen **M**änner **m**otivieren!

☞ • Willow Creek

Ehe und Hauskreis

Manchmal kommt es uns so vor, als würde unser Hauskreis sich in unsere Ehe drängen, ja mit ihr konkurrieren. In welchem Verhältnis sollten diese beiden Gemeinschaftsformen zueinander stehen?

Eine Ehe ist auf jeden Fall die engere und verbindlichere Lebensform, schließlich wird sie ja in der Bibel ein lebenslanger »Bund« genannt (Mal 2,14), was man von einem Hauskreis nicht behaupten kann. Somit kann und darf ein Hauskreis niemals mit ihr »konkurrieren«, im Gegenteil: Er muß der Ehe dienen, dann kann diese auch dem Hauskreis sehr viel geben.

Kann man sagen, daß im Normalfall eine Gemeinschaftsform von der anderen profitieren sollte?

Ehepaare brauchen selbstverständlich Zeit füreinander, um den Haushalt zu bewältigen, miteinander zu sprechen, Pläne zu schmieden und sich gemeinsam zu entspannen. Aber wenn sie sich nur um sich selbst drehen, besteht die Gefahr, daß die Ehe eintönig und langweilig wird. Ein anregender Hauskreisabend gibt neuen Gesprächsstoff für die Ehepartner und geistliche Impulse, die gemeinsam umgesetzt werden können.

Umgekehrt profitiert der Hauskreis von einer Familie. Das fängt schon mit dem großen Wohnzimmer an und steigert sich mit der Gastfreundschaft und der heimeligen Atmosphäre, die eine Familie bieten kann. Teilnehmer, die selbst keine heilen Familienbeziehungen miterlebt haben, können direkt »vor Ort« erfahren, wie sie gestaltet werden.

Beide Gemeinschaftsformen sind nicht einfach zu leben. Wahrscheinlich kommt es häufiger zu Spannungen. Wie sehen diese aus und wie lassen sie sich eventuell lösen?

Wenn man nicht aufpaßt, kann es zu vielen Konflikten kommen. Am offensichtlichsten ist wohl das Zeitproblem. Hauskreisarbeit umfaßt ja häufig nicht nur den einen Abend pro Woche, sondern noch weitere Aktivitäten und Seelsorge. Nimmt das überhand, kann die Beziehung zwischen den Ehepartnern und zu den Kindern leiden. Ein Teilnehmer beschreibt das so: »Ich komme oft erst nachts um 12.00 Uhr vom Hauskreis nach Hause. Meine Frau ist dann bereits im Bett und morgens etwas muffelig. Zur Besänftigung mache ich ihr dafür immer Kaffee.« Die Geste des Ehemannes ist zwar großartig, aber auf Dauer kann man solche Spannungen nicht mit Kaffeekochen lösen. Komplizierter wird es, wenn andere Hauskreisteilnehmer in die Ehebeziehung eindringen. Wenn man sich in einer kleinen Gruppe gut kennenlernt, ist das nicht auszuschließen. Plötzlich werden in Gedanken Vergleiche zwischen dem Partner und einer anderen Person gezogen, jemand erscheint gefährlich sympathisch oder in Gedanken wird gar Ehebruch vollzogen (Mt 5,27-28).

Natürlich soll sich jeder unbefangen geben können und auch zeigen dürfen, daß man sich mag, aber es müssen auch Grenzen beachtet werden, z. B. zu innige »geschwisterliche« Umarmungen und häufige, sehr persönliche Beratungsgespräche mit dem anderen Geschlecht. Wenn ein Ehepaar – nach Möglichkeit gemeinsam – seelsorglich jemanden begleitet, kann jeder beim anderen auf »Signale« achten, die über das »Geschwisterliche« hinausgehen. So kann man wenigstens dieser Gefahr unverkrampft vorbeugen.

Gibt es eigentlich Probleme, wenn Alleinstehende in einen überwiegend von Ehepaaren besuchten Kreis kommen? Was müßten dabei alle beachten?

Grundsätzlich ist es zu begrüßen, wenn ein Hauskreis heterogen zusammengesetzt ist, denn Junge können von den Alten lernen, Unverheiratete von den Verheirateten, vollständige Familien von den Alleinstehenden und umgekehrt. Da jedoch alle unterschiedlich reif und beziehungsfähig sind, muß jeder Hauskreis seine eigene Form finden.

Der Leiter sollte darauf achten, daß keine Gruppierung zu kurz kommt. Es wäre unklug, den halben Abend nur über Kinder zu plaudern, während die Singles gelangweilt die Augen verdrehen, oder intime Ehethemen durchzukauen, so daß Alleinstehende von schmerzhaften Erinnerungen übermannt werden.

In unserem Hauskreis hatte ein Ehepaar große Schwierigkeiten. Wir haben viele Abende darauf verwendet, es hat sich fast nichts bewegt, außer daß einige nicht mehr kommen. Daher unsere Frage: Sollten Eheprobleme in einem Hauskreis überhaupt angesprochen werden?

Es kommt darauf an, wie gravierend die Probleme sind, und wie die einzelnen Teilnehmer damit umgehen können.

Eheprobleme im Hauskreis?

Der Wert eines Hauskreises besteht ja unter anderem gerade darin, daß man seine persönlichen Schwierigkeiten nennen darf, von der Lebenserfahrung anderer lernen kann und füreinander gebetet wird. Andererseits besteht die Gefahr, jemanden bloßzustellen, etwas auszuplaudern oder nicht vergessen zu können. Wir meinen, daß es bei schwierigen Eheproblemen für alle Beteiligten günstiger ist, nur mit dem Hauskreisleiter oder einem anderen Seelsorger darüber zu sprechen.

Halten Sie es für eine »Einmischung in persönliche Angelegenheiten«, wenn man ein Ehepaar außerhalb des Hauskreises mal auf seine Schwierigkeiten anspricht? Wie soll man da vorgehen?

Die Frage ist, wie verbindlich sich die Hauskreisgemeinschaft versteht. Fühlt man sich im biblischen Sinne füreinander verantwortlich, sollte der Leiter, sofern er verheiratet ist und es sich zutraut, seine Hilfe anbieten oder auf andere Seelsorger, Seminare, Bücher oder Vortragskassetten hinweisen. Es ist die Frage, ob ein Teilnehmer das einfach von sich aus tun sollte – wenn, dann in Absprache mit dem Hauskreisleiter, denn zur Beratung von Eheproblemen gehört schon eine gewisse Erfahrung.

Wie soll ein Hauskreis mit einem Teilnehmer/einer Teilnehmerin umgehen, der/die ein Verhältnis außerhalb der Ehe hat?

Wieder kommt es darauf an, wie biblisch verbindlich sich dieser Kreis versteht. Ist es z. B. ein eher evangelistischer Kreis, der Menschen für Jesus gewinnen will, ist die Situation anders, als wenn er eine verbindliche Gemeinschaft von gestandenen Christen darstellt. Im erstgenannten Fall wäre eine seelsorgerliche Begleitung angesagt, im zweiten eher Gemeindezucht, wie sie in Mt 18,15-17 umrissen wird.

Soll man einen Menschen in jedem Fall zur Fortführung seiner Ehe bewegen? Was sagt die Bibel dazu?

In Mal 2,16 lesen wir den leidenschaftlichen Ausspruch: »Denn ich hasse Scheidung, spricht der Herr« (Luther). Jeder Zerbruch einer Familie zieht Leid und Verletzungen für die Ehepartner und Kinder nach sich, deswegen »haßt« Gott die Zerstörung einer Familie. Jedoch genauso wie Gott »die Sünde haßt, aber den Sünder liebt«, kann man sagen, daß er zwar »die Scheidung haßt, aber den Geschiedenen beisteht und sie liebt«. So wird es in Jes 54 und Ps 27,10 gesagt.

Eine gute Eheberatung und Begleitung, sich neu auf Gottes Willen und Kraft besinnen, Vergebung und Neuanfang können manche, bereits aufgegebene Beziehung noch zur Heilung führen. Andererseits kann eine Ehe auch zur »Hölle auf Erden« werden, so daß zu einer Trennung geraten werden muß, was noch nicht unbedingt Scheidung heißt. Dieser Schritt sollte niemals vorschnell und leichtfertig vollzogen werden, sondern nur nach sorgfältigem Erforschen des Willens Gottes. Nur gut, wenn man dann weise Seelsorger zu Rate ziehen kann.

Manche Hauskreise scheinen geradezu ein Sammelplatz für ledige, geschiedene oder verwitwete Frauen zu sein. Mir als Frau fällt es schwer, mich solchen Kreisen anzuschließen. Kann man einer solchen Entwicklung auch etwas Positives abgewinnen?

Das Leben in einer Gemeinschaft kann eine große Hilfe für Alleinstehende sein, in Begegnungen, gemeinsamen Unternehmungen oder Aufgaben einen Ausgleich für den eigenen persönlichen Mangel zu finden. Viele allerdings erleben sich gerade in der Gemeinde an den Rand gedrängt, oft nur als »Anhängsel« neben den Ehepaaren und Familien, denen die Gemeinde mehr Beachtung schenkt. Oder sie finden nicht die Aufgaben, die ihren Fähigkeiten und Interessen entsprechen würden, vor allem was Leitungsaufgaben anbetrifft. Hier bietet sich im Hauskreis eine verbindliche Gemeinschaftsform an, die den Einzelnen herausfordert, ihm etwas zutraut und so seine Gaben für das Ganze fördert.

Meinen Sie, daß sich Hauskreise im Normalfall dieser Aufgabe bewußt sind?

Sicher muß noch manches geschehen, um in den Gruppen und Gemeinschaften das Bewußtsein für die Lage alleinstehender Menschen zu schärfen; oft ist es wohl einfach Unsicherheit, wie man ihnen begegnen soll, im Angesicht der speziellen Nöte, die sie zu tragen haben, besonders bei Verwitweten oder Geschiedenen. Dabei nimmt die Zahl der Alleinstehenden gerade in den Ballungsräumen ja ständig zu. Daran können die Gemeinden und erst recht die Hauskreise nicht länger vorbeigehen.

Aber die Alleinstehenden können auch selber viel tun, sich ins Bewußtsein ihrer Gemeinde zu bringen, z. B. Kontakte suchen und auf andere zugehen. Hierbei kann die Teilnahme an einem Hauskreis sehr hilfreich sein, weil man dort leichter ins Gespräch kommt und sich tiefer kennenlernen kann.

Welche Hilfe kann ein Hauskreis für alleinstehende Frauen und Männer sein?

Alleinstehende brauchen Wärme und Geborgenheit so nötig wie Verheiratete. Vor allem der Austausch mit anderen über Erlebnisse, große und kleine, wird von alleinlebenden Menschen oft schmerzlich vermißt. Da sehe ich im Hauskreis, in einer überschaubaren Gruppe innerhalb einer großen Gemeinde gute Möglichkeiten, Hilfe zu erfahren und selber Aufgaben zu übernehmen im Anteil geben und Anteil nehmen.

Könnte es nicht sinnvoller sein, wenn sich Alleinstehende in eigenen Gruppen treffen? »Single-Treffs« evtl. mit einem Freizeitangebot?

Ein solches Angebot halte ich etwa für einen Urlaub für eine gute Sache. Als ständige Einrichtung fürchte ich eine Blickverengung. Ich persönlich halte das Miteinander von Männern und Frauen, von Ledigen, Verheirateten und Familien für *die* Chance, die eigenen Gaben zu entdecken und die Vielfalt der Lebensmöglichkeiten zu erleben. Vielen Alleinstehenden hilft es, die eigene Situation anzunehmen, wenn sie auch von Familien in deren Leben miteinbezogen werden, von deren Freuden und Nöten erfahren und mal ein offenes Wort aus ganz anderer Sicht zu ihren Problemen hören.

Wie kann man mit dem Alleinsein fertig werden?

Wie wir unsere Situation erleben und empfinden, hat wesentlich mit der Einstellung zu tun, die wir dazu haben. Wenn Jesus davon spricht, daß er gekommen ist, um uns »Leben in Fülle« zu bringen, dann ist das immer wieder eine Herausforderung an uns, dies auch von ihm zu erwarten. Das gilt auch und gerade für die vielen Situationen im Leben von Alleinstehenden, wo ihnen das Zukurzkommen und das Verzichtenmüssen schmerzlich bewußt werden. In Begegnungen mit anderen können sie Liebe erfahren – und an andere weitergeben. Zumindest auf dieser wesentlichen Ebene verwirklichen sich dann für sie die Worte Jesu vom erfüllten Leben.

Der ungläubige Ehepartner

Seit ich in einen Hauskreis gehe, stellt sich mein Ehepartner quer. Er findet alles übertrieben, was über den üblichen Weihnachtsgottesdienst hinausgeht. Wie soll ich mich verhalten?

Oft ist ein »Verweigerungsverhalten« auf der Glaubensebene nur ein Symptom für eine viel tieferliegende Krise innerhalb einer Ehe. Wenn lange Zeit keine tieferen Gespräche geführt wurden, wenn man aneinander vorbeilebt und der einzelne sich vernachlässigt fühlt, dann ist eine Veränderung im Verhalten – vor allem im Bereich des Glaubens –, oft nur der Auslöser, der die Krise zu Tage treten läßt.

Das Problem fängt dann an, das Fundament der Ehe anzugreifen, wenn beide Partner – und jetzt ganz besonders der »religiös« gewordene – davon überzeugt sind, daß sie eigentlich richtig liegen. Nichts gibt einem ein sichereres Gefühl, »im Recht zu sein«, als wenn man sich aktiv für seinen Glauben einsetzt. Der »ungläubige« Partner muß halt sehen, wo er bleibt, wenn er nicht willig ist, dem eigenen Glaubenspfad zu folgen ...

STOP! Wenn jemand seine Ehe ruinieren will, braucht er sich nur mit solchen Gedanken abzugeben. Es gibt keine Schwarz-Weiß-Ehen, jeder hat seinen Anteil »Grau«. Und wenn jemand zum Glauben gekommen ist und sich einer Hauskreisgemeinschaft anschließt, dann sollte er besonders empfindlich gegenüber seinem eigenen Auftreten sein. Ständiges Bedrängen und Bekehrenwollen bei wachsender innerlicher Überheblichkeit löschen auch beim gutwilligsten Partner jedes Interesse an dem »neuen Glaubensweg« seines Gegenübers aus.

Seit ich im Hauskreis bin, versuche ich, meinen Ehepartner zu überzeugen, ohne ihn zu bedrängen. Irgendwie scheinen meine Worte aber nichts zu bewirken. Was kann ich jetzt noch tun?

Erbitten Sie sich von Gott eine doppelte Portion Geduld. Und dann gehen Sie den »Weg für zwei Füße«. Der eine Fuß ist die Veränderung (zum Guten hoffentlich), die sich in Ihrem Alltag zeigen wird, wenn Ihr Weg mit Gott an Echtheit gewinnt. Sie können Ihren Partner durch ein Leben ohne Worte (1 Petr 3,1-7) für den Glauben gewinnen. Der zweite Fuß steht für das beständige Gebet. Bitten Sie Gott nicht so sehr für die »Bekehrung« Ihres Partners (– wenn schon Bekehrung, dann die des eigenen Herzens –), sondern danken Sie für ihn, wie er ist. Segnen Sie ihn, seine Vorhaben, sein Leben und überlassen Sie es Gott, was er damit macht. Mit beiden Füßen auf dem Weg kommen Sie am besten voran, vor allem am sichersten, ohne sich selbst oder den Partner zu verletzen.

Obwohl ich meinen Partner völlig in Ruhe lasse, wird er jedesmal wild, wenn ich zum Hauskreis gehe. Ich weiß nicht mehr, was ich machen soll, wenn er mir eines Tages diesen Abend verbietet oder mich daran hindert (Auto), zu meinem geliebten Hauskreis zu kommen.

Die Geborgenheit und Ansprache, die ein Hauskreis geben kann, steht oft im krassen Widerspruch zu dem, was der Einzelne in seiner Ehe erlebt. Ohne es zu merken wird für ihn der Hauskreis zu einer Art Zufluchtsort, manchmal sogar mit eingebauter Klagemauer ... Und ebenso instinktiv spürt diese versteckten Fluchttendenzen der zurückbleibende Partner. Kein Wunder, daß er sich querlegt, denn erfahrungsgemäß bleibt es ja nicht bei einem Abend in überschaubaren Abständen, sondern es kommen immer neue Aktivitäten dazu, neue, oft sehr emotional geprägte Beziehungen, die den Leerlauf und die geistig-seelische Armut in den eigenen vier Wänden noch deutlicher werden lassen. Sicher sollte man in einer solchen Situation eine Hauskreisteilnahme nicht auf Biegen und Brechen durchzusetzen versuchen (auch wenn man der Meinung ist, dies sei erklärter Wille Gottes ...). Hier ist nicht die Frage: Hauskreis ja oder nein?, sondern: Wo steht Ihre Ehe? Wer kann mit Ihnen ein helfendes Gespräch führen? Eheleute brauchen hin und wieder die Sicht eines liebevollen Dritten, der aus einem gewissen Abstand zu beiden einem Ehepaar wieder einen Weg zeigen kann, wie es weitergehen könnte.

☞
- Männer im Hauskreis
- Konflikte im Hauskreis

Formen der Hauskreisarbeit

Gruppen, wohin man auch sieht …

Es gruppt und gruppt in allen Kirchen – und kein Ende. Wohin soll das führen? Steht da nicht heillose Zersplitterung am Ende?

Es ist richtig, daß das Angebot an Gruppen in allen Kirchen in den letzten 2-3 Jahrzehnten zahlenmäßig aber auch in der Unterschiedlichkeit der Zielrichtung enorm zugenommen hat. War früher die »homogene« Gemeinde mit Gottesdienst und einigen klassischen Kreisen (Frauen-, Männerkreis, Chor, Jugendarbeit) die »gute« Gemeinde, so gibt es heute in einer »guten« Gemeinde darüber hinaus eine Vielzahl von Aktivitäten und Initiativen, welche die Laien, die Mitarbeiter in der Regel von sich aus starten und durchführen. Dazu gehören auch die verschiedenen Formen des Hauskreises.

Das alles muß nicht Zersplitterung bedeuten, sondern Bereicherung, da einzelne in überschaubaren Lebensräumen neu beheimatet werden und sich aktiv einbringen können. Wenn dann noch jede Gruppierung bemüht ist, die Einheit in der Vielfalt zu entdecken, wird durch Gruppen und Kreise das Gemeindeleben nur lebendiger und bunter.

Selbst bei den Hauskreisen haben sich verschiedene Typen ausgeprägt. Wie kann man da noch den Durchblick behalten, wenn man selber nach einer geeigneten Form für den eigenen Kreis sucht?

Es ist einfach faszinierend, wie reich sich in den letzten Jahren diese einfache Grundform der Gemeinschaft von Christen in Privathäusern entfaltet hat. Man kann diese bunte Fülle auf verschiedene Weise einteilen (☞ »Das Wesentliche eines Hauskreises«). Hier möchte ich die Einteilung einmal vornehmen unter den drei Gesichtspunkten: 1. Zweck, 2. Zielgruppe und 3. Zeit.

1. ZWECK

1.1. DER ☞ VERTIEFENDE HAUSKREIS

Der vertiefende Hauskreis hat den Zweck, den Glauben der Teilnehmer, die schon Christen sind, durch Gebet und Bibelgespräch, durch Gemeinschaft und gemeinsame Dienste zu stärken und zu gründen. Dies ist die Urform des Hauskreises. Er ist offen für weitere Gemeindeglieder mit demselben Anliegen. Als Varianten entwickelten sich daraus:

1.1.1. Der ☞ »Ruhepunkt«-Hauskreis
Hier versammeln sich müde und überengagierte Mitarbeiter der Gemeinde, die endlich einmal eine Stelle erleben möchten, wo sie nicht geben müssen, sondern ganz einfach da sein und miteinander »auftanken« dürfen. Solche Kreise sind gewöhnlich nicht offen für Neue und entwickeln vor allem von sich als Gruppe aus keine Außenaktivitäten (Dienste).

1.1.2. Der »Wurzelkreis«
Er ist wie der vorige Kreis ein geschlossener Mitarbeiterkreis, aber noch mit dem Zusatz, daß er möglichst in der Gemeinde gar nicht bekannt sein will. Der Grund ist, daß dort der Pfarrer – und möglichst auch seine Frau – ein Zuhause haben sollen bei einigen wenigen Mitarbeitern, die selbständig und geschwisterlich (d. h. in Liebe und Korrektur) mit den Pfarrersleuten umgehen können. Der Wurzelkreis ist der Ort, wo ein Pfarrer – im vollen Vertrauen auf die Verschwiegenheit der anderen – auch einmal seinem Herzen Luft machen darf und Rat und Trost empfängt.

1.1.3. Die »Zweierschaft«
Sie ist ebenfalls eine Variante des vertiefenden Hauskreises, der seine Zahl bewußt beschränkt.

1.2. DER ☞ GEBETSKREIS
Der Gebetskreis ist gewöhnlich ein Hauskreis, jedoch mit dem vorrangigen Zweck, Zeit vor allem für das Gebet zu haben. Dieses umfaßt a) persönliche Belange – insofern hat der Gebetskreis zuweilen auch deutlich die Züge eines Seelsorgekreises –, b) Freunde und Bekannte, c) Anliegen der Gemeinde und der Kirche, d) Anliegen der Gesellschaft und Politik.

Varianten bzw. Formen des Gebetskreises sind:

1.2.1. Der politische Gebetskreis, der sich ausschließlich den Themen des öffentlichen Lebens zuwendet.

1.2.2. Gebetstrios

1.2.3. Basis-Gruppen

1.2.4. Gebetspartnerschaften.

Alle drei Gruppen (die im 3. Teil unter »Gebetsbewegungen« kurz beschrieben sind und Material zur Verfügung stellen können) wollen Gebet für verschiedene Anliegen und Multiplikation in die Gemeinde hineintragen.

1.3. DER ☞ DIAKONISCHE HAUSKREIS

Der diakonische Hauskreis ist ein vertiefender Hauskreis, der als ganzer Kreis gemeinsam eine Not in der Gemeinde in den Blick nimmt und versucht zu helfen. Beispiele dafür sind:

1.3.1. Der ☞ Asylanten-Hauskreis

Hierbei kann es sich a) sowohl um einen Hauskreis für Asylanten mit Übersetzung oder b) um einen vertiefenden Hauskreis handeln, der seine Aufgabe in der Betreuung von Ausländern in dem örtlichen Asylantenwohnheim sieht.

1.3.2. Der Besuchsdienst-Hauskreis

Hier hat ein vertiefender Hauskreis als Hauskreis in enger Absprache mit dem Ortspfarrer die Aufgabe übernommen, regelmäßig alle Neuzugezogenen zu besuchen. Diese werden aber nicht in den eigenen, sondern in andere Hauskreise eingeladen, um frei für diesen speziellen Dienst zu bleiben.

1.3.3. Der Kranken-Hauskreis

Ein solcher Hauskreis hat es als ganzes übernommen, einen Langzeit-Kranken etwa in einer Diakonischen Hausgemeinschaft zu betreuen oder Kranke in der Gemeinde zu besuchen, oder es werden Kranke und Angeschlagene bis zu einer bestimmten, verkraftbaren Zahl im Hauskreis selbst aufgenommen und seelsorgerlich begleitet.

1.4. DER ☞ MISSIONARISCHE HAUSKREIS

Der missionarische Hauskreis besteht aus einem Team von Christen (höchstens 5), das sich um eine Anzahl von Gästen kümmert, die Gott noch nicht kennen, die aber bereit sind, mit den Christen gemeinsam nach ihm zu suchen.

Manchmal, wenn noch gar nichts anderes da ist, beginnt ein Pfarrer auch alleine einen solchen »offenen Gesprächskreis«. Alle diese Kreise sind Brückenköpfe christlichen Lebens in einer säkularen Welt. An ihnen insbesondere wird deutlich, daß Kirche notwendig missionierende Kirche sein muß und will. Varianten und Formen dazu unter 3.

2. *ZIELGRUPPEN*

Die hier gemeinten Gruppen sind vertiefende oder missionarische Hauskreise. Im Unterschied zu den Normalkreisen aber sind sie nicht offen für jedermann, sondern spezialisiert auf bestimmmte Personengruppen. Diese sind entweder a) durch bestimmte Probleme, b) eine bestimmte soziologische Schicht oder c) durch ihr Alter gekennzeichnet.

2.1. PROBLEMGRUPPEN

Zu den Hauskreisen, die Menschen mit besonderen Problemen erreichen wollen, gehören:

2.1.1. Der ☞ Aussiedler-Hauskreis

Diese Menschen haben aufgrund ihrer religiösen Prägung in den Ländern der GUS große Schwierigkeiten, Gemeinschaft mit Christen in unserem Land zu finden. Ein eigenes Angebot für sie ist nötig als Einstieg und Übergang.

2.1.2. Der Internationale Studentenkreis

Ausländer haben immer spezielle transkulturelle Anpassungsschwierigkeiten. Zugleich haben auch sie etwas zu geben. Der Studentenhauskreis verbindet Freundschaft, Hilfen und Glaubensinformation.

2.1.3. Der ☞ Hauskreis für Suchtgefährdete

Es dauert einige Zeit, bis ein Gefährdeter sich seine Situation eingesteht. Dann aber ist es ihm eine große Hilfe, unter anderen Betroffenen sein zu können unter der Leitung eines auf diesem Gebiet kompetenten Begleiters.

Hierzu gehören im Grunde alle Selbsthilfegruppen, sofern sie auch eine geistliche Hilfestellung beabsichtigen.

2.2. SOZIOLOGISCHE SONDERGRUPPEN

Schichtspezifische Kreise treffen sich oft am Ort ihrer Gemeinsamkeit und sind insofern keine »Haus«-Kreise; von der Ausrichtung her sind sie aber Bibel- und Gebetskreise und arbeiten verbindlich.

2.2.1. Der ☞ Schülerbibelkreis

Hier treffen sich Schüler der verschiedenen Klassen zum gemeinsamen Bibellesen und vor allem zum Gebet für die Schule und zur Vorbereitung gelegentlicher Aktionen.

2.2.2. Der ☞ Studenten-Bibelkreis

Dieser findet, anders als der Schülerkreis, in der Regel in Privatwohnungen statt. Außerdem gehört der Studenten- Bibelkreis meist zu einer örtlichen Studentengruppe mit vielen Bibelkreisen, die wiederum Teil einer nationalen Studentenarbeit ist.

2.2.3. Der Akademikerkreis

Hier treffen sich die Mitglieder eines Akademikerverbandes (ea, AKA) meist aus einem größeren Umkreis. Sie tun dies oft zusätzlich zu einer Gemeindemitarbeit, um Fragen der Zeit und Fragen der Bibel schichtspezifisch zu behandeln.

2.2.4. Der Betriebs-Bibelkreis

Solche Kreise haben sich in größeren Betrieben gebildet, also am Arbeitsort. Sie sind innerhalb des Betriebes nicht schichtspezifisch und auch nicht konfessionell gebunden.

2.3. ALTERSSPEZIFISCHE GRUPPEN

Das Lebensalter als Ausgangspunkt für die Bildung einer Gruppe ist nicht neu. Auch nicht für die Hauskreise. Die normalen Hauskreise umfassen gewöhnlich Menschen der sogenannten »mittleren Generation«. Von daher seien hier als Besonderheit nur hervorgehoben:

2.3.1. Der Jugendbibelkreis (☞ Jugendhauskreis)

Er wird von einem Team von älteren angeboten als besondere Pflanzstätte des Glaubens für die Jahrgänge nach der Konfirmation. In manchen Gemeinden werden statt dem einen großen »JuBi« mehrere kleine Zellen angeboten.

2.3.2. Der Kinderhauskreis

Hier trifft sich um eine Mutter mit ihren eigenen Kindern noch ein Grüppchen von befreundeten Kindern aus derselben Wohngegend, um Jesus besser kennenzulernen und gemeinsam zu lernen, ein Leben mit ihm zu führen.

3. ZEIT

Zum Wesen des Hauskreises gehört es, daß er zeitlich nicht von vornherein begrenzt wird. Die Teilnehmerschaft kann sich durchaus verändern, aber der Kreis bleibt, seine Existenz als solche wird als kontinuierlich betrachtet. Die Gefahr der Unbeweglichkeit ist damit gegeben.

Die nachfolgenden Hauskreis-Formen sind bis auf eine allesamt missionarische Initiativen. Im Interesse der Zielgruppe der Kirchenfernen wird das Angebot einer Gruppe von vornherein zeitlich festgelegt, damit die Angesprochenen nicht das Gefühl haben, sofort »von der Kirche« vereinnahmt zu werden.

Intensiv, aber zeitlich begrenzt

Regel: Die Lockerheit der Form soll dem Maß des Interesses entsprechen d. h. wird das Interesse größer, kann auch die Form verbindlicher werden. Manche Initiativen nennen sich von daher gleich »Kurs«, weil darin Terminierung und Verbindlichkeit zusammengefaßt sind. Außerdem finden die Kurse gewöhnlich nicht im Privathaus, sondern im Gemeindehaus statt.

3.1. ☞ Grundkurs des Glaubens

An 7-10 Abenden werden in verständlicher »unkirchlicher« Sprache für den heutigen Menschen die Inhalte des christlichen Glaubens vermittelt und am Ende Gelegenheit zu einer persönlichen Entscheidung für diesen Glauben an Jesus Christus angeboten.

Mit denen, die wollen, wird nach dem Kurs in einem Privathaus ein »Anfänger-Hauskreis« begonnen.

3.2. ☞ »Religionsunterricht für Erwachsene«

In einem Kurs von ca. vier Begegnungen werden in außerordentlich gut gestalteter und methodisch reicher Weise Erwachsenen biblische Geschichten so vermittelt, daß sie mitten in ihr Leben treffen.

3.3. ☞ »Schnupperkurs«

Dieser findet im Privathaus statt und ist eigentlich kein Kurs mit festen Inhalten, sondern im Gegenteil: Es wird stark auf das Interesse der ganz außenstehenden Teilnehmer geachtet, die bereit sind, sich für vier Abende mit Christen mal über Gott und die Welt zu unterhalten. Es soll einfach eine Gelegenheit gegeben werden, offen zu reden und erste Kontakte zu Christen zu schließen, aus denen später evtl. mal mehr werden kann.

3.4. Gesprächskreise,

die eine Folge-Einrichtung des ☞ Projekt: »Neu anfangen« und der Aktion »Neue Schritte« sind. Die Initiativen werden an ihrem Ort ausführlich beschrieben. Die Nacharbeit besteht aus zeitlich auf 5-7 Treffen festgelegten Gesprächsabenden, in denen eine Einführung in den Glauben von Basistexten der Bibel aus versucht wird. Meist wollen sich danach die Teilnehmer weiterhin als Haukreis treffen.

3.5. ☞ »Open House«

Ein Angebot von Christen an »NE's« (= Nicht-Eingemeindete) mit einem Programm für Leib, Seele und Geist, terminiert auf etwa 4 bis 10 Monate. In offener, lockerer Atmosphäre sollen Freundschaften entstehen, die es den NE's erlauben, Christen live zu erleben und zu befragen.

3.6. ☞ Christliches Männer Training (CMT)

Diese Initiative ist nicht primär missionarisch, aber zeitlich begrenzt auf ca. 1 Jahr. In privatem Rahmen trifft sich verbindlich ein fester Teilnehmerkreis von Männern, die als Christen die einzelnen Bereiche ihres »Mannseins heute« miteinander bereden und sich darin Hilfestellung geben wollen.

Es ist nach dieser Fülle dargestellter Formen der Hauskreise ratsam, die anderen Artikel, die in den Querverweisen angegeben sind, als nächstes zu lesen, um den Überblick zu behalten bzw. zu den einzelnen Modellen weitere Details zu bekommen.

Formen der Hauskreisarbeit, wie sie Tiki Küstenmacher sieht. (Nur bedingt zur Nachahmung empfohlen ...)*

In christlichen Kreisen (und Computer-Zirkeln) ist er bekannt wie ein bunter Hund, obwohl er meistens nur mit schwarzer Tusche seine Geistesblitze aufs Papier bringt: Tiki Küstenmacher. Er hat sich auch, wie könnte es anders sein, seine Gedanken über die Hauskreise gemacht. Seine Karikaturen eignen sich prächtig für eine Selbstdarstellung etwa im Pfarrgemeindeblatt (☞Öffentlichkeitsarbeit), verraten sie doch eine gehörige Portion Humor und Abstand zu sich selbst.

*Aus: Tiki Küstenmacher »Geistliche Höhenflüge«. Mit freundlicher Genehmigung des Claudius-Verlages, 80636 München, Birkerstr. 22.

Manche Kreise haben sich auf bestimmte Zielgruppen konzentriert

... mit ungeahnten Perspektiven

Viele Kreise suchen nach neuen, dem Inhalt angemessenen Formen . . .

. . . scheuen sich nicht vor persönlichem Einsatz . . .

Es gibt auch Probleme: Etwa, geeignete Versammlungszeiten zu finden . . .

Geschenk und »Seismograph«

Fast alle Hauskreise haben am Ende ihres Abends eine sog. Gebetsgemeinschaft, d. h. jeder kann persönlich frei und »vernehmbar« beten. Besteht da nicht die Gefahr eines gewissen Zwanges, vor allem für die, welche nicht frei beten können?

Es ist ein großer Unterschied zwischen einer Gebetszeit, die routinemäßig am Hauskreisabend »dran« ist, und einer Gebetsgemeinschaft, die man eher unter »Geschenk« einordnen könnte.

Wenn alle nur auf das erlösende »Amen« warten und dem gemütlichen Teil zufiebern, wirkt Gebet oft wie etwas Lästiges, das halt auch noch gemacht werden muß. Aber alles »machen« ist immer in die Verfügung des Menschen gestellt, und das ist eigentlich das Gegenteil von Gebet.

Beten ist eine Wirkung des Geistes Gottes in uns und in noch höherem Maß die Erfahrung der Gemeinschaft mit Gott und mit den Schwestern und Brüdern im Raum. »Gebets-Gemeinschaft« ist somit ein Geschenk Gottes, das wir erbitten, sogar erwarten dürfen, definitiv aber ganz gewiß nicht »machen« können. Es hilft einer Gruppe von Betern sehr, wenn sie dafür sensibel wird oder bleibt. Ist eine Gruppe empfindsam und empfänglich für eine echte Gebetsgemeinschaft, dann wird diese von allen als wohltuend erfahren und als das Gegenteil von peinlichem Druck ihrer Mitglieder. Wer dabei schweigt, fühlt sich auch in seinem stillen Gebet voll in die Gemeinschaft mithineingenommen.

Die Gebetsgemeinschaft in unserem Hauskreis hat sich im Laufe der Jahre immer wieder verändert. Wir können nie sagen: So ist es bei uns, sondern wir mußten lernen, mit allen möglichen Gebetszeiten fertigzuwerden. Machen wir irgend etwas falsch?

Wissen Sie, Gebets-Gemeinschaft ist wie ein *Seismograph.* Ein Seismograph ist ein Erdbebenmesser, d. h. er zeigt nach außen, was an verborgenen Bewegungen im Inneren der Erde vor sich geht. So kann man an der Gebetsgemeinschaft einer Gruppe spüren, wie ihr Gottesverhältnis und ihr Verhältnis untereinander ist. Ist beides gut, wird das Gebet »strömen«, ist das Gottesverhältnis »pflichtbewußt«, werden auch die Gebete korrekt und ohne viel Pausen »kommen«, ist das Verhältnis untereinander distanziert oder momentan blockiert, werden die Gebete nur »tröpfeln« und nichts an Persönlichem enthalten.

Sie machen also nichts falsch, wenn die Gebetsgemeinschaft sich in Ihrem Kreis von Zeit zu Zeit verändert. Benutzen Sie diese Veränderungen als Seismograph und Sie werden wichtige, hilfreiche Erkenntnisse für Ihren Hauskreis erhalten.

Wir sind ein junger Hauskreis und würden gerne gemeinsam beten. Aber wir sind allesamt das freie Beten nicht gewöhnt. Was könnte uns da weiterhelfen?

Viele Hauskreise, deren Teilnehmer noch nicht zu lange Christen sind oder die einfach aus einer anderen Tradition kommen, wo das freie Gebet nicht praktiziert wurde, haben mit dem gleichen Problem zu kämpfen. Nur wenige haben grundsätzliche Bedenken (»Das Gebet gehört nur ins stille Kämmerlein, ist zu intim …«). Für diese Personen ist die Form des stillen oder des liturgischen Gebetes angemessen. Die anderen möchten gerne mitbeten, aber wissen nicht wie oder trauen sich nicht.
Für sie folgende Hilfestellung:

- Stellen Sie sich ganz real vor, daß Jesus in der Mitte des Raumes (nach seiner Verheißung!) steht. Schauen Sie ihn an und sagen Sie dann ganz einfach, was Ihnen einfällt und was Sie ihm gerne sagen möchten.

- Sprechen Sie im normalen Unterhaltungston und sagen Sie ihm ungefähr das, was Sie sagen wollten. Nicht mehr.

- Wenn mehrere in der Gruppe sind, die beten möchten, aber nicht wissen wie, so hilft es sehr, wenn einmal alle ihr Gebet wörtlich aufschreiben und dann reihum vorlesen. Reihum, damit nicht wieder die Scheuen den Absprung verpassen, und da ja jeder etwas Geschriebenes hat, kommt keiner ins Stottern. Dieses kleine Hilfsmittel hat sich schon oft bewährt.

- Versuchen Sie es doch zunächst mal mit nur einem Satz, den Sie sich vorher in Ruhe zurechtlegen können. Das könnte übrigens auch ein Bibelvers oder eine Liedstrophe sein. Wie wär's ?

Liturgisches Gebet im Hauskreis

Bei den meisten Hauskreisen wird nur von der Gebetsgemeinschaft gesprochen. Was ist denn vom liturgischen Gebet im Hauskreis zu halten?

Es ist gut, darauf zu sprechen zu kommen. Denn in den Hauskreisen wird wirklich fast ohne Ausnahme das freigesprochene Gebet gepflegt. Sicher ist das seit den Tagen der ersten Christen die Urform des Betens.

Aber gleichzeitig gab es in der Urchristenheit auch schon das liturgische Gebet der Psalmen und das gesungene Gebet der christlichen Hymnen (Eph 5,19f; Kol 3,16; der Christushymnus in Phil 2,6-11).
Ich möchte einmal für die verschiedenen Gebetsformen ein einfaches Raster vorstellen. Hat man dieses Raster vor Augen, erkennt man schnell die vielfältigen Variationsmöglichkeiten des gemeinsamen Betens.

	frei formuliert	vorformuliert gebunden
laut gesprochen	1.	3.
leise jeder für sich	2.	4.

1. *Das Gebet, frei formuliert und laut gesprochen.*
Eine seit Anfang der Christenheit praktizierte Weise des Gebetes. Sie läßt der Spontaneität weiten Spielraum und ist wie ein Gespräch mit Gott. Dadurch, daß dieses Gebet nicht nur im Herzen, sondern hörbar geäußert wird, werden die anderen mit in dieses Gespräch mit Gott einbezogen als Zeugen und unterstützende Mitbeter. Das bedeutet, daß diese Gebetsform überall da richtig ist, wo neben dem Gebet der Mitbeter gewollt und bejaht wird. Diese Gebetsform setzt Vertrauen unter den Betenden voraus und geklärte Beziehungen untereinander.

2. *Das Gebet, frei formuliert, aber jeder für sich.*
Diese Form geht davon aus, daß Gott in die Herzen schaut und hört. Dabei kann jeder in einer Zeit der Stille für sich anbeten (Stilles Gebet im Gottesdienst) oder es werden vorher

die Anliegen (Bitte und Dank) genannt, und der Leiter sagt nun ein Anliegen nach dem anderen mit genügend Zeit zum stillen Gebet dazwischen. Dies ist eine höchst intensive Form der Gebetsgemeinschaft und vielfach bewährt.

3. *Das Gebet, gebunden und laut gesprochen.*
Hierzu gehört alles liturgische Beten und auch das betende Singen. Es gehörte – wie gesagt – zum festen Bestandteil der alt- und neutestamentlichen Gottesgemeinde. Daher lebt in diesem Beten der Geist und Glaube der Väter und Mütter, der Zeugen Gottes durch die Jahrhunderte. Von daher eignet sich dieses Beten für alle Stellen, wo wir zum eigenen Beten zu schwach, oder abends zu müde oder zu verschieden in unseren Glaubensansichten oder zu groß an Zahl sind, wo wir uns aber einfach hineinlassen und tragen lassen dürfen von dem großen Strom der Gebete einer zeitübergreifenden Gemeinde und so Teil haben an ihrem Gebet.

- Das kann ein Psalm sein, der im Wechsel gebetet wird.
- Ein Psalm wird vorgelesen und in die Stille mit hineingenommen. Jeder hört, welcher Vers des Psalmes ihn jetzt am deutlichsten anspricht. Diesen einen Vers betet er dann (ohne Zusatz) in der anschließenden Zeit des gemeinsamen Gebetes.
- Hierher gehört alles Singen und Sprechen von Liedern.
- Die Kirche ist reich an alten und neuen Liturgien. Ebenso alle Kommunitäten. Warum nicht eine eigene Liturgie im Kreis erarbeiten?
- Man kann auch einfach ein Gebet aus einem Gebetbuch vorlesen. (Eignet sich besonders im missionarischen Hauskreis in der 1. Phase)

4. *Das Gebet, formuliert und leise gesprochen.*
Diese Gebetsform hat ihren Ort im Gebet des einzelnen zu Hause, vor allem, wenn er dieses Gebet besonders liebt oder zu eigenen Worten nicht in der Lage ist, sei es, daß er zu unkonzentriert oder zu depressiv ist, oder zu große Schmerzen hat. Die Psalmen und das Gesangbuch werden dann oft zum einzigen Halt und zum ganz eigenen Gebet.

5. *Das Gebet, halb gebunden, halb frei und laut (Mischform).*

- Der Leiter der Gebetsgemeinschaft liest einen Psalm, das

Vaterunser oder die Seligpreisungen und hält nach jedem Vers inne. Wer möchte, kann in spontanem Echo auf den Vers antworten. Sagt niemand (mehr) etwas, liest der Leiter den nächsten Vers.

- Bewährt hat sich auch als Hilfe, wenn in einer freien Gebetsgemeinschaft die ganze Gruppe jedes Einzelgebet im Fürbittenteil unterstreicht mit einem »Wir bitten Dich: Herr erbarme Dich« oder singt »Kyrie eleison« bzw. im Dankteil antwortet mit »Herr wir preisen Dich: Halleluja!«.

Neulich fing bei uns im Kreis jemand unvermittelt an, in Sprachen zu beten. Wie sollen wir damit umgehen?

Das kommt darauf an, ob über das »Sprachengebet« zuvor gelehrt und gesprochen evtl. sogar darum gebetet wurde – dann würde ich es prüfend mithören und danach um die Auslegung bitten, bevor man mit der Gebetsgemeinschaft fortfährt. Ist in der Gruppe aber darüber bisher nie gesprochen worden, würde ich ruhig unterbrechen, ein positives Wort zu dieser Gabe sagen, aber darauf hinweisen, daß um der Liebe willen dazu erst Lehre und Austausch kommen müßten, damit niemand befremdet sein muß. Wenn dies in guter Weise geschehen ist: angstfrei, biblisch, einladend – dann ist das Problem des »Sprachengebetes« längst nicht mehr so aufregend.

Der normale Ort für das Sprachengebet ist das persönliche Gebet des einzelnen vor Gott. Im öffentlichen Gottesdienst mit Nicht-Gläubigen sollte das Sprachengebet nicht praktiziert werden, es sei denn mit klarer Auslegung: so Paulus in seiner Gottesdienstordnung in 1 Kor 14. Für Mitarbeiterversammlungen, die nicht öffentlich sind, wo alle um die Gabe wissen und viele auch mit ihr leben, gilt die Leitlinie, die Paulus am Ende seiner Ausführungen wohl als Zusammenfassung für christliche Versammlungen überhaupt aufstellt: »Darum bemüht Euch um die prophetische Rede und wehret nicht der Zungenrede. Laßt aber alles ehrbar und ordentlich zugehen« (1 Kor 14,39-40).

In solchen Mitarbeiterversammlungen kommt das gemeinsame Sprachen-Beten, gewöhnlich bei Situationen des geistlichen Kampfes, und das gemeinsame Sprachen-Singen, meist in Zeiten der Anbetung, ohne Auslegung vor. Manche wenden von Vers 27f dagegen ein, dies sei »unbiblisch«. Da hierbei aber keiner sich brüstet, (1. Argument bei Paulus 1 Kor

13,1; 14,2), keiner geistlich verletzt wird (14,23) und die Gebetszeit unter klarer Leiterschaft und nicht chaotisch verläuft (wie offenbar in Korinth), befindet sich eine solche Versammlung trotzdem unter der Grundregel: »Laßt alles ehrbar und ordentlich zugehen« (14,40). Wer mit dieser Regel Probleme hat, sollte sich daran erinnern, daß die Gemeinde, wenn sie in ihrem Gottesdienst zusammenkommt, selber ein Abbild Gottes ist, von dem Paulus schreibt (Vers 33): »Gott ist nicht ein Gott der Unordnung, sondern des Friedens.«

Sicher ist das mit der Auslegung wichtig, aber Grundprinzip der christlichen Gottesdienste ist, daß jeder in allem etwas von dem Frieden Gottes und seiner weisen Ordnung spürt.

In unserem Hauskreis behaupten einige, daß das Sprachengebet nicht in unser Belieben gestellt ist. Muß jeder, der Christ sein will, in Sprachen beten können?

Nein – aber jeder darf um diese Gabe bitten. Wir brauchen auch für unser Gebet in unserer gewohnten Sprache den Beistand des Heiligen Geistes und bekommen ihn, wenn wir bitten (Lk 11,13). Insofern ist das Sprachengebet nur eine besondere Art, wie der Heilige Geist in uns betet, und darum darf auch jeder Christ darum bitten. Wir sollten nicht versuchen, Druck auszuüben, am wenigsten auf den Heiligen Geist. Er teilt in göttlicher Freiheit die Gaben Gottes mit, Sprachengebet und alle anderen. Das einzige, was wir tun sollen: im Bitten wie ein offenes Gefäß sein und dann annehmen, was er uns gibt!

☞
- Charismen im Hauskreis
- Konflikte im Hauskreis
- Singen im Hauskreis
- Vertiefender Hauskreis
- Gebetsbewegungen
- Gebetskreis

Anbetung im Hauskreis?

Von manchen Hauskreisen hört man, daß sie besondere Zeiten der Anbetung halten. Was versteht man eigentlich darunter? Und ist das für alle Kreise etwas?

Unter *Anbetung* versteht man eine bestimmte Form des Betens, bei der Gott als Person und sein Wesen angeschaut, bestaunt und verehrt wird. In der Regel sind uns andere Gebetsformen vertrauter, etwa das Dank- oder Bittgebet; auch die Fürbitte nimmt bei vielen Kreisen einen weiten Raum ein.

Bei all diesen, durchaus wichtigen Gebetsformen geht es uns allerdings in erster Linie um das, was Gott gibt. Das ist gut so und die Bibel fordert uns dazu unmißverständlich auf. Aber noch öfter finden wir die Aufforderung, Gott zu loben um seiner selbst willen. In den Psalmen bekommen wir dazu reichlich Anleitung, wobei der Grund für das Lob Gottes seine »großen Taten« sind, z. B. das wunderbare Werk der Schöpfung, das Wunder der Führung und Bewahrung seines Volkes oder – im Neuen Testament – das Erlösungswerk in Jesus Christus. Wenn wir uns nun immer wieder bewußt machen, was Gott im Kleinen und im Großen tut und ihn darüber loben, ergibt sich daraus sozusagen von selbst die Gebetsform der Anbetung, denn wer kommt nicht ins *Staunen über Gott*, über sein Wesen, wenn er sieht, was Gott Großes getan hat und heute noch tut. Das ist Anbetung. Und wenn uns dann unsere Worte allein schwach und unangemessen erscheinen, können wir sie mit Melodien unterstreichen und damit noch viel mehr Bewunderung ausdrücken. Diese Erfahrung kannten schon die Psalmisten: ihre Lieder wurden gesungen und mit Instrumenten begleitet.

Unser Hauskreis ist durch und durch evangelisch geprägt. Wir kennen eigentlich keine Tradition des anbetenden Gebetes und tun uns daher etwas schwer mit diesem Thema. Glauben Sie, daß man Anbetung »lernen« kann?

Ich glaube nicht, daß es sinnvoll ist, sich die »Technik« des Anbetungsgebetes sozusagen anzulernen, obwohl das theoretisch möglich ist, aber das macht uns noch nicht zu Anbetern. Es geht beim Beten ja grundsätzlich nicht um eine Technik, sondern um eine *Beziehung*. So allerdings, wie es hilfreich ist für eine Beziehung im zwischenmenschlichen Bereich, bestimmte Formen des Umgangs und der Kommunikation miteinander einzuüben, so ist dies auch hilfreich für unsere Beziehung mit Gott. Wer Anbetung »lernen« will, sollte in seine Beziehung zu Gott investieren, so daß diese in eine immer tiefere Vertrautheit führt. Dabei ist es – wie auch im zwischenmenschlichen Bereich – nötig, sich viel Zeit zu nehmen für Gott, um viel von ihm zu erfahren, ihn immer besser kennenzulernen und das nicht nur mit wachem Verstand, sondern wichtiger noch mit offenem Herzen. An mir und an vielen anderen habe ich erlebt, daß dies ein wirklicher »Lernprozeß« ist, den ich bewußt unterstützen oder auch verhindern kann und der eigentlich von sich aus in die Anbetung hineinführt.

Eine ganz praktische Hilfe ist hier das Studieren der Psalmen. Dort findet man ausgezeichnetes Anschauungsmaterial für Lob und Anbetung Gottes, sowohl inhaltlich als auch ganz praktisch über die Art und Weise, wie angebetet wird.

Kann man eigentlich Anbetung im Hauskreis lernen? Wie sehen Erfahrungen aus, die Gruppen damit gemacht haben?

Da für viele der Hauptschwerpunkt eines Hauskreises darin besteht, Gott immer besser kennenzulernen und in eine immer vertrautere Beziehung mit ihm hineinzuwachsen, ist der Hauskreis eigentlich das ideale Lernfeld. Um Gott anbeten zu können, muß ich wissen, wer er wirklich ist. Das studieren wir miteinander anhand von Abschnitten aus der Bibel. Da gibt es manche falschen Gottesbilder zu korrigieren, die unsere Beziehung zu Gott und damit unsere Anbetung blockieren. Dann bietet der Hauskreis auch den idealen Rahmen dafür zu lernen, daß Glauben heißt: Ich bin als ganze Person gefragt, der Person Gottes zu begegnen und in eine Herzensbeziehung zu ihr zu treten. Der Weg in die immer tiefere Beziehung zu Gott ist der Weg zur Anbetung und zwar im erweiterten Sinn: zu einem *Lebensstil der Anbetung*. Diesen Lebensstil wollen wir in erster Linie im Hauskreis miteinander lernen. Dazu gehört das Gespräch mit Gott in allen vorher genannten Formen (Bitte, Dank ...) und zwar über alle Lebensbereiche. Unsere Anbetungszeit am Anfang des Hauskreisabends ist eine Gebetszeit, die nicht etwa nur aus speziellen Anbetungsgebeten bzw. -liedern besteht, sondern die uns helfen soll, unsere Beziehung zu Gott ganz bewußt aufzunehmen. Wir machen uns auf, um ihm zu begegnen, ihn zu sehen, wie er ist, ja einfach, um Gemeinschaft mit ihm zu haben. Wir tun das mit einer Reihe von Liedern, das heißt gesungenen Gebeten. Da die meisten Teilnehmer unseres Hauskreises z. Zt. ziemlich am Anfang ihres Glaubens d. h. ihrer Beziehung zu Gott stehen, finden sie die gesungenen Gebete sehr hilfreich. Viele scheuen sich zunächst, in einem Kreis laut zu beten, aber sie beten sehr bewußt mit den Liedern.

Bei manchen Kreisen scheinen Anbetung und Singen dasselbe zu sein. Ist Anbetung nur durch Singen möglich?

Wenn ich noch einmal auf meine anfängliche Erklärung für Anbetung zurückkomme, wird deutlich, daß Anbetung oft auch im stillen Staunen geschieht, d. h. mir gehen überhaupt die Worte aus und ich möchte einfach schweigen vor Gott. Oder der Geist Gottes betet in seiner Sprache in mir (»Sprachengebet«).

Auf der anderen Seite sehen wir in der Bibel, daß Lob und Anbetung Gottes schon immer mit Liedern geschah – angefangen vom »Lobgesang des Mose« (Ex 15) über die Psalmen bis hin zum »Lied der Überwinder« (Offb 15). Es lohnt sich auch zu studieren, mit welchem Aufgebot an Musikinstrumenten der Dienst der Anbetung im Tempel getan wurde (1 und 2 Chr, Ps 150) unter dem Vorzeichen: Für Gott ist das Beste gerade gut genug!

Musik ist eine eigene »Sprache«, und wer wollte bestreiten, daß etwa die Musik Bachs selbst ohne Worte Gott verherrlicht! Und wie sehr kann Musik die Worte der Anbetung unterstreichen! Dann zeigt auch die Erfahrung, daß Musik in viel tiefere Schichten unseres Wesens eindringt. Worte allein bleiben oft auf der Verstandesebene stecken, aber Worte in Verbindung mit Musik erreichen und bewegen unser Herz. So können uns Lieder mit einer ihrem Inhalt entsprechenden Begleitung helfen, unsere Herzensbeziehung zu Gott zu vertiefen. In diesem Zusammenhang finde ich es auch hilfreich, daß Anbetungslieder oft mehrmals gesungen werden, weil somit der Inhalt der Lieder allmählich unsere Herzensebene erreichen kann. Auch ein immer wiederkehrender Refrain hat genau diese Aufgabe und Wirkung! Nur was ich Gott mit meinem Herzen gesagt bzw. gesungen habe, hat Auswirkung auf meine Beziehung zu Gott und auch auf meinen Alltag.

Und noch ein Aspekt: Melodien gehen mit uns und damit auch der Text. Was wir gesungen gebetet haben, vergessen wir nicht so schnell wieder. Das alles hilft uns, immer mehr in den Lebensstil der Anbetung hineinzuwachsen.

Viele Kreise beginnen ihren Abend mit Singen. Aber irgendwie ist das noch einmal anders, was Sie da schildern. Was würden Sie an Tips einem Kreis ganz praktisch raten, der hier weiterkommen möchte?

Wenn ein Hauskreis diese Art des Singes noch gar nicht kennt, ist es nötig, zuerst über den Unterschied des sonst üblichen Singens und einer Anbetungszeit zu sprechen. Während das eine in der Regel Lieder über Gott sind, sind das andere alles Gebetslieder, d. h. Lieder zu Gott hin. Es muß erklärt werden, daß diese Zeit von Anfang an eine Gebetszeit ist, die nicht mehr durch andere Gespräche unterbrochen werden soll, und daß es um eine Hinwendung unserer ganzen Person zu Gott hin geht. Es ist hilfreich und nötig, daß ein Teilnehmer des Hauskreises (es muß nicht der Leiter sein!) sich auf diese Anbetungszeit vorbereitet, d. h. daß er entsprechende Lieder vorher aussucht, die aufeinander aufbauen. Die Aufgabe des Anbetungsleiters ist es, den Teilnehmern zu helfen, aus ihrem Alltag in die Gegenwart des Herrn zu kommen. !

Da kann am Anfang z. B. ein Lied gesungen werden, das jeden einlädt, in Gottes Nähe zu kommen. Oft ist es dann zuerst nötig, in einer Stille vor Gott abzulegen, was uns noch vom Tag her beschäftigt und belastet. Dann schauen wir auf Gottes persönliche Hilfe und Zuwendung und danken ihm dafür in einer »Dankrunde«. Lieder, die Gottes große Taten loben und rühmen, stärken enorm unser Vertrauen auf ihn und es fällt uns leicht, ihn in seinem Wesen, z. B. seiner Treue, seiner Liebe zu sehen und anzubeten.

Der Anbetungsleiter wählt nicht nur die Lieder aus, sondern leitet auch durch diese Gebetszeit mit gesprochenen Gebeten dazwischen oder auch einer kurzen Überleitung und Hinführung zum nächsten Lied.

Wenn ein Kreis hier weiterkommen möchte, ist auch der Besuch von Seminaren und Schulungen zum Thema Lobpreis und Anbetung zu empfehlen. Solche werden inzwischen von verschiedenen Werken angeboten (Adressen S. 496).

Dann gibt es auch sehr gute und praktische Bücher zum Thema. Um z. B. neue Lieder kennenzulernen oder von anderen Gruppen zu lernen, wie sie ihre Lieder singen und musikalisch gestalten, sind auch Kassetten hilfreich.

Noch ein Gedanke zur Begleitung der Lieder: Es entstehen heute sehr viele neue Anbetungslieder und oft entstehen sie sogar zusammen mit der Begleitung, sozusagen als Einheit, und sie können deshalb ohne Begleitung kaum gesungen werden. Es sollte also jemand im Hauskreis ein Begleitinstrument (Gitarre oder Klavier/Keyboard) spielen können oder bereit sein, es zu lernen. Er sollte sein Instrument wenigstens so weit beherrschen, daß er das Singen in der Gruppe voranbringt und nicht hindert. Nicht nur wünschenswert, sondern notwendig ist auch eine dem Text und der Melodie angepaßte Begleitung. Und daß Anbetung auch allein durch Musik möglich ist, ist keine Neuentdeckung unserer Zeit, sondern übliche Praxis zur Zeit des Alten Testaments (1 Chr 25,1ff; 2 Chr 29,25ff). Es hat mich sehr beeindruckt, als ich beim Studieren der Chronikbücher entdeckte, welch hohen Stellenwert Lob und Anbetung Gottes hatten. Das spornt mich an, Gott auch heute mit Liedern und Instrumenten viel mehr zu loben.

Was macht man, wenn Leute abgeschlafft oder gar verwundet vom Tag zum Hauskreis kommen? Soll man dann auch als erstes »in die Anbetung gehen«?

Unser Hauskreisabend beginnt mit der sehr wichtigen, etwa halbstündigen Kontaktzeit. Wir erzählen einander, wie es uns geht – das tut zunächst einmal gut. Wir teilen einander gute Erfahrungen mit und wir legen auch schon eine ganze Menge Belastungen ab. Dann aber wenden wir uns ganz bewußt Gott zu, um ihn zu sehen, wie er ist und um ihm zu begegnen. Dabei ist es wichtig, daß wir so kommen dürfen, wie wir sind – wir müssen uns für die Begegnung mit Gott nicht präparieren! Wir müssen nur offen sein für ihn! Nach dieser Anbetungszeit beschäftigen wir uns mit unserem Thema (meist ausgehend von einem Bibelabschnitt). Im letzten Teil des Hauskreisabends bringen wir in kleinen Gruppen dann unsere persönlichen Anliegen und Probleme vor Gott – sehr konkret und sehr erwartungsvoll. Wie sollte der große Gott nicht mit unseren Problemen fertig werden! Aus der Anbetung wächst Vertrauen! Keiner muß also seine Probleme wieder mit nach Hause nehmen. In diesem Gebetsteil geschieht ganz praktische Seelsorge. Wir haben mit dieser Regelung sehr gute Erfahrungen gemacht. Wir erleben großartige Veränderungen an Teilnehmern, die sehr »kaputt« in den Kreis kamen und am Abend selber oder erst recht über einen längeren Zeitraum hin wirklich von Gott verändert wurden – aus Depression zu einem Lebensstil der Anbetung im Alltag!

Gibt es ein bestimmtes Anbetungsliedgut oder soll man auf die alten Choräle und Kirchenlieder zurückgreifen?

Meistens werden heute in den Hauskreisen neue Lobpreis- und Anbetungslieder (eine Auswahl der Liederbücher im Anhang S. 341) gesungen. Das ermöglicht auch Leuten ohne kirchliche Tradition einen schnellen Zugang zu diesen Liedern und außerdem viel leichter als zu den alten Chorälen, die oft so schwer verständliche Texte haben. Auch führt ein Choral mit seinen vielen Strophen durch eine Fülle von Gedanken, Bildern und geistlichen Themen, die wir in der Kürze kaum mit unserem Verstand, geschweige denn mit unserem Herzen erfassen und nachvollziehen können. Allein mit dem Choral »Du meine Seele singe« z. B. könnte man eine halbstündige Anbetungszeit gestalten.

Die heutigen, einfacheren Anbetungslieder lassen uns mehr Zeit, einzelne Aspekte in uns aufzunehmen, so daß wir sie wirklich zu unserem Herzensgebet machen können. Choräle haben ihren Platz in der Gemeinde und sollen ihn auch behalten, aber für die Anbetung finde ich neue Lieder hilfreicher. Allerdings verwende ich auch oft einzelne Choralstrophen, die sich dann inhaltlich in den Aufbau einer Anbetungszeit gut einfügen lassen.

Ist so eine Anbetungszeit nicht fast schon wieder eine Kirche im kleinen mit einer festgelegten Liturgie?

Auch wenn es bestimmte Punkte gibt, die in jeder Anbetungszeit normalerweise wiederkehren, ist die Form doch lange nicht so festgelegt und straff wie eine Liturgie. Viele Anbetungsleiter würden sich wehren, in eine starre Form eingezwängt zu werden. Denn oft erleben sie im Hauskreis, daß z. B. eine vorbereitete Anbetungszeit anders gelenkt wird, einfach aus der Situation heraus. Ein Anbetungsleiter sollte bewußt mit der Leitung des Heiligen Geistes rechnen und er wird dabei immer wieder sehr schöne Überraschungen erleben.

»Geistlicher Kampf«

In unserem Hauskreis haben wir darüber gesprochen, warum wir uns vor allem in Deutschland so schwer mit dem lebendigen Glauben tun. Manche sprachen von einer »geistlichen Decke«, die auf unserem Land lastet. »Jemand« möchte die Menschen davon abhalten, ans Licht zu kommen. Einige Hauskreisteilnehmer meinen nun, daß dies mit Mächten der Finsternis zu tun haben könnte. Kennt die Bibel solche Gedanken?

Gott versprach seinem Volk Israel, der Himmel würde entweder geöffnet sein (Dtn 28,12) oder »ehern« (Dtn 28,23). Letzteres führt zu einer »eisernen« Erde.

An bestimmten Orten spürt man, daß der Himmel sozusagen geöffnet ist, Gottes Wort hat freien Lauf, Christen dienen ihrem Gott mit fröhlichem Herzen (Dtn 28,47) und Ungläubige legen eine große Offenheit für das Evangelium an den Tag.

Das hat Gründe. Jesus spricht in Mt 12,29 von dem Starken (dem Teufel), seinem Haus (der Welt bzw. bestimmten Gebieten der Welt) und seinem Hausrat (Menschen, vielleicht auch Strukturen).

Paulus sagt, daß es das Ziel des Teufels ist, Menschen zu verblenden (2 Kor 4,4) und damit vom Glauben abzuhalten. »Den Starken zu binden«, hieße also praktisch, gedankliche Festungen in den Ungläubigen in einer geistlichen Gebetsoffensive zu beseitigen (2 Kor 10,36), damit sie Jesus sehen können.

Gott hat versprochen, »Himmel« und Erde zu erschüttern, damit sein Reich kommen kann. Heißt »Erde« die Nationen, die Völker, so ist der »Himmel« die Welt der unsichtbaren Geisteswesen, die die Völker manipulieren und steuern.

Den Starken und dessen Verbündete zu binden, heißt, im Auftrag Gottes den Teufel und seine dämonischen Mächte so außer Gefecht zu setzen, daß sie uns verlassen, damit die Kräfte des Reiches Gottes freigesetzt werden (vgl. Mt 4,11). Danach gilt es, »das Feld zu behalten» (Eph 6,13), das heißt, freigewordene Menschen im Reich Gottes zu beheimaten. Für diesen Kampf ist es unerläßlich, daß die gleichgesinnten Kampfgenossen in herzlicher Einheit und Verbundenheit leben und beten. Denn in einen gefährlichen Kampf geht man nicht allein!

Grundeinstellung zum »Geistlichen Kampf«

Die ganze Kirche befindet sich in einem Zustand des erklärten Krieges, dessen Ausgang aber sicher ist: Mt 16,18!

Nicht jeder kämpft, aber jeder, auch der in der »Etappe«, muß wissen, wer der Feind ist (nicht Fleisch und Blut) und wie und wo gekämpft wird. Das strategische Ziel einer Armee ist für jeden Kämpfer klar, egal an welcher Stelle er steht: die Vernichtung der gegnerischen Stellung, das heißt, der Sieg. Ohne Bild: Christen sind in bezug auf den Kampf mit dem Teufel definitiv keine Pazifisten – so sehr sie in bezug auf die Menschen Boten des Friedens sind nach dem Gebot Jesu. Sie erringen in ihrem Kampf nicht den Sieg – der steht seit Ostern fest –, sondern sie setzen den Ostersieg Jesu in einem konkreten Punkt durch.

Gibt es eine Grundeinstellung zu diesem Gebiet, um die wir uns im Hauskreis bemühen sollten? Was müssen wir dabei beachten?

Zwei Bibelworte bilden einen guten Ausgangspunkt:

»Sucht die Nähe Gottes, dann wird er sich euch nähern«, und: »Leistet dem Teufel Widerstand, dann wird er vor euch fliehen« (Jak 4,8 u.7).

- Wir müssen in der Nähe Gottes leben: Wir brauchen ein tiefes, anhaltendes Gebetsleben.
- Man muß das vollbrachte Werk Jesu am Kreuz kennen und verstehen (Offb 12,10-11), daß wir Frieden mit Gott haben, und daß es keine Verdammnis für uns gibt, wenn wir in Jesus Christus sind.
- Man muß sich dem Oberkommando des Herrn der Heerscharen unterordnen – in allem. Den Demütigen gibt er Gnade und den Gehorsamen stärkende Erfahrungen.
- Bewußten und entschlossenen Widerstand leisten an der Front zwischen Licht und Finsternis.
- Die Herrschaft Jesu, den Sieg Jesu glaubend ausrufen im Gebet, im Lied, alleine und gemeinsam über einzelne Menschen, über unsere Städte und unser ganzes Land.

In einem Hauskreis lernt man, in verbindlicher Beziehung zu leben, in einer Zu- bzw. Unterordnung, ohne die kein Schutz im Kampf gegeben ist. Im Hauskreis entsteht eine Einheit, die Bestandteil des siegreichen Heeres der Gemeinde ist. Denn ein Reich, das in sich uneins ist, kann nicht bestehen.

Mangelware »Gebet«

Ein ausländischer Beobachter äußerte sich vor einiger Zeit folgendermaßen zur geistlichen Situation in diesem Land: »Die Deutschen essen zu viel, schlafen zu viel und beten zu wenig!« Steht es wirklich so schlimm um uns?

Ich kenne dieses Zitat. Es stammt von einem Koreaner, der seine große Gemeinde als die Frucht jahrelanger »Gebetsarbeit« versteht. Westliche Beobachter sind immer wieder tief beeindruckt von dem Gebetseifer koreanischer Christen, die sich täglich schon um fünf Uhr morgens für eine Stunde zum Gebet in der Kirche versammeln und das seit Jahren. Auch die Einrichtung der sogenannten »Gebetsberge«, wohin sich Christen zu Tausenden zum Fasten und Beten zurückziehen, ist eine koreanische Erfindung.

Dieser Gebetsstrom hat zweifellos mit der geistlichen Bewegung zu tun, die momentan immer stärker wird in Korea. Auch bei uns hat sich in den letzten fünf Jahren Erstaunliches getan. Der »Gebetspegel« in Deutschland ist so sehr gestiegen, daß es schon bereits nicht mehr möglich ist, die Fülle an Gebetsinitiativen zu überblicken. Viele von ihnen haben auch gutes Material zur Ermutigung von Gebetsgruppen herausgegeben. (☞ ADORAMUS, Campus für Christus, Jugend für Christus, Fürbitte für Deutschland, Frauengebetsarbeit u.v.m.)

Viele Gebetsgruppen sind Spontangründungen in den örtlichen Gemeinden, entstanden aus dem Bedürfnis zu beten und zwar gemeinsam. Zuweilen wurden sie durch eine Evangelisation angeregt, zuweilen von Hauskreisleuten, die erkannten, daß eigene Gebetstreffen nötig seien, da im Hauskreis normalerweise das gemeinsame Gebet immer zu kurz kommt.

Wie sehen solche Gebetsgruppen aus und wie organisieren sie sich?

Es ist zu beobachten, daß Gebetsgruppen (mit Ausnahme der Gebetstreffen der geistlichen – oft charismatischen – Erneuerungsbewegungen) immer deutlich kleiner sind als Hauskreise. Hat ein Hauskreis im Idealfall acht bis zwölf Teilnehmer, so geht die Empfehlung für Gebetskreise – ausgehend von der Verheißung Jesu für das einmütige Beten von zwei oder drei in seinem Namen – von zwei »Gebetspartnern« (ADORAMUS) über drei als »Gebets-Trios« (Jugend für Christus) bis maximal fünf oder sechs. Die Gebetskreise treffen sich gewöhnlich kürzer als die Hauskreise: ca.

30 bis 60 Minuten. Sie wählen dazu oft andere Zeiten als den Abend: Berufstätige vor der Arbeit (mit oder ohne Frühstück), Mütter am Vormittag, Ruheständler am Nachmittag etc. Um solche Zeiten zu finden, empfehlen sich homogene Gruppen mit vergleichbarem Tagesplan, was meist auch Unterteilung in Männer- und Frauengruppen bedeutet.

Der größere Teil der Hauskreise trifft sich vierzehntägig, die Gebetskreise wöchentlich. Sie sind dafür lieber kürzer als seltener zusammen.

Die Gebetstreffen selber sind sehr konzentriert. Man weiß, wozu man zusammengekommen ist und daß die Zeit kurz ist. Deswegen wird sofort und konzentriert begonnen.

Das Gebet nimmt natürlich die längste Zeit ein. Welche Rolle daneben Lied, Bibellesen und persönlicher Austausch spielen, hängt stark vom Stil des Kreises ab. Stärker charismatisch geprägte Gruppen z. B. werden mehr Zeit auf die Anbetung Gottes, vor allem auch im Lobpreis, legen als andere. Losung oder Tageslesung ohne Auslegung folgen. Auch beim Nennen der Gebetsanliegen gibt es Unterschiede: Bei den einen nennt der Leiter die im voraus überlegten Anliegen, bei anderen nennen diese die Mitglieder, andere hören zuerst in einer Stille, was Gott ihnen zeigt und beginnen dann mit oder ohne Austausch das Gebet für das, was Gott ihnen aufs Herz gelegt hat.

Sie sprechen von Leiter. Braucht eine so kleine Gruppe wie ein Gebetskreis überhaupt einen Leiter?

Ja, bezeichnenderweise hat sich das bewährt. Wegen der Kürze der zur Verfügung stehenden Zeit braucht es eine Leitung. Durch sie wird keine Zeit am Anfang vergeudet bis man richtig anfängt; falls nötig, sind die Lieder für den Anfang schon vorbereitet und man weiß, wer die Losung vorliest. Vor allem braucht es beim Gebet Leitung an den Stellen, wo ein neuer Impuls eingebracht oder bei einem Anliegen noch verweilt werden sollte, ehe man zum nächsten weitergeht.

Stehen Gebetskreise nicht in der Gefahr, sich nur um sich selbst und ihre persönlichen Anliegen zu drehen?

Wenn sie *nur* »persönliche Anliegen« durchbeten würden – gewiß. Aber ich kenne kaum Gebetskreise, die sich nur in diesem Horizont bewegen. In der Regel ist sogar für die Gründung des Gebetskreises ein übergeordnetes Anliegen der Anlaß gewesen wie z. B. Gebet für die Jugendarbeit oder die

Gesamtgemeinde oder Missionare aus der Gemeinde oder die Weltmission insgesamt. So sind die Horizonte des Gebetes oft sehr weit, so daß in den Gebetskreisen eher darauf geachtet werden muß, nicht nur allgemein, sondern konkret im Gebet zu sein. Nur so kann die Freude von Gebetserhörungen erlebt werden.

Anliegen der Gebetskreise sind also:
- persönliche Nöte in Familie und Beruf
- Probleme und Unglauben von Freunden und Nachbarn.
- Gemeinde (Pfarrer, bestimmte Personen und Kreise, der Gottesdienst, Veranstaltungen und insgesamt die Erwekkung des Ortes)

Hier endet der Horizont vieler, vor allem gemeindlich ausgerichteter Gebetsgruppen. Es braucht das Gebet der Beter auch für:
- den Wohnort (Kommunalpolitik, Schulen, Wirtschaft und Arbeitsplätze etc.) sowie die ganze Region,
- den Staat und seine Politik in Land und Bund,
- die Landeskirche und ihre Leiter und Gremien,
- die Mission in anderen Ländern und den Anteil Deutschlands daran.

Um besser für den Ort beten zu können, machen manche Gebetsgruppen hin und wieder »Gebetsspaziergänge« durch den Ort oder benützen das Auto als »Blechkatakombe«, um von dort aus gezielt an besimmten Brennpunkten der Stadt oder der Region zu beten.

Welche Rolle werden die Gebetsgruppen in Zukunft spielen?

Nach den Entwicklungen der letzten Jahre scheint eine Welle des Gebetes unser Land zu ergreifen. Die Gebetsgruppen und ihre Vernetzung und damit ihre geistliche Kraft wird zunehmen, ja das Gebet wird »überlaufen« und als Gebetsmärsche zum Bild unserer Städte gehören. Das Gebet wird das »geistliche Klima« in Deutschland spürbar verändern. Gott sucht Beter, er findet sie und wird mit ihnen Neues schaffen.

☞
- Beten im Hauskreis
- Gebetsbewegungen
- Gebetsgemeinschaft
- Vertiefender Hauskreis
- Formen der Hauskreisarbeit

Gefahren für den Hauskreis

Vier Konfliktbereiche

Die meisten Hauskreisleute freuen sich über ihren Kreis und denken nicht groß nach über Gefahren. Aber es ist durchaus nützlich, sich mögliche Gefährdungen einmal bewußt zu machen. Wie könnten sie aussehen?

Der Hauskreis ist eine verbindliche Gruppe mit spirituellem Leben, die sich als Gruppe in dem größeren Zusammenhang einer Ortsgemeinde befindet.

Von diesem Satz können alle Konflikte und Gefahren der Hauskreisarbeit abgeleitet und erläutert werden.

1. Konflikte der Großgruppe der Gemeinde mit der Kleingruppe.
2. Konflikte der Kleingruppe mit der Großgruppe.
3. Innenkonflikte einer Gruppe, die sich verbindlich versteht.
4. Gefährdung aus der Spiritualität.

Die Gefahren, mindestens von 1.-3., sind »normale« d. h. sind bedingt durch die gewöhnlichen, menschlichen Reaktionsmuster untereinander.

1. *Konflikt der Gemeinde mit dem Hauskreis.*

Die Hauskreise versuchen, in einem überschaubaren Rahmen Apg 2,42 zu leben: Apostellehre (Bibellehre) – Gemeinschaft (als Kinder Gottes wie eine Familie) – Gebete (persönlich und offen). Damit konkretisieren und veranschaulichen sie eigentlich nur, was nach dem Neuen Testament allen in der Gemeinde gehört. Ein Hauskreis ist demnach nichts Besonderes, wird aber leider oft als solches empfunden, weil in unserer volkskirchlichen Gemeindeerfahrung das Normale nicht mehr das Normale ist. Der Kontrast fällt auf. Und ohne viel zu denken, wird das Ganze in Frage gestellt: »Die wollen wohl was Besseres sein«. Und der Ort der Begegnung im Privathaus fügt dann noch den Verdacht der »Abspaltung von der Gemeinde« hinzu.

2. *Konflikte des Hauskreises mit der Gemeinde.*

Grundsätzlich muß man einräumen, was auch die Geschichte bestätigt, daß immer die Gefahr für kleine, private Hausversammlungen besteht, sich als Konventikel und Abspaltung von der Großgemeinde abzusondern. Das Normale aber ist das nicht!

Dennoch wird auch von Hauskreisleuten selbst die Gefahr der »Abkapselung« gegenüber der Gemeinde als die größte Gefährdung ihrer Arbeit gesehen.

Denn wie schnell kann gerade in einem sehr guten Kreis das Gefühl aufkommen, daß hier doch eigentlich alle Bedürfnisse abgedeckt seien – wozu da noch die Gemeinde?

Abkapselung zeigt immer Horizontverengungen und Selbstgenügsamkeit. Abkapselung kann ja sehr verschiedene Gesichter haben: vom nicht mehr besuchten Gottesdienst über den Rückzug von jeglicher Mitarbeit bis hin zu arroganten Bemerkungen über die Gemeinde und ihre Arbeit. An dieser Stelle setzt ein ungeistliches, pharisäisches Zweiklassendenken ein. Nun braucht nur noch eine starke Leiterpersönlichkeit dazukommen, die es für eine Unzumutbarkeit hält, daß da jemand anderes im Ort das Sagen haben soll, dann ist die Gefahr einer Personalgemeinde und der Abspaltung akut gegeben. Leider prägen solche Verletzungen bei den betroffenen Pfarrern zeitlebens ihr Verhältnis zu Hauskreisen und in den Gemeinden, in denen solch eine Spaltung passiert ist, spürt man oft noch nach Jahrzehnten die Vorbehalte. (In Klammer: Heilung geschieht hier nur durch ehrliche Umkehr.)

3. *Innenkonflikte einer Gruppe.*

Je näher sich Menschen kennenlernen, desto mehr reiben sie sich auch. Das gilt auch für den Hauskreis. In der Weitläufigkeit der Gemeinde z. B. im Gottesdienst, da kann man noch – weit getrennt – beisammen sein. Aber nicht mehr in der Beziehungsnähe eines Hauskreises! Hier müssen störende Dinge ausgesprochen und bereinigt bzw. ausgehalten und durchgetragen werden. Menschliche und charakterliche Schwächen, Empfindlichkeiten, Dominanz des Leiters, Profilierungssucht einzelner, Eigenarten der »Kinderstube« und des »Benimm« usw. – alles das erlebt man nun unmittelbar als Enttäuschung am andern und muß sich damit auseinandersetzen. Wie so eine Auseinandersetzung aussehen kann?

Die einen bleiben einfach weg (aus »Zeitgründen«). Das führt aber nicht zur Reife. Weiter führt, wenn man Jesus im anderen sieht, auch wenn einen manches am anderen stört. Im Grad der Vertrautheit kann man das Störmoment später einmal auch aussprechen (»Ermahnung«). Bis dahin trägt man es in Liebe, immer wieder.

Gruppeninterne Prozesse

Bei den Konflikten gibt es Prozesse, die einem in der Gruppe gleich auffallen, andere, die einem erst mit der Zeit klar werden. Offensichtlich zu erkennen ist z. B. autoritäres Verhalten des Leiters, schwieriger zu durchschauen sind Konkurrenzgefühle zweier gleich Starker oder gleich Begabter auf einem bestimmten Gebiet, der Neid und der Hochmut, bis hin zum Rückzug als Druckmittel, um beachtet zu werden; am schwierigsten durchschaubar sind alle »*Gruppenzwänge*«, d. h. Verhaltensmuster, die in dieser Gruppe erwünscht sind und einem Anerkennung einbringen. Das kann bis hin zur Art des Betens gehen oder wie man zu missionarischen »Erfolgen« kommt.

Dies alles sind ganz »normale« Gefahren für Gruppen, die zu Konflikten im Hauskreis führen können und die der Seelsorge bedürfen, sofern es einzelne und ihr Verhalten betrifft bzw. einen Abend mit »*Zwischenbilanz*«, sofern es die Gruppe betrifft.

Aber es gibt nicht nur Konflikte im Hauskreis, über denen ein Kreis evtl. zerbrechen kann. Es gibt auch tiefe Freundschaften, Vertrauen und gegenseitige Hilfestellungen fürs Leben, die zunächst das Gegenteil von Gefährdung für den Kreis darstellen. Im Normalfall ist das auch so. Aber aus dem Plus gewachsenen Vertrauens untereinander kann unversehens ein Minus werden, wenn plötzlich kein Neuer mehr hereinfinden kann, weil er sich als Störfaktor vorkommt. Das ist »unbewußte Abkapselung«. Es gibt aufnehmende, offene Herzlichkeit und ausgrenzende.

Eine weitere Gefahr ist die »Insider-Sprache«, die andere ebenfalls ungewollt ausgrenzt.

Und weil man sich so mag, darum ist man auch nicht bereit, den Kreis zu teilen, obwohl man etliche Bekannte weiß, die gerne in einen Hauskreis kommen würden und die dies auch brauchten. Aber das geht ja nicht, denn »dann sehen wir einander nicht mehr«. Hier tritt emotionale Bindung an die Stelle geistlicher Verantwortung und einer Perspektive für den Bau des Reiches Gottes. Emotional im unguten Sinn wird es auch, wenn in einem Kreis aus Vertrauen Vertraulichkeit wird, und erotische Schwingungen zwischen einzelnen anfangen, hin- und herzugehen. Das führt meist nicht zum Ehebruch, aber es gibt einen »geistlichen Ehebruch«, der Ehen auch stark belastet und die Klarheit im Kreis verdunkelt.

Eine ganz andere Gefährdung für einen Hauskreis kann die Überforderung durch zu viele »angeschlagene« Menschen sein. Hier muß man auch einmal »nein« sagen können bei einer Anfrage um Aufnahme.

Die schlimmste Gefahr für einen Hauskreis aber entsteht da, wo das Vertrauen gebrochen wird. Dies geschieht, wenn jemand Vertrauliches aus dem Kreis außerhalb weitergibt und es der Betreffende von anderer Seite wieder zugetragen bekommt. Das ist furchtbar!

4. *Gefährdung aus der Spiritualität.*

An zwei Stellen gilt es für einen Hauskreis, wachsam zu sein. Zum einen, wenn die Spiritualität eines Kreises »satt« ist. Das ist immer dort der Fall, wo gute geistliche Erkenntnisse wie schöne bunte Kugeln hin und hergerollt werden, man sich daran ergötzt, aber nichts daraus für den Alltag folgt. Diese Gefahr besteht leider bei vielen Hauskreisen, die ernsthaft auf dem Weg sind!

Zum anderen gibt es auf theologischem Gebiet eine Gefahr für den Hauskreis, wenn einer im Kreis, gar noch der Leiter, eine theologische Sonderrichtung durch die Verabsolutierung einer biblischen Wahrheit einschlägt und versucht, alle anderen auch auf seine Seite zu ziehen. Solche Spezialthemen können sein:

Evolution contra Schöpfung, Endzeit, Israel, Buße, politische Friedensarbeit, Erhaltung der Schöpfung oder anderes. Leicht werden dann alle, die da nicht mitmachen, ausgegrenzt und bleiben mit der Zeit weg.

Etwas anderes ist es, wenn ein Kreis als ganzer einen speziellen Auftrag erkennt, etwa Besuchsdienst, Friedensarbeit, Gebet für Israel und dies dann auch sonst zum Schwerpunkt im Leben des Kreises wird.

☞

- Konflikte im Hauskreis
- Pfarrer/Pastor und Hauskreis

Wenn ein Hauskreis nicht akzeptiert wird

Gibt es in einer lebendigen Gemeinde aktive Mitarbeiter, die in keinem Hauskreis sind?

Da die Hauskreise »Lebenszellen« in der Gemeinde sind, wäre es gut, wenn möglichst alle aktiven Gemeindeglieder in einem Hauskreis wären. Wenn aber jemand seine »Tankstelle« in einem anderen Kreis sieht, ist das durchaus auch in Ordnung.

Wie werden Hauskreise natürliche Bestandteile der Gemeinde, ohne exklusive Abgrenzungsgrüppchen zu sein?

Da Hauskreise leicht ein Eigenleben entwickeln, ist es unbedingt erforderlich, daß Kontakt zwischen der Gemeindeleitung und den Hauskreisen besteht und dieser ständig vertieft wird. In einigen Gemeinden geschieht das so, daß der verantwortliche Pastor in einem gewissen Turnus alle Hauskreise besucht. Dabei ist er dann nur Gast, die Leitung behält der Hauskreisleiter. Seine Aufgabe ist es, Fragen zu beantworten, Lehre weiterzugeben und auch hin und wieder das Abendmahl zu leiten.

Eine andere Ebene der Koordination von Hauskreisen und Gemeinde sind die *Leitertreffen*. In besonderen Zusammenkünften der Hauskreisleiter werden die Probleme der Hauskreise besprochen, Termine ausgetauscht, gemeinsame Veranstaltungen (auch gemeindliche) festgelegt. Dieser Austausch aller Hauskreisleiter mit der Gemeindeleitung ist sehr wichtig, da so verhindert wird, daß die Hauskreise ein Eigenleben führen.

Unser Hauskreis ist »von außen« gegründet worden, und obwohl wir uns um ein gutes Verhältnis zur Gemeinde bemühen, spüren wir doch auf allen Ebenen, nicht akzeptiert zu sein. Was sollen wir in diesem Fall machen?

Das kann auch einem »pfarreigenen« Hauskreis im Blick auf die sogenannte »Stammgemeinde« passieren. Von ihr werden die Hauskreise besonders scharf beobachtet und genau unter die Lupe genommen und jede Veränderung im Gemeindeleben oft heftig bekämpft. Was kann man da tun?

Zunächst ist den Hauskreisen zu sagen, daß sie sich an das Gebot der Nächstenliebe halten sollen. Etwas mit »Gewalt« durchsetzen zu wollen, auch wenn man selbst es als unerhört wichtig für die Gemeinde betrachtet, entspricht nicht dem Liebesgebot.

Zum Zweiten ist es wichtig, daß wir uns viel Zeit nehmen, zu erklären und zu begründen, warum wir diese »Neuerung« für wichtig halten. Da Hauskreise »Lebenszellen« sind und nicht Selbstzweck, soll von ihnen Leben ausgehen in die anderen Bereiche der Gemeinde. Das geschieht etwa in Gottesdiensten, Gemeindeveranstaltungen, Urlaub und Freizeitplanung.

Wie ist im Normalfall das Verhältnis zwischen Pastor und Hauskreisleitern? Liegt hier nicht ein weites Feld für Konflikte?

Spannungen gibt es vor allem überall dort, wo Menschen miteinander leben und nicht miteinander reden. Konflikte entstehen dort, wo der *Informationsfluß* stockt oder gar nicht funktioniert. Anlässe zum Konflikt im Bereich des »Allzu-Menschlichen« gibt es genug im Gemeindeleben. Beleidigtsein, das Gefühl »der versteht mich nicht«, Stolz und »Aktivismus« sind Spannungsfelder, die aus einem solchen Grunde entstehen können. Auch hier gilt: auf den anderen sofort zugehen und das persönliche Gespräch suchen. Nicht um anzuklagen, sondern um liebevoll den anderen zu verstehen.

!

Ein weiterer Konflikt liegt da, wo der Gemeindeleiter lernen muß (!), Aufgaben zu delegieren, dann aber auch dem Hauskreis die Umsetzung wirklich überläßt. Pfarrer tun sich dabei aus ihrem großen Verantwortungsgefühl heraus oft ausgesprochen schwer. Wichtig ist also, daß Spannungen schon im Vorfeld im Gespräch abgebaut werden. Kommt es doch einmal dazu, dann ist eine Aussprache unbedingt notwendig. Bei dieser Aussprache ist das Gebet das A und O.

Wir leben in einer Gemeinde mit einem Pastor, der eine Theologie vertritt, die uns schwer zu schaffen macht. Wie sollen wir uns als Hauskreis da verhalten?

Bei den theologischen Spannungen, die aus der unterschiedlichen theologischen Sicht des Gemeindeleiters bzw. der Hauskreisteilnehmer entstehen, ist es auch nötig, das Gespräch zu suchen. Sollte die eine oder andere Seite dieses Gespräch ablehnen, dann sollte der Hauskreis dem Gemeindeleiter offen sagen, daß sie aus diesen oder jenen theologischen Gründen seine Autorität als Gemeindeleiter in dieser Sache nicht anerkennen können; daß sie aber in allen anderen Dingen ihn als

Gemeindeleiter respektieren. Die trotzige und grundsätzliche Ablehnung bringt nichts, bzw. bewirkt nur Spaltung in der Gemeinde. Wenn ein Gemeindeleiter spürt – u. U. darf man ihm dies auch sagen –, daß man für ihn betet, entschärft sich unter Umständen die Situation. Auch sollten wir falsche theologische Lehre mit dem Gemeindeleiter unter vier Augen besprechen und nicht in der Öffentlichkeit. Wenn der Gemeindeleiter Verbote ausspricht, z. B. nicht in Sprachen zu beten, dann sollte man ihm in aller Liebe und doch klar und bestimmt sagen, »daß wir uns wohl in der Öffentlichkeit zurückhalten, aber im Hauskreis selbst diese Gabe auch weiter üben werden«. Verbieten kann ein Gemeindeleiter dem Hauskreis eigentlich nichts, aber wir sollten uns als Hauskreis die Frage stellen: Ist die Sache so wichtig, daß wir unbedingt auf unserer Position beharren müssen? In solchen Fällen ist es gut, wenn wir als Hauskreis uns Rat holen bei einem außenstehenden Gemeindeleiter, zu dem wir Vertrauen haben.

Das eben Gesagte gilt auch im umgekehrten Fall, daß der Hauskreis theologisch auf Abwege gerät. Auch hier sollte der Gemeindeleiter in Liebe das Gespräch suchen und mit theologischen Gründen zu überzeugen suchen. Es ist gut, wenn der Gemeindeleiter rechtzeitig durch Schulung die Hauskreise kennenlernt und prägt. Bedenken wir, nicht nur der Gemeindeleiter, auch die Hauskreisleute sind unvollkommene Menschen, Sünder, mit denen Gott so seine Probleme hat. Lassen wir uns nicht bitter machen, wenn es nicht so geht, wie wir uns das vorstellen. Der Vorwurf »Sie spalten die Gemeinde« kann uns dann nicht treffen, wenn wir auch an den Veranstaltungen der Gemeinde teilnehmen und uns nicht, weil wir »tiefere Glaubenserfahrungen« haben, absondern.

Merken wir uns: Konflikte enstehen vor allem dort, wo der Informationsfluß stockt oder gar nicht funktioniert. Darum ist es für die Hauskreise und den Gemeindeleiter »lebensnotwendig«, daß sie im Gespräch miteinander bleiben. !

Wir haben uns schon oft gefragt, was sich eigentlich unser Pastor von uns im Hauskreis wünscht. Kann man da allgemein etwas sagen?

Viele Pastoren wünschen sich, daß die Hauskreise noch bewußter in der Gemeinde stehen, mitarbeiten und sich mit ihren vielfältigen Gaben einbringen.

Hauskreis ja – Gemeindegottesdienst nein?

Wir hatten eine harte Diskussion über den Gemeindegottesdienst. Manche meinten sogar, er sei überflüssig. Kann man das Wesentliche eines Gottesdienstes in wenigen Sätzen zusammenfassen?

Im Gottesdienst versammeln sich Menschen, denen Gott dient mit seinem Evangelium und die Gott feiern mit ihren Liedern und Gebeten. Da geschieht lebendiger Austausch, Gemeinschaft, Ermutigung und Tröstung, Ein solcher Gottesdienst wird von allen Anwesenden getragen. Jeder kommt als Person darin vor. Er ist beteiligt und nicht nur Konsument.

Oft werden alle diese Elemente auch sehr intensiv in einem Hauskreis erlebt, weshalb manche meinen, auf den Gemeindegottesdienst verzichten zu können. Hier liegt ein verständlicher Denkfehler vor: Die Gemeinde Jesu Christi ist nicht nur ein Häuflein Gleichgesinnter. Sie ist angewiesen auf das gelebte Miteinander der verschiedenen Menschen, Lebensstile, Altersstufen usw. Keiner hat das Ganze für sich allein gepachtet. Das gilt für den Einzelnen wie für die kleine Gruppe. So lebt der Gottesdienst von der Beteiligung vieler und die Vielen wiederum von einem lebendigen Gottesdienst. »Die einzig erlaubte Kritik an der Kirche ist die liebende und aktive Mitarbeit.« (Hermann Bezzel) Das gilt besonders auch für den sonntäglichen Gottesdienst.

Wir fühlen uns als Hauskreis unserer Gemeinde, fragen uns deshalb, warum einige Teilnehmer aus unserer Gruppe sonntags nur sehr selten zum Gottesdienst kommen.

Neben äußeren Gründen ist es bei vielen immer noch der Kampf gegen eine Gesetzlichkeit, die ihre religiöse Erziehung in der Kindheit bestimmte. Denken Sie nur an die Geschichte von der Glocke, die dem Mädchen übers Feld hinterherläuft, wenn es statt in die Kirche zu gehen am Sonntagmorgen lieber auf der Wiese bleibt zum Blumenpflücken. Solche und ähnliche Geschichten prägen sich tief ein und zeigen noch im Erwachsenenleben durch eine unbewußte Antihaltung gegen jede Reglementierung – vor allem, was den Gottesdienstbesuch anbelangt –, daß sie Wirkung hatten.

Ehrlicherweise muß man auch zugestehen, daß die Spannung zwischen dem lebendigen Glaubensaustausch im Hauskreis und dem manchmal leider sehr eingefahrenen Gemeindegottesdienst für manche einfach noch nicht verkraftbar ist.

Das heißt für einen Hauskreis: Geduld haben und immer wieder einmal von Gottesdiensten erzählen und zu besonderen Anlässen bewußt einladen. Ganz nebenbei: Wenn man sich im Hauskreis ausgiebig über die Langweiligkeit des letzten Sonntagsgottesdienstes ausläßt, muß man sich nicht wundern, wenn die »Abstinenzler« in ihrer Haltung bestärkt werden.

Manche unserer Hauskreisteilnehmer können überhaupt nicht normal reagieren, wenn es um den Gemeindegottesdienst geht. Was können wir ihnen vermitteln?

Vielleicht kann der Gesprächsleiter einmal ausdrücklich stellvertretend um Verzeihung bitten für allen Druck und Zwang, denen jemand in seiner religiösen Erziehung ausgesetzt war und offenbar immer noch ist. Druck entspricht nicht dem Evangelium.

Gottesdienst ist im Kern Einladung zum Fest, Teilnahme an der Tischgemeinschaft mit Jesus. Martin Luther wollte unter anderem mit der Reformation erreichen, daß die Menschen im Sonntagsgottesdienst einen »öffentlichen Anreiz« zum Glauben an Jesus sehen und in Scharen herzulaufen, weil die Nachricht von dem Gott, der uns entgegenkommt, so großartig und lebensumwandelnd ist.

Was daraus geworden ist? Ein Pfarrer hat es einmal so ausgedrückt: »Wir haben eine Versammlung von Eisheiligen, ein Abspulen liturgischer Richtigkeiten, akademische Vorlesungen oder sonst etwas Komisches daraus gemacht. Der Pfarrer ›hält‹ den Gottesdienst und die Gemeinde ist das ›Publikum‹ wie im Theater.«

Was kann man jemandem antworten, der sich darüber beklagt, daß immer nur die alten Lieder im Gottesdienst gesungen werden?

Der Gegensatz heißt nicht »alt – modern«, sondern »starr/tot – lebendig«. Ist das Beziehungsgeflecht der Gemeindemitglieder lebendig, dann kann auch der älteste Choral aus dem Gesangbuch lebendiger Ausdruck des Glaubens sein. Umgekehrt kann die »fetzigste« Band mit modernen Songs die Herzen der Leute kalt lassen, wenn die Beziehung zu Gott und untereinander nicht stimmt.

☞ • Beten im Hauskreis
• Singen im Hauskreis

Gottesdiensttourismus?

In unseren Hauskreisen macht sich so eine Art Gottesdiensttourismus breit: Wo am meisten »geboten« wird, da fahren wir sonntags hin. Irgendwie stimmt da was nicht, aber was?

Genau. Ob ich und wo ich in den Gottesdienst gehe, sollte nicht nur nach dem Lustprinzip entschieden werden. Verstehe ich Gottesdienst als Vollversammlung derer, die wie ich von der vergebenden Liebe unseres Gottes leben, dann spüre ich auch so eine Art Treue zu den anderen. Diese Verbindung beruht auf meiner Entscheidung, mit diesen Menschen Gemeinde Jesu sein zu wollen. Durch Christus bin ich eingefügt in seinen »Leib«. Das gilt immer und überall. Aber ob und wie ich diese Zugehörigkeit lebe, das liegt an mir.

Hauskreismitglieder sollten nicht einfach »mit den Füßen abstimmen«. Wenn die Gottesdienstgestaltung oder/und die Predigt langweilig sind oder den eigenen Vorstellungen widersprechen, ist es für beide Seiten wesentlich fruchtbarer, das Gespräch mit dem Leiter der Gemeinde zu suchen. Vielleicht ergibt sich daraus die Möglichkeit des Predigt-Vor- oder Nachgesprächs, denn auch die Predigenden leben von der Kommunikation mit der Gemeinde.

Viele Hauskreisteilnehmer freuen sich allein schon auf den sonntäglichen Gemeindegottesdienst, weil sie dort liebgewonnene »Geschwister« wiedersehen. Oft kommt es dabei zu spontanen Einladungen oder Unternehmungen, alles kleine Kostbarkeiten, die ohne eine gewisse Regelmäßigkeit und Treue nicht möglich wären.

Gemeinde und Hauskreis

Hauskreise im Neuen Testament

Immer wieder hört man, daß Hauskreise einen wesentlichen Beitrag zur Verlebendigung einer Gemeinde leisten, ja daß Gemeinden ohne Hauskreise sich grundsätzlich auf allen Ebenen schwerer tun. Wie erklärt sich das? Zeigt sich hier nur ein modernes Defizit in der normalen »Betreuung« unserer Gemeinden oder gehören Hauskreise grundsätzlich zur Gemeindeform?

Nach dem Neuen Testament lebt Gemeinde grundsätzlich in Zellen und Hausgruppen. Paulus spricht immer wieder von den Gemeinden in den Häusern, die ja bis etwa zum Jahr 250 die einzigen Gemeindetreffpunkte waren. Doch waren sie oft wohl größer als unsere Hauskreise und deckten alle Gemeindemerkmale ab, so daß man sie eher als Hauskirchen bezeichnen könnte (Röm 16,5; 10,11).

Ferner wird in der Apostelgeschichte immer wieder von den Treffen in den Häusern berichtet (Apg 2,46; 16,15). Die Menschen treffen sich in den Häusern, kommen dort zum Glauben und bilden dann zusammen eine Hausgemeinde. Auch die Ermahnungen für das Miteinander in der Gemeinde zur Zeit des Neuen Testaments deuten darauf hin, daß die damaligen Gemeinden persönliche Beziehungen und gegenseitige Hilfe und Korrektur ermöglichten; somit also einen Raum boten für ein konkretes, lebendiges Miteinander.

Wenn man also Gemeinde von der Apostelgeschichte, den Briefen des Paulus und den Nachfolgetexten der Evangelien her versteht, findet man dort Elemente des Gemeindeaufbaus, die in unserer traditionell-kirchlichen Gemeindearbeit meist zu kurz kommen.

1. Am Anfang der Zugehörigkeit zur Gemeinde steht der Ruf Jesu in die Nachfolge, der Umkehrruf zu Jesus und das Bekenntnis zu Jesus als dem Herrn (Mk 1,15; Apg 2,38; 1 Kor 12,3).
2. Das Wesen von Gemeinde macht dann im Kern die geschwisterliche Gemeinschaft, das Wort, das Gebet und das gemeinsame Essen bzw. Abendmahl aus (Apg 2,42).
3. Dann geht es im Neuen Testament sehr stark darum, daß Gemeindeglieder zum »Priestertum aller Gläubigen« befähigt werden, daß sie Zeugen Jesu Christi in ihrem Alltag werden und zusammen als sein Leib seine Werke in dieser Welt zu tun beginnen (Apg 1,8; 1 Kor 12, 12; Eph 4,12; 1 Petr 2, 9; Joh 14, 12).

Gemeindeaufbau durch Hauskreise?

»Gemeindeaufbau durch Hauskreise« klingt wie ein Patentrezept. Was bringen Hauskreise der Gemeinde und ihren Mitgliedern? Was lernen sie da, was sie sonst nicht lernen können?

Die Hauskreise vermitteln den Gemeindegliedern ganz unterschiedliche Dinge:

- Sie müssen nicht nur stumm anhören, was ihnen gepredigt wird, sondern können mit der Bibel in der Hand über das reden, was sie betrifft. Sie können den Bibeltext also auf ihren Alltag in Familie und Beruf beziehen und für sich selbst übersetzen. Damit helfen sie sich gegenseitig, im Alltag als Christen leben zu lernen.
- Sie werden als »Priester« nach 1 Petr 2,9 ernstgenommen, d. h. sie dürfen als »Laien« die Bibel lesen und auslegen, sie lernen, selber in Gemeinschaft zu beten und praktizieren damit das wesentliche Anliegen der Reformation.
- Sie bekommen Raum, sich als Geschwister zu begegnen und das zu leben, was Paulus in seinen Briefen immer wieder beschreibt, wenn er über unseren Umgang miteinander schreibt (Röm 12,9-21; Gal 6,2; Phil 2,1-4; u. a.).
- Sie finden eine geistliche Heimat in einer überschaubaren Gruppe und so auch einen Rückhalt für ihre sonstigen Tätigkeiten in der Gemeinde.

All das kommt in anderen Gemeindeveranstaltungen nur bedingt vor. Im Gottesdienst redet meist nur der Pfarrer, und die Gemeindeglieder müssen zuhören. In anderen Gemeindeveranstaltungen ist es häufig auch so, oder es geht gar nicht um Bibel und Glauben. Auch eine so stark persönliche Atmosphäre des Vertrauens ist bei anderen Gemeindeveranstaltungen in der Regel nicht da, weil der Raum des Vertrauens in einem Hauskreis geschützt genug ist.

Manchmal hört man den Vorwurf, Hauskreisteilnehmer würden sich nicht genug als Mitarbeiter in die Gemeinde einbringen. Trifft das überhaupt zu?

In den meisten Gemeinden sind Hauskreise mit der Zeit so etwas wie die Hauptquelle neuer Mitarbeiterinnen und Mitarbeiter für die Gemeindearbeit. Im Kommunion-, Firm- oder Konfirmandenunterricht arbeiten in vielen Gemeinden Hauskreisteilnehmer mit. Auch für Einkehrtage oder Konfirmandenfreizeiten sind gerade Mitglieder aus Hauskreisen, besonders aus den Jugendhauskreisen, bereit, sich voll einzusetzen. Viele Teilnehmer intensiver Glaubensgruppen in einer Gemeinde sind grundsätzlich für jegliche Mitarbeit in der Gemeinde ansprechbar: ob es ums Sammeln für die Diakonie oder Caritas geht oder ums Kuchenbacken für das Gemeindefest, um Gottesdienstmitgestaltung, diakonische Hilfeleistungen oder das Austragen von Gemeindebriefen.

Wenn Hauskreise so positiv sind, müßte doch eigentlich jedes Gemeindeglied in einem Hauskreis sein?

Ja und nein. Ja in dem Sinne, daß eigentlich jeder der »mit Ernst Christ sein will« (Luther, Vorrede zur Deutschen Messe 1526) eine Gruppe haben sollte, in der er die Wesenselemente der Gemeinde (Gemeinschaft, Gebet, Lehre, Brotbrechen, s. Apg 2,42) leben kann. Hierfür ist der Hauskreis eine bewährte Form. Dennoch ist der Hauskreis sicher nicht die einzige Form, in der diese Elemente praktiziert werden können. Persönliches Bibellesen, Austausch, Gebet und Hilfen zum Leben als Christ im Alltag können sicher auch in Jugendgruppen, Frauen-, Männergruppen und Dienstgruppen gelebt werden. Nur ist das bis heute zumindest in unserer Gegend selten der Fall. Es geht also nicht um die Form des Hauskreises, sondern darum, den Inhalt und die Wesenselemente der Gemeinde nach dem Neuen Testament zu erleben.

Unser Pastor redet gerne von »Auferbauung« der Gemeinde, und daß auch ein Hauskreis diesem Ziel zu dienen habe. Aber reicht es nicht, daß in unserer Gruppe einzelne auferbaut werden?

Nein. Erbauung, d. h. Aufbau des einzelnen für sein Leben als Christ, ist eher so etwas wie ein Zwischenziel. Insgesamt geht es darum daß der Leib Christi, die Gemeinde, fähig wird, in dieser Welt Gottes Werke zu tun und zum Bau des Reiches Gottes verfügbar zu sein. Und das geschieht in drei konzentrischen Kreisen:

1. Jedes Hauskreismitglied wird als Christ von Gott und durch die Geschwister aufgebaut, lernt im Alltag, Gott zu gehorchen und mit ihm zu leben.
2. Die einzelnen werden so fähig, je nach Begabungen in der Gemeinde Dienste zu übernehmen und sie aufzubauen.

Wer soll auferbaut werden?

3. Die Gemeinde mit ihren einzelnen Gliedern ist gerufen, Gottes Präsenz und Sendung in der Welt zu leben. Sie tritt im Gebet für ihre Umgebung und die Welt ein, sie ruft andere Menschen in die Nachfolge Jesu und macht sie zu Jüngern und sie setzt sich dafür ein, daß Gottes Reich in dieser Welt wächst und seine Ziele Raum gewinnen.

Es geht beim Hauskreis also gerade nicht um eine introvertierte Gruppe, sondern um die kleinste Zelle der Gemeinde – nächst der Familie –, ohne die eine Gemeinde nicht wachsen und leben kann.

☞
- »oikos« (Haus im Neuen Testament)
- Bedeutung des Hauskreises
- Priestertum aller Gläubigen
- Chancen der Hauskreisarbeit

Gemeinde-Pflanzungen

Vor etwa 25 Jahren entstanden in England aus vielen Hauskreisen, die mit ihrer Kirche nicht mehr einverstanden waren, neue, freie Gemeinden (*house churches*). Nun hat seit 1987 eine neue Bewegung innerhalb der anglikanischen Kirche begonnen, die rasant zunimmt. Dabei ist von Gemeindepflanzungen (*church-planting*) die Rede. Was versteht man darunter und wie soll man sich dazu stellen

Wenn englische Missionare eine neue Gemeinde gründeten, sprachen sie von *planting a new church* (»Pflanzen einer neuen Gemeinde«). Bei dieser wörtlichen Übersetzung bleibt die Dynamik, die in *planting* steckt, erhalten. Das Wort »pflanzen« erinnert daran, daß der Boden vor dem Pflanzen bereitet werden muß, daß das Wachsen und Gedeihen Zeit braucht, und daß der Mensch zwar pflanzen und begießen kann, aber das Gedeihen von Gott gegeben wird (1 Kor 3,7).

Seit fünfundzwanzig Jahren benutzen die Engländer diesen Ausdruck auch für neue Gemeinden, die aufgrund der Erneuerungsbewegung außerhalb der anglikanischen Kirche entstanden sind. Dies führte zu erheblichen Spannungen, aber inzwischen hat die anglikanische Kirche erkannt, daß das Pflanzen von neuen Gemeinden die beste Art ist, wie im eigenen Land Mission betrieben werden kann. Die *Lambeth Konferenz* 1988 rief dazu auf, den Schwerpunkt kirchlicher Arbeit auf die Mission im eigenen Land zu verlegen. Die letzte Dekade des 2. Jahrtausends solle eine Zeit der Proklamation des Glaubens an den auferstandenen Herrn sein.

Erzbischof George Carey hat als Oberhaupt der anglikanischen Kirche diese Idee auf der *4. Nationalen Church Planting Konferenz 1991* für die ganze anglikanische Kirche propagiert und eine eigene bischöfliche Kommission eingesetzt, die alle anglikanischen Pfarreien anregen soll, über die Notwendigkeit von Gemeinde-Pflanzungen innerhalb und mit Genehmigung auch außerhalb der eigenen Gemeinde nachzudenken.

Im Gegensatz zu dem Ausdruck »Gemeindegründung«, der auch von Bewegungen benutzt wird, die außerhalb der bereits vorhandenen Konfessionskirchen neue Gemeinden gründen wollen, soll im Deutschen durch den Ausdruck »Gemeinde-Pflanzung« eindeutig beschrieben werden, daß neue Gemeinden im Auftrag der Kirchengemeinde gepflanzt werden, um das Evangelium in den vorhandenen Strukturen auszubreiten.

Wie sieht das »Pflanzen neuer Gemeinden« konkret aus?

Wenn eine Gemeinde sich Gedanken macht, für neue »Ableger« zu sorgen, so ist das ein Ausdruck ihrer missionarischen Kraft. Wenn eine Gemeinde in »alle Welt gehen will« und »alle Menschen zu seinen Jüngern machen« will, dann überlegt sie, wie sie auch die Menschen mit dem Evangelium erreichen kann, die in ihrer Pfarrei leben, aber durch eine weite Entfernung, durch ein Hindernis (Eisenbahnlinie, Hauptverkehrsstraße, Fluß etc.), durch Gleichgültigkeit oder Unkenntnis den Weg zur Kirche nicht finden.

Ein Team plant – am besten zusammen mit den Menschen in dem betreffenden Gebiet – wie in einem Teil der Pfarrei, aus dem nur wenige Gemeindeglieder in die Kirche kommen, Gemeinschaft entstehen kann, und wie sie zusammen einen Gottesdienst feiern können, an dem die Menschen dieses Gebietes gerne teilnehmen. Solch ein Gottesdienst findet dann meist in einem schon vorhandenen weltlichen Gebäude (Schule, Jugendzentrum, Kegelbahn etc.) statt und wird sehr informell, aufgelockert, kommunikativ und mit neuen Liedern, zu denen eine Musikgruppe spielt, gehalten.

Wenn ein Team einen Gottesdienst für eine bestimmte Gruppe innerhalb der Gemeinde (Jugendliche, Studenten, Punks, Ausländer, usw.) in dem gleichen Kirchengebäude anbietet und daraus eine Gottesdienstgemeinde entsteht, kann diese auch eine »Pflanzung« genannt werden. Eine Gemeinde-Pflanzung ist also immer eine neue Gottesdienstgemeinde, meist in der eigenen Gemeinde.

Besteht aber nicht die Gefahr, daß sich die neue Gemeinde von der Muttergemeinde abspaltet?

Ein Pflanzungsteam kann nur tätig werden, wenn der Kirchengemeinderat dies beschlossen hat, und wenn ihm über den Fortgang der Pflanzung berichtet wird. Es soll auch darauf geachtet werden, daß bestimmte Merkmale der anglikanischen Kirche beachtet werden (Mindestmaß anglikanischer Liturgie, Beachtung des kanonischen Rechts, usw.), und daß die beiden Sakramente (Taufe, Eucharistie) geachtet und von geweihten Priestern gespendet werden.

Und welche Rolle spielen dabei die Hauskreise?

In fast allen englischen Gemeinden, die Gottesdienstgemeinden pflanzen, gibt es auch Hauskreise, denn in den

Hauskreisen festigen sich neue Christen in ihrem noch jungen Glauben, lernen andere Christen kennen, mit denen sie ihre Erfahrungen austauschen können. Hier entsteht neues Engagement, aus dem heraus sich neue »Pflanzungsteams« bilden.

Es gibt einige wenige Gemeinden, die es ihren neuen Gemeindegliedern sogar zur Pflicht machen, an einem Hauskreis teilzunehmen (*St. Thomas, Crookes, Sheffield; Holy Trinity Brompton, London*). Die Gottesdienstgemeinde lebt auf, auch aufgrund der Hauskreise. Jeder trifft seine Gruppe im sonntäglichen Gottesdienst und kann nach dem Gottesdienst Kontakt mit Bekannten aus dem Hauskreis aufnehmen.

Wenn Gemeindeglieder sich im Gottesdienst der anglikanischen Kirche mit Gebeten beteiligen, und wenn Gemeindeglieder sich auch in der Öffentlichkeit zu ihrem Glauben bekennen können, dann haben sie es in den Hauskreisen gelernt und geübt.

Kann die Idee der Gemeinde-Pflanzung auch auf unsere deutsche, volkskirchliche Situation übertragen werden?

Auch deutsche Gemeinden müssen überlegen, ob sie mit dem einheitlichen Sonntagsgottesdienst alle Gemeindeglieder erreichen können, oder ob nicht mit bestimmten Zielgruppen verschiedene Arten von Gottesdiensten erarbeitet werden sollten. Auch deutsche Gemeinden haben den missionarischen Auftrag, in die Teile ihrer Pfarrei das Evangelium zu bringen, aus denen kaum Gottesdienstbesucher kommen.

Von der anglikanischen Kirche können wir lernen, daß das Evangelium den Leuten nicht überzustülpen ist, sondern daß die Kirche die Bedürfnisse und Nöte der Menschen kennen lernen soll, bevor sie das Evangelium ihnen verkündigen will, denn das gehört zur Inkarnation des Wortes. Warum können z. B. evangelische Landeskirchen nicht genauso frei mit ihrer liturgischen Tradition umgehen wie die anglikanische Kirche in England?

Gemeindewachstum

Im Zusammenhang mit der Hauskreisarbeit wird auch immer wieder von »Gemeindewachstum« gesprochen, ein Begriff, den wir erst wieder neu lernen müssen. Was versteht man darunter?

Ein einfaches, aber treffendes Denkmodell sind in diesem Zusammenhang die drei geistlichen Grundprioritäten: »Hingabe an Gott, Hingabe an den Leib des Christus, die Gemeinde, und Hingabe an die Welt«. Gezielter Gemeindeaufbau geschieht als Stärkung dieser Grunddimensionen geistlichen Lebens. Je nach Situation muß der eine oder andere Schwerpunkt für eine bestimmte Zeit stärker betont werden. So sollte z. B. ein Hauskreis, der in der Gefahr steht, um sich selbst zu kreisen, sich nach einer neuen geistlichen Vertiefung (Priorität 1) ausstrecken und sich mehr in Dienst nehmen lassen (Priorität 3).

»Hingabe an Gott« meint Spiritualität, Stärkung von Glauben, Gebet und Leben mit dem Wort der Bibel. Das Zusammenwachsen der Mitarbeiter in einer offenen (!) und liebevollen Atmosphäre steht für die »Hingabe an den Leib«. Die Dienste sind dann vielfältig – je nach Situation und Gaben – und umfassen immer den evangelistischen Auftrag und die gesellschaftliche Verantwortung als »Hingabe an die Welt«.

Viele verstehen Gemeindewachstum nur äußerlich, meinen Zahlen und Tabellen. Aber es kommt doch auf das innere Gemeindewachstum an. Wie will man das aber messen?

Die meisten von uns halten nicht viel von den Millimeterpapieren und Kurven amerikanischer Gemeindewachstumsinstitute. Trotzdem bringen Langzeittabellen der eigenen Gemeinde hilfreiche Fragen in Gang. Letztendlich geht es aber nicht um Messen und Vergleichen, sondern um den Prozeß, der in Eph 4,12-16 sehr treffend beschrieben wird. Nämlich um das Mündig- und Erwachsenwerden im Glauben in »Liebe und Wahrheit« und mit Unterscheidungsvermögen.

Wo »inneres Wachstum« in einer Gemeinde geschieht, werden automatisch auch Neue zur Gemeinde dazukommen und auch geistliche Männer und Frauen voll Verantwortungsbewußtsein als »Väter und Mütter« für den »Gemeindenachwuchs« heranwachsen.

Gemeindewachstum durch Hauskreise

Wir wünschen uns sehr, daß unsere Gemeinde wächst, aber wir sind skeptisch gegenüber Gemeindewachstumsstrategien. Wachstum kann man doch nicht machen!?

Klar. Das »Machen« wird sich wohl jeder, der in der Gemeindearbeit tätig ist, abgewöhnen müssen. Trotzdem können wir vieles tun: Nicht nur, daß wir durch eine gute Organisation und Planung viel Leerlauf vermeiden könnten. Und nicht nur, daß Pfarrer nichts im Alleingang »machen«, sondern daß wirklich nur mit den Kirchengemeinderäten und Mitarbeitern zusammen die Gemeinde geleitet wird.

Wir sollen wie jene Witwe (Lukas 18,1 ff) voll Erwartung Gott in den Ohren liegen, daß er uns eine Zukunftsperspektive für unsere Gemeinde und Wachstum nach innen und außen schenkt. John Knox, der Reformator Schottlands, schrie so zu Gott: »Oh Gott, schenke mir Schottland – oder ich sterbe.« Das ist das Gebetsengagement für Gemeindewachstum, ohne das nichts geschieht. Dieses Gebet schenkt dazu oft die entscheidenden »strategischen Impulse«.

Welche Bedeutung haben Hauskreise nach Meinung der Experten für das Gemeindewachstum?

Sie bedeuten sehr viel. Ideal wäre, wenn jeder Christ in eine ganzheitliche Kleingruppe eingebunden wäre zum »Hören und Beten, Arbeiten, Feiern und Teilen«. In einer Zeit zunehmender Isolierung und Einsamkeit würde dabei heilende Gemeinschaft erfahren.

Nur – für den Gemeindeaufbau sind solche Zellen nur *ein* Basisprinzip unter sieben weiteren. Wenn die sieben anderen unterentwickelt oder gar nicht vorhanden sind, wird der Gemeindeaufbau stagnieren, trotz der Hauskreise (vgl. Sie ein hölzernes Regenfaß mit acht senkrechten »Dauben« – ein hohes Brett hilft nichts – nicht einmal sieben, wenn das achte ganz niedrig ist). Die unteilbaren acht Basisprinzipien einer wachsenden Gemeinde heißen:

- zielorientierter Pastor
- gabenorientierte Mitarbeiterschaft
- leidenschaftliche Spiritualität
- zweckmäßige Strukturen
- inspirierender Gottesdienst
- ganzheitliche Kleingruppen
- bedürfnisorientierte Evangelisation
- hoher »Liebesquotient« untereinander.

Hauskreise, geplant oder spontan

Ist es von Bedeutung, ob in einer Gemeinde Hauskreise spontan »von unten« her entstehen oder ob sie »von oben« von der Leitung her »eingerichtet« werden? Für beides gibt es ja gute Beispiele, wo paßt das eine, wo das andere Modell?

Ich glaube kaum, daß »eingerichtete« Hauskreise Bestand haben, wenn sie keinem Bedürfnis entsprechen. »Von oben«, d. h. vom Pfarrer bzw. von der Gemeindeleitung sollte aber eine große Offenheit für die Kleingruppen ganz verschiedener Prägung signalisiert werden. Durch die Bitte um Mitarbeit in ihnen gemäßen Aufgaben könnten sie integriert werden.

Wenn »von unten« Zellen entstehen, weil »von oben« eher Ablehnung und Mißtrauen da ist, ist das in Ordnung. Jeder hat das Recht, sich mit anderen Christen zur Glaubensstärkung und -ermutigung zusammenzufinden. Nur wenn auf Dauer die obengenannten anderen sieben Basisprinzipien für den Gemeindeaufbau fehlen, inklusive der Leiterschaft, die solche Zellen im Blick auf das Ganze sieht, mögen die Kleingruppen für die Beteiligten gut und hilfreich sein und manche persönlichen Bedürfnisse befriedigen – ein Instrument für den Gemeindeaufbau werden sie aber in diesem Fall nicht sein können.

☞
- Missionarischer Hauskreis
- Gemeinde und Hauskreis
- Volkskirche und Hauskreis
- 4-Phasen-Modell

Spannungen contra Gemeinschaft

Wir sind als Hauskreis schon länger unterwegs und spüren eine wachsende Spannung zwischen denen, die mehr Gemeinschaft wollen und denen, die jetzt schon bei jedem zusätzlichen Termin stöhnen. Was ist eigentlich Gemeinschaft in einem Hauskreis? Was muß sein, was sollte sein, was wäre wünschenswert?

Gemeinschaft im Hauskreis ist das Beieinandersein von Christen bzw. am christlichen Glauben interessierten Menschen in kleinen Gruppen, die sich in Privathäusern treffen. Sie tun es in der Ausrichtung auf Jesus Christus, der diese Gemeinschaft der Glaubenden begründet durch seine Gegenwart. Von daher geschieht in diesem Beieinandersein Gemeinschaft mit ihm und Gemeinschaft untereinander. Sie vollzieht sich im gegenseitigen Anteilnehmen und Anteilgeben, im Hören und Bedenken des biblischen Wortes, im Beten füreinander und für andere Dinge, auch im Feiern des Mahles, das Jesus selbst eingesetzt hat. So ist es die Gemeinschaft der Glaubenden, wie sie in Apg 2,42 beschrieben ist, die sich in den Hauskreisen ereignet.

Neulich bekam ich zu hören, Hauskreise würden auf einer Welle schwimmen, die gerade »in« sei. Stimmt das und wenn, wie kann man sich das erklären?

In der Tat hat man in den zurückliegenden Jahren im Prozeß der Erneuerung der Kirche wieder das urkirchliche Modell des Hauskreises als geistliche Basiszelle der Kirche neu entdeckt. Das breite Wachstum der Hauskreisarbeit macht deutlich, daß die Hauskreise dem Bedürfnis vieler Menschen nach Nähe, nach Gespräch über Glaubens- und Lebensfragen und auch seelsorgerlicher Begleitung stark entsprechen.

Bei uns treten ständig irgendwelche Spannungen auf, obwohl wir uns alle dem einen Ziel verpflichtet wissen. Machen wir irgend etwas falsch und vor allem: Was können wir zur Veränderung der Situation beitragen?

Natürlich gibt es auch in einem Hauskreis solche zwischenmenschlichen Spannungen – wo gibt es sie nicht? Es kommt nur darauf an, wie man mit ihnen umgeht. Oft kann ein klärendes Gespräch helfen, das Verständnis und bessere Einsichten in die Hintergründe der Situation vermittelt. Es ist aber auch eine Frage, wie man sich im Hauskreis grundsätzlich annimmt und so das Gebot Jesu von der Nächstenliebe konkret werden läßt. In einem Hauskreis kann wie sonst selten Gemeinschaftsfähigkeit im Sinne der christlichen Geschwisterliebe geübt und gelebt werden: »Nehmt einander an, wie Christus euch angenommen hat.«

Wir sind nun schon seit drei Jahren im Hauskreis zusammen. Eigentlich kam kein Neuer dazu. Zwei, bzw. drei mit mir, duzen sich inzwischen. Alle anderen bleiben beim »Sie«. Manchmal denke ich, ob es bei uns nicht ungezwungener zuginge, wenn wir uns mit Vornamen und »Du« anreden würden …

Nun im Gegensatz zur heutigen jüngeren Generation, die sich sowieso duzt (und oft nicht einmal den Familiennamen des anderen kennt), gehören die meisten Hauskreisteilnehmer zu der Generation, die zwischen »Du« und »Sie« bewußt differenziert hat. »Sie« – das waren gundsätzlich alle außer Verwandten und Freunden. Eigentlich ist es schön, daß die deutsche Sprache diese Grade der Vertrautheit auszudrücken vermag. Wir können damit Nähe und Distanz ausdrücken.

Das Empfinden für Nähe und Distanz ist bei den Menschen sehr verschieden. Es gibt »Einsiedler« und »Sozialnudeln«. Alles, was und wie sie sind, strahlt diese innere Einstellung zum Mitmenschen aus. Der eine fühlt sich in seinem »Sie« ausgesprochen wohl und kann alle ihm zur Verfügung stehende Freundlichkeit gut darin unterbringen; er würde sich mit einem vorzeitigen »Du« sehr schwer tun. Daneben steht z. B. eine Frau, ein »Du-Mensch«, für die Nähe irgendwie notwendig zur guten Beziehung gehört; sie sagt leicht »Du« und freut sich auch, wenn man sie mit »Du« anspricht.

Und wie soll man bei solcher Verschiedenheit verfahren ?

Vorsichtig, aber gezielt! Das Problem ist ja eigentlich nicht die Anrede, sondern das, was dahintersteht. Nämlich, daß entweder nach drei Jahren keine Beziehung gewachsen ist (was ich nicht annehme) oder aber keiner den Mut hat, das Visier hochzulassen und die vertiefte Beziehung in dem »Du« der freundschaftlichen Verbundenheit auszudrücken. Der Knackpunkt liegt in der Tatsache, daß sich die Personen hinter der Konvention verschanzt halten — was sicher auch an vielen anderen Stellen den Stil des Kreises bestimmt, bis hin zur Offenheit in den Bibelgesprächen und Gebeten.

Genau! Und wie kommt man da jetzt raus?

Sicher gibt es da verschiedene Wege. Viel, das kann man gleich sagen, hängt hier von der Einstellung des Leiters/der Leiterin ab. Ohne sie läßt sich eine Veränderung nur an den Rändern bewirken. Als erstes wäre also ein Gespräch mit den Verantwortlichen zu führen.

Sprechen sie dafür, dann wäre zu prüfen, ob man den Anlaß eines kleinen Festes wählt, um mit einer kurzen humorvollen Rede das Glas zum »Du« zu erheben (Hoffentlich sind wir mit dem »humorvoll« nicht überfordert!).

Oder aber man geht einfach auf einzelne zu, bei denen man innerlich den Eindruck hat, daß sie sich wahrscheinlich freuen würden, obwohl sie selber – aus welchen Gründen auch immer – nicht in der Lage sind, den ersten Schritt in dieser Richtung zu unternehmen. Am leichtesten haben es die Leiter, hier initiativ zu werden.

Ein kommandiertes »Du« ist so schlecht wie ein zementiertes »Sie«, sogar noch schlechter. Beides ist nicht mehr in der Lage, eine Beziehung in ihrer Bewegung auszudrücken.

Gemeinschaft im Hauskreis – kann sie sich nur an den jeweiligen Abenden ereignen oder gibt es auch noch andere Möglichkeiten, sie zu pflegen?

Natürlich ist der Hauskreis so etwas wie die Brunnenstube der Gemeinschaft – dennoch gibt es darüber hinaus noch manches, was die Gemeinschaft durchaus vertiefen kann. So gestalten viele Hauskreise ein bis zwei Wochendenden pro Jahr gemeinsam, zusammen auch mit Kindern der Familie in einer dafür geeigneten Freizeitstätte (☞ Freizeitgestaltung).

Das gemeinsame Erleben mit Spiel, Sport, Geselligkeit, Feiern, Basteln o. ä. vertieft die Gemeinschaft und kann vor allem die Kinder in einer ihnen gemäßen Art miteinbeziehen.

Innerhalb einer Gemeinde bieten sich aber auch Möglichkeiten der gemeinsamen Mitarbeit an, z. B. die Mitgestaltung eines Gemeindeabends oder das Stellen eines Standes beim Weihnachtsmarkt. Solche Engagements tun nicht nur der Gemeinschaft gut, sie pflegen darüber hinaus die wichtige Beziehung zur bürgerlichen und christlichen Gemeinde.

Kontakte knüpfen – aber wie?

Neulich haben wir beim Gemeindenachmittag ein Spiel gemacht. Dabei ist mir wieder bewußt geworden, wie schwer es mir fällt, auf andere zuzugehen und wie leicht und locker dies manche können. Ich bin eigentlich schon offen für Menschen – nur, mir wäre es bedeutend lieber, wenn sie auf mich zukämen. Wie kann ich aus dieser »Befangenheit« herauskommen?

Zunächst: Die Menschen sind nun einmal verschieden. Die einen sind wie Bienen, die anderen wie Blumen. Ich meine damit: die einen schließen ihre meisten Kontakte auf Grund eigener Initiative, die anderen dadurch, daß sie aufgesucht werden. Dabei sind die »Blüten-Typen« wie Blumen mit Duft und Farben mit Merkmalen ausgestattet, daß andere »auf sie fliegen«, d. h. sie strahlen Vertrauenswürdigkeit aus. Dies sind gewöhnlich die Seelsorge-Menschen. Sie signalisieren mit ihrem Gesicht, ihrer Stimme, ihren Beiträgen, daß sie sich mit dem Schicksal von Einzelmenschen befassen.

Es geschieht häufig, daß sich diese zurückhaltenden Menschen gegenüber den schnellen »Kontaktern« minderwertig fühlen, weil doch Jesus gesagt hat: »Gehet hin!«, und genau damit haben sie ihre Mühe. Dabei vergessen sie ganz, daß es fast allen Christen schwer fällt, Kontakte zu Nichtchristen aufzunehmen, egal wie und für wie lange.

Woran liegt es eigentlich, daß wir uns so schwer tun, mit Nicht-Christen Kontakt aufzunehmen?

Weil die meisten Gemeindeglieder aus Familien kommen, die selber schon kirchlich oder bewußt christlich waren. Ihre Hauptprägung im Leben haben sie durch die Eltern und die Gemeinde erfahren. Ihre Freunde sind alle Christen, mit denen sie auch ihre Freizeit verbringen. Dazu kommt noch eine sehr einseitig ausgelegte Lehre von der »bösen Welt«, die von Kindheit an die Einstellung der Kinder zur nichtchristlichen Gesellschaft prägt.

Wer sich überlegt, wie er Kontakte schließen kann zu Nichtchristen, muß bereit sein, einen grundsätzlichen Schnitt gegenüber seiner bisherigen christlichen Sozialisation zu machen. Dies bedeutet nicht, ungeistlich und weltlich zu werden, sondern seine Ängste und Projektionen abzulegen. Dies kann ein einzelner tun, besser ist es, wenn es eine Gruppe, etwa ein Hauskreis, gemeinsam tut, am besten aber wäre es, wenn sich eine ganze Gemeinde dazu entschließen würde.

Auf Nicht-Christen zugehen

Wir haben untereinander im Hauskreis wirklich gute Gemeinschaft, tun uns aber schwer, auf Nicht-Christen zuzugehen. Wie können wir da etwas verändern?

Einzelne, denen dies auf dem Herzen liegt, legen bewußt ihre bisherige Denkweise von der »bösenWelt« ab und beginnen, Erfahrungen zu machen mit Freundschaften zu Nicht-Christen. Dies können außer Nachbarn sehr wohl etwa die fernstehenden Ehemänner der Frauen im Hauskreis sein. Am besten, man macht einfach an den Stellen weiter, wo schon Kontakte bestehen. Die ganze Frage: Wie schließt man einen Kontakt? entsteht doch meistens nur bei den »unorganischen Verbindungen«, die irgendwo gewollt, oft sogar unter Zeitdruck hergestellt werden. Bei gewachsenen Bekanntschaften geht es eigentlich immer nur darum, etwas mehr Zeit zu investieren – und schon vertiefen sie sich.

Die so gemachten Erfahrungen werden (in geeigneter Weise!) im Hauskreis mitgeteilt, Vor allem, wie schön es ist zu sehen, wie Gott durch die Freundschaft wirkt. So springt der Funke über auf die anderen. Da kein Erfolgsdruck besteht, sind nicht nur die raschen Evangelisten-Typen angesprochen, sondern auch die zurückhaltenderen Seelsorge-Typen – und oft gerade sie, da es ja um Einzelmenschen und persönliche Beziehungen geht.

Bei allen noch so ausgeklügelten Missionsmethoden bleibt die Art und Weise, wie Jesus Menschen gewann, unübertroffen: sich zum anderen stellen, sein Vertrauen und letztlich seine Freundschaft gewinnen und ihn dann mit dem Vater bekanntmachen. Kontakte knüpfen ist somit der erste Schritt bei der Befolgung seines Missionsgebotes, etwas, was jeder im Rahmen des Hauskreises lernen kann.

☞
- Missionarischer Hauskreis
- Neue im Hauskreis
- Öffentlichkeitsarbeit
- Ziele für einen Hauskreis
- Missionarische Gespräche

Freizeitgestaltung

Wir sind sehr unzufrieden mit dem, was wir als Gemeinschaft im Hauskreis unternehmen. Einmal im Jahr eine gemeinsame Freizeit ist einfach zu wenig. Gibt es praktikable Vorschläge für einen Hauskreis, dessen Mitglieder nicht mehr zu den Jüngsten zählen?

Das Gebiet der Freizeitgestaltung ist weit und kaum zu überschauen. Wenn ein Hauskreis mehr gemeinsam unternehmen möchte, kann ihm folgende systematische Übersicht vielleicht eine Orientierungshilfe sein:

1. Freizeitgestaltung an besonderen Hauskreisabenden:

- Gepflegtes Abendessen mit besonderer Note (franz. Abend, ital. Sommerabend etc. mit entsprechender Musik und Dekoration.) Auch *brunch* nach Gottesdienst in einem Gasthaus (eventuell mit vorbestelltem, preiswerten Buffet).
- In der Osterzeit ein Pascha-Mahl so nah wie möglich am jüdischen Ritus feiern. Eventuell eine jüdische Familie um Rat oder Mithilfe bitten.
- Einen »Tisch-Spiele«-Abend (Brett-, Karten-, Würfelspiel, Jenga, Kuhhandel etc.) veranstalten. Jedes Ehepaar bringt sein Lieblingsspiel mit und »weiht« ein anderes in dieses Vergnügen bzw. Abenteuer ein.
- Video-Abend mit einem außergewöhnlichen Film, der für ausgiebigen Gesprächsstoff sorgt. Kataloge und kostenlose Ausleihe z. B. bei den evangelischen und katholischen Medienzentralen sowie bei den Landesbildstellen.
- Ein Teilnehmer des Hauskreises stellt den anderen sein Spezialgebiet (egal ob Hobby, Sport oder Beruf) vor. Solche Abende sind nicht nur interessant, sie fördern auch im hohen Maß das gegenseitige Kennenlernen.
- Mancher Hauskreisabend könnte mit ein wenig Phantasie zu einem Erlebnis werden, wenn man einmal die Schwelle überwunden hat, ein Rollenspiel einzubauen. Hierzu eignen sich Szenen aus dem Alltag, die man mit anderen Personen nachspielen und dann darüber reden kann, außerdem gibt es gute Anregungen auf dem Büchermarkt, von denen man sich inspirieren lassen kann.
- Wenn man sich gut kennt und die Beziehungen im wachsenden Maß freundschaftlich-familiär geworden sind, kann die Gemeinschaft viele Impulse durch einen »Überraschungsabend« erhalten, wenn man spontan im Sommer

alles liegen und stehen läßt und eine Runde Minigolf spielen geht oder im Winter den Weihnachtsmarkt gemeinsam besucht. Solche »Einfälle« bewahren einen Hauskreis davor, festzuhocken und letztlich beziehungslos zu werden.
- Einladung einer wichtigen Person, sei es aus dem öffentlichen Leben, sei es aus dem christlichen Bereich.

2. Freizeitgestaltung außerhalb der Hauskreisabende:
- Gemeinsamer Besuch eines »Gottesdienstes im Grünen«.
- Wochenendfreizeiten in einer Familien-Freizeitstätte (mit und ohne Programm!) oder in einem Familien-Feriendorf (außerhalb der Ferienfreizeiten).
- Gemeinsame Wanderungen/Ausflugsfahrten.
- Besuch eines CVJM-Hauses »im Grünen« am Sonntagnachmittag mit Kaffeetrinken und Spielen.
- Von zwei Mitgliedern sorgfältig vorbereitete Bildersuchfahrt (auch zu Fuß durch den Wohnort höchst interessant!), für Erwachsene wie Kinder ein Erlebnis! Und oft noch lehrreich dazu.
- Wenn alle Hauskreisteilnehmer körperlich fit sind, eröffnet sich eine Fülle an sportlichen Aktivitäten, vom gemeinsamen Schwimmen über Kegeln, Volleyball, Indiaca und Petanque bis zum gemeinsamen Skiausflug. An solche Unternehmungen sollte der Leiter aber nur denken, wenn wirklich alle an ihnen teilnehmen können. Es sollte sich niemand aufgrund seiner Statur oder seines Gesundheitszustandes ausgeschlossen fühlen. In einem solchen Fall kann es nur Aktivitäten auf freiwilliger Basis zwischen einzelnen Mitgliedern geben.
- Auf kulturellem Gebiet gibt es je nachdem, wo ein Hauskreis beheimatet ist, eine Fülle von Möglichkeiten für gemeinsame Unternehmungen, etwa der Besuch einer Filmvorführung, eines Konzertes, einer Ausstellung, eines Vortrages oder eines christlichen Werkes (Gruppe/Initiative/Kloster etc.), aber auch eines Heimatmuseums, eines Besucher-Bergwerkes oder ähnliches.

Grundsätzlich ist es Sache des Hauskreisleitungsteams, ein abgewogenes Maß an Freizeitaktivitäten in den Kreis miteinzubringen. Normalerweise ist eine Gruppe in dieser Richtung umso lebendiger und phantasievoller, je tiefer die Beziehungen untereinander gewachsen sind. Bis es allerdings soweit ist, braucht es eine Reihe von Hauskreisabenden in Treue und mit Tiefgang, dann aber auch bewußt gesetzte Impulse, die Gemeinschaft zu fördern.

☞
- Krisen der Gemeinschaft
- Lebensgemeinschaft
- Vorbereitung eines Hauskreisabends
- Verbindlichkeit

Bei uns kommen manche, wie es scheint, nach dem Lust- und Launeprinzip. Wir sind nie vollzählig, was unsere Gemeinschaft sehr belastet. Kann man in einem Hauskreis nicht eine gewisse Verbindlichkeit verlangen?

Nein, zur Verbindlichkeit kann man sich nur selber entschließen. Eine Verbindlichkeit, zu der ich mich nicht ! entschließen kann, ist erzwungen. Nun kommt aber jeder Teilnehmer in den Hauskreis freiwillig, es wird keiner gezwungen oder dorthin abgeschleppt. Nur, es macht keinen Sinn im Rahmen einer Gemeinschaft mich jede Woche neu vor die Grundentscheidung zu stellen: Will ich dazugehören oder nicht? Ich bin frei, mich *für* die Zugehörigkeit zu einer Gemeinschaft zu entscheiden; dazu brauche ich einige Zeit, dann weiß ich es und sage »Ja« oder »Nein«. Habe ich aber »Ja« gesagt, gehöre ich in Zukunft dazu, d. h. ich bin dieser Gruppe als Mitglied verbunden. Ich akzeptiere mein Verbundensein mit den anderen, sie empfinden Verbundenheit mit mir.

Verbindlichkeit ist also kein Zwang, sondern Ausdruck für die Tatsache und das Empfinden gegenseitiger Verbundenheit. Nur Verbindlichkeit, die nicht mehr getragen ist von Verbundenheit, ist Zwang.

Wer somit verbindlich zu einer Gemeinschaft gehört, lebt darin. Man entscheidet sich nicht jedes Mal neu, dazuzugehören, sondern man realisiert dieses Verbunden-Sein immer neu. Eine Entscheidung ist erst wieder nötig, wenn ich diese Verbundenheit auflöse, d. h. wenn ich mich gegen die Gemeinschaft entscheide. Dann geschieht Scheidung.

Wie gehen wir mit Leuten um, die unseren Kreis besuchen, aber einen gewissen Gaststatus genießen?

Gäste können unverbindlich mal hereinschauen, uns kennenlernen und sich dann nach einer bestimmten Zeit entscheiden. Dabei hilft es der Gruppe sehr, wenn der Betreffende seine Entscheidung der Gruppe mitteilt. Dabei sollte immer auch ein Gespräch mit dem Leiter vorausgegangen sein.

Teilnehmer, die sich als ständige Mitglieder des Kreises verstehen, dürfen als »verbindlich« betrachtet werden. Zur Klärung dieser Frage können z. B. die »Zehn Verbindlichkeiten« des ☞ »2x2-Kurses« im Kreis besprochen werden. Danach darf man sich, wenn alle diesen Verbindlichkeiten zugestimmt haben, auch gegenseitig daraufhin ansprechen.

Mitarbeiter sind Mitglieder, die sich in einer inneren Verantwortung für die Gruppe vor Gott verpflichtet haben. Von ihrem Gebet und Stil wird die Gruppe geprägt. Sie leben Verbindlichkeit. Auf sie kann man sich fraglos verlassen.

Fazit: Verbindlichkeit ist der Entschluß, zu einer Gemeinschaft gehören zu wollen. Sie ist darum Willenssache und nicht Gefühlssache. Für jeden Christen ist es wichtig, zu seiner Entscheidung zu stehen, auch und gerade wenn er dazu keine Lust hat und geistlich »durchhängt«. Dabei ist das Leben, das einen mit den anderen verbindet, eine große Hilfe.

Aber es kann doch mehr vorliegen als nur ein momentanes Stimmungstief oder ein simples »Ich habe keinen Bock«. Es gibt ja auch handfeste Krisen z. B. mit dem Leiter oder anderen Teilnehmern oder dem Stil der Gruppe insgesamt. Muß man dann unter allen Umständen bleiben?

Es ist immer schmerzlich für eine Gemeinschaft, wenn einer geht, der bisher den Weg mitgegangen ist. Aber dies muß möglich sein! Und zwar so, daß man sich auch später noch gerne begegnen mag.

Möglich ist das, wenn offen geredet wurde, d. h. die Gründe der Unzufriedenheit benannt werden konnten. Dies ist bei Zielkonflikten oder Sachfragen leichter als bei Personkonflikten.

Personkonflikte enthalten dafür aber die größere Chance der Reifung, wenn man sich in die Auseinandersetzung traut: Man lernt sich und den anderen besser kennen. Am besten nimmt man sich mal einen Extra-Abend Zeit, denn spontane Ausbrüche und Zeitdruck töten beide das tiefere Gespräch. Sehr oft ist ein schon fast »Abgesprungener« nach solch einem Gespräch nicht nur bereit zu bleiben, sondern fühlt sich der Gruppe und auch seinem Gesprächspartner desto enger verbunden. Das meine ich mit Reifung: Durchbruch zu einer neuen Stufe der Verbundenheit. Dann ist Verbindlichkeit auch kein Problem mehr.

Es gilt die Regel: *Zur Verbindlichkeit entschließt man sich, um Verbundenheit ringt man.* Es ist wie in der Ehe: Um Liebe zueinander ringt man immer wieder, das »Ja« zueinander aber spricht man einmal und bewußt – dann gilt es. Auch wenn man sich in einem Hauskreis nicht lebenslang verpflichtet, so stellt er doch eine Gemeinschaftsform dar, an der die Gesetze jeder Gemeinschaft deutlich werden. Und noch etwas haben Hauskreis und Ehe gemeinsam: Gott will beide Formen, die Ehe und die Gemeinde. Und er segnet beide!

Verbindlichkeit hat darum auch den geistlichen Aspekt: Gott hat mich in seiner Gemeinde diesen Geschwistern zugeordnet. Bin ich bereit, das anzuerkennen? Dann kann ich auch nicht einfach weglaufen, sondern brauche von Gott her klare Weisung. Der mich dorthin gestellt hat, muß mich dann auch wegbeordern, wenn er es nicht tut, dann bleibe ich am Ort meiner Berufung und lebe, liebe und leide dort und bringe darin »Frucht«.

☞
- Krisen der Gemeinschaft
- Mißerfolg
- Konflikte im Hauskreis
- Unpünktlichkeit
- Querulanten
- 2x2-Kurs

Hauskreis als Lebensgemeinschaft

In manchen Hauskreisen treffen sich die Teilnehmer aus einem größeren Gebiet, wohnen also nicht am selben Ort. Man kommt an den Abenden meistens nur zum Bibellesen und Gebet zusammen. Man wird nicht richtig »warm« miteinander, zumal andere, gemeinsame Erfahrungen fehlen, ganz zu schweigen vom Kontakt zur Ortsgemeinde. Soll man in so einem Fall nicht nach Kräften Menschen für einen neuen Hauskreis innerhalb der eigenen Gemeinde suchen, in der Gemeinschaft vertieft gelebt werden kann?

Keine Frage, je mehr ein Hauskreis auch in seiner natürlichen Umgebung verwurzelt ist, desto selbstverständlicher kann sich in ihm echtes Gemeinschafts-Leben entfalten. Schon die Apostelgeschichte betont »Gemeinschaft« neben dem Gebet und dem Lesen der Heiligen Schrift. Vieles läßt sich einfach nicht erfahren, wenn man durch räumliche Distanz zu weit voneinander getrennt ist.

Hauskreismitglieder können sich an vielen Stellen treffen: beim Einkaufen, im Kindergarten, beim Elternabend in der Schule, bei kirchlichen Veranstaltungen usw. Wie selbstverständlich wird Bibellesen und Beten mit den gemeinsamen Erfahrungen gefüllt. Hinzu kommen Unternehmungen: Ausflüge oder die Feier des Herrenmahls am Samstagabend oder Sonntag. Auch ist der Austausch von Hilfe viel unkomplizierter möglich: Betreuen der Kinder, Hilfe in Haus und Garten, Ausleihen von vielen Dingen bis hin zum Auto. Ohne große Programme wird so ein Hauskreis zu einer Lebens-Gemeinschaft, weil seine Mitglieder ihr Leben miteinander teilen.

Wenn die Mitglieder eines Hauskreises sozusagen in Nachbarschaft leben, entdecken sie auch viel schneller Notlagen, bei denen sie gemeinsam tätig werden können: Hilfe bei einer in Not geratenen Familie, Familienfürsorge oder die Aufnahme eines Pflegekindes.

Manche Hauskreise verstehen unter Gemeinschaft nicht nur das, was am Hauskreis-Abend selbst wächst, sondern auch das, was während der Woche an Verantwortung füreinander und für andere übernommen wird. – Wie weit soll man denn dabei gehen? Gibt's da Grenzen?

Natürlich gibt es Grenzen. Das Leben in der Familie geht vor. Auch die dort getroffenen Entscheidungen haben Vorrang. Trotzdem bleibt noch sehr viel Raum, den man füllen kann. Es sollte allerdings nichts in der Euphorie des Augenblicks entschieden werden, hinter dem man am nächsten Tag nicht mehr oder nur noch schwer stehen kann. Verantwortung füreinander und für andere zu tragen, wächst einem Hauskreis dann zu, wenn er dazu bereit ist und wenn er sich von Gott dafür ausrüsten läßt. Es treten dabei immer wieder Irritationen auf. Jeder hat seinen in vielen Jahren tradierten Stil im Leben und im Glauben. Vieles unterscheidet uns. Aber gerade auf dem Prüfstand des Alltäglichen lernt man einander und den jeweiligen Glaubensstil kennen, verstehen und vielleicht auch schätzen.

Es gibt Enttäuschungen aneinander. Zuweilen können nicht alle Mitglieder des Kreises Dinge in gleicher Weise mittragen. Der Schatz der gemeinsamen Erfahrungen hilft dann aber, im Vertrauen auf Gottes weiteres Handeln, auch solche Krisen zu überstehen.

Unser Hauskreis besteht ca. 3 Jahre und von den Teilnehmern wird verstärkt der Wunsch nach einem gemeinsamen Wochenende geäußert. Aber immer wieder scheitert die Durchführung an Terminschwierigkeiten, die Sehnsucht danach, mehr Zeit miteinander zu teilen, bleibt jedoch. Die 2-3 Stunden an einem Abend pro Woche sind uns einfach zu wenig, um sich näher kennenzulernen. Gibt es irgendwelche Modelle des gemeinsamen Lebens, die für einen Hauskreis, der an einem Ort wohnt, umsetzbar sind?

Ja, die gibt es tatsächlich und zumindest in einem Fall wurde es erfolgreich in die Tat umgesetzt. Die Idee stammt aus der Arbeit des Evangelischen Jugendwerkes. Kurz zusammengefaßt geht es darum, eine Woche gemeinsamen Lebens am Ort durchzuführen. Dabei ist klar,

- daß die Berufstätigen während dieser Zeit ihrer Arbeit nachgehen, die Kinder in die Schule, und
- daß jeder Teilnehmer zuhause übernachtet.

Ziel dieser Woche ist es, Tage intensiver Gemeinschaft mitten im Alltag zu gestalten.

Diese Woche gemeinsamen Lebens muß natürlich gründlich vorbereitet werden, organisatorisch und inhaltlich. Dabei ergab sich in unserem Modellfall folgender Tagesablauf:

Woche gemeinsamen Lebens – – die Themen

6.00 Uhr: Immer im selben Haus: Schrift, Singen, Gebet.
7.15 Uhr: Für die Berufstätigen Frühstück (Beten für Beruf, Schule, Familien).
2-3mal pro Woche: Treffen der Hausfrauen und Mütter mit den Kleinkindern zum gemeinsamen Austausch und Spaziergang.
18.00 Uhr: Gemeinsames Abendessen jeweils in verschiedenen Häusern; durch die gemeinsame Zubereitung und Nachbereitung entstehen viele Gesprächsmöglichkeiten Kinder können sich dabei treffen und Ledige und Familien einander erleben.
ab 20.00 bis 22.00 Uhr: Abendprogramm 2-3mal pro Woche Singen, Thema, Gebet.
1 mal pro Woche Spieleabend/geselliger Abend.
Abschluß der Woche: eine kreativ gestaltete Gottesdienstfeier mit gemeinsamem Abendmahl.

Welche Themen wurden denn bei den Gemeinschaftswochen dieses Hauskreises behandelt?

Segen im AT und NT
Gaben und Aufgaben
Austausch – was freut mich, was bedrückt mich
Quellen meines Lebens
Jahreslosung u. a.

Eine gemeinsame Freizeit, das machen Hauskreise immer wieder; aber am Ort zusammen wohnen das ist ungewöhnlich. Was hat man denn in der Gemeinde darüber gesagt ?

Von dieser »Woche des gemeinsamen Lebens« wurde immer wieder bei den gemeinsamen Hauskreistreffen der Gemeinde (ca. 5-6 Hauskreise) berichtet. Manche beneideten die Gruppe, manche bewunderten sie, zur Nachahmung entschloß sich jedoch kein weiterer Hauskreis.

Bei der sicher nicht unbeträchtlichen Anstrengung, die so eine Woche von jedem erfordert, bleibt die Frage, welche Erwartungen man haben darf. Wie sehen die Auswirkungen einer solchen »Woche des gemeinsamen Lebens« aus?

Die Anstrengungen lohnten sich in mehrfacher Hinsicht:

- Freud und Leid des Lebensalltags wurden geteilt; die Gaben und Grenzen des einzelnen lernte man besser kennen und annehmen; es entstand mehr Offenheit;

- daraus erwuchs mehr gegenseitige Hilfe im Alltag (z. B. beim Umzug);
- viele wurden ermutigt und erfüllt, die frohen Erfahrungen weiterzusagen an Kollegen, Mitschüler, andere Mütter …
- jeder erlebt sich als Teil des Ganzen (in Herausforderung und Beglückung).

Wenn man sich so oft sieht und näher kommt, tauchen oft Schwierigkeiten an unerwarteten Stellen auf …

Es gab Ermüdungserscheinungen gegen Ende der Woche; daraufhin wurde in den folgenden Jahren das Programm umgestellt. Der Hauskreis traf sich dann nur noch von Donnerstag bis Montag. Am Sonntag gab es für alle ein gemeinsames »Entspannungsprogramm«, z. B. einen Besuch in einem Wellenbad oder in einer interessanten christlichen Einrichtung mit anschließendem Stadtbummel.

Dadurch, daß alle durch das gemeinsame Leben viel mehr mit den körperlichen, psychologischen und spirituellen Verschiedenheiten konfrontiert wurden, war diese »dichte« Woche gemeinsamen Lebens eine starke Herausforderung. Die bemerkenswerte Folge davon war, daß von dem Hauskreis bewußt die gemeinsame Zeit mehr auf »Leben teilen«, also auch Hobbys, Sehnsüchte, Wünsche teilen und weniger auf ein »geistliches« Programm ausgerichtet wurde.

Wenn andere Hauskreise mit einer solchen Woche ähnlich gute Erfahrungen machen wollen, welche Voraussetzungen müssen dafür gegeben sein?

- Alle Hauskreis-Teilnehmer müssen bereit sein, an der Woche teilzunehmen und sich zu engagieren.
- Bereitschaft, sich zu öffnen und ehrlich zu sein, d. h. auch seine Schwächen zu zeigen und die Schwächen anderer anzunehmen.
- Bereitschaft, in dieser Woche sich von allen sonstigen Terminen und Verpflichtungen frei zu machen.
- Notwendig ist außerdem eine rechtzeitige Planung, geeignete Räumlichkeiten bei den Familien.
- Daß die Familien mit Kleinkindern bereit sind, einen Babysitter zu nehmen oder sich in der Kinderbetreuung abzuwechseln.

Gesprächsleitung

Lehrer und Pfarrer und auch Industriemanager machen Kurse mit, wie man eine Gruppe leitet, wie man mit einer Gruppe etwas erarbeitet usw. Wäre es für die Hauskreise nicht auch nützlich, dazu mehr Anleitung zu bekommen?

Ganz gewiß! Und wer will, kann heute auch gute Literatur dazu lesen. Am meisten lernt man aber wohl durch das Vorbild eines erfahrenen Hauskreisleiters. Es liegt mir gerade bei diesem Artikel daran, darauf hinzuweisen, daß ich bei dem Wort Leiter immer auch all die Leiterinnen vor Augen habe, mich aber als Germanist nicht durchringen kann zu dem heute vielerorts üblichen orthographischen »Schrägstrich-Gewitter«. Man möge mir glauben, daß ich die Frauen bei jeder Formulierung gerne und voll Anerkennung mitdenke. Das ist mehr!

Die meisten drücken sich ja am liebsten vor der Aufgabe, einen Abend zu leiten. Denen sei gesagt: Man kann Gesprächsleitung lernen! Und mit der Zeit bekommt man auch Übung.

Natürlich spielt dabei eine starke Rolle, was für ein Typ man ist und welche Rolle man in der Gruppe spielt. Desto wichtiger ist es für die Betreffenden und die Gruppe, daß die Stilleren auch einmal das Gruppengespräch leiten. Sie sind dabei oft viel sensibler als die Könner!

Das Neue Testament nennt »Leitung« unter den Charismen (1 Kor 12,28). Als solche ist Leitung eine Gabe zum Dienst an der Gruppe. Wer diese Gabe bei sich spürt und auch von anderen bestätigt bekommt, soll dies sehr beherzigen. Denn einer, der Leitung ausübt, weil er es braucht zur Selbstbestätigung, ist eine Last für die Gruppe.

Was darf man von dem erwarten, der ein Gruppengespräch leiten soll?

Zunächst einmal gilt für einen Gesprächsleiter dasselbe, was man auch generell für den Leiter einer Gruppe sagen kann: Ein guter Leiter ist ein »Ermöglicher«! Er läßt die anderen kommen und fördert sie, ihre Gaben zu entfalten. Er will grundsätzlich die anderen »aufbauen« und indem das geschieht, fühlt er sich »aufgebaut«. Darin ist der Leiter ein Diener der Gruppe.

So sagt er z. B. noch nichts Inhaltliches in der Einleitung, damit es die anderen finden! Er muß seine ganze Mühe der Vorbereitung nicht als Gelehrsamkeit jetzt vor der Gruppe ausbreiten. Er stellt gute Fragen – damit die anderen selber auf Entdeckungen stoßen; denn das behalten sie nachher, während sie es vergessen würden, wenn er es ihnen vorgetragen hätte. Als *Ermöglicher* freut er sich über die Beteiligung von möglichst allen. Darum ermutigt er entweder mit einer Frage oder mit einer angesagten und auch ausgehaltenen Pause die Stilleren, doch auch ihre Gedanken zu äußern. Er schafft ein freundliches Gesprächsklima, indem er keinen Beitrag »abschmettert«, sondern aufnimmt und gelegentlich (!) freundliche Wertungen einem Beitrag folgen läßt (besonders von unsicheren Teilnehmern). *Ermöglicher* sein heißt auch, einem Vielredner vielleicht einmal freundlich ins Wort zu fallen, ansonsten aber dafür zu sorgen, daß jeder in Ruhe und zu Ende reden kann.

Sich ins Wort fallen macht in kürzester Zeit Schule und heizt die ganze Stimmung aggressiv auf. Der Leiter darf darauf bestehen, daß – auch die Spontanen – andere ausreden lassen.

In unserem Hauskreis erwarten alle immer alles von dem jeweiligen Gesprächsleiter. Aber da sind ja auch die Gesprächsteilnehmer. Was ist denn ihr Anteil an einem guten Gespräch?

Gut, daß wir darauf noch kommen. Hier ein paar Tips für die Gesprächsteilnehmer, wie sie zum Gelingen eines fruchtbaren Gesprächs in der Hauskreisrunde beitragen können. Ein Leiter sollte auf die Einhaltung dieser wenigen, aber guten Regeln bedacht sein:

- Sagen Sie, was Sie sagen wollten. Sagen Sie nicht weniger (aus Verlegenheit) und nicht mehr (aus Erregung), als was Sie sich vorgenommen haben und Sie verantworten können. Alles andere ärgert Sie hinterher.
- Reden Sie persönlich. Sagen Sie »ich«, und nicht »wir« oder »man«. Stellen Sie auch nicht eine Frage, wo Sie Position beziehen möchten bzw. Ihre Meinung gefragt ist.
- Man kann persönlich und offen reden in einem Klima, in dem jeder den anderen ernst nimmt, ihm zuhört und versucht, ihn zu verstehen. Dies zeigt sich im Anschauen, während der andere spricht, im Nachfragen, im Ausreden lassen und in der Art, wie ich antworte.

Tips für ein Gruppengespräch

- Versuchen Sie immer neu, für die anderen offen zu sein und eine Schubladisierung im eigenen Herzen zu vermeiden mit Jesu Hilfe, der auch die Sonderbaren liebt. Dies gelingt wirklich oft nur durch das Gebet.
- Sprechen Sie zur Sache, abschweifen ist für alle lästig. Es gibt Probleme, die erfordern einen Umweg, aber in der Regel sollte sich jeder bemühen, am Thema zu bleiben.
- Für ein gutes Gespräch ist es kennzeichnend, daß die Teilnehmer aufeinander eingehen, gemeinsam weiterdenken und die Beiträge aneinander anschließen. Wenn jeder nur »seine Sache« sagt, sind zu viele Egoisten im Raum!
- Vermeiden Sie unbedingt Unterstellungen: Sie können mit Ihrer Meinung, daß der andere meint, daß Sie gemeint haben, daß er gemeint hat etc. gewaltig daneben liegen. Fragen Sie lieber noch mal nach, das ist kürzer und meistens auch weniger peinlich.

Was eine gute Gesprächsführung ist, möchte ich noch einmal in einem Bild zusammenfassen.

Ein Gespräch ist wie ein dahinfließendes Wasser, ein Fluß mit manchen Überraschungen. Wir sprechen daher von einem »Gespräch, das fließt« oder nur »plätschert« oder … sich träge dahinzieht. Gesprächsleitung heißt für diesen Fluß Verantwortung zu übernehmen.

- Es gibt Situationen, da überschlägt sich das Gespräch, immer neue Themen werden angerissen, man wird erregt, und die Gefahr des Durcheinanders ist gegeben. Jetzt baut der Leiter einen Damm, d. h. er zieht eine Zwischenbilanz und bestimmt, mit welchem Thema fortgefahren wird.
- Ein anderes Mal schleicht das Gespräch lustlos dahin in immer langweiligeren Schleifen (allgemeines »Blabla«). Jetzt verengt der Leiter den Flußlauf, d. h. er bringt das Herumgerede auf eine präzise Fragestellung, er macht z. B. das fromme Reden praktisch (»was heißt Geduld für dich im Familienalltag?«). Ist das zu forsch, kann er die Frage zunächst auch verfremden (»Was heißt Geduld für Christen im Familienalltag, wenn z. B. …?«). Die persönlichen Beiträge werden nicht lange auf sich warten lassen.
- Manchmal versickert das Gespräch. Jeder hat das Gefühl, daß das Thema ausgeschöpft ist. Es ist nun Aufgabe des

Leiters, ein neues Thema wie einen Seitenbach hereinzuleiten oder aus dem Reservoir den Zufluß eines zuvor nur kurz angeschnittenen Themas einzuleiten.

- Zuweilen kommt es vor, daß Leute Reste oder Brocken (unpassende, auch fromme Antworten oder große persönliche Probleme) hineinwerfen, die den Gesprächsfluß hemmen, ja zum Stocken bringen können oder ihn in eine andere Richtung abzudrängen drohen. Der Leiter muß jetzt schnell entscheiden, ob er diesen Umweg zulassen will; sonst muß er das Hindernis schleunigst ausräumen, in dem er das Thema z. B. vertagt oder kurz selber beantwortet. Läßt er die Richtungsänderung zu, muß er sehr wach sein, daß nicht der ganze Abend eine andere Richtung nimmt. (Wobei selbst dies zuweilen kein Schaden ist, aber nicht die Regel sein sollte.)
- »Ende gut – alles gut«. Was ist ein »gutes Ende«? Ein Ende, das das ganze Gespräch abrundet und die Teilnehmer zufrieden entläßt. Für solches »gutes Ende« ist es nötig, daß der Leiter ein wenig mit der Uhr arbeitet und von daher – gleich einem klugen Steuermann – weiß, an welcher Stelle er mit seiner Gruppe das Ufer erreichen will. Er sollte sich eine Viertelstunde vor Schluß überlegen, ob und gegebenfalls welchen Themenbereich er noch anschneiden will oder zulassen darf. Sonst muß er nachher gewaltsam abbrechen, und die Leute kommen sich vor wie bei einer Notlandung. Kurz vor einem Wasserfall von weiteren Fragen. Richtet er aber sich und kurz vorher auch die Gruppe auf das Ende des Abends ein, kann er ohne Hast zusammenfassen, was man erreicht hat, und wie man jetzt noch fortfahren könnte. Er nennt erst noch ein paar Konsequenzen die sich aus dem Text für den Alltag ergeben und gibt evtl. nochmal darüber eine Stille als Bedenkzeit. Es ist daher gut, wenn er sich während des Abends stichwortartig Notizen vom Verlauf des Gesprächs gemacht hat. Solch ein Abschluß gibt den Teilnehmern das Gefühl, gut geleitet worden zu sein und etwas erreicht zu haben.

☞ • Literatur

Schweiger und Spontane

Wir haben eine Frau in unserem Hauskreis, die kommt zwar mit großer Treue, aber von sich aus sagt sie nie etwas, und wenn, dann gibt sie nur eine kurze Antwort auf eine direkte Frage und schweigt dann wieder. Was sie sagt, ist gut, aber wir würden uns alle freuen, wenn sie auch einmal etwas von sich aus sagen würde. Wie sollen wir uns ihr gegenüber verhalten?

Manche Leute trauen sich einfach nicht. Es gibt dabei die verschiedensten Gründe und je nach Hintergrund sollte man auch verschieden reagieren.

Die einen haben z. B. eine schlechte Erfahrung gemacht in ihrer Kindheit, wo es am Familientisch immer hieß: »Kind, sei ruhig!« So wuchs als Verhalten in dem Kind ein Gemisch von Unwertgefühl und einer gewissen Stärke, die es in seinem bewußten Rückzug empfand.

Jemand anders wurde vielleicht einige Male mit seinen Antworten vor der Klasse vom Lehrer bloßgestellt und hat sich dann »geschworen«, nie mehr etwas öffentlich in einer Gruppe zu sagen. Sollte es einmal unvermeidlich sein, dann müsse der Beitrag nach allen Seiten hin abgesichert und perfekt sein. Solche »Schwüre« sind Festlegungen für das Verhalten eines Menschen und wirken so lange, bis sie ebenso bewußt zurückgenommen und durch einen anderen, besseren Satz ersetzt werden.

Solche Schweiger sind einfach verunsichert und wirken daher auch unsicher. Wenn man sie mal um ihre Meinung bittet, bekommen sie Herzklopfen, werden vielleicht sogar rot (was sie noch mehr verunsichert), finden ihre Antwort oft »ganz doof« und enden ihren Beitrag häufig mit der Floskel »Ich weiß ja nicht …«

Aber es gibt noch andere Gründe, die Teilnehmer eines Hauskreises zu »Schweigern« machen.

Zum Beispiel gibt es Menschen, die sind einfach von »Natur aus« ruhig, sie haben »Nerven wie breite Nudeln«, reden nicht viel und haben ihre Stärken oft im Handwerklich-Praktischen. Sie finden für ihre Gedanken oft nur schwer die passenden Begriffe und fragen immer wieder »Warum macht ihr alles so kompliziert?«. Sie sagen nicht viel, weil sie es für unnötig halten. Ihr Schweigen kommt nicht aus einem Minderwertigkeitsgefühl, vielmehr wirken sie sicher und in sich ruhend. Bei ihnen würde ich sagen, daß jeder Mensch ein

Recht hat zu reden und zu schweigen, wann er will. Ich würde solche Menschen lassen und darauf vertrauen, daß sie etwas sagen werden, wenn sie es wollen.

Viel schwieriger ist der Umgang mit einem Schweigen aus der jeweiligen Stimmung heraus (Erschöpfung, Lustlosigkeit, Spannungen).

Gerade im Haukreis, der am Abend stattfindet, überfällt vor allem Männer, die beruflich in harter körperlicher Arbeit stehen, oft eine ganz starke Müdigkeit. Für sie ist es gut, wenn der Abend lebendig und abwechslungsreich verläuft. Im abschließenden gemütlichen Zusammensein tauen sie dann oft noch einmal auf.

Natürlich gibt es auch reine Lustlosigkeit, die schon damit begonnen hat, daß man an diesem Abend überhaupt keinen »Bock« hatte, in den Hauskreis zu gehen. Wenn irgend möglich, wäre es gut, wenn solche Störfaktoren vor Beginn des Kreises ausgesprochen und vor Gott abgelegt werden könnten.

Noch eine andere Variante des Schweigens, die man kennen und erkennen sollte: das situationsbedingte Schweigen. Ein Ehepaar redet plötzlich nichts, obwohl sie sonst eigentlich immer mitmachen. Sie haben ihre »dicke Luft« von zuhause mitgebracht. Oder Sorgen, die sie dem Kreis nicht nennen wollen, machen sie an diesem Abend bedrückt und stumm. Ein solches Schweigen kann den ganzen Kreis lähmen und wenn es nicht allzu oft auftritt, muß man es in Liebe ertragen, ohne die »Schweiger« zu bedrängen.

Reicht es, wenn wir die schweigende Minderheit im Hauskreis verstehen wollen oder können wir ihr irgendwie helfen?

Grundsätzlich stille Mitglieder eines Hauskreises würden sagen: Ihr helft uns, indem ihr uns in Ruhe laßt! Und tatsächlich bleiben manche weg, wenn sie zu oft angesprochen und aufgefordert werden. Das sollte man viel Gespür aufbringen. Es ist wohl gut, mit so jemand außerhalb des Kreises einmal ein Gepräch über die Hintergründe seines Schweigens zu führen und über die Art, wie der Betreffende sich den Umgang im Hauskreis wünscht. Bei diesem Gespräch sollte, wenn dies möglich ist, der Hinweis auf die Möglichkeit zur Heilung von inneren Verletzungen oder der Befreiung von irgendwelchen Festlegungen gegeben werden. Eine liebevolle Annahme gerade dieser Person durch die Leiter und den Kreis wirkt langfristig lösend und lockernd.

Mal abgesehen von den verschiedenen Typen der Schweigsamen: Was würden Sie ganz konkret tun, um möglichst unaufdringlich zurückhaltende, eher stille Mitglieder auf irgendeine Weise am Austausch in der Gruppe zu beteiligen?

Hier ist das Fingerspitzengefühl des Leiters gefragt, was dem einen hilft, kann für den anderen wie eine schulmeisterliche Behandlung wirken. Wenn dies klar ist, dann kann die eine oder andere der folgenden Anregungen hilfreich sein:

- Einen Text (Bibel, Kurzgeschichte etc.) vorlesen lassen (wenn nicht Leseschwierigkeiten vorhanden sind!).
- Einen Austausch über die letzte Woche oder eine wirklich gute Frage mit dem Sitznachbarn anregen.
- Darauf achten, wenn einer von den Zurückhaltenden Luft holt, um etwas zu sagen, und ein anderer prompt wieder schneller ist.
- Vorsichtig bei leichten Fragestellungen um ihre Meinung fragen – und diese dann immer wertschätzen und verwerten.
- Folgende Übung, vor allem, wenn alle noch Schwierigkeiten mit dem freien Gebet haben: Zuerst schreiben alle ihr Gebet wörtlich oder in Stichworten auf und beten dann reihum anhand der Notiz.
- Beim liturgischen Gebet, wenigstens beim abschließenden Vaterunser, können alle gemeinsam beten. Für manche ist das die einzige Möglichkeit, überhaupt etwas – angstfrei – von sich zu geben. Und die sollte man nicht unterschätzen.
- Wenn der Leiter sich die Zeit nimmt, mit dem einen oder anderen einen bestimmten Part des Abends durchzusprechen und ihm dann zu übertragen: z. B. die Einleitung, die Bibelarbeit oder Gebetszeit vorzubereiten und durchzuführen bzw. die Gesprächsleitung zu übernehmen. Wenn ihn das überfordern würde, dann kann er es ja zunächst einmal mit jemand zusammen gestalten. Jedenfalls braucht es ein gesundes Gespür, bei eher zurückhaltenden Teilnehmern den Weg zwischen Über- und Unterforderung zu finden.

»Spontis« und Vielredner

In unserer Gruppe machen uns mehr als die Schweigsamen die sogenannten »Spontis« Not, weil sie loslegen und reden, ohne viel nachzudenken und dabei oft die Stilleren »überrollen«, natürlich ohne daß ihnen dies bewußt ist. Wie sollen wir diese »anfassen«?

Vor allem traut sich keiner, ihnen zu sagen, wie sehr sie blockieren, insbesondere wenn dies dazu noch wortgewandte, angesehene, ältere Mitarbeiter oder gar der Pastor/Pfarrer selber sind. Wie also behandeln?

Der allererste Schritt beginnt mit der Wertschätzung dieser Art: Der »Eisbrecher« ist im ersten Drittel des Abends oft von großem Wert, weil dadurch das Gespräch leichter in Gang kommt. Ab da wäre es dann aber gut, wenn die Spontis deutlich zurücktreten und den anderen Gelegenheit geben würden zu reden.

Ob dies gelingt oder nicht – daran zeigt sich die Reife eines solchen Teilnehmers. Reife ist, daß man seine Gabe einsetzt, wo sie der Gemeinschaft nutzt und dann Platz macht, damit die Gaben der anderen sich entfalten können. Spontis sind oft sehr subjektiv, sie meinen (insgeheim), daß ihre Meinung sehr wichtig ist und können es darum kaum erwarten, bis sie diese von sich geben können. Vom Typ her sind es meistens lockere, fröhliche Menschen, die es einem auch nicht allzu krumm nehmen, wenn man sie mal stoppt. Und dies sollte man unbedingt tun: zuerst außerhalb des Abends durch ein verständisvolles Gespräch, wo man sich vielleicht auf bestimmte Signale einigt, die sie bekommen, wenn es ungewollt mal wieder zu viel wird; dann aber auch ein freundliches Stop, wenn alle Bremsversuche während des Abends nichts einbrachten. »Wir brauchen jetzt dringend noch die Meinung von ein paar anderen zu diesem Thema ...!«

In dem einen oder anderen Hauskreis mag es auch einzelne geben, die sich, wie man so schön sagt, »gerne selber reden hören.« Hinter solchem Verhalten steckt meistens eine Not, oft schlimme Minderwertigkeitsgefühle, die sich hinter der Maske des Vielredners verbergen und die ständig signalisiert: »Finde mich doch bitte wichtig!« Dementsprechend fein muß das Fingerspitzengefühl dessen sein, der mit dem Betreffenden einmal das Thema »Rededurchfall« angeht.

Solche Menschen muß man spüren lassen, daß man sie als Mensch lieb hat und nicht wegen ihrer Leistung. Das ist es, wonach sie sich im tiefsten sehnen. Mit der Zeit finden sie ihr wortereiches Aufplustern im Hauskreis dann selber unpassend .

Zusammenfassend noch einmal ein paar Stichworte zum rechten Umgang mit Spontanen und Vielrednern:

- Wertschätzung der Gabe als »Eisbrecher«.
- Zügeln der eigenen Aggressionen, wenn der andere nicht mehr aufhört: »Herr, laß ihm die Luft ausgehen ...!«
- Wahrnehmen der Hirtenaufgabe in Freundlichkeit und Festigkeit zum Schutz der anderen.
- Gespräche außerhalb des Hauskreises mit dem Versuch, von der Korrektur des Gesprächsverhaltens zu der tieferen Frage der Einstellung zu sich selber und zu den anderen vorzudringen.
- Positive Aufgaben geben, etwa bei der Einleitung und bei der Begrüßung zum Gästeabend.

☞ • Konflikte im Hauskreis

»Sprachfähigkeit«

Wir möchten unseren Hauskreismitgliedern helfen, sich an den Abenden leichter mitzuteilen, stoßen aber an eine Barriere, die man als mangelnde »Sprachfähigkeit« bezeichnen könnte. Gibt es so etwas, und wenn ja, kann man solche Hindernisse überwinden?

Sprechen können normalerweise die meisten Menschen, die Frage ist, wieviel Mühe und Überwindung es sie kostet. Dem einen fällt es schon schwer, im Hauskreis etwas zu sagen oder sich im Gebet zu äußern. Andere haben dabei keine Mühe, aber bekommen Schwierigkeiten, wenn sie mit einem Glaubensfernen ein Gespräch über den Glauben führen sollen. So gibt es eine Sprachbarriere nach innen und eine nach außen mit jeweils ganz verschiedenen Ursachen. Entsprechend verschieden stellt sich die Frage nach der Entwicklung der Sprachfähigkeit.

Glauben Sie, daß ein Mensch, der Schwierigkeiten hat, sich im Hauskreis zu äußern, davon grundsätzlich frei werden kann?

Nun, ich erwarte nicht, daß einer ein ganz anderer Typ wird, aber sehr wohl, daß er in eine für ihn und die anderen deutlich spürbare, größere Freiheit hineinwächst. Dazu gibt es viele Beispiele.

Diese Befreiung setzt drei Bedingungen voraus:

- Die betreffende Person muß ihren Zustand verändern wollen.
- Es muß jemand da sein, der mit dem Betreffenden seine Ängste und ihre Ursachen (meist aus der Kindheit) bespricht und vor Gott bringt. Gottes heilender Geist bringt gerade in Verwundungen der Seele Heilung; dadurch ermöglicht er ein allmählich sicher veränderndes Verhalten. »Denn wo der Geist des Herrn ist, da ist Freiheit«. Heilung und Freisetzung ist da nötig, wo ein Mensch sich in seinem Schweigen gefangen fühlt und heraus möchte; nicht aber da, wo ein Mensch durch seine Prägung einfach ruhiger ist – und sich dabei wohl fühlt.
- Die Gruppe als heilender Raum ist nötig für neue Erfahrungen der Angstfreiheit und der Einübung neuer Verhaltensmuster (»Ich habe etwas beizutragen – und ich möchte es auch!«).

Kein Hauskreis ohne Austausch

Der Hauskreis ist ja grundsätzlich auf sprechen und sich mitteilen angelegt. Heißt das, daß Leute, die nicht sprechen und sich mitteilen wollen, nicht in den Hauskreis kommen können?

Die Frage ist berechtigt, denn in der Tat ist die Gemeinschaft des Hauskreises auf ein Mindestmaß an Mitteilung von den einzelnen angewiesen. Wenn einer von vorneherein weiß, daß er das nicht will, wird er sich nicht einem Hauskreis anschließen können und wollen. Das heißt im Klartext, daß auch »der Hauskreis« nicht für jedermann geeignet ist. Es gibt charakterliche, berufliche, altersbedingte und eventuell geistliche Gründe, weshalb jemand nicht in einen Hauskreis gehen mag – und dies muß einfach akzeptiert werden.

Für Menschen, die mehr Abstand brauchen, ist eine Bibelstunde, die von vorne geleitet und im Gemeindehaus abgehalten wird, geeigneter als ein Hauskreis in der Privatatmosphäre eines Wohnzimmers.

»Grundkurs des Glaubens«

Wir sind ein relativ junger Hauskreis und in der christlichen Lehre noch sehr unerfahren und unsicher. Können Sie uns Glaubenskurse nennen, die wir auch ohne fremde Hilfe durcharbeiten können?

Zunächst einmal: Es gibt mittlerweile eine ganze Menge Material und es ist nicht so einfach, das Richtige für den eigenen Kreis zu finden. Deshalb werden hier zwei bewährte Glaubensgrundkurse vorgestellt, die jeweils für einen bestimmten Typ von Hauskreis modellhaft sein könnten.

1. »Grundkurs des Glaubens«
2. »Komm und sieh« und »Vater unser«.

1. Videoseminar für Kleingruppen: Grundkurs des Glaubens

Für welche Gruppe ist dieses Glaubensseminar geeignet?

Dieser Glaubensgrundkurs ist vor allem für Gruppen geeignet, die überwiegend evangelische Teilnehmer haben und die noch am Anfang ihres Glaubensweges stehen. Für eine Gruppe bis zu zehn Teilnehmern sind etwa zwei Leiter für die Durchführung erforderlich. Der Kurs benötigt neun Abende.

Was für Themen werden in diesem Grundkurs behandelt?

Die Themen beinhalten im Grunde das, was an Elementarwissen nötig ist, um zum Glauben an Jesus zu finden. Der *Grundkurs des Glaubens* ist somit eine Art Konfirmandenunterricht für Erwachsene, der zum einen ähnliche Inhalte wie der Konfirmandenunterricht vermittelt, zum anderen dasselbe Ziel hat wie der Konfirmandenunterricht, nämlich das bewußte »Ja« zu Jesus, die Lebenshingabe an ihn oder das Festmachen dessen, was im Laufe des Lebens an Glauben gewachsen ist. Die Themen sind:

1. Glauben – was ist das eigentlich?
2. Gott ist so fern! Erfahrung von Gottes Abwesenheit
3. Gott ist so nah! Erfahrung von Gottes Barmherzigkeit
4. Jesus Christus – mein Erlöser. Bedeutung von Tod und Auferstehung
5. Jesus Christus – mein Herr. Lebensübergabe an ihn
6. Jesus Christus – mein Heiland. Innere Heilung durch ihn
7. Gottes Heiliger Geist – unter uns!
8. Abschlußgottesdienst
9. Glauben leben in Gebet und Gemeinde.

Hilfsmaterial

Das Ziel des Grundkurses wird mit dem Abschlußgottesdienst angestrebt, bei dem die Möglichkeit besteht, öffentlich zu bekennen, daß man von nun an bewußt als Christ leben möchte. Der 9. Abend ist ein Vertiefungsabend, bei dem es darum geht, was zum Leben als Christ unbedingt gehört: das Gebet und das Leben in der Gemeinde.

Wie sieht das Hilfsmaterial aus, mit dem ein Hauskreis rechnen kann, der diesen Kurs durchführen möchte?

Da ist zunächst einmal die Broschüre »Grundkurs des Glaubens«, die in die Hand des Leiters gehört, der mit seinem Hauskreis ein solches Seminar durchführen will. Es werden dort neben einer Einführung zur Vorbereitung des Grundkurses die Referate der einzelnen Abende zusammengefaßt und ergänzende Texte hinzugefügt. Auch wenn dieses »Handbuch« darauf ausgerichtet ist, ein solches Seminar in dem größeren Kreis einer Gemeinde durchzuführen, ist es trotzdem auch für den Hauskreisleiter ein echter Gewinn. Es kann ihm helfen, die Abende variabler zu gestalten, Aufgaben zu verteilen und das Gespräch noch besser zu leiten.

Demgegenüber ist die Videoreihe (8 Kassetten) von vornherein für einen kleinen Kreis gedacht (bis zu 10 Teilnehmern), der sich in einem Wohnzimmer trifft und auch von solchen geleitet werden kann, die sich nicht zutrauen, ein biblisches Referat zu halten. Es ist damit die Möglichkeit gegeben, daß jeder Christ diesen Kurs mit Bekannten halten kann, auch ohne lehrmäßig besonders begabt zu sein. Der Inhalt basiert auf der oben genannten Broschüre.

Die Videos sind mit Interviews, Kurzzeugnissen, Videografiken, Videoclips und unterschiedlichen »Referenten«, die das Thema ganz verschieden angehen und recht abwechslungsreich gestalten. Zu den 8 Videos gibt es 9 Beihefte (ein 9. für den Abschlußgottesdienst), die den Grundkurs erklären, Anleitung zum Zeigen geben und theologische Fragen für das Gruppengespräch aufgreifen.

Wir würden gerne einen solchen Kurs dazu benützen, neue Leute in unseren Hauskreis einzuladen und für den Glauben aufzuschließen. Ist er dafür geeignet?

Ob man »Außenstehende« erreicht, kommt sehr auf die Werbung an. Wirbt man innerhalb der Gemeinde im Gemein-

Wir für andere?

Muß es eigentlich immer der Pfarrer sein, der diese Kurse anbietet oder könnte das auch ein Laie oder ein Hauskreis als Gruppe sein?

Wie schon gesagt – nein, es muß nicht immer der Pfarrer sein, der einen Glaubenskurs anbietet. Die Leiter des Grundkurses sollten allerdings vom Pfarrer »gedeckt«, besser noch beauftragt und gesegnet sein, vor allem, wenn für den Kurs innerhalb der Gemeinde geworben wird.

Für einen Kurs mit Video braucht es nur zwei Leiter, die fähig sind, eine Gesprächsgruppe zu leiten und das per Video Vermittelte zu ergänzen, weitergehende Fragen zu beantworten und zu den Schritten des Glaubens anzuleiten, zu denen eingeladen wird. Dasselbe gilt für das Medienpaket »Komm und sieh« und »Vater unser«.

Wir würden gerne als Hauskreis in unserer Gemeinde einen Glaubenskurs abhalten. Können wir das schaffen?

Natürlich kann auch ein Hauskreis als Ganzer einen Grundkurs des Glaubens anbieten. Allerdings ist dann darauf zu achten, daß nicht mehr Christen als Gäste da sind, sonst trauen sich »Neulinge« nicht mehr, ihre Fragen zu stellen. Sinnvoller ist es deshalb, wenn 2-4 Hauskreisteilnehmer einen Grundkurs anbieten und anschließend einen neuen Hauskreis aufbauen, d. h. wenn der Hauskreis sozusagen »sproßt« und sich so vervielfacht.

☞
- Missionarische Aspekte der Hauskreisarbeit
- Neue Teilnehmer im Hauskreis
- Gründung eines Hauskreises
- Öffentlichkeitsarbeit
- Bibelarbeit im Hauskreis

Größe des Hauskreises

Zahlen sind sehr relativ

Wir sind in unserem Hauskreis fünf Ehepaare, für die einen sind wir noch zu wenig, für die anderen fast schon zu groß. Was ist die ideale Größe für einen Hauskreis?

Das kommt darauf an, an welchem Ort er stattfinden soll, für welches Alter er gedacht ist und was der Hauskreis will. Und natürlich, wie verbindlich die Teilnehmer kommen …

Fangen wir an mit dem *Ort des Treffens*. Schon die Hausversammlungen im Neuen Testament unterlagen rein äußerlich dieser Einschränkung durch die Größe des Raumes. Wir wissen, daß Jesus das letzte Mahl mit dreizehn Personen um einen Tisch (liegend) im sog. Obergemach gefeiert hat. Als die vier Männer den Gichtbrüchigen nicht mehr zu Jesus durchbringen konnten, waren dort vielleicht dreißig Leute im Raum, die maximale Kapazität für ein normales Haus damaliger Bauart. Wenn die Christen in Apg 2 in den verschiedenen Häusern zusammen kamen, waren das wohl kaum mehr als fünfzehn bis zwanzig Personen – aus Platzgründen. Unsere heutigen normalen Wohnzimmer erlauben gewöhnlich auch nicht mehr Leuten, um einen Couchtisch gemütlich herumzusitzen und zwar so, daß jeder jeden beim Reden sehen kann. Wenn die Gruppe so groß ist, daß sie gerade noch in das größte Wohnzimmer paßt, entfällt auch die Möglichkeit, daß der Kreis mal woanders stattfinden kann – was nicht nur den Kreis belebt, sondern auch die eine Familie mit dem großen Wohnzimmer entlastet.

Weiter hat die Größe eines Hauskreises mit der *Zielgruppe* zu tun, denn es ist offensichtlich, daß eine Größe, bei der es Erwachsenen schon leicht zu eng wird, in Hauskreisen für junge Erwachsene noch lange nicht zu viele sind und bei Jugendbibelkreisen vollends nicht. Dies hängt zusammen mit dem Bedürfnis nach größerem Abstand und Lebensraum bei »gestandenen« Persönlichkeiten, bzw. bei jüngeren Menschen mit dem Wunsch, sich in der (großen) Gruppe auch mal verstecken zu können. Man sollte Jugendbibelkreise nicht ohne weiteres teilen, sondern lieber in der Gesprächsphase an Ort und Stelle Untergruppen bilden. Dazu kommt die unkompliziertere Kontaktaufnahme bei jüngeren Menschen untereinander, die ebenfalls größere Gruppen möglich macht. Und umgekehrt »nervt« d. h. entmutigt es junge Leute, wenn z. B. immer nur sechs Leute kommen, während für ältere Personen dies eine durchaus angenehme und annehmbare Größe darstellt.

Die »ideale« Größe

Aus all dem geht hervor, daß man die richtige Größe nicht ohne weiteres in Zahlen ausdrücken kann. Statistisch gesehen steht die Zahl zehn deutlich an der Spitze, gefolgt in etwa gleichem Abstand von den Zahlen acht, neun bzw. elf, zwölf (nach Blohm). Das heißt, für jeden normalen Hauskreis von Erwachsenen gilt in etwa die Gauß'sche Kurve mit dem Scheitelpunkt bei zehn Personen.

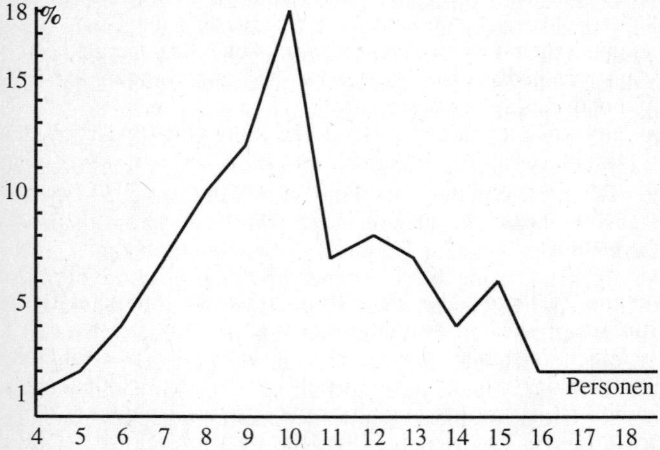

Nicht nur der Ort setzt dem Hauskreis äußere Grenzen, viel stärker tut das die Frage, bis zu welcher Zahl Gemeinschaft im engeren Sinn noch möglich ist. Wenn man einmal das Empfinden hat, daß man an einem Abend mit dem Kontakt zu allen, wenigstens kurz, nicht mehr durchkommt, beginnt das Gefühl zu wachsen, daß der Kreis zu groß wird.

Oft kommt dann die Beobachtung dazu, daß man eigentlich niemandem gefehlt hat, als man mal verhindert war, denn niemand fragte nach. Und bei manchen, leider schon recht früh, setzt die Scheu ein, bei so vielen noch etwas (Persönliches) zu sagen.

Acht bis zwölf ist also gruppenpädagogisch die ideale Größe, wo Kontakte und Gespräche zwischen den Mitgliedern noch gut und abwechslungsreich möglich sind.

Natürlich hat die Größe der Gruppe auch etwas mit ihrer *Konzeption* zu tun. Es kommt darauf an, was die Teilnehmer von »ihrem« Hauskreis erwarten:

- wollen sie eine Heimat, in der man sich geborgen und zu Hause fühlt, dann ist eine Größe von acht bis zwölf Personen richtig;
- wollen die Leute sich um eine starke Leiterpersönlichkeit scharen und ihn vor allem hören, in Auslegung und Seelsorge, dann können es gut auch zwanzig Personen werden und mehr;
- kommen die Teilnehmer aber zusammen, um eine missionarische Initiativgruppe zu sein, die sich als Team zu irgendeiner noch unerreichten lokalen oder sozialen Zielgruppe gesandt wissen, dann sollten es nicht mehr als fünf, höchstens sieben sein;
- und vollends, wenn eine kleine Zahl von Menschen den Hauptauftrag ihres Zusammenseins im Beten sieht, dann sagt Jesus selbst, daß eine Minigruppe von zwei bis drei schon ausreicht, um größte Verheißungen von ihm zu bekommen.

Wenn ein »normaler Hauskreis« mehr als fünfzehn Leute umfaßt, was soll er dann konkret tun?

Eine Frage muß vorab geklärt werden, ob alle fünfzehn auch zu den Abenden kommen. Gerade bei den jungen Familien ist es ja oft so, daß nur ein Elternteil kommen kann. Insofern ist für weitere Überlegungen die Frage, ob die »Realzahl« oder die »Nominalzahl« gemeint ist. Dasselbe gilt für undisziplinierte, unverbindliche Kreise. Ist die Realzahl dauerhaft über zwölf und hat die Tendenz, weiter zu steigen, sollte vom Leiter die Frage der Teilung und noch besser der Sprossung auf den Tisch gelegt werden. Da dies einen Prozeß auslöst, der ohne Druck reifen können sollte, muß die Frage rechtzeitig angesprochen werden, d. h. bevor es »an den Rändern bröckelt« und die ersten unverbindlich werden.

Wir haben als Hauskreis seit einem Jahr trotz Bemühung keine Neuen gewinnen können und sind immer noch die selben vier Personen – sollen wir aufhören oder sollen wir uns einem andern Kreis anschließen?

Seit wann ist die Zahl ein Argument aufzuhören, wenn die Vier treu sind und gut zusammenpassen? Sie haben Jesu Verheißung! Das Problem ist nicht die Zahl, sondern die Perspektive! Wenn die Vier sich als »Wächter auf der Mauer« verstehen, als Gebetstruppe, die sich eins machen und den Namen Jesu über ihrem Ort und über ihrer Gemeinde im Glauben ausrufen – was fehlt ihnen? Sollten sie aber nicht wissen, wozu sie da sind, dann sollten sie um Weisung beten. Falls Spannungen sie untereinander hindern, dann sollten sie versuchen, in jene Wahrheit zu treten, von der Jesus sagt, daß sie freimacht. Sollten sie die einzige Quelle des lebendigen Wassers in einer Wüste sein, so sollten sie darüber nachdenken, wie sie »missionarische Planschbecken« anlegen könnten z. B. mit Glaubenskursen.

☞
- Missionarischer Hauskreis
- Teilung
- Leiterschaft
- Verbindlichkeit
- Formen des Hauskreises
- Familie und Hauskreis

Für »Insider« oder andere?

Wir haben uns entschlossen, einen Hauskreis zu gründen, wissen aber nicht, wie wir das anfangen sollen. Worauf müssen wir achten ?

Sie sagen »wir«. Das sind mindestens zwei, vielleicht ja auch schon mehr. Auf jeden Fall gilt Ihnen die Verheißung Jesu (Mt 18,20):

»Wo zwei oder drei in meinem Namen versammelt sind, da bin ich mitten unter ihnen.« »In seinem Namen« heißt, um seinetwillen sich zusammenzufinden, mit Jesus in der Mitte, und von ihm etwas erwartend. Dies kommt zum Ausdruck im Gespräch mit ihm (gemeinsames Gebet) und im Hören auf ihn (Bibeltexte). Konkret: Beten Sie und achten Sie dann auf Kontakte zu Leuten, denen an solchem Zusammensein »in Jesu Namen« liegt.

Wir würden gerne unseren Hauskreis mit Leuten starten, die noch suchend sind. Sollen wir uns darauf einlassen oder ist so ein Kreis von vornherein zum Scheitern verurteilt?

Wenn Sie eine kleine Gruppe von Gläubigen sind, die alle einen solchen Wunsch auf dem Herzen haben, sollte Sie nichts daran hindern, einen solchen Kreis ins Leben zu rufen. Davor sollte im Kreis derer, die »im Namen Jesu« zusammen sind, aus dem Gebet heraus die Konzeption besprochen werden, die der neue Kreis haben soll: Wird er in erster Linie Christen im Glauben stärken und weiterbringen oder wollen Sie als Team von Christen für Suchende und deren Fragen da sein, damit sie Jesus kennenlernen können. Diese Grundfrage sollte geklärt sein.

Natürlich gibt es auch noch andere Zielsetzungen, die sich ein Kreis bei seiner Gründung konzeptionell überlegen kann. Z. B. als Kreis den Besuchsdienst für Neuzugezogene zu übernehmen; oder sich als spezieller Gebetskreis für politische Tagesfragen zu verstehen; oder sich als Kreis um ein Asylantenheim am Ort zu kümmern; oder ein geistliches Nest für entwurzelte Aussiedler zu bauen. (☞ Hauskreisformen, soziales Engagement im Hauskreis). Wichtig, daß das Team dann auch noch Zeit für sich hat und sich nicht nur für die Aufgabe trifft. Das heißt, z. B. Hauskreis im »Einsatz« nur 14tägig, dazwischen Teamtreffen.

Gründung eines Hauskreises

Das kirchliche Umfeld verdient Beachtrung

Wir haben uns entschlossen, einen Hauskreis zu gründen. Brauchen wir dazu ein Konzept? Wie kann das aussehen?

Manche sind überrascht, wenn sie auf diese Frage einige Gegenfragen bekommen wie: Zu welcher Kirche gehören Sie? Und wie steht es um Ihre Gemeinde?

Warum diese Fragen wichtig sind? Weil es keine sinnvolle Konzeption eines Hauskreises neben oder außerhalb aller Ortsgemeinden geben kann. Außerdem sollte man sehr genau wissen, welche Vorgaben bzw. Nichtvorgaben die Kirche macht, zu der Ihr Hauskreis gehören wird. Das Konzept eines neuen Hauskreises bezieht sich gewöhnlich auf Defizite, die im Leben dieser Gemeinde bzw. Kirche empfunden werden. Der Hauskreis existiert ja nicht im luftleeren Raum und selbst ein nichtvorhandenes Gemeindekonzept ist eine Vorgabe, die bei der Aufgabenstellung des neuen Hauskreises zu beachten ist. Nur wer die Unterschiede zwischen den Kirchen und Gemeinden nicht beachtet, wird sich über die Verschiedenheit der Hauskreise in ihnen wundern.

Was soll man nun unter einer *Gemeindekonzeption* genau verstehen? Sehr vereinfachend kann man bei den Kirchen in unseren Breiten drei Ausprägungen unterscheiden:

- die Volkskirchen (evangelisch, katholisch, orthodox)
- die etablierten Freikirchen (methodistisch, baptistisch, etc.)
- die neuen Glaubenskirchen und Neugründungen.

Das Selbstverständnis dieser Kirchen und damit das Verhalten ihrer Mitglieder ist deutlich verschieden, was selbstverständlich unmittelbare Auswirkungen hat auf die Art und Weise von Hauskreisen und deren Funktion für das Ganze der Gemeinde und Kirche. Die Unterschiede kann man deutlich erkennen im bezug

- auf die Mitgliedschaft
- auf die Organisationsform der Gemeinde einschließlich des Gottesdienstes als Ausdruck davon
- auf das Verhältnis von geistlichem Leiter und Gemeindemitglied
- auf die Gemeinschaft untereinander
- auf die Lehre
- auf das Setzen von Zielen.

Ein Gemeindekonzept prägt auch den Hauskreis

Sicher ließen sich noch weitere Unterschiede zwischen den Kirchen nennen. Aber gehen wir einmal einen Unterschied durch und zeigen die Auswirkungen, die das für die jeweilige Hauskreisarbeit hat.

Beispiel 1: Die Mitgliedschaft in den Großkirchen wird durch die Taufe erworben. Darüber hat also im Normalfall nicht der Betreffende selber, sondern seine Eltern entschieden. Kommunion und Konfirmation/Firmung haben an dieser fast automatischen Zugehörigkeit faktisch wenig geändert. Tritt der Betreffende nicht irgendwann bewußt aus der Kirche aus, so ist er bis zu seinem Lebensende »evangelisch« oder »katholisch«, selbst wenn er nie am Leben der örtlichen Gemeinde teilnimmt, sondern nur den Service der Amtshandlungen in Anspruch nimmt. Es entwickelt sich fast zwangsläufig eine Versorgungs- oder gar eine Anspruchsmentalität.

Solche Leute in den Gottesdienst einzuladen, überfordert einfach ihr Verständnis von Mitgliedschaft, denn da müßte man ja etwas tun. Aber auch die, die zum Gottesdienst kommen, sogar die, welche im Rahmen ihrer Ortsgemeinde mitarbeiten, haben eine durch die Säuglingstaufe geformte Mitgliedervorstellung. Sie könnte ausformuliert heißen: »Ich bin evangelisch bzw. katholisch. Irgendwie sind sie hier alle durch die Kirche erreicht worden. Wenn sie nicht mitmachen wollen, zahlen sie eben ihre Kirchensteuer umsonst: ihr Pech!« Einem gut evangelischen oder katholischen Kirchenchristen begreiflich zu machen, daß die anderen nicht nur verlorene Gelder zahlen, sondern verlorene Menschen sein können – ist kaum zu vermitteln.

Aber selbst die Mitarbeiter tun sich schwer, eine wirklich dynamische, missionarische Mentalität mit dem entschiedenen Willen zur Expansion der Gemeinde zu entwickeln, weil doch »irgendwie« alle schon »irgendwie« dazugehören. Hauskreise mit volkskirchlichem Hintergrund neigen hier natürlich von vorneherein dazu, Christen zu sammeln, die schon da sind.

Doch es gibt noch einen weiteren, wesentlichen Unterschied: der Mangel an Gemeinschaft. In den Großkirchen ist alles weitläufig, die Gottesdienste, wenn auch nur wenige kommen, bleiben distanziert, anonym. »Wer weiß, wie es mir geht? Wen interessiert es denn?« In solch einer kirchlichen

Situation sind vertiefende Hauskreise das allererste, was es braucht, um Menschen zu beheimaten. Sie haben also eine lebenswichtige, ergänzende Funktion.

Von den Pfarrern und Pastoren der Großkirchen kann derjenige Wohlwollen erwarten, der sich irgendwie (noch) in der Gemeinde engagiert, selbst wenn es in einem neuen Hauskreis wäre. Mehr ist normalerweise nicht »drin«. Das Höchste, was in manchen Gemeinden geleistet wird, ist ein mehrmals im Jahr einberufenes Hauskreisleitertreffen.

Beispiel 2: Die evangelisch-methodistische Kirche kennt die Säuglingstaufe und die Erwachsenentaufe, die Baptisten kennen nur die Großtaufe. Aber als etablierte Freikirchen sind ihre Mitglieder zum Großteil die Kinder von Mitgliedern der vorigen Generation d. h., die Kirche kann existieren ohne Mission, allein durch biologische Fort-Pflanzung und die Mitglieder müssen sich nur für eine bewußte Erklärung entscheiden, können aber auch ohne diese am Leben der Kirche teilnehmen, allein aus Familientradition. Der mangelnde Impuls zur Mission ist immer wieder auch in diesen Kirchen beklagt worden. Er hängt mit dem Weg zur Mitgliedschaft aus den Familientraditionen zusammen. Hauskreise haben hier auch nicht primär die Aufgabe der Mission, sondern der Bereicherung des Gemeindeprogramms in Richtung bessere Gemeinschaft.

In den etablierten Freikirchen ist der Gottesdienst bewußt persönlich gestaltet und auf Grund der Personenzahl bleibt der einzelne im Blick. Man ist zu Hause in seiner Gemeinde. Der Hauskreis muß nicht beheimaten, er kann Gemeinschaft vertiefen – von daher reicht vielen ein Treffen pro Monat, es sei denn, der Hauskreis hätte eine missionarische Ausrichtung.

Beispiel 3: Die neuen Gemeinden haben hier eine ganz andere emotionale Ausgangslage. Mitglied wird man im Normalfall durch bewußten Austritt aus einer anderen Kirche (Großinstitution) und bewußten Eintritt in diese Gemeinde (Heimat). Dies ist ein bewußter Bruch mit dem bisherigen Leben und ein totaler Neueinsatz. Das motiviert, etwas zu investieren. Mission und Wachstum der Gemeinde ist aus dieser Erfahrung heraus etwas Selbstverständliches. Hauskreise haben in solchen Gemeinden immer die Aufgabe, Neue zu gewinnen bzw. zum Glauben an Jesus und zu dieser Gemeinde zu führen.

Neue Gemeinden expandieren, weil ihre Mitglieder sich bewußt für sie entschieden haben und darum auch wollen, daß sie wächst. Statt darauf hinzuweisen, daß diese Neugründungen über kurz oder lang schon dieselben Probleme durch die Zweitgeneration haben werden, wäre es für die alten und die etablierten Kirchen sinnvoller, sich zu überlegen, ob es Wege zur Veränderung der Mentalität ihrer Mitglieder gäbe – und wäre es durch die immer neue Gründung von Tochtergemeinden durch ausgesandte Missionsteams in unerreichte Wohngebiete. Der Start wäre mit missionsbereiten Hauskreisen zu machen.

In den neuen Gemeinden, die zuweilen erhebliche Größe haben, und die durch ein offenes Gottesdienstgeschehen starken Zulauf und Durchlauf erleben, hat der Hauskreis missionarische und die Gemeinde stabilisierende Funktion zugleich. Neue werden erst durch die Hauskreise wirklich erreicht und für die Gemeinde gewonnen. Wer nicht in einen Hauskreis kommt, ist eben durchziehender Gottesdienstbesucher. Von daher ist das große Gewicht, das alle neuen Gemeinden auf die Ausweitung ihrer Hauskreisarbeit und die Schulung der Leiter legen, verständlich.

In den neuen Gemeinden werden daher die Hauskreise vom Pastor als »Chefsache« behandelt und die Leiter ausgewählt, geschult und eingesetzt, sie sind ihm verantwortlich, d. h. die Hauskreise entstehen nicht spontan von unten, sondern werden gezielt von oben eingerichtet. Von daher resultieren dann die Unterschiede in Koordination (Wochentag), Weisungsbefugnis (Berichtspflicht) und geistlicher Ausrichtung (derselbe Text, die Sonntagspredigt o. ä.).

Was kann also ein Hauskreis in all diesen Gemeinden mit ihren unterschiedlichen Konzeptionen machen? Zuallererst mit seinem Pastor reden. Dann die Gemeindesituation anschauen und im Gebet auf den Herrn hören, um gemeinsam die Stelle zu finden, an der der Hauskreis angesiedelt sein sollte. Und schließlich wäre es sehr sinnvoll, wenn sich der Kreis für die so gefundene Aufgabe von seiner Gemeindeleitung beauftragen und senden lassen würde.

☞
- Missionarische Hauskeise
- Sprossung

Wo treffen?

Wir wollen mit einem Hauskreis beginnen, sind uns aber nicht einig über den Ort, wo wir uns treffen sollen. Einige schlagen einen neutralen Raum vor (Schule, Nebenraum einer Gastwirtschaft) vor, andere meinen, das sei dann kein Hauskreis mehr. Wo trifft sich normalerweise ein Hauskreis?

Auf jeden Fall in einer Privatwohnung und nicht im Gemeindehaus oder sonstwo. Dies hat bei ☞missionarischen Hauskreisen durchaus den Nachteil, daß dies manchen Eingeladenen schon »zu eng« ist, weswegen solche Kreise zuweilen im Clubraum des Gemeindehauses anfangen (bis man sich besser kennt).

Normalerweise aber findet der Haus-Kreis in einem Wohn-Haus statt – und zwar schon seit den Zeiten der Urgemeinde! Man muß sich nur entscheiden, ob man sich immer in einer Wohnung trifft oder wechselt. Eine Wohnung hat den Vorteil der Stabilität (wichtig für die Gefühle der Teilnehmer) und den Nachteil einer evtl. auftretenden Überbelastung der gastgebenden Familie. Von daher ist gelegentlicher Wechsel etwa zu besonderen Anlässen (Geburtstag, Weihnachten o. ä.) richtig und belebend.

Oft geben äußere Faktoren wie Zimmergröße, kleine Kinder, Mitbewohner, Entfernungen den Ausschlag. Der Hinweis aber sei gegeben: Es sollte immer ein Raum sein, in dem man sich äußerlich und auch von der Atmosphäre her wohlfühlen kann. Und: Der Leiter kann am besten die Gruppe in seinen eigenen vier Wänden leiten. (Das gilt besonders für missionarische Hauskreise!)

Zur Frage des Raumes gehört auch die *Frage der Zeit* … Meistens trifft man sich ja am Abend, d. h. es stehen ca. zwei Stunden zur Verfügung. Da verschiedene Erwartungen mitgebracht werden, muß die Zeit gut genutzt werden – d. h. der Hauskreis-Abend muß pünktlich beginnen, gleichgültig, welchen Aufbau der Abend hat.

Ebenso sollte ein klares Ende des offiziellen Teils angestrebt werden, wobei der gemütliche Teil ein offenes Ende haben kann. Um den Abend »durchzuziehen«, sollte die Gruppe wissen, wer den Abend zu leiten hat. Das hilft!

Den Pastor/Pfarrer informieren?

Die Hälfte derer, mit denen wir einen Hauskreis gründen wollen, hat keinen sonderlich guten Bezug zur Gemeinde. Sollte man, und wenn ja, wann sollte man den Pfarrer informieren ?

Gegenfrage: Wie hätten Sie es denn gern, wenn Sie der Pfarrer am Ort wären?

Ich denke, daß allein die Antwort auf diese Frage schon sehr viel zeigt über das Verhältnis der »Gründungsmitglieder« zu ihrem Pfarrer, und daß sie ebenfalls schon insgeheim die Weichen dazu stellt, welchen Ort der Hauskreis in Zukunft in dieser Gemeinde zugewiesen bekommt bzw. einnehmen wird.

Grundsätzlich gilt: Je früher, desto besser! Der Pfarrer wird dies sehr genau als Vertrauensbeweis registrieren und entsprechend reagieren. Seine Vorbehalte gegen Hauskreise werden so unter Umständen schon mit dem 1. Schritt widerlegt. Jeder Pfarrer weiß, daß er eine Zusammenkunft in Privathäusern nicht verbieten kann, aber er freut sich, wenn er frühzeitig informiert und um seinen Rat gefragt wird.

In Freikirchen und immer häufiger nun auch in den Landeskirchen ist der Pfarrer/Pastor jedoch der Impulsgeber für den Beginn eines bzw. der Hauskreise. Er sollte dabei möglichst den Kreis nicht selber leiten, statt dessen Mitarbeiter schulen, daß sie sich so etwas zutrauen und sie mit Material (☞ Gruppenarbeitsmaterial S. 341, 386) versorgen.

Was würden Sie raten: Jemand möchte als Gemeindeglied einen Hauskreis anfangen, der Pfarrer aber ist gegen Hauskreise in seiner Gemeinde. Was soll der Laie tun? Anfangen oder sich unterordnen?

Weder einfach anfangen noch sich unterordnen! Zum einen darf das Priestertum aller Gläubigen nicht gegen das Ganze der Gemeinde ausgespielt werden, zum andern ist der Pfarrer nicht der Herrscher über die Gemeinde. Objektive Information und verständnisweckende Gespräche sind hier nötig, am besten mit dem Leitungsgremium der Gemeinde zusammen. Sowohl Pfarrer als auch Hauskreis sollten Vorbehalte bzw. Zielvorstellungen offen aussprechen. Aufgabe beider Seiten ist es, sich zuerst selbst über die Chancen und Grenzen (bzw. Gefährdungen) der Hauskreisarbeit in einer Gemeinde zu informieren. Nach einem Austausch darüber muß geklärt werden, welche Rolle der Hauskreis in der Gemeinde spielen will.

Wen wie einladen?

Viele wissen ja schon, bevor sie angefangen haben, eine ganze Reihe von Interessenten. Wo dies aber nicht der Fall ist, und man – etwa auf dem Land nicht weiß, wen man einladen soll ... Wo findet man Interessierte?

Einige Erfahrungen in Stichworten:

- Bei seinen Besuchen trifft der Pfarrer oft auf Leute, bei denen »etwas verschüttet wurde« und die in der Mitte des Lebens offen sind, an frühere religiöse Erfahrungen wieder anzuknüpfen. (Konfirmandeneltern!)
- Unter Gebet fragt man Jesus, er möge aus dem Bereich der Teilnehmer des Gottesdienstes oder anderer Gemeindeveranstaltungen (Kirchenchor, Frauenkreis etc.) Personen deutlich machen, die man mal zum »Kontakt-Kaffee« einladen kann; dann sieht man weiter.
- Dasselbe gilt beim missionarischen Hauskreis bezüglich Nachbarschaften, Kindergarten etc.; hier sind früher schon entstandene Vertrauensbrücken wichtig.
- Ansprechbar sind Menschen der Gemeinde, die man etwa bei einer Veranstaltung wie der Bibelwoche oder einer Evangelisation trifft.
- Man sollte auf Menschen in besonderen Umbruchsituationen achten: Neuzugezogene, Kranke, Angehörige von Verstorbenen.
- Viele Hauskreise fragen heute auch nach speziellen Aktionen wie ☞»Neue Schritte« oder »neu anfangen« und nach Gemeindeangeboten wie Glaubensgrundkursen.
- Hilfe zum Start von mehreren Hauskreisen in der Gemeinde war oft ein Wochenende mit einem Team von ☞ »Mut zur Gemeinde«.

Grundsätzlich ist zu sagen: Frauen folgen immer leichter einer Einladung als Männer. Für Männer gilt: Männer müssen Männer motivieren!

☞
- Ablauf eines Abends
- Besuche
- Gemeindeaufbau durch Hauskreise
- Mut zur Gemeinde
- Missionarischer Hauskreis
- Vertiefender Hauskreis
- Pfarrer
- Konzeption
- Leitungsteam

Nichts Neues unter der Sonne

Je länger ich in unserem Hauskreis bin und je mehr ich von anderen Gruppen erfahre, umso ernüchterter bin ich: Wir sind in unserer Entwicklung gar nicht so einmalig, wir wir es immer dachten. Gibt es im Leben eines Hauskreises gewisse Gesetzmäßigkeiten, mit denen man rechnen sollte?

Offensichtlich! Bei aller Verschiedenheit der Kreise, die durch die Personen gegeben ist, machen sie doch alle als Gruppen ähnliche Prozesse durch.

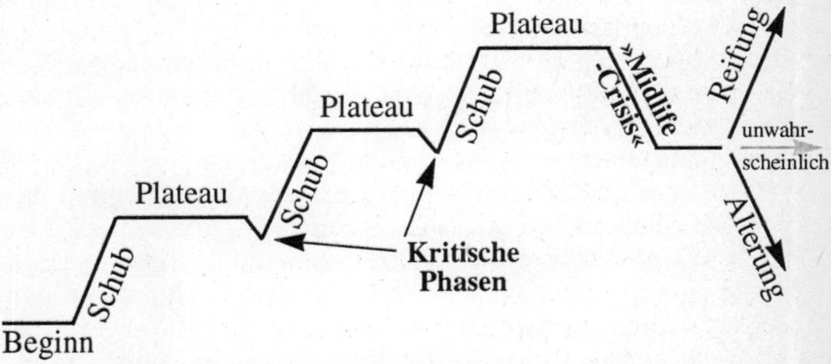

Es geht steil los, Reiz des Neuen, Aufbruchstimmung, Innovationsschub. Es ist besonders spannend am Anfang. Arglos probiert man allerlei aus, testet sich dabei unbewußt wechselseitig und macht so in kurzer Zeit reiche Gemeinschaftserfahrungen. Solche Schub-Phasen werden sich immer einmal wiederholen, auch wenn sie kaum je wieder den Hauskreis in einen vergleichbar großen »Sprung nach vorne« versetzen werden. Aber immer laufen solche Schübe dann auch aus und münden in ein Plateau. Das erregende Moment einer Schub-Phase verlangt nach Beruhigung. Zu vieles ist angerissen, aufgestochert, umgepflügt. Labilität wechselt mit Stabilität. Die Bewegung bekommt Struktur. Was an Ideen und Visionen aufgebrochen war, füllt sich mit Leben.

Dauern solche Plateau-Phasen lange an, prägen sich unbefriedigende Gewohnheiten aus. Es rührt sich dann nicht mehr viel im Hauskreis. Es droht der Trott. Kleine Anlässe zur Unpünktlichkeit, Verstummen eines Mitglieds … sind es oft, die zu einer Neubesinnung führen können. Dabei ist zunächst offen, ob man sich zerredet und fremd wird, bis der Hauskreis evtl. zerfällt (was schlimmstenfalls auch einmal das Beste von den verbleibenden Möglichkeiten sein kann), oder ob er sich an neuen Impulsen erholt und sich über sich, d. h. über sein bisheriges Plateau hinaus, entwickelt. Solch kritischer Moment am Ende eines Plateaus ist ein fruchtbarer Augenblick in der Geschichte eines Hauskreises. Er kann in seiner Chance vertan werden. Oder Neues entsteht. Hier ist verantwortliche Leiterschaft besonders gefordert. Wenn sie klug wahrgenommen wird, leitet sie an zu gemeinsamem Hören auf das, was Gottes Gedanken sein könnten, denn mit seiner liebenden Sorge können wir immer rechnen, wenn ein Hauskreis in eine Krise gerät.

Aber so weit sind wir noch nicht. Darum zurück zur Anfangsphase: Man stellt sich vor, erzählt etwas mehr von sich als sonst, wird immer vertrauter miteinander und freut sich, daß man sich hat.

Hat man sich so als Gruppe wahrgenommen, beginnt das nächste Stadium, wo sich die einzelnen fragen: Was ist hier mein Platz? Worin bin ich für die anderen wichtig? Welche Rolle spiele ich, welche Gaben kann ich hier einbringen und welche Aufgaben vertraut man mir an? Man kann sagen: Das Geflecht einer Gruppe wird geknüpft, Muster werden sichtbar. Diese Rollen geben der Struktur der Gruppe eine gewisse Stabilität und dem einzelnen auch eine Sicherheit. Vorsicht aber vor Fixierungen!

Im dritten Stadium, wo jeder emotional seinen Platz gefunden und mit sich und den anderen auch zufrieden ist, kann die Gruppe etwas »leisten«. Die Gemeinschaft »bringt's«, Sachthemen werden erarbeitet und persönlich offen besprochen, oder es kann eine Aktivität nach außen in Angriff genommen werden (Gemeindefest, Gottesdienst-Mitgestaltung etc). Die Gruppe »lebt« (Schubphase).

Was im dritten Stadium Lebensäußerung war, kann mit der Zeit einschläfernd wirken. Ob etwas positiv oder negativ ist, man gewöhnt sich an alles, selbst an die Meinung und Allüren von XY – und schaltet auf Durchzug. Nichts ist eigentlich mehr unbekannt, geschweige denn neu. Es beginnt langweilig zu werden. Jeder weiß, was man hier sagt und wie (Insidersprache) und hält sich daran: Eine grundsätzliche Opposition in irgendwelchen Fragen gibt es nicht mehr. Man ist zufrieden, aber nicht allzu glücklich (Plateau-Phase). Hier kann der Hauskreis leicht zu einer Clique abgestandener Gleichgesinnter verkommen, die sich noch obendrein ganz schön selbstgerecht aufführen. Neue stoßen in dieser Phase nicht mehr hinzu. Wenn wundert's?

Manche haben Angst davor, einen Hauskreis sterben zu lassen, der sich nicht mehr von diesem Plateau-Dasein erholt. Ihnen sei gesagt: Ein Hauskreis darf aufgelöst werden, auch wenn ein bitterer Nachgeschmack bleibt, sollte Langweile und Phantasielosigkeit zu seinem Ende geführt haben. Letztlich haben alle aus der gemeinsamen Zeit menschlich und geistlich viel gewonnen, so daß ein mutig beschlossenes Ende besser ist als ein langsames »Ausgeistern«.

Wesentlich sinnvoller und fruchtbarer wäre es allerdings, wenn ein Hauskreis sich auflöst, sobald er auf dem »Plateau« Fuß gefaßt hat. Die einzelnen würden als Mitarbeiter für neue geistliche Aufgaben freigesetzt, es könnten sich in freier Kombination Teams bilden, die bestimmte Anliegen in der Gemeinde vorantreiben oder als Multiplikatoren neue Kreise in der Gemeinde beginnen.

Bleibt nur die Frage: Löst sich eine Gruppe im Vollbesitz ihres aktiven Gemeinschaftslebens freiwillig auf? Gruppenpädagogisch ist so etwas ein Nonsens, doch Jesus spricht im Johannesevangelium nicht umsonst von dem Weizenkorn, dessen Geheimnis darin besteht, daß es durch Selbstauflösung, durch Sterben neues Leben bewirkt. An solch einer Stelle entscheidet sich, ob ein Hauskreis ein totes Sandkorn oder ein Weizenkorn mit Lebenskeim ist.

Natürlich gibt es auch noch sanftere Formen des Sterbens, etwa die ☞ Teilung des Kreises oder wenn drei bis vier Leute ausziehen, von den anderen unterstützt und gesandt, um einen neuen Kreis zu beginnen (Sprossung). Dies belebt alle durch und durch.

Gibt es eigentlich noch andere gruppenpädagogische Prozesse, die man bei einem Hauskreis beobachten kann und um die man wissen sollte?

Richtig! Man kann die Entwicklung eines Hauskreises auch unter dem Blickwinkel betrachten, wie zum Beispiel die Ablösung der Teilnehmer von ihrem Leiter geschieht und ihre persönliche Entwicklung zu wachsender Selbständigkeit verläuft. Eine Studie der *Navigatoren* vergleicht die Entwicklung der Gruppenteilnehmer mit den Entwicklungsphasen eines

Kindes, wobei der Prozeß der Gruppe natürlich schneller abläuft als das Leben eines Kindes. Es werden in der Untersuchung auch Ratschläge gegeben für die angemessene Reaktion des Leiters auf das veränderte Verhalten der Gruppenmitglieder. Diese Stadien sind beonders in Hauskreisen mit jüngeren Teilnehmern zu beobachten.

STADIUM	KENNZEICHEN	KOMMENTAR
Abhängigkeit (Säugling)	Hebt Hand zur Wortmeldung. Blickt auf Leiter beim Sprechen. Bittet Leiter um Hilfe. Erwartet Weisung vom Leiter.	Gefahr, daß diese Abhängigkeit bleibt. Müssen wissen, wieviel Freiheit sie haben und wann.
Widerstand gegen Freiheit (Kleinkind)	Erwartet Leitung vom Leiter. Ist ängstlich und fühlt sich unwohl, wenn Freiheit gegeben wird.	Mitglieder für größere Mitverantwortung vorbereiten. Anfangs Widerstand erwarten.
Rebellion der Heranwachsenden (Teenager)	Strebt Unabhängigkeit an. Opposition gegen Leitung. Kampf um Anerkennung. Feindlichkeit und Ablehnung gegen Leiter. Ignoriert oder opponiert gegen Vorschläge des Leiters.	Ablehnung und Feindseligkeit akzeptieren. Machtkampf vermeiden.
Freude und Unabhängigkeit (Studentenzeit/ Ausbildung)	Atmosphäre der Freude. Lachen, Übermut. Leiter wird ignoriert. Widerstand gegen ernsthafte Arbeit.	Annehmen, daß Leiterschaft abge auch ein wenig Sterben des »Ego« zu akzeptieren.

Hauskreis unter Lastendruck

Unabhängigkeit (Akademiker/ Meister)	Freiheit wird erst und verantwortlich wahrgenommen. Hört auf, Leiter zu bekämpfen. Akzeptiert seinen legitimen Auftrag. Beteiligt sich an der Leitung. Diskussion reifer, persönlicher. Konkurrenzdenken läßt nach. Freude am Miteinander. Kreativ und produktiv.	Leiter kann die Gruppe verlassen. Sie arbeitet autonom weiter.

Wichtig bei jeder Einteilung in Stadien ist nur, daß eine Abgrenzung nie bei allen gleichzeitig und zudem immer in fließenden Übergängen stattfindet. Man sollte die Stadien kennen, aber nie schematisieren.

Wir sind ein Hauskreis mit einer Anzahl belasteter Menschen, deren Nöte und psychische Überdrucksituation oft jede kontinuierliche Arbeit über den Haufen wirft. Uns ist klar, daß hier auch gewaltige gruppendynamische Prozesse ablaufen, die uns manchmal zu überfordern scheinen. Was können Sie von der Gruppenpädagogik her uns raten?

Ein solcher Kreis, der übrigens durchaus keine Rarität ist, braucht zunächst einmal eine starke, klare, dabei aber auch sehr sensible Leitung. Die Lebensbegleitung einzelner verlangt über die Hauskreisabende hinausreichende Kontakte (☞ Seelsorge) und eine stärkere Berücksichtigung des jeweiligen familiären Umfeldes und der jeweiligen Lebensgeschichte.

Deutlicher als bei anderen Hauskreistypen ist auf die Ausgewogenheit von Ordnung und Spontaneität zu achten, wenn einerseits Geborgenheit und Botschaft vermittelt, andererseits Öffnen der psychischen Überdruckventile zugelassen sein sollte.

Hauskreis unter Lastendruck

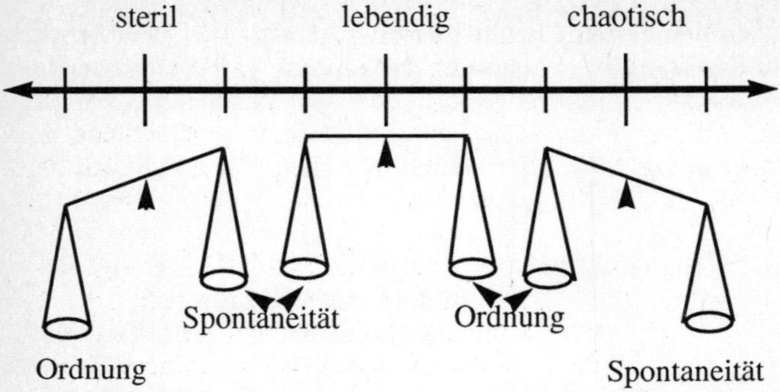

Jeder Hauskreis muß immer wieder neu dieses Lot zwischen einer für Sachinformation vorbereiteten Ordnung und einer person(-problem-)bezogenen Spontaneität finden.

Auf diese Balance zu achten ist sicher zuerst Aufgabe des ☞ Leitungsteams, dann aber sollte durch gute Lehre jedem klar werden, daß man einen Hauskreis nicht mit einer Klagemauer verwechseln darf. Viele Belastete finden so nur einen oberflächlichen Trost, weil ihnen wieder einmal jemand zuhört, aber das Wohlgefühl der »Solidarität im Elend« ist mit dem Abend meistens vorbei. Wenn ein Kreis ständig auf die spontanen Nöte eingehen muß und man schlußendlich nie zu dem kommt, was man sich eigentlich vorgenommen hat, dann ist Einzelgespräch und ☞ Seelsorge angesagt. Den Abend von der Erörterung des Problems freihalten, durchaus aber die persönlichen Nöte in die ☞ Gebetsgemeinschaft mithineinnehmen.

☞
- Gemeinschaft im Hauskreis
- Leiterschaft
- Konflikte im Hauskreis
- Krisen der Gemeinschaft
- Formen der Hauskreisarbeit

Hausgottesdienst

Vom Brotbrechen in den Häusern

Von den ersten Christen heißt es, daß sie das Brot brachen in den Häusern. Warum ist das heute so unüblich geworden?

Es ist richtig, von Anfang an gehörte das Herrenmahl und seine Feier in den Häusern als Ausdruck der Christusgegenwart in der Mitte ihrer Gemeinschaft. In Apg 2,42,46f heißt es:

Sie verharrten aber (a) in der Lehre der Apostel,
(b) in der Gemeinschaft,
(c) im Brechen des Brotes und
(d) in den (gemeinsamen) Gebeten.

Und täglich verharrten sie einmütig im Tempel, und abwechselnd von Haus zu Haus (b) brachen sie das Brot und (c) nahmen die Speise zu sich mit Frohlocken und in Lauterkeit des Herzens und (d) lobten Gott …

Das Abendmahl wurde demnach vornehmlich in den Häusern von reicheren Gemeindegliedern gefeiert, da es im Tempel ja nicht gefeiert werden konnte, wo noch geopfert wurde und wo ja dann bald auch die Verfolgung durch die Behörden einsetzte (Apg 4 und 5). Darum lag normales Mahl und Herrenmahl auch näher beieinander als bei uns heute. Auch die »Lehre der Apostel« hat man sich wohl in der Hausgemeinde vorzustellen.

Es hilft hier aber nicht, allein auf den neutestamentlichen Tatbestand hinzuweisen, da zwischen uns und damals 2 000 Jahre Glaubens- und Kirchengeschichte liegen, die wir nicht beiseite schieben können. Es ist auch eine Geschichte von Fehlern, Irrtümern, Streit und Spaltungen, gerade auch in der Abendmahlsfrage. Und wenn wir die Entstehung von Ordnungen in der Kirche einmal unter dem Aspekt von bewältigten Gefahren sehen, wird uns manche Begrenzung plötzlich als hilfreicher Damm gegen die Willkür selbstbewußter »Sektenführer« deutlich, die Unterordnung ablehnen, weil sie selbst leiten wollen. Ordnungen begrenzen, aber sie schützen auch.

Immer wieder wünschen sich Hauskreise zu besonderen Anlässen wie etwa einem gemeinsamen Jahresschluß o. ä., das Abendmahl gemeinsam zu feiern. Kann man etwas dagegen einwenden? Nun, weder gegen den Ort, das Wohnzimmer, noch gegen den Zeitpunkt kann man etwas einwenden. Zum Problem wird deshalb das Hauskreis-

Abendmahl erst durch den oft damit verbundenen Wunsch, diese Mahlfeier ohne den Ortspfarrer abzuhalten. Hier beginnt der Widerstand vieler Pfarrer.

Einige im Hauskreis berufen sich auf ihr theologisches Recht, Abendmahl zu feiern. Hat Luther nicht für die evangelische Kirche das allgemeine Priestertum aller Gläubigen eingefordert?

Richtig! Es handelt sich bei dieser ganzen Frage um ein typisch evangelisches Problem. Da in der katholischen Kirche das Spenden der Sakramente allein dem Priester vorbehalten ist, entsteht diese Frage dort nicht. Sie resultiert vielmehr aus der Lehre des »allgemeinen Priestertums«, wonach jeder im Volk Gottes den anderen priesterlich dienen darf (1 Petr 2,9). Luther hat aber trotz dieser fundamentalen Feststellung doch auch an einem besonderen »Amt« für die Gemeinde festgehalten. Nicht als Vertreter der Menschen vor Gott (wie der Priester), sondern als Vertreter der Menschen vor den Menschen, sprich: der Öffentlichkeit. Zu diesem Zweck wird der Pfarrer oder Pastor von der Gemeinde bzw. von der Kirchenleitung (als Vertretung aller Gemeinden), berufen. »Er ist unser aller Mund«, kann Luther sagen. Von daher gehört alles, was die Gemeinde nach außen d. h. öffentlich anzubieten hat, in seine Kompetenz. Er ist damit verantwortlich vor allem für die Lehre in Predigt und Unterricht und für die Austeilung der Sakramente, Abendmahl und Taufe. Dies ist also kein Widerspruch zum Priestertum aller Gläubigen, sondern eine Zusatzregelung, die um des geordneten Gemeindeaufbaus willen getroffen wurde (Confessio Augustana, Artikel V).

»Leiterschaft« ist darum auch bis heute das große Thema aller Gemeindeneugründungen. Denn ohne Leiter keine gesunden Gemeinden. Genau dies hat Luther zu seiner Zeit auch erkannt. Er nannte »Leiterschaft« eben in seiner Sprache »Amt«. Es ist auch in Freikirchen oder freien Gemeinden heute nicht üblich, etwas am Gemeindeleiter vorbei zu tun; dies wird klar als »ungeistlich« verurteilt.

Was aber tun? Auf der einen Seite steht der klare Wunsch der Gruppe nach einem Hausabendmahl, auf der anderen Seite der Amtsinhaber als Leiter der Gemeinde, zu dessen Aufgaben die öffentliche Austeilung des Sakramentes gehört.

Das Mahl des Herrn, kein Ding der Beliebigkeit

Es sollte eine gute Regelung möglich sein auf dem Hintergrund, daß alle Gläubigen Priesterwürde haben und insofern grundsätzlich das Wort austeilen und die Sakramente spenden dürfen (z. B. in Notfällen!). Die Entscheidung zu einer Abendmahlsfeier ohne den Gemeindeleiter müßte einige Gesichtspunkte berücksichtigen:

- Der Hauskreis sollte kein Sektenverhalten zeigen, was sich unter anderem dadurch äußert, daß seine Mitglieder gerne am Gemeinde-Gottesdienst teilnehmen und am Gemeindeleben aktiv mitwirken.
- Das Abendmahl im Hauskreis sollte nur punktuell zu einem bestimmten Anlaß gewünscht werden und nicht als Dauereinrichtung und als Ersatz für das Abendmahl in der großen Gemeinde eingerichtet werden.
- Das Abendmahl sollte würdig und unter Einhaltung der Ordnung der Kirche gefeiert werden d. h., daß die Einsetzungsworte gesprochen werden und als Mahl Brot und Wein/Saft (vom Gewächs des Weinstocks) verwendet wird.

»Unwürdig« feiert das Mahl, wer in bewußter Unversöhnlichkeit verharrt (auch z. B. dem Pfarrer gegenüber). Wenn dies dem Kreis klar ist, dann ist es ganz natürlich, mit dem Pfarrer als Gemeindeleiter ein Gespräch über den Wunsch des Hauskreises zu führen. Mit diesem Gespräch rückt der Hauskreis »sein« Abendmahl ganz und gar aus dem Verdacht einer »Winkelmesse« (Luther) und macht es dem berufenen Vertreter der Gesamtgemeinde bekannt. Diesem steht es nach lutherischer Auffassung nun durchaus frei, seinem »Mit-Priester« für dieses Abendmahl im Haus »Amtsvollmacht« zu übertragen, so daß auch das Hausabendmahl ein öffentlich anerkanntes Gemeinde-Abendmahl ist. Dies kann er nach Rücksprache mit seinem Vorgesetzten tun, aber er muß es nicht; es wird stark von seinem Vertrauen zu der betreffenden Person abhängen.

Daß die evangelische Kirche als Ganze dies so handhabt, zeigt das Beispiel vieler Personen in den Landeskirchen. Z. B. wird bestimmten Lektoren, Hauskreisleitern, Gemeinschaftspflegern und ähnlichen nach einer zweitägigen Einführung die Abendmahlserlaubnis als Nichtordinierte auf Dauer verliehen (da sie durch Glauben und Taufe ja Priester sind).

Ähnliches ist aus den Freikirchen bekannt. Insofern kann analog auf Ortsebene, nicht für Dauer, sondern punktuell ein entsprechendes Vorgehen empfohlen werden.

Wir haben unserem Pfarrer/Pastor alle Gründe dargelegt, auch auf die Praxis der evangelischen Landeskirche in diesem Punkt hingewiesen. Trotzdem weigert er sich, uns eine Abendmahlsfeier zu einem besonderen Anlaß zu erlauben. Was sollen wir jetzt noch machen?

In einem solchen Fall steht es dem Hauskreis frei, sich an den Dienstvorgesetzten zu wenden. Aber in aller Ruhe, nicht mit Bitterkeit und mit Wissen des Pfarrers (Kopie des Schreibens an ihn vertieft den Eindruck der Fairneß). Wichtiger als dieses aber ist, daß das Mahl der Einheit nicht zum Streitpunkt für die Beteiligten wird und daß dadurch Bitterkeit gegeneinander aufkommt. Das Abendmahl will uns versöhnen, auch Pfarrer und Hauskreis. Das Haus-Abendmahl ist schön, aber durchaus nicht heilsnotwendig und es ist ersetzbar, was die Besonderheit der Situation angeht, etwa durch eine Segnungsfeier, Liebesmahl oder ähnliches.

Geistlich gesehen ist der Beitrag des Hauskreises zur Einheit der Gemeinde (durch den freiwilligen Verzicht, ohne Bitterkeit, wenn der Pfarrer nicht einverstanden ist) wichtiger als das Abendmahl. Gott wird ein solches Zurückstecken um der Einheit willen sicher segnen.

Noch eine Anmerkung: Wenn ein Hauskreis auch sonst immer wieder einmal den Pfarrer zu Gast hat, ist es u. U. auch gar keine so große Sache, den Pfarrer zu einer Hauskreisfeier mit Abendmahl einzuladen. Das gilt ganz besonders auch für Hauskreise und Gruppen mit überwiegend katholischem Umfeld.

Was hat Martin Luther eigentlich mit dem »allgemeinen Priestertum« gemeint? Meist wird davon geredet, wenn man etwas gegen den Pfarrer durchsetzen will. Was ist der Zusammenhang und die ursprüngliche Bedeutung bei Luther?

Martin Luther lehnt die katholische Kirchenauffassung mit ihrer Trennung von Geistlichen (= *Klerus*) und Laien (griech.: »Volk«) ab. Sie widerspricht seinem neutestamentlichen Verständnis von Gemeinde, wo z. B. in 1 Petr 2,9 alle Christen als »königliche Priesterschaft« angesprochen werden: Jeder

Mensch hat freien Zugang zu Gott ohne die Vermittlung eines Priesters. Daran anschließend kann Luther sagen, daß jeder in der Taufe die volle »Priesterweihe« empfangen hat. Es bedarf keines Menschen oder Engels, der uns vor Gott erst hoffähig machen muß.

Aber wie kam es überhaupt zu dieser Trennung von Priestern und Laien?

Im Urchristentum waren von Anfang an Menschen nötig, die sich um bestimmte Aufgaben kümmerten: Lehre, Witwenversorgung, Geldverwaltung, Leitung des Gottesdienstes usw. Mehrere Personen erfüllten kollegial diese Dienste. Das Amt des Vorstehers (= *Episkopos*, griech: »Aufseher«, später: »Bischof«) gewann für den Gottesdienst und für die Öffentlichkeit immer mehr Bedeutung.

Als sich ab dem 2. Jahrhundert das Denken einschlich, wenn man Abendmahl feiert, bringt man Gott ein Opfer dar, handelte der Episkopos fortan wie ein heidnischer Priester, der seinem Gott opfert. Da nur er kraft seiner Weihe dieses Opfer darbringen konnte, stand er nun zwischen Gott und den Menschen und war nun ein klares Gegenüber zur Gemeinde. Der Bischof bekam eine königliche Vorrangstellung. Der Klerus wurde durch niedrige Weihen wie Diakone oder Türhüter noch weiter ausgebildet in einem klaren Gegenüber zum »einfachen Kirchenvolk«. Wenn uns – sofern wir nicht katholisch sind – diese Entwicklung auch befremden mag, so sollten wir doch die innere Logik dieses Weges und seine pragmatischen Gründe (Ordnung, Fortbestand) nicht übersehen.

Luther wollte also mit seinem »Priestertum aller Gläubigen« auf die biblische Ebene zurück. Und was ist in der Praxis der evangelisch-lutherischen Kirche daraus geworden?

Luther erwog neben anderen Formen eine Versammlung von Christen in Privathäusern, die mit weitgehender Selbständigkeit das Priestertum aller Gläubigen verwirklichen sollten. Aber er hatte, wie er sagt, noch nicht die Leute dazu. Um Unruhe zu vermeiden, beließ er es bei der alten Struktur. Damit unterschied sich die evangelische Kirche in den folgenden Jahrhunderten kaum von der mittelalterlichen Priesterkirche.

Leider hat das dazu geführt, daß viele Gemeindeglieder ihren priesterlichen Auftrag nicht wahrnehmen und alles vom bestellten Amtsträger erwarten. Die völlige Überforderung der Pfarrerinnen und Pfarrer und die Unmündigkeit der Gemeindeglieder ist die Folge.

Glücklicherweise wird in den Jahrzehnten seit dem Zweiten Weltkrieg das Priestertum aller Gläubigen wieder mehr berücksichtigt. »Normale Gemeindeglieder« können in manchen Landeskirchen Vorsitzende des Kirchenvorstands sein; in der Landessynode (einem kirchenleitenden Organ) sitzen laut Ordnung mehr nicht-ordinierte als ordinierte Gemeindeglieder, Gottesdienste werden immer häufiger von vielen Gemeindegliedern gestaltet und nicht nur als »Ein-Mann-Show« des Pfarrers; Nicht-Theologen stehen auf Kanzeln und predigen (in Zusammenarbeit mit den Amtsträgern); überall entstehen Basisgemeinden und Hauskreise, die bewußt Aufgaben des Priestertums aller Gläubigen übernehmen und die Gemeinden durch ihren »priesterlichen Dienst« bereichern.

Welche Bedeutung hat bei Luther trotz Gleichstellung noch das »Amt« des Pfarrers, und wie begründet er das im Angesicht des »Priestertums aller Gläubigen«? Ist der Pfarrer doch insgeheim etwas Besonderes? Haben nicht gerade die lutherischen Kirchen ein hohes Amtsverständnis entwickelt, das zuweilen schon fast wieder katholisch anmutet?

Martin Luther hat das »geistliche Amt« nicht abgeschafft. Ämter sind ja auch durchaus biblisch, nur die Vorrangstellung und Funktion des Priesters als Heilsmittler mußte abgeschafft werden. Die lutherischen Kirchen kennen daher keinen Rangunterschied zwischen Landesbischof, Pfarrer oder Gemeindeglied. Der einzige Unterschied ist, daß den ordinierten Amtsträgern in besonderer Weise aufgetragen wird, was allen aufgetragen ist. Der Amtsträger wird beauftragt, für den ganzen Bereich der Gemeinde das zu tun, was jeder Christ für andere Menschen in seinem persönlichen Bereich auch tun soll.

Konkret heißt das: Jeder getaufte Christ hat priesterliche Funktion und priesterliche Aufgaben; d. h. jeder soll und darf vor Gott treten und Fürbitte tun, jeder soll und darf die Botschaft von Jesus Christus weitersagen; durch die Taufe hat jeder alle »Weihen«, um die Sakramente Taufe und Abendmahl zu spenden. Nur wegen des öffentlichen Charakters der Gemeinde gibt es, wie schon erwähnt, zwei Einschränkungen:

- Im Namen der Kirche soll öffentlich nur predigen, wer von der Kirche dazu beauftragt ist. Man will einem heillosen Durcheinander in der Lehre vorbeugen.
- Das Abendmahl als Sakrament der Einheit soll nur spenden, wer auch besondere Verantwortung für die Einheit der Gemeinde trägt. Es sollen keine isolierten Gruppen in der Gemeinde entstehen, die das Ganze der Gemeinde vergessen könnten.

Der Ordinierte achtet darauf, daß das Abendmahl entsprechend der Einsetzung durch Jesus gefeiert wird. In Notlagen oder Todesgefahr darf aber nach evangelischer Auffassung selbstverständlich jeder Christ Taufe und Abendmahl spenden.

Im Miteinander von Gemeinde (und ihren Hauskreisen) und Pfarrer sollte der Pfarrer seine Ausbildung vor allem nutzen, um die Gemeindeglieder für ihren Dienst im Priestertum aller Gläubigen aus- und fortzubilden. Und um vorausschauend darauf zu achten, daß man nicht die Fehler der Kirchengeschichte jedes Jahrhunderts wiederholt.

Die Mitarbeiter sollen ihre speziellen Fähigkeiten und Kompetenzen einbringen und den Amtsträger geschwisterlich, auch korrigierend, begleiten.

☞
- Luthers »Dritte Weise«
- Charismen im Hauskreis
- Volkskirche und Hauskreis
- Beten im Hauskreis

Häufigkeit der Treffen

Was die Statistik sagt

Einige Freunde haben mich angesprochen, ob ich nicht mit ihnen einen Hauskreis beginnen könnte. Ich sagte zu und wir trafen uns neulich zur Vorbesprechung. Dabei zeigte sich, daß wir uns über die Häufigkeit unserer Treffen nicht einigen konnten. Wie oft soll sich ein Hauskreis treffen?

Regel: so oft, daß einerseits Gemeinschaft wachsen kann und andererseits der Großteil der Besucher zeitlich nicht überfordert ist. Ein Hauskreis hat durch seine persönliche Art von innen her stärker als jeder andere Gemeindekreis den Zug zur Verbindlichkeit d. h. wer kommt, möchte auch regelmäßig kommen, weil er ja dazugehört. Von daher macht es keinen Sinn, einen Turnus zu wählen, bei dem von vorneherein klar ist, daß etliche ihn nicht durchhalten können. Denn einerseits leidet der Kreis an ihrem Fehlen und andererseits gewöhnen sie sich an eine unverbindliche »Zugvogel-Mentalität«. Regelmäßigkeit aber, egal wie oft, gehört zu den Hauptkennzeichen der Hauskreisarbeit.

Welche Erfahrungswerte gibt es denn zur Häufigkeit? Gibt es vielleicht sogar Statistiken?

Ja, die gibt es (s. Teil II, Kapitel »Umfragen«). Masemann erhebt in der Gegend von Bremen, daß sich monatlich 28 %, vierzehntägig 53 % und wöchentlich 16 % der Kreise treffen. Blohm in seiner bundesweiten Umfrage kommt bei den entsprechenden Treffen auf die Zahlen: monatlich 17 %, vierzehntägig 46 %, wöchentlich 37 %. Es zeigt sich, daß sich die weitaus überwiegende Zahl von Gruppen acht oder vierzehntägig trifft, weil nur in diesem Rhythmus thematische Kontinuität und ein Wachsen der Gemeinschaft möglich ist. Kreise, die sich nur monatlich treffen, sind entweder von vorneherein als Gesprächskreise mehr an den Themen als an den Beziehungen interessiert (z. B. Akademikerkreise) oder, wenn sie doch auch auf Beziehungen Wert legen, dann wird der Abend mit dem anschließenden gemütlichen Teil eben sehr ausgedehnt, oder man macht so oft es geht Unternehmungen (Wanderungen, Wochenendfreizeit einmal jährlich etc.) für alle die können, meist mit Kindern (z. B. Familienkreise). So wächst über die Jahre hin dann auch eine Verbundenheit wie in einem Hauskreis.

Für einen Kreis mit vorwiegend jüngeren Erwachsenen wird ein solcher Turnus im Normalfall nicht in Frage kommen. Sie wollen, daß ihr Kreis als ein Kreis von Freunden auch ihre übrige Lebenswelt, sprich: Freizeit durchdringen soll. Darum muß ein Kreis junger Erwachsener sich mindestens einmal wöchentlich treffen und darüber hinaus noch so oft wie möglich, um etwas gemeinsam zu unternehmen.

Dieses Bedürfnis ändert sich aber schlagartig, wenn junge Leute heiraten und eigene Familien haben. Dann ist die eigene Familie die Heimat – und darum rangiert nach Gottes guter Ordnung die Familie dann vor dem Hauskreis. Zugleich hält die Verbindung zum Hauskreis die jungen Familien aber offen, daß sie jetzt nicht nur »in Familie machen« und in eine Art Familienegoismus versacken. Die Häufigkeit der Treffen muß jetzt nur nach den veränderten Verhältnissen und Bedürfnissen neu eingestellt werden. Man soll sich freuen können (und nicht stöhnen müssen), die anderen wiedersehen zu dürfen. Das hängt aber auch stark mit der Stimmung im Kreis zusammen, ob man sich auf die anderen freut oder nicht. Denn letztlich bestimmt man ja die Schwerpunkte seiner Zeit selber.

Folgerichtig geschieht es auch immer wieder, daß Kreise, die zueinander gewachsen sind, plötzlich ihren vierzehntägigen Takt verlassen und sich wöchentlich sehen wollen, weil ihnen die Treffen des Hauskreises wichtiger geworden sind als die anderen Verpflichtungen, die sie sonst auch noch haben. Andererseits gibt es wöchentliche Kreise, die wirklich gut zusammengewachsen sind, die sich aber einfach wegen der Fülle anderer Verpflichtungen in Familie, Beruf und Gemeinde so überfordert fühlen, daß sie von acht auf vierzehntägig umschalten. Dies gilt häufig für Kreise mit Teilnehmern um die Lebensmitte.

Noch ein Gedanke zum Abschluß: Wenn es Teilnehmer gibt, die aus ehrlichen Gründen nur vierzehntägig können, andere aber den wöchentlichen Rhythmus gut bewältigen könnten und auch gerne dabei bleiben würden, wäre eine Lösung, daß sich zwischen den verbindlichen Abenden die treffen, denen es möglich ist, etwas gemeinsam zu machen: Singabend, Gebetskreis, Besuche, Basteln, Freunde von außen zum Offenen Treff einzuladen etc. Dies alles würde dem Stammkreis, egal was man tut, deutlich neue Impulse geben.

Noch etwas: Soll man sich in den Ferien eigentlich auch treffen? Die meisten Kreise (Blohm 52 %) machen in den Schulferien auch Pause, aber immerhin doch ein Drittel bemüht sich, weiter im Takt zu bleiben. Denn die Treffen in den Ferien haben immer einen ganz besonderen Reiz. Meist ist man nämlich nicht vollzählig, geht darum auch bereitwilliger mal vom Thema ab, hört stärker auf das, was der Einzelne mitbringt und hat insgesamt – einfach auch etwas Ferienstimmung im Kreis. »Prosit! Zum Wohl! Wir feiern, weil wir mal richtig Zeit füreinander haben.«

☞
- Gründung eines Hauskreises
- Familie und Hauskreis
- Verbindlichkeit
- Leiterschaft

Jugend und Hauskreis

Jugend sucht Gemeinschaft

Es gibt Jugendbibelkreise, die sich wie ein Hauskreis treffen und auch so verstehen. Was ist bei diesen Gruppen das Besondere?

Es geht in diesen Gruppen sehr konzentriert um das gemeinsame Lesen der Bibel, aber es ist doch besonders die Gemeinschaft untereinander, die diese Kreise für Jugendliche in erster Linie zusammenhält und prägt.

Jugendliche, und ich denke im Zusammenhang mit Hauskreisen besonders an 15- bis 20jährige, sehnen sich sehr nach dem Zusammensein mit Gleichaltrigen und haben zugleich ein feines Gespür dafür, ob Gemeinschaft »echt« ist oder nicht. Und gerade in Jugendhauskreisen, die Jesus als die gemeinsame Mitte haben, finden sie diese »echte« Gemeinschaft, die sie woanders – nicht selten auch in unseren christlichen Gemeinden – vergeblich suchen.

Die häufig zu hörende Meinung, »die Jugend heute hat kein Durchhaltevermögen und kann keine Treue aufbringen« trifft nach meiner Erfahrung übrigens eher auf die traditionellen Jugendgruppen als auf Jugendhauskreise zu. Natürlich sind Jugendliche in dem genannten Alter größeren Stimmungs- und Meinungsschwankungen ausgesetzt. Und das macht sich auch in Hauskreisen für Jugendliche immer wieder bemerkbar. So kommt es bei diesen Gruppen häufiger und schneller als bei Erwachsenen-Hauskreisen zum Wechsel innerhalb des Teilnehmerkreises. Grundsätzlich aber gilt, daß gerade das Bibelgespräch in der kleinen und überschaubaren Hausgruppe Jugendlichen hilft, ihre eigene Identität zu finden. Und dies wirkt sich auch auf die Treue aus, mit der sie zu »ihrem« Hauskreis stehen.

Außerdem gilt im Blick auf Jugendhauskreise: Jugendliche langweilen sich viel schneller als die meisten Erwachsenen. Daher werden in solchen Hauskreisen immer wieder neue Methoden für das Bibelgespräch ausprobiert. Für moderne Jugendliche gilt (und das ist gar nicht neu ...): Eintönigkeit ist ein Graus und erst die Abwechslung macht munter.

Schließlich fällt mir auf, daß Jugendhauskreise in vielerlei Hinsicht »unkomplizierter« bzw. »unproblematischer« als andere Hauskreise sind. Das hängt damit zusammen, daß die 15- bis 20jährigen neuen (geistlichen) Gedanken und Ideen wesentlich aufgeschlossener gegenüberstehen als ältere. Zudem sind Jugendliche wesentlich direkter als Erwachsene, wenn es darum geht, das in der Bibel Gelesene für das eigene Leben umzusetzen. Und auch ihre Offenheit für neue spirituelle Erfahrungen ist größer. Darum haben zum Beispiel Hauskreise mit Jugendlichen wesentlich weniger Probleme mit der Gebetsgemeinschaft oder mit dem gemeinsamen Lobpreis als andere.

Wir würden gerne mit einem Jugendhauskreis beginnen. Auf was muß man besonders bei der Leitung einer solchen Gruppe achten?

Zum einen darauf, daß die Gemeinschaft untereinander nicht zu kurz kommt. Dazu gehört auch, daß die Teilnehmer sich nicht nur zum Hauskreis treffen, sondern auch ihre Freizeit teilweise gemeinsam gestalten. Ich kenne Jugendhauskreise, die sowohl gemeinsam ins Kino und in die Disco gehen als auch zum Gottesdienst.

Weiter ist darauf zu achten, daß die Zusammenkünfte »locker vom Hocker abgehen« und nicht immer nach derselben Litanei ablaufen. (Da bereiten schon unsere Gottesdienste den Jugendlichen genügend Probleme!) Kreativität und Spontaneität bei der Gestaltung gehören zu den Erfolgsrezpten für Jugendhauskreise. Was allerdings nicht heißt, daß so ein Hauskreisabend chaotisch abläuft. Ein verständnisvoller Leiter wird die Gruppe zwanglos, aber zielbewußt führen. Mehr noch als bei anderen Hauskreisen ist es bei Jugendhauskreisen ratsam, daß die Last der Leitung von zwei Personen getragen wird. Dann kann man sich – gerade wenn so ein Treffen ins Chaotische abzugleiten droht – gegenseitig die Bälle zuwerfen.

Zum anderen ist meine Erfahrung, daß besonders bei Jugendhauskreisen die Leiter Wert auf ein gewisses Maß an Verbindlichkeit legen sollten, wenn man vermeiden möchte, daß die Gruppe auseinanderbricht.

Schließlich ist es wichtig, daß die Hauskreisleiter auch zwischen den einzelnen Treffen Kontakt zu den Teilnehmern halten und die einzelnen immer wieder auf den Hauskreis ansprechen und zum Kommen einladen. Jugendliche leben weniger nach dem Kalender als Erwachsene und vergessen viele Termine schlichtweg.

Jugendhauskreis – kurzlebig?

Unser Hauskreis floriert, wir haben nur die Sorge, daß alles so schnell aufhört, wie es angefangen hat. Daher unsere Frage: Gehen Jugendhauskreise eher in die Brüche als Kreise von Erwachsenen?

Das würde ich so pauschal nicht sagen. Mein Eindruck ist vielmehr, daß Jugendhauskreise schneller als Erwachsenengruppen wachsen und auch eher bereit sind, sich zu teilen. Was sicherlich damit zusammenhängt, daß Jugendliche auf neue Gegebenheiten und Personen wesentlich offener reagieren und sie mehr als Bereicherung, denn als Belastung empfinden.

Manchmal fühlen wir uns in unserer Gemeinde wie das fünfte Rad am Wagen. Haben Jugendhauskreise nicht auch eine besondere Aufgabe für eine örtliche oder überörtliche Gemeinde?

Und ob. Es sind im wesentlichen zwei Aufgaben, die ich lieber Chancen nennen möchte, die ich für Jugendhauskreise sehe.

Zunächst: Die Arbeitsform »Hauskreis« ist besonders für Jugendliche geeignet, die gerne intensiver über Glaubens- und Lebensfragen diskutieren, als es im traditionellen Jugendkreis der Fall sein kann. Während es in der großen Gruppe einfach nicht möglich ist, sich dem einzelnen so persönlich und individuell zuzuwenden, wie es oft nötig wäre, kann man in kleinen Gruppen des Hauskreises gezielt auf die persönlichen Bedürfnisse einzelner reagieren.

Die andere Chance besteht darin, daß der Hauskreis denjenigen Jugendlichen, die einen ersten Schritt im Glauben gegangen sind, Raum für eine weitere Entfaltung und Vertiefung ihres Glaubens bietet. Hier im Hauskreis lernen sie von anderen, wie sie die Bibel mit persönlichem Gewinn lesen können. Hier hören sie, wie auch sie selbst mit Gott im Gebet sprechen können. Jugendliche sind in geistlichen Dingen viel lernbereiter als Erwachsene und scheuen sich nicht, bei anderen »abzugucken«, wie das mit dem Glauben und mit der Nachfolge »geht«.

Im Blick auf die überörtliche Jugendarbeit stellen Hauskreise für manche junge Leute die einzige Möglichkeit dar, geistliche Gemeinschaft mit Gleichaltrigen zu finden. Ich weiß von einigen Jugendhauskreisen, in denen sich Teilnehmer aus vier oder fünf verschiedenen Ortsgemeinden treffen. Sie sagen, dies sie für sie die einzige Chance, »geistliche Nahrung« zu bekommen.

Hilft der Jugendhauskreis seinen Mitgliedern zu einem leichteren Einstieg in die Gesamtgemeinde? Ist der Hauskreis da eine Brücke zwischen Jung und Alt? Was ist da Ihre Beobachtung?

Meine Beobachtung und auch meine persönliche Erfahrung ist: Ein Hauskreis kann durchaus eine Brücke zwischen jüngeren und älteren Gemeindegliedern sein. Ich denke z. B. an einen Hauskreis, dessen jüngstes Mitglied 18 Jahre und dessen älteste Teilnehmerin 48 Jahre alt war. Dieser Hauskreis konnte sehr gut damit umgehen. Aber immer ist das natürlich nicht so. Es kann auch sehr beschwerlich sein, wenn die Jüngeren aus dem Mund der Älteren immer die Antworten hören, die ihnen die Eltern zu Hause auch sagen bzw. wenn die älteren Teilnehmer in den Jugendlichen ihre, zumindest »geistlichen«, Kinder sehen.

Inwieweit Jugendhauskreise zu einem leichteren Einstieg in die Gesamtgemeinde beitragen, hängt sehr wesentlich von der ganzen Art und Zielsetzung der jeweiligen Gemeindearbeit ab. In Gemeinden, die Hauskreise bewußt als Teil eines strukturierten Gemeindeaufbaus verstehen, gelingt dies am ehesten.

Gibt es besondere Gefahren des Jugendhauskreises?

Die besondere Gefährdung dieser Gruppen sind in dem, was sie zugleich gegenüber Hauskreisen mit Erwachsenen auszeichnet: die große Aufgeschlossenheit Jugendlicher gegenüber neuen Gedanken und geistlichen Erfahrungen. Dadurch ist es natürlich leichter möglich, daß die Teilnehmer eines Jugendhauskreises »Sonderlehren« aufnehmen oder selbst entwickeln.

Aus diesem Grund halte ich es für unabdingbar, daß jeder Jugendhauskreis Leiter hat, die in möglichst engem Kontakt zur örtlichen Kirchengemeinde stehen. Hier sehe ich besonders eine – leider oft nur mangelhaft wahrgenommene – Aufgabe der Gemeindeleitung. Sie muß dafür sorgen, daß die Jugendhauskreise in ihrem Einzugsbereich nicht sich selbst überlassen bleiben.

Jugend und Hauskreis

Ein großes Defizit

Wir sind weit und breit der einzige Jugendhauskreis. Ist das normal? Wie hoch ist der Prozentsatz der Jugendhauskreise im Vergleich zu allen Hauskreisen in Ihrem Umfeld?

In unserem Kirchenkreis mit seinen siebzehn Gemeinden gibt es zur Zeit etwa 80 Hauskreise. Weniger als zehn Prozent davon dürften Jugendhauskreise sein. Wünschenswert wäre es meines Erachtens, daß es in jeder Gemeinde mit Jugendarbeit auch mindestens einen Hauskreis für Jugendliche gäbe. Ich weiß aber zugleich, daß das wohl ein frommer Wunsch bleiben wird; denn die Jugendarbeit allgemein befindet sich gegenwärtig in einer Krise. Die Zeit der großen Zahlen ist hier vorerst vorbei. Möge Gottes Geist schenken, daß sich das wieder ändert!

☞
- Altersstruktur
- Formen der Hauskreisarbeit
- Methoden der Bibelarbeit
- Gemeindeaufbau
- Leiterschaft

Konflikte im Hauskreis

Wenn Entwicklungen auseinandergehen

Unser Kreis begann nach einem Glaubenskurs. Die Teilnehmer entwickelten sich danach verschieden weiter. So entstand allmählich eine immer größere Spannung zwischen denen, die mehr vom Glauben wissen und verbindlich werden wollten und denen, die die Zusammenkünfte mehr als allgemeinen Austausch über christlich religiöse Fragen verstanden. Es kam zur Aussprache. Ergebnis: drei von zehn bleiben jetzt weg, denen der Kreis zu »eng« war.

Eine schmerzliche Sache! Man fragt sich danach immer wieder: haben wir, habe ich als Leiter etwas falsch gemacht? Im Einzelfall ist das nicht auszuschließen. Dennoch kommen hier aber zwei Grundprobleme zutage, die sich in jeder längerfristigen und verbindlichen Gruppenarbeit einstellen.

- Mit der Zeit entwickeln die Teilnehmer verschiedene Vorstellungen, was der Kreis »soll«: Es entstehen Zielkonflikte.
- Ein »Kreis« ist eine Gruppe, die sich verbindlich versteht; ihre Mitglieder fühlen sich einander verbunden; es entwickelt sich ein »Wir-Gefühl«. Von daher hat ein »Kreis« immer die Tendenz, gegenseitige Offenheit über die Öffnung für Neue zu stellen.

Der Konflikt entsteht, wenn das »Wir«-Gefühl durch verschiedenartige Zielvorstellungen in Frage gestellt wird. Die Frage ist dann auf dem Tisch: Sollen wir noch zusammenbleiben?

Darauf gibt es keine Pauschalantwort. Die Gruppen reagieren verschieden. Auf jeden Fall sollte man ein offenes Gespräch in der Gruppe darüber führen. Die Leitung des Kreises sollte diese »Sondersitzung« ankündigen und eventuell schon zwei bis drei Fragen der Gruppe vorher zur Vorbereitung mit nach Hause geben.

Es gibt nun Gruppen, die entschließen sich, die inhaltliche Zielsetzung nicht so genau festzulegen (»Meinungsfreiheit«). Dieses »Sich-Loslassen« bedeutet aber oft auch ein Nachlassen im Gruppenzusammenhalt.

Es gibt andere Gruppen, die wollen auf jeden Fall in der Mehrheit an einem bestimmten, inhaltlich formulierten Ziel festhalten und nehmen eher in Kauf, daß einige Mitglieder den »Verbund« des Kreises verlassen.

Eine dritte Möglichkeit, das Problem zu lösen, ist die Auflösung des »Kreises« als Dauereinrichtung, indem entweder die Zusammenkünfte von vorneherein zeitlich klar begrenzt werden (sechs Abende; ein Jahr), oder indem man die Form des Kreises grundsätzlich verläßt und eine offene Form der Begegnung wählt (Feier; Offener Abend; Hobbygruppe), bei der regelmäßige Teilnahme nicht verlangt wird.

Inhalte →	Festgelegt: Glauben vertiefen	Nicht genau festgelegt: Anregung	Zeit
Wir-Gefühl	Vertiefender HK Mitarbeiterkreis	Bibelgesprächs- bzw. them.Abend	unbegrenzt
	Christl. Männer-Training, Projekt: Neu anfangen	Open House	begrenzt
Prinzipielle Offenheit	»oikos«-Feier Der offene Abend	Schnupperkurs Gesprächskreis im Gemeindehaus, Bastelgruppe, Mutter-Kind-Kreis	begrenzt und offen

Gruppenform ↑

Zurück zu unserem Konflikt: War es richtig, die drei ziehen zu lassen und mit den sieben weiterzumachen?

Das hängt davon ab, was aus den zwei ungleichen Teilen weiterhin wurde. Wenn aus den sieben nur ein Frommen-Dauer-Club wurde, der so stark im Wir-Gefühl wird, daß kein Neuer (nicht mal mit derselben Zielsetzung) reinfindet, dann waren die drei mit ihrem Widerspruch nötig. Wird aber jetzt aus dem Kreis der sieben eine Gruppe, in der Jünger und eventuell Leiter heranwachsen, dann hat dem Kreis seine Zielklärung genutzt: Die Gemeinde hat Mitarbeiter gewonnen, die ihrerseits fähig sind, andere im Glauben weiterzuführen.

Über richtig oder nicht entscheidet auch die Frage, was aus den dreien wird. Ist in der Gemeinde auf weiter Flur keine Möglichkeit für sie, in einem anderen, ihren Vorstellungen gemäßeren Kreis unterzukommen, muß der Kreis sich die Frage stellen, ob man die »Klärung« bis zum Punkt der

Trennung führen soll. Dann empfiehlt sich eher, eine Form von vertiefenden und mehr offenen Treffen im Wechsel einzurichten. Besteht aber sowieso schon ein eher lockerer Kreis, in dem die drei Anschluß finden können, ist für sie gesorgt.

Fazit: Nicht alles was im Großen einer Gemeinde Platz hat, muß auch gleichzeitig in jeder Gruppe Platz haben. So wie die Zellen des Leibes aufgrund von verschiedenen Aufgaben verschiedenen Aufbau haben, so dürfen auch die verschiedenen Gruppen in einer Gemeinde unterschiedlich sein in ihren Zielen und Diensten. Jede Gruppe sollte nur wissen, wohin sie will und welchen Weg sie zu ihrem Ziel einschlagen will.

In unseren Hauskreis kommen immer welche zu spät. Wenn man wartet, sind die bestraft, die pünktlich waren und kommen nächstes Mal auch unpünktlich. Was tun?

Die persönliche Lockerheit vieler Kreise artet leider oft in Unpünktlichkeit aus. Unpünktlichkeit ist keine Bosheit, sondern Leichtsinn und darum eine Frage der Liebe. Es gibt echte Verzögerungen, die plötzlich eintreten, ausgerechnet dann, wenn man gerade aus dem Haus will (Kinder, Telefon); aber es gibt ebenso eine Menge Schlamperei, die mit dem Wohlwollen der Geschwister schon vorlaufend rechnet. Und meist sind es immer dieselben, die zu spät kommen. 20.00 Uhr ist für sie kein Punkt, sondern ein Vorgang von 19.45 Uhr bis 20.10 Uhr.

Bewährt hat es sich (gerade für diese chronischen Zuspätkommer), den Abend mit einer »Kontaktzeit« oder »Vorrunde« von einer Viertelstunde zu beginnen. Die Vorrunde tut allen gut und die »Chronischen« brauchen – das ist erwiesen – eine »Bremsspur« von ca. 10 Minuten, um pünktlich sein zu können. Dies klappt aber nur, wenn darüber offen in der Gruppe gesprochen, beraten und beschlossen wurde, und wenn ab dieser Besprechung der Abend um 20.00 Uhr wirklich anfängt, auch wenn noch nicht alle da sind.

☞ • Ablauf eines Hauskreisabends
• Leiterschaft

Konflikte im Hauskreis

Krisen der Gemeinschaft

In unserem Hauskreis sind ein paar, die offen zeigen, daß ihnen die »Singerei« überhaupt nicht zusagt. Wie sollen wir uns ihnen gegenüber verhalten?

Ein Leiter muß darauf achten, daß die Gaben der Musik für alle und in allen gefördert wird und »Miesmacher« keinen Raum gewinnen. Denn ein »Unmusikalischer« läßt sich gewöhnlich, wenn andere kräftig singen, gerne mitnehmen und hat dann auch etwas davon; die »Miesmacher« hingegen haben eine emotionale Sperre (kein Verhältnis zu den eigenen Gefühlen), oder eine geistliche Sperre (wenig Freude an Gott). Gibt man diesen Leuten Raum, sind die positiven Impulse im Kreis im Nu auf Null und gestoppt. Es ist Sache des Leiters, der Gruppe hier unbedingt einen Freiraum zu verschaffen und mit dem betreffenden »Miesmacher« so bald wie möglich einmal persönlich zu sprechen.

☞ • Singen im Hauskreis

Die meisten Hauskreise sind stabil und ein Ort, wo jeder auftanken kann. Was aber geschieht, wenn es zu Krisen in der Gemeinschaft der kleinen Gruppe kommt?

Zunächst kommt es darauf an zu sehen: Krisen sind etwas Normales. Es wird nur darauf ankommen, wie Krisen und Meinungsverschiedenheiten ausgetragen werden.

Wo sich nur die zusammenfinden, die einer Meinung sind, da ist der Hauskreis nicht gesund, nicht echt. Einmütig beieinandersein (Apg 4,46) bedeutet nicht, daß alle einer Meinung sind, sondern daß sie sich gegenseitig in Liebe ergänzen, einander helfen und voneinander lernen.

Kritisch wird es darum z. B., wenn ein Mitglied im Kreis seine Meinung absolut setzt und keine andere Meinung mehr neben sich gelten läßt. Was tun? Am besten ruhig fragen: Wie meinen Sie das? Können Sie versuchen, auch eine andere Meinung zu verstehen? Dabei ist es besonders wichtig, sensibel zu sein und gleichsam zwischen den Zeilen zu hören: Was bewegt ihn eigentlich? Wichtiger als Recht zu behalten ist es, den anderen, auch den Besserwisser, zu gewinnen. So wird konkret, was Paulus sagt: »Nehmt einander an, wie Christus euch angenommen hat« (Röm 15,7).

Eine Krise ganz anderer Art, die zwar oft nicht als solche erkannt wird, liegt vor, wenn man sich zu einig ist. Jede und jeder weiß schon im voraus, was die oder der andere sagen wird. Über kurz oder lang wird das nicht nur langweilig, sondern auch furchtbar steril. Zu einem solchen Kreis werden kaum andere hinzustoßen. Der Hauskreis wird schnell zu einem exclusiven, oftmals elitären Club mit typischem Insider-Verhalten und -Sprache.

In einer solchen Krise kann es hilfreich sein, jemanden im Kreis (immer wieder jemand anderen!) damit zu beauftragen, darauf zu achten, ob das Gesagte auch für einen Außenstehenden verständlich wäre. Hilfreich ist dann die Aufforderung: »Bitte versuche dasselbe noch einmal mit anderen Worten zu sagen!«

Wir wissen nicht, warum, aber in unserem Hauskreis haben die Mitglieder zunehmend Aggressionen aufeinander. Wie sollen wir damit umgehen?

Es gibt Situationen, in denen eine Trennung eine bessere Lösung ist als um jeden Preis beieinander zu bleiben. Es hat sich aber in vielen Fällen als hilfreich erwiesen, wenn zunächst bei jedem Hauskreisabend Zeit und Raum genommen wird für den Austausch persönlicher Fragen und Probleme. Jeder kann sagen, was ihm gerade zu schaffen macht, auch worüber er sich freut, aber vor allem, womit er nicht fertig wird. Dadurch wird die Atmosphäre persönlicher, das gegenseitige Anteilnehmen wird konkret. Eine Gemeinschaft lebt davon, daß wir auch Schwächen zugeben können und nicht meinen, immer stark sein zu müssen und wenn wir erfahren dürfen, wie uns die anderen auffangen mit ihrer Anteilnahme und Gebet.

Gibt es in einer Gruppe nun Spannungen unter den Mitgliedern, so hilft nichts anderes, als einmal offen darüber zu reden. Wichtig dabei, daß jeder nicht nur von seinen Verletzungen redet, sondern noch mehr bereit ist zu erfahren, wo und wie er den anderen Not gemacht hat. Dies kostet Mut und die Suche nach dem richtigen Zeitpunkt, entweder für ein Gespräch unter vier Augen oder eines in der Gruppe.

Kann es nicht auch eine Belastung für eine Gruppe sein, wenn die Mitglieder zu unterschiedliche Interessen haben?

Das ist richtig. Einerseits ist es ein Reichtum, wenn in einer Gruppe unterschiedliche Interessen und Schwerpunkte vertreten sind, vorausgesetzt alle lernen, sich gegenseitig zu achten und voneinander zu hören. Warum soll es dann in einem Hauskreis nicht einzelne geben, denen die Friedensfragen, andere, denen die Bewahrung der Schöpfung ein Schwerpunkt ihres Glaubenslebens ist, und wieder andere, die mehr missionarisch-seelsorgerlich orientiert sind? Aber es muß ein Weg gefunden werden, daß der Austausch untereinander und die Zusammengehörigkeit aller erhalten wird. Dies gelingt, wenn nie ein Schwerpunkt über Jesus gestellt wird und man diesen Gehorsam, unter Jesus zu leben, einander auch anmerkt.

Wir meinen immer, wir hätten in unserem Hauskreis eine gute Einheit. Aber wenn wir auf bestimmte Themen kommen, sitzen wir uns in »Lagern« gegenüber. Ist das nur bei uns so oder geht es anderen ähnlich?

Leider ja! Soll ich einmal aufzählen, worüber man sich in Hauskreisen schon gestritten hat? Da war in den siebziger Jahren die Frage »Meditation« und »Gruppendynamik«. Anfang der achtziger Jahre war es das Thema »Friede«, das manche Kreise schier zerriß, und überhaupt die Themen »Bewahrung der Schöpfung«, »Gerechtigkeit« und »Friede«.

Ende der achtziger Jahre begann dann die Diskussion über alles »Charismatische«, die viele Kreise beschäftigte und oft langjährige Gemeinsamkeit schmerzvoll beendete. Dazu tritt seit einiger Zeit auch die Frage nach der »Wiedertaufe«. Und immer wieder auch »Israel«.

Weitere Themen sind immer wieder Gedanken von *New Age* wie »Reinkarnation, Anthroposophie, Naturheilkunde und Heilpraktiker, Akupunktur und Wünschelrutengehen, Yoga und Autogenes Training« etc.

Unverbraucht für hitzige Debatten steht natürlich weiterhin der Oldie »Schöpfung oder Evolution« in den entsprechenden Kreisen zur Verfügung.

Diskussionen über diverse Lehrmeinungen sind also wirklich nicht die momentane Not eines einzigen, der Diskutiersucht verfallenen Hauskreises.

Neulich sagte eines unserer Hauskreismitglieder nach dem Abend: »Der Hauskreis trennte sich 5:3.« Und er meinte damit das Trauerspiel, daß immer zwei recht behalten wollen.

Ja, so weit kommt es, wenn die Problemsache plötzlich zur Hauptsache gemacht wird, d. h. wenn die Meinungsverschiedenheit höher gestellt wird als die Verbundenheit mit Jesus. Wir Deutschen haben sowieso die besondere »Gabe«, jeden strittigen Punkt sofort in seiner ganz »grundsätzlichen Bedeutung« zu erkennen und darum auch gleich den ganzen Glauben (bei sich selbst, der Gruppe, der Kirchenleitung etc.) in Frage gestellt zu sehen und entsprechend zu reagieren.

Was kann man in einem Fall unterschiedlicher Lehrauffassungen raten?

Das erste wäre die Frage: Stehen beide im Glauben an Jesus, der für sie gestorben und auferstanden ist? Jesus ist der Schnitt- und Scheidepunkt. Trifft das zu, dann stehen sich nicht irgendwelche Kontrahenten gebenüber, sondern Geschwister. Alles, was verhandelt wird, findet »innerhalb der Haustüre« auf dem Boden biblischer Gotteserkenntnis statt. Egal, wie unterschiedlich dann die Meinungen auch sein werden: Beide sind und bleiben einander als Geschwister verbunden. Anders ist es, wenn Jesus nicht in seiner erlösenden und Gott offenbarenden Rolle anerkannt wird, sondern als ein besonderer Mensch oder ein seltsames Mittelwesen verhandelt wird. In diesem Fall findet das Gespräch »außerhalb der Haustüre« statt und muß ganz anderen Gesetzmäßigkeiten folgen.

In einem offenen Gesprächskreis etwa sollte man nicht versuchen, den anderen mit Bibelzitaten zu bearbeiten. Es genügt, die christliche Auffassung freundlich und klar neben die andere zu stellen – mehr nicht. Dabei innerlich beten und versuchen, das Thema in ein anderes Fahrwasser zu bringen.

Wenn es ein vertiefender Hauskreis ist, würde es sich anbieten, die Diskussion »aufzuheben« für den nächsten Abend und jeden einzuladen, sich dazu seine Gedanken zu machen. Der Leiter selbst sollte dann eine fundierte Stellungnahme zu dem Problem vorbereiten, so daß sich alle ein begründetes Urteil bilden können.

Natürlich kann dies auch im offenen Gesprächskreis angeboten werden, nur wäre dann zu prüfen, ob die Erkenntnis Jesu schon so tragend ist, daß die Teilnehmer eine klare Abgrenzung (etwa von der Anthroposophie) vertragen können, ohne in eine unnachgiebige Verteidigungsposition zu verfallen, die sie ihrerseits nur festlegen würde.

Im vertiefenden Hauskreis sollte mit Nachdruck über die Auswirkungen des Problems für den Glauben geredet werden, von der Lehre her, aber auch seelsorglich, da die Heftigkeit, mit der manche Lehrfragen diskutiert werden, durch die mitlaufenden Emotionen deutlich machen, daß es dem Diskutierer um weit mehr geht als um die Klärung einer Sachfrage.

Wer z. B. die Frage, ob es ein Jüngstes Gericht geben wird, mit ganzem Einsatz leugnet, hat vielleicht irgendwo mal durch eine Predigt einen Schock erhalten und versucht seitdem, den »Alptraum« wegzudiskutieren. Oder wer bei dem Thema »charismatisch« seine eigenen – geistlichen – Geschwister nicht mehr kennt, der hat irgendwo etwas so Beängstigendes oder Befremdendes erlebt, daß er seither nicht mehr darauf ansprechbar ist. Oder es ist im offenen Gesprächskreis jemand, der beruflich oft in Indien zu tun hat und den die Religion der Inder beeindruckt. Wenn ich die Hintergründe meiner Gesprächspartner, besonders dessen, der das Problem eingebracht hat, nicht im Auge habe, kann ein einziges unsensibles Wort die mögliche Einsicht des anderen wieder verschütten. Es ist daher bei allen Lehrstreitigkeiten immer auf den Hintergrund des anderen zu achten. Der andere muß unbefangen auch darüber reden dürfen.

Was machen wir, wenn sich die Positionen in unserer Gruppe total festgefahren haben und überhaupt kein Gespräch mehr möglich ist?

Gewöhnlich kann sich ein Kreis in einer solchen Situation nicht mehr selber helfen. Es hat sich bewährt, an solch einem toten Punkt,

- wenn ausführliche und kompetente Besprechungen in der Gruppe nichts verändert haben,
- wenn persönliche Gespräche mit einzelnen nicht weitergeholfen haben,
- wenn Vermittlungsversuche im kleinen Kreis nichts geändert haben,

dann als letzten Versuch einen Vermittler von außen einzuschalten, der das Vertrauen von beiden Seiten genießt. Erreicht auch dieser nichts, sollten in Ruhe die Modalitäten der Trennung besprochen werden. Es sollte nicht einfach nur einen »Knall« geben und ein paar Leute bleiben einfach weg!

Sondern man sollte einander für Verletzungen um Vergebung bitten und diese gewähren, ausdrücken, daß man den Standpunkt des anderen zwar verstehen kann (auch von seinem Hintergrund her), aber selber nicht zu teilen vermag.

Schließlich sollte man versuchen, den bisherigen Weg menschlich und geistlich so zu beenden, daß man sich auch später noch gerne begegnen mag.

Denn die Einheit der Christen besteht nicht darin, daß sie alle in einer Gruppe stehen, sondern daß sie sich bei aller Unterschiedlichkeit der Meinungen doch alle unter ihrem Herrn versammeln. Und auch mit solchen, die nicht als »Jünger« Jesu angesprochen werden möchten, die aber doch eine Weile im Gespächskeis waren, soll, wenn sie gehen, ein entspanntes Verhältnis weiter bestehen können.

In unserem Hauskreis sind einige Teilnehmer, die immer mit denselben Querelen kommen, die unserem Leiter das Leben ganz schön schwer machen und der übrigen Gruppe wirklich »auf den Geist gehen«. Sollen wir sie einfach hinausbitten?

Der Ausdruck ist nicht schlecht, denn der Heilige Geist wird in der Tat durch solches Querulantentum in einer Gruppe gedämpft, weil heimlicher und unheimlicher Groll gegeneinander aufsteigt. Darum ist es wichtig, den Querelen-Sumpf auszutrocknen, denn von dort gefährden Fieberdämpfe die geistliche Gesundheit der Gruppe.

Solche Querelen kann man zunächst einmal in drei Typen unterteilen:

- Vorwürfe gegen sich selbst,
- Vorwürfe gegen den Leiter oder andere Personen,
- Vorwürfe gegen die Gruppe als ganze.

Bei allen Querelen ist zu sagen, daß hinter dem ärgerlichen Verhalten des Erwachsenen immer ein Kind sichtbar wird, das mit seinem Verhalten gerne ein Defizit ausfüllen möchte. Die Frage ist nur, ob und wie das geht. Querulantentum ist letztlich immer ein Schrei nach Seelorge. Und diese kann nur greifen, wenn der oder die Betreffende ganz entschieden mitarbeitet.

Selbstvorwürfe

Es ist zum Erbarmen, wie sich manche Leute selber fertig machen. Sie finden ihr Äußeres unvorteilhaft, ihren Charakter uninteressant, ihre Leistungen immer weit hinter den anderen zurück, selbst wenn sie gut aussehen und beachtliche Leistungen bringen. Es sieht so aus, als wollten sie mit ihrer Selbstablehnung andere nur provozieren, ihnen immer wieder das Gegenteil zu sagen. Geht man auf dieses Spiel ein, muß das noch nicht heißen, daß der andere nun zufriedengestellt sei, oft geschieht das Gegenteil. Und hier zeigt sich das eigentliche Problem. Kommt man auf das Elternhaus zu sprechen, so hat man meist sehr schnell das ganze Elend auf dem Tisch: daß da nie jemand war, der dieses Kind toll fand, lobte und aufbaute, sondern immer nur kritisierte. Nie war etwas recht. So konnte einfach kein positives Selbst-Verständnis entstehen. Durch ☞ Seelsorge kann so ein Defizit aufgearbeitet werden, wenn der Betreffende mitzumachen bereit ist, und eine ständig fließende Querelen-Quelle versiegt.

Bei uns wird von zwei Teilnehmern ständig auf unserem Hauskreisleiter herumgehackt, was diesen auf die Dauer völlig verunsichert. Ist das nicht auch für die Gruppe gefährlich?

Vorwürfe gegen Leiter kann man in den meisten Fällen in zwei Gruppen einteilen: »Führungsschwäche« oder »autoritäres Verhalten«. Von der Wurzel her sind beide Vorwürfe nur Ausdruck desselben Problems, nämlich der immer noch andauernden Auseinandersetzung mit dem Vater.

Hatte jemand einen starken Vater und fand das gut, dann ist jeder Leiter, der schwächer ist, als der der Vater es war, »führungsschwach«, das Kind wünscht sich wieder dieselbe Geborgenheit wie damals

Verlief die Beziehung zu dem starken Vater aber vorwiegend als Auseinandersetzung, so wird in jeder Vater-/Leiter-Beziehung dieser unfertige Konflikt mitgenommen und der Kämpfende steht immer wieder davor, zu explodieren.

Natürlich kann beides auch durch einen schwachen Vater ausgelöst werden, so daß sich in der heutigen Situation das Defizit von damals zu Wort meldet. Auf jeden Fall spielt bei den meisten Autoritätsquerelen der real erlebte Vater eine entscheidende Rolle.

Es wird also für einen Leiter nicht leicht sein, diese Thematik seelsorglich anzugehen. Besser ist es, wenn ein anderer sich darum kümmert. Unterdessen kann er als Leiter versuchen, bewußt aus der Vater-Projektion herauszuspringen, indem er sich ausgesprochen wie ein Bruder (oder eine Schwester) verhält in Spaß, Sport und Unterhaltung, einfach bei allem, wie Geschwister im Leben miteinander umgehen.

Sind dann Querelen von Mitgliedern der Gruppe untereinander aus unaufgearbeiteten Geschwisterkonflikten entstanden?

Kann sein, muß aber nicht. Man darf nie eine Methode verabsolutieren, sondern muß gut hinsehen, vorsichtig nachfragen und im Gebet gut hinhören.

In der Regel handelt es sich bei den Spannungen unter den Mitgliedern der Gruppe um irgendwelche Konkurrenzgefühle, die aber bei Querulantentum gewöhnlich tiefere Beziehungsstörungen anzeigen. Bevor diese Projektion nicht bewußt gemacht worden ist und vor Gott den bevorzugten Geschwistern von damals vergeben und die Projektion auf diesen Menschen heute zurückgenommen worden ist, wird Friede kaum einziehen können. Der Hauskreis ist oft der Ort, wo Gott durch seltsame Reaktionen längst vergessene Ursachen im Leben des Einzelnen ans Tageslicht kommen läßt, damit diese sich in seinem Leben nicht mehr zerstörerisch auswirken können.

Es gibt Leute, denen scheint die ganze Gruppe nicht zu passen, sie kommen aber trotzdem regelmäßig zum Kreis. Müssen wir auf ihre Querelen immer wieder eingehen?

Solche Querelen haben meistens zwei Spielarten:

- Die Mitleidsvariante (regressiv)
- Die Vorwurfsvariante (aggressiv)

Die *Mitleidsvariante* stellt den Betreffenden in den Mittelpunkt durch alle möglichen Leiden körperlicher oder seelischer Art. Der Gesichtsausdruck, die Körperhaltung, selbst die Stimme am Telefon soll zu der Frage provozieren: »Wie geht's dir denn heute?« oder »Heute siehst du aber schlecht aus.« Danach wird dann jede Möglichkeit ergriffen zu jammern. Jeder soll sich möglichst um das Befinden des Betreffenden Sorgen machen und viele Vorschläge zur Besserung vorlegen, die dann umso besser als »längst ausprobiert und nutzlos« abgelehnt werden können. Denn es geht ja gar nicht um die Besserung, es geht um das Leiden, denn nur so ist die

Aufmerksamkeit der Gruppe zu erhalten. Zuweilen werden solche »Leiden« mit Andeutungen, aus dem Leben gehen zu wollen, noch unterstrichen. Diese bringen die Helfer dann vollends in Gang, die aber, je länger je mehr enttäuscht feststellen, daß ihre ganzen Investitionen den Bruder, die Schwester nicht einen Zentimeter weitergebracht haben.

Woran das liegt? Wenn die Hilfe in einer Richtung nicht zu erreichen ist, sollte man es einmal mit der entgegengesetzten Richtung versuchen. Eine solche »Strategie der Hilfe« hat einige nüchterne Spielregeln:

- Auf keinen Umständen sich erpressen lassen!
- Immer vor Augen halten: Das subjektive Leiden ist für den Betreffenden sicher schlimm, aber es wird durch ganz andere Dinge aufgeblasen. Wieder die Frage: Woher kommt es, daß ein Mensch es nötig hat, auf diese Weise Aufmerksamkeit erlangen zu können?
- Frage an den Betreffenden: Was er vor hat zu tun, um aus der Situation so bald wie möglich herauszukommen?
- Spüren lassen, daß dem Betreffenden Aufmerksamkeit gegeben wird – und zwar echte –, auch ohne sein Gejammer.

Die *Vorwurfsvariante* besteht darin, daß jemand inner- und außerhalb der Gruppe erzählt, »wie schlecht die Gemeinschaft sei«, »keiner kümmert sich um einen«, »es ist keine Offenheit und kein Vertrauen da« etc.

Natürlich ist der Kreis ganz anders. Aber warum erlebt die Person ihn so? Manchmal, weil sie genau das in sich als Mangel oder Last spürt, was sie an anderen kritisiert. Schließlich, und das wußten schon die alten Griechen, erlebt man die Welt nur so, wie es in einem aussieht. Aber es gibt noch andere Gründe, etwa, wenn frühere Verlassenheitserfahrungen auf die Gruppe übertragen werden. Die dadurch entstandene tiefe Bedürftigkeit führt zu einer ganz und gar unrealistischen Erwartung an den Leiter und die Gruppe in bezug auf Geborgenheit und Nestwärme. Da diese Erwartungen in einem gewissen Maß immer unerfüllt bleiben, ist der Betreffende enttäuscht und es hagelt Vorwürfe: »Die Christen sind auch nicht besser und lassen einen hängen wie alle anderen auch«.

Man ist manches Mal versucht, gegenüber so jemandem die Geduld zu verlieren, ihm mal einiges klar zu machen –

wodurch alles nur noch schlimmer würde. Hier hilft nur eine über Jahre gehende kontinuierliche Seelsorge, die immer wieder neu und tiefer innere Heilung durch das liebevolle Wirken Gottes in Anspruch nimmt.

Querelen sind also nicht in erster Linie Bosheit eines Menschen, sondern zunächst Ausfluß einer Wunde im Leben des Betreffenden. Und diese kann nur geheilt werden durch mutiges seelsorgerliches Handeln unter der Anleitung des Heiligen Geistes, der der »Tröster und Ermahner« genannt wird.

☞ • Gefahren für den Hauskreis
• Seelsorge

Sie kam lange Zeit gerne und regelmäßig in unseren Hauskreis. Dann fehlte sie öfter. Und jetzt hat sie mir neulich erklärt, daß sie nicht mehr kommen möchte. Es sei ihr einfach zu viel, sagt sie. Mein Gefühl aber ist, daß etwas in der Beziehung nicht stimmt. Was tun?

Wer so redet, möchte zunächst einmal Abstand. Das ist desto schmerzlicher, je enger man vorher miteinander verbunden war. Solches Verhalten kränkt (»da habe ich doch so viel von mir investiert«), es stellt in Frage (»habe ich etwas falsch gemacht?«) und verunsichert (»lehnt sie mich vielleicht als Person und Leiter ab?«).

Es ist wichtig, sich über seine eigenen Gefühle in diesem Prozeß offen und ohne Beschönigung Rechenschaft zu geben. Ich sollte sie, wenn möglich, im Gespräch mit einem seelsorgerlichen Menschen aussprechen und zusammen bei Jesus ablegen. Dies macht oft erst frei zu wirklich liebender Fürbitte, zum Segnen und entkrampfter Begegnung.

Soll man in so einem Fall die Begegnung aktiv suchen oder soll man es dem Zufall überlassen?

Die Frage hier heißt allein: Was tut der anderen Person jeweils gut? Das ist heute sicher etwas anderes als morgen. Es geht also in keinem Fall darum, einer frommen Pflicht zu genügen oder sein Gewissen zu beruhigen oder wie man sie wieder in den Kreis bekommt. Es ist von elementarer Bedeutung, wenn man spüren will, was einem Menschen gut tut, daß man ihn an Jesus wirklich abgegeben hat. Erst dann kann der Heilige Geist die Gedanken Jesu in unser Herz »werfen«.

Die Frage ist, ob man trotzdem Kontakt halten soll. In der ersten Zeit ist es sicher richtig, Abstand zu halten. Trifft man sich zufällig, redet man locker ein paar Takte und läßt den anderen spüren: Ich trage dir nichts nach, wir können uns gerne begegnen. Wenn sich der Abstand d. h. das neue Verhältnis von Nähe und Distanz dann eingependelt hat und auch bejaht ist, dann, aber erst dann werden gelegentliche Zeichen bewußter Zuwendung als »nett« empfunden. In dieser Phase ist es ein Kärtchen aus dem Urlaub oder ein Kurzbesuch auf dem Weg zum Markt etc. All das kann echt erfreuen. Meist interessiert in diesem Stadium den anderen auch wieder, wie es mit dem Kreis denn weitergegangen ist, so daß man auch dazu ein paar Sätze sagen kann. Dies darf aber nicht den Unterton einer Einladung haben, sondern mehr den der Erinnerung an »frühere Zeiten«. Wie lang man darüber spricht, hängt einzig und allein von den Rückfragen des Gegenübers ab.

Man sollte also durchaus versuchen, den Kontakt zu ehemaligen Teilnehmern aufrecht zu erhalten, aber nur, wenn man diesen innerlich wirklich losgelassen hat und frei ist. Es ist auf jeden Fall gut, und wäre es auch nur ganz locker, damit der andere erfährt, daß er nicht nur als Mitglied des Kreises und »Stubenfüller« wertvoll war, sondern er als Person für die Gruppenmitglieder wichtig bleibt. Das erfahren sie am deutlichsten in dem Augenblick, wenn sie nicht mehr zum Kreis gehören.

Darin kommt auch etwas von der menschensuchenden, geduldigen Art Gottes zum Ausdruck. Auch muß man wissen, daß es Menschen gibt, die einen wegstoßen und sich nichts mehr wünschen, als daß man bei ihnen bleibt. Solchen Menschen hilft es darum, wenn man sie spüren läßt, daß man dranbleibt.

Übrigens wäre es mehr als wünschenswert, wenn alle im Kreis lernen würden, sich so zu verhalten. Man müßte mal darüber reden. Unter Umständen kommt im Gespräch mit einem Teilnehmer oder einer Teilnehmerin des Kreises urplötzlich heraus, was der eigentliche Grund des Wegbleibens war, und es besteht dann die Möglichkeit u. U. gezielter als bisher zu reagieren (Erklärung, Entschuldigung, Lob, Hinweis auf einen anderen Kreis, o. ä.).

Konflikte im Hauskreis

Der erdrückende Leiter

Wir sind noch ein junger Hauskreis und haben vor einem Jahr unseren Leiter gewählt, den, der die meisten Fähigkeiten für diesen Dienst zu haben schien. Das stimmt auch, aber mittlerweile stöhnen wir alle unter seiner Aktivität, wir sind so etwas wie sein privater Zuhörkreis geworden. Was tun, um ihn zu bremsen, aber dabei nicht als Mitglied der Gruppe zu verlieren?

Manche setzen sich unglaublich für ihren Kreis ein, weil sie es selber nötig haben. Aus welchen Gründen (Selbstbestätigung, Schuldgefühle, mangelndes Ausgefülltsein, Kirchenfrust uva.) auch immer managen sie einen Hauskreis, als sei er ihr ganzer Lebensinhalt. Wenn ein Gespräch nicht läuft, reden sie, wenn beim Gebet zu lange geschwiegen wird, beten sie, wenn zu zaghaft gesungen wird, schmettern sie, wenn aufgeräumt werden sollte und alle stehen noch herum und unterhalten sich, wer trägt die Stühle herum …

So jemandem zu sagen, daß seine Überaktivität die anderen lähmt und seine »Zugpferd-Mentalität« keinen mitreißt, sondern alle erdrückt, wäre nicht nur lieblos, es würde mit Sicherheit zu einer echten Krise bei dem betreffenden Leiter führen (»hab ich nicht alles für euch getan«), die sehr unterschiedlich ausgehen kann (Verlassen des Kreises, Kritik wird als geistlicher Angriff gewertet und macht den Betreffenden noch hartnäckiger, Unterstellungen vergiften das Klima etc).

Viele Kreise verfallen in die sogenannte »Lähmungsspirale«, die meist recht harmlos anfängt, für alle Beteiligten aber immer unerträglicher wird. Meistens beginnt es mit der Unzufriedenheit des Leiters, daß die Gruppe eigentlich nicht so vorangeht, wie er es gerne hätte. »Wenn die nicht wollen, mach's ich halt!« Der Kreis sieht das, spürt den unausgesprochenen Vorwurf und gerät in eine Trotzhaltung »Soll er doch …« Für den Leiter scheint der Kreis immer müder zu werden, er verdoppelt seine eigenen Anstrengungen. Die Gruppe läßt es sich gefallen: »Na wenn er schon alles selber machen will, wir hindern ihn nicht.« Man hat eine einsichtige Begründung für die eigene Trägheit gefunden und kann sich Abend für Abend bedienen lassen: »Der will es ja nicht anders«. Und der arme Leiter trägt die ganze Last des Kreises auf seinen Schultern, voller Entäuschung, aber mit christlicher Opferbereitschaft, bis er nicht mehr kann (oder will). Oft ist das auch das Ende der Gruppe!

Die gelähmte Gruppe

Um solche Entwicklungen möglichst zu vermeiden, kann es darum für beide, Leiter und Gruppe, hilfreich sein, sich an ein paar Grundsätze zu halten:

- Leitung ist ein notwendiger und schwieriger Dienst an der Gemeinschaft, mehr nicht! Sie ist vor allem kein Heilmittel gegen ein angeschlagenes Selbstwertgefühl oder eine Quelle der Befriedigung für den Ehrgeiz oder den versteckten Machttrieb. Wer zu sehr aus anderen Motiven »vorne dran stehen« möchte, ist meistens für diese Aufgabe nicht geeignet.
- Ein Leiter muß nicht der Alleskönner in einer Gruppe sein, sondern er muß die menschlichen (charakterlichen) und geistlichen Fähigkeiten für diesen Dienst besitzen. Meistens werden einer Gruppe erst nach längerem Gebet um Klarheit die Augen für diese Qualitäten geöffnet.
- Auch eine kleinere Gruppe sollte die Rolle eines Leiters für das Gelingen ihrer Gemeinschaft nicht unterschätzen. Einen Leiter zu bestimmen – wählen – , pflegen und wieder absetzen bedarf also eines gehörigen Fingerspitzengefühls und einer guten Portion Weisheit. Keine Provisorien und Notlösungen an diesem Punkt! Wenn wirklich keiner für den Dienst geeignet wäre – was höchst selten vorkommt –, dann Gott ernsthaft um einen Leiter bitten.
- Viele Probleme können vermieden werden, wenn der Dienst der Leitung von wenigstens zwei Personen getragen wird (☞ Leitungsteam).
- Leiter und Gruppe sollten rechtzeitig erkennen, wenn sie in die »Lähmungsspirale« geraten sind. Hier kann eine Aussprache Wunder wirken, vor allem, wenn sie von jemand geleitet wird, der das volle Vertrauen des Leiters genießt (denn der steht ja in solch einem Gespräch alleine der Gruppe gegenüber).
- Gerade für junge Gruppen empfiehlt es sich, einen Leiter zunächst einmal auf eine begrenzte Zeit hin (etwa ein Jahr) zu bestimmen. Damit ist organisch eine Möglichkeit eingebaut, je nach den Erfahrungen eine Veränderung im Leitungsteam vornehmen zu können, ohne dazu große Personaldebatten führen zu müssen.

☞ • Leitungsteam
• Krisen der Gemeinschaft

Aberglaube

In unserem Hauskreis ist jemand, der sich nach seinem Horoskop richtet, ob er zu unseren Treffen kommt oder nicht. Wir haben gar nicht damit gerechnet, daß es so etwas unter Christen gibt und sind dementsprechend ratlos, wie wir damit umgehen sollen.

Um vor Überraschungen sicher zu sein, ist es gut, immer den Satz vor Augen zu haben: »Halte alles für möglich und das Dümmste für wahrscheinlich.« Sicher, die groben Formen des Aberglaubens (Horoskop, Amulette, Beschwörungen, weiße Magie etc.) können sich in einem Hauskreis normalerweise nicht halten. Aber es gibt noch andere Formen von Aberglauben, die in »christlichen Kreisen« durchaus ihre Verehrer haben.

Es ist auch Aberglaube,

- wenn das Verhältnis zu manchen Dingen (Büchern, Bildern oder Vorbilder im Glauben) magische Züge aufweist;
- wenn vieles man nur so und nicht anders machen darf, weil Gott sonst nicht wirken kann;
- wenn die eigene Glaubensüberzeugung die einzig richtige ist;
- wenn man so handelt, als könne man über Gaben verfügen (»überlaßt das mir, ich habe die Gabe der Erkenntnis – oder Unterscheidung – oder Prophetie«);
- wenn man seine eigene geistliche Erfahrung absolut setzt, so daß sie nicht mehr hinterfragt werden kann (»Der Herr hat mir gesagt …«).

Mit »normalem« Aberglauben läßt sich leichter umgehen als mit diesem, der im Gewand der Frömmigkeit daherkommt und sich mitten in die Gruppen und Kreisen setzt und seinen Einfluß ausübt. Hier bedarf es wirklich der Wachsamkeit aller, denn schnell wird durch solchen Aberglauben das Klima in einem Kreis unerträglich, weil er sich immer in (unterschwelliger) Unterdrückung anderer auswirkt.

Für jeden Aberglauben gilt, was die Schrift in dieser Richtung empfiehlt: Entweder Abstand zu diesen Dingen oder Verhaltensmustern oder Abstand zu den Personen, die sich davon nicht trennen können. Gott weiß um die versklavende Macht des Aberglaubens, darum darf ein Hauskreis nicht die Haltung haben: »Soll derjenige doch, uns stört es ja nicht …«.

Braucht es einen Leiter?

Wenn sie »Leiter« hören, gehen einige unserer Hauskreismitglieder innerlich schon in Abwehr. Wir fragen uns also ernsthaft, ob ein Hauskreis überhaupt einen Leiter braucht?

Auch wenn der absolut überwiegende Zahl der Hauskreise dies bejaht (Blohm 86 %, Masemann 78 %), ist die Frage berechtigt, weil es tatsächlich Hauskreise gibt, die sehr gut ohne Leiter auskommen. Im Normalfall ist ein Hauskreis allerdings mit einem »leiterlosen« Zustand überfordert. Zu unterschiedlich sind die Teilnehmer und ihre Erwartungen, zu anstrengend der Prozeß der Entscheidungsfindung, vor allem auch in kleineren Dingen. Es bleibt eine unbestrittene Erfahrung, daß sich unter einer guten Leitung viele Menschen ganz anders entfalten können, als wenn jeder sich sozusagen jeden Moment gefordert sieht.

Da zudem nur eine verschwindend kleine Zahl Pfarrer Hauskreise leitet, sind die verantwortlichen Leiter meistens keine Profis, d. h. in der Kirche wächst eine Schicht von Führungspersönlichkeiten heran, die unabdingbare Voraussetzung für ein lebendiges Gemeindeleben sind. So gesehen sollte man die Frage »Leiter ja oder nein« nicht nur dem Geschmack eines Hauskreises überlassen.

Darüberhinaus gibt es ein einfaches Raster, nach dem eine Gruppe im Zweifelsfall für sich die Frage beantworten kann, ob sie einen Leiter braucht oder nicht. Eine Gruppe braucht auf jeden Fall einen Leiter/Team:

- wenn sie eine bestimmte Größe erreicht hat;
- wenn es sich um einen missionarischen Hauskreis mit großer Meinungsvielfalt handelt;
- wenn der Kreis in eine Krise gerät;
- wenn der Kreis eine regelmäßige Außenvertretung braucht, etwa im Leiterkreis der örtlichen Gemeinde.

Niemand in unserem Hauskreis traut sich die Leitung zu, da wir keinerlei Erfahrung mit so etwas haben. Kann man Leitung lernen?

Paulus spricht davon, daß Leitung in der Gemeinde eine Gabe des Geistes, ein Charisma, sei. Vermutlich haben viel mehr diese Gabe, als wir normalhin wissen. Sehr wichtig zum Hervortreten dieser Gabe ist der Entschluß eines Menschen, bereit zu sein, Verantwortung zu übernehmen, wenn die Situation es erfordert. So wie das Charisma der Lehre nur hervortreten kann in Situationen, wo gelehrt werden muß, so das Charisma der Leitung auch erst dann, wenn konkret Leitung gefordert ist.

Mit Gottes Hilfe Initiative zu ergreifen und nicht die Mißstände schleifen zu lassen, bis sie »irgend jemand« regelt, das ist schon ein Teil der Leiterbegabung.

Nehmen wir ein Beispiel. Da ist eine Reihe von Christen in der Gemeinde, die ihren Mangel an Gemeinschaft, Geborgenheit und Zurüstung empfinden, immer wieder wird auch untereinander geredet, sogar das Stichwort »Hauskreis« fällt – aber keiner unternimmt etwas. Endlich nach Monaten entschließt sich ein Ehepaar, die anderen zu einem konkreten Planungsabend einzuladen – und die Sache kommt in Gang. Es ist ganz normal, daß die Eingeladenen die Gastgeber als Initiatoren, als »Kopf« ansehen.

Kommen sich »Initiatoren« nicht komisch oder ausgenützt vor, plötzlich »Leiter« sein zu müssen?

Das kommt sehr darauf an, wie die anderen reagieren. Fällt irgendwie eine verunsichernde Bemerkung, werden die beiden sofort betonen, daß sie ja nur einladen und nicht die Leitung »an sich reißen wollten«. Die Gruppe wird für lange Zeit keinen Leiter haben … Kommt aber ein Dank an die Beiden und eine Ermutigung, so weiterzumachen, werden sie durch das Vertrauen der anderen in ihre Gabe wachsen und ihre Auf-Gabe wahrnehmen.

Aber besteht denn nicht die Gefahr, daß Leitern alles aufgeladen wird bzw. die anderen gar nicht in die Lage kommen, auch Verantwortung zu übernehmen?

Das ist in der Tat die Sorge, die manche Kreise haben, weswegen sie keinen unter sich als Leiter benannt haben. Aber nach meiner Beobachtung ist die Gefahr eher anders gelagert, nämlich daß ein Leiter froh ist, wenn genügend Bereitschaft, Aufgaben zu übernehmen, in der Gruppe vorhanden ist.

Natürlich gibt es Leiter, die alles selber machen wollen (☞ Der erdrückende Leiter). Aber dies sind die schlechteren Leiter, weil hinter diesem Verhalten meist ein tieferes Bedürfnis steckt, wichtig und unentbehrlich zu sein oder die Angst, etwas loslassen zu müssen. Solche Leiter sind meist auch dominant und empfindlich gegen Kritik. Das macht ihr schwaches Selbstwertempfinden deutlich. Sie brauchen ihr Amt zur persönlichen Wertsteigerung und sind von daher unfähig, andere mit ihren Gaben, vor allem mit der Leitungsgabe, neben sich hochkommen zu lassen.

Was soll man machen, wenn man so einen Leiter hat?

Ermutigung, wo nur möglich. Stehen lassen, was er anordnet, wenn es irgend geht. Beten um warme Ausstrahlung zu ihm hin, so daß echte freundschaftliche Beziehungen wachsen. In dem Maß, wie diese tragfähig sind, Vorschläge machen zur Verbesserung, zur Entlastung für den Leiter und die Gruppe.

Wie sieht demgegenüber ein guter Leiter aus? Was kennzeichnet ihn?

Ein starker Leiter braucht die Gruppe nicht für sich; er ist Persönlichkeit auch ohne Leiterschaft. Das macht ihn frei, der Gruppe zu dienen. Davon sind in Hesekiel 34 die schlechten Hirten gekennzeichnet, daß sie sich selber weiden und Vorteile verschaffen; der »gute Hirte«, den wir in Jesus erkennen, »dient den Seinen« und »läßt sein Leben für die Schafe« (Joh 10); er »weidet sie auf einer grünen Aue« (Ps 23).

Praktisch heißt das, daß ein guter Leiter sich über den einzelnen in seiner Gruppe Gedanken macht, für sie regelmäßig betet und vom Gebet her überlegt, was jeder braucht: menschlich in Familie und Beruf und geistlich in bezug auf Stärken und Schwächen. So lernt ein Leiter, von Gott her Hirtendienste zu tun und darin in der Vollmacht des guten Hirten selber ein guter Hirte zu werden.

Weiter ist ein guter Leiter ein »Ermöglicher«. Er erkennt Gaben bei seinen Geschwistern, benennt sie vorsichtig, gibt gezielt Aufgaben, die passen, lobt und stärkt die Gaben durch Anerkennung und entwickelt so in der Gruppe das Gabenpotential, vor allem auch die Leitungsgaben, weil von ihnen wesentlich das weitere Wachstum der Gruppe durch Bildung neuer Tochterzellen abhängt.

Ein guter Leiter fürchtet sich nicht vor Konkurrenz, sondern freut sich über neue Leiter neben sich. Er fördert sie, indem er ihnen interessante Aufgaben überträgt und ihnen ein ehrliches Feedback zukommen läßt.

Noch ein Drittes: Ein Leiter sollte seiner Gruppe ein Vorbild sein. Das darf man wollen und von Gott erbitten: »Wem Weisheit mangelt, der bitte Gott!« Vorbild im Leben als Christ: im Familienleben, im Berufsleben aber auch in der Bibelkenntnis, so daß er im Gespräch biblische Lehre weitergeben kann.

Die Latte liegt ja sehr hoch! Wer kann und will dann überhaupt noch Leiter werden?

Alle, die nicht vergessen haben, daß man Leiterschaft auch lernen kann. Wer lernen will, muß aber wissen, was die Lerninhalte sind. Wer anfängt weiß, daß er noch nicht alles können muß, aber er muß es lernen wollen. Darum diese Ausführlichkeit, obwohl noch manches andere gesagt werden könnte.

Gott hat seinem Volk zu allen Zeiten »Hirten erweckt«, darum ist die Bibel voll von Vorbildern für gute Leiter und von Anweisungen für »Hirten«, »Älteste« und »Lehrer«. Motivierte Leiter werden sich selbständig auf die Suche danach in der Bibel machen. Zum Glück gibt es heute auch gute Literatur, durch die Leiter dazulernen können; auch werden an vielen Stellen Seminare für »Leiterschaft« angeboten.

Wie kann jemand für sich überprüfen, ob er nun ein guter Leiter ist? Gibt es vielleicht so etwas wie eine »Checkliste für Leiter«?

Wir haben bei unseren Leiterschaftsseminaren dazu folgende Liste von *Fragen zur Selbstprüfung* erarbeitet:
Fragen des Leiters an sich selbst:

1. Was für Rückmeldungen bekam ich in letzter Zeit aus dem Kreis?
   - positiv
   - negativ
   - ohne Worte (non verbal)
   - über andere (»hintenherum«)
   - gar keine.
2. Habe ich alle Mitglieder meiner Gruppe wirklich gern? Welche fallen mir schwer? Warum?
   - ihr Charakter
   - bestimmte Verhaltensweisen
   - mein Charakter

- aus geistlichen Gründen
- ihr Aussehen.

3. Warum tue ich meine Aufgabe (noch)?
   - Pflichtbewußtsein
   - Auftragsgewißheit
   - Liebe zu den Mitgliedern
   - Weil es mir »was bringt« – was?
   - Erwartung der anderen
   - Spaß, Erfüllung, Freude
   - Treue.
4. Wie ist das geistliche Leben in unserer Gruppe?
   - Freude am Bibellesen
   - Dynamik im Gebet
   - Fragen, die uns momentan umtreiben
   - Geistliche Durchdringung des Alltags spürbar?
   - Gewinnende Ausstrahlung (missionarisch)
     + bei einzelnen
     + bei der Gruppe als ganzer
   - Diakonische Dienste der Liebe
     + in der Gruppe
     + in der Gemeinde
   - Brauchen einzelne gezielt Seelsorge?
5. Wie ist das menschliche Miteinander gewachsen?
   - Atmosphäre:
     + kühl, distanziert, gehemmt
     + warm, herzlich, hörend (Lachen, Weinen, Offenheit, Nestwärme, Mitteilen von Nöten)
   - Gibt es untereinander Rückmeldungen? (Loben, Korrigieren)
   - Gibt es Konflikte unter Mitgliedern? Wie werden sie angegangen? Oder verdrängt?
   - Hängt jemand durch?
6. Warum sind wir zusammen? (Konzeption)
7. Wo wollen wir hin? Was haben wir vor? (Ziele, Perspektiven, Pläne, Vorhaben)

Es wird viel von den Forderungen an den Leitungsstil und den Aufgaben eines Leiters gesprochen. Aber ist nicht jeder Leiter verschieden und leitet von daher auch ganz unterschiedlich?

Es gibt bei aller individueller Verschiedenheit zwei Hauptstile, eine Gruppe zu leiten. Den einen Typ verkörpert der

»Steuermann« oder der »Führer«. Er geht an der Spitze des Zuges, hat immer neue Ideen, er eröffnet Perspektiven und hat auch die Gabe, seine Leute zu inspirieren, damit sie mitmachen. Er fordert seine Leute stark heraus, oft über das Maß ihrer Möglichkeiten hinaus. Sein Leitungsstil lebt stark von Zielen und Visionen, die er von Gott empfängt. In seinem Vorangehen ist er nicht unbedingt ein guter Teamer und kann des öfteren auch recht ungeduldig werden, wenn die Gruppe mit seinem Tempo nicht mithält. Sein Charisma ist weniger die Seelsorge als der rasche Durchblick (oft auch die Evangelisation), und er spürt schneller als andere, »wo's lang geht«. Es ist etwas Prophetisches um diesen Leitertyp.

Ganz anders der »Integrator« oder der »Hirte«. Er geht nicht an der Spitze des Zuges, sondern er sucht und findet die Mitte der Gruppe, ja, er ist sie in Person. Er sieht die Schwachen und wartet, bis eine Sache in der Gruppe reif ist, um erst dann zum Aufbruch zu blasen. Das Spüren, wo die Gruppe steht, ist ihm wichtiger als große Visionen. Er ist ein guter Zuhörer und meist kein so hinreißender Redner, insofern auch ein guter Teamleiter. Sein Charisma ist häufig die Lehre oder die Seelsorge (je nach Ausprägung).

Nun hat jeder Stil seine guten und seine schlechten Seiten:

Der prophetische Leiter setzt Neues in Gang und bringt die Gruppe in Bewegung. Dabei aber verliert er die Schwachen leicht aus seinem Blick, die dann u. U. »auf der Strecke bleiben« und abhängen. Durch seine Ungeduld kann er ungewollt auch autoritären Druck ausüben. Der »hirtliche« Leiter schützt und bewahrt die Gruppe und gibt ihr das Gefühl der Geborgenheit, so daß der einzelne gerne dabei ist, weil er die nötige Zeit hat, sich mit den Zielen der Gruppe zu identifizieren. Im Achten auf die Gruppe verliert der Hirte aber leicht die Ziele, die Gott mit seiner Gruppe hat, aus dem Auge, ja, er fragt vielleicht ohnehin nur am Rande danach. Seine Gefährdung ist die Unbeweglichkeit, das Stehen-Bleiben vor lauter Wohlfühlen-Wollen und oft ein zu starkes Harmoniebedürfnis.

In jeder Gruppe und Gemeinde gibt es Leiter des einen und des anderen Typs. Theoretisch ergänzen sich die beiden Stile prächtig; in der Praxis befinden sie sich aber oft in außerordentlichen Spannungen, die das geistliche Leben einer ganzen Gemeinschaft lahmlegen können, denn jeder stellt den anderen in Frage – und zitiert die entsprechenden Bibelstellen.

Solche Konflikte zu entschärfen, gelingt erst, wenn beide Seiten in die kritische Betrachtung ihrer selbst einwilligen, erkennen, wieviel Not sie den anderen bereitet haben und darüber vor Gott und Menschen Buße tun.

Zusammenwirken können die Gaben, wenn einer die Gabe des andern wertzuschätzen lernt und sich den Vorteilen dieser »Gangart« öffnet (weil diese oft genau die Heilung seiner eigenen Schwachstellen darstellen). Strukturelle Unterordnungen sind dann nicht mehr schwer zu leben, wenn man sich von Herzen versöhnt hat.

Ich habe es endgültig satt! Alles hängt an mir und meiner Frau. Jeder erwartet von uns, daß wir vorbereitet sind, alles vorbereitet haben und auch noch gut drauf sind. Und die anderen lassen sich bedienen …

So leid es mir tut: Sie brauchen sich nicht zu beklagen. Am wenigsten bei der Gruppe. Vermutlich sind Sie an Ihrem Unglück selber schuld – wie so viele gestreßte Hauskreisleiter, denen es gut täte, wenn man sie einmal wachrütteln würde. Viele haben sich durch ihren – gut gemeinten – Stil der Fürsorglichkeit eine Gruppe von Konsumenten herangezogen. Aber neben einer starken und guten Leiterpersönlichkeit kann sich kein weiteres Talent in der Gruppe zeigen. Wenn er das ernsthaft wollte, dann müßte er schon gehörig zurücktreten und viele Dinge wirklich loslassen.

Wie das praktisch geschehen kann? Einfach verreisen! Und davor im Kreis fragen, wer (möglichst mehrere) bereit wäre, die nächsten Male den Abend zu leiten. Es wird wahrscheinlich etwas Zeit brauchen, bis sich jemand meldet, vielleicht aber herrscht nur das berühmte Schweigen im Walde.

An dieser Situation erkennen Sie sofort, wie es in Ihrer Gruppe um den Mut zum Leiten bestellt ist (bzw. wie passiv Ihr Kreis schon geworden ist.).

Wenn sich einige gemeldet haben, dann überlassen Sie denen wirklich die Gestaltung der Abende (keine Hausaufgaben mitgeben!). Lassen Sie sich nach Ihrer Rückkehr berichten und Sie werden mit großer Sicherheit ein paar Leute vor sich haben, mit denen Sie ein Leitungsteam aufbauen können. Natürlich vorausgesetzt, daß Sie und die Gruppe ein solches Team für die Zukunft haben möchten.

Ein Team braucht Pflege

Ja, Sie müssen es auch wollen, denn ein Team ist nicht eine Gruppe besonders leicht verfügbarer »Handlanger«, die Ihre Ideen umzusetzen haben, sondern eine Gruppe potentieller Leiter, die im Team Raum bekommen, selber Ideen zu entwikkeln und umzusetzen. Wenn Sie das stört, sollten Sie lieber bei Ihrem jetzigen Stil bleiben, denn sonst frustrieren Sie sich und die anderen noch mehr als jetzt, denn Sie bieten Mitarbeit an, meinen aber nur Ausführung.

Leider machen viele Leiter hier »dicht«; sie schuften sich lieber zu Tode, als daß sie Kompetenzen wirklich abgeben und Aufgaben delegieren würden.

Dabei ist es so viel schöner im Team zu arbeiten: Man hat immer jemand, der die Last mitträgt, menschlich und im Gebet; man muß nicht mehr alle Ideen alleine haben; am Abend spürt man, wie sich mehrere darum bemühen, daß das Gespräch an Tiefe gewinnt und die Teilnehmer des Kreises spüren, daß so ein Abend nicht mehr nur an einem hängt, was sich entspannend auf die ganze Atmosphäre auswirkt.

Ein Team ist gut, aber muß man die gewonnene Zeit und Energie nicht wieder in das Team stecken?

Das schon, aber dieser Aufwand steht in keinem Verhältnis zum Gewinn. Manche Teams treffen sich nur ganz kurz vor dem Abend, andere während der Woche, wenn auch nur kurz. Man muß dies den zeitlichen Möglichkeiten aller anpassen. Nötig aber ist es, da sich ein Team (wie Sie vorher alleine) fürsorgend um die anderen Teilnehmer Gedanken machen muß. Und dazu braucht es Zeit zum Sprechen und zum Beten.

Besteht dann aber nicht die Gefahr wie zuvor beim Solo-Leiter, daß die Gruppe inaktiv wird und sich bedienen läßt?

Durchaus, vielleicht sogar noch mehr. Aber ein Team kann sich besser als ein Einzelner Gedanken machen, was hier zu verändern wäre, wo Aufgaben und Herausforderungen für die Teilnehmer gefunden werden könnten. So kann es z. B. schon zu einer echten Mitbeteiligung der Gruppe kommen, wenn einmal in ☞ Gebets-Trios statt im Gesamtkreis gebetet wir. So kommt jeder dran und empfindet dies positiv.

Oder es leitet immer einer vom Team den Abend zusammen mit einem anderen aus der Gruppe. Normalerweise ist jedes Team eine Kampfansage gegen jede Konsummentalität.

Kriterien für Mitarbeiter

In manchen Gemeinden, die eine Reihe von lebendigen Hauskreisen haben, werden Mitarbeiter, die Leitungsverantwortung übernehmen sollen, der Gemeindeleitung vorgeschlagen. Nach welchen Kriterien geschieht das?

Zur Qualifikation von Leiterschaft dient oft der von Paulus für Timotheus zusammengestellte Katalog, wie wir ihn in 1 Timotheus, Kapitel 3, Verse 2-7 finden. Dabei werden folgende Qualifikationen abgefragt:

a) Gesellschaftliche Qualifikationen: Er muß unbescholten sein.
b) Moralische Qualifikationen: ohne Tadel – Eheleben – kein Trunkenbold.
c) Geistliche Qualifikationen: nüchtern und zuchtvoll – gutes Benehmen – zum Lehren begabt.
d) Qualifikationen der Persönlichkeit: kein Schläger – kein streitsüchtiger Polemiker – gastfrei (»Freund der Fremden«!) – frei von Geldgier und Geiz.
e) Häusliche Qualifikationen: seiner eigenen Familie ein guter Vorsteher.
f) Qualifikation der Reife: kein Neu-Bekehrter oder Unerfahrener.

Da die Hauskreisleiter für eine Gemeinde von so hoher Bedeutung sind, sollte man ihrer Auswahl seitens der Gemeindeleitung besondere Aufmerksamkeit zuwenden.

Und wie könnte ein Trainingsprogramm für künftige Hauskreisleiter aussehen?

Man sollte nur solchen reiferen Christen Schritt für Schritt gemeindliche Aufgaben wie die Leitung eines Hauskreises übertragen, die regelmäßig an den gemeindlichen Veranstaltungen und an den Gottesdiensten (eventuell auch Glaubenskurs oder Bibelschule der Gemeinde) teilnehmen. Damit haben sie schon einen entscheidendenden Teil ihrer »Mitarbeiterschulung« hinter sich. Wenn sie sich dann noch für eine Mitarbeit in der Gemeinde interessieren, wäre das eigentlich der Moment, wo dem Gemeindeleiter von Gemeindemitgliedern solche Hauskreisteilnehmer für den engeren Mitarbeiterkreis vorsgeschlagen werden. Daraufhin werden in manchen Gemeinden die Vorgeschlagenen zu einem speziellen Kurs eingeladen, wo sie vertiefte Unterweisung zu ihren künftigen Aufgabenbereich erhalten. Dieser Kurs umfaßt mehrereWochenenden, die von verschiedenen erfahrenen Hauskreisleitern durchgeführt werden. Inhaltlich behandelt werden dabei Themen wie: Hauskreisleitung – pastoraler Dienst/ Seelsorge – biblische Lehre – Musik im Hauskreis – u. a. Danach können die Teilnehmer dieser Ausbildung – je nach Begabung und Bereitschaft – als Assistenten einem erfahrenen Leiter zur Seite gestellt werden. Nach einem Jahr Praktikum können sie dann auf Empfehlung ihres »Mentors« selbst die Leitung einer Gruppe übernehmen. Wie gesagt, in einigen Gemeinden und Gemeinschaften wird dies so oder ähnlich gehandhabt, die meisten Gemeinden mit Hauskreisen sind sich gar nicht bewußt, mit wie sträflich wenig Vorbereitung manche in das Abenteuer einer Hauskreisleitung geworfen werden – nicht immer mit glücklichem Ausgang.

In manchen Gemeinden geht die Ausbildung lückenlos in Weiterbildung über. Regelmäßige Treffen mit allen Leitern, solide Schulung und geistliche Betreuung begleiten die Arbeit des einzelnen in seinem Hauskreis. Dabei ist sogar schon die nächste Leitergeneration im Blick:

In einer Gemeinde wird schon während der Ausbildung darauf hingewiesen, daß ein Leiter sich stets einen, wenn möglich zwei Assistenten heranziehen soll, so daß er wenigstens alle zwei Jahre einen Assistenten für die Leitung eines neuen Kreises abgeben kann. Auf diese Weise zieht diese Gemeinde fast ohne Probleme den nötigen Mitarbeiter-Nachwuchs heran.

Gibt es eigentlich einen Fragenkatalog, der vor allem auch dem einzelnen helfen kann, seine Leitungsbegabung zu prüfen und verantwortlich einzusetzen?

- Ist Ihr Ziel wirklich von Gott? Ist es biblisch fundiert? Ist es vom Heiligen Geist bestätigt und von Gott so gewollt? Ist das, was Sie vorhaben, für die ganze Gemeinde gut? Baut es daher den ganzen Leib auf? Geht Ihr Vorgehen über Ihr Eigeninteresse hinaus? Können Sie die Zielsetzung klar und einfach im Zusammenhang Ihrer eigenen Gemeinde und deren ☞ Konzeption beschreiben?
- Sie bringen hervor, was Sie selber sind! Oder: Was einer sät, wird er ernten! Das gilt für alle Bereiche des gemeindlichen Lebens: Welche Leiter und Leiterinnen wollen Sie hervorbringen? Jeder Bereich braucht echte, engagierte Leitung durch persönliches Vorbild.

Leiterschaft

Habe ich die Gabe der Leitung

- Welchen Einfluß hat Ihr Bereich für die unmittelbare Um-Welt? In Moral, Erziehung und anderen möglichen gesellschaftlichen Einflußnahmen? Ziele in der Welt werden normalerweise nicht vom Büro des Pastors aus verfolgt, sondern vor Ort erreicht.
- Können sich in Ihrer Gegenwart die Gaben des Heiligen Geistes durch Übung entwickeln und verbessern?
- Verhelfen Sie den einzelnen Teilnehmern zum engagierten Dienst am anderen?
- Versuchen Sie, stets auf dem Gesamtkurs der Gemeinde zu bleiben und die einzelnen entsprechend zu aktivieren und zu beteiligen?

☞ • Konzeptionen
• Gemeindeaufbau
• Kirchengemeinde und Hauskreis

Missionarische Aspekte der Hauskreisarbeit

Was ist ein »missionarischer Hauskreis«?

Immer wieder hört man von »Missionarischen Hauskreisen«. Was charakterisiert nun einen »missionarischen« Kreis gegenüber anderen Kreisen?

Nach unserem Verständnis ist ein missionarischer Hauskreis nicht einfach ein Kreis, in den immer wieder »Neue« kommen, um die man sich dann freundlich kümmert, sondern ein Kreis, der geistlich so weit gewachsen ist, daß er zu einem »Missions-Team« geworden ist, d. h. eine Gruppe, die sich mit einem klar erkannten und verabredeten Auftrag einsetzen läßt. Es geht darum, daß sich die meisten im Kreis dem missionarischen Auftrag Jesu bewußt stellen und bereit sind, diesen Auftrag auch auszuführen.

Wenn immer wieder Neue in einen Kreis kommen und sich ein Kreis immer neu darauf einzustellen hat, kann der Kreis nicht wirklich zu einem Missionsteam wachsen. Man bleibt zu leicht in einer Anfangsphase stehen, weil es immer wieder um die Grundthemen und Erkenntnisse geht.

Wie beginnt man solch einen »missionarischen Hauskreis«? Was muß man da eventuell besonders beachten?

Wir haben erkannt, daß die Redeweise von »missionarischer Hauskreis-Arbeit« ebenso wie »missionarischer Glaube« eigentlich ein »weißer Schimmel« ist. Das »Missionarische« ist nicht eine zusätzliche Möglichkeit des Glaubens, sondern der Glaube selbst, der vom Heiligen Geist entfacht ist. In diesem bekennt Petrus: »Wir können es ja nicht lassen, von dem zu reden, was wir gesehen und gehört haben.« (Apg 4,20). Jesus sagt: »Wer mich bekennt vor den Menschen, den bekenne ich auch vor meinem himmlischen Vater.« (Mt 10,32). Ebenso schreibt Paulus (Röm 10,10): »Denn wenn man von Herzen glaubt, so wird man gerecht; und wenn man mit dem Mund bekennt, so wird man gerettet.« Jeder Glaube und entsprechend jeder Hauskreis erweist darin seine Lebendigkeit, daß er nicht nur zahlenmäßig, sondern auch geistlich wächst. Das »Erwachsensein« ist von Jesus eindeutig benannt: »Menschenfischer« (Mt 4,19), »Jüngermacher« (Mt 28,19), »Zeuge« (Apg 1,8).

Was muß man also beachten? Daß der Glaube der Hauskreisteilnehmer auf das Ziel Jesus hin wächst. Wir unterscheiden dabei vier Wachstumsstadien:

Können »Laien« missionieren?

- Zum lebendigen Glauben kommen.
- In diesem Glauben fest werden (Vertiefungsphase).
- Vorbereitung missionarischen Glaubens und Handelns.
- Der Hauskreis als Missions-Team.

Jede Phase hat ihre Berechtigung und ihr spezielles Ziel.

Eine Anzahl Hauskreisteilnehmer sind durch den Pfarrer (Grundkurs/Glaubensseminar/Gemeindemission) zum Glauben und in eine Gruppe gekommen. Was für Möglichkeiten gibt es für Laien?

Der Grundkurs ist eine gute Möglichkeit, Menschen unserer Zeit zum lebendigen Glauben zu führen. In den meisten Fällen haben Pfarrer diese Aufgabe übernommen. Sie freuen sich, wenn »Laien« bei Gesprächsgruppen helfen. Bis auf wenige Ausnahmen bezieht sich das Materialangebot für Grundkurse auf diese Arbeitsform.

Neu – und noch wenig praktiziert – ist der Grundkurs, den »Laien« in ihrem Haus durchführen können. Im Grunde also eine Vorform eines neuen Hauskreises. Bei dieser Form hat ein »Laie« die Hauptverantwortung, zwei oder drei im Glauben gewachsene Hauskreisteilnehmer helfen dabei, die Mehrzahl sind Interessenten, die dazu kommen (☞ die acht Einheiten in: Gleiss »Macht sie zu Jüngern«). Eine Reihe von Hauskreisleitern hat bereits auf diese Art Grundkurse durchgeführt, und Menschen kamen zum Glauben.

Möglichkeit und Aufgabe für alle Kreise sind außerdem monatliche »Gäste-Abende«, wo – ähnlich wie ein Grundkurs – Menschen auf Jesus Christus angesprochen werden.

Woher bekommt man denn die Mitarbeiter, die die »Neuen« nachher betreuen, wenn man noch keine hat?

Wenn man noch keine Mitarbeiter hat, ist es möglich, sich aus einer anderen Gemeinde welche auszuleihen. Besser ist es allerdings, vor dem ersten Grundkurs selber Mitarbeiter/innen auszubilden und anzuleiten, z. B. in einem Hauskreis. D.h. man kann, wenn noch nichts dergleichen da ist, erst einmal mit einem Hauskreis beginnen, der die Themen des Grundkurses behandelt. Wenn dann ein paar Leute da sind, die ihr Leben Jesus anvertraut haben und wollen, daß dies auch andere Menschen tun, kann man mit einem kleinen Grundkurs anfangen. Für einen Grundkurs mit 8-10 Teilnehmern reichen 2-3 Mitarbeiter/innen. Bei einem großen Kurs, bei dem man nach einem Referat Kleingruppen anbieten will, braucht man pro Kleingruppe von 5-8 Teilnehmern 1-2 Mitarbeiter/innen.

Gibt es Rahmenbedingungen, auf die man bei der Einführung des Kurses achten müßte, bevor man ihn in einer Gemeinde anbietet?

Wenn man den Kurs offiziell in der Gemeinde anbietet, ist es wichtig, daß das Presbyterium/der Kirchengemeinderat dem zustimmt und ungefähr weiß, um was es im Grundkurs geht. Am besten wäre es natürlich, wenn die Mitglieder des Presbyteriums als erste an einem Grundkurs teilnehmen würden und später dabei auch mitarbeiteten. Dann ist gewährleistet, daß die Grundkursarbeit im Zentrum der Gemeinde angesiedelt ist und von daher die Gemeinde von innen her befruchtet.

Eine weitere Rahmenbedingung ist die Klärung dessen, wie es anschließend mit den Grundkursteilnehmern weitergeht, d. h. ob die Grundkursleiter oder Gruppenleiter die dann folgenden Hauskreise leiten können, die aus dem Kurs entstehen, ob ein Vertiefungskurs angeboten wird, kurz wie die seelsorgerliche Begleitung der neuen Christen gewährleistet ist.

Wenn man solch einen Kreis anfängt, muß man ja auch wissen, was man besprechen kann. Gibt es da Material?

Es ist klar, daß jede der vier Phasen besondere Themen und Aufgaben braucht. Die meisten Hauskreise leben u. U. viele Jahre im Themenkatalog der Vertiefung des Glaubens. Vertiefung ist wichtig. Nur: Wenn nicht ausdrücklich der Befehl Jesu, die Verlorenen zu suchen, das Ziel ist – und dazu sind nun einmal ganz andere Themen wichtig –, »verstaubt« ein Kreis, wenn es immer nur um den eigenen Glauben geht.

Der missionarische Themenkreis ergibt einen neuen Horizont, und im übrigen gibt er gleichzeitig auch neuen Anlaß zur Vertiefung, die wir ja unser Leben lang brauchen. Im 3. Stadium geht es dann z. B. um: Kurzfassung des Evangeliums, Zeugnis geben, der Auftraggeber, der Auftrag, die Beauftragten, die Botengleichnisse Jesu, »Wie führe ich einen Menschen zu Jesus?« usw.

Was bekommen Suchende zu hören und zu sehen?

Soll man in solch einem Kreis auch singen und beten?

In dem missionarischen Hauskreis, der sich auf sein Leben als »Missions-Team« vorbereitet, wird selbstverständlich gesungen und gebetet, denn Jesus ist der Mittelpunkt, und wir wollen ihm gerne alle Ehre erweisen.

Wenn dieser Kreis jedoch neue Menschen zu »Gäste-Abenden« einlädt, ist der äußere Rahmen ganz »unfromm«. Das einzige laute und kurze Gebet wird vor dem Abendessen oder Imbiß gesprochen.

Auf welches Ziel hin lassen sich Mitglieder eines »missionarischen Hauskreises« ausrüsten?

Jesus beruft Jünger und nennt selbst das Ziel: »Jüngermacher«. Er bildete seine Jünger dafür ca. 3 Jahre aus (Mt 4, 19; Mt 28,19). Dieser Zeitraum vom Beginn des Glaubens bis zu selbständigen Missions-Einsätzen leuchtet uns auch heute ein. Also z. B. 2 Monate Grundkurs, 2 Jahre Vertiefung. Ein halbes bis zu einem ganzen Jahr Vorbereitung missionarischen Lebens. Oder aber alles auch kürzer.

Sicher kommen bei einem »missionarischen Hauskreis« in besonderer Weise die Probleme unserer Welt und Gesellschaft herein. Reden Sie dann im Kreis darüber? Gemeint sind sowohl große Weltprobleme und Kriege, vor allem aber die persönlichen Probleme der einzlenen.

Ja, das gehört zu »Gäste-Abenden« (und zur Vorbereitung darauf) dazu. Allerdings sollte klar bleiben, daß die wichtigsten Themen des Glaubens den Vorrang behalten, sonst wird ein Kreis sehr schnell »Problem-orientiert« und hört auf, geistlich zu wachsen. Durch gemeinsame Gebete zu besonderen persönlichen Problemen erfahren wir alle immer wieder die Liebe Jesu, seine stärkende Kraft und sein Eingreifen. In der gemeinsamen Fürbitte geht es auch um die Probleme der Welt.

Eine Frage, die in unseren Kreisen immer wieder diskutiert wird: Muß bzw. kann jeder Hauskreis missionarisch sein?

Dazu eine Gegenfrage: Muß bzw. kann ein Schimmel weiß sein? – Jeder Hauskreis sollte sich im klaren sein, in welchem Stadium er sich befindet und wann unbedingt das nächste Stadium dran ist. Kindergärten sind eine gute Einrichtung. Aber nur für ein bestimmtes Alter.

Wie kommen wir an »Neue« heran?

Wir hätten gerne, daß neue Teilnehmer in unseren Kreis kommen. Aber es kommt keiner. Was können wir tun?

Auf jeden Fall immer wieder einladen! 95 % aller Hauskreisbesucher kommen auf Grund einer persönlichen Einladung d. h. praktisch jeder. Wenn das immer wieder geschieht, auch hin und wieder »Neue« kommen, aber nicht bleiben, dann muß sich der Kreis die Frage stellen, ob er ein guter, ein attraktiver Kreis ist. Was sich für die alteingesessenen Teilnehmer wohlig anfühlt, muß noch lange nicht für einen Gast ansprechend sein. Umgekehrt gibt es auch so eine Art kollektiver Minderwertigkeitskomplex: Sind sie überzeugt davon, daß ihr Kreis gut ist und Menschen etwas geben kann? Wenn einige »Neue« wieder wegblieben, heißt das noch nicht, daß es anderen nicht in Ihrem Kreis gefallen würde. Aber wenn man sich schon entsprechend seiner Befürchtung verhält, werden die negativen Erwartungen prompt durch den nächsten Mißerfolg bestätigt.

Nein! Wer einladen will, muß von dem überzeugt sein, wofür er wirbt. Sonst macht es keinen Spaß und bleibt letztlich wirkungslos!

Was für Ihren Kreis nötig wäre, ist

- eine Bestandsaufnahme dessen, was den Kreis ausmacht, seine Stärken und Schwächen. Jeder soll dazu etwas sagen. Da Sie aber ein Stück weit befangen sind, wäre die Meinung derer, die nur kurz da waren, von besonderer Wichtigkeit: Wie haben Sie den Kreis erlebt? Das Gespräch über die Analyse zeigt: Was können wir, was wollen wir ändern; und was können bzw. wollen wir nicht ändern, weil es zu uns gehört (Wir können uns z. B. nicht 20 Jahre jünger machen).
- An diesem Punkt wird dann auch der Rahmen klar, in dem wir einladen können: Wir spüren, welche Zielgruppe sich bei uns wohl fühlen könnte und welche nicht. Beispiel: Wir merken, daß wir für jüngere zu alt und für Außenstehende zu »geprägt« sind. Zielgruppe also: Christen ab 45 Jahren mit mehr oder weniger lebendiger Beziehung zu Glaube und Gemeinde.
- Wenn dies klar ist, kann im Kreis eine Gebetszeit etwa so beginnen: »Herr, zeige uns jetzt Menschen, von denen du möchtest, daß wir auf sie zugehen«. Es sollte dann eine

Zeit der Stille und des Hörens folgen. Jeder schreibt die Namen auf, die ihm kommen. Vermutlich Bekannte, zu denen schon eine Beziehung besteht. Danach tauschen wir aus, wem welche Personen eingefallen sind.

- Jetzt müssen »Nägel mit Köpfen« gemacht werden.

1. Man bestimmt einen Tag, auf den hin jeder seine Bekannten einlädt – ein »Schnupperabend«. Dieser Gästeabend wird vom Programm her etwas anders und vom äußeren Rahmen her liebevoll vorbereitet sein. Es sollte genügend Zeit sein, ihn gut und in Ruhe vorzubereiten. Sein Zweck: sich kennenlernen (vielleicht mit einem Spiel) – ein bißchen miteinander essen und zwanglos plaudern – ein wenig »Hauskreis« vermitteln (je nach Zielgruppe verschieden)
2. Wer besucht wen? (gewöhnlich der, der die nächste Beziehung zu jemand hat). Bis wann? – Ehepaare sollten unbedingt zusammen gehen, da sonst der eingeladene Mann niemals mitkommen wird.
3. Es folgt ein intensives Gebet in der Gruppe und daheim mit Nennung der Namen vor Gott.

Ja, muß es denn immer so ein Aufwand sein, wenn man mögliche neue Teilnehmer einlädt?

Wir sollten uns darüber im Klaren sein und darin auch persönlich und in der Gruppe Übereinstimmung haben, daß neue Mitglieder zu gewinnen immer eines persönlichen Einsatzes bedarf. Es kostet Zeit, es kostet Überwindung, es kostet Phantasie, es kostet Liebe und Zuwendung. »Wer fischen will, muß sein Herz an die Angel hängen«. – Das ist auch ein Grund, warum auf viele Einladungen keine Reaktion kommt: weil sie nur so nebenher erfolgte, weil das Gegenüber nicht spürte, daß mir wirklich an ihm liegt, daß ich für ihn etwas investiere.

Natürlich können viele Einladungen leichter sein (manchen fällt es ja ausgesprochen leicht, auf Leute zuzugehen) und viele, die wir ansprechen, freuen sich wirklich und kommen gleich, weil sie auf so was nur gewartet haben. Auch muß nicht unbedingt ein »Gästeabend« von Zeit zu Zeit der Einstieg sein, sondern man kann durchaus »Neue« auch zum ganz normalen Hauskreis einladen, »nur mal, um uns kennenzulernen«. – Nicht wenige Kreise sind jedoch ganz offensichtlich in ihren Strukturen festgefahren und hegen statt Erwartungen nur noch Resignation. Solche Gruppen können über diesen Weg Belebung erfahren.

Gibt es noch andere Erfrischungskuren, die in einem müde gewordenen Kreis den »missionarischen Eifer« beleben?

Die belebendste Wirkung für einen Kreis hat es, wenn er sich jedes zweite Mal in Teams auflöst. Jedes Team entscheidet für sich, was es machen will: Die einen halten einen Gebetsabend, die anderen laden Freunde ein und feiern einen »Kontaktabend«, andere gehen ins Altersheim und singen oder machen Besuche. Der Kreis ist nach drei Monaten nicht mehr wiederzuerkennen!

Worauf kommt es an, wenn man jemand zu seinem Kreis einlädt?

Nicht, daß der Kreis größer wird! Die Gefahr ist groß, weil dies zunächst der Ausgangspunkt ist, daß ich zum Hauskreis einladen möchte. Aber es ist wichtig, daß sich diese Motivation schon vor dem Gespräch verschiebt und in mir das Interesse am anderen als Person ganz lebendig und wach wird. Denn das ist Gottes Interesse! Und wenn ich einen Menschen so »mit Gottes Augen« betrachte – und das spürt jemand genau –, dann kann er selbst meine Einladung ablehnen, und ich bin ihm bzw. ihr trotzdem weiterhin verbunden. Auch halte ich nichts davon, mit einer Einladung nur sein Gewissen zu erleichtern, sei's der Gruppe, sei's dem sogenannten Missionsbefehl gegenüber. Das eine macht einen roten Kopf, das andere einen geistlichen Pfropf.

Es gibt keinen »Missionsbefehl«, – sondern einen Auftrag, ein Mandat, eine Freisetzung zum Hingehen unter der Verheißung und dem Schutz des Herrn aller Herren. Darum pauken wir nicht einen Marschbefehl durch mit militärischen Zack-Zack-Parolen (»Augen zu und durch«), sondern »wir suchen Menschen zu gewinnen« (Paulus). Wie? »Indem wir allen alles werden, damit wir etliche gewinnen« (1 Kor 9,22).

Das Gegenüber und sein Verstehenkönnen ist das Maß meines Vorgehens. Diese Person soll mich verstehen und in mir Gottes Liebe sehen. Das ist die einzig entsprechende Art, jemanden, ob Christen oder Fernstehenden, einzuladen!

Und wenn dann »Neue« zum Hauskreis kommen, was dann?

Freude! Ja, Freude! Jedes neue Mitglied ist, wenn vorher für sein Kommen gebetet worden ist, eine »wandelnde Gebetserhörung«. Diese Freude wird er spüren und sie wird ihm guttun. Schlimm wäre die entgegengesetzte Reaktion: »Huch, was will der denn hier?« Sie hätte sofort nur noch schwer zu korrigierende Folgen.

Der neue Teilnehmer wird begrüßt. Vielleicht, wenn es richtig ist, sagt er bzw. sie noch ein paar Sätze zu sich; sonst tut es der- oder diejenige, die ihn eingeladen hat. Das Gefühl des Aufgenommenseins entscheidet darüber, ob ein Gast wiederkommt oder nicht. Und dieses Empfinden wird zum Großteil in den ersten zehn Minuten geprägt. Was jemand, der in einem Kreis neu ist, sich wünscht, ist, gern gesehen zu werden, aber auch nicht schon so vereinnahmt zu werden durch Vertraulichkeiten (»zu mir kann man übrigens Du sagen«), durch die man sich irgendwie verpflichtet fühlt. Als »Neuer« muß man beobachten dürfen – und die Gruppe sollte dies gerne zulassen.

Nochmals: Was entscheidend ist für ein neues Mitglied, ist nicht das Thema, sondern die Gemeinschaft, die er beobachtet und an sich selbst erlebt. Gefühle, nicht Gedanken entscheiden über seinen künftigen Verbleib. !

Im Fürbitte-Teil, wenn im ☞ vertiefenden (!) Hauskreis für einzelne und ihre Anliegen gebetet wird, wird auch der Gast mit ins Gebet eingeschlossen. Viele erleben das sehr tief, weil sie noch nie gehört haben, daß jemand für sie vor Gott eintritt.

Komische Frage – aber was denken Sie, daß ein »Neuer« befürchtet, wenn er zum ersten Mal in den Hauskreis kommt?

- sich fremd vorzukommen
- niemanden zu kennen
- reden zu müssen
- sich beim Aufschlagen der Bibel zu blamieren
- auch beten zu müssen
- daß es zu persönlich wird

»Missionarische Gespräche«

Jetzt ist der erste Abend vorbei. Was nun?

Das ist eine wichtige Frage! Auch davon hängt viel ab. Hört und sieht unser Gast von uns nichts mehr bis zum nächsten Mal, so wird er bis in 14 Tagen sicher »irritiert« sein und nicht mehr kommen. Also: Der Leiter und derjenige, welcher ihn eingeladen hat, geht am nächsten Tag kurz vorbei oder ruft an und fragt, wie es ihm gestern mit dem Kreis gegangen sei. Und auch rechtzeitig vor dem nächsten Mal ist ein kurzer Anruf nötig, vor allem, wenn man sich sonst dazwischen nicht sieht. Es gilt: Bis ein Mensch Wurzeln geschlagen hat, vergeht ebenso viel Zeit wie bei einer Pflanze.

Wir haben immer wieder einmal Menschen in unserem Kreis, die nichts mit dem Glauben anfangen können. Das fordert uns zu einem eigenen Gesprächsstil heraus. Gibt es dazu Erfahrungen aus anderen Hauskreisen?

Ja, solche Gespräche nennt man »Missionarische Gespräche«, sie haben einen ganz bestimmten Rahmen und kreisen meist um ähnliche Inhalte.

Der Rahmen ist durch das Verhältnis der Gesprächspartner zueinander gegeben, der Inhalt durch das unterschiedliche Verhältnis beider Partner zu Jesus Christus.

Konkret verstehe ich unter *Rahmen:*

Das Verhältnis der beiden hat entweder ein Gefälle von oben nach unten wie z. B.

- zwischen Lehrer und Schüler
- oder zwischen Arzt und Patient
- oder zwischen Autofahrer und Tramper
- oder zwischen Älterem und Jüngerem
- oder zwischen Theologe und Laie

Zeuge ↘ Partner a)

oder es hat ein Gefälle nach oben wie z. B.

- zwischen Angestelltem und Chef
- oder zwischen Student und Professor
- oder zwischen Kind und Eltern

Zeuge ↗ Partner b)

oder es besteht kein Gefälle wie z. B.

- zwischen Kollegen
- oder zwischen Ehepartnern
- oder zwischen Nachbarn
- oder zwischen Zugreisenden

Zeuge → Partner c)

Vorbereitung oder Heiliger Geist?

In diesen Rahmen hinein kommt nun das Gespräch über Gott, in dem der Zeuge ja einen gewissen Wissens- und Erfahrungsvorsprung hat, der ein Gefälle von ihm zum anderen erzeugt. Es ist insofern verständlich, warum ein missionarisches Gespräch sich in all den Situationen leichter führen läßt, in denen das Gefälle des äußeren Rahmens dem inneren Gefälle der Vermittlung des Glaubens entspricht und ebenso, daß es in dem Maß schwieriger wird, in dem das äußere Gefälle zwischen den Personen dem inneren entgegen wirkt. Der Chef kann der Angestellten leichter etwas von Gott und seinem Glauben sagen, während sich die Sekretärin dies umgekehrt viel besser überlegen muß.

Was muß man sich denn beim missionarischen Gespräch »überlegen«? Ist es nicht am besten, spontan einfach loszulegen? Der Herr hat doch verheißen, daß er immer bei uns ist und daß uns das rechte Wort gegeben werden soll.

Wer von Gott mit der Gabe der Spontaneität gesegnet wurde und dazu noch Freude an solchen evangelistischen Gesprächen hat, der braucht sich auch nicht künstlich zurückhalten – aber er sollte unbedingt innerlich beten! Denn er braucht die Weisung des Heiligen Geistes, damit er nicht über das Ziel hinausschießt und den anderen überfährt, sondern zuhört und nicht nur selber redet. Er muß spüren können, wo der andere gerade steht und Glaubenshilfe braucht und nicht, wo er ihn gerne hätte, um ihn bekehren zu können.

Spontaneität und missionarischer Eifer sind gut, aber nur wenn sie aus dem Gebet kommen! Wer Gott nicht hört, hört auch nicht das Gegenüber. Sein Zeugnis bleibt eine fromme Selbstdarstellung. Mehr nicht.

Auch wenn es hart klingt: Manches missionarische Gespräch ist nichts anderes als eine »fromme Selbstdarstellung«. Sie ist und bleibt eine beachtliche Gefahr für das missionarische Gespräch.

Wesentlich für das missionarische Gespräch ist, daß es nicht nur »über« Jesus geht, sondern im Zeugen Jesus selbst spürbar werden kann. Wie? Ganz einfach durch die Art, wie der Zeuge seine Botschaft vermittelt. Und die muß etwas mit dem zu tun haben, wie Jesus mit den Menschen umging.

Jesus tat vor allem eins: Er schaute den Menschen, sein Gegenüber an, nahm ihn an in Liebe und brachte ihm genau in seine ganz eigene Situation hinein die gute Botschaft Gottes. Er sah den Menschen vorurteilslos an, verachtete ihn nicht und ließ gerade den Verachteten Annahme und Wertschätzung spüren. In dieser Atmosphäre sprach er jedem einzelnen Gottes Liebe zu.

Wenn wir mit Menschen über Jesus reden, muß das für unser Gegenüber der tiefste Eindruck sein; ob Kollege, Untergebener oder Chef: Hier hat mich einer als Mensch, wie ich bin, angesehen und angenommen. Nur so begreift einer, *wer* Jesus ist, wenn er spürt, *wie* Jesus ist. Das eine ist die Mitteilung des Zeugen, das andere ist seine *Meta-Mitteilung*. (was ohne Worte durch Mimik, Gesten und Haltung bzw. Taten vermittelt wird). Diese unterstützt entweder das Gesagte oder das Gesagte hängt in der Luft. Vertrauen wächst, wo die Mitteilung von der Liebe Gottes erfahren wird in der Meta-Mitteilung des liebevollen und zugewandten Zeugen.

Meta-Mitteilung scheint ja bei Glaubensgesprächen eine ganz besondere Rolle zu spielen. Was versteht man unter diesem Wort in der Praxis?

Ich denke, ich nenne einfach ein paar Beobachtungen, die ich bei mir und bei anderen gemacht habe. Ich finde es z. B. hilfreich:

- den anderen anzuschauen während er spricht und auch während ich antworte; so kann ich Veränderungen in seinem Gesicht, in seinen Bewegungen und seiner Stimme wahrnehmen, die als seine Meta-Mitteilung sehr wichtig sind für das, was er mir sagen will.
- den anderen ausreden zu lassen und wenn es irgend geht, danach noch eine kleine Pause zu machen, bevor ich antworte; durch die Ruhe, die dadurch in ein Gespräch kommt, gewinnt ein Gepräch oft ganz überraschende Tiefe.
- ich lasse alles, was der andere sagt, zunächst stehen: ob er bagatellisierend von einem Seitensprung erzählt, von einem Handlinienleser oder ob er von früheren Gotteserfahrungen oder schlimmen Erfahrungen mit Christen und Vertretern der Kirche berichtet – ich höre betend zu und warte, wo Jesus einsetzen möchte. Er setzt immer dort an, wo die Not am tiefsten ist.

- Wenn irgend möglich vermeide ich Diskussionen »über« z. B. Gott, Wunder, Tod etc. Dies wird meist intellektuell und führt zu verfestigten Fronten. Es ist besser, bei etwas von ihm Gesagten anzuknüpfen und dann mit einer eigenen Erfahrung fortzufahren.
- Da hinein kann dann das »persönliche Zeugnis« (☞ Zeugnis geben) meiner Erstbegegnung mit Gott kommen, Bibelworte, wenn Sie wirklich passen, etc., alles aber in lockerem Erzählstil. Das bringt Lebenswirklichkeit in den Blick.
- Vor allem sollte ich vermeiden, als »eindeutiger Sieger vom Platz zu gehen«. Jeder »Sieg« in diesem Sinn ist in Wirklichkeit eine Niederlage für Jesus, weil sich der andere gedemütigt fühlt. Dies wird vermieden, wenn ich den anderen am Ende des Gespräches wissen lasse, was mir diese Unterhaltung jetzt an Anstößen zum Nachdenken gebracht hat.
- Noch eins: je näher mir jemand steht (z. B. meine Familie), desto mehr besteht mein Zeugnis in meinen Taten, in der Meta-Mitteilung meines Lebens. Hier darf ich bei all meinen Fehlern, die ich als Christ eben trotz allem auch habe, wissen, daß Christus in mir wohnt nach seiner Verheißung. Konsequenz: Er kommt nicht erst zur Wirkung, wenn ich etwas rede, sondern er ist schon im Raum, indem ich als betender Zeuge bei den anderen bin. »Meta-Mitteilung« heißt im Neuen Testament »ein guter Geruch Christi sein«.

»Zeugnis geben« – das ist wohl ein Fachausdruck aus der Sprache der Frommen ?

Richtig! Aber er ist schon ziemlich alt. Im Neuen Testament ist *martys* »der Zeuge« und martyria »das Zeugnis«. Der Zeuge bezeugt seinen Glauben. Das konnte ihn das Leben kosten, was wir deutlich sehen können an der Entwicklung des Begriffs *martyria* zu »Martyrium«. »Zeugnis geben« heißt ursprünglich also: seinen Glauben zu Jesus bezeugen mit allen Konsequenzen.

Heute wird dieser Ausdruck meistens in dem Sinn verwendet, daß jemand von seiner Ersterfahrung mit Gott berichtet. Diese Ersterfahrung hat immer eine Vorgeschichte und immer auch Konsequenzen für sein Leben. Meiner Meinung nach sollte jeder Jünger und jede Jüngerin Jesu seine bzw.

ihre »*love-story*« mit Jesus in drei Minuten in verständlichem Deutsch darstellen können.

Aber jede »*love-story*« ist anders. Da gibt's doch keine Schablone.

Richtig! Das macht ja auch den Reiz der Sache aus. Aber wie schon bemerkt: es gibt wohl bei jeder *love-story* eine Begegnung, ein »Davor« und ein »Danach«. Wer im Glauben »groß geworden« ist, erzähle von den Stationen, wie er Jesus immer lieber gewonnen hat. Das war ja auch bei manchen Liebespaaren so. Ist das etwa keine *love-story*?

Sicher! Aber warum soll man sie dann in drei Minuten hineinpacken?

Damit möchte ich eine Erfahrung weitergeben, die ich bei »Campus für Christus« vor vielen Jahren zum ersten Mal gehört und dann für mich nachvollzogen habe und die mir seitdem unzählige Male genützt hat. Die Erfahrung nämlich, seine Ersterfahrung mit Jesus samt »Davor« und »Danach« einmal wortwörtlich aufzuschreiben. Dies ist schon ungewöhnlich genug; aber noch ungewöhnlicher ist, diesen Kurzbericht einem Freund zur Korrektur im bezug auf Verständlichkeit vorzulegen; und vollends ungewöhnlich, seinen »Bericht« einem Bekannten, der noch nicht Christ ist, vorzulegen mit der Bitte, frommes Deutsch, was nicht verständlich ist, im Text zu markieren. (Daß dies ein sehr guter Aufhänger ist für ein weiterführendes Glaubensgespräch, sei nur nebenbei vermerkt).

Ist dieser Kurzbericht in seinen Formulierungen nun getestet, besteht die nächste (ungewöhnliche) Aufgabe darin, ihn auswendig zu lernen, wenn nicht wörtlich, dann mindestens so, daß man den Bericht in jeder Situation so parat hat, daß er in Länge und Sprache und Ton situationsgerecht gegeben werden kann. Dann ist »Zeugnis geben« plötzlich keine schweißtreibende Sache mehr!

Ich möchte aber noch ein paar Punkte nennen, die ich damals bei »Campus für Christus« gelernt habe:

- Der Bericht beginnt am besten mit etwas Interessantem, einer Erfahrung, mit der sich die – gottesfernen – Zuhörer identifizieren können; die Gottesbegegnung wird schlicht beschrieben, wie sie sich abspielte – ohne Pomp und Pathos; an einem konkreten Beispiel sollte deutlich werden (evtl. bezogen auf den Einstieg), was Gott inzwischen geändert hat, daß dies aber keineswegs heißt, alle Probleme hätten sich einfach in Luft aufgelöst.

- Einzelheiten sind gut, um anschaulich zu sein. Man hüte sich aber vor einem Sich-interessant-machen mit Sünden des früheren Lebens und überhaupt vor einem Abschweifen in Nebensächliches. (Daher 3 Minuten!)
- Ein, höchstens zwei Bibelverse verwenden und zwar nur da, wo sie ihren Sitz in der Erzählung haben, nicht um die Leute »anzupredigen«!
- Überhaupt hüte sich der Erzähler, plötzlich mit Verallgemeinerungen seines Erlebens zum Prediger zu werden und in den »Wir«-Stil oder noch schlimmer, den »Ihr«-Stil zu verfallen: Er hat die Aufmerksamkeit seiner Zuhörer, solange er von sich erzählt und die Nutzanwendung ganz den Hörern überläßt.
- Der springende Punkt muß für die Hörer klar werden, warum jemand die ganze Story erzählt: Es geht um die Wende, die Jesus in seinem Leben bewirkt hat und wie man heute zu dieser Wende kommen kann (»wobei sie bei jedem anders aussieht!«).
- Es ist wichtig, in seinem Erfahrungsbericht nicht negativ zu sein, z. B. gegen »die Kirche«, »meine Eltern«, »den Pfarrer«; wo ein erfahrener Schmerz mit zur eigenen Geschichte gehört, bedarf es besonderer Zurückhaltung und viel Fingerspitzengefühl, darüber zu reden.
- Je natürlicher, »erzählmäßiger«, desto besser; ob im Gespräch mit einem einzelnen, vor einer Gruppe oder einer Versammlung: Es gilt, eine *love-story* zu erzählen, und dafür braucht der Ton nicht auf »predigen« umgestellt zu werden.
- Und es macht Spaß, eine *love-story* zu erzählen: und diese Freude darf vor allem durchkommen (auch bei Herzklopfen)! Diese »Meta-Mitteilung« des Berichtes ist für die Hörer oft wichtiger als der Bericht selber. Der fröhliche Eindruck des Sprechers ist es, der hängen bleibt und herausfordert, weniger seine Worte. Darum sollten wir um die richtige Art beten und uns von liebevollen Zuhörern geschwisterlich Rat holen bzw. gefallen lassen. So können

eine ganze Reihe von »Unarten« abgestellt werden wie das dauernde Zurechtschieben der Brille, der an die Decke des Raumes geheftete Blick, die überkreuzten Beine oder die Hände, die bis zum Ellenbogen in den Hosentaschen vergraben sind; auch dauerndes »äh« oder Räuspern irritiert beim Hören. Man halte am besten etwas in der Hand (Manuskript, Mikro) oder stütze sich leicht auf eine Stuhllehne. So kleine »technische« Dinge können einem oft erstaunlich helfen, wobei der Heilige Geist dadurch natürlich nicht ersetzt werden kann (falls dies jemand gemeint hat ...)

- Eine Meta-Mitteilung eigener Art ist auch die Lautstärke: Ruhig einatmen, den 1. Satz bewußt in kräftigem Ton sprechen – und schon ist ein guter Anfang gemacht.

Welche Bedeutung haben Besuche für die missionarische Arbeit der Hauskreise?

Es ist erwiesen, daß weit über 90 % der Teilnehmer in den Hauskreisen dorthin durch eine persönliche Einladung kommen. Nicht durch Annoncen oder Abkündigungen in der Kirche, sondern fast ausschließlich durch die Einladung von Mensch zu Mensch kommen Neue zum Hauskreis. Wenn das so ist, dann spielen Besuche von Anfang an eine entscheidende Rolle beim Aufbau eines neuen Hauskreises und bei dem Bemühen, Menschen für den Glauben zu gewinnen.

Besuche dienen fast ausschließlich dazu, Menschen zu gewinnen und Beziehungen zu vertiefen. Darum sollte man behutsam mit diesem Mittel umgehen und einige einfache Grundregeln beachten:

- Bitte immer vorher anmelden, damit die Adressaten sich innerlich einstellen können auf »etwas, worüber man mal reden möchte«; kommt es dem Adressat nämlich ungelegen, wird er nur widerstrebend zuhören und vielleicht überhaupt nicht an einem Gespräch interessiert sein. Dies gilt besonders dann, wenn man zu einem missionarischen Hauskreis einlädt.
- Soll ein Ehepaar zum Hauskreis eingeladen werden, ist es nötig, daß möglichst auch der Mann bei diesem Besuch dabei ist. Wenn er sagt, daß er viel vom Hauskreis erwartet, dann hört der andere Mann ganz anders zu. Merksatz: Männer müssen Männer motivieren!

- Die Karten müssen offen auf den Tisch gelegt werden, sowohl was den Zeitaufwand, als auch was die Inhalte betrifft; dies sollte bei der Einladung zu einem missionarischen Hauskreis aber sensibel in der Sprache der Besuchten geschehen, allerdings ohne »roten Kopf«, ganz normal! (Formulierungen darf man sich durchaus vorher schon zurechtlegen.) Bitten wir Gott bei den Anfangsbesuchen besonders um eine lockere, sympathische Art, unser Anliegen »rüberzubringen«. Besonders beim missionarsichen Hauskreis werden die Eingeladenen auf die »Meta-Mitteilung« des Besuchers achten und reagieren.

Welche Rolle spielt der Besuch, wenn ein Hauskreis mal läuft?

Da der Hauskreis ein Lebensraum sein soll, kommt es dabei entscheidend auf die Pflege persönlicher Beziehungen an. Was der Mörtel für die Mauer, das sind die persönlichen Besuche zwischen den Abenden für den Hauskreis. Dies gilt in besonderer Weise für den missionarischen Hauskreis, weil es sich hier um Menschen handelt, die sonst mit Christen noch wenig Kontakt haben. Eine Brücke des Vertrauens muß erst noch gebaut werden. Der Besuch zeigt: Du, ich meine dich wirklich so wie du bist und wodurch du lebst; ich lasse mich auf dich ein; laß uns Freunde werden.

Man kann sich natürlich auch per Telefon besuchen, besondere Bedeutung aber hat es, das »Angesicht des anderen« zu sehen. Natürlich ist dies immer auch eine Frage der Zeit. Wer sich aber einmal die Zeit genommen hat, erfährt immer wieder, von welch großer Bedeutung Besuche sind für die Lebensgemeinschaft des Hauskreises – selbst wenn der Besuch nur ganz kurz war.

Am meisten erfreuen spontane Besuche, evtl. verbunden mit einer kleinen Aufmerksamkeit und so kurz, daß sie den Tagesplan des Besuchten nicht über den Haufen werfen.

Kann man sich etwas mehr Zeit nehmen, ist es vielleicht besser, man verabredet sich. Beide Seiten sind dann auch besser auf die Begegnung eingestellt und öffnen sich so einander auch leichter.

Bei solchen Besuchen geschieht oft ganz nebenbei eine Menge an Seelsorge (auch wenn dies nicht so benannt wird).

Zur Lebensübergabe/Tauferneuerung drängen?

Noch eine andere Art von Begegnung sind die Besuche zu bestimmten Anlässen (Geburtstag, Trauerfall, Krankheit). »Geteiltes Leid ist halbes Leid; geteilte Freude ist doppelte Freude:«

Bisher war nur die Rede von Einzel- oder Paarbesuchen. Gibt es eigentlich auch Gruppenbesuche ?

Leider noch viel zu wenige! Der gegenseitige Besuch der gemeinsame Sonntagsausflug von zwei Hauskreisen miteinander ist leider noch eine Rarität. Wo so etwas entsteht, geschieht dies meistens durch schon vorgegebene, persönliche Beziehungen einzelner, die es schaffen, den ganzen Kreis zu motivieren.

Hinterher war es dann meistens sehr lohnend, auch wenn vorne weg manche skeptisch meinen, ob das denn »was bringen« könne. Das heißt, man darf nie warten, bis alle im Kreis für so etwas motiviert sind.

Der Erfolg einer solchen Unternehmung hängt dabei dann stark ab von einer guten Vorbereitung, vor allem durch die Kontaktpersonen: Kennenlern-Spiele, Lieder und Instrumente, gute und leistbare Wanderziele, geistlicher Teil, Kinderprogramm, Regenalternative etc.

Gewöhnlich hilft solch eine gemeinsame Unternehmung auch dem eigenen Kreis und dessen Gemeinschaft. Wer investiert, gewinnt immer etwas !

Soll man einen Menschen am Ende eines Gespräches über Jesus fragen, ob er diesen Jesus in sein Leben aufnehmen möchte ?

Fragen Sie in solchen Situationen den Herrn selber! Ausrufezeichen, weil an dieser Stelle der Christ seinem Herrn so leicht reinpfuscht – in doppelter Weise. Entweder einer ist so »taktvoll«, daß er dies nie fragen würde (»der andere wird von selber kommen«), oder er tut das auf jeden Fall und sein ganzes Gespräch zielt von vornherein nur auf diesen Punkt, sonst würde er sich schuldig fühlen (»wenn der andere heute nacht stirbt ...«). Es geht Jesus um diese Frau oder diesen Mann, und er möchte vor allem, daß sie bzw. er diese seine Liebe spürt und sich ihm öffnet. Wenn so der andere mir wirklich im Blick war, wird der Herr, der das Gespräch gestaltet hat, mich auch wissen lassen, was er heute mit diesem Menschen vor hat. Auf keinen Fall ist eine Lebensübergabe ein »frommer Skalp« am Gürtel des Seelsorgers.

Wie beten, wenn jemand ernst mit dem Glauben macht?

Eigentlich nie verkehrt, auch nicht im Gasthaus oder in der Bahn oder auf der Straße ist, den anderen zu fragen, ob ich noch für ihn beten darf. Dies sollte im Gesprächston, normal und kurz (!) sein, aber voller Liebe. Die meisten haben das noch nie erlebt und sind berührt davon.

Und wie soll man beten, wenn nun einer wirklich Jesus aufnehmen möchte ?

Zunächst einmal muß er verstanden haben, daß dieser Schritt, Jesus in sein Lebenshaus aufzunehmen bedeutet,

1. ihm die Hausschlüssel zu übergeben (Herrschaftswechsel vom »Ich« zu Ihm),
2. ihn in alle Räume schauen zu lassen, so ungeordnet wie sie jetzt sind (seine Vergebung erbitten),
3. ihn bitten, eine neue Lebensordnung einzuführen (Prozeß der Umwandlung).

Sind konkrete Dinge bekannt wie z. B. Süchte, okkulte Verbindungen, Porno und andere Sexsünden oder Geiz, so sollten diese unter 2. und 3. genannt werden.

Der Bittende hat oft nicht die Worte und ist auch zu aufgeregt; deswegen sollte man ruhig fragen, ob man Worte vorsprechen darf. Dies ist bei Absagegebeten besonders wichtig. Sind Sünden konkret bekannt worden, soll im Namen Jesu Vergebung deutlich zugesprochen werden (Absolution). »Das Blut Christi reinigt dich von aller Sünde!« Wurden Süchte und Bindungen bekannt, sollen sie im Namen Jesu durchtrennt und der Mensch ausdrücklich davon losgesprochen werden. Jesus beauftragt seine Jünger: »Was ihr auf Erden binden/lösen werdet, das soll auch im Himmel gebunden/gelöst sein«.

Wenn Jesus in ein Lebenshaus eintritt, erfüllt er alles mit seinem Geist. Dieser reinigt, erhellt und heiligt die Kinder Gottes und lehrt und erhält sie im rechten Glauben an Jesus. Für Mitglieder bestimmter Kirchen und Denominationen ist es selbstverständlich, daß dieser Heilige Geist dann auch im Namen Jesu – nach Rückfrage auch mit Handauflegung – dem einzelnen zugesprochen werden darf. Nach dem Gebet sollte geklärt werden, wie der Betreffende mit Jesus und seiner »Familie« (der Gemeinde) in Kontakt bleiben kann.

Gibt es Modelle einer missionarischen Hauskreisarbeit, die ganz besonders die Fernstehenden im Auge hat?

Ja, eine ganze Reihe. Hier seien für zwei sehr unterschiedliche Ansatzweisen zwei ausführlicher dargestellt: das »Open house«-Unternehmen und das »4-Phasen-Modell«.

»Open house« klingt wie eine Importware aus den USA. Was versteckt sich hinter diesem Namen?

Viele der heute bestehenden Hauskreise haben sich nicht weiterentwickelt, manche von ihnen kreisen nur um sich selber. Genau diese Not brachte uns auf den Gedanken, neues zu versuchen, weil manchen Gruppen auch der Anstoß durch ein gelebtes Modell fehlt, offensiv und missionarisch zu werden.

In einer fünfwöchigen Konzeptionsphase haben wir – zwei Ehepaare – alle wichtigen Fragen (wen und was wollen wir wie, wann und wo erreichen) beantwortet, unsere Beziehung zueinander vertieft und dabei viel Freude miteinander gehabt. Wir nannten unser Konzept »Das offene Haus« – oder neudeutsch: »Open House«.

Uns war von vornherein klar: Dies sollte ein Kreis für »NE's« (Nichteingemeindete – also Nichtchristen ohne feste Gemeindezugehörigkeit) werden. Gemeindeglieder dürften nicht in das »Open House« kommen, es sei denn, sie brächten einen NE aus ihrem Bekanntenkreis mit. Dann allerdings wären sie herzlich willkommen.

Wir haben unsere Absicht wörtlich so formuliert: »Raum schaffen für NE's, sich in natürlicher und entspannter Atmosphäre mit Christen und dem christlichen Glauben so auseinanderzusetzen, daß sie in die Lage versetzt werden, eine freie und durchdachte Entscheidung zu treffen«

Das »Open House« sollte also eine offene, freundschaftliche Angelegenheit werden – und dies sollte schon im Namen anklingen. Daher trennten wir uns von dem Begriff »Hauskreis«.

Wir dachten daran, einen Rahmen zu schaffen, in dem es interessant und unterhaltsam zugeht und der allen Teilnehmern Gelegenheit gibt, wirklich viel Spaß miteinander zu haben. Wir sagten uns: »Der Mensch besteht aus Leib, Seele und Geist; und Gott interessiert sich für den ganzen Menschen. Also sollten wir auch in allen drei Lebensbereichen etwas anbieten«. Unsere Idee:

- Leib: Spaß, gemeinsam essen, Freundschaften pflegen, Leben genießen, Sport, Spiel.
- Geist: Themen, Information, Diskussion, Gespräch.
- Seele: Gott und die Welt, Religionen, Glaube.

Außerdem beschlossen wir, und das war fast die beste Entscheidung, jeden Abend mit einem gemeinsamen Essen zu beginnen.

Wie verbindlich war die Teilnahme für die Besucher?

Jeder sollte die Freiheit haben, dann zu kommen, wann er will. Ist dem einen z. B. der Seelen-Abend zu fromm oder der Geist-Abend zu anstrengend, dann ist er herzlich eingeladen, nur zum Leib-Abend zu kommen, um sich zu entspannen. Die Verbindlichkeit sollte so gering wie möglich gehalten werden, um jedem das Kommen in unsere Häuser zu erleichtern.

Der monatliche Zeitplan sah dann so aus:

1. Woche – Leitungsteam, kein Treffen der Teilnehmer;
2. Woche – Fun (Spaß);
3. Woche – Themen;
4. Woche – Gott und die Welt.

Das Leitungsteam kam eine halbe Stunde vor dem offiziellen Beginn jedes Treffens zum Gebet und zur organisatorischen Vorbereitung der Folgetreffen zusammen. Außerdem sollte jedes Teammitglied für ein bis vier der Besucher eine geistliche Patenschaft übernehmen – das heißt, für sie zu beten, Kontakt zu halten und zu den einzelnen Treffen gegebenenfalls telefonisch einzuladen.

Das erste offizielle Treffen war ein Kaltstart. Nur ein Besucher kam. Jeder hatte sich darauf verlassen, daß der andere genug Freunde mitbringen würde. Zum zweiten Abend luden wir gezielter ein: Fünf Gäste kamen. Nach einem kulinarischen Einklang stellten wir das Konzept mit folgenden Worten vor: »Uns ist aufgefallen, daß wir Christen uns meistens um uns selber drehen und es in unseren Gemeinden kaum Angebote für Nichtchristen gibt. Das wollen wir wenigstens an einem Punkt zu ändern versuchen. Der Mensch besteht aus Leib, Seele und Geist. Unsere Idee: Wir treffen uns dreimal im Monat und tun abwechselnd was für diese drei Lebensbereiche. Das ganze nennen wir ›Open House‹. Was haltet Ihr von diesem Experiment?«

Themen-Wahl

Uns war wichtig, von vornherein mit offenen Karten zu spielen. Jeder sollte genau wissen, woran er war. Wir fragten aber auch ehrlich nach der Meinung unserer Besucher – schließlich sollte es ja ein Kreis für sie sein. Deshalb sollten sie ihn auch mitgestalten. Sehr geholfen hat dabei ein Themenwahl-Zettel.

Zum Beispiel wurden solche und ähnliche Themen angeboten, um nur einige zu nennen:

- Sind Männer gleicher als Frauen?
- Schulmedizin und Naturheilkunde.
- Drogen: Freigabe oder Prohibition?
- Vegetarismus – gesund essen ohne schlechtes Gewissen
- Armut in der Welt – können wir etwas dafür?
- Homosexualität – angeboren oder anerzogen?
- Selbstwertgefühl – Schicksal oder lernbar?

Aber die Teilnehmer brachten auch ihre eigenen Themen ein. Sowohl bei den Themen als auch bei den Aktionen haben wir die Interessen unserer Zielgruppe (zumeist Studenten mit Vorliebe für »verkopfte« Themen) berücksichtigt. Bei jungen Müttern, Hobbybastlern, Yuppies oder Frührentnern wären natürlich ganz andere Themen dran. Unsere Grundregel: Was würde unserer Zielgruppe – in Blick auf Leib, Seele und Geist – am meisten Freude machen?

Was für eine Entwicklung hat das »Open house« genommen?

An insgesamt 17 Abenden trafen sich durchschnittlich acht Teilnehmer (4 Gäste, 4 Teammitglieder). 20 Personen waren mindestens einmal im »Open House«. Zweimal genossen wir gemeinsam ein Video, achtmal feierten wir eine kleine Party, und siebenmal wurden interessante Themen besprochen – wobei auch Nicht-Teammitglieder mal ein Thema vorbereiteten. Das Wichtigste: Wir haben einen Raum geschaffen, wo sich NE's in natürlicher und entspannter Atmosphäre mit Christen und dem christlichen Glauben auseinandersetzen konnten – und das war eine spannende Angelegenheit!

Leider ging es nicht weiter. Nach fünf Monaten platzte unerwartet eine Bombe. Einer der Teilnehmer las ein Interview in unserem Gemeindeblatt, wo wir unsere Idee, ein »Open

House« zu starten – dazu noch mit biblisch-frommen Worten – der Gemeinde vorgestellt hatten. Darin war dann von »Menschenangeln« und von einem »Fischteich« die Rede. Dieses Interview machte die Runde unter den »Open House«-Teilnehmern und – wen wundert's – es schloß das offene Haus.

Können Sie uns nach all dem sagen, worauf man bei einem solchen Projekt besonders achten und welche Fehler man auf jeden Fall vermeiden sollte?

NE's haben eine besondere Antenne für heimliche Bekehrungsversuche. Man muß klar sagen, was »gespielt« wird und auf versteckte Attacken gänzlich verzichten, z. B. bei »Geist«-Abenden das Thema auf Gott umzubiegen. Wenn es von den Teilnehmern kommt, ist es gut.

Auch sollten die Christen die NE's nicht zahlenmäßig übertreffen, da sie sich sonst in eine Abwehrhaltung gedrängt fühlen.

Immer wieder muß betont werden, daß dies eine offene Arbeit ist, keine geschlossene Gruppe – und daß eine gewisse Unbeständigkeit und Fluktuation einfach dazugehört. Die Teilnehmer müssen von jedem Gruppenzwang befreit werden, an den Abenden kommen zu müssen.

So weit wie möglich sollte man versuchen, eine einigermaßen homogene Gruppe zu erreichen, so daß unter den Teilnehmern eine gute und entspannte Atmosphäre entstehen kann.

Gänzlich scheiterte die anfängliche Illusion, allen Bedürfnissen – sowohl der Teilnehmer als auch der Teammitglieder – gerecht werden zu können. Deshalb schlagen wir vor, das »Open House« auf 4-6 Monate zu beschränken, in denen sich die Teammitglieder voll und ganz der Sache widmen. Dann Auflösung und Integrierung der interessierten Teilnehmer z. B. in einen Glaubensgrundkurs. Dann können die Teammitglieder wieder geistlich auftanken und ein Ausbrennen wird so vermieden.

Und worum geht es beim 4-Phasen-Modell?

Modelle sind nie die Wirklichkeit selber. Diese ist vielfältig und immer anders. Modelle sind immer eine Art Zusammenfassung und damit der Versuch, die bunte Vielfalt des Lebens etwas zu ordnen und besser zu verstehen. Aus dem besseren Verstehen folgt dabei dann oft ein besseres Leiten-Können und ein Vermeiden von Fehlern.

Das 4-Phasen-Modell entstand aus vielen Gesprächen mit Leitern von missionarischen Initiativen in der Hauskreisarbeit und viel praktischen Erfahrungen. Es ist der Versuch zu verstehen, wie Menschen heute angesprochen, weitergeführt und zum Schluß selber zu Mitarbeitern werden können. Wenn Sie wollen: Es ist der Versuch, missionarischen Gemeindeaufbau im Bereich der Arbeit von Hauskreisgruppen zu beschreiben.

Die Hauskreisarbeit in der evangelischen Kirche begann in größerem Stil Mitte der siebziger Jahre mit den ☞ »vertiefenden Hauskreisen«, in denen sich Mitarbeiter der Gemeinde sammelten. Aus diesen entstanden Anfang der achtziger Jahre vereinzelte »missionarische Hauskreise«, meist Initiativen einzelner evangelistisch Begabter. (Einige dieser Initiativen sind beschrieben in dem Buch ☞ »Hauskreis offensiv« S.341)

Diese Kreise waren sehr unterschiedlich: Zum Teil monatliche Treffen mit stark geselligem Charakter bis hin zu wöchentlichen Bibelgesprächskreisen. Dann kam Mitte der achtziger Jahre das ☞ »Projekt: neu anfangen« bzw. ☞ »Neue Schritte« nach Deutschland, die eine zahlenmäßige Explosion neuer »missionarischer Hausgruppen« bewirkten. Doch natürlich nur da, wo diese Aktionen stattfanden, und das geschah leider nur an vereinzelten Orten. Immerhin brachten sie erstmals eine ausgefeilte Methodik, mit der heutige Menschen angesprochen werden konnten und die übertragbar war, d. h. nicht nur abhing vom Charisma eines einzelnen.

Noch einen Schritt weiter führten dann die ebenfalls in den späten achtziger Jahren bekannt gewordenen Glaubenskurse. Mit ihnen wurde dem Einzel-Pfarrer das »kleine Instrument« in die Hand gelegt, mit dem er offenen Gemeindemitgliedern den Weg von der bisherigen Distanz zum lebendigen Glauben an Jesus Christus zeigen konnte. Diese Kurse konnten ohne so langwierige Vorbereitungen wie die Aktionen eingesetzt werden. Es bedurfte nur der geeigneten Mitarbeiter, die den

Brückenschlag zu Fernstehenden

Pfarrer unterstützten und die nacher mit den Angesprochenen weitermachten. Und diese Leute kamen gewöhnlich aus den vertiefenden Hauskreisen.

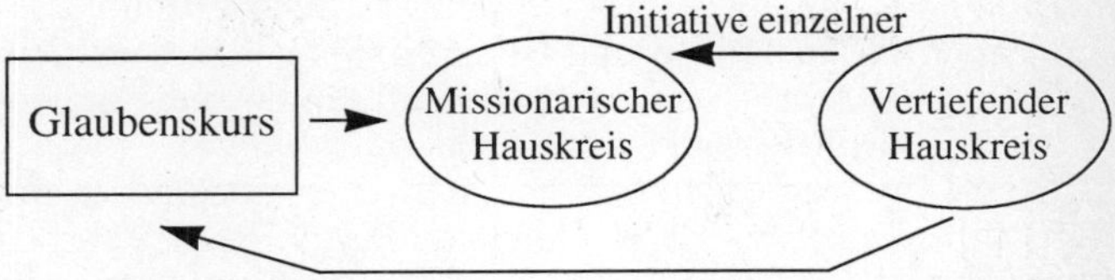

Wir dachten, nun hätten wir die Brücke zu den Fernstehenden gefunden. Aber das war nicht so, wenigstens nicht, was die Glaubenskurse betrifft. Denn diese setzten schon die Motivation voraus, sieben oder mehr Abende »für den Glauben« investieren zu wollen.

Die Brücke mußte also noch weiter hinausgebaut werden. Wir sahen daß Menschen sich auf der Basis persönlicher, nachbarlicher oder kollegialer Beziehungen zu kleinen unverbindlichen Gesprächsrunden über »Christentum« oder »die Kirche« gerne mal einladen ließen, wo man seine Meinung über Gott und die Welt sagen, diskutieren und Frust ablassen konnte. Diese »Schnupperabende« hatten kein inhaltliches Ziel (»recht haben«), sondern wollten nur Beziehungen knüpfen und vertiefen.

Aber noch weiter draußen als der »Schnupperabend« liegt der persönliche, freundschaftliche Kontakt zu einigen Noch-nicht-Christen. Dieser Dauerkontakt ist die Basis jeglicher missionarischer Arbeit und durch nichts zu ersetzen.

Und daran fehlt es den meisten Gemeindechristen! Weil sie ganz im Beziehungsnetz der christlichen Gemeinde aufgehen. Von daher haben sie keine Zeit und keine Kraft mehr und kein Bedürfnis, solche Kontakte aufzubauen – wenn sie es nicht bewußt wollen.

Vier Phasen bedeutet also in diesem Zusammenhang vier Abschnitte der Integrierung eines Menschen in die Lebenszusammenhänge des »Leibes Christi«, der Gemeinde am Ort. Im Schaubild verkürzt heißt das:

Missionarische Aspekte der Hauskreisarbeit

Das 4-Phasen-Modell

1. Kontaktphase	**2. Schwellenphase**
Persönliche Freundschaft Einladung zum »Schnupperabend«	»Erstevangelisation«
Aktionen: »Projekt: neu anfangen« »Neue Schritte »Reli für Erwachsene«	Grundkurs des Glaubens
Beziehungen: Christen »beschnuppern«	Kontakte gewinnen und pflegen
Glaubenswachstum: Glaubens- und Lebensfragen diskutieren	Glauben wagen, Entscheidungen vorbereiten
Zeit: begrenzt auf 3-4 Abende; wenn als »Schnupper abende« angeboten, sonst Wiederholung	begrenzt auf sieben bis zehn Abende
Zusammensetzung: offen für jeden	geschlossen (Kurs)

Das 4-Phasen-Modell

3. Wachstumsphase	4. Schulungsphase
Eintritt in verbindlichere Gemeinschaftsform	»Jüngerschaft«
Missionarischer Hauskreis mit allmählichem Übergang zum vertiefenden Hauskreis →	Jüngerschaftsgruppe, bereit zur Sendung in verschiedene Aufgaben
Gemeinschaft wünschen, Gemeinde in den Blick bekommen (Gottesdienst)	verbindlich leben, seine Gaben erkennen und einsetzen
Glauben einüben (Bibel, Gebet, Stille Zeit, Gehorsam im Alltag)	Schulung, wie sich Glauben im Alltag zu bewähren hat und bewußt an Fernstehende weitergegeben werden kann
etwa zwei Jahre, auch länger	etwa ein Jahr
offen (am Anfang), dann geschlossen, damit Vertrautheit und Seelsorge möglich ist.	offen für jeden, der Mitarbeiter Jesu werden will

Öffnung kontra Offenheit?

Jeder »missionarische Hauskreis« wird sich, wenn er geistlich richtig geführt wird, zum ☞ »vertiefenden Hauskreis« entwickeln. Hier spürt man – verschieden bei den einzelnen Teilnehmern – die Zeit, wo sie vom »Baby«, das nur versorgt werden muß, zum größer werdenden »Kind« wachsen, das selber Nahrung sucht im Wort und etwas tun will. Die Leiter müssen sehr bedacht sein, solche Schritte zu fördern und Aufgaben der Mitarbeit im Kreis und gegebenenfalls in der Gemeinde anzubieten (»Gaben entfalten«).

Leider bleiben die meisten vertiefenden Hauskreise bei Phase drei stehen. Von daher ist es wichtig, daß die Leiter solcher Kreise eine Perspektive haben und wissen, wie es weitergehen kann. Oft ist dieses Stehenbleiben nämlich charakteristisch für Kreise, die keine Leitung haben, denn Leiter sind normalerweise die ersten, die sich Gedanken über den weiteren Weg ihres Kreises machen. Oder, was auch zu beobachten ist, das sich solche Gruppen aus langjährigen, »gestandenen« Christen zusammensetzen, die nie etwas anderes geatmet haben als ihre »Gemeindeluft« und die von sich aus keine Perspektiven mehr entwickeln (wollen).

Würden sich alle vertiefenden Hauskreise in die vierte Phase begeben und sich sehr bewußt trainieren (lassen) – die kirchliche Gemeindearbeit sähe morgen anders aus! (☞ 2x2-Kurs)

Aber es ist doch wohl so, daß sich jeder Kreis gerne für neue Mitglieder öffnen will!

Oh nein! Es gibt viele Kreise, die wollen durchaus niemand Neues dazunehmen, wenigstens im Moment nicht. Da ist z. B. ein Kreis sowieso schon zu groß, oder ein anderer möchte seine Leute Schritt für Schritt zur Mitarbeit oder gar Leitung neuer Gruppen befähigen. Auch sind Kreise, die in großer Offenheit Seelsorge aneinander üben, einfach nicht in der Lage, »Neue« aufzunehmen (☞ Seelsorge im Hauskreis), weil viele Bedürftige unter ihnen sind.

Es gibt also durchaus berechtigte Gründe für eine zeitweilige »Abgeschlossenheit«. Warum bei einem normalen Hauskreis vielfach wenig Begeisterung herrscht, wenn »Neue« dazukommen, führt zu einer sehr interessanten Grundsatzfrage, die jede Gruppe, die gut funktioniert, durchlebt, nicht nur die christlichen: nämlich die Spannung zwischen der Freude an der Offenheit, mit der man sich in der Gruppe unterhalten und austauschen kann und der Freude an der Öffnung nach außen, wenn neue Leute dazukommen. Diese Spannung kennt jede gute Gruppe.

Normal ist, daß sich Menschen freuen, wenn sie eine Freundesgruppe gefunden haben, in der sie Vertrauen schenken können und genießen. Am Anfang freut man sich noch, wenn Neue dazukommen. Je tiefer aber die Beziehungen werden, je mehr man sich »zu Hause fühlt«, desto störender wirkt ein Neuer. Darum hat man dann zum Schluß Bedenken, noch den oder jene dazuzunehmen.

Diese Prozesse erlebt auch ein guter Hauskreis. Nur – die Christen haben von ihrem Herrn einen Auftrag zur Expansion bekommen. Darum ist ein christlicher Kreis, zu dem keine Neuen dazukommen (von obigen Ausnahmen mal abgesehen), eigentlich neben der Norm Jesu.

In unserem Kreis sagen die einen, man müsse unbedingt dauernd Neue in den Kreis bekommen, die anderen sagen, daß sie das echt stört. Und beide versuchen, ihre Meinung biblisch zu untermauern. Fast ein kleiner »Glaubenskrieg«, auf jeden Fall ziemliche Spannungen. Wie sollen wir damit umgehen?

Hier kommt eine zweite grundsätzliche Situation zum Vorschein, die man ebenfalls in jeder Gruppe beobachten kann: die Spannung nämlich zwischen den dynamischen, kontaktfreudigen Typen mit der Freude am Wechsel und den bewahrenden, eher zurückhaltenden Typen mit der Freude am Gleichmaß des Gewohnten. Auch im Geistlichen gibt es solche Beweger und Bewahrer, die in heftige Kontroversen miteinander kommen können über den weiteren Weg der Gruppe. Die einen sind mehr die Evangelisten und Visionäre, die anderen mehr die Lehrer und Hirten. Im Grunde braucht jeder jeden – aber wer gibt das schon zu? Oft brauchen solche Gruppen in ihrer Krise einen Berater von außen.

Trotzdem muß man festhalten, daß vom Auftrag Jesu her die Öffnung Vorrang hat vor dem »Genuß der Offenheit«. Und das gilt im Blick auf die Situation der meisten Hauskreise, und obwohl ich weiß, daß die Jünger drei Jahre lang in einem relativ abgeschlossenen Kreis mit Jesus lebten und Lehre und Anschauungsunterricht bekamen, bevor er sie in alle Welt sandte. Aber das Problem der meisten Hauskreise ist heute, daß sie »Sammlung« erleben ohne zu verstehen, daß dies nur ein Teil der Ausbildung des Herrn ist, die nur ein Ziel kennt: die Sendung.

Öffnung ist somit der Offenheit nachgeordnet. Wird Offenheit unter den Gläubigen zum Endzweck erhoben, so ist der Zweck des Kreises am Ende.

Offenheit ohne Öffnung für Neue kann mehr und mehr zum Faß ohne Boden werden (»Beziehungskiste«, »Seelsorge ohne Ende«, Verweichlichung). Öffnung für Neue aber als Selbstzweck ohne Einüben von Offenheit kann zum »Jahrmarkt« und »Taubenschlag« werden.

Dies zeigt übrigens, daß das Problem der Öffnung letztlich nicht die Neuen sind, wenn sie wiederkommen und bleiben wollen, sondern wenn sie mal kommen und mal nicht und jedes Mal wieder Neue dasitzen. Hier müssen wohl die geeigneten Formen gefunden werden, denn man kann ja nicht von jedem nach seinem ersten Besuch gleich eine Verpflichtung zu regelmäßigem Kommen verlangen.

Dieses Finden geeigneter Formen ist in der Tat von entscheidender Bedeutung! Ein Kreis, der keine Vorstellung hat, wie Offenheit und Öffnung miteinander verbunden werden können, wird sich entweder vor der Öffnung drücken und keine Neuen (mehr) ansprechen oder er wird aus allen Nähten platzen mit der Atmosphäre eines Volkshochschulkurses.

Welche Modelle gibt es also für Kreise, die beides verbinden wollen?

Sehr vereinfachend können wir drei Grundtypen unterscheiden: Öffnung und Raum für Offenheit (relativ geschlossener Kreis) sind gleichzeitig oder gleichzeitig parallel oder nacheinander umsetzbar.

1. Gleichzeitig

- Kreise, die Offenheit und Öffnung gleichzeitig leben, dosieren gewöhnlich den Zuzug Neuer. Sie verhindern dadurch den Taubenschlag-Effekt. Man darf Neue grundsätzlich einladen, aber es wird vorher mit dem Leiter und der Gruppe besprochen. So kann sich die Gruppe darauf einstellen und den Neuen gleich offener empfangen. Auf diese Weise lädt man auch nicht einfach jeden ein, sondern ist

OHA, ein offener Hauskreis!

irgendwie gezielter im Beten, Schauen und Einladen. Man benutzt die »Angel«, nicht das »Netz«. Kommt ein Neuer nicht wieder, ist der Weg der Gruppe dadurch nicht groß verändert. Bleibt er, so spürt er angenehm die gewachsene Offenheit in der Gruppe.

- Gruppen, die immer weiter wachsen, ohne neue Kreise zu bilden, teilen sich am Anfang nach dem Singen zum Bibelgespräch in Gruppen auf, die sich dann in verschiedenen Räumen des Hauses treffen.

2. Parallel

- Ein Kreis, der sich wöchentlich trifft, kann einmal im Monat den »OHA« anbieten, das ist der »Offene Hauskreis-Abend«. Dazu lädt jeder im Kreis ein, wen er kennt und wer kommen mag: Christen, die noch in keinem Hauskreis sind; Gottesdienstbesucher; Fernstehende.
  Diese Abende haben natürlich ein anderes Gepräge und sind ganz auf die Gäste eingestellt. Stellt ein Gast einmal die Frage nach einem »Mehr«, kann er zu dem wöchentlichen Kreis eingeladen werden.
- Wo eine größere Gruppe von Leuten am Hauskreis interessiert ist, die aber bisher ohne Kontakt zur Gemeinde waren, empfiehlt sich, einige Zeit Einführungsabende für sie zu halten. Hier setzen in guter Weise die Glaubenskurse ein. Den so Eingeführten fällt der Eintritt in den Hauskreis leichter.

3. Nacheinander

- Ein Hauskreis vereinigt auch Offenheit und Öffnung, wenn er für eine bestimmte Zeit »den Laden dicht macht«, um sich zuzurüsten für eine Phase der Öffnung, die dann möglichst auch schon klar zeitlich festgelegt wird: Die Gruppe macht sich auf den Weg zum missionarischen Hauskreis.
- Ein Kreis, der dazu bereit ist, kann Teams bilden, die sich 14-tägig mit ihren Freunden in offener Runde treffen und dazwischen 14-tägig im »Nest« des Hauskreises. Eine ungemein belebende Sache!

Wir sollen uns teilen ... !?

Inzwischen sind wir regelmäßig fünfzehn Leute. Wenn alle da wären, würden wir mit über zwanzig Leuten gar nicht mehr in unser Wohnzimmer passen. Neulich sagte jemand, daß sie sich in so einem großen Kreis nicht mehr traut, was zu sagen. Und jetzt wollen demnächst noch mal zwei Ehepaare dazukommen. Was sollen wir tun?

Freundlich aber bestimmt keine »Neuen« mehr zulassen.

Aber das geht doch nicht! Also ins Gemeindehaus verlegen, da hat's Platz.

Dann ist es aber kein Haus-Kreis mehr und das Typische, die familiäre Atmosphäre, fehlt. Bleibt nur – die Teilung.

Teilung?! Wie stellen Sie sich das vor? Gerade mühsam zusammengewachsen und jetzt wieder auseinander. Niemals!

(Fortsetzung nach einem Vierteljahr)

Mit unserem Kreis geht's zahlenmäßig weiter aufwärts, gemeinschaftsmäßig aber deutlich abwärts. Äh – wie war das mit der Teilung?

Wachstum zeigt, daß ein Kreis gesund ist. Wachstum ist ein Segen Gottes – überall, nicht nur draußen in der Natur. Dort ist Zellteilung etwas ganz Normales und die Voraussetzung für das Wachstum aller Organismen. Teilung hat aber bestimmte Regeln, die wir beachten müssen, wenn es nicht schief gehen soll. Achten wir mal auf die Zellteilung in der Natur:

a) Jede Zelle ist Teil eines größeren Ganzen: durch die Teilung wirkt sie mit am Aufbau des Ganzen.
b) Jede Zelle hat einen Zellkern, der schon vor derTeilung so aufgebaut ist, daß durch die Teilung kein Schaden entsteht, sondern ein gesunder und genauso funktionsfähiger Ableger wie die »Mutterzelle«.
c) Die Teilung beginnt beim Kern und die Zelle halbiert sich (was ein kritischer Moment ist). Die Zellen bleiben gewisse Zeit noch nah beieinander. Soweit die Biologie.

Für einen Kreis bedeutet das:

a) An der Frage der Bereitschaft zur Teilung zeigt sich, ob ein Kreis nur um seiner Nestwärme willen besteht, oder ob er die anderen in der Gemeinde, die noch keinen Platz gefunden haben, auch im Blick hat, ob ein Kreis also sich oder die Gemeinde, den Leib Jesu am Ort, bauen will.

b) Bevor überhaupt von Teilung gesprochen wird, muß der Kreis konsequent geeignete zukünftige Leiter »ausspähen« und muß sie »aufbauen«, d. h. ihnen begrenzte Leitungsaufgaben anvertrauen, sie in Vor- und Nachbesprechungen zu den Abenden miteinbeziehen und sie immer wieder der Gruppe als Verantwortliche vor Augen stellen.

c) Erst dann darf das heikle Thema »Teilung« der Gruppe vorgetragen werden. Da Teilung immer Schmerzen bereitet, wird die erste Erwähnung auf Ablehnung stoßen; darum braucht es Zeit, um sich gemeinsam und betend mit dem Thema auseinanderzusetzen. Aus der Beobachtung, daß neue Zellen zunächst beieinander bleiben, läßt sich lernen, daß gelegentliche gemeinsame Treffen und Unternehmungen vor allem am Anfang hilfreich sind und den Mut zur Teilung erheblich beflügeln.

Gibt es denn Kreise, die eine Teilung schon vollzogen haben?

80 % der Hauskreise bejahen eine Teilung grundsätzlich (Blohm) und 40 % der (von Hasemann untersuchten) Hauskreise sagen, daß aus ihrer Mitte schon ein neuer Hauskreis hervorgegangen sei, sagen aber nicht, wie.

Aber genau darauf käme es jetzt an. Wie, ganz konkret, haben es bestimmte Kreise denn geschafft, sich zu teilen?

Dazu drei Modelle, die sich als geeignet erwiesen haben, weil lebensfähige, selbständige Kreise daraus erwuchsen.

Modell 1:

Nach einer Evangelisation möchten zwanzig Neue in einen Hauskreis kommen. Es gibt aber nur einen am Ort mit sechs Ehepaaren. Diese sind bereit, sich in drei Teams aufzulösen und jedes Team bietet einen neuen Kreis an im vierzehntägigen Rhythmus. In den Wochen dazwischen treffen sich die sechs Paare in der »Mutterzelle« zum Austausch und Gebet.

Modell 2:

Es besteht da ein übervoller Hauskreis, der sich aber nicht teilen mag. Da sucht der Pfarrer für einen »Grundkurs des Glaubens« Mitarbeiter, die vor allem bereit sind, nach Beendigung des Kurses mit den Interessierten in einem neuen Kreis für Anfänger weiterzugehen. Nach einer Zeit des Hörens und Betens sind einige Personen bereit, den alten Kreis zu verlassen. Ein neuer missionarischer Hauskreis entsteht. Diesen Vorgang nennt man in der Hauskreisarbeit Sprossung.

Sprossung ist die weltweit wirksamste Art der Multiplikation von Hauskreisen. Sie hängt ab von der ständigen Ausbildung von Nachwuchsleitern durch Einübung und Zusammenarbeit mit dem Leiter der Gruppe. So gewinnen die »Vizes« den Mut, verbunden mit dem Besuch des einen oder anderen Seminars, zu gegebener Zeit gesandt zu werden, um eine neue Gruppe zu beginnen. Sprossung ist mobil, fast »schmerzfrei« für die alte Gruppe und macht den neuen Leitern Spaß; außerdem ist sie sehr dynamisch, da klar auf ein Ziel orientiert.

Modell 3:

Der zu große Kreis beschließt in den Wochen zwischen dem vierzehntägigen Treffen an einem anderen Wochentag auch ein Treffen anzubieten mit eigenem Thema und eigenen Leitern. Unmerklich verändert sich die Gruppenzusammensetzung, da bei weitem nicht alle wöchentlich kommen können und/oder etlichen der neue Tag sogar besser paßt als der alte Termin. Allmählich entwickelt sich ein neuer Kreis aus dem alten.

Welches Modell man wählt, hängt mit der Situation des Kreises und der Gemeinde zusammen. Am praktischsten hat sich in den letzten Jahren, wie schon erwähnt, immer mehr Modell 2 herausgestellt, vorausgesetzt es hat eine fortschreitende Leiterschulung stattgefunden. Durch solche Förderung von Leiternachwuchskräften kann sich die Hauskreisarbeit in einem Ort beliebig oft multiplizieren.

Und noch einen Vorteil hat dieses Modell. Die Teilung tut nicht so weh. Es ist ja auch weniger eine Teilung, als eine »Sprossung« (s. o.), denn hier wird nicht ein ganzer Kreis »auseinandergerissen«, sondern die Mitarbeiter, die am fähigsten sind, werden vom Kreis ganz bewußt »gesandt« d. h. mit Segen in die neue Aufgabe verabschiedet. Man vermißt einander zwar, aber der alte Kreis »hat sich ja noch« und kann wieder neu einladen; und der neue Kreis bzw. das Team geht sofort an die Arbeit und baut etwas Neues auf. Die rasche und relativ schmerzlose Art macht zusammen mit der Vision, die sie für die Zukunft des Kreises und der Gemeinde eröffnet, die »Sprossung« zum eigentlichen Modell der Multiplikation von Hauskreisen.

Sprossung – das ist die Lösung

Die Bäume »sprossen« jedes Jahr. Kann man sagen, daß ein guter Hauskreis auch jedes Jahr einen neuen Kreis freisetzen sollte – per Sprossung?

Nur keine Automatik und keinen Zwang! Außerdem sind die Rhythmen jeder Gruppe anders, abhängig vom Leiter, den Teilnehmern und vielen anderen Faktoren. Darum sollte man kein Zeitmaß setzen. Sehr wohl aber sollte ein Gemeindeleiter darauf dringen, daß seine Hauskreisleiter grundsätzlich die Perspektive der Multiplikation vor Augen haben (sofern es nicht aus oben erwähnten Gründen vorübergehend geschlossene Kreise sein müssen, und daß sie dies auch ihren Gruppen vermitteln).

Wachstum hat etwas mit Ruhe *und* Dynamik zu tun. Alle »macherische« Hektik ist ebenso vom Übel, wie dieses »selbstgenießerische« Verhocktsein. Leiter müssen erkennen, wann Phasen der Ruhe dran sind und wann Phasen der Entfaltung, wann die Zeit der Winterruhe und wann die des Frühjahrsaufbruchs ist.

☞
- Kirchengemeinde und Hauskreis
- Perspektiven
- Größe eines Hauskreises
- Formen der Hauskreisarbeit
- Mitarbeiterschulung

Missionarische Ausrichtung der Hauskreise, aber keiner scheint sich für die Weltmission zu interessieren. Muß beides wirklich so weit auseinanderliegen?

Nein, sicher nicht. Leider hat sich nur eine verschwindend kleine Anzahl von Hauskreisen für den Welthorizont der Gemeinde Jesu geöffnet. Wo dies geschah, hatte dies meist den Anlaß, daß sich irgend jemand aus dem Hauskreis oder der Gemeinde entschloß, in den Dienst der »äußeren Mission« oder den »Entwicklungsdienst« zu gehen. Dies mobilisiert dann den Hauskreis, eine geistliche Rückendeckung, eine finanzielle Grundlage und eine menschliche Brücke zur Heimat zu bilden.

Wie so etwas gehen kann, zeigt sich am besten an konkreten Beispielen. Zwei davon, die sehr exemplarisch sind, sollen hier dargestellt werden (☞ Literaturverzeichnis S. 341).

Hauskreis und Weltmission

Ein Hauskreis aus Baden

Als Haus- und Gebetskreis haben wir uns die Aufgabe gestellt, hinter den Menschen zu stehen, die sich entschieden haben, dem Missionsbefehl Folge zu leisten. Das Ganze sollte keine anonyme Angelegenheit werden und so nahmen wir die Möglichkeit wahr, eine Krankenschwester unseres Ortes, die zur Zeit auf den Philippinen unter den sogenannten »Boat People« arbeitet, im Gebet zu begleiten.

Zunächst nahmen wir sie namentlich in unsere Gebetsliste auf. Das war wichtig für uns, da sie uns so immer wieder »begegnete«. Auch ihre kleine Gebetskarte fand ihren Platz, so daß man täglich an sie erinnert werden konnte.

Doch wer wochenlang nur für einen Namen betet, schläft ein. Also wurde einer damit beauftragt, neueste Informationen zu beschaffen. Dies wurde durch Kontakte zu den Familienangehörigen möglich. So hatten wir oft aktuelle Nachrichten. Dies hat das Beten sehr belebt. Wir konnten ganz konkret an dem teilhaben, was die Missionarin bewegt. Außerdem erhielten wir Rundbriefe von ihr, so daß wir auch schriftlich ihre Anliegen vorliegen hatten.

Am Hauskreisabend wurden diese Briefe vorgelesen und die Gebetsanliegen von jedem notiert, so daß man sie auch in der übrigen Woche noch zur Verfügung hatte. Eine Teilnehmerin des Hauskreises hatte privaten Briefkontakt mit der Missionarin, was sich auf diese Beziehung ebenfalls positiv auswirkte. Bei dieser Gelegenheit konnte der Hauskreis auch gleich Grüße mitsenden und sie immer wieder mit dem Versprechen, für sie treu zu beten, ermuntern. Auch hatten wir die Möglichkeit, ihr Neuigkeiten aus der Heimat mitzuteilen. Im Gegenzug erhielten wir die letzten Nachrichten direkt von den Philippinen. Es war uns eine Freude, ein kleines Überraschungspäckchen für die Krankenschwester abzuschicken, auch wenn es lange Zeit unterwegs war.

Sie selbst erlebte das Gebet als echte Unterstützung für ihre Arbeit. Sie fühlte sich nicht alleingelassen, auch wenn sie weit weg war. Eines ihrer Zitate: »Es tut gut, zu wissen, daß zuhause für mich gebetet wird«. Das Gefühl der Anteilnahme kam dabei zum Tragen.

Brücken der Ermutigung

Ein Hauskreis aus Bayern

Da von unserer Gemeinde einige Missionare ausgesandt wurden, zu denen wir vom Hauskreis guten Kontakt hatten und haben, sieht unsere Unterstützung für deren Arbeit draußen in etwa so aus:

Das Wichtigste ist für uns das Gebet für unsere Missionare. Ich weiß, daß einige Geschwister jeden Tag für den einen oder anderen beten. Aber auch in unseren gemeinsamen Gebetszusammenkünften denken wir an sie.

Konkrete Gebetsanliegen erfahren wir durch die häufigen Rundbriefe der Missionare oder durch persönliche Briefe. Durch den Briefwechsel zeigen wir, daß wir aneinander im Gebet denken und durch Jesus auch über die weite Entfernung hin miteinander verbunden sind. Auch die neuesten Familienbilder werden beigelegt.

Zwecks regelmäßiger finanzieller Unterstützung haben wir ein Hauskreiskonto angelegt. Ich weiß auch, daß viele Geschwister zusätzlich privat per Dauerauftrag für einzelne Missionare geben.

Zu besonderen Anlässen, zum Beispiel zu Weihnachten oder zur Geburt eines Kindes, aber auch mal zwischendurch schicken wir als Hauskreis Päckchen mit Dingen, von denen wir wissen, daß sie entweder persönliche Freude auslösen oder aber für den Missionsdienst gebraucht werden und dort nicht zu haben sind.

Die Diskussion, ob Mission heute überhaupt noch zeitgemäß ist, oder ob heute eher der Dialog mit den Religionen dran sei, scheint in diesen Hauskreisen nicht geführt worden zu sein?

Ich weiß es nicht. Es klingt aber nicht danach, da würde ich Ihnen recht geben. Meine Vermutung wäre auch, daß die Hauskreise von ihrem theologischen Verständnis von Bibel und von Jesus Christus, als dem Erlöser der Menschen, wohl kaum Zugang finden würden zu dem Gedanken, Jesus als Person neben Buddha oder Mohammed zu stellen. Dem würde auch das Bedürfnis der Hauskreise entgegenstehen, im eigenen Land das Evangelium von Jesus so weiterzusagen, daß sich Menschen zu ihm kehren. Was wäre das für ein Missionsverständnis, das nach innen Mission und nach außen nur Dialog betreiben würde? Es gilt für den missionarischen

Ansatz der Hauskreise der alte Satz, daß Weltmission und Volksmission theologisch und auch praktisch untrennbar zusammengehören. Mein Wunsch wäre nur, daß ihn noch viel mehr Hauskreise aufnehmen und verwirklichen würden.

Öffentlichkeitsarbeit

... ein Widerspruch zur Hauskreisarbeit?

Neulich äußerte ein Presse-Pfarrer vor Hauskreisverantwortlichen die Meinung: »Eigentlich ist Hauskreisarbeit und Öffentlichkeitsarbeit ja ein Widerspruch in sich«. Wir halten viel von Öffentlichkeitsarbeit und haben deshalb ein großes Fragezeichen.

Diese Äußerung ist typisch für das Bild von Hauskreisen als privaten Kuschelkreisen, das viele in der Kirche haben. Für einen Privatzirkel macht man in der Tat keine Öffentlichkeitsarbeit. Nun haben sich die Hauskreise inzwischen aber auf verschiedenen Ebenen gefunden, ausgetauscht und festgestellt, daß sie gemeinsame Ziele haben:

- Sie möchten das allgemeine Priestertum aller Gläubigen in die Praxis umsetzen.
- Sie möchten, daß »alle, die mit Ernst Christ sein wollen« (Luther) eine verbindliche Gemeinschaft von Schwestern und Brüdern sein können.
- Sie möchten, daß so aus einer »Bedienungskirche« durch den Pfarrer eine »Leib-Christi-Gemeinschaft« wird, die in der Vielfalt ihrer Begabungen lebt und wirkt.
- Sie möchten, daß durch solch eine erneuerte Kirche andere, die bisher fernstanden, für den Glauben und für ein Leben in der Gemeinde gewonnen werden.

Wer klare Ziele hat, weiß auch, welche Ziel–Gruppen er ansprechen will. Wer aber die Zielgruppe kennt, weiß, was sie braucht und kann so das richtige Angebot machen. So geht es in erster Linie um drei Zielgruppen, an die sich die Hauskreisarbeit einer Gemeinde wenden kann:

1. Die Fernstehenden
   Sie suchen menschliche Begegnungen, vor allem in den Krisensituationen des Lebens.
2. Die Gottesdienstbesucher
   Sie kommen – mehr oder weniger – regelmäßig zum Gottesdienst, haben aber noch keine persönliche Glaubensbeziehung zu Jesus Christus, weil dazu in den Predigten normalerweise nicht angeleitet wird, da diese Beziehung allgemein von den Predigern vorausgesetzt wird.

3. Die Mitarbeiter
   Als solche, »die mit Ernst Christen sein wollen«, brauchen sie eine geistliche Heimat, wo sie »auftanken« können in ihrem Einsatz für verschiedenste Aufgaben. Unter »auftanken« verstehen sie freundschaftliche und vertrauensvolle Beziehungen, Zeit zum Gebet, zum Singen und zum Gespräch über die Bibel.

Wenn man sich über die Ziele und die Zielgruppen im klaren ist, hat man eine entscheidende Vorbedingung für eine gute Öffentlichkeitsarbeit erfüllt. Im Zusammenhang mit der Hauskreisarbeit heißt nun die Frage: Was kann sie bringen, was nicht.

»Öffentlichkeitsarbeit« will nur allgemein informieren, »Werbung« will konkret einladen und den einzelnen gewinnen. Dies sind zwei ganz verschiedene Ansätze, weswegen sie unterschieden werden sollten, damit es nachher keine Enttäuschung über die Ergebnisse gibt. Beide, Öffentlichkeitsarbeit und Werbung, erfordern nämlich verschiedene Methoden und jede Methode leistet eben nur etwas Bestimmtes und nicht alles.

Öffentlichkeitsarbeit bedient sich gewöhnlich optischer und akustischer Medien, um eine möglichst breite Öffentlichkeit zu erreichen. Hier gilt der Grundsatz: Beachtet werden, ein Bedürfnis ansprechen und ein bestimmtes Bild bei den Betrachtern hinterlassen. Eine Öffentlichkeitsarbeit, die dies nicht leistet, »greift« nicht und ist vertane Zeit und Geld.

Werbung hingegen hat immer den einzelnen im Blick und möchte ihn gewinnen. Daß dies natürlich am ehesten auf der Basis von persönlichem Vertrauen geschieht, ist einleuchtend. Je persönlicher eine Sache ist, desto mehr wartet man vor der Entscheidung auf vertrauenerweckende Signale, auf die man sich dann verläßt. Dies sind vor allem Aussagen von Menschen, die man kennt (Welcher Zahnarzt? Welche Versicherung? etc).

Da der Glaube zu den persönlichsten Dingen des Lebens zählt, vertraut man auch hier nur vertrauenswürdigen Menschen, die man persönlich gut kennt, d. h. Freunden.

Statistisch gesehen kommen über 90 % der Menschen heute durch Freunde zum Glauben und von den Teilnehmern vertiefender Hauskreise geben 74 % an, sie seien durch persönliche Einladung dazugekommen und 17 %, sie hätten den Kreis gegründet, zusammen also auch über 90 % (nach Masemann).

Trotzdem ist die Arbeitsweise der Hauskreise und der Ansatz der Öffentlichkeitsarbeit kein Widerspruch in sich, weil die allgemeine Orientierung der Öffentlichkeit eine wertvolle Vorbereitung für die individuelle Einladung darstellt, vorausgesetzt, sie geschieht gut und hilfreich. Dazu einige Beispiele (sie dürfen mit Angabe der Quelle gern verwendet werden):

1. Beispiele, die über den kirchlichen Rahmen hinausgehen
   1.1. ☞ »Projekt: neu anfangen«
   Dem werbenden Ansprechen der Einzelnen per Telefon gehen zwei Wochen intensiver Öffentlichkeitsarbeit voraus mit Bekanntmachung des Projekts auf allen nur denkbaren Werbeträgern, so daß mit Beginn der Einzelanrufe jeder Bewohner der Gegend ein- oder mehrmalig dem Logo und Text von »neu anfangen« begegnet ist und daraufhin angesprochen werden kann. Das »Projekt: neu anfangen« ist ein klassisches Beispiel dafür, wie Öffentlichkeitsarbeit und Werbung ineinandergreifen können.
   1.2. Zeitungsberichte
   Jede Gelegenheit einer öffentlichen Veranstaltung der Hauskreisarbeit oder über die Hauskreise sollte unbedingt in die Lokalpresse gebracht werden (Bezirks-Hauskreistreffen, Bezirkssynoden zum Thema, Offene Abende der Hauskreise etc.) Entweder man informiert die entsprechende Redaktion rechtzeitig und bittet um den Besuch eines Reporters. Dieser wird in einem speziellen Interview über das Referat hinaus mit genauen Informationen »gefüttert«, wofür er immer dankbar ist (evtl. schon schriftlich vorbereitet!). Oder man liefert einen eigenen Artikel, wobei man sich vorher nach der Länge erkundigen muß.

Wichtig als Blickfang für die Öffentlichkeit sind gute Überschriften, in denen das Wort »Hauskreise« und eines ihrer spezifischen Anliegen mit Balkenschrift herauskommen muß. Hier ein paar Beispiele aus den letzten Jahren:

Öffentlichkeitsarbeit

Schlagzeilen senden Signale

Die Hauskreise befinden sich wieder im Aufbruch

Bezirkstreffen mit Ortwin Schweitzer / Viele junge Teilneh...

„Ohne Nähe keine Gemeinde“

Bezirkssynode befaßte sich mit dem Thema „Hauskreisarbeit“

Hauskreise sind Zellen der Gemeinden

Etwa 90 gibt es in den 27 Kirchengemeinden / Laien versuchen, Bibeltexte ins Leben zu übersetzen

Das Interesse an Hausgemeinden nimmt zu

Gottes Wort im Alltag

Christen wollen sich als Gemeinschaft erleben

30 Evangelische Hauskreise im Bezirk

Haus-Gespräch: Die Bibel

Thema der Zusammenkunft: „Der Stadt Bestes suchen“

Tragende Gemeinschaft erlebt

Teilnehmer kamen sich menschlich näher / 160 Personen kamen

Dekanatstreffen in Laichingen:

Hauskreise bedenken gemeinsam das Beten

Wachsende Zahl der Hauskreise gesundes Zeichen

Erstmals ganztägiges Treffen in Gechingen – Ergänzung des Gottesdienstes

Bibel an der Basis

Münsinger Bezirkssynode befaßt sich erstmals bei ...

Die Hauskreise werden gemeinsam zwar als ...

Trend bezeichnet, sind jedoch geradezu biblisch

****

Weihnachtsbrief

****

reuen Sie sich über dieses Päckchen?
Die Aufmachung ist sehr schön, aber ...
es ist nichts drin.

Empfinden Sie es mit Weihnachten
nicht oft ähnlich:
Viele schöne Äußerlichkeiten,
doch ohne Inhalt?

Über diesen Inhalt würden wir uns
bei einem Besuch an einem der
kommenden Abende gerne mit
Ihnen unterhalten.

Wir sind Christen der ev. Landeskirche,
die sich in einem
Hauskreis in Sillenbuch treffen.
Die Besuchsaktion findet im Einvernehmen
mit Herrn Pfarrer Beck statt.

Unsere Kontaktadresse:

1.3. Hausbesuche

Ein Hauskreis in Stuttgart nahm sich vor, vierteljährlich eine Besuchsaktion zu machen. Da es immer schwierig ist, unangemeldet jemanden in seiner Wohnung zu »überfallen«, entwarf der Hauskreis ein nettes, jahreszeitlich orientiertes Briefchen, das den Besuch ankündigte z. B. Weihnachtsbrief, Frühlingsbrief ...)

Danach wurden die Besuche gemacht. War jemand nicht da, wurde ihm der »Schadebrief« eingesteckt mit der Möglichkeit, sich selber zu melden.

1.4. Hunger-Zeitung

Hier hat sich ein Hauskreis von 20-30jährigen die Not der Welt zu Herzen gehen lassen und gehandelt. Sie gaben eine »Hunger-Zeitung« mit präzisen Sachinformationen von »Brot für die Welt«, »Misereor« und »Deutschem Rotem Kreuz« heraus. Auf der letzten Seite der vierseitigen Zeitung mit den Konto-Nummern der drei Organisationen kommt quasi als Impressum dann eine kurze Selbstbeschreibung des Hauskreises mit Kontaktadresse.

»Schadebrief«

Schade,
daß wir Sie bei unserer
Besuchsaktion heute
nicht angetroffen haben.

Wenn Sie möchten,
besuchen wir Sie gerne
noch einmal.
Ob Sie uns das dann
unter der Telefon-Nr. 47 47 36
wissen lassen?

Als Geschenk haben wir Ihnen
ein kleines Büchlein beigefügt.

Mit freundlichen Grüßen

Hauskreis Sillenbuch

2. Beispiele innerhalb des kirchlichen Rahmens

Auch hier gilt: Öffentlichkeitsarbeit innerhalb der Gemeinde bereitet nur den Boden vor für die persönliche Werbung, für die ganz individuelle Einladung zum Hauskreis. Aber diese Vorarbeit ist unbedingt nötig, um die Hauskreise aus der »Sektenecke« herauszuholen und zu dokumentieren, daß sie, obwohl sich ihre Mitglieder in Privatwohnungen treffen, genauso Gemeindekreise sind wie der Kirchenchor oder der Frauenkreis.

Wesentlich ist dabei der Pfarrer, wie er zu den Hauskreisen steht und sich ihnen gegenüber verhält. Wiegt er beim Stichwort »Hauskreise« bedenklich das Haupt, wird so schnell keine Klimaveränderung in der Gemeinde herzustellen sein. Ist er aber bereit, immer wieder die Hauskreise mit den anderen Gemeindeveranstaltungen gemeinsam zu erwähnen, wird die Gottesdienstgemeinde bald alle Vorbehalte verloren haben und bereit sein, auf Einladungen einzugehen.

Auch wirkt es in diesem Sinn positiv auf die Gemeinde, wenn Hauskreise einmal den Gottesdienst mitgestalten oder Aufgaben bei Gemeindefesten und anderen Gelegenheiten übernehmen, auch ganz praktische »Dreckarbeiten«, da man den Hauskreisen ja leicht vorwirft, sie wären »besonders fromm« und »supergeistlich«.

Nun noch einige Beispiele, wie sich Hauskreise der Gemeinde vorstellen können:

MÄRKISCHER BOTE

Gemeindeblatt der Apostel-Petrus-Gemeinde

NOVEMBER / DEZEMBER 1991

Märkisches Viertel · Wilhelmsruher Damm 161

Kirche im Wohnzimmer

Mittwochabend.
Ganz Deutschland fiebert vor dem Fernseher, denn es läuft ein wichtiges Fußball-Länderspiel. Die bange Frage: Wird es unsere Mannschaft gegen die von Wales schaffen? 11 Menschen kümmert das offenbar garnicht. Sie haben sich – Männer und Frauen, fast alle unter dreißig – in einer Wohnung des Berliner Nordens versammelt, so wie jeden Mittwochabend. Und da sitzen sie (ohne Fernseher) in der guten Stube, dicht gedrängt, auf dem Tisch liegen neben Gebäck und Tee Bibeln und Liederhefte.

2.1. Im öffentlichen Gemeindeblatt in allgemeiner, beschreibender oder in spezieller und erzählender Form, jedoch mit der Absicht, so nebenbei die nötigen Informationen zu vermitteln.

2.2. Handzettel. Zu bestimmten Anlässen, sei es bei einem »Offenen Abend«, einer Evangelisation oder einer anderen öffentlichen Sonderveranstaltung sollten gut gestaltete Handzettel an die Besucher ausgegeben werden.

Handzettel

Aber nicht nur die Gestaltung, auch der Text muß »sitzen«. Hier zwei Beispiele, ein Handzettel des Hauskreises Hirschlanden und ein Informationsblatt des CV JM Stuttgart.

2.3 Eine weitere, nicht zu unterschätzende Möglichkeit ist ein Brief an eine bestimmte Alters- oder Zielgruppe. Hier sind der Phantasie eines Kreises keine Grenzen gesetzt.

begegnen –
Unsere Hauskreise wollen ein Raum sein, in dem Menschen sich zwanglos begegnen können.Wir wollen der äußeren und inneren Isolierung entgegenwirken, biblisches Wissen und Erfahrungen mit Gott sind dabei keine Voraussetzung.

besprechen –
Unsere Hauskreise wollen ein Raum sein, in dem wir uns offen über dem biblischen Wort austauschen und dabei auch über unsere Fragen und Probleme sprechen können. Dabei wollen wir es lernen, verschiedene Meinungen zu respektieren.

besinnen –
Unsere Hauskreise wollen ein Raum sein, in dem Menschen die Möglichkeit geboten wird, sich mit den Fragen nach Sinn und Ziel des Lebens zu befassen. Dabei wollen wir uns bewußt vom Wort Gottes anfragen lassen und uns diesen Fragen stellen.

entscheiden –
Unsere Hauskreise wollen ein Raum sein, in dem wir sinnvolle und sinnfindende Lebensentscheidungen treffen können. Wir wollen Erfahrungen austauschen, wie sich ein Leben mit Gott gestaltet. Dabei ist es uns sehr bewußt, daß wir alle Lernende sind.

CVJM-Stuttgart

Schlußbemerkung:
Man kann so professionell sein, wie man will (und man sollte sich darum bemühen!) – aber im geistlichen Bereich bewegt sich nichts ohne das fortwährende Gebet der Gruppe vor, während und nach einem Vorstoß in die Öffentlichkeit.
Gottes Geist selbst muß Menschen anziehen, Öffentlichkeitsarbeit und Werbung sind bestenfalls Instrumente in seiner Hand.

»Offener Abend«

Kann eigentlich der Kreis als ganzer Öffentlichkeitsarbeit betreiben? Gibt es Modelle für solche Aktivitäten?

Ja, es gibt eine Anzahl von Ideen und Initiativen, so daß wir uns hier auf zwei besonders exemplarische Modelle beschränken: die »Offenen Abende« und die »Schnupperkurse«. Beide Varianten des einen Themas »Wie erreichen wir durch eine gezielte Öffentlichkeitsarbeit Fernstehende?« zeigen, daß auf diesem Gebiet der Phantasie keine Grenzen gesetzt sind.

Zum »Offenen Abend« wird öffentlich eingeladen: über die Tageszeitung, das Amtsblatt, die Pfarrämter, das evangelische Jugendwerk, im Bekanntenkreis der Hauskreis-Teilnehmer, dazu werden noch Gemeindeleiter anderer Denominationen und Einzelpersönlichkeiten angeschrieben. Je nach Thema kommen z. T. auch recht viele Nicht-Hauskreisleute. Kirchenferne wohl kaum, sicher aber sogenannte Randsiedler.

Werden Neue erkannt, begrüßt, angesprochen, evtl. wieder eingeladen oder belassen Sie es bewußt bei einer gewissen Anonymität?

Wir weisen jedesmal auf das »Angebot« Hauskreise hin. Der Vorzug der Hauskreis-Arbeit – die persönliche Atmosphäre – ist aber für manchen auch eine Schwelle. Am »Offenen Abend« bemühen wir uns, nette Tischgruppen durch eine gemütliche Atmosphäre zu schaffen und persönliche Gespräche mit den Tischnachbarn zu fördern. Alles soll einladend, aber nicht aufdringlich wirken.

Wer bereitet die Abende vor?

Vier Ehepaare aus der Hauskreis-Arbeit sind für die Abende verantwortlich, das heißt praktisch für die Wahl der Referenten, die Begrüßung am Eingang, für Bewirtung, Leitung des Abends, Aufräumens etc.

Woher bekommen Sie Ihre Referenten?

Die Referenten sind im Bereich der Landeskirche, der Gemeinschaften und der freien Werke beheimatet. Wir schreiben sie freundlich an; die Themenstellung überlassen wir den Referenten.

Gestaltung eines »Offenen Abends«

Wie oft und wo finden die Abende statt? Und was für Themen werden behandelt?

Wir bieten dreimal jährlich, im Frühjahr, im Sommer und im Herbst, immer im zentral gelegenen Gemeindehaus der »Dekansgemeinde« die »Offenen Abende an«.

Die Themen lassen sich drei Bereichen zuordnen, die wir auch gleichmäßig abzudecken versuchen:

- Vorstellung eines christlichen Werkes und ein daraus abgeleitetes Thema, z. B. Licht im Osten, Weißes Kreuz, Glauben in der 2. Welt, Family Life Mission, evangelische Ausländerseelsorge.
- Bibelarbeiten oder theologische Themen, z. B. Beten – wie macht man das? Die Bekenntnisgrundlagen unserer Landeskirchen, Gottes Reich und Weltverantwortung.
- Themen zu allgemeinen Lebensfragen, z. B. Anthroposophie und Waldorfpädagogik, Lebenskrise als Lebenschance, Glaube und Denken, Naturgesetze, Zufall und Gottes Handeln, die Kreuzung der Lebensmitte – Krise und Chance aus medizinischer und biblischer Sicht.

Wie läuft so ein »Offener Abend« ab?

Nach Begrüßung, Hinweisen, Lied und Gebet folgt das etwa einstündige Referat. Dem schließt sich eine halbstündige Bewirtungs- und Gesprächspause an mit kalten Getränken, Trockenkuchen oder Brezeln – übrigens für die Besucher kostenlos, da dies die Spende der Verantwortlichen ist. Am Ausgang wird dann ein Opfer zugunsten eines vom Referenten vorgeschlagenen Projekts erbeten. Nach der Pause Diskussion im Plenum, dann Abschluß mit Dank, Schlußgebet und Segensbitte.

Wir bieten einen kostenlosen Schriftentisch an mit Veröffentlichungen des Amtes für Missionarische Dienste unserer Landeskirche, besonders der Hauskreisarbeit oder geeigneten und aktuellen Publikationen von Gemeinschaften und freien Werken. Außerdem weisen wir auf Kassetten-Aufnahmen des jeweiligen Vortrags hin, ein Angebot, das gerne angenommen wird. So zieht das Referat noch weitere Kreise.

Sind nun durch die »Offenen Abende« Neue in die Hauskreise gekommen? Oder was ist die Funktion dieser Veranstaltungen?

»Neue« sind in die Hauskreise durch die »Offenen Abende« nur vereinzelt gekommen. Wir sehen die »Offenen Abende« nicht als Werbefeldzug für die Hauskreise, sondern als missionarischen Dienst, als Aussaat des Wortes Gottes.

Was würden Sie jemandem, der sich überlegt, ob er »Offene Abende« anfangen soll, raten?

- Suchen Sie opferfreudige Mitarbeiter mit derselben Vision.
- Schaffen Sie eine angenehme Atmosphäre, etwa durch persönliche Begrüßung, Sitzen an Tischen, Tischschmuck, Gesangsvorlagen und musikalischer Begleitung (Gitarren/Keyboard).
- Bemühen Sie sich, daß frohe Botschaft einfach, zentral und ansprechend verkündigt wird.

»Schnupperkurs« klingt etwas ungewohnt. Wie kam es zu dem Namen und was ist darunter zu verstehen?

Übertragen wurde der Name von den sogenannten »Schnuppertagen oder Schnupperkursen« einer Segelsportschule. Dort ist es üblich, solche Veranstaltungen durchzuführen, um Interessierten die Möglichkeit zu geben, durch eigene praktische Erfahrung herauszubekommen, ob ihnen der Sport auch wirklich liegt. Ähnlich wie in unseren Hauskreisen treffen dort Laien und Experten aufeinander und ähnlich auch die Fachsprache der Experten. Hier ist es die Seglersprache und dort die »Sprache Kanaas« Beide haben eines gemeinsam, Außenstehende verstehen sie nicht, sollen aber mit den Inhalten zurechtkommen. In einem solchen »Schnupperkurs« wird also auf die Fachsprache verzichtet, dafür macht sich der Begleiter/Experte die Mühe, alles in allgemeinverständlicher Sprache zu erklären.

Beim Segeln ist es so, daß von den Interessierten keinerlei Fähigkeiten oder Wissen verlangt wird. Es geht gemeinschaftlich mit einem qualifizierten Segler hinaus aufs Wasser und der Interessent darf Ruder und Segel selbst bedienen. Fehler werden dabei mit ruhiger Hand vom Experten ausgeglichen. Was den interessierten Gästen bleibt, ist die positive Erfahrung mit Wasser, Boot und Wind.

Nach dem Probesegeln werden die Gäste zu einem Gespräch bei einer Brotzeit eingeladen. Wenn es so gelingt, die Menschen für das Segeln zu begeistern, dann sind sie auch genügend motiviert, um sich der Anstrengung der Segel-Ausbildung zu unterziehen. Sie haben erlebt, was sie anstreben und scheuen daher auch die dazu notwendige Anstrengung nicht. Nur wer das Ziel kennt, scheut den Weg nicht.

Diese alte Weisheit sollten wir uns auch als Christen zunutze machen. Die Schwierigkeit liegt nur darin, daß wir den Interessierten unsere »Sache« oft nicht so erklären, daß sie es nachvollziehen können. Wir kennen zwar das Ziel, aber wir wissen nicht, wo der andere gerade steht, welche Probleme und Schwierigkeiten ihn gerade beeinflussen.

Ohne den Standort zu kennen, können wir auch nicht auf den Weg zeigen, der zum Ziel führt.

Und so kommt es, daß wir ihm Ansichten und Erfahrungen überstülpen, die nicht die seinen sind und erwarten, daß er zu denselben Schlüssen kommt wie wir. Ist es da verwunderlich, daß diese Rechnung nicht aufgeht?

Wir sollten auf unsere Ansprüche in der Begegnung mit Interessierten verzichten und sie statt dessen in einem besonderen »Schnupperkurs« an unseren Erfahrungen und Erlebnissen mit dem Evangelium von Jesus Christus teilhaben lassen. Um die Gäste/Interessierten aber richtig zu erfassen, müssen sie auch das Gefühl haben, wie Gäste behandelt zu werden. Es geht also bei diesem »Schnupperkurs« in jedem Fall um die Interessen der Gäste und nicht um Glaubensvertiefung für uns selbst. Dieser Ansatz ist ungemein wichtig, ! denn er bedeutet, daß ich meinen Standort verlassen muß, um mich dorthin zu begeben, wo unsere Gäste stehen. Ihr Denken, Fühlen und Handeln wird wichtig für mich und nur wenn mein Gegenüber spürt, daß es mir um ihn geht, dann kann ich auch von meinem Denken, Fühlen und Handeln erzählen. Und wenn sich darin dann auch noch das Bild von Jesus Christus und seinem Handeln an mir wiederfindet, dann bin ich meinem Anliegen schon sehr nahe.

Die Schlüsse aus einer solchen »Schnupper«-Begegnung müssen wir unseren Gästen schon selbst überlassen. Wichtig ist hier, daß auch ankommt, was wir »rüberbringen« wollen.

Und was wollen wir in einem »Schnupperkurs« rüberbringen?

Sicher kein biblisches Wissen oder theologische Lehren, sondern es geht darum, den Interessierten Einsicht in den christlichen Alltag und in das zu geben, was das Leben eines Christen ausmacht.

Das Schwierigste ist, Mitarbeiter zu finden, die den Mut haben, ihr Leben und das mit Christus Erlebte transparent zu machen, so daß es für die Gäste erfaßbar und nachvollziehbar wird.

Das kostet ungeheuren Mut, denn dabei wird auch sichtbar, was sonst nicht sichtbar werden soll. Daß wir z. B. nicht alle unsere Probleme gelöst haben und daß wir auch als Christen nicht zu vollkommenen Menschen geworden sind. Es wird sichtbar, daß unser Glaube uns einiges abverlangt und daß unser Leben nicht allein dadurch in Ordnung kommt, daß wir glauben, sondern auch durch unser Tun im Vertrauen auf Jesus Christus. Dieses Tun bleibt uns nicht erspart und ist für jeden Christen ein langer Weg mit vielen kleinen Schritten. Darin Außenstehende Einsicht nehmen zu lassen, das kostet Mut.

Aber nur diese Transparenz gestattet uns, einen wirklichen Austausch unserer christlichen Erfahrungen mit den Erfahrungen und Standpunkten unserer Gäste.

Wir werden ebenso wie unsere Gäste dabei entdecken, daß wir oft die gleichen Probleme haben, jedoch mit dem Unterschied, daß wir als Christen andere Lösungswege beschreiten.

Die Folge wird ein verstehendes Bemühen um einander sein und vielleicht auch um unser Erleben mit Jesus Christus.

Mehr können wir an dieser Stelle eigentlich nicht verlangen, den Rest wird unser Herr selbst tun. Welche Zeit er sich und den Angesprochenen dabei läßt, das bleibt ihm überlassen und unterliegt nicht unseren Maßstäben.

Auch hier gilt es umzudenken. Wir verlangen oft sofort sichtbare Resultate und vergessen dabei, daß Jesus die Maßstäbe selbst setzt. Wir sind nur seine Helfer, mehr nicht.

Wie sieht denn so ein »Schnupperkurs« praktisch aus?

Das kann ganz unterschiedlich sein. Vom abendlichen Gesprächskreis über ein gemeinschaftliches Abendessen bis hin zu mehrtägigen Freizeiten und Wanderungen bieten sich da die verschiedensten Möglichkeiten an. Hier ist dem Einfallsreichtum keine Grenze gesetzt.

Wichtig ist nur, daß der Charakter des »Schnupperkurses« erhalten bleibt und klar ist, daß es um die Gäste geht und ihr

Interesse an der Möglichkeit zum »Hineinschnuppern« ins Christsein. Anders als beim Segel-Schnupperkurs werden sie dabei auch nicht manipuliert, sondern sie dürfen ihre Schlüsse selber ziehen und sie dürfen auch wieder gehen, ohne sich jetzt und hier gleich festlegen zu müssen.

Ich denke, so wird aus dem »Schnuppern« ganz schnell echtes Interesse für Jesus, und um das geht es uns ja letztendlich.

Wie oft haben Sie solch einen »Schnupperkurs« schon durchgeführt?

Schon einge Male. Anfänglich waren es nur Gesprächsgruppen, zuletzt eine dreitägige Männerwanderung im Allgäu. Tagsüber wandern und abends über Glaubenserfahrungen und Hemmnisse miteinander reden, das waren für mich und uns sehr eindrückliche Erlebnisse. Es ermutigte mich, auch neue Formen auszuprobieren.

Wie lädt man Leute am besten zu solch einem Kurs ein?

Mit einem Rundbrief oder Postwurfsendung kommt man nicht an die Leute heran. Auch die Abkündigung von der Kanzel bleibt an dieser Stelle wirkungslos. Um Kontakt zu diesen Menschen zu bekommen, muß ich mich um sie und ihre Probleme und Interessen kümmern. Erst wenn sie das spüren, dann interessieren sie sich auch für das, was mich bewegt, und ich kann sie einladen. Dazu soll ja auch so ein »Schnupperkurs« beitragen. Das geht nur über persönliche Beziehungen der Mitarbeiter des Teams.

Wichtig ist dabei, daß die natürlichen Kommunikationsebenen benutzt werden: Die Hausfrau lädt die Hausfrau ein, die junge Mutter hat im Kindergarten Gelegenheit, Gleichgesinnte einzuladen; der Geschäftsmann geht auf den Geschäftsmann zu und der Sportler auf den Sportler. Ganz wichtig ist dabei, daß Männer Männer einladen, denn kein Ehemann verbringt nach anstrengender Tagesarbeit seinen Feierabend in einem solchen Kreis als »Anhängsel« seiner Frau. Er kommt nur, wenn sich andere Männer um ihn bemühen und er spürt, daß das Interesse wirklich ihm gilt.

»Schnupperkurs« – und danach

Wie haben Sie die Angesprochenen nach diesem Kurs weitergeführt?

Die Mitarbeiter sollten die Teilnehmer an einem »Schnupperkurs« auch später noch begleiten, denn nur aus dem persönlichen Kontakt ergeben sich auch neue Gelegenheiten zu weiteren Aktionen und Einladungen.

Wenn möglich, haben wir die Teilnehmer in Hauskreise oder den ☞ »Religionsunterricht für Erwachsene« vermittelt oder in einen »Grundkurs des Glaubens«, oder wir gaben ihnen eine Einladung zu offenen Abenden und christlichen Freizeiten bis hin zur eigenen Hauskreisgründung. Es ist uns wichtig, daß die Leute sich möglichst in ihren eigenen Gemeinden den bestehenden Kreisen und Gruppen anschließen oder selbst neue gründen.

☞
- 4-Phasen-Modell
- Missionarische Gespräche
- Freizeitgestaltung
- Missionarischer Hauskreis
- »Open house«
- Männer im Hauskreis

Politik im Hauskreis

Wieviel darf's denn sein?

In unserem Hauskreis gab es eine heftige Diskussion. Einige wollten gerne vor der Wahl über die verschiedenen Parteien reden, der Rest der Gruppe war strikt dagegen, denn so etwas habe mit Hauskreis nichts mehr zu tun. Beide Seiten haben gute Argumente, was ist denn richtig und sinnvoll?

Leider ist die Zahl der Hauskreise, in denen auch in einer guten Weise über politische Themen gesprochen werden kann, nicht gerade bewegend. Die meisten Gruppen halten sich daran, daß es ausreicht, für »die Obrigkeit« zu beten. Das ist in ihren Augen die wirkungsvollste »Politik«. Zudem hat jeder seine Erfahrung mit politischen Gesprächen: Entweder regen sie einen auf oder sie strengen einen zu sehr an, auf jeden Fall sind nicht wenige froh, im Hauskreis fürs erste den frustrierenden Diskussionen über politische Tagesthemen entronnen zu sein.

Politik im Hauskreis hat also auf jeden Fall einen schweren Stand: Entweder lehnen viele es aus religiösen Gründen ab, sich damit zu beschäftigen oder sie haben wirklich keine Lust, sich in schwierige und selten die Harmonie der Gruppe fördernde Gespräche einzulassen. Von daher ist für die meisten Kreise diese Frage keine Frage.

Problematisch wird es, wie in diesem Fall, wenn im Hauskreis Leute sind, die wirklich gerne ihr politisches Wissen und ihre Einstellung mit anderen besprechen wollen, auch aus einem tiefen Verantwortungsgefühl gegenüber der Gesellschaft, in der sie leben und deren Entwicklung ihnen nicht gleichgültig ist. Solche Leute muß man genau unterscheiden vom Typ des »ewigen Diskutierers«, der sich über jedes Thema, ganz besonders aber über Sport oder Politik, heiß reden kann nach dem Motto: Hauptsache, ich vertrete meine Meinung siegreich! Einem solchen Teilnehmer ist meistens nicht klar, daß er eigentlich nur Scheingefechte führt und sein Problem oft auf einer ganz anderen Ebene liegt. Dem Leiter oder dem Leitungsteam darf das allerdings nicht verborgen bleiben. Darum dürfen sie den Kreis gar nicht erst zur Arena für einen kampfeslustigen Torero umfunktionieren lassen. In solchen Fällen ist ein handfestes, aber verständnisvolles Gespräch unter vier Augen angesagt!

Was also tun, wenn wirklich politisch Interessierte im Hauskreis gerne auch einmal über lokal- oder parteipolitische Themen mit ihren Geschwistern reden wollen. Vielleicht können folgende Gedanken dafür einen Rahmen geben:

Politik im Hauskreis

Unpolitisches Christentum?

- Solange wir in einem Gemeinwesen mit demokratischer Struktur leben, hat alles, was wir tun, auch mit Politik zu tun. Selbst wenn wir uns jeder Meinungsbildung und -äußerung enthalten, machen wir damit eine ganz bestimmte Aussage, fördern oder behindern politische Kräfte, die vielleicht ganz und gar unseren eigenen Vorstellungen widersprechen. Es gibt also keinen »unpolitischen« Hauskreis, es kann – und das ist schlimm genug – nur eine Gruppe geben, die anderen Kräften in der Gesellschaft das Denken und Sagen überläßt.
- Es gibt, seit Gott Mensch wurde, keinen Bereich menschlichen Lebens, den man von Gott trennen könnte. Das alte, heidnische Weltbild, daß es sakrale (geweihte, göttliche) und säkulare (profane, nur rein weltliche) Bereiche gibt, ist für einen Christen so nicht nachvollziehbar. Darum darf es eigentlich auch kein Thema geben, daß man aus religiösen Gründen ausklammern müßte. Was das Besondere eines Gesprächs in einem Hauskreis sein sollte, ist nicht die »Frömmigkeit « der Themen, sondern der unvergleichliche Stil, wie in einem Kreis von Geschwistern auch über unterschiedliche Positionen mit Respekt und Lernbereitschaft gesprochen wird.
- Ein Kreis, der es nicht gewohnt ist, über andere als biblische Themen zu reden, muß behutsam auf eine Erweiterung des Gesprächshorizontes vorbereitet werden. Viele brennende politische Themen können z. B. mit einem genau passenden Bibeltext viel leichter angesprochen werden. Auch sollte der Kreis den Begriff »politisch« in einem umfassenderen Sinn verstanden haben. Christen können und dürfen niemals »unpolitisch« sein. Zumindest hätten sie große Schwierigkeiten, Jesus als Aushängeschild für ihre »nur religiöse« Position zu benutzen. Wer sich zu seiner Zeit mit bestimmten Frauen abgab, auf die Seite der Rechtlosen stellte, Kollaborateure und Römer besuchte, die herrschende Gesellschaftsschicht kritisierte, war im höchsten Maß »politisch«!
- Sollte jemand im Kreis parteipolitisch sehr engagiert sein und die Gruppe als ergiebigen »Fischteich« betrachten, sollte man, was politische Themen anbelangt, eher zurückhaltend sein, bis ein klärendes Gespräch mit dem Betreffenden seine Grenzen abgesteckt hat.

Wir haben uns an einem Thema festgebissen, das für einige in unserem Hauskreis fast wichtiger zu werden droht als alles andere. Damit wir das irgendwie nachvollziehen können, müßten wir wissen, wie wir als Christen mit der ganzen Ökologie-Bewegung umgehen sollen?

Wir haben einen Vater im Himmel, der uns mit allem Lebensnotwendigen versorgt. Weil es so ist, müssen wir uns nicht mit unnötigen Dingen umgeben, um unser Leben zu sichern oder unseren Wert zu unterstreichen. Das macht uns frei vom Konsumzwang und läßt uns nachdenken, was wir in Deutschland, in Europa und in der Welt wirklich brauchen. Von daher gelangt man zu vielen Anfragen an unserer Überflußgesellschaft mit ihren bekannten Folgeerscheinungen: Verschwendung von Energie, Zerstörung unserer Lebensgrundlagen.

Hier ist das Wort des Paulus (Röm 2,4) richtungsweisend: »Weißt du nicht, daß dich Gottes Güte zur Umkehr leitet?« Man könnte ergänzen, daß uns Gott durch seine Güte zu einem schöpfungsgemäßen Lebensstil leitet.

Es gibt ja Leute, die haben etwas gegen »Modethemen«. Sind Ihnen solche schon begegnet und was sagen Sie dazu?

Es geht im Zusammenhang mit der ökologischen Verantwortung um unser aller Zukunft. Das hat beileibe nichts mit Mode zu tun, denn auch unser Wirtschaften ist langfristig nur denkbar, wenn wir die Vorräte schonen und wir nicht in Abgasen und Abfällen ersticken. Ich bin Vater von vier Kindern. Ich möchte mit dazu beitragen, daß meine Kinder und vielleicht auch meine Enkel noch auf dieser Welt leben können.

Welches sind nach Ihrer Beobachtung die größten Widerstände im Menschen gegen das Thema »Umweltverantwortung« und wie setzen Sie dann an?

Ich würde einen Teil der Widerstände mit dem Wort »Nach uns die Sintflut« charakterisieren. Noch drastischer gesagt: »Laßt uns essen und trinken, denn morgen sind wir tot!« Hier stellt sich eine Haltung dar, die sich nicht verantworten will, sondern im Augenblick die maximale Lust sucht. Wer unverantwortlich lebt, daß heißt, keine Antwort und keine Rechenschaft abgeben will und das heißt ja letzten Endes

Gott gegenüber nicht abgeben will, der hat auch keinen Grund, die Umwelt zu schützen.

Widerstände können aber auch sehr viel konkreter und auch begründeter und berechtigter sein. Manche Produktionsweisen sind in der Zukunft nicht mehr zu verantworten. Deshalb werden dort Arbeitsplätze abgebaut werden müssen. Bis an anderer Stelle neue Kapazitäten aufgebaut werden, braucht es eine Zeit der Umstellung.

Weitere Widerstände bezeichne ich mit der »Macht der Gewohnheit«. Viele eingefahrene Verfahrensweisen und Techniken haben wir uns angeeignet. Bisher haben sie uns zum Teil geholfen und haben sich bewährt. Aber nun gibt es Informationen, die einen größeren Zusammenhang herstellen und damit das eigene Verhalten verunsichern. Es braucht das Wagnis, Neues zu probieren, es braucht Pioniere, die zum Beispiel Möglichkeiten entwickeln, die Sonnenenergie zu nutzen.

Der einzelne resigniert so schnell, da die »da oben« viel zu wenig tun. Welchen Sinn macht es sich als einzelner abzumühen?

Als Staatsbürger und auch als Christenmenschen sind wir eigenverantwortliche, mündige Bürger. Gott hat uns Gaben anvertraut, die wir zum Wohl aller einsetzen sollen und »die da oben« sind auf die mündigen, eigenverantwortlichen Bürger angewiesen, auf deren Initiative und Bereitschaft, Konkretes zu tun. Die Geschichte der Diakonie ist voller Beispiele für diesen Weg, »nicht zu jammern, sondern Hand anzulegen« (Spittler). Genauso sind wir heute gefordert, in einer »Diakonie an der ganzen Schöpfung« selbst Verantwortung wahrzunehmen und nicht einer Versorgungsmentalität anheimzufallen.

Es gibt noch eine andere Wurzel der Resignation. In der Bibel steht, daß wir die Katastrophe nicht aufhalten können. Unsere Welt ist endlich, auch was die uns zur Verfügung stehende Zeit betrifft. Das ist richtig. Aber keiner hat den Fahrplan in der Tasche. Für mich ist es geradezu gotteslästerlich, dem Verfall unserer Erde tatenlos zuzuschauen. Ich halte mich hier an Martin Luther, der gesagt haben soll: »Wenn morgen die Welt untergeht, dann pflanze ich heute noch einen Apfelbaum.« Wir haben in der Tat nicht die Verheißung, ein

Paradies zu schaffen, aber das, was uns anvertraut ist, sollen wir »bebauen und bewahren«.

Mal allen Ernstes: Haben die Experten auf diesem Gebiet überhaupt noch Hoffnung für die ökologische Rettung dieses Planeten?

Das ist überhaupt die Kardinalfrage: Wie können wir Hoffnung behalten? Ein Pionier der Ökologiebewegung, Herbert Gruhl, hat in seinem letzten Buch formuliert: »Die Menschheit ist am Ende«. Bei nüchterner Analyse stimme ich dieser Aussage zu. Es gibt in der Tat wenig Anlaß für Optimismus. Biblische Hoffnung hat aber einen anderen Grund. Im Römerbrief, Kapitel 4 ist von Abraham zu lesen, der Hoffnung wider alle Hoffnung hegte. So wie Abraham damals, sehe ich auch heute keinen Anlaß oder gar Erfolge, die zur Hoffnung berechtigen. Aber weil Gott zu dieser Erde steht, wie er es Noah verheißen hat, können wir dieser Erde nicht untreu werden. Und weil wir an den Schöpfer und den Erlöser glauben, sollten Christen die ersten sein, die Hand anlegen und neue Schritte wagen, indem sie beispielsweise Energie sparen zu Hause und in der Kirchengemeinde, indem sie Tiere schützen, indem sie Geld in zukunftsfähige Projekte stecken. Besonders sind hier Praktiker gefragt, auch vor allem aus handwerklich-technischen Berufen, damit wir als Christen einzeln und in Gruppen und in den Kirchen Zeichen setzen für Gottes Treue zu dieser Erde.

Wie kann man in einem Hauskreis für politische Anliegen beten?

In einem Hauskreis wird es so gemacht, daß ein Teilnehmer über die wichtigsten Ereignisse der abgelaufenen Woche kurz berichtet, z. B.: besondere Probleme in unserem Land, anstehende Wahlen, die Situation in Israel, Krisen und Kriege irgendwo auf der Welt. Oder ein besonderes Thema wird aufgegriffen wie Okkultismus, Kindermißbrauch, Frauenhandel, Drogen und dergleichen. Anschließend wird kurz darüber gesprochen und dann gemeinsam vor Gott für die Probleme eingestanden. Bei Wahlen wird darum gebetet, daß Politiker gut abschneiden, die Ehrfurcht vor Gott haben und für das Leben Ungeborener eintreten. Weiß keiner im Kreis genau, was im Einzelnen der Wille Gottes ist, wird nur soweit gebetet, wie Klarheit gegeben ist.

»Ruhepunkt« Hauskreis

Markus Kapitel 6, Vers 31

Ich komme nicht in den Hauskreis, um mich für irgendwas schulen zu lassen, sei's Mission, sei's Leiterschaft oder sonst was. Was ich brauche, ist ein Ort, wo ich landen kann, eine Oase, wo ich mich ausruhen kann nach all dem Streß und wo mich Gott wieder aufrichtet. Psalm 23 – das ist für mich der Hauskreis. Darf ich so kommen, wie ich bin oder liege ich hier falsch und suche besser einen anderen Kreis?

Wenn Jesus sagt: »Kommet her zu mir alle, die ihr mühselig und beladen seid, ICH will euch erquicken«, da meint er solche wie Sie. Es jammert ihn, wenn er sieht, wie die Menschen wie Schafe zwischen Dornenbüschen daherkommen, gehetzt, aufgerissen, verletzt, wie gesagt, wie Schafe, die keinen Hirten haben. In seiner Gemeinde ist der Ort, wo er solche Menschen um sich versammelt, um sie zur Ruhe kommen zu lassen.

Eines der ältesten Bilder der Christenheit zeigt Jesus als den guten Hirten, der sein Schaf heimträgt. Es ist von einem unbekannten Maler aus der verfolgten römischen Gemeinde in den Katakomben gemalt worden. Ihr Vergleich mit Psalm 23 stimmt also. – Es ist gut, wirklich etwas zu erwarten, wenn Sie zum Hauskreis kommen.

Viele würden nicht zu den Hauskreisabenden gehen, wenn sie nicht immer wieder erfahren würden, daß sie anders nach Hause kommen, als sie hingegangen sind. Sie machen konkret die Erfahrung der »stillen Wasser«, zu denen sie der Hirte hinleitet. Dieses Erlebnis wird oft auf sehr unterschiedliche Weise vermittelt. Manchmal ist es die Freude an den Gschwistern, die man wiedersieht und die Gemeinschaft, die sie schenken. Manchmal ist es das Geschenk, herausgerissen zu sein aus dem Streß des Alltags und ein wenig Abstand zu gewinnen gegenüber allem. was einen bedrängt. Oft hilft hier das ☞ Singen, weil man sich da führen lassen darf durch die Lieder und die Gebete der anderen. Viele kommen so erst zu einer Ruhe, die sie spüren läßt, daß der Gute Hirte sie trägt. Eine trockene, anstrengende Bibelarbeit gleich am Anfang würde den Druck und die Unruhe des Tages nur verlängern.

Aber nach dem Singen und Anbeten kann sich jeder leichter öffnen und mit inneren Ohren hören. Der Bibeltext beginnt zu sprechen und wenn der Abend herum ist, noch gesungen und gebetet worden ist, dann haben viele erlebt, was es heißt, durch seine liebende Fürsorge ein anderer Mensch geworden zu sein.

»Ruhepunkt« Hauskreis

Flucht oder Veränderung?

Manche bezweifeln, daß so ein Auftanken länger hält als bis zum nächsten Morgen. Hat der Hauskreis wirklich »psychohygienische« Auswirkung von einiger Dauer?

Am ehesten können das Familienmitglieder, vor allem Ehepartner, bestätigen. Viele spüren, vor allem, wenn sie selbst nicht Teilnehmer des Hauskreises sind, daß es ihren Partnern besser geht, sie ausgeglichener und liebevoller sind, wenn sie »auftanken« konnten.

Vor allem aber empfinden viele nach so einem Abend, daß sie dem Streß im Büroleben morgen und übermorgen wieder gewachsen sind. Irgendwie rückt Gott sie durch diese Abende im Hauskreis raus aus dem Karussel des Betriebs und schenkt wieder einen Blick für das Ganze. Und das hilft. »Ich will euch erquicken; Ruhe für eure Seelen ...«

So manche allergische Reaktion ist daher durchaus verständlich, wenn jemand im Hauskreis auch noch was soll, was muß, was wollen soll. Für solche ist der Zweck des Hauskreises nicht, die Gemeinde zu reformieren oder die Welt zu missioniern, sondern Jesus zu begegnen. Mehr schaffen sie nicht – und selbst das kann nicht »geschafft«, sondern muß erbittet und sehnlichst erwartet werden.

Viele setzen hier mit ihrer »wohlmeinenden« Kritik an. Ein Hauskreis ist nicht dazu da, unsere eigenen Bedürfnisse zu stillen, sondern auf das hin zu leben, was Gott mit einem vorhat, Missionsbefehl, Engagement für Hilfsbedürftige etc. Einen Hauskreis auch als Ruhepunkt zu sehen, heißt ja noch nicht, daß dies ein Club von Endverbrauchern der Gnade Gottes sein muß. Wenn jemand aufgebaut worden ist und diese Stärkung von ihm zu anderen weiterfließt als Ruhe, als Abstand, als Gelassenheit, als Fürbitte, dann verändert seine Veränderung als Christ manche Situation in seiner Umgebung, »obwohl« er in seinem Hauskreis »nur« auftankt. Nicht daß Ausgepumpte auch noch das Allerletzte aus sich rausholen, sondern daß Jesus uns rausholen und erquicken darf, verändert etwas zum Guten. Wer nichts hat, kann auch nichts weitergeben. Wer aber etwas von ihm erhalten hat, kann und wird ganz selbstverständlich etwas weitergeben.

Natürlich sollte ein Auto, das getankt hat, dann auch fahren und Leute zu ihrem Ziel bringen und nicht vollgetankt stehen bleiben. Hier taucht die Frage nach den Zielen auf, zu denen uns der Heilige Geist hinbewegen möchte. Wer wieder auf die Füße gekommen ist, wird das Verlangen in sich spüren, etwas für Jesus zu tun. Fragt sich nur: Was?

Vielleicht kann die Ruhe-Erfahrung vom Hauskreis Ihnen ja auch zu Hause geschenkt werden, wenn Sie sich Zeit nehmen, daß Jesus Sie auch in den eigenen vier Wänden zu den »stillen Wassern« führen darf, um mit Ihnen zu reden. Vielleicht werden Sie dann überrascht sein, wieviele Aktivitäten er eigentlich gar nicht für so notwendig findet, sondern Sie viel öfter an einen »einsamen Ort« (Mk 6,31) entführen möchte.

☞
- Vertiefender Hauskreis
- Formen der Hauskreisarbeit
- Perspektiven
- Singen im Hauskreis
- Anbetung

»Rezepte« für den Hauskreis

Das Know-how für Eilige

Rezepte werden heute zwar beargwöhnt, aber mir helfen knappe Zusammenfassungen des Wesentlichen, vor allem bei allen praktischen Fragen. Darf ich mit einem kleinen Rezeptblock für meine Hauskreisarbeit rechnen?

Voilà, hier ist er:

Gründung eines Hauskreises

1. Einen Hauskreis zu beginnen hängt nicht davon ab, ob jemand »Spaß an sowas« hat, nicht einmal von der örtlichen Notwendigkeit, sondern zuallererst, daß es Gott jemandem aufs Herz gelegt hat. Dies ist eine Weichenstellung, die darüber entscheidet, ob sich ein Hauskreis zur Versorgungsanstalt entwickelt oder zu einem geeigneten Werkzeug in der Hand Gottes.
2. Hauskreis ist Gemeinde konkret, d. h. »Gemeinschaft der Heiligen«. Die Vereinzelung hört auf, das Verbundensein beginnt. Dies ist der Wille Christi für die Glieder seines Leibes. Und dieser ist es auch, der uns zusammenhält, auch wenn die natürlichen Bedürfnisse nach Gruppe hier nicht befriedigt werden sollten. Wegbleiben ist dann eine Versuchung. Wer aber bleibt, reift – weil er sich an Jesus orientiert und nicht an Menschen.
3. Wer den Auftrag empfangen hat, bete um Klarheit für einen Zweiten, dann die Zwei um den Dritten und Vierten. Die Einheit ist wichtiger als das Programm – am Anfang und weiterhin.
4. Der Hauskreis ist lebendiger Stein im Aufbau der Gemeinde. Der Leiter der Gemeinde muß daher von der Bildung des neuen Kreises erfahren. Wenn irgend möglich sollte mit ihm vom Gesamtkonzept der Gemeinde her über die Zielrichtung des neuen Kreises nachgedacht werden: vertiefend; missionarisch; Gebetskreis ... Auch ohne ihn muß diese Frage geklärt werden.
5. Fragen zum Äußeren sind oft wichtiger, als man denkt: Turnus; Ort; Beginn und Ende (Pünktlichkeit); Ablauf; Singen und Gebet; Themen oder Texte; Bewirtung; Leiterschaft. An der Klärung dieser Fragen muß das Team arbeiten, aber es sollte noch ein Stück Mitbestimmung für die Teilnehmer, die dazukommen, übrig sein.

6. Merke: Männer müssen Männer motivieren!
7. Der Leiter bzw. das Team bestimmt die Atmosphäre. Sie sind die »Trendsetter«, sei's zur Lockerheit und Vertrautheit oder zur Gehemmtheit und Zurückhaltung. Wichtig hier das Charisma des »Eisbrechers«, wichtiger aber die Identität, Echtheit und Natürlichkeit jedes Mitarbeiters, am wichtigsten aber, daß die Liebe Gottes erfahrbar wird durch die Annahme jedes Teilnehmers.
8. Es bleibt eine Spannung zwischen Offenheit nach innen und Öffnung nach außen. Ein Mittelweg ist: bei der Einladung Neuer die vorherige Absprache mit dem Leiter bzw. mit dem ganzen Kreis. Der Neue wird auf diese Weise gleich willkommen geheißen und soll nach drei Besuchen sagen, ob er dazugehören möchte.
   Es ist nicht zu jeder Zeit dran, Neue einzuladen.
9. Jede Gruppe darf die Absicht haben zu wachsen, wenn sie bereit ist, sich zu gegebener Zeit dann auch zu multiplizieren. Dieses Ziel sollte immer wieder der Gruppe bewußt gemacht werden.
10. Die Multiplikation einer Gruppe durch Sprossung gelingt nur, wenn sich vorher neben dem Leiter Co-Leiter durch Übernahme von Verantwortung heranwachsen konnten. Sie bedürfen der Ermutigung durch die Gruppe und den Leiter.

Vorbereitung eines Hauskreises

1. »... mit Sorgen und mit Grämen und mit selbsteigener Pein, läßt Gott sich gar nichts nehmen, es muß erbeten sein«. (EKG 294,2) Das steht voran!
2. Bereiten Sie sich selbst vor, indem Sie vor Gott still werden und um die Leitung des Heiligen Geistes bitten. Legen Sie dabei vor Gott ab, was Sie aufwühlt oder noch beschäftigt.
3. Seien Sie bereit, sich von Gott zeigen zu lassen, was zwischen Ihnen und ihm an Blockierendem steht: Kleinglaube, Ungehorsam, ... Bekennen Sie es vor Jesus und nehmen Sie seine Vergebung dafür an.
4. Hören Sie, ob Gottes Geist Ihnen für den Hauskreisabend ein spezielles Thema aufs Herz legt, das Sie drannehmen sollten. Sonst nehmen Sie den Text oder das Thema, das der Reihe nach dran ist.

5. Notieren Sie sich einen vorläufigen Plan, wie der Abend ablaufen könnte. Prüfen Sie, ob der Austausch am Anfang oder am Schluß des Abends stehen soll. Achten Sie besonders darauf, daß das Gespräch mit Gott, das Gebet, nicht zu kurz kommt.
6. Zur Vorbereitung eines Bibeltextes empfiehlt sich, zuerst unvoreingenommen den Text zu lesen mit der Frage: Herr, was ist hier für mich wichtig? Was sagst du mir durch dieses Wort zur Ermutigung, als Trost, als Lehre, zur Korrektur, als Anweisung?
7. Danach kommt das intensive Studieren des Textes, sehen, was dasteht, verstehen wollen und fragen.
8. Erst danach können Sie versuchen, mit Hilfe einer Auslegung und der Konkordanz auch die schwierigen Stellen im Text für sich persönlich zu klären. Vergessen Sie nicht, für das, was Sie empfangen haben, Gott zu danken …
9. Überlegen Sie, wie Sie methodisch die andern Hauskreismitglieder an den Text heranführen können.
10. Suchen Sie betend Lieder aus für den Abend und sprechen Sie auch im Kreis Gebete zwischen manchen Liedern. Denn Lieder sind Gebete! Erlauben Sie nicht, daß dazwischen geredet wird.
11. Beten Sie für alle Hauskreis-Mitarbeiter! Beten Sie, was Gottes Geist Ihnen für die einzelnen aufs Herz legt.

Zur Leitung des Abends

1. Achten Sie auf pünktlichen Beginn. Wer später kommt, wird mit Nicken und netten Worten begrüßt. Das Singen geht weiter!
2. Geben Sie für den nächsten Schritt jeweils klare Arbeitsanweisungen.
3. Manchmal ist es gut, vor oder nach dem Lesen des Textes einige Verstehenshilfen zum Text zu geben, damit die einzelnen dann in der anschließenden »Stillen Zeit« leichter zum Hören kommen.
4. Nach der Stille ist es gut, wenn der Leiter sich zurückhält und zunächst die anderen ermutigt, das einzubringen, was Gott ihnen hat aufleuchten lassen.
5. Es empfiehlt sich, wenn möglichst alle zuerst ihren Beitrag geben, und erst in der zweiten Runde dann strittige Fragen

geklärt werden. Hier kann der Leiter dann seine Ergänzungen einbringen.

6. Der Leiter und die ganze Runde sollten darauf achten, ob jemand eine Frage oder ein Problem hat, das vorrangig behandelt werden sollte, weil der Betreffende dringend Hilfe braucht und Gott ihm seine Hilfe schenken will. Dafür muß unter Umständen das Konzept des ganzen Abends umgestoßen werden. Denn Gott soll allen Raum haben zu wirken, wie *er* will.
7. Beim Austausch persönlicher Erlebnisse darauf achten, daß die Gruppe nicht »ins Schwätzen« kommt. Vorrangig gehört in den Austausch,
   a) was wir zur Ehre Gottes bezeugen wollen, d. h. wo wir Gottes Hilfe erfahren haben, und
   b) wo wir die Fürbitte der Geschwister brauchen und erbitten.
8. Beim Gebet auf die Leitung des Heiligen Geistes achten: Was ist jetzt dran? Sollen wir heute längere Zeit zum Danken, Loben und Anbeten nehmen? Soll jemand gesegnet werden? Soll ich bei der Fürbitte für das Anliegen eines anderen noch eine Bitte anschließen, bevor wir zu einem anderen Anliegen weitergehen?
9. Es ist gut, beim Beten auch das Hören auf Gott zu üben. Gott möchte uns öfters unmittelbar eine Antwort auf eine Bitte geben, wenn wir bereit sind, sie zu hören. Was wir gehört haben, können wir nach dem Gebet dem Betreffenden, den es angeht, oder der ganzen Runde zum Prüfen weitergeben (eventuell aber auch zuerst nur dem Leiter).
10. Wichtig fürs Gebet: Wir machen uns eins beim Beten! Wir stellen uns im Glauben zu dem, was der andere gerade betet, so daß sein Gebet auch mein Gebet ist!

Perspektiven (Thesen)

1. Es ist schön, Heimat in einem Hauskreis gefunden zu haben – aber das ist noch nicht alles. Es ist wichtig, daß die Teilnehmer eines Hauskreises, mindestens aber die Leiter über den »Tellerrand« der Gruppe hinaussehen können.
2. Es ist wichtig, daß sich ein Hauskreis als Teil einer Gemeinde versteht und über ihn die Teilnehmer einen Zugang zu ihrer Gemeinde finden. Spannungen zwischen Ge-

meinde und Hauskreis schließen die grundsätzliche Bezogenheit beider aufeinander nicht aus. Der Leib braucht seine Zellen und die Zellen brauchen den Leib.

3. Die erste Realisierung dieser Beziehung ist das Gebet für die Gemeinde und ihre Leiter; die zweite ist der Gottesdienstbesuch; die dritte die Mitarbeit. Umgekehrt realisiert sich die Beziehung der Gemeinde zu den Hauskreisen durch die Einsetzung der Leiter im Gottesdienst; die gelegentliche Abkündigung bei den Gemeinde-Nachrichten; die Aufwertung der Hauskreise durch den Pfarrer, indem er die Leiter regelmäßig versammelt.
4. Die Perspektive Gottes ist die Gewinnung der Welt. Darum müssen Hauskreise auch fragen, wie das Evangelium im Ort den anderen, jenseits der Kirchenmauern und den Gemeinde-Ghettos gebracht werden kann, sei es durch Einzelaktionen, sei es durch offene Angebote.
5. Die Mühseligen und Beladenen erbarmten das Herz Jesu. Dienste der Barmherzigkeit gehören zum Wesen derer, denen Barmherzigkeit selber widerfahren ist.
6. Das Reich Gottes ist mehr als die Landeskirche. Hauskreise stehen in einer Gemeinde, aber sie haben Gemeinschaft mit dem ganzen Volk Gottes im Land. Oft ist schon die Zusammensetzung des Kreises ökumenisch.
7. Der weltweite Horizont der Christenheit hat seine Entsprechung in weltweiten Diensten unterschiedlichster Art, die in manchen Hauskreisen wahrgenommen werden. Und manche haben dabei die Ausländer vor ihrer eigenen Haustüre entdeckt.

Seelsorge im Hauskreis

Hauskeise – Seelsorgegruppen?

In unserer Gemeinde gibt es eine Reihe von Hauskreisen, doch je mehr Menschen angesprochen werden, desto mehr Seelsorgeanfragen kommen auf Hauskreismitglieder zu, die noch nicht einmal dafür ausgebildet sind. Ist das normal? Wie sollen wir damit umgehen?

In unsere Hauskreise kommen viele Menschen mit sehr großen Nöten und suchen Hilfe. Verletzungen, eigene Schuld (und die anderer an uns), Gebundenheiten, auch an Menschen, Belastungen, unsere bewußten und unbewußten Entscheidungen, das alles kann unsere Beziehung zu uns selbst, zum Nächsten und zu Gott beeinträchtigen. Unsere Entwicklung kann dadurch insgesamt behindert sein.

Seelsorge, wie sie allgemein verstanden wird, will Menschen helfen,

- sich selbst anzunehmen,
- ihre Person zu entfalten, die Gott in ihnen angelegt hat, mit ihren Gaben und Fähigkeiten;
- ihre Berufung zu erkennen und leben zu lernen;
- in eine immer tragfähigere Liebesbeziehung zu Gott und zum Nächsten hineinzuwachsen und
- durch den Glauben das Leben zu bewältigen.

Gerade durch die Hauskreisarbeit wird deutlich, welchen »Nachholbedarf« an echter Seelsorge viele von uns haben. Positive und negative Erfahrungen aus unserer Lebensgeschichte bringen wir mit in unseren Hauskreis. Mit wachsender Vertrautheit leben wir unsere Erwartungen, Beziehungskonflikte, Lebensmechanismen usw. dann auch hier aus. Das hat schon manchen Hauskreis zerstört. Ein Beispiel: Ein Hauskreisleiter wird als autoritär angegriffen und kritisiert. Kann der Kritiker erkennen, welche autoritäre Person ihn früher verletzte, daß er so scharf reagiert (wir nennen das »Übertragung«)? Kann andererseits der Leiter sehen, daß er evtl. Verhaltensweisen lebt, die er bei einem Elternteil ablehnte und nun genauso »weitergibt«? – Werden uns solche Hintergründe transparent, bieten sich hier Wege an zur Heilung für alle Beteiligten –, anstatt zur Verbitterung oder Trennung zu führen.

Persönliche Seelsorge am Hauskreisabend?

Wie greift man aufkommende Probleme auf, und wie bietet man Hilfe an, ohne aufdringlich zu sein?

»Zuhören« und »raushören« scheinen mir zwei wesentliche Stichworte zu sein. »Habe ich dich richtig verstanden, daß dich/euch das und das Problem zur Zeit bewegt?« Inhaltlich angemessen ausgedrückt kann eine solche Frage Klärung bringen und bisher verschlossene Türen öffnen. »Wäre es dir/euch recht, wenn wir gemeinsam darüber nachdenken?« Mit dieser Möglichkeit bieten wir Freiraum und Hilfe an, sich zu öffnen, ohne sich bedrängt zu fühlen.

Was kann man im Hauskreis besprechen und was gehört in die persönliche Seelsorge?

Seelsorge im Hauskreis ist für viele noch ungewohnt. Bricht bei einem Hauskreisteilnehmer während des Treffens eine große Not heraus, kann er die Intimsphäre manchmal nicht mehr wahren. In manchen Hauskreisen ist es in einzelnen Fällen möglich, unter Verschwiegenheit nach außen auch für sehr persönliche Nöte zu beten (Jak 5,16). Spürt der Hauskreisleiter, daß der Kreis überfordert ist oder der betroffene Teilnehmer sich hinterher schämen würde, dann liegt in der Frage »Könntest du dir vorstellen, daß wir uns nachher für dich Zeit nehmen?« ein Angebot zu einem persönlichen Gespräch. Vom Aufarbeiten von Problemen und vom Erteilen von »gutgemeinten« Ratschlägen im Hauskreis ist aus verschiedensten Gründen abzuraten.

Kann eigentlich jeder und jede Seelsorger sein?

In vielen Hauskreisen gibt es einzelne Mitglieder mit der Gabe der Seelsorge. Als Voraussetzung gilt allgemein, daß der Seelsorger bzw. die Seelsorgerin eine persönliche Beziehung zu Jesus Christus hat und konkret mit dem Handeln Gottes in den Gesprächen und Gebeten rechnet. Er sollte selbst einen Seelsorger haben und ein Leben in den Ordnungen Gottes führen. Es ist hilfreich, wenn zu wachsender Befähigung seelsorgerliche und therapeutische Kenntnisse dazukommen. Der Seelsorger darf auch Gott um die Gaben des Heiligen Geistes bitten. Geistesgaben wie z. B. Weisheit, Erkenntnis, Prophetie und Geisterunterscheidung sind oft wesentliche Hilfen, mit denen Gott uns für die Seelsorge ausrüstet. Sie können bei den einzelnen schwerpunktmäßig unterschiedlich ausgeprägt sein.

Grenzen der persönlichen Seelsorge

Aber manche Menschen brauchen doch auch Beratung. Ist ein Seelsorger mit manchen Nöten nicht einfach überfordert?

Auch viele Christen können ihre Lebensprobleme nicht alleine bewältigen. Dann weisen sie verstärkte Symptome auf, z. B. Depressionen, Alkoholismus, Eßstörungen, Angstzustände. Rechtzeitige und fachlich gute Beratung (Therapie) kann den Heilungsprozeß erheblich beschleunigen. Wenn ein Seelsorger merkt, daß trotz seines Einsatzes in Gespräch und Gebet und trotz guter Mitarbeit des Ratsuchenden keine Besserung oder sogar eine Verschlimmerung eintritt, dann ist es gesunde Selbsteinschätzung und nicht Versagen des Seelsorgers, wenn er dringend zum Gespräch bei einem Therapeuten bzw. Facharzt rät. Das gilt besonders für

- Depressionen: Diese können sehr unterschiedliche Hintergründe und Auslöser haben. Es ist kein Zeichen von Unglauben, ärztlich verordnete Medikamente einzunehmen und begleitender therapeutischer Beratung oder einem notwendigen Klinikaufenthalt zuzustimmen.
- Sucht (Alkohol, Drogen, Medikamente) oder krankhafte Eßprobleme (Magersucht, Freßsucht), Spielsucht (Roulett, Spielautomaten) bessern sich in der Regel nicht von alleine, sondern schreiten fort. Der Besuch einer psychosozialen Sucht-Beratungsstelle kann dem Betroffenen und dem Seelsorger Jahre von Qual und Leiden ersparen. Falsche »christliche Nächstenliebe« ist gerade hier unangebracht.
- Ausgeprägte Angstzustände haben ihre Wurzel häufig in schlimmen Erfahrungen aus früheren Jahren, die der Behandlung bedürfen.
- Zwangsverhalten wird gerade in ausgeprägten Formen manchmal belächelt. Es handelt sich aber hier um Menschen, die wirklich therapeutische Beratung brauchen.

Es ist ein Geschenk Gottes, daß viele Menschen durch Gebet Trost und unmittelbar Heilung erfahren. Wir sollten von dieser Möglichkeit noch viel mehr Gebrauch machen. Es ist uns aber nicht gestattet, eine Person, die längerfristig Seelsorge und Therapie braucht, abzuwerten oder zum Abbruch dieses Heilungsprozesses zu veranlassen.

Wenn sich jemand weiterbilden möchte in Seelsorge, was würden Sie ihm raten?

Verschiedene christliche Vereine und kirchliche Einrichtungen bieten Schulungstage, Wochenendseminare und Ausbildungsprogramme an. Aus der Vielfalt der Angebote kann der Seelsorger nach gründlicher Information auswählen, was für ihn selbst und seinen Aufgabenkreis am geeignetsten ist.

Immer wieder hört man den Begriff »Innere Heilung«. Was ist das?

Gemeint sind hier meist Heilungsprozesse der Seele von Verletzungen und Beschädigungen auf dem Lebensweg eines Menschen. »Jesus Christus ist derselbe, gestern, heute und in Ewigkeit«. Er kennt jeden von seiner Zeugung bis heute. Deshalb dürfen Seelsorger ihn bitten, zurückzugehen in die schlimmen Erfahrungen der Person und – wenn es für ihre Heilung nötig ist – auch Bereiche aufzuzeigen, an die sie sich nicht erinnern kann.

Wenn durch Gespräch und Gebet beide eine solche Situation erkennen, bitten sie Jesus, daß er sie mit ihrer inneren Vorstellungskraft erleben, ja, regelrecht »sehen« läßt, wie er die schlimme Erfahrung von damals heilt. Wer z. B. als Kind von seinem betrunkenen Vater bedroht wurde, darf erleben, wie Jesus die Angst von dem Kinde wegnimmt und auf sein Kreuz legt. Dadurch kann auch eine veränderte Beziehung zu dem entstehen, der die Verletzungen zugefügt hat.

Das klingt, wie wenn das in einem Augenblick geschähe. Aber sind das nicht oft auch lange Prozesse?

Einem heilenden Erleben müssen oft wesentliche Schritte folgen oder darin integriert sein:

- Ich darf meine Vergangenheit vor Gott erkennen und annehmen.
- Ich darf mein Herz vor ihm ausschütten und Trauer, Aggression, Rache, Haß an sein Kreuz bringen.
- Ich kann mit der Vergebung Jesu den Verursachern mancher Leiden vergeben und meine Anklage gegen sie abgeben.
- Ich kann bei Mangel die Angeklagten aus meiner Bindung (»Du bist mir schuldig geblieben …«) entlassen und mich mit meiner Ersatzbefriedigung auseinandersetzen (z. B.

Flucht in Essen, Tagträume, Selbstmitleid usw.), um sie loslassen zu können.
- Ich lerne neu, meine Verantwortung mit Gottes Hilfe zu leben.
- Ich kann ohne die Last dieser negativen Erfahrungen und Verhaltensweisen Gott, andere und mich selbst neu wahrnehmen und lerne Vertrauen.

Noch eine spezielle Frage zum Schluß: Können Christen eigentlich okkult belastet sein?

Ja, leider. Aber es herrscht viel Unkenntnis. Einerseits sprechen Menschen manchmal von okkulten Belastungen, wo es um psychische Leiden geht, andererseits bleiben Menschen in Gebundenheiten, weil okkulte Belastungen bagatellisiert werden. Daher empfiehlt es sich, mit einem Seelsorger darüber zu sprechen, der Erfahrungen im Umgang mit okkulten Belastungen hat. Scham, daß man in einer Familie aufgewachsen ist, in der Okkultismus praktiziert wurde oder sich selbst in diesen Bereichen betätigt hat, sollte kein Hindernis sein, mit einem Seelsorger zusammen zu Gott zu gehen, um befreit zu werden.

☞
- Leiterschaft
- Konflikte im Hauskreis
- Querulanten
- Gemeinschaft im Hauskreis
- Geistliche Kampfführung

Singen im Hauskreis

Singen – muß das sein?

Wir sind allesamt nicht sonderlich musikalisch, haben uns deshalb nie groß um das Singen an unseren Abenden gekümmert. Ist eigentlich Singen so üblich in den Hauskreisen, daß wir uns auch auf dieses Gebiet vorwagen sollten?

In missionarischen Hauskreisen sollte man sensibel vorgehen und eventuell ganz darauf verzichten. Wenn die Gruppe trotzdem singen möchte, dann sollte sie Liederbücher mit Texten verwenden, bei denen sich Noch-nicht-Gläubige als Suchende auch wiederfinden können (z. B. Fontäne).

Bei den vertiefenden Hauskreisen aber, in denen sich Leute treffen, die »mit Ernst Christen sein wollen« (Luther), ist das etwas anderes. Egal, ob jung, ob alt, in fast allen Hauskreisen wird gesungen. Laut einer Umfrage, die im Rahmen einer Doktorarbeit durchgeführt wurde, singen 53 % der Hauskreise viel, 33 % wenig und nur 14 % nicht.

Warum das so ist? Singen ist Ausdruck von Freude und befreitem Leben, darum!

Singen ist aber nicht jedermanns Sache. Es gibt ja auch Unmusikalische oder solche, denen singen eben keinen Spaß macht.

Hier muß man unterscheiden! Es gibt Leute, die haben wenig Übung im Gebrauch ihrer Stimme, sie sind unsicher. Diese dürfen sich in der Gruppe einfach mitnehmen lassen, dadurch werden sie sicherer und mit der Zeit fangen sie auch an, für sich allein zu singen.

Dann gibt es die wirklich Unmusikalischen – eine verschwindende Minderheit. Sie können – ähnlich wie Farbenblinde die Farben – die Unterschiede der Töne nicht erfassen. Viele dieser Mitchristen haben aber ein fröhliches Herz und singen in der Gruppe kräftig den »basso continuo«. Sie sollen es, auch wenn sie manchmal die guten Sänger aus dem Gleichgewicht bringen …! Denn »der Herr sieht das Herz an«.

Die schwierigste Sorte von Nichtsängern sind aber die »Miesmacher«. Sie singen nicht nur selber nicht (was schon an sich stört), sondern warten nur darauf, wieder eine ihrer galligen Bemerkungen zwischen die Lieder einzustreuen. Hier handelt es sich nicht um ein musikalisches, sondern um ein seelsorgerliches Problem, das im Einzelgespräch angegangen werden muß.

Singen – die reinste Medizin!

Auf jeden Fall werden solche Stimmen, wenn sie nicht zum Schweigen gebracht werden, den Gesang der Gruppe langsam aber sicher ersticken. Und das wäre für jede Gruppe ein großer Verlust – dagegen nach Meinung vieler ein großer Gewinn für jemand, der überhaupt keine Freude am Lob Gottes hat …

Das ist nicht unser Problem, zum Glück. Aber unser Hauskreis besteht aus Leuten, die sind nach einem Arbeitstag einfach nicht in der Stimmung, laut zu singen.

Neulich schrieb ein Mediziner (☞ Literatur S. 341) :

»… Wie ist das mit dem Singen? Die physikalisch-physiologische Wirkung des Singens. Infolge der Lage von Kehlkopf und Stimmbändern am Kopfansatz werden von den erzeugten Schwingungen in erster Linie die Kopforgane betroffen. Gleichzeitig wird durch die tiefere Atmung dem Blut und damit dem Gehirn mehr Sauerstoff zugeführt und damit das Aufnahmevermögen gesteigert. Durch die Anstrengung der zur Stimmbildung notwendigen Muskeln in Hals und Kopf, zusammen mit der durch die Schallwellen erzeugten Vibration entsteht im Kopfbereich eine wohltuende Hyperämie (Blutüberfüllung). Diese ist ein hervorragendes Therapeutikum, das bei vielen Krankheiten und Leiden angewendet wird. Wie viele von uns kommen doch müde und abgespannt, manche sogar deprimiert zum Hauskreis; vielleicht sogar mit Brummschädel und Kopfschmerzen. Wir neigen heute all zu rasch dazu, zur Pille zu greifen, weil das so einfach erscheint. Dabei bietet uns der Schöpfer selber im Singen ein Mittel an, von dem viel zu wenig Gebrauch gemacht wird. Niedergeschlagenheit und Schmerzen sind nach einem Lied oft wie weggeblasen. Ich kenne sogar Unmusikalische, die ausgesprochen gern Musik hören, gern mitsummen oder -brummen und im Chor sogar stimmlich mitgerissen werden. Gleichsam als Beigabe schafft der Lobgesang, wie wir ihn üben, gleich am Anfang auch eine Konsonanz, eine Harmonie unter uns, die schon tieferes gegenseitiges Verstehen ahnen läßt. Soviel zum Singen zu Beginn des Hauskreises aus meiner Sicht.«

Das könnte einen Gesangsmuffel zumindest zum Summen bringen! Doch was steht eigentlich in der Bibel über das Singen?

Gesang in der Bibel

Zunächst ist mit den 150 Psalmen ein ganzes Gesangbuch in der Bibel abgedruckt mit Liedern wirklich zu allen Anlässen des Lebens. Jesus und auch die christliche Gemeinde bis zum heutigen Tag hat dieses Gesangbuch fleißig benutzt. Daß mit Singen auch der Heilige Geist in besonderer Weise Zugang zu unseren Herzen gewinnt, schreibt schon Paulus an die Epheser (5,19f): »Werdet voll Geistes! Das kann am besten dadurch geschehen, daß ihr miteinander redet in Psalmen, Lobgesängen und geistgewirkten Liedern, daß ihr in euren Herzen dem Herrn singt und spielt.«

Sogar in der Ewigkeit wird gesungen zur Ehre Gottes, wie uns die Offenbarung bezeugt (5,9): »Und sie sangen ein neues Lied: Würdig bist du …«

Singen auf dieser Welt ist darum immer schon ein Stück angebrochene Ewigkeit durch den Heiligen Geist, der dort und hier der ist, der die Herzen öffnet zum Lob Gottes, zum Vertrauen zu Gott, ja selbst zur Klage vor Gott.

Darum kann man Singen ruhig mit Beten gleichsetzen: »Wer recht singt, betet doppelt«, meint Luther, der selber viel gesungen hat. Und dabei heißt »recht«, wenn es sich auf den Sänger bezieht: »mit Herzen, Mund und Händen«.

»Recht« heißt, wenn es sich auf das Lied bezieht, daß »die Persönlichkeit« eines Liedes erfaßt wird. Diese besteht aus dem Text und dem Charakter der Melodie. Beide gehören so zusammen, daß erst im »rechten« Singen ein Lied anfängt, seine Kraft zu entfalten und uns segnet.

Besonders diejenigen, die den Gesang leiten, meist sogar mit einem Instrument, müssen sich vor dem ersten Ton diesen Charakter des Liedes vergegenwärtigt haben. Nur so können sie den Segen der Lieder ihren Gruppen vermitteln. Dies gilt ebenso für Choräle wie für neue Lieder.

Und wenn eine Gruppe wie wir niemanden hat, der ein Instrument spielt oder der sie leiten könnte?

Dann sollen sie unverzagt so singen, wie sie können. Hauptsache »von Herzen«, fröhlich und so kräftig, wie es geht. Es gibt ja auch Musik-Kassetten, die nur die Instrumentalmusik zu den Liedern enthalten und förmlich zum Mitsingen einladen. (☞ Hilfsmittel S. 341)

Singen im Hauskreis

Was für Lieder?

Was für Lieder singt man denn in den Hauskreisen ?

Das scheint weniger vom Alter abzuhängen als von der Landschaft und ein Stück weit von der Prägung.

Im kirchlichen Raum werden das evangelische Kirchengesangbuch (EKG) und die Ergänzungsbändchen (Neue Lieder o. ä.) benutzt.

Dazu werden auch die Lieder aus »Mosaik« 1-5 gesungen (Präsenz Verlag, Jesusbruderschaft); in den Hauskreisen besonders in Württemberg verbreitet auch »Die Fontäne«, von der jetzt ein neuer Band »Die Fontäne in blau« erschienen ist (Ev. Jugendwerk in Württemberg).

Im evangelikalen Raum wird vor allem aus den verschiedenen Liederbüchern aus dem Hänssler-Verlag gesungen: »Jesu Name« 1-5, »Songs junger Christen« u. a. Dann auch aus »Sein Ruhm, unsere Freude« von Krelingen und aus den »Lebensliedern« vom Mundorgel Verlag.

Lieder aus dem charismatischen Raum sind erschienen im Verlag Projektion J. Am bekanntesten die Sammlung »Du bist Herr« 1 und 2, sowie neu »Kommt, laßt uns singen«, das vor allem Lobpreisleitern ihre Arbeit durch eine »einsatzorientierte« Gliederung erleichtert.

Am stärksten grenzübergreifend in ihrer Sammlung sind die beiden Bände der »Fontäne«.

Manche Hauskreise machen sich mit Kopien ihr eigenes Liederbuch, vergessen dabei, daß dies ohne Genehmigung der Verlage verboten ist. Lob Gottes von gestohlenen Blättern ist eine durchaus »bedenkliche« Angelegenheit!

Einige ganz besondere Hauskreise sind jedoch dazu übergegangen, eigene Lieder zu texten und zu vertonen. Sie haben vielleicht das Thema »Singen« am tiefsten verstanden …

☞
- Anbetung
- Ablauf eines Abends
- Missionarischer Hauskreis
- Konflikte im Hauskreis (Nichtsinger)

Soziologische Aspekte der Hauskreisarbeit

Gruppe im Trend

Im »christlichen Bereich« zeigt sich ein wachsender Trend zur Gruppenbildung. Wie erklären Sie sich das? Und was begünstigt diesen Trend?

Er hängt wohl eng zusammen mit allgemeinen gesellschaftlichen Entwicklungen der letzten Jahrzehnte, an denen wir alle teilhatten.

- So erlebten wir eine zunehmende Vermassung in den wachsenden Ballungsräumen der Städte. Die wachsende Mobilität durch Umzüge fördert durch Entwurzelung das Empfinden von Einsamkeit und Angst. Dazu kommt die innere Entwurzelung, d. h. der immer weitergehende Verlust allgemein verbindlicher Normen: Was richtig ist, muß jeder für sich herausfinden. Dies sind Nöte unserer Zeit.
- Die Reaktion darauf ist einerseits der Rückzug ins Private und den Kreis Gleichgesinnter und ebenso die Suche wieder nach »Gott« und bleibenden Werten. Beiden Tendenzen entspricht das Angebot von Hauskreisen!
- Gegenüber der letzten Generation, die lange und intensiv zuhören und dadurch lernen konnte, hat sich bei der jetzt mittleren Generation durch die Überflut von Informationen, die eine aktive Auswahl und Auseinandersetzung verlangen, das Lernverhalten dahingehend verändert, daß vornehmlich durch Diskussion und Gespräch, also durch aktive Auseinandersetzung gelernt wird. Und dies ist im Hauskreis möglich, anders als im Gottesdienst.
- Die Bereitschaft, sich von Autoritäten Gedanken vorgeben zu lassen, hat spätestens in Deutschland mit den Studentenrevolten der sechziger Jahre aufgehört. Von Anfang an werden Kinder zu selbständigem Denken erzogen. Samt allen dazugehörenden Nachteilen bewirkt dies heute eine Wachheit des Mitdenkens, die nach Auseinandersetzung verlangt. Die Dialogfähigkeit der Kirchen als Großsysteme ist gering, was bei vielen Menschen zur Abkehr von der Kirche führt. Auch hier ist der Hauskreis mit all seinen verschiedenen Formen sozusagen die Kommunikationszone der Kirche.

Welche Gesellschafts- und Berufsschichten?

Sind Hauskreise eigentlich für bestimmte Gesellschafts- und Berufsschichten?

Grundsätzlich zeigen die Zahlen der Hauskreise auch hier dasselbe Profil wie in der evangelischen Landeskirche, d. h. die Hauskreise sprechen zuerst die in der Kirche Beheimateten an, da der überwiegende Teil der Gruppen zum sogenannten »vertiefenden Hauskreistyp« gehört. Und auch da, wo sie als »missionarische Kreise« arbeiten, wenden sie sich zunächst an die Nachbarn d. h. an die soziologisch ähnlich Situierten der bürgerlichen Mittelschicht. Hauskreise, die sich bewußt an bestimmte Randgruppen wenden, gibt es noch kaum; vermutlich müßte unter diesen dann auch die Form der verbindlichen »Kreise« verlassen werden und neue »Treffs« für solche Gruppen gefunden werden.

An Berufen zählt (ohne Zahlen) Blohm (108) auf:

Beamte, Selbständige, Angestellte, Arbeiter (5 %), Rentner, Studenten und Schüler, sowie Hausfrauen mit dem höchsten Prozentanteil (40 %).

Masemann findet (in Prozenten):

Arbeiter (5), Angestellte (19), Beamte (8), im Haushalt (41), im Ruhestand (16), Selbständige (8), in Ausbildung(2). Masemann fügt noch eine Untersuchung zum Schulabschluß an: keinen (0,4), Hauptschule (35), Mittlere Reife und Fachschule (38), Abitur (7), Fachhochschule (6), Hochschule (13).

Wir wohnen in einer ländlichen Gegend, doch in unseren Hauskreis hat sich noch kein einziger Landwirt verirrt. Sind wir da eine Ausnahme oder geht es anderen ähnlich?

Blohm und Masemann haben gerade im Blick auf den ländlichen Raum ihre Untersuchungen angestellt und auch in ihren Aufzählungen findet sich erstaunlicherweise kein Landwirt. Es ist nicht ausgeschlossen, daß der geringe Anteil an Arbeitern und Landwirten evtl. auch damit zusammenhängen kann, daß dies die mit körperlicher Arbeit am härtesten geforderten Berufsgruppen sind, die am Abend keine Kraft mehr haben für geistige Anstrengungen, höchstens nur noch für eine Runde am Stammtisch oder für das Fernsehprogramm. Manche meinen, daß die Teilnahme am Hauskreis so viel Gesprächsbereitschaft und -fähigkeit voraussetzt, daß Mitglieder bestimmter Berufsgruppen, in denen das freie Reden nicht gerade gefordert und gefördert wird, instinktiv abgeschreckt werden.

Wir leben in einem sog. »ländlichen Gebiet« und haben uns schon oft gefragt, wie sehr Hauskreise auf dem Land verbreitet sind im Gegensatz zu den Stadt-Gebieten.

Hier können wir auf die Untersuchung von Blohm zurückgreifen, der folgende Verteilung in Prozenten herausbekam: Dorf (28), Kleinstadt (28), Stadt (27), Großstadt (17). Dieses Ergebnis bestätigt die allgemeine Beobachtung, daß Hauskreise vor allem in den »Schlafstädten« rings um die großstädtischen Industrie-Ballungsräume entstehen. Man pendelt in die Großstadt, um zu arbeiten, aber mit der Familie zieht man von dort weg »aufs Land«, d. h. in eine Kleinstadt oder aufs Dorf.

Diese Zugezogenen, soziologisch Entwurzelten sind in ihrer Entwurzelung interessiert an neuen Beziehungen. Auf solchem Boden gedeihen Hauskreise als Angebote.

Nach Blohm liegen über 50 % der Hauskreise in Klein- und Mittelstädten. Neben der »Entwurzelung« kommt hier die grundsätzliche Aufgeschlossenheit des Stadtmenschen gegenüber Angeboten – die ihm ja auch sonst dauernd gemacht werden – zum Tragen, die zwischen der Abgestumpftheit des Großstädters und der Ängstlichkeit des alteingesessenen Dorfbewohners, »sich in die Karten schauen zu lassen« liegt (Sozialkontrolle). In Dörfern mit Neubaugebieten setzen sich die Hauskreise fast ausschließlich aus Zugezogenen zusammen.

In allen Hauskreisen, die wir kennen, sind Katholiken eine echte Rarität. Ist das überall so? Wie sieht die Verteilung der Konfessionen in Hauskreisen rein statistisch aus?

Die Hauskreise sind bis jetzt vorwiegend eine Einrichtung im evangelischen Raum. Dies hängt mit dem kirchlichen Verständnis von »Laie« und dem noch größeren Mißtrauen der Priester gegenüber einer Laientheologie im katholischen Bereich zusammen. Von daher die Zahlen im Verhältnis ⟶

Altersstruktur

	evangelisch	:	katholisch	:	freikirchlich
bei Masemann:	95	:	1,7	:	2,7,
bei Blohm:	90	:	10 (kath., freik.)		

In katholischen Gegenden wird der Anteil an Katholiken natürlich höher sein, da die Hauskreise grundsätzlich keine denominationsmäßige Eingrenzung kennen.

Über das hier Gesagte hinaus läßt sich über die Verbreitung innerhalb der Bundesrepublik auf evangelischer Seite noch feststellen,daß es ein deutliches Süd-Nord-Gefälle gibt und Württemberg bezüglich der Hauskreisarbeit als wohl am dichtesten und am strukturiertesten gelten kann.

Mein Onkel ist 69 Jahre und geht in einen Hauskreis, mein Neffe mit 24 gehört zu einem solchen und ich mit 48 gehe ebenfalls seit sieben Jahren zu einer solchen Gruppe. Gibt es eigentlich irgendwelche Unterlagen, wie die Altersstruktur der Hauskreise allgemein aussieht?

Zunächst die Antwort der Statistik:

(In Klammer die Zahl der befragten Personen.)

	Heider (143) vor 1982	Blohm (1800) 1984/5	Bibel aktuell (445) 1983/4	Masemann (275) 1991	Bibel akt. (93) 1993
bis 20	1%	4%	1,5%	0,0%	5,7%
20-30	11%	17%	14,1%	7,3%	16,8%
30-40	23%	19%	} 63%	23,7%	18,9%
40-50	28%	24%		25,2%	18,9%
50-60	14%	17%	1,4%	24,8%	17,9%
60-70	15%	11%	–	11,8%	14,3%
70 +	8%	7%	–	7,3%	7,2%

H.-J. Heider startete 1982 eine persönliche Umfrage unter 17 Hauskreisen bei 143 Personen im Raum Göttingen. (»Hauskreise als Element des Gemeindeaufbaus« 1982)

Die wissenschaftliche Grundlage für eine Doktorarbeit stellt die genau überlegte Umfrage von Johannes Blohm von 1984/85 dar; ca. 1 800 Personen aus etwa 200 Hauskreisen im ganzen Bundesgebiet gaben Antwort. (»Die Dritte Weise« Calwer Verlag 1992)

Soziologische Aspekte der Hauskreisarbeit

Gleiches Alter – gleiche Gruppe?

Die Umfrage von »Bibel aktuell« erging im März 1984 an alle 1800 Bezieher; 445 Leser reagierten. Eine der Fragen bezog sich auf die Alterstruktur.

Heino Masemann befragte 1991 im Raum der Hannoverschen Landeskirche 250 Personen aus 43 Hauskreisen. (»Hauskreise – Baustein der Gemeindearbeit« Brunnen Verlag 1992)

Welche Schlüsse soll man nun aus den Zahlen ziehen ?

An der Spitze aller Altersgruppen stehen die 40-50jährigen, deutlich gefolgt von den 30-40jährigen.)

Die »mittlere Generation« der 30-50jährigen stellt in den Hauskreisen zwischen 50 %-60 % der Teilnehmer. Dies sind die »jüngeren« und »mittleren« Familien mit vielen Lasten und Aufgaben der Familie und des Berufslebens und oft noch eines Hausbaus. Im Gemeindeleben kamen sie – vor dem »Hauskreis-Zeitalter« ab Mitte der siebziger Jahre praktisch nicht mehr vor, was oft genug in jenen Jahren beschrieben und beklagt wurde.

Die Hauskreise stellen damit präzise das Angebot für diese besonders gestreßte Zielgruppe dar und ermöglichen ihr die aktive Teilnahme am Gemeindeleben.

Viele junge Paare sagen, daß sie nicht wüßten, wie sie im Glauben überleben würden, wenn sie nicht den Hauskreis (gehabt) hätten.

Auch braucht man besonders in dieser Zeit Freunde, die dieselben Probleme meistern müssen.

Heißt das, daß immer nur Gleichaltrige im Hauskreis zusammen sind?

Es gibt laut einer erneuten Umfrage von »Bibel aktuell« 1993 etliche Kreise (19 von 44) mit z. T. erheblicher Altersspanne (30 Jahre und darüber) und 25 der 44 mit 10-20 Jahren Altersdifferenz. Vermutlich handelt es sich bei den erstgenannten um Kreise in besonderen Situationen (Oma oder Enkelkind kommt mit; der einzige Kreis weit und breit). Denn überwiegend – so auch Blohm – haben die Hauskreise einen Altersschwerpunkt. Menschen in derselben Lebensphase treffen sich, um einander geistlich und menschlich weiterzuhelfen.

In Zukunft: Ältere und Jüngere

Was sagen Sie zu Trends in der Altersstruktur, die evtl. in Zukunft wichtig sind ?

Auch wenn sich das aus dem hier vorliegenden Zahlenmaterial nicht unbedingt zeigen läßt, aber aus meiner Beobachtungen der letzten 15 Jahre würde ich sagen:

- Früher gab es kaum Hauskreise (im Bereich der Gemeinde-Hauskreise!) mit Personen über 50. Durch das Älterwerden der Teilnehmer hat sich dies deutlich geändert. Es gibt heute viele 60-80jährige in den Gruppen.
- Ebenso zeichnet sich deutlich der Trend zum »Jugendbibel- oder -hauskreis« ab. Waren das vor 15 Jahren nur vereinzelte, beträgt die Zahl der »Jugendbibelkreise« in Württemberg z. B. heute viele hundert.
  In wachsendem Maß sammeln die Jugendreferenten ihre Mitarbeiter in örtlichen Bibelkreisen und ebnen ihnen mit dieser Form den nahtlosen Weg in eine spätere Gemeindearbeit.
  Bei den jüngeren Kreisen wird immer wieder der Wunsch geäußert, daß eine ältere Person mit mehr Lebenserfahrung regelmäßig dazukäme. Zugleich aber wird auch die Befürchtung laut, dies könne eventuell zum Verlust des »lockeren Stils« führen. Vermutlich sind einige Bibelkreise mit Altersspanne 30 Jahre und mehr in diesem Rahmen zu finden.

Seit vielen Jahren gehöre ich einem Hauskreis an, der sich auch immer wieder bei kleineren und größeren Notfällen in unserem Verwandtenkreis oder der Nachbarschaft engagiert. Mich nervt es deswegen, wenn man Hauskreisleuten immer wieder zu verstehen gibt, sie würden fromme Nabelschau betreiben. Gibt es Beispiele, die noch deutlicher zeigen, daß soziales Engagement durchaus auf der Linie der Hauskreise liegt?

Solche Beispiele gibt es. Hier seien drei beispielhaft angeführt, die alle durchaus zur Nachahmung geeignet sind.

Aussiedler

Frau P. leitet einen Hauskreis für Aussiedler. Wie sie mit dieser Arbeit begonnen hat und wie sie aussieht, schildert sie mit eigenen Worten:

Als meine Gebetspartnerin und ich erfuhren, daß auch in unserem Ort Aussiedler aufgenommen würden, erfragten wir die Adressen und besuchten die Familien. Wir luden sie zu den Veranstaltungen der evangelischen Kirchengemeinde ein und zu unserem Hauskreis, der seit zehn Jahren bestand und zwölf Teilnehmer hatte.

Ein älteres Ehepaar aus Rumänien kam als erstes in unseren Kreis. Wir schlossen uns dann dem Besuchsdienst der Kirchengemeinde an und bekamen nun laufend Adressen von Neuzugezogenen. Auf unsere wiederholten Besuche kamen weitere Rußland- und Rumäniendeutsche in unseren Hauskreis, der sich wöchentlich trifft.

Zunächst wurden die »Neuen« vom bestehenden Kreis freundlich aufgenommen. Zudem gab es anfangs einige Bewegung, denn zwei Ehepaare verabschiedeten sich wieder. Sie bekamen eine Wohnung in einem anderen Ort zugeteilt, bzw. sie konnten zu ihren Kindern ziehen. Neue Gesichter kamen dazu, bis wir eines Abends über zwanzig Teilnehmer waren.

Und das war zu viel. War jetzt die Zeit für eine Teilung? Im Hauskreis hatten wir schon gespürt, daß einige Teilnehmer etwas Schwierigkeiten hatten, die Aussiedler anzunehmen. In einem persönlichen Gespräch äußerte eine Frau ganz direkt: »Ich fühle mich jetzt im Hauskreis so, als ob ich im Ausland wäre!« Wir suchten im Gebet nach einer Antwort. Bald wurde uns klar, daß wir einen Hauskreis extra für Aussiedler anbieten sollten. Wir waren bereit, Verantwortung auch für diesen Hauskreis zu übernehmen. Einen Teilnehmer aus dem bestehenden Kreis baten wir aber, auch in den neuen Hauskreis zu kommen, denn es war wichtig, daß auch ein Mann Verantwortung dort übernahm.

Nun treffen wir uns vierzehntägig in meiner Wohnung. Ein fester Kreis von vierzehn Deutschen aus Rußland und Rumänien hat sich gebildet: fünf Männer und neun Frauen im Alter zwischen dreiundvierzig und vierundsiebzig Jahren. Auch zwei Nicht-Aussiedler haben sich angeschlossen. Alle sind evangelisch.

Die Abende gestalten wir fast so, wie wir es gewohnt sind. Zu Beginn singen wir einige Lieder aus dem Gesangbuch: Die neueren Lieder sind für die Aussiedler nicht so gut. Die Bibelarbeit wird mit einem kurzen Gebet eingeführt. Mit dem »Kleinen Bibelkurs in zehn Lektionen«, Heft 36/37 aus »Bibel aktuell«, haben wir begonnen. Darauf folgte das Markusevangelium, das wir jetzt abgeschlossen haben. Nun wollen wir uns einzelne Themen erarbeiten.

Nach der Bibelarbeit folgt jeweils ein Gespräch, das sich auch ausweiten kann auf ganz persönliche Fragen. Der Abend wird abgeschlossen mit einer Gebetsrunde, an der sich leider nur einzelne beteiligen. Da das freie Beten für die meisten ungewohnt ist, spreche ich manchmal ein Gebet vor, das nachgesprochen werden kann. Das gemeinsame »Vaterunser« bildet immer den Abschluß.

Advent und Geburtstage miteinander zu feiern, gehört mit dazu. Derjenige, der Geburtstag hat, bringt Süßigkeiten und Saft mit oder lädt in die eigene Wohnung ein. Singen, beten, eine kurze Bibelarbeit und das Erzählen von früher fehlen auch hier nicht.

Beim Umzug einer Familie in einen anderen Ort äußerten die Rußlanddeutschen: »Wir verabschieden uns nicht, sondern wir kommen wieder in diesen Kreis.« Und selbstverständlich wurden wir alle zum Einzug in die neue Wohnung eingeladen.

Zum Hauskreis holen wir einige, die entfernter wohnen, mit dem Auto ab und bringen sie wieder nach Hause. Auch zu auswärtigen Veranstaltungen laden wir ein und machen Fahrdienst.

Obwohl ja vieles für die Teilnehmer ungewohnt ist (war), äußern sich die meisten voller Dankbarkeit: »Der Kreis hat mir Mut gemacht.« – »Wir sind dankbar für die Bibelarbeit, wir bekommen Kraft.« – »Wir fühlen uns wie Geschwister, erfahren Gemeinschaft.« Ein Ehepaar, das in einer früheren Gemeinde einmal schroffe Ablehnung erfahren hatte, äußerte sich fast überschwenglich: »Wir sind soo zufrieden! Hier ist es viel besser wie in der Kirche von XY.«

Worauf ist bei Aussiedlern zu achten in bezug auf ihren Hintergrund?

Es ist wichtig, Zeit zum Zuhören zu haben. Die Deutschen in Rumänien durften immer ihr Deutschtum leben, während die Deutschen in Rußland ihr Deutschtum kaum zeigen durften. Daher ist das Lesen der Bibel in deutsch für manche der Rußlanddeutschen schwierig. Wir erfuhren, daß unter Stalin nicht mal das Wort »Gott« in den Mund genommen werden durft. Die Bibel wurde zum großen Teil nur heimlich gelesen.

Ein Rußlanddeutscher erzählte uns, daß er keine Schule besuchen durfte und das Lesen und Schreiben selbst lernen mußte. Sein Vater war ein gläubiger Gemeindeleiter, der in den dreißiger Jahren mit seinem Bruder ermordet wurde. Er selbst war auch viele Jahre aus diesem Grund im Gefängnis.

Man kann erfahren, daß die Aussiedler, die während der kommunistischen Diktatur an Jesus festhielten, auch heute einen lebendigen Glauben haben. Ihr Glaube ist geläutert und im Leiden bewährt. Da kann man viel von ihnen lernen.

Asylanten

Frau W. ist ehrenamtliche Mitarbeiterin der Jakobusgemeinde in Tübingen und hat seit einiger Zeit mit der Betreuung von Asylanten an ihrem Ort eine spezielle diakonische Aufgabe übernommen. Sie schildert mit eigenen Worten, wie sie dazu kam:

Seit knapp drei Jahren sind in unserem Wohnbezirk Aussiedler untergebracht. Nachdem das Land Baden-Württemberg freiwerdende Kasernen für die Aussiedler bereitstellte, hat die Stadt Tübingen seit September 1992 diese Räumlichkeiten angemietet und für Asylanten hergerichtet.

1001 Hilfsmöglichkeit

Ich habe diese Arbeit bei den Aussiedlern begonnen und sie bei den Asylanten weitergeführt. Vorbild ist dabei für mich das Gleichnis vom barmherzigen Samariter, in dem Jesus fragt: Wer ist dein Nächster? Der Fremde hat dem Hilfesuchenden umfassend und ohne großen Organisationsplan konkret geholfen. Die Leidtragenden im Flüchtlingselend sind meistens Frauen und Kinder. Für sie will ich als Frau besonders da sein. Und bei dieser Arbeit unterstützt mich auch mein Hauskreis.

Ein älteres Hauskreismitglied übernimmt Fahrdienste, eine Studentin hilft als Dometscherin, ein anderes Hauskreismitglied kauft z. B. auf Wunsch eine Bibel in französischer Sprache. Der ganze Hauskreis hält Augen und Ohren offen, wenn z. B. Babyausstattung, Kinderbetten, usw. benötigt werden. Ich selber bin besonders für isolierte Frauen da, die daheim bei den Kindern bleiben müssen, für Hilfe in Fragen der Kinderernährung, als Begleitperson bei Arztbesuchen, Beistand beim Lesen von Medikamentenbeipackzetteln oder auch bei Aufschriften von Lebensmitteln, z. B. Verfallsdatum.

Häufig besteht auch Bedarf nach kleinen Rechtsberatungen, wenn Händler und Vertreter an der Haustür auftauchen und Vertragsabschlüsse tätigen wollen. Weitere Tätigkeiten sind:

- Arbeit als Tutorin, um die Kenntnisse in Deutsch zu vertiefen.
- Kinderbetreuung, während die Eltern z. B. im Sprachkurs sind.
- Mithilfe bei der Arbeitssuche.

Ein großer Erfolg ist die Offenheit, Gastfreundschaft und Dankbarkeit der Flüchtlinge sowie das Vertrauen, das sie mir entgegenbringen. Sehr schwierig ist es für mich, ihnen deutsches Recht, Ordnungs- und Hygienevorstellungen sowie unser Zeitgefühl nahe zu bringen.

Gibt es die Möglichkeit, den Asylanten etwas vom Evangelium zu sagen?

Ich glaube, entscheidend ist, daß die besuchten Menschen um mein Engagement als aktiver Christ wissen. Eine Gruppe aus Zaire kommt jeden Freitagabend zu einem Bibelgespräch in das Gemeindezentrum. Sie können dort ihre Lieder singen,

Am Misereor-Sonntag haben ein moslemisches Ehepaar und eine Gruppe aus Zaire den Gottesdienst musikalisch gestaltet. In einem Gespräch über den Koran hat eine Albanierin gemeint: »Siehst du, wir haben alle nur den einen Gott!«

Wie meistern Sie die Sprach- und Kulturprobleme?

In den meisten Fällen gelingt es, sich durch gründliche Erklärung in deutscher Sprache verständlich zu machen. Alle sind bemüht, deutsch zu verstehen. In Notfällen hilft mir das Langenscheidt-Lexikon. Eine große Hilfe ist mir eine Pensionärin, die Orientalistik studiert hat.

Was die Begegnung mit anderen Kulturen anbelangt, ist es wichtig zu wissen, daß z. B. die Frau im Islam eine andere Stellung hat als bei uns. Von Vorteil erscheint mir, sich im allgemeinen zurückhaltend zu benehmen.

Gibt es für Sie eine Hemmschwelle, die Menschen in ihren Unterkünften anzusprechen?

Oh ja! Es kostet mich manchmal große Überwindung. Aber ich weiß, daß Impulse von außen ganz wichtig sind. Mein Kind fragte mich einmal: »Was ist, wenn dir dort etwas passiert?« Die Medien vermitteln oft ein negatives Bild von Flüchtlingen und Asylbewerbern. Wir brauchen keine Berührungsängste zu haben. Das haben zumindest auch meine Geschwister aus dem Hauskreis so erfahren.

Suchtkranke

Herr L ist von Beruf Industriemanager und leitet eine Firma. In seiner Freizeit versucht er, Suchtkranken zu helfen. Wie er dazu kam, schildert er selbst:

Ich bin mit 38 Jahren Christ geworden und dann sehr schnell in die Hauskreisarbeit eingestiegen. In der missionarischen Arbeit, die von mehreren Hauskreisen getragen wurde und wir in offener Art auf fernstehende Menschen zugingen, bin ich dann in verstärktem Maße Suchtkranken und ihren Angehörigen begegnet. Dabei stellte ich dann fest, daß ich die Begabung habe, mich auf diese Menschen einzustellen. Als mir dann nach reiflichem Gebet und Bestätigung durch Glaubensgeschwister die Berufung in diese Tätigkeit bewußt wurde, habe ich mich diesem Ruf gestellt und eine Ausbildung zum ehrenamtlichen Suchtkrankenhelfer gemacht. Heute bin ich Leiter eines Freundeskreises für Suchtkrankenhilfe. Hier bieten wir aus der persönlichen Erfahrung mit Suchtmitteln Menschen, die davon betroffen sind, Begleitung und Hilfe an.

Ganz wichtig ist mir dabei, daß diese Arbeit auf dem Boden des Evangeliums geschieht, wie in der Geschichte vom barmherzigen Samariter (Lk 10) beschrieben.

Den Helfer muß es »jammern«. Nur dann ist er bereit, sich des »unter die Räuber Gefallenen« anzunehmen, seine Wunden anzuschauen und ihn in eine Herberge zu bringen, wo er gepflegt und seine Verletzungen behandelt werden können.

Fachlich geschieht das ganz eindeutig in Zusammenarbeit mit den für unseren Bezirk zuständigen Psychosozialen Beratungs- und Behandlungsstellen für Suchtkranke. Wir motivieren den Abhängigen, in eine solche Beratungsstelle zu gehen und Hilfe anzunehmen bzw. sich einer suchtspezifischen Therapiemaßnahme zu stellen. Erst danach versuchen wir, ihn im Zusammenhang mit der Aufarbeitung seiner Lebensgeschichte, seinen Beziehungsproblemen (siehe Lk 10,27) und seinen daraus erlittenen seelischen Verletzungen mit dem Evangelium in Kontakt zu bringen.

Zu heilen und letztendlich das fehlgeleitete Leben neu zu ordnen, ist nach meiner Erfahrung nur durch Jesus Christus möglich. So habe ich es selbst erlebt und ich möchte gerne, daß dies den mir liebgewordenen Menschen in der Gruppe auch geschieht.

Was ist für einen Abhängigen das Schwierigste bzw. das Schlimmste?

Diese Frage will ich mit den Worten eines Alkoholabhängigen beantworten. Er sagte mir: »Das Schlimmste für mich ist es, den Kampf gegen den Alkohol verloren zu haben. Ich kann ohne das Teufelszeug nicht mehr leben«.

Diese Erkenntnis ist für einen Abhängigen wie ein Schock, und oft braucht er den Stoff, um das zu verkraften.

Dazu ein kurzer Wortwechsel aus dem »Kleinen Prinzen«:

Der Kleine Prinz trifft einen Alkoholiker und fragt ihn: »Warum trinkst du?« Der Alkoholiker antwortet: »Weil ich mich schäme.« »Und warum schämst du dich?«, fragt der Kleine Prinz weiter. Die Antwort: »Weil ich trinke.«

Die Situation eines Suchtkranken ist ein einziger Kreislauf und er findet den Ausgang nicht, wie ein Karussell, das sich immer schneller dreht.

Was raten Sie Abhängigen in dieser Situation?

Ich rate ihm, diese Abhängigkeit von seinem Suchtmittel zuzugeben und mit dem Kampf aufzuhören.

Desweiteren kann ich ihn nur ermutigen, fachliche Hilfe anzunehmen und eine Selbsthilfegruppe für Suchtkranke oder eine Psychosoziale Beratungsstelle für Suchtkranke aufzusuchen.

Er wird dort erleben, daß er mit seinem Problem nicht alleine ist und daß viele Menschen in gleicher Situation einen Ausweg gefunden haben, die ihm diesen Weg auch zeigen werden. Und noch wichtiger ist es, daß er dort Menschen trifft, die ihn verstehen und ihn auf seinem Weg begleiten werden. Er wird seinen Weg selber gehen müssen, aber von nun an nicht mehr alleine.

Kommen Sie eigentlich auch mit den Angehörigen ins Gespräch?

Ja, dieser Teil der Arbeit ist ein ganz wesentlicher Pfeiler einer erfolgreichen Suchtkrankenhilfe. Meist geht ohne die Angehörigen gar nichts.

Der Laie meint oft, Suchtkrankheit sei nur eine Angelegenheit des Abhängigen, daß sie aber die ganze soziale Umgebung des Abhängigen ebenfalls beeinflußt hat, wird dabei übersehen. Der Satz: »Wenn du nicht mehr trinkst, dann ist alles in Ordnung«, zeigt, wie die Angehörigen denken. Ihr ganzes Verhalten ist auf das Suchtmittel fixiert. Sie lügen, vertuschen und verdrängen, was für Außenstehende meist schon längst sichtbar geworden ist. Sie schämen sich zu Tode für ihren Angehörigen – wenn der doch bloß aufhören würde – und fühlen sich schuldig, da sie doch offensichtlich unfähig sind, diese Sucht zu beenden. Sie haben es trotz aller Mühe nicht mehr im Griff. Eine Angehörige hat mir einmal völlig niedergeschlagen gesagt: »Was ich auch versuche, es gelingt nicht«. Sie fühlte sich so ohnmächtig.

Daß es nicht ihre Verantwortung ist, daß der Abhängige diesen Suchtweg gewählt hat, sondern seine, das lassen sie nicht zu. Und daß das wirklich Schädigende als Folge der Sucht die Beziehungsstörung zwischen ihnen ist, das wird ebenfalls nicht zugelassen, sondern heftig verdrängt. Wenn sie dies zuließen, dann hätte es praktische Folgen, also wird es verdrängt. Was bleibt, ist die ausschließliche Fixierung auf das Suchtmittel und so kämpfen sie, wie der Abhängige, einen Kampf, den sie nicht gewinnen können.

Sie tragen mit ihrem ohnmächtigen Verhalten dazu bei, daß sich die Suchtsituation nicht verändern kann.

Ich denke, hier wird ganz offensichtlich, daß der Angehörige unter der Suchtsituation genauso erkrankt ist wie der Abhängige und ohne fachliche Hilfe nicht herauskommt.

Voraussetzung ist dazu, daß er ebenfalls wie der Abhängige seine Ohnmacht dem Suchtmittel gegenüber zugibt und aufhört zu kämpfen.

Wenn der Angehörige zu uns kommt, wird er betreut, wie der Abhängige selbst.

Eine weitere Folge der Suchtkrankheit ist, daß sich die Betroffenen (Abhängige und Angehörige) aufgrund ihrer Scham nach außen gegen die Gesellschaft ebenso wie nach innen gegen einander abkapseln. Sie vereinsamen und sind völlig verzweifelt.

In unseren Gruppen finden sich Menschen mit gleichen Problemen und Erfahrungen. Sie fühlen sich hier verstanden und begegnen Menschen, die diesen Weg bereits gegangen sind und ihnen aus dieser Erfahrung heraus wirkliche Hilfe sein können.

Auch nach der Suchttherapie des Abhängigen geht die Arbeit ja weiter. Therapie ist der Anfang eines langen Prozesses. Die Beziehungen zwischen den Partnern und zu den Kindern sind nicht automatisch wieder gesund. Wenn die Familie weiter bestehen soll, dann müssen neue Verhaltens- und Reaktionsmuster aufgebaut werden.

Das Gefährlichste für einen Alkoholiker ist das Vergessen und der Wunsch, wieder so trinken zu können wie andere. Hier ist der Rückfall vorprogrammiert. Nur wer begreift, daß er im Sinne der Sucht kein »Ehemaliger« ist, sondern immer noch Alkoholiker, der wird für den Rest seines Lebens »trocken«, also abstinent leben können. Daraus ergibt sich auch die Empfindlichkeit eines Alkoholikers zum Thema »Wein« beim Abendmahl.

Was ist der Unterschied zwischen Ihrem und einem »normalen« Hauskreis?

Der Bibelgesprächskreis für Suchtkranke läuft ähnlich wie ein Hausbibelkreis ab, Teilnehmer sind Suchtmittelabhängige (Alkohol- oder/und Medikamentenabhängige, Verhaltensabhängige wie z. B. Spielsüchtige, ebenso deren Angehörige).

Aufgenommen werden in diesen Kreis neben den Angehörigen nur Abhängige, die sich einer suchtspezifischen Therapiemaßnahme unterzogen haben. »Nasse« Alkoholiker sind also nicht in diesem Kreis. Das hat seinen Grund.

Aus dem vorher Gesagten ergibt sich, daß ein Mensch, der sich im Suchtkreislauf befindet, kaum für das Evangelium zugänglich ist. Er hat andere Probleme und ringt um seinen täglichen Stoff. Hier gilt unsere Aufmerksamkeit erst einmal dem Suchtgeschehen und dessen Unterbrechung.

Wie in Lk 10,33 schauen wir uns seine Wunden an, und es jammert uns. Aber nur wenn er aufhört zu kämpfen und Hilfe annehmen will, dann können wir ihn an eine Stelle bringen, wo er gepflegt wird und seine Verletzungen behandelt werden. Erst dann ist er in der Lage, seine Situation wirklich zu beurteilen und selbst zu entscheiden, ob er sich z. B. mit dem Evangelium auseinandersetzen und Jesus annehmen will.

Diese Entscheidung müssen wir ihm überlassen. Will er dies tun und möchte wissen, was ihm das Evangelium von Jesus Christus zu sagen hat, dann ist er bei uns herzlich willkommen. Lehnt er dies ab, dann ist er uns immer noch willkommen, aber eben nicht in diesem Kreis. Erstaunlich ist, daß die Menschen dies auch akzeptieren. Wir haben eine Reihe von Suchtkranken, die nicht in den Bibelgesprächskreis kommen, dafür aber in die suchtspezifischen Gesprächsgruppen und es ist feststellbar daß sich die Teilnehmer beider Gruppen ohne Voreingenommenheit begegnen. Für mich heißt das, daß Suchtkranke gelernt haben, die Entscheidungen anderer, wie z. B. für oder gegen diesen Bibelgesprächskreis, zu akzeptieren und davon auch nichts Nachteiliges auf die Beziehung zu übertragen.

Kann ein Hauskreis einem Suchtkranken helfen?

Damit kommen wir zu einem weitern Unterschied zu einem »normalen« Hauskreis. Im Bibelgesprächskreis für Suchtkranke wird weniger mit theologischer Genauigkeit gearbeitet und dafür mehr mit dem verstehenden Bemühen um die praktische Lebbarkeit des Erfahrenen. Suchtkranke Menschen wollen nie mehr betrogen werden und wollen auch selbst nichts mehr dazu beitragen, einer Illusion zu erliegen. Sie sind von daher sehr kritisch, aber auch sehr bereit, sich mit dem Vorgetragenen oder Gelesenen verstehend auseinanderzusetzen.

Manchmal werden die Dinge da erschreckend deutlich angesprochen. Was mich dabei beeindruckt, ist das verstehende Bemühen aller und daß nie verurteilt wird. Über allen Differenzen und auch Nichtverstehen bleibt das Zusammengehörigkeitsgefühl aus der Suchtvergangenheit. Es kann wohl heißen: »Das verstehe ich nicht« oder »das glaube ich dir nicht«, aber nie »ich mag dich nicht«.

So bedeutet Kritik nicht auch gleichzeitig Ablehnung der Person des anderen. Auf dieser Ebene läßt sich arbeiten, und so ist auch schon manches geschehen in diesem Kreis. Ohne viele Worte wird da biblische Erkenntnis in persönliche Lebenskonsequenz umgesetzt, aber eben immer freiwillig aufgrund eigener Entscheidung.

Dies ist ein Grundprinzip der Gruppe. »Du gehörst zu dieser Gruppe, du bist ein Teil von ihr, aber du bleibst auch immer dein eigener Herr. Niemand wird dich bedrängen. Wenn Enscheidungen getroffen werden müssen, dann triffst du sie für dich selbst, niemand sonst.«

Diese Regel macht es den Gruppenteilnehmern leichter, über Persönliches zu sprechen und dies biblisch zu beleuchten, z. B. auch in einem seelsorgerlichen Zweiergespräch. Wie sie sich auch entscheiden, sie müssen nicht die Verurteilung oder Ablehnung der anderen fürchten, sondern sie bleiben gleichwertige und geachtete Gruppenmitglieder.

Ist es einem »normalen« Hauskreis möglich, die Suchtproblematik eines Teilnehmers aufzufangen?

Ich muß aus dem vorher Gesagten die Frage mit einem klaren »Nein« beantworten. Ich denke, in einem »normalen« Hauskreis wird die eigentliche Suchtproblematik (wenn nicht zufällig ein mit der Materie Vertrauter dabei ist) gar nicht erkannt und kann damit auch nicht aufgefangen werden. Und wenn, wie geht man mit den süchtigen Verhaltensweisen oder den zerbrochenen Lebensschemen, um die letztendlich zur Sucht geführt haben und wie ist das alles einzuordnen?

Oft wird an dieser Stelle von Unkundigen mit Schuldzuweisungen oder Verhaltensforderungen gearbeitet, die für Suchtkranke nicht nachvollziehbar sind. Das heißt, hier geht wieder der Kampf gegen das Suchtmittel los und wie wir gesehen haben, führt das nicht zu dem angestrebten Erfolg, sondern trägt zur Aufrechterhaltung des Suchtsystems bei.

Was aber ein »normaler« Hauskreis tun kann, ist dieses. Wenn bei einem Teilnehmer Suchtprobleme oder Gefährdungen durch Suchtmittel offenbar werden, kann man ihn darauf seelsorgerlich ansprechen. d. h. verstehend und nicht bedrohend; man kann ihn darauf aufmerksam machen, daß sich sein Verhalten und damit auch seine Beziehungen zur sozialen Umwelt verändert haben, denn das ist doch wohl das für die Hauskreisteilnehmer Wahrnehmbare. Wieviel jemand getrunken hat, kann niemand kontrollieren (und sollte auch niemand kontrollieren wollen), aber seine Veränderungen sind offensichtlich.

Die Veränderung der Beziehung und die Sorge um den anderen muß Anlaß zu dem Gespräch sein und das kann man dann auch so sagen.

Wenn es in solchen verstehenden, einfühlsamen Gesprächen gelingt, den Betroffenen dahingehend zu motivieren, daß er die fachliche Hilfe einer Beratungsstelle oder Selbsthilfegruppe annimmt, dann ist schon Wesentliches gewonnen.

Auf keinen Fall sollten Hauskreismitglieder versuchen, den Gefährdeten selbst zu therapieren, wie es leider zu oft geschieht. Hier werden meist nicht mehr reparable Schäden angerichtet und zwar suchtspezifisch wie auch glaubensmäßig.

Seelsorgerlich mit einem solchen Hauskreisteilnehmer umzugehen, bedeutet die Sorge um die Summe seines Denkens,Fühlens und Handelns. Wenn sich aber dieses Denken, Fühlen und Handeln nur um die Beschaffung und den Mißbrauch eines Suchtmittels dreht, dann ist hier wohl fachliche Hilfe notwendig und jede noch so gut gemeinte »Seelsorge« schädlich.

Denn wenn eine solche »Seelsorge« am Ende dazu führt, daß dieser Mensch in Religion flüchtet, statt sich seinen Suchtproblemen zu stellen, dann kann das wohl nicht als seelsorgerliche Heilung verstanden werden.

Ich denke, Seelsorge (auch im Hauskreis) muß zur Folge haben, daß sich das Denken, Fühlen und Handeln eines solchen Menschen auf Jesus ausrichtet und wenn dabei ein Suchtmittel oder süchtige Verhaltensweisen im Wege stehen, dann müssen diese Störfaktoren erst durch einen Suchtfachmann beseitigt werden. Nur ein »nüchterner Süchtiger« ist dem Evangelium zugänglich und kann sich dann auch eigenverantwortlich entscheiden, sein Denken, Fühlen und Handeln zukünftig auf Jesus Christus auszurichten.

Diesem Ziel muß unsere Arbeit im Hauskreis und in der christlichen Suchtkrankenhilfe dienen.

Die Bibel im Zentrum

Machen Hauskreise eigentlich, wenn sie zusammenkommen, thematisch noch etwas anderes außer Bibellesen?

Manche Hauskreise nennen sich sogar Hausbibelkreise, weil es ihr Herzensanliegen ist, daß die Bibel, das »unbekannte Buch«, wieder bekannter wird in der Gemeinde. Die Forderung nach einer neuen Zuwendung zur Bibel – gerade in der mittleren Generation – erfüllen die Hauskreise voll und ganz. Insofern wird zunächst einmal wirklich nichts anderes getan, als gemeinsam in der Heiligen Schrift zu lesen und sich darüber auszutauschen.

Die Teilnehmer einigen sich meist nach kurzer Beratung gemeinsam auf ein biblisches Buch, das dann Abschnitt für Abschnitt (perikopenweise) behandelt wird. So kann es geschehen, daß man etwa 1-2 Jahre das Matthäusevangelium studiert.

Andere Kreise beschäftigen sich mit dem Predigttext des kommenden Sonntags. Auf diese Weise haben sie mehr von der Predigt. Leider nehmen nur wenige Kreise den Text des vergangenen Sonntags, um eine Vertiefung der gehörten Predigt vorzunehmen. Diese Methode ist in den Freikirchen beliebter, da der Pastor auf diese Weise der ganzen Gemeinde biblische Lehre auch in die Woche hinein mitgeben kann. Der Nachteil dieser Methode ist, daß biblische Zusammenhänge nicht in den Blick kommen, da die Predigttexte immer ausgewählte Texte sind. Allerdings ist durch die Predigt eine kompetente Auslegung zum Text vorhanden.

Hauskreisleute sind sich durchaus der Tatsache bewußt, daß sie zur Vorbereitung eines Bibeltextes Anleitung und Auslegungshilfen brauchen, da sie keine Theologen sind. Von daher werden die Arbeitshilfen für Bibelkreise wie z. B. »Bibel aktuell« überall in Deutschland und der Schweiz gern in Anspruch genommen.

Daneben natürlich auch Konkordanzen, Kommentare, Bibellexika etc; auch Kassetten, Videos oder Dias der (landeskirchlichen) Medienzentralen.

Also überwiegend Bibeltexte und nie etwas anderes? – Das wird doch eintönig!?

Gewiß, vor allem, wenn immer nur das Rundgespräch als Methode verwendet wird. Aber häufig ergibt sich aus einem Bibeltext oder dem Interesse eines Teilnehmers ein Thema, das dann eingeschoben wird. Dies wird eigentlich von allen Hauskreisen so gehalten. Besonders bei Hauskreisen mit einem Durchschnittsalter von unter 25 Jahren ist ein häufiger Wechsel von Bibeltexten und aktuellen, interessanten Themen anzutreffen.

Was für Themen werden außerhalb der Biebeltexte gerne behandelt?

Da sind z. B. *dogmatische* Themen aus dem Umkreis des Katechismus wie Schöpfung, Heiliger Geist, Taufe, Abendmahl, Engel oder das Böse/Satan.

Dann auch *jahreszeitliche* Themen: Advent wird gefeiert, Vorschläge zur Gestaltung von Weihnachten in der Familie werden besprochen, oder die Passion Jesu und seine Auferstehung wird speziell mit Blick auf heute bedacht.

Geistliche Spezial-Themen wie Umgang mit Ängsten, Seelsorge, Geistlicher Kampf, Mission oder Sekten kommen vor, aber auch *aktuelle Probleme* wie Zeit, Arbeit, Feindesliebe, Kirche und Geld, Politik, Gehorsam gegenüber der Regierung, Lebensstil usw.

Immer wieder werden Themen auch von einem Buch ausgehend besprochen. Die Arbeitshilfe »Bibel aktuell« hat dem Rechnung dadurch getragen, daß immer zu der Auslegung von 6-8 Bibeltexten pro Heft 3-4 zusätzliche thematische Einheiten angeboten werden, die einen Gedanken der Bibelarbeiten vertiefen. Das kann sein:

- ein biblischer Zentralbegriff,
- eine biblische Gestalt,
- eine kirchengeschichtliche Biographie,
- ein Zeuge des Glaubens aus der Gegenwart,
- ein Seelsorgethema,
- fast immer auch ein Problemfeld und oft eine Bildbetrachtung. Diese Zusatzeinheiten werden laut Umfrage sehr gerne benutzt.

Man kann die Spannweite der Themen, die in Hauskreisen behandelt werden, nicht überblicken. Sie spiegeln den entschiedenen Willen mündiger Laien wieder, sich geistlich weiterzubilden und theologisch mit der Welt auseinanderzusetzen. Auffallend ist dabei, wie selten dazu Fachleute, – oft nicht einmal der Ortspfarrer – geholt werden.

Zeichen des Mündigwerdens

Dies ist weder Mißachtung der Fachleute noch Selbstüberschätzung, sondern ganz einfach das Empfinden, mit Hilfe der Hilfsmittel selber zurecht zu kommen. Das Empfinden der Mündigkeit spielt dabei offensichtlich eine größere Rolle als die Sorge, das Thema nicht erschöpfend behandeln zu können.

Vernetzung

Warum Kontakte über den Kreis hinaus?

Überall versucht man heute »Vernetzung«. Muß man das jetzt auch bei den Hauskreisen einführen ?

»Hauskreise« sind von ihrer Entstehung her oft merkwürdig individualistisch. Selbst innerhalb eines Ortes treffen sie sich nicht automatisch. Nicht einmal die Leiter! Dies ist überall dort besonders ausgeprägt, wo die einzelnen Hauskreise auf Selbstinitiative mündiger Laien hin begonnen wurden und somit die Gemeinde und die Leitung der Gemeinde bei der Entstehung nicht beteiligt waren. Dort wird der Hauskreis primär als Privatkreis empfunden und demgemäß eine Zusammenarbeit mit anderen Hauskreisen nicht als nötig angesehen.

Gibt es eigentlich einleuchtende Gründe, warum Hauskreise Kontakt untereinander halten und sogar zusammenarbeiten sollen?

Sehen Sie, einige individuell entstandene und geprägte Hauskreise – sollte das schon der Endzweck von Gottes Plänen mit dem Bau einer Gemeinde sein? Endzweck, daß einige Christen ein warmes Nest gefunden haben?

Ganz sicher freut sich der Herr, wenn seine Leute Gemeinschaft finden. Aber was hier angefangen hat, gehört nach dem Neuen Testament doch allen Gemeindegliedern, d. h. der ganzen Gemeinde an diesem Ort. Hauskreise wirken ansteckend, wenn sie anstecken wollen. Um eine Gemeinde aber in diesem Sinn zu verändern, braucht es die Verbindung unter den Hauskreisen. Nur so entsteht mit der Zeit eine Wirkung auf die Gemeinde. Und das, was Gott will, ist ein geistlicher Gemeindeaufbau, zu dem er heute ganz stark die Hausgruppen zu benützen scheint.

Dies setzt voraus, daß die Hauskreise sich in Verbindung mit ihrer Kirchengemeinde sehen. Und darin unterscheiden sich – Gott sei Dank! – die Hauskreise von heute zumeist von den früheren Hauskreisen. Die waren oft die einzigen weit und breit und entwickelten so leicht eine «Wagenburgmentalität«. Hauskreise, die sich nicht bewußt im Zusammenhang ihrer Gemeinde sehen, verlieren sich leicht in ein gewisses Elitedenken und wirken entsprechend auf die Gemeinde ...

Je mehr sich Hauskreise auf Gemeindeebene miteinander verbinden, desto schneller baut sich Eigendünkel bei einzelnen Kreisen ab und desto leichter erkennt die Gemeinde, daß dies eine Gruppe ist, die etwas in der Gemeinde will und tut, eine Gruppe, die sich nicht abschließt – zumal, wenn sie den Pfarrer mit einladen oder/und immer wieder auch um seinen Rat oder seine Hilfe bitten.

Vernetzung heißt für die Hauskreise auf Ortsebene ganz einfach, daß sie ihren Platz im Gesamtgeflecht der Gemeinde finden, Elitedenken abbauen und Dienste als Hauskreise in der Gemeinde wahrnehmen lernen.

Wie könnte solch eine Vernetzung auf Gemeideebene dann praktisch aussehen?

Sie geschieht auf ein bis drei Ebenen:

- Durch ein Treffen der Leiter/Verantwortlichen aus allen Hauskreisen ca. alle sechs Wochen unter Leitung des Pfarrers oder eines dafür beauftragten Kirchengemeinderates oder eines vom Pfarrer dafür beauftragten Hauskreisleiters. Sinn der Leitertreffen ist Austausch, Planung und Schulung.
- Durch eine Begegnung aller Hauskreisleute. Diese wird vom Leiterkreis vorbereitet und drei bis vier mal jährlich dazu eingeladen. Zweck dieser Gesamttreffen ist die Freude an der großen Gemeinschaft (wichtig besonders für die Neubekehrten!), der Austausch in gemischten Kleingruppen, ein ermutigendes Singen und Beten. Hier muß immer wieder die Perspektive zur Gesamtgemeinde geöffnet werden. Gesamttreffen sind auch die sehr beliebten Wochenendfreizeiten, die ein Team ein mal im Jahr für die anderen vorbereitet, oder Parties, Wanderungen, Turniere etc.
- Durch Verbindung der Kreise untereinander, etwa durch Besuche von Kreis zu Kreis.

Gibt es bzw. soll es Vernetzung auch überörtlicher Art geben? Und was bringt das dann ?

Natürlich gibt es das, ☞ Hauskreistreffen auf Bezirksebene einmal im Jahr und zwar schon an vielen Stellen. Und was sie bringen? So fragt man allenfalls vor einem solchen Treffen. Denn diese Treffen haben, wenn sie richtig gelaufen sind, gewöhnlich eine solche Dynamik der Freude aneinander und an Gottes Wirken in sich, daß gewöhnlich zum Schluß ganz anders gefragt wird, nämlich: Wann ist das nächste Treffen?

Vernetzung

Neue Kontakte oder neue Horizonte

Der Hauskreis gehört ganz gewiß in die örtliche Gemeinde. Ein Bezirkstreffen ist aber ein mal im Jahr auch noch nicht gleich eine neue Organisation, die den Hauskreis aus der Gemeinde abzöge, sondern ein Ort der Begegnung, durch den die Kreise gerade zugerüstet werden für ihre Aufgaben in der örtlichen Gemeinde.

Einmal pro Jahr sollte jeder Bezirk, in dem es Hauskreise gibt, solch ein Treffen veranstalten zu gegenseitiger Ermutigung und Freude. Gewiß findet sich ein Ort, der die Vorbereitungen übernimmt.

Die Aufgabe der Bezirkstreffen ist primär Begegnung mit ganz anderen Leuten, die man noch gar nicht kannte und mit denen man doch von Anfang an so offen reden kann, weil sie dieselben Hintergrunderfahrungen haben. Durch die Bezirkstreffen geschieht für alle geistliche Horizonterweiterung.

Und wie steht es mit Begegnungen auf Landesebene oder gar Bundesebene?

Treffen auf Landesebene werden überall da angeboten, wo sich das Amt für missionarische Dienste der jeweiligen Landeskirche für ein solches Treffen stark macht. Solche eintägigen Veranstaltungen haben in manchen Ländern bereits so etwas wie eine gute Tradition (z. B. »Tag des Aufbruchs« in Württemberg seit 1984; Hauskreistage oder Wochenenden in anderen Kirchen).

Auf Bundesebene findet Austausch, Begegnung und Schulung statt bei den Hauskreis-Workshops auf den großen Kongressen (Gemeinde-Kongreß; Missionale; Gemeindetag unter dem Wort).

Die Funktion dieser Begegnungen ist weniger eine Vernetzung, sondern ganz stark die Horizonterweiterung. Im ökumenischen Rahmen gibt es Begegnungen höchstens bei den Kongressen. Ansonsten ein unentdecktes Feld, wartend auf Entdecker, am meisten auf Ortsebene.

☞
- Bezirkstreffen
- Kirchengemeinde und Hauskreis
- Struktur einer landeskirchlichen Hauskreisarbeit

Bezirkstreffen

Wir wurden in unserem Hauskreis zu einem »Bezirkstreffen« eingeladen. Ist das nicht in erster Linie für Kirchen-Funktionäre? Was sind denn Bezirkstreffen?

Unter Bezirkstreffen versteht man das Treffen von Hauskreisen eines Dekanats (kirchliche Verwaltungseinheit einer Region). Es kommt gewöhnlich zustande durch die Initiative eines Leiterehepaares (»Bezirksverantwortliche«), eines oder mehrerer Hauskreise eines Ortes oder eines Pfarrers, der sich dafür verantwortlich fühlt. Zweck eines solchen Treffens ist primär die Begegnung. Darum sollte Zeit zur Verfügung stehen, das heißt konkret, es sollten 3-4 Stunden eingeplant werden, die sich am besten an einem Samstagnachmittag finden.

Wer hier aber einen besonderen Schwerpunkt legen möchte, bietet gleich einen ganzen »Hauskreis-Sonntag« an. Unter Mitgestaltung des Gottesdienstes in der gastgebenden Gemeinde am Vormittag, mit Mittagessen und Programm am Nachmittag.

Sind nur weniger als 4 Stunden möglich, kann natürlich auch nur zu einem Abend eingeladen werden.

Wer zu einer halb- oder ganztägigen Veranstaltung einladen möchte, denke auch daran, eine Kinderbetreuung mit eigenem Programm evtl. in verschiedenen Altersgruppen anzubieten.

Was läuft denn außer »Begegnung« sonst noch so bei einem Bezirkstreffen ?

Es geht um drei große Programmelemente mit einigen Variationen dazu:

- Begegnung der Hauskreise

  Bei nur fünf Hauskreisen kann ein Berichten im Plenum stattfinden.

  Ab sechs Kreisen hat es sich bewährt, in Gruppen zu je drei Kreisen zu gehen und pro Gruppe fünfzehn Minuten für Bericht, Rückfragen und Fürbitte für diesen Kreis zu nehmen. Vor diesem Austausch soll dazu ermutigt werden, neben den Freuden auch die Probleme zu nennen, um darüber Rat und Fürbitte der anderen zu empfangen.

  Gute Erfahrungen wurden auch damit gemacht, daß 3-4 Hauskreise, gut vorbereitet, in der Form vielleicht kreativ und originell als Team, ihren Kreis und ihre Arbeit vorstellen: Dies macht Spaß und gibt Anregungen.

- Geistlicher Impuls
  Dieser wird meist in Form eines Referates gegeben, kann aber auch ein Film, eine Tonbildschau oder ein Schauspiel/ Pantomime sein.
  Das Thema sollte in erkennbarem Zusammenhang mit der Arbeit der Hauskreise oder dem geistlichen Leben eines Mitarbeiters stehen.
  Z. B. »Gemeinschaft im Hauskreis«; »Reiferwerden im Glauben«, »Seelsorge in der Hauskreisgruppe – ist das möglich?« oder geistliche Beurteilungen der Zeit »Mangelware Hoffnung«; »Israel – Gottes Uhrzeiger«.
  Eine Aussprache hängt von den zeitlichen Möglichkeiten ab und von der Art des Referates. Oft ist eine Stille mehr!
  Der kurze Austausch (15 Minuten) über das Gehörte in Spontangruppen (am Tisch) ist zuweilen sehr empfehlenswert. (Motto: »Der Mensch behält viel besser das, was er selbst gesagt hat.«)
- Gemeinsames Essen
  Wird ein Sonntag mit Mittagessen veranstaltet, so wird mit der Einladung die Bitte verbunden, etwas Eßbares und Gutes für diesen Tag mitzubringen. Wird dies am Anfang abgegeben, können die Mitarbeiter daraus ein schönes kaltes Buffet herrichten. Entsprechendes gilt für Kuchen, wenn man nur am Nachmittag zusammen ist.
  Seit den Erfahrungen der ersten Hausgemeinden (Apg 2,46) gehört das ungezwungene Beisammensein und fröhliche Essen mit dem Mitgebrachten einfach dazu.
  Um während des Essens an den Tischen schon ein zwangloses Kennenlernen zu ermöglichen, kann der Veranstalter mit Loskarten, die am Eingang von jedem gezogen werden, die Versammlung von Anfang an bunt mischen.

Diese drei Elemente können verschieden angeordnet sein und zeitlich unterschiedlich akzentuiert sein. In vielen Jahren hat sich bereits eine Menge an Erfahrungen angesammelt, welche die Hauskreisarbeit in Württemberg in einer Check-Liste (☞ Hilfsmaterial s. S. 341) zusammengefaßt hat.

So hat es sich dort z. B. eingebürgert, daß grundsätzlich zu jedem Bezirkstreffen außer den Hauskreisen alle Pfarrer des Dekanates mit einem Extrabrief und beigelegtem Programm ebenfalls eingeladen werden. Erschienen ist bisher kaum einer. Aber jedes Jahr erfahren sie, daß die Hauskreise in ihrem Bezirk aktiv sind.

Der Dekan wird ebenfalls eingeladen und um ein Grußwort angefragt. Selten hat ein Dekan abgesagt; und oft blieb der Herr Dekan nach seinem Grußwort noch den ganzen Nachmittag dabei, was darauf schließen läßt, daß er sich durchaus nicht unwohl oder abgelehnt fühlte …

Übrigens wäre es gut, wenn auch die Leiter von Gruppen der Landeskirchlichen Gemeinschaft von dem Treffen informiert und mit ihren Leuten – wenn sie möchten – eingeladen werden (Allianzebene).

Unbedingt sollten auch die Jugendbibelkreise wenn es solche im Bezirk gibt, über ihre Leiter eingeladen werden.

Wichtig sind für ein gutes Gelingen Vorüberlegungen zum fröhlichen Singen und zur Gestaltung des Kinderprogramms. Das Ganze kann nur im Team vorbereitet und durchgeführt werden. Wie sich dieses Team findet, dazu gibt es verschiedene Wege, die leider manchmal nicht einfach sind. Aber nötig ist es, gemeinsam solche Tage durchzuführen und aller Mühe wert. (P. S.: Checkliste für Bezirkstreffen beim AMD anfordern).

☞
- Vernetzung
- Struktur einer landeskirchlichen Hauskreisarbeit
- Jugendbibelkreis
- Singen im Hauskreis

Vertiefender Hauskreis

Begriffsbestimmung

Gibt es eigentlich eine Art Standardtyp von Hauskreis? Wenn man die Hauskeise im Land so anschaut, hat man doch den Eindruck, daß sie sehr verschieden sind.

Das ist richtig, sowohl was die individuelle Ausprägung, als auch was den Typ angeht. Die individuelle Prägung erhält ein Kreis durch den Leiter, aber auch durch die Teilnehmer des Kreises, die ja allemal sehr verschieden sind. Aber auch der Typ kann verschieden sein: Gesprächskreis, Familienkreis, Gebetskreis etc. Am häufigsten unter den Typen ist momentan in Deutschland der sogenannte *vertiefende Hauskreis*. Er versteht sich als Begegnung von Christen, die ihren Glauben vertiefen wollen durch Bibellesen im Kontext ihres Lebens und durch eine verbindlichere Gemeinschaft, als dies im sonstigen großkirchlichen Gemeindeleben üblich ist. Daneben gibt es noch als Typ den sogenannten ☞ missionarischen Hauskreis, zu dem suchende Menschen eingeladen werden, die noch auf dem Weg sind, einen Einstieg in den Glauben zu finden. Ein Team von Christen stellt sich für diese Gehversuche zur Verfügung.

Aber es gibt doch jede Menge Hauskreise, in denen überzeugte Christen und Suchende zusammen sind, sind das dann vertiefend-missionarische?

Stimmt, und viele von diesen Kreisen laufen sogar sehr gut. Meist haben sie gute Leiter (Pfarrer), deren geistlicher und geistiger Horizont diese Spannweite erlaubt. In vielen Fällen ist aber nach einiger Zeit, vor allem wenn keine dynamische Leiterpersönlichkeit dahintersteht, zu beobachten, wie die Christen nicht richtig wachsen, sondern sich »nach hinten« orientieren; oder wenn die Christen vorangehen und »Schwarzbrot und feste Speise« verlangen, die anderen sich überfordert fühlen. Von daher hat sich trotz mancher Vorteile dort und der Gefahr einer Abkapselung hier doch eine Unterscheidung der Arbeitsformen als bester Weg erwiesen und wird auch weithin so praktiziert.

Sie sehen also durchaus die Gefahr einer Abkapselung bei vertiefenden Hauskreisen?

Durchaus, vor allem wenn der Kreis die Gemeinde als Horizont aus dem Blick verliert und wenn längere Zeit keine Neuen zu dem Kreis dazugestoßen sind.

Sache, Person und Dienst

Hier ist übrigens eine Begriffsklärung nötig. »Vertiefend« und »missionarisch« sind konzeptionelle Aussagen in bezug auf die Zielgruppe; wenn ein Kreis sich innerlich nicht abkapselt, also »offen« ist, hat er natürlich auch die Bereitschaft, andere anzusprechen und Neue willkommen zu heißen. Und das gilt für einen guten, vertiefenden Hauskreis genauso wie für einen missionarischen.

Was ist nun ein »guter, vertiefender Hauskreis«?

Die Konzeption des vertiefenden Hauskreises orientiert sich an den Hausgruppen der frühen Gemeinde, wie sie in Apg 2,42-47 beschrieben sind. Ihr Leben war geprägt von der Lehre der Apostel; der intensiven, ganzheitlichen Gemeinschaft, die z.B auch das diakonische Helfen enthielt; dem Beten in der Gemeinschaft und dem Herrenmahl. Schematisch könnte man die Konzeption eines vertiefenden Hauskreises daher mit folgendem Dreieck darstellen:

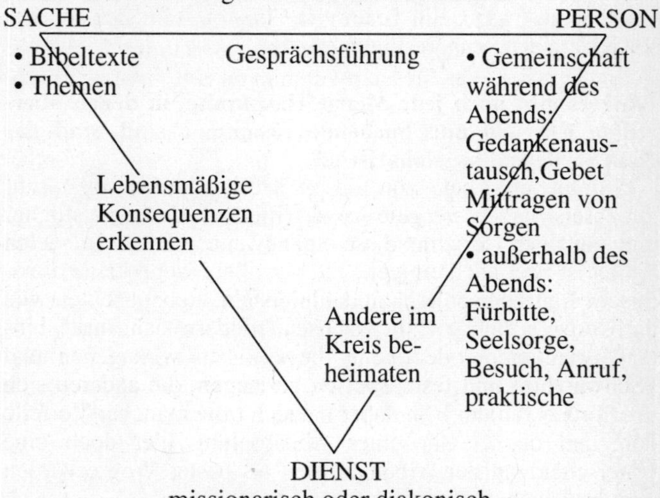

missionarisch oder diakonisch
als einzelne oder als Gruppe
in der Gemeinde oder in der Gesellschaft
oder in fernen Ländern.

Der missionarische Hauskreis, zu dem Menschen ohne Glaubens- oder Gemeindebezug eingeladen werden oder solche kurz nach ihrem Einstieg in den Glauben, hat in aller Regel die Komponente »Dienst«, d. h. Gemeinde, Mission etc. noch kaum im Blick. Ganz wegfallen sollte er aber trotzdem nicht, wozu punktuelle Aktionen und Mithilfe bei Veranstaltungen der Gemeinde dienen. Ein guter, vertiefender Hauskreis aber muß in irgendeiner Weise über sich hinaussehen und Aufgaben im Nah- und/oder Fernbereich erkennen und übernehmen. Sonst wird der Kreis immer selbstzentrierter.

Nun sind viele Mitglieder von vertiefenden Hauskreisen aber schon über ein normales Maß hinaus in der Gemeindearbeit eingestiegen, so daß sie für zusätzliche Aktionen keinen zeitlichen Spielraum mehr haben. Selbstverständlich ist das auch »Dienst« des Hauskreises, eben über die einzelnen. Man sollte dieses sich und der Gemeinde bzw. dem Pfarrer bewußt machen, damit man sich nicht mit falschen Erwartungen unter Druck bringt.

Eine Frage, die man von Teilnehmern aus vertiefenden Hauskreisen immer wieder hört: Wie wird unser Hauskreis missionarisch? Was für Etappen muß da eine Gruppe durchlaufen?

Die Entwicklung vom vertiefenden zum missionarischen Hauskreis kann verschiedene Stadien der Umsetzung enthalten, wenn die Frage wirklich ernst gemeint ist. Die obige Warnung vor einem konzeptionslosen Misch-Masch gilt (für den Großteil der vertiefenden Hauskreise) weiterhin. Dies hindert aber nicht, daß immer wieder einzelne Bekannte, die noch nicht glauben, die aber jetzt einen tragenden Kreis brauchen (vielleicht auf Grund bestimmter Lebensumstände), in den Hauskreis (nach vorheriger Absprache) mitgebracht werden. Oft und oft geschieht es, daß diese Menschen zwar vom Gesprochenen noch nichts verstehen, die »Atmosphäre« im Kreis (hoffentlich der Geist Gottes!) und die Gemeinschaft ihnen aber so gut tun, daß sie bleiben. Und nicht wenige kamen so nach einiger Zeit auch zum Glauben. Dies aber ist deswegen noch kein »missionarischer Kreis«, da er seine Arbeitsweise und seine Zielgruppe wegen der einen Person nicht grundsätzlich umgestellt hat.

Ein weiterer Schritt zur »missionarischen Öffnung« wäre es dagegen, wenn ein wöchentlicher Kreis z. B. einmal im Monat zum »Offenen Hauskreis« (oder »Kamingespräch«

oder ähnliches) einlädt. Betend überlegt jeder und jede, wen er bzw. sie einladen soll. Es wird an diesem Abend natürlich ein Gästeprogramm angeboten und nicht in der üblichen Weise der Abend gestaltet. Welcher Art hängt völlig von der eingeladenen Zielgruppe ab (gelegentliche Gottesdienstbesucher, Chormitglieder, Nachbarn, Obdachlose); ☞ hierfür besonders hilfreich das Buch von Bob und Betty Jacks, »Mit Feundschaft fängt es an« (Besprechung S. 391).

Die Vorbereitung und Durchführung eines solchen Abends wird den vertiefenden Hauskreis kräftig beleben. Der Hauskreis kann als weiteren Schritt »Missionsteams« aus seiner Mitte bilden und regelrecht unter Gebet und Segen aussenden. So können sich z. B. zwei bis vier Frauen zusammentun und andere Frauen aus dem Bekanntenkreis wöchentlich oder vierzehntägig zum Frühstück in eines der Häuser der Mitarbeiterinnen einladen. Zu diesen privaten ☞ Frühstückstreffen gibt es inzwischen viele gute Erfahrungen. Diese Frauen bleiben natürlich weiterhin im Hauskreis, der ganz hinter dieser Aktivität steht.

Anders ist es, wenn ein Team von zwei bis vier Personen ausgesandt wird, um einen ganz neuen, dieses Mal missionarischen Hauskreis zu gründen. Diese »Sprossung« ist ein Verlust, aber belebt trotzdem beide Teile. Die letzte Konsequenz zieht ein vertiefender Hauskreis aus seinem Wunsch, missionarisch zu werden, wenn er sich als Ganzes trainiert durch Bücher, Kurse und Kassetten, ein »Missionsteam« zu werden. ☞ »Missionarischer Hauskreis«.

Missionarische Arbeit ist begeisternd! Es braucht dabei aber nicht nur die »Evangelisten«, die gerne vorangehen und denen missionarische Gespräche überhaupt nicht schwerfallen, sondern es braucht in einem zukünftig missionarisch wirkenden Team ebenso die stilleren Seelsorge-Menschen und die praktischen diakonischen Gaben. Darum ist es gut, wenn auf diesem Weg zum Missionsteam möglichst alle mitmachen. Wie man danach weitermacht, ist dann je Situation verschieden. Die einen versuchen zu einem Glaubenskurs einzuladen, die anderen starten gleich mit Bekannten einen Bibel-/Gesprächskreis. Oder, oder … Nur muß man ganz realistisch sagen, daß Arbeit mit Fernstehenden auf jeden Fall viel zeitaufwendiger ist in Vorbereitung, Begleitprogramm und ☞ Seelsorge als im bisherigen Kreis. Wer missionarisch arbeiten will, muß darum – in Absprache mit der Gemeindeleitung – woanders zurückstecken dürfen.

Wie ist denn das zahlenmäßige Verhältnis der vertiefenden zu den missionarischen Hauskreisen?

Fast 95:5! Wenigstens in der Landeskirche. Dieses Verhältnis ergab sich aus der Situation in der Landeskirche, wo es zunächst darauf ankam, daß alle »die mit Ernst Christen sein wollen« (Luther), ein geistliches Nest finden. Nun aber, wo dies der Fall ist, kommen wir in die nächste Phase, wo aus den vertiefenden Hauskreisen heraus Initiativen erfolgen können über die Gemeindegrenzen hinaus, um Menschen zu gewinnen.

Gottes Ziel ist nicht, daß ein paar seiner Leute einen netten warmen Hauskreis haben, auch die Gemeinde ist noch nicht Gottes Endzweck, sondern das Ziel der Liebe Gottes ist es, daß Menschen ihn kennen und lieben lernen. Darum können jetzt aus den vertiefenden Hauskreisen nicht oft genug missionarische Kreise entstehen. Es braucht unendlich viele.

☞
- Missionarischer Hauskreis
- Ziele
- 4-Phasen-Modell
- Formen der Hauskreisarbeit

Volkskirche und Hauskreis

Struktur der landeskirchlichen Hauskreisarbeit

Gibt es in Deutschland denn im Bereich der evangelischen Kirche eine »landeskirchliche Hauskreisarbeit« mit einer einheitlichen Struktur?

Nein, natürlich nicht, denn jede Landeskirche innerhalb der evangelischen Kirche in Deutschland (EKD) ist ja selbständig. Insofern hat auch jede Landeskirche in bezug auf die Hauskreisarbeit eine eigene Entwicklung genommen.

Dennoch läßt sich im Rückblick auf die letzten fünfzehn Jahre gemeinsam in allen Gliedkirchen feststellen, daß ein damals nicht für möglich gehaltenes Wachstum der Hauskreisarbeit stattgefunden hat im Rahmen des natürlich auch hier sichtbaren Süd-Nord-Gefälles kirchlichen Lebens (das im übrigen auch für die neuen Bundesländer zwischen Sachsen und Pommern gilt).

Aus Gründen dieses enormen Wachstums haben die volksmissionarischen Ämter sich Mitte der achtziger Jahre entschlossen, einen ihrer Mitarbeiter speziell als Ansprechpartner für die Hauskreise zu benennen. Dies führte in Baden, Bayern und Westfalen sogar zur Anstellung eines Pfarrers mit der Hälfte seines Auftrages eigens für die Hauskreise, wozu man ermutigt war durch die rasante Entwicklung, die die Hauskreisarbeit in Württemberg seit der Anstellung eines vollzeitlichen Mitarbeiters schon im Jahr 1979 genommen hatte.

Die Wirkung in den drei Landeskirchen war entspechend und ähnlich erfreulich. Die Hauskreis-Mitarbeiter der Ämter treffen sich einmal jährlich zu einer Klausurtagung unter Leitung des Verantwortlichen für diesen Bereich bei der Bundesstelle der Arbeitsgemeinschaft Missionarischer Dienste (AMD).

Gibt es nur so etwas wie »Ansprechpartner«? Das klingt sehr zurückhaltend. Braucht es zur Entwicklung einer Hauskreisarbeit, die das Gebiet der ganzen Landeskirche abdecken soll, nicht gezielte Initiativen, eine brauchbare Strategie und eine effiziente Struktur?

Grundsätzlich verstehen sich die Ämter nicht als »Werks-Zentralstellen für Hauskreisarbeit«, sondern als Anlaufstellen und Hilfestellung für die Hauskreise; denn diese sollen sehr klar zu ihrer Ortsgemeinde gehören und nicht zu einem übergeifenden »Hauskreiswerk«. Dennoch haben Sie natürlich recht, daß die Aufgabe der Verantwortlichen, insbesondere der Hauptamtlichen, sich nicht darin erschöpft zu warten, ob etwas kommt, sondern selber initiativ zu werden. Daß dies nach außen hin (wie z. B. in Württemberg) bedeuten kann, daß sich Strukturen wie bei einem Werk entwickeln, ist richtig, läßt sich aber nicht vermeiden, wenn eine landesweite Arbeit von weit über 2 300 Kreisen koordiniert und vorangebracht werden soll.

Was unternehmen die Ämter praktisch, um die Arbeit der Hauskreise im Bereich ihrer Landeskirche »voranzubringen«?

Diese Bemühungen entsprechen dem Stand der Entwicklung in dem jeweiligen Kirchengebiet, und die kann doch je nach Region sehr unterschiedlich sein.

Außerdem sind die Bemühungen natürlich auch abhängig von der Konzeption des jeweiligen Mitarbeiters. Es macht schon langfristig einen Unterschied in der Förderung der Hauskreise aus, ob sie nur als individuelle Basisgruppen definiert werden, in denen Menschen lernen können, ihr Christsein praktisch zu leben oder ob sie primär als Missionsstationen angesehen werden oder ob mit ihnen langfristig die evangelische Kirche verändert werden soll von der pastoralen Versorgungsanstalt zur mündigen Laienkirche.

Letzteres schließt die beiden erstgenannten Zieldefinitionen ein, aber nicht automatisch umgekehrt. Die Erneuerung der evangelischen Kirche ist aber heute nötiger als je. Sie kann nur kommen durch eine Laienschaft, die das ☞ »Priestertum aller Gläubigen« erkennt und lebt.

Von daher ist die Beheimatung von Menschen in Kleingruppen und die Rückbesinnung der Laien unserer Kirche auf die Bibel samt der Anleitung zur Umsetzung im Alltag genau das, was heute die evangelische Kirche (und nach eigenen Lageberichten die katholische Kirche nicht weniger) braucht. Laien lehren Laien. Eben dies bieten die Hauskreise an.

Hauskreis-Verantwortliche auf der Ebene der Landeskirchen sollten daher immer auch ein Gespür für diese strategische Bedeutung ihrer Arbeit für die evangelische (katholische) Kirche heute haben.

Die erste Phase der Unterstützung

Was bieten die Ämter den Hauskreisen konkret an, um ihnen und eventuell der ganzen Kirche zu helfen?

Wie gesagt, es hängt mit von dem Entwicklungsstadium der jeweiligen Landeskirche ab. Darin lassen sich drei Stadien unterscheiden:

1. Phase: Sammeln von Kontakten und erste Angebote

- Suche nach Hauskreisen im Land. Dies kann durch Artikel in der kirchlichen Presse geschehen oder über Anschreiben an die Pfarrämter mit der Bitte um Angabe um Adressen von Hauskreisen in ihrer Gemeinde. In Württemberg wurden die Adressen nie pfarramtlich erhoben, um den Kreisen ihre selbständige Entscheidung nicht zu nehmen, ob sie in der Kartei des Amtes sein und Material von dort zugesandt haben wollen oder nicht.
- Besuche einzelner Gruppen.
- Herausgabe eines einfachen Rundbriefes.
  Dieses Angebot ist sehr wichtig, da es bei den Hauskreisen das Bewußtsein verstärkt, zu einer landesweiten Sache zu gehören, obwohl man natürlich zuerst zu seiner Gemeinde gehört. Auch für den Mitarbeiter im Amt ist es von Bedeutung, eine regelmäßige Möglichkeit zu haben, sich an »seine« Hauskreise zu wenden.
- Angebote von einzelnen Seminaren.
- Erste Hauskreistreffen mit Einladung von allen Gruppen einer größeren Region durch das Amt.
  In dieser Phase gibt es nur wenige Hauskreise, weit verstreut, die sich oft sehr allein vorkommen und die sehr der persönlichen Ermutigung von außen bedürfen. Am Ort werden sie oft mißtrauisch »beäugt« und z. T. sogar als Sekte abgelehnt, vom Pfarrer und von Gemeindegliedern. Diese Ablehnung erzeugt in den Gruppen dann leicht eine »Wagenburgmentalität«, eine Abkapselung. – Typisch für diese Phase ist auch, daß Leute von verschiedenen Gemeinden zusammenkommen und ein Gemeindebezug so direkt kaum herstellbar ist.
  Die Gefahr dieser Phase ist die Resignation und die Emigration bis hin zum Austritt aus der Kirche, weil man sich mit seinem Glauben allein gelassen fühlt.

2. Phase: Wachsen von Strukturen.

Die Zahl der Hauskreise wächst ständig. Zeitweise erscheint es, als ob es immer schneller mehr werden, je mehr es sind. Die Möglichkeiten eines einzelnen Hauptamtlichen zu persönlichem Direktkontakt zu jedem Kreis sind erschöpft. Es muß ein neues System gefunden werden, um allen Kreisen weiter zu helfen. Es geht jetzt darum:

- ehrenamtliche Mitarbeiter zu finden, die als »Landesarbeitskreis« die Arbeit mittragen. Die Auswahl an dieser Stelle ist von entscheidender Bedeutung für die Zukunft. Regelmäßige Treffen mit diesen Mitarbeitern sind vorrangig.
- erweitertes Seminarangebot durch Gewinnung von freiwilligen Mitarbeitern als Teamer. Wenn, wie in Württemberg, als Teamer für die Seminare andere Mitarbeiter gewonnen werden als für den Landesarbeitskreis, ist eine Erweiterung der Arbeit leichter möglich. Die Mitarbeiter des Landesarbeitskreises müssen »Hirten« sein, Verantwortliche im Bereich ihres Kirchenkreises; die Mitarbeiter der Teams brauchen je Thema spezifische Gaben und Kenntnisse, um dafür kompetent zu sein.
- Das Netz der regionalen Hauskreistreffen wird dichter, da die wachsende Zahl der Hauskreise dies erfordert, vor allem aber, weil mit den »Hirten« Ehrenamtliche gefunden wurden, die selbständig solche Treffen vorbereiten können.

  Der Mitarbeiter des Amtes kommt nur noch als Referent. Ziel: einmal pro Jahr ein Treffen der Hauskreise im Kirchenkreis. In dieser Phase kommen alle Teilnehmer der Hauskreise aus dem Ort selber, da es auch in kleineren Orten inzwischen Hauskreise gibt. Gemeindebezug ist damit gegeben.

  Die Pfarrerschaft hat sich inzwischen auf die Hauskreise eingestellt und fördert sie sogar vielerorts. Die Sektenfurcht hat sich nicht bewahrheitet – sie hat sich verflüchtigt. Die Gefahr dieser Phase, wo die Widerstände überwunden sind, ist nach einiger Zeit die Routine.

»Durchbruch« zu gesamtkirchlicher Bedeutung

3. Phase: Erkennen und bewußtes Angehen des Zieles einer signifikanten Veränderung und geistlichen Erneuerung der Kirche.

Diese Phase ist gekennzeichnet von einem »Durchbruch«, was die Zahl der Hauskreise betrifft. An unzähligen Orten gibt es mehrere, unabhängig voneinander entstandene Hauskreise, immer mehr Orte haben eine beachtliche Zahl von Gruppen. Es entsteht jetzt die Notwendigkeit einer Koordination der Hauskreisarbeit nicht nur auf Bezirks- sondern auch auf Ortsebene. Es geht darum, Ortsverantwortliche zu finden, die regelmäßig Leitertreffen im Ort anbieten. Nicht wenige Pfarrer sind bereit, diesen wichtigen Knotenpunkt der Mitarbeiterbetreuung selber in die Hand zu nehmen.

In anderen Orten ist es ein Presbyter (Kirchengemeinderat). Es kann aber auch ein vom Bezirksverantwortlichen dem Pfarrer Vorgeschlagener sein. Auf diese Weise wird die Hauskreisarbeit nicht nur »eingebunden«, sondern kann gemeindeperspektivisch mit dem Pfarrer zusammen vorangehen.

Die Hauskreise beginnen, Verantwortung für das Ganze der Gemeinde zu tragen und zu übernehmen. Auf der Ebene des Kirchenkreises ist es gut, wenn die Hauskreisarbeit in der Bezirkssynode durch den Bezirksverantwortlichen einmal vorgestellt wird, und wenn im Bezirks-Haushalt ein kleiner Titel für »Hauskreisarbeit« eingestellt wird. (Denn oft ist nur das kirchlich wirklich im Blick, was im Haushaltsplan erscheint.)

In dieser Phase wird Hauskreisarbeit endgültig »kirchenöffentlich«, d. h. die Kirchenleitung nimmt sie wahr und begreift ihre Relevanz für die Umgestaltung und Erneuerung der Kirche und ihre Bedeutung zur Beheimatung von Gemeindemitgliedern in der evangelischen Landeskirche.

Die Gefahr dieser Phase ist, sich zurückzulehnen und die Perspektive zu verlieren, weil man ja so viel schon erreicht hat. Es geht deshalb um:

- Weiterarbeit mit Pfarrer und leitenden Laien am Thema »Gemeinde« und »Amt« im evangelischen (und wohl auch katholischen) Verständnis des allgemeinen Priestertums aller Gläubigen, um dies auch zur lebendigen Wirklichkeit in den Gemeinden werden zu lassen.

Pfarrer und Hauskreis

- Die dann vielleicht nochmals entstehenden Widerstände sind mit Weisheit und Wissen um das Ziel anzugehen.
- Die Erfahrung mit der Kraft des Heiligen Geistes muß intensiver vermittelt werden, da die Menschen dessen heute so sehr bedürfen.
- Neue erweckliche Formen der Arbeit müssen gefunden und gefördert werden, an denen sich Hauskreise beteiligen können (z. B. ☞ Glaubenskurse, Zeltstadt-Urlaub, Großtreffen auf Landesebene).
- Eine von erweckten Menschen erfüllte Gemeinde wird kreativ im Erreichen der Un-Erreichten. Hauskreise sind auch hier Gottes »Auffangbecken«.
  Strukturell geht es in der evangelischen Kirche der Zukunft um die Umsetzung des Priestertums aller Gläubigen; geistlich geht es um eine neue Ausgießung des Heiligen Geistes, die das Volk Gottes immer wieder erfahren durfte als »Erweckung«.

Hauskreisarbeit – da ist Kirche unterwegs.

☞
- Hauskreise in der Volkskirche S. 348
- Luthers »Dritte Weise« S. 373
- Bezirkstreffen
- Arbeitsgemeinschaft Missionarischer Dienste S. 48
- Adressen S. 490
- Landeskirche und Hauskreisarbeit

Wenn ich an »Pfarrer und Hauskreis« denke, fällt mir zuallererst »Konflikte« ein. Ist das richtig?

Nein, Gott sei Dank, nicht! Neuere Untersuchungen bestätigen die allgemeine Beobachtung, daß in den letzten zehn Jahren nicht nur die Zahl der Hauskreise, sondern auch die Akzeptanz dieser Kreise durch die Gemeinden und ihre Pfarrer zugenommen hat. Im Unterschied zu früher, wo man von weit her zum Hauskreis »einflog«, entstehen Hauskreise heute im Rahmen einer Ortsgemeinde und gehören zu ihr, wollen ja zumeist sehr bewußt Teil ihrer Kirchengemeinde sein. Dieses Selbstverständnis strahlt aus und überzeugt mit der Zeit auch die Skeptiker.

Also gibt es doch Skeptiker gegenüber dem Hauskreis?

Natürlich, und das auch weiterhin. Vor allem, wenn in einer Gemeinde erstmals mit »so was » begonnen wird. »Reicht denen meine sorgfältig vorbereitete Predigt sonntags nicht?«, fragt sich der Pfarrer. »Wollen die frömmer sein als wir?«, fragt sich die Gemeinde und nennt sie »Separatisten«, »Spaltpilz« oder »Sekte«. »Bin ich ihnen nicht fromm genug?«, fragt sich der Pfarrer verunsichert und »reden die da über die Gemeinde oder gar über mich?«

Und wenn diese Leute (wie andere) mal im Gottesdienst fehlen oder (wie andere) selten kommen, fügt er dann gallig hinzu: »Ja nun, so sind die Frommen halt immer: große Reden und nichts dahinter«.

Was würden Sie denn einem solchen Skeptiker antworten?

Ich höre hinter dieser Verallgemeinerung frühere böse Vorerfahrungen mit Frommen. An diese gälte es heranzukommen. Denn von diesen Wunden her ergeben sich permanent Abwehrreaktionen, die einfach einmal offen ausgesprochen werden sollten. Man könnte sich dann vielleicht gegenseitig viel besser verstehen und stehen lassen.

Halten Sie solch eine Aussprache zwischen Pfarrer und Hauskreis für möglich?

Schon! Aber solch eine Aussprache sollte so bald wie möglich – und das ist viel wichtiger! – von Zeichen des Vertrauens von beiden Seiten gefolgt sein.

Solche Zeichen des Vertrauens könnten auf seiten des Hauskreises sein:

- daß sich der Hauskreis beim Pfarrer entschuldigt, wo er unbedacht gehandelt hat z. B. ohne Arges zu denken, die Gründung des Hauskreises dem Pfarrer, als dem Leiter der Gemeinde, nicht mitgeteilt hat;
- daß der Leiter des Hauskreises unaufgefordert von Zeit zu Zeit Gelegenheiten wahrnimmt, kurz den Pfarrer zu besuchen und ihm sagt, wie es dem Hauskreis zur Zeit geht; (dieses freiwillige Einblick-Geben nimmt den Pfarrer als »Bischof« der Gemeinde ernst und entlastet tiefer, als beide es zunächst denken, denn eine gute Ordnung Gottes für die Gemeinde wird respektiert und von Gott gesegnet!)
- daß der Hauskreis in Abständen den Pfarrer zu einem Abend einlädt, sei es, um aufgelaufene theologische Fragen mit ihm zu besprechen, sei es, um sich einfach mal zu unterhalten oder sei es, um das Abendmahl gemeinsam zu halten.

Zeichen des Vertrauens

Der Pfarrer von seiner Seite könnte Zeichen des Vertrauens darin setzen:

- daß er »seinen Frieden mit den Frommen macht«, wo er vor Gott frühere Erlebnisse vergibt und losläßt, was sich darin zeigt, daß er nicht länger aggressiv und mit gewisser Lust den »Biblizisten« theologische Erkenntnisse reindrücken muß; was die »Frommen« natürlich von ihm wegtreibt, sondern daß er abwägt, was von seiner Theologie hilfreich ist zum Leben bzw. was nur Kopfwissen ist. Seine Predigten werden sich schnell verändern Richtung Praxis: Vertrauen wächst;
- daß er den Hauskreis auf Leute hinweist, die interessiert sein könnten;
- daß er (nach Absprache) die Hauskreistermine von Zeit zu Zeit abkündigt und damit deutlich macht, daß auch diese Gemeindeveranstaltungen sind oder einmal jährlich die Hauskreise (falls es mehrere sind) bittet, im Gemeindebrief etwas über ihre Arbeit zu scheiben(☞ Öffentlichkeitsarbeit);
- daß er die/den Hauskreis(e) bittet, mit ihm zusammen einen Gottesdienst zu gestalten. Wenn das Verhältnis in dieser Weise gegenseitig offen (geworden) ist, wäre dann auch eine gemeinsame Aktion wie die Durchführung eines Glaubenskurses denkbar. Es sollte hier wirklich schon im Vorfeld gemeinsam geplant werden, damit nicht wieder gegenseitige Enttäuschungen entstehen: da die Hauskreise nicht »nur Befehlsempfänger sein« wollen und umgekehrt der Pfarrer jetzt doch alles schon so schön vorbereitet hat – ganz in ihrem Sinn, wie er meinte.

Es scheint auf der Hand zu liegen, daß bei dem Thema »Pfarrer/Pastor und Hauskreis« zunächst einmal an Konflikt gedacht wird, verständlich, weil man sich in der Gemeinde ja auch schnell aneinander reibt. Aber gehen wir doch einmal vom gegenseitigen Vertrauen aus. Was ergibt sich dann über das bisher Gesagte hinaus als Ausdruck des Miteinanders von Pfarrer und Hauskreis?

Ein Pfarrer, dessen Herz für die Hauskreisarbeit schlägt, möchte, sobald er in eine neue Gemeinde kommt, dort einen Hauskreis beginnen oder in einen Hauskreis zusammen mit seiner Frau gehen.

Volkskirche und Hauskreis

»Bedächtige« Pfarrerinitiativen gefragt

Der Gedanke ist gut, sollte aber zuvor reiflich bedacht werden.

- Weckt die regelmäßige Teilnahme des Pfarrers in einem bestimmten Hauskreis – vor allem auf dem Land – nicht den Verdacht bei den anderen, dies seien jetzt seine »Schätzle« (schwäbisch), zumal wenn später noch das »Du« dazukommt?
- Gründet der Pfarrer, zumal im eigenen Haus, einen Kreis, so wird es schwer sein, daß sich irgendwann einer der Laien traut, den Kreis als Leiter zu übernehmen, d. h. der Pfarrer wird den Kreis »am Hals haben«, bis er geht.

Aus diesen Gründen empfiehlt sich

- daß der Pfarrer für seine persönlichen Belange einen Kollegenkreis aufsucht oder einen – erst nach einiger Zeit möglichen – ☞ »Wurzelkreis« von wenigen Personen aus seiner Gemeinde zusammenstellt, die ihn im Verborgenen begleiten;
- daß er für die Leitung von neuen Hauskreisen zuerst ausgewählte Leute schult, d. h. mit ihnen eine ausgemachte Zeit zusammen ist, in der sie inhaltlich und in Leitungsfragen geschult werden, bevor dann die einzelnen – etwa durch einen Glaubenskurs – einen eigenen Kreis übernehmen;
- daß der Pfarrer, sobald mehrere Hauskreise am Ort sind, regelmäßig Leiterbesprechungen einrichtet, in denen neben Berichten auch gemeindeperspektivisch gearbeitet wird.

Soll der Pfarrer/Pastor die Hauskreise besuchen?

Wenn in der beschriebenen Weise ein Vertrauensverhältnis besteht und wenn der Pfarrer sich entschlossen hat, die Hauskreise wirklich »zur Chefsache« mit hoher Priorität zu machen, dann dürften solche Besuche einmal jährlich von großer Bedeutung für beide Seiten sein. Ein Abendmahl an diesem Abend wäre auch ein besonderer Höhepunkt für den Kreis.

☞
- Formen der Hauskreisarbeit
- Gemeindewachstum
- Gemeindeaufbau
- Kirchengemeinde und Hauskreis
- Priestertum aller Gläubigen

Vorbereitung eines Hauskreises

Womit alles anfängt

Ich kenne kaum einen Hauskreisleiter, der sich nicht unter Zeitdruck auf den Abend vorbereitet. Was sind die »Essentials«, woran muß er auf jeden Fall denken?

Vieles im Leben kostet nicht mehr Zeit, wenn man zwei Tage vorher daran denkt – nur weniger Nerven. Planung ist hilfreich! Aber manche Menschen brauchen den Zeitdruck, um kreativ zu sein.

Ob dies aber auch für das Gebet gilt? Es ist die wesentlichste Vorbereitung für den Hauskreis – und diese braucht Zeit, genügend Zeit, viel Zeit. Darum muß diese Zeit verteilt sein auf die Tage vorher. Der Kreis wächst zahlenmäßig und geistlich in dem Maß, wie das Gebet der Leiter Türen des Segens öffnet. »Ihr habt nichts, weil ihr nicht bittet!« Jak 4,2b

Dazu noch ein paar motivierende Kernworte als Ermutigung:

- Das Beten verzögert die Arbeit genausowenig wie das Schärfen der Sense das Mähen.
- Je schwerer es uns fällt, desto ausdauernder sollten wir beten.
- Gebet wird an seiner Tiefe gemessen, nicht an seiner Länge.
- Auf der Gebetsleitung zum Himmel wirst du nie ein Besetztzeichen hören.
- Lange Gebete in der Öffentlichkeit können kurze Gebete im Privatleben andeuten.
- Es mag schwierig sein, auf den Herrn zu warten. Aber es ist schlimmer, sich wünschen zu müssen, man hätte es getan.
- Gebet benötigt keine Beweise – es braucht Praxis.
- Mit Gott kann man leichter reden als mit den meisten Menschen.
- Du erreichst neue Höhen, wenn du auf die Knie gehst.
- Laß eher deine Gebete ohne Worte sein als deine Worte ohne Gebet.
- Ein kleiner Junge fragte seine Eltern: »Ich bete jetzt – braucht ihr was?«
- Gebet heißt, um Regen zu bitten. Glauben heißt, einen Regenschirm mitzunehmen.

(aus: Ihr habt nichts, weil Ihr nicht bittet, Jugend für Christus 1991)

Checkliste gefragt

Laßt uns dabei nicht »um das Gelingen des Abends« beten (da ist so viel von persönlichen Ängsten oder Eitelkeiten, so viel Ichbezogenes noch darin), sondern daß *sein* Reich komme. Laßt uns auch lernen, wenn wir für die einzelnen beten, nicht so sehr unsere Wünsche für sie zum Inhalt unserer Gebete zu machen, sondern – wie Paulus – beten, daß »Christus Gestalt in ihnen gewinne«. Und wenn wir für unseren Dienst beten, laßt uns nicht so sehr um »gutes Leiten-Können« beten, sondern darum, daß wir zur Seite treten können und die anderen Jesus spüren, wie er leitet.

Solch ein Beten hat den Herrn im Blick. Das heißt konkret, den Abend *ihm* übergeben.

Es ist gut, so ausführlich auf diesen Teil der Vorbereitung – das Gebet – hingewiesen zu werden. Was ist sonst noch zu bedenken?

Hier würde ich mir, wenn ich an der Reihe wäre, einen Abend vorzubereiten, am besten das Programm des Abends kurz auf ein Blatt notieren und von da aus beurteilen, was nötig ist.

Raum
Team
Begrüßung
Austausch
Lieder
Gebet
Bibelgespräch
Lesen
Einleitung
Fragen
Stille
Gespräch
Zusammenfassung
Gebetsgemeinschaft
Gemütlicher Teil

»*Raum*« – gelüftet; genügend Sitzgelegenheiten; manche Leute brauchen einen Stuhl statt eines Sessels; aufgeräumt; schön ist etwas Blumenschmuck. (Kerze)

»*Team*« – hat der Hauskreis ein Team als Leitung, so kommen diese Mitarbeiter 15 Minuten vorher, um zu beten. Die Gasteltern müssen zu diesem Zeitpunkt versuchen, fertig zu sein, auch mit den Kindern.

»*Begrüßung*« – um 20.00 Uhr genau sollte das 1. Lied angestimmt werden. Dies klingt hart, manchen vielleicht sogar unbarmherzig. Andererseits bürgert sich so oder so ein Stil ein. Und wem gegenüber ist der Leiter unbarmherzig, wenn er 10 Minuten später anfängt? Denen gegenüber, die sich bemüht haben, pünktlich zu sein. Und was ist dann gerechter? – Kein Vorwurf an Nachzügler – aber der Zug fährt schon!

Die Begrüßung enthält die Freude über das Zusammenkommen, nennt die Entschuldigungen und bringt noch kurz einen Überblick über den Ablauf des Abends.

»*Austausch*« – Hier muß sich der Leiter des Abends überlegen, ob jemand in der Gruppe ist, der auf jeden Fall von einem Vorkommnis der letzten Zeit berichten sollte. Er sollte sich überlegen, wieviel Zeit er für den Austausch einplanen will. Allerdings kann eine plötzliche »Bombe« seinen ganzen Plan über den Haufen werfen.

»*Lieder*« – Das ☞ Singen im Hauskreis ist so wichtig wie das Beten! Große Sorgfalt sollte daher sowohl auf die Auswahl der Lieder als auch auf ihre Begleitung und die Art des Gesangs gelegt werden. Die Auswahl der Lieder sollte ein Gefälle zur inneren Sammlung und zur Anbetung Gottes hin haben. Selbstverständlich wird im Kreis vereinbart, daß zwischen den Liedern nicht mehr geredet wird. Zwischen manche der Lieder kann der Leiter oder der Gesangsleiter ein Gebet sprechen, das aus dem Impuls des gesungenen Liedes hervorgeht. Da in fast jedem Kreis einer oder eine mit der Gabe der Musik begabt ist, kann dieser Teil grundsätzlich an diese Geschwister delegiert werden.

»*Bibelgespräch*«

Bibeltext »*Lesen*« – Sind zwei bis drei verschiedene Übersetzungen vorhanden, dann sollten sie auf jeden Fall zur Verfügung stehen.

Einleitung – sie erklärt nicht den Text, sondern führt nur an ihn heran, indem etwas gesagt wird zum Zusammenhang (letztes Mal?), zur damaligen Zeit und Sitte, zum Aufbau: mehr nicht!

»*Fragen*« – zwei Fragen für die Stille, die jetzt tiefer gehen und in das Verstehen des Textes einführen.

»*Stille*« – Es wäre eine gute Praxis, wenn die Teilnehmer etwas zum Aufschreiben dabei hätten (für die Fragen und eigene Erkenntnisse).

»*Gespräch*« – es kann mit einer ersten Reihum-Runde beginnen, in der jeder erst mal positiv (!) sagt, was er gefunden hat; sonst wird leicht die erste hingeworfene Frage zum Thema der halben Zeit, und man kommt von einem ins andere.

Vorbereitung eines Hauskreises

Womit alles anfängt

Je besser der Leiter des Abends vorbereitet ist, desto leichter kann er immer wieder zum Text zurückführen. Irgendwelche Materialien (großes Blatt, Tesa, Stift etc.), die den Abend bereichern, müssen griffbereit parat liegen.

»*Zusammenfassung*« – richtig und rechtzeitig, damit der Abend am Ende nicht abrupt abgebrochen werden muß. Gibt der Gruppe das Gefühl, etwas erreicht zu haben.

»*Gebetsgemeinschaft*« – der Leiter des Abends sollte sich von der Gruppe und vom Text her überlegen, welche Form des Gebetes er an diesem Abend wählen möchte. Gibt es bestimmte Anliegen, die nicht vergessen werden dürfen?

»*Gemütlicher Teil*« – Hier ein Tip: an Bewirtung ist nur das erlaubt, wozu die Gastgeberin die Küche nicht mehr betreten muß, d. h. nur das, was vor dem Abend schon bereitgestellt werden kann.

Außerdem muß sich der Leiter für diesen Teil überlegen, ob noch etwas Organisatorisches zu besprechen ist und ob evtl. jemand ein Einzelgespräch braucht.

Dies ist doch mehr, als man so denkt. Aber kann es bei so viel Vorbereitungen nicht passieren, daß das Ganze etwas steif und unbeweglich wird?

Sicher! Aber dies kommt jetzt eben ganz auf den Leiter des Abends an, und wie er auf Impulse aus der Gruppe spontan einzugehen weiß.

Um es übrigens noch einmal ganz deutlich zu sagen: Der Leiter kann immer auch eine Leiterin sein! Es kann auch ein Team mit verteilten Rollen sein. In vielen Gruppen (49 %) geht die Leitung der Abende auch reihum.

☞

- Vorbereitung einer Bibelarbeit
- Bibelarbeit im Hauskreis
- Singen
- Gebetsgemeinschaft
- Verbindlichkeit
- Gebet im Hauskreis

Wesentliches über den Hauskreis

Definiton: Was ist ein Hauskreis?

Läßt sich mit einem Satz definieren, was ein »Hauskreis« ist?

Sie sagen »definieren«. Dieses Fremdwort kommt aus dem Lateinischen und hängt zusammen mit *finis* = »Ende, Grenze«. »Grenze«, das ist recht bildhaft: Da gibt es immer ein Hüben und ein Drüben. Wenn wir also einen Begriff »definieren«, dann müssen wir klar sagen, was nicht damit gemeint und was damit gemeint ist. Demnach ist ein Hauskreis

- … nicht ein »Gesprächskreis«: Dieser trifft sich entweder als Frauenkreis oder Akademiker-Kreis alle 4 Wochen oder wenn jede Woche, dann begrenzt auf 5-7 mal etwa im Anschluß an eine besondere Aktion wie »Projekt: neu anfangen« oder »Neue Schritte«.
- … nicht ein »Familienkreis«: Dieser trifft sich meist auf Grund langer Bekanntschaft der Teilnehmer von der Jugendarbeit her und legt größeren Wert als der Hauskreis auf Geselligkeit, wobei die Kinder sehr häufig dabei sind; die Übergänge zwischen den beiden Formen sind jedoch in den letzten Jahren fließend geworden.
- … nicht ein »Ständekreis«: solche sind z. B. Akademikerkreise, Studenten- und Schülerkreise, Handwerkerkreise, Treffen von Geschäftsleuten und andere.
- … nicht eine »Hörergruppe«: wie z. B. die Gottesdienstgemeinde, die Besucher einer Bibelstunde (älterer Prägung) oder einer «Gemeinschaftsstund'«.
- … keine »öffentliche Veranstaltung«: da sie nicht im Gemeindehaus, sondern im privatem Raum des Hauses stattfindet.
- …kein »Hauptamtlichen-Angebot«: wie z. B. Gottesdienst, Bibelstunde und anderes.

Und wie lautet nun die positive Definition von »Hauskreis«?

Der Hauskreis ist eine Zusammenkunft von Christinnen und Christen einer Gemeinde in Privathäusern. Sie treffen sich dort wöchentlich oder vierzehntägig und sind offen für Menschen aller Berufe. Die Teilnehmer, die sich vorher oft noch kaum kannten, versuchen bewußt durch ihre Treffen, tragfähige Beziehungen zueinander aufzubauen. Bei den Treffen werden in der Regel biblische Texte gelesen und in Gesprächsform erarbeitet und auf das Leben heute angewandt. Hauskreise werden gewöhnlich von Laien initiiert und

geleitet; sie sind nicht von vornherein auf Zeit angelegt.
Dies sind die 10 Merkmale für den Hauskreis:

- Er ist nicht nach Geschlechtern getrennt.
- Er gehört als Gruppe zu einer Ortsgemeinde und hat deswegen Perspektiven, die über den Kreis hinausweisen.
- Er trifft sich in Privatwohnungen.
- Er wird im regelmäßigen Turnus im ein- oder zweiwöchentlichen Abstand abgehalten.
- Er setzt sich soziologisch aus allen Berufen zusammen.
- Er strebt bewußt eine gute Gemeinschaft am Abend selbst und darüber hinaus an.
- Er beschäftigt sich vorwiegend mit Bibeltexten, zuweilen aber auch mit (aktuellen) Themen.
- Er behandelt Themen in Gesprächsform.
- Er wird von Laien ins Leben gerufen und geleitet.
- Er ist normalerweise zeitlich nicht begrenzt (z. B. auf zwei Jahre).

Wenn nun ein Kreis von den 10 Merkmalen nur 8 erfüllt?

Dann ist er trotzdem ein Hauskreis, allerdings mit gewisser Abweichung von der Normalform. Die Punkte sind von unterschiedlichem Gewicht, daher wird die Abweichung mehr oder weniger gewichtig sein. So ist z. B. die Frage, ob ein Kreis gemischt ist oder nicht, von untergeordneter Bedeutung gegenüber der Frage, ob der Kreis sich zu einer Gemeinde zählt oder sich selbst als Gemeinde (Hauskirche) versteht.

Hauskreis und Gemeinde – vorhin wurde abgrenzend von anderen Formen der Gemeindearbeit gesprochen. Wie kann man die Hauskreise in Zuordnung zu dem, was in der Gemeinde sonst noch geschieht, sehen?

Grundsätzlich sollte sich jeder über alles freuen, was in einer lebendigen, kreativen Gemeinde läuft. Obige Abgrenzung war nur unter formalen Gesichtspunkten gezogen worden und ist keinesfalls als inhaltliche Ausgrenzung zu verstehen.

Die Frage nach der Zuordnung der Hauskreise zum Gemeindeleben kann ebenfalls unter formalem Blickwinkel gesehen werden, denn es muß die Hoffnung von uns allen sein, daß in jeder Gemeindeaktivität Gott verherrlicht wird und Menschen im Glauben gestärkt werden. Dieses Ziel ist uns im Neuen Testament (Eph 4,15; Mt 28,20) vorgegeben.

Sache – Person – Dienst

In der Gemeindearbeit geht es immer um drei Dinge:

- um die Botschaft (Bibel/Themen), die »Sache« Jesu und die Antwort auf die Botschaft (Gebet);
- um Menschen (Gemeinde, Gemeinschaft), die »Personen«;
- um Auswirkungen der Gemeinde, um »Dienst«.

Es gibt nun Gemeindeaktivitäten, die greifen einen der drei Schwerpunkte heraus. Z. B. die

Sache.

Hierher gehört der thematische Gesprächskreis, der offene Abend, die Seminarveranstaltungen aber auch die Evangelisation im bisherigen Stil und auch der normale evangelische Gottesdienst als primäre Veranstaltung der Wort-Verkündigung.

Person.

Der Aufbau von Beziehungen steht z. B. im Vordergrund der Bemühungen der meisten Seniorentreffs und Mutter-Kind-Kreise.

Dienst.

Primär um der Aufgabe willen treffen sich etwa der Kirchenchor, die Kantorei, der Bastelkreis und die aktive Öko-Gruppe.

Sache und *Person.*

Hierher gehören wohl die Kinderkirche und die Jugendgruppen, der Schnupperkurs und der missionarische Hauskreis (in der 1. Phase), auch der Glaubensgrundkurs und wohl auch die Gemeinschaftsstunde und der Familienkreis. Leider gehören hierher auch alle vertiefenden Hauskreise ohne Gemeindeperspektive.

Person und *Dienst.*

Diese beiden Schwerpunkte vereinigt etwa der Besuchsdienst, der als Team zusammenarbeitet für eine bestimmte Aufgabe. Dasselbe ließe sich sagen von den Gebetsgruppen.

Dienst und *Sache.*

Hier wäre etwa die Friedensgruppe zu nennen, die biblisch und im Gebet ihre Aktionen vorbereitet. Und wohl auch die in dieser Weise arbeitende Öko-Gruppe.

Alle drei Schwerpunkte zu vereinigen macht den betreffenden Gruppen immer wieder große Mühe und läßt sie zuweilen darüber auch unzufrieden werden.

Sache und *Person* und *Dienst.*

Eigentlich wollen die »normalen« ☞ vertiefenden Hauskreise genau dies: Der Dienstaspekt kommt deswegen oft zu kurz, weil die Teilnehmer als einzelne sowieso oft schon (über-)aktiv sind als Mitarbeiter, der Hauskreis ist daher oft ihr einziger Ruhepunkt. Hier genannt werden müssen auch alle verbindlichen Mitarbeiterteams, die eine bestimmte Aufgabe wie etwa Teestube/Jugendcafe miteinander tragen.

Ebenso wäre hier der geistlich-missionarisch geprägte Behindertenkreis bzw. sein Team zu nennen und auch die Schüler- und Studentenkreise.

Diese Aufstellung wird manche Diskussion auslösen. Das ist gut so zur Standortklärung. Sie will gewiß keine Festlegung sein! Inhalt der Diskussion wird vermutlich immer wieder der Versuch sein, nachzuweisen, daß man nicht nur einen, sondern zwei, nicht nur zwei, sondern drei Schwerpunkte in seiner Arbeit hat. Genau darin aber liegt das Bestreben aller guten Gemeindearbeit: alle drei Schwerpunkte zu umfassen. Wie gut, wenn sich jeder Teil in der Gemeinde ebenfalls bewußt dieser Aufgabe stellt und sie auf seine Weise umsetzt. Das ist dann geistlicher Gemeindeaufbau. Hauskreise haben sich an dieser Stelle bis heute immer wieder als Helfer für die Gemeinde erwiesen, indem sie diese drei Schwerpunkte zu verbinden versuchten.

☞
- Formen der Hauskreisarbeit
- Vertiefender Hauskreis
- Missionarischer Hauskreis
- Soziales Engagement im Hauskreis
- Gemeinde und Hauskreis

Wesentliches über den Hauskreis

Perspektiven und Gemeindekonzept

Neulich schaute ich meine gesamte Hauskreisliteratur durch und fand nicht einen Artikel zum Thema »Perspektiven«. Haben die Hauskreise in ihrer Arbeit denn keine Perspektiven?

Die Frage der Perspektiven hängt eng zusammen mit der Art der Entstehung eines Hauskreises. Es gibt bestimmte Hauskreisausprägungen etwa in Korea oder in den USA, die sind »von oben« her entstanden, d. h. der Pastor als Gemeindeleiter hat die Wichtigkeit der Hauskreise für den Gemeindeaufbau erkannt und sich entschlossen, ihnen seine ganze Aufmerksamkeit zuzuwenden. Er hat ein klares Ziel für seine Gemeinde, nämlich: Gemeindewachstum; dieses Ziel gibt er an seine Hauskreisleiter weiter und diese an die Teilnehmer. Insofern steht in diesen Kreisen an erster Stelle das Wachstum und die Teilung und nicht die Beheimatung.

Wachsen wollen auch die einzelnen im geistlichen Sinn, da ja mit jedem neuen Kreis neue Leiter gebraucht werden: Es ist also Motivation gegeben, als Christ zu reifen, um dann auch andere als Leiter anleiten zu können. Dies ist das Modell von Dr. David Yonggi Cho aus Seoul; in seinen Büchern wird klar von der Vision und Perspektive für die Hauskreisarbeit gesprochen.

Ganz anders die Entstehung »von unten«, d. h. die Gründung von Hauskreisen durch Initiative von Laien in der Gemeinde, unabhängig von anderen schon bestehenden Hauskreisen und unabhängig auch vom Pfarrer. Er nimmt es zur Kenntnis, freut sich oder ärgert sich darüber – je nach dem –, aber er läßt sie gewähren. Dies ist das Modell der heute in Deutschland gewachsenen (ev.-landeskirchl.) Hauskreisarbeit.

Welche Perspektive können Hauskreise unter solchen Umständen entwickeln?

Die Frage ist sehr berechtigt! Wenn Hauskreise ein Teil der Gemeinde sind (was jeder beteuert!), der Gemeindeleiter aber für sie keine Perspektive hat, ist ihre Möglichkeit, eine eigene langfristige, effektive und umsetzbare Perspektive für ihre Arbeit zu entwickeln von vornherein sehr begrenzt. Sie reduziert sich im Grunde auf Wachstum der Gruppe in und um die Gruppe herum.

Sobald dieses Wachstum aber Formen annimmt, die gemeinderelevant sind, wird es zum Zusammenstoß mit der Gemeindeleitung kommen.

Wenn Perspektiven an der Gemeindeleitung scheitern

Perspektiven können Hauskreise bei uns also nur entwickeln, sofern es den Hauskreis selbst betrifft. Alles was darüber hinausgeht, wie Leitertreffen, Hauskreisfest für alle, Aktionen, Lobpreisgottesdienste, Gottesdienstmitgestaltung etc., was also die Gemeinde betrifft, bedarf daher der engen Absprache mit der Gemeindeleitung. Wird diese freundlich und rechtzeitig gesucht, wird in den meisten Fällen Zustimmung kommen. Da nicht sehr viele landeskirchliche Pfarrer eine profilierte Zukunftsperspektive mit ihrer Gemeindearbeit verfolgen, sondern eher durch ihr Tagesgeschäft bestimmt werden, freuen sie sich sicher, wenn etwas in Bewegung kommt. Nur abgesprochen sein muß es und die Beziehung zur Gesamtgemeinde muß sichtbar sein.

Und was tun, wenn der Pfarrer die ganze Initiative an sich reißt oder im noch schlimmeren Fall abwürgt und untersagt?

Positiv ausgedrückt: Der Pfarrer hat etwas gemerkt von der Bedeutung der Hauskreise für die Gemeinde. Bis jetzt hat er noch Angst, daß sich diese Initiative »verselbständigen könnte«. Darum »reißt« er sie an sich und versucht sie einzubinden. Der Vorgang hat eine Chance in sich: daß der Pfarrer durch die Anstöße aus der Hauskreisarbeit Mut bekommt, eine geistliche Schau für seine Gemeinde zu entwickeln. Hier ist Demut der »gestandenen Hauskreisleiter« nötig, die bereit sind, dem Pfarrer Raum zur Leitung zu geben und ihn darin von Gott her zu ermutigen. Auf diese Weise kann es zu einem vertrauensvollen Team kommen.

Kann – aber manche Pfarrer entwickeln mitnichten eine Perspektive, sondern wollen ganz einfach nur festhalten und alleine bestimmen.

Ist es eine charakterliche oder berufsbedingte Enge, so möge man ihn einbeziehen, wenn möglich leitend. Steht dahinter aber das Anliegen, diese geistliche Initiative nicht hochkommen zu lassen und rechtzeitig zu stoppen (meist merkt man dies an einer Entmutigung, die sich auf die Mitarbeiter legt), so gilt, daß Jesus der oberste Hirte dieser Gemeinde ist und sein Wille zu tun ist. Es darf aber nicht nur das Ziel Jesus-gemäß sein, sondern auch der Weg muß es sein. Und hier leitet uns »der Geist der Kraft und der Liebe und der

Besonnenheit«. In diesem Geist ist das offene Gespräch zu suchen mit Pfarrer und Kirchengemeinderat.

Was an konkreten Perspektiven hat denn die Hauskreisarbeit in der evangelischen Kirche?

Sofern ihr dies bewußt ist, ist sie das alternative Konzept zur pastorenorientierten Konsum-Gemeinde, die das geschichtlich gewachsene Modell der landeskirchlichen Gemeinden seit der Reformation darstellt. In einer Gemeinde voller Hauskreise, wo jeder, der »mit Ernst Christ sein will« (Luther), zu einem Hauskreis gehört, strukturiert sich die Kirche um nach dem Vorbild der neutestamentlichen Gemeinde, deren Leitbild nicht die Hierarchie, sondern der Leib mit seinen Gliedern war. Dies ist die Struktur, die dem biblisch-reformatorischen Verständnis vom ☞ »Priestertum aller Gläubigen« entspricht.

Diese Perspektive einer Reformation der Kirche im Sinn Luthers ist keine Anmaßung, weil Gott in diesen Jahren die Kirche zu deutlich durchwirkt hat mit dem Geist geschwisterlicher Liebe, der zur Bildung von tausenden verbindlicher Gruppen führte. Hier ist eine kirchengeschichtlich relevante Bewegung in der Kirche entstanden, die im Kontext der anstehenden kirchlichen und gesellschaftlichen Fragestellungen bemerkenswert eindeutig Sinn macht.

Woran denken Sie da?

- Ich denke an die Notwendigkeit der »missionarischen Kompetenz« der Kirche gegenüber ihren getauften, aber fernstehenden Mitgliedern. Sie sind erreichbar am allerbesten durch Kontaktstellen mit starker persönlicher Zuwendung.
- Ich denke an die professionalisierte Diakonie, deren »kirchliche Mitarbeiter« oft meilenweit von einer persönlichen Glaubensbeziehung entfernt sind. Wo finden »ausgebrannte kirchliche Mitarbeiter« wieder Mut, wenn nicht in einer liebevoll mittragenden Gemeinschaft.
- Ich denke an die geringer werdenden Finanzmittel der Kirche. Es braucht in der Zukunft Gemeindeglieder, die in ihrer Gemeinde »beheimatet« sind und die sich darum in ihr auch finanziell deutlich engagieren.

Missionarisches, diakonisches und finanzielles Engagement, kein Problem in einer Hauskreisarbeit, die sich selber als Realisierung des »allgemeinen Priestertums« ansieht und der von Seiten der Gemeindeleitung zur Durchführung dieses Ansatzes Mut gemacht und Freiraum gegeben wird. Dies ist überall dort möglich, wo der Pfarrer diese Perspektive für seine Gemeindearbeit insgesamt hat, d. h. wo er das allgemeine Priestertum aller Gläubigen will und fördert, wo es nur geht.

☞
- Gemeindewachstum
- Leiterschaft
- Rezepte
- Struktur der Hauskreisarbeit in Deutschland
- Pfarrer und Hauskreis
- Priestertum aller Gläubigen
- Luthers »Dritte Weise«

Warum soll ein Hauskreis ein Ziel haben? Es genügt doch, daß er gute Gemeinschaft bietet und die Leute geistlich vorankommen. Ist das Ziele-Suchen nicht eine typische Übernahme aus der Wirtschaft, die ihre Effektivität immer noch mehr steigern will?

Warum sollen wir von der zielgerichteten Arbeit der Wirtschaft nicht lernen dürfen? Das Problematische in der Wirtschaft ist doch nicht die Effizienz, sondern die Vorrangigkeit des Profits vor dem Menschen – und da sollen wir Christen anders handeln.

Aber warum auf die Wirtschaft schauen? Die Bibel selbst gibt uns genügend Beispiele für zielgerichtetes Handeln. Da ist Paulus, der aus einem inneren Muß heraus, die Straßen des Römischen Reiches entlangpilgert, um das Evangelium bis nach Rom zu bringen (Röm 1,9-15). Er hat ein Ziel, aber er läßt sich gleichzeitig vom Geist Gottes korrigieren, wenn er darin falsch liegt (Apg 16,6f).

Der Missionsauftrag Jesu in Mt 28,18 ff ist eine klare Zielangabe in Apg 1,8, verbunden mit einer Strategie, wie von Jerusalem aus, von innen nach außen, vorzugehen ist.

Daneben gibt es in den Evangelien klare Aussagen zum Wesen des Reiches Gottes: nämlich daß es wächst. Sei es klein wie das Senfkorn oder verborgen wie der Sauerteig im

Mehl – es wächst aus einer verborgenen inneren Kraft (Mt 13,31-35). Diese Kraft ist der Heilige Geist, den Jesus vor seiner Himmelfahrt den Jüngern verspricht (Apg 1,8) oder anders, der Saft, der in den mit dem Weinstock verbundenen Reben »viel Frucht bringt«, wodurch der Vater geehrt wird (Joh 15,8).

Im Maß der Erfüllung mit dem Geist Gottes – der von Jesus »Kraft aus der Höhe« genannt wird –, erleben Menschen bis heute, daß ihr Glaube Frucht bringt, Vervielfachung der Frucht geschieht und die Gemeinde wächst. Dies muß also im Wesen des Geistes und im Willen Gottes liegen, daß das Reich Gottes wächst.

Der Unterschied zur Wirtschaft liegt darin, daß dies nicht auf ein menschliches, sondern auf das Konto der Ehre Gottes gebucht wird.

Aber sind die Ziele für die einzelnen Hauskreise nicht sehr verschieden?

Natürlich! Nur geht es zunächst um den Knackpunkt, daß Hauskreise überhaupt sich öffnen für ein zielorientiertes Beten und Arbeiten.

Wenn Wachstum nach Gottes Willen ist, dann dürfen Christen nach diesem Willen konkret fragen. Es geht nicht um die Optimierung kirchlicher Arbeit, sondern um das, was Gott mit unserem Kreis bzw. mit unserer Gemeinde vorhat. Wir dürfen ihn ganz konkret fragen, und ich glaube, daß sich der Vater im Himmel freut, wenn wir so beten und ihn fragen in der Umsetzung des »Vaterunser-Gebetes«: dein Wille geschehe. Denn es geht uns dabei um seine Ehre und sein Reich und seinen Willen. Was in Gottes Herzen ist – das möge nun auch auf Erden geschehen. Und das ist nie »Blabla, sondern das sind immer präzise, gute Dinge. »Jetzt habe ich es euch gesagt, ehe es geschieht, damit ihr glaubt, wenn es nun geschehen wird« (Joh 14,29). Darum zeigt uns der Herr Dinge vorab, damit unser Glaube gestärkt wird, wenn es geschieht. Gott antwortet, wenn wir fragen!

Können Sie mal ein Beispiel geben?

Zwei Leiterinnen, nachdem sie bei der Leiterschaftsschulung gelernt hatten, daß man Gott um seine Ziele im Gebet fragen darf, sehen im Gebet ihre ausgemusterten Wohnzimmerstühle auf der Bühne vor sich. Sie geben diesem Impuls nach und lassen die drei Stühle neu beziehen und stellen sie voll Glauben in den Kreis: beim nächsten Mal kam ein Neuer, beim übernächsten Mal kamen zwei. Die drei Stühle waren besetzt.

Ein anderer Leiter hat im fragenden Gebet den Gedanken, daß Gott ihre Gemeinschaft vertiefen will und daß reihum einmal jeder ausführlicher aus seinem Leben erzählen soll. Es kommt zu einer großen Offenheit.

Einem dritten Leiter geht im Gebet plötzlich auf, daß er ständig alles allein macht und beginnt (zur Freude der Gruppe!), endlich zu delegieren. Ein Aufschwung zu mehr Mitverantwortung geht durch die Gruppe. So empfängt jeder Kreis etwas für ihn Wichtiges von Gott.

Der erste Schritt auf ein Ziel zu ist also, hörend, fragend in der Stille vor Gott zu stehen und (wie die Sekretärin auf den Chef) zu hören, was Gott mir weitergeben möchte, was er mir zeigt, welche Gedanken er mir in dieses Hören hinein gibt, welches Bibelwort mir plötzlich einfällt: Gott hat sehr verschiedene Weisen, zu uns zu reden. Jesus hat verheißen, daß seine Schafe seine Stimme hören können – darauf verlassen wir uns in solchen Stunden.

Und woher weiß ich, daß das Gott ist und nicht ich bin?

Zum einen sind es oft Gedanken, die mir zu groß, zu schwierig oder unangenehm sind, Gedanken, die ich mir also selber nicht aussuchen würde.

Zum anderen haben Gottes Gedanken zumeist das Kennzeichen des Friedens an sich. Ich empfinde das Empfangene als Erhörung.

Wenn ich dennoch unsicher bin, und es sich zudem um etwas Weitreichenderes handelt, sollte ich Glaubensgeschwister um Prüfung bitten.

Wenn ich also etwas gehört und ein Ziel von Gott für mich oder für die Gruppe gezeigt bekommen habe, wie geht es dann weiter?

Der 2. Schritt heißt: das Ziel umkreisen. Ich schaue das gezeigte Ziel (z. B. fünf Neue) an, danke Gott, freue mich daran und frage Gott weiter: bis wann? (Antwort: bis Weihnachten); wer soll es sein? (eventuell fallen mir spontan Namen ein, sonst bleibt es offen) etc. Ich male mir einfach aus, wie schön es sein wird, fünf Neue zu haben. Freude erfüllt mein Herz, *Inspiration* geschieht.

»Wes das Herz voll ist, des geht der Mund über«. Dies ist dann der 3. Schritt: Ich gebe die Inspiration weiter an die anderen. Ich erzähle von meinem Gebet, von der Antwort, die ich enpfangen habe und meiner Freude, bitte sie aber, diese Gedanken vor Gott zu prüfen und zu hören, was Gott ihnen dazu zeigt. Darüber wird zu gegebener Zeit ausgetauscht, am besten reihum, ohne Diskussion dazwischen. Jeder sollte seine Eindrücke zuvor aufgeschrieben haben und in der 1. Runde auch nur das wiedergeben, was er oder sie aufgeschrieben hat. Erst nach dem Austausch soll darüber geredet werden, aber aufeinander hörend, nicht hitzig oder rechthaberisch.

Oft bringt das 1. Rundgespräch noch keine Klärung; dann darf es vertagt werden, sogar noch eine 3. Runde kann sinnvoll sein, bis man sieht, wie man mit der Gruppe weitergehen soll. Dann aber muß entschieden werden und die Gruppe muß dem Leiter das Vertrauen entgegenbringen, daß er in Abwägung der Voten dann vor Gott entscheidet und den Weg weist. Meist ist der Prozeß aber kürzer und schon beim ersten Erzählen springt der Funke und die Herzen werden froh.

Und dann wird's konkret! Wenn die Gruppe sich die Vision des oder der Leiter zu eigen gemacht hat, beginnen die konkreten Überlegungen, wie die »Vision landen« kann, d. h. es müssen Pläne gemacht werden mit Abläufen, Terminen, Personen, Resourcen etc.

Natürlich kann nicht jede Vision so einfach umsetzbar gemacht werden, manche – das spürt man – brauchen noch Zeit. Vor allem braucht es in diesem Stadium aber große Sensibilität und Gebet weiterhin, damit das Planen sich jetzt nicht verselbständigt (wir können Gott nicht organisieren!), sondern die Leiter offen bleiben für Korrekturen auf dem Weg.

☞
- Leiterschaft
- Rezepte
- Vorbereitung eines Hauskreisabends

Wesentliches über den Hauskreis

Die Chancen der Hauskreisarbeit

Skeptiker gibt es ja noch immer. Und das nicht wenige. Wie kann man einem solchen den Nutzen und die Chancen der Hauskreisarbeit nahebringen?

Nachdem heute so viele Erfahrungen vorliegen, Material aus vielen Jahren, ist es, glaube ich , nicht mehr so schwierig, rein duch die Fakten Skeptiker zu überzeugen. (Vorausgesetzt es liegen keine Vorurteile oder fixierte Verurteilungen vor.) Es läßt sich inzwischen bundesweit – sogar weltweit – der Zusammenhang von lebendigen Gemeinden und dynamischen Hausgruppen zeigen. Hausgruppen sind nicht das einzige, aber ein ganz wesentliches Element wachsender Gemeinden.

Gemeinden wachsen nie, ohne daß nicht der Einzelne wächst. Darin liegt ein entscheidender Wert der Hauskreisarbeit für den Einzelnen. Hierzu nur ein paar Stichworte:

1. Im bezug auf Bibelkenntnis

- Anfänger lernen mit diesem Buch umzugehen.
- Fortgeschrittene lernen durch die anderen immer noch weiter dazu.
- Laien lernen, sich theologische Literatur zu erarbeiten und selber »Bibelstunden« zu leiten.
- Aus Predigt-Hörern werden engagierte Bibel-Leser, die auch lernen, über ihre Erkenntnisse zu sprechen.
- Im Rahmen der Wohnstube ist eine Bibelbetrachtung ohne konkreten Alltagsbezug nicht mehr denkbar.
- Im Hauskreis lernen die Teilnehmer, auf das gehörte Wort mit eigenen Worten zu antworten, was im Gottesdienst nicht geht: Sie lernen das freie Gebet.
- In den Hauskreisen wird viel gesungen. Singen ist beten mit doppelter Kraft. Das Leben verändert sich durch Lieder, vor allem solche zum Lob Gottes.

2. Im bezug auf Beziehungen

- Durch den gemeinsamen Glauben wird von Anfang an »Vorschuß-Vertrauen« gewährt, zumal die Atmosphäre des Wohnzimmers das Wachsen von Freundschaften fördert.
- Eheleute können gemeinsam zum Hauskreis gehen, sogar Kinder können in das Hauskreis-Leben integriert werden: Kein Wunder, daß die »mittlere Generation« hier besonders »angebissen« hat.

Chancen für das Gemeindeleben

- In einer vertrauten Gruppe lernen die Einzelnen, daß sie etwas wert sind, welche Gaben sie haben und daß man bei Konflikten oder «Durchhängern« nicht einfach wegläuft (»Verbindlichkeit«). Auch Toleranz gegen Meinungen und Macken werden eingeübt.
- Seelsorge, d. h. reden dürfen über persönliche Schwierigkeiten ist eine Frucht wachsender Vertrautheit und auch Hilfe annehmen durch Gespräche, Gebet und Begleitung.

3. Im bezug auf Dienste

- Dienste werden zumeist durch einzelne als Mitarbeiter in der Gemeinde wahrgenommen.
- Der Kreis als ganzer aber braucht eine Dienst-Mentalität für seine Gemeinde. Das kommt zum Ausdruck z. B. in der Mitgestaltung eines Gottesdienstes, eines Gemeindefestes und anderem.
- Dienste gehen aber auch über die Gemeinde hinaus in die Mission oder in überörtliche Aufgaben.

Das ist ja ganz beachtlich! Aber wie wirkt sich das alles aus auf das Gemeindeleben ?

Nicht automatisch positiv! Wenn die Hauskreise von Seiten der Gemeinde, insbesondere des Pfarrers, abgelehnt werden, haben zwar dennoch die einzelnen Teilnehmer ihren großen Segen vom Hauskreis, nicht aber die Gemeinde.

Öffnet sich aber die Gemeinde generell den Hauskreisen und fördert der Pfarrer offiziell die Bildung solcher Gruppen, dann wird er schon bald gute Auswirkungen davon im Gemeindeleben spüren. Dem obigen Schema entsprechend, lassen sich etwa folgende anführen:

1. Durch Hauskreise kommt Bibelkenntnis in die Gemeinde; von hier aus lesen manche zum ersten Mal für sich und freiwillig (wieder) die Bibel, sie besprechen Bibeltexte und lernen Anwendungen auf ihren Alltag – ein Vorgang, den die beste Predigt in dieser Breite und Konkretion nicht leisten könnte. Die Gefahr des theologischen Abgleitens ist dabei weit geringer als die Dauererfahrung geistlichen Wachstums. Wo anders als im Hauskreis kann ein Christ in einer evangelischen Gemeinde heute das freie Gebet lernen? Bei den Freikirchen ist das anders, die sehen und ler-

nen das in ihren Gottesdiensten. Aber im evangelischen Gottesdienst liest ja selbst der Pfarrer sein Gebet am Altar aus einem Buch vor.
Durch den Hauskreis bekommt die Gemeinde Mitglieder, die bibelfest sind, sich über den Glauben kompetent äußern können, die sich eine eigene Meinung gebildet haben und insofern »mündige Christinnen und Christen« geworden sind.

2. Durch Hauskreise wächst in der Gemeinde ein Beziehungsnetz. Wäre jeder in einem Hauskreis, wäre keiner mehr allein, fiele keiner mehr durch die Maschen. Die starke Ausbreitung der Hauskreise in den letzten 12 Jahren haben an dieser Stelle das evangelische Gemeindeleben spürbar verändert. In Gemeinden mit vielen Hauskreisen kann man eine persönlichere Atmosphäre als in reinen »Gottesdienst-Gemeinden« spüren. Viele Freundschaften, viele Du-Beziehungen, viel gemeinsames Leben ist entstanden. Seelsorge des Alltags, die auf Grund des großen Abstandes nie beim Pfarrer »landen« würde, wird zwanglos von Einzelnen im Kreis wahrgenommen.
3. Wenn Gaben im Hauskreis entdeckt werden und durch Bestätigung wachsen, dann stehen sie mit Sicherheit eines Tages der Gemeinde als ganzes zur Verfügung (z. B. die Gabe zu leiten oder schöpferisch zu gestalten oder Bibel auszulegen oder zu musizieren).

Die Hauskreise sind heute in der evangelischen Kirche die zahlenmäßig stärkste Gruppenform. Kann man Trends in der Kirche erkennen, welche die Hauskreisarbeit ausgelöst oder behindert haben?

Durchaus! Von verschiedenen Bischöfen unserer Kirche wurden in den letzten zehn Jahren die Hauskreise immer wieder als »Hoffnungszeichen«, »Zellen des Lebens« u. a. bezeichnet. Im einzelnen wären folgende Punkte zu nennen:

- Die Fähigkeit und die Bereitschaft des heutigen Menschen, sich mit einer Groß-Institution zu identifizieren, hat stark nachgelassen. Parteien und Gewerkschaften erleben das genauso wie die Kirche. Was Menschen suchen, sind persönliche Kontakte. (Bei den Parteien die »Ortsgruppen«). Nur wo sie so »persönlich vorkommen«, sind sie bereit, sich mit der übergeordneten Institution zu identifizieren.

Wesentliches über den Hauskreis

Hauskreise sind nicht nur theologisch »in«

Die Kirche wird die Menschen nur halten können, wenn sie ihnen ein ganz persönliches, ihren Bedürfnissen entsprechendes Angebot machen kann. Und dazu gehören ganz sicher auch die Hauskreise!
Ein jüngerer Mensch hält heute nicht mehr automatisch zu »seiner Kirche«, wenn ihm woanders Menschen mit Überzeugung und dem Angebot persönlichen Angenommenseins entgegentreten können. Die Schwelle, die Kirche zu verlassen, ist niedriger geworden! Wer diese Beheimatung bisher nicht in der Kirche gefunden hat, den hält dann oft nichts mehr.

- »Der Laie ist der Missionar des 20. Jahrhunderts«, sagte einer am Anfang des Jahrhunderts; er meinte dies im Gegensatz zu den Hauptamtlichen, die – so viele ihrer sind – nicht hineinreichen in die Schulen und Betriebe, wo ihre Gemeindeglieder Tag für Tag stehen. Die Schicksalsfrage der Kirche heißt heute also: Wer lehrt die Laien über ihren Glauben zu reden, wer macht sie sprachfähig? Dies ist nicht zuerst eine Frage von Technik und Schulungen, sondern von Lebenseinstellungen, von geistlich gelebtem Alltag. Darum ist auch hier der Hauskreis eine unverzichtbare Einrichtung für den Dialog mit den Menschen in ihrer Welt. Daß hier in den nächsten Jahren in die Hauskreise große Investitionen gemacht werden müssen, ist wahr.
- Die durch Jahre gewachsene Mündigkeit der Laien gegenüber dem Amt in der Gemeinde bedingt zwar heute beidseitige Umstellungsprozesse, nähert aber nicht nur die evangelische Kirche dem reformatorischen Ideal vom allgemeinen Priestertum.
  Die Hauskreisarbeit als eine große, geistliche Laienbewegung hat in den letzten Jahren die evangelische Kirche deutlich ein Stück ihrer reformatorischen und biblischen Gestalt näher gebracht.
  Der Weg von der Priesterkirche zur Kirche von Priestern ist eindeutig weitergegangen worden. Ähnliches läßt sich auch für die katholische Kirche sagen, deren 2. Vaticanisches Konzil ebenfalls das Priestertum aller stark betonte.
- Nicht zuletzt durch die Hauskreise ist das Singen von vielen neuen Liedern in die Erwachsenenwelt unserer Gemeinden wieder stärker eingekehrt. Dabei zeigen sich verschiedene Liedtraditionen (Taizé, Kirchentag, evangelikal,

charismatisch). Wie sehr das stimmt, zeigt eine gewisse Offenheit für die neuen Lieder im neuen evangelischen Gesangbuch.

Ist es denkbar, daß die Hauskreise auch eine Chance für die Gesellschaft sind, die Menschen außerhalb der Kirche ?

Bei allem, was Hauskreise unternehmen, darf nicht übersehen werden, daß hinter allem der Gedanke steht: Der beste und vor allem nachhaltigste Beitrag zur positiven Veränderung unserer Gesellschaft ist es, wenn diese mit einer wachsenden Zahl lebendig Glaubender durchdrungen wird. Hier müssen die Hauskreise noch gewaltig dazulernen! Aber es sind interessante und sehr fruchtbare Ansätze erkennbar.

Den Schritt über den »Gemeindezaun« hinaus wagen immer mehr kleine Teams (drei oder vier Leute), die sich von ihrem bisherigen Hauskreis senden lassen und dann mit Menschen, die noch nicht an Gott glauben, einen Weg zum Glauben suchen.

Häufiger scheint es aber zu werden, daß sich Hauskreisleute für missionarische Aktionen zur Verfügung stellen oder diese selber initiieren und in der Durchführung und vor allem der Nacharbeit wesentlich zur Bildung vieler neuer missionarischer Hauskreise beitragen (☞ »Glaubensgrundkurs«, Projekt: »neu anfangen«, »Neue Schritte«, »Religionsunterricht für Erwachsene«, »Frauenfrühstück«).

Was Menschen suchen, um es zu wiederholen, sind nicht Institutionen, sondern Orte persönlicher Kommunikation. Darum sind die Hauskreise als Form ebenfalls ideal geeignet als »Empfangsräume der Kirche«.

☞
- Bedeutung des Hauskreises für den einzelnen
- Volkskirche und Hauskreisarbeit
- Gemeinde und Hauskreis
- Gründung eines Hauskreises
- Missionarischer Hauskreis

Zellgruppen

Eine Hauskreisform in der katholischen Kirche?

Wie steht es bei Ihnen in der katholischen Kirche mit Hauskreisen?

In der allgemeinen Pastoral einer Gemeinde gibt es bei uns keine Hauskreise. Es gibt sehr viel Leben in Gruppen vor allem in den katholischen Verbänden und Vereinen, aber alles spielt sich im Gemeindezentrum ab und nicht in Privathäusern. Die Kirche und das dazugehörige Pfarrzentrum sind das eigentliche Haus für das gemeinsame geistliche Leben einer Gemeinde. Ob diese Tatsache eine Ursache oder schon eine Auswirkung der so häufigen Diskrepanz von »geistlichem Leben« in der Kirche und »normalem Leben« im Alltag zu Hause ist, vermag ich nicht zu beurteilen. Und doch gibt es auch hier keine Regel ohne Ausnahme. Manche der sogenannten Familiengruppen treffen sich zu Hause in den jeweiligen Wohnungen.

Eine andere Ausnahme finden wir bei den geistlichen Gemeinschaften und Bewegungen, die als Lebenselement die Kleingruppe haben. Dort finden diese Treffen meistens in den Häusern statt. Dazu gehören die Ehepaargemeinschaften wie *Equipe Notre Dame* und *Marriage Encounter*, aber auch die »Focolare«, die »Gemeinschaft Christlichen Lebens« u. a. (☞ kurze Infos und Kontaktadressen dieser Gemeinschaften und Bewegungen S. 496).

Eine dieser Bewegungen, ist die »Charismatische Erneuerung« (CE). Überall, wo Katholiken von dieser Bewegung ergriffen wurden, haben sie sich zu Gebetsgruppen zusammengefunden. Auch diese Gruppen haben sich, wenn es irgendwie möglich war, in öffentlichen, kirchlichen Räumen getroffen, auch wenn es oft nur drei bis fünf Personen waren. Sie wollten ja nicht etwas besonderes sein, sondern einladend und offen, so daß andere Menschen dazukommen können. Die Hoffnung war in den ersten Jahren sehr stark, daß dieser Impuls des Heiligen Geistes ein wesentlicher Weg sein wird zur Erneuerung unserer Pfarrgemeinden; deshalb auch die Namensänderung von Charismatischer Erneuerung in Charismatische Gemeindeerneuerung (CGE).

Diese in die CGE gesetzten Hoffnungen haben sich aber in den letzten 10-15 Jahren nicht erfüllt. Die meisten, zu Beginn oft sehr lebendigen Gebetsgruppen, sind inzwischen kleine, treue Gebetskreise geworden, viele davon gibt es aber gar nicht mehr. Andere sind plötzlich entstanden.

Die Entwicklung der Zellgruppenidee

Eine wirklich wachsende Integration in die Gemeinden war nicht möglich und für die Alternative, eine mehr eigenständige Weggemeinschaft aufzubauen, gab es bei uns noch keine Perspektiven, Anleitungen und Hilfen.

In den letzten Jahren wird uns, auch im Rückblick auf den Ursprung der CE in der katholischen Kirche deutlich, daß eines der Wesensmerkmale der CE ist, verbindlichere Weggemeinschaften zu bauen und so eine eigene Perspektive innerhalb und über die Gemeindestruktur hinaus zu entwickeln. Die jahrelange Engführung der CE bei uns in Deutschland auf »Gemeindeerneuerung«, hat dieses Wesensmerkmal in Vergessenheit geraten lassen.

So ermutigen wir unsere Gebetsgruppen heute immer mehr zum Aufbau solcher verbindlicheren Weggemeinschaften, die sich in Zellgruppen mit unterschiedlicher Ausrichtung gliedern. Für solche Gruppen/Gemeinschaften gibt es auch die Möglichkeit einer kirchenrechtlichen Anerkennung auf Ebene ihrer Diözese.

Viele Gruppen sind inzwischen schon auf diesem Weg, ermutigt auch durch einzelne positive Erfahrungen in anderen Ländern.

Was die Zielrichtung und die Gestaltung dieser Zellgruppen angeht, sind auch wir auf der Suche nach richtigen Wegen. Die Gefahr von vielen Hauskreisen und Gebetsgruppen, nach einiger Zeit nur noch um sich selbst zu kreisen und damit zufrieden zu sein, ist sehr groß. So sind wir in einer Experimentier- und Orientierungsphase, was die Gestaltung von Zellgruppen angeht.

Wir stehen noch sehr am Anfang. Persönlich sehe ich auch für unsere Gemeinschaft hier vor Ort ganz grob vier Zielrichtungen von Zellgruppen:

- Geschlossene Jüngerschaftsgruppen zur Weiterführung nach einem Glaubenskurs, ca. sechs bis neun Monate.
- Evangelistische Zellgruppen (auch als Vorbereitung für einen Glaubenskurs), z. B. für Kinder, Teenies, Jugendliche, Alleinerziehende, Frauen, Männer, Ehepaare oder auch für spezifische Berufsgruppen.
- Dienstzellgruppen (mit auf die Gemeinschaft bezogenen Diensten).
- Sonstige Zellgruppen, vor allem auch solche, die sich auf bestimmte zeitliche Projekte beziehen.

Zellgruppen

Objektbezogen und zeitlich begrenzt

Wir wissen, daß es immer sowohl um die pastorale Begleitung einzelner (Seelsorge etc.), wie um den Dienst nach außen (Evangelisation) gehen muß, aber wir wissen auch noch nicht, wie wir beides sachgemäß immer vereinbaren können. Wir wissen auch, daß bei allem ganz entscheidend die Schulung und Begleitung der Leiterschaft ist.

Wir möchten, daß in der Regel keine der Zellgruppen zu einer Dauereinrichtung wird, sondern immer mit einer gewissen zeitlichen Begrenzung lebt und dann umstrukturiert (evtl. geteilt) oder aufgelöst und neugebildet werden kann.

Entscheidend wird auch für uns immer der Austausch mit Geschwistern aus anderen Gemeinschaften sein und die Auseinandersetzung mit den Erfahrungen unterschiedlichster Zellgruppenmodelle auf der ganzen Welt.

☞

- Formen der Hauskreisarbeit
- Gemeinde und Hauskreis
- Charismen im Hauskreis

Literaturhinweise

Bibel aktuell
Arbeitshilfe für Bibelkreise. Herausgeber: Amt für missionarische Dienste der Evang. Landeskirche in Württemberg. Postfach 10 13 52, 70012 Stuttgart. Telefon: 0711-2068-269 Fax 2262946 Jahresabonnement (4 Hefte: 20,- DM)

Hilfen zur Bibelarbeit
Anneliese Hecht, *Zugänge zur Bibel,* Kath. Bibelwerk Stuttgart 1993.
Bibelauslegung für die Praxis.
Hrsg. Evang. u. Kath. Bibelwerk, 22,80 DM je Band (verschiedene Themengebiete)
Dietrich Mann, *Mit dem Neuen Testament im Gespräch,* Christliche Verlagsanstalt Konstanz 1985. Ausgewählte Texte für Gruppengespräche mit Auslegungen und Fragen

Wie beginnt man einen Hauskreis?
Bibel aktuell 5/6 . In diesem Sonderheft werden ganz praktische Tips für den Anfang und ca. 20 Entwürfe für die ersten Abende angeboten. Zu beziehen über AMD s.o.

Liederbücher
»Mosaik« 1-5 Präsenz Verlag, Jesusbruderschaft Gnadenthal
»Die Fontäne in Blau« Ev. Jugendwerk in Württemberg
»Sein Ruhm, unsere Freude« Krelingen
»Jesu Name« 1-5 Hänssler-Verlag, Neuhausen
»Songs junger Christen« Hänssler-Verlag, Neuhausen
»Du bist Herr« Bd. 1 und 2, Projektion J Buch- und Musikverlag, Wiesbaden
»Kommt laßt uns singen« 1-4, Projektion J Buch- und Musikverlag GmbH, Wiesbaden

Hauskreis für Mediziner, Dr. H. Stegmaier, Giengen
Rundbrief der Hauskreise in Baden-Württemberg, Nr.16

Hilfsmittel Musikkassetten (Instrumental)
»Mitsingen und lernen« Lernkassetten zu »Du bist Herr« 1und 2
»Kommt laßt uns singen« Notenordner und Kassetten (insg. 4)
Alles zu beziehen über »Music House«, Niederwaldstr. 14, 65187 Wiesbaden.

Hauskreis offensiv Ortwin Schweitzer
Tips für missionarische Hauskreise, R.Brockhaus Verlag, 1984

Missionsunterstützende Hauskreise in »Bibel aktuell«, Nr. 57, '93
Baden: Bärbel Scholl-Sinn, Bayern: J.Weber

Die »Dritte Weise« bei Luther (S. 373 ff.) Ausführlich ist das Thema von Johannes Blohm behandelt in *Die Dritte Weise, Zur Zellenbildung in der Gemeinde.* Betrachtungen und Überlegungen zur Hauskreisarbeit. Calwer Verlag, Stuttgart 1992, Calwer Theologische Monographien C/18.

Teil II

Theologische Aspekte

Guten Tag, Herr Bischof Sorg!
Sie waren seit 1987 Bischof der Evangelischen Landeskirche in Württemberg und sind jetzt im Ruhestand. Schon bevor Sie Ihr Bischofsamt antraten, haben Sie etliche Bücher veröffentlicht zum geistlichen Gemeindeaufbau. In diesem Zusammenhang haben Sie auch die Hauskreise erwähnt. Wenn Sie es zunächst von der »Graswurzel« her, von der Gemeinde aus sehen, warum halten Sie Hauskreise für wichtig?

Ich plädiere für Hauskreise, weil diese Form der Zusammenkunft von Christen im Neuen Testament ihren Grund und Anhalt hat. Von alters her versammelte sich das Volk Gottes im Tempel. Diese gottesdienstliche Übung aus dem alten Israel haben die jungen Christengemeinden übernommen. Aber sie fügten dieser großen Zusammenkunft noch eine weitere, kleinere und überschaubare hinzu: Man traf sich »hier und dort in den Häusern« (Apg 5,42) zu Wortbetrachtung, Gebet und Mahlzeit. Die Urchristenheit hat sich also in einem Doppelschritt von gemeindlichen Zusammenkünften entfaltet: durch öffentliche Gottesdienste und durch kleine Hausgemeinden. Eines wollte das andere nicht verdrängen oder ersetzen; beide Formen waren auf gegenseitige Ergänzung angelegt. Das zeigt uns die Apostelgeschichte, das weisen auch die Briefe des Paulus im Neuen Testament aus.

So hatte neben dem Gottesdienst der Gemeinde die Hauskreisarbeit ihren gewichtigen Platz im Leben der frühen Kirche. Der Tübinger Neutestamentler Peter Stuhlmacher hat recht, wenn er in seinem Kommentar zum Philemonbrief schreibt:

»Die ur- und frühchristlichen Hausgemeinden stellen in der Ursprungsgeschichte des Christentums ein missionarisch, theologisch und organisatorisch wichtiges Element dar und die Kirche der Gegenwart tut gut daran, sich in ihrer Mission und ihrer in der Lebensdimension oft sehr verarmten Verkündigung an Gestalt und Wirkung jener Hausgemeinden zu erinnern.«

Nun sehen Sie seit Jahren alles aus kirchenleitender Perspektive. Wie würden Sie die Bedeutung der Hauskreise aus dieser Perspektive für die Kirche als Ganzes beschreiben?

Ich bin dankbar, da in unseren immer anonymer werdenden Kirchengemeinden die Hauskreisarbeit während der letzten Jahre einen erfreulich starken Aufschwung genommen hat. Die Hauskreise bilden als kleine Zellen mit anderen Kreisen zusammen so etwas wie die Basis der Kirche. Wir wissen, daß in der Biologie die Zelle als die kleinste lebensfähige Einheit und als Grundelement aller größeren Organismen und Formationen definiert wird. So ist es auch in der Gemeinde als dem Leib Christi: Eine kleine Einheit der Drei, Fünf oder Zehn kann die große Gemeinde der Tausend sinnvoll gliedern, mittragen und befruchten – solange und soweit sie sich als Teil des Ganzen versteht.

Gerade dieser kleinsten Einheit gelten im Neuen Testament die größten Verheißungen (Luk 15,10; Mat 18,20). Wir brauchen die Arbeit der Hauskreise, wenn wir uns als Kirche in den Linien des Neuen Testamentes bewegen und gleichzeitig die Herausforderungen der Gegenwart ernstnehmen wollen.

Was kann eine Kirchenleitung tun, um die Hauskreise im Bereich ihrer Landeskirche zu fördern?

Sie kann die notwendigen Personen, die finanziellen Mittel und die Häuser und Räume zur Verfügung stellen, die benötigt werden; sie kann Mitarbeiter ermutigen und durch äußere Zeichen, durch Besuche und Gespräche erkennen lassen, daß die Hauskreise zum unverzichtbaren Bestandteil einer Gemeinde gehören. Es wäre wünschenswert, daß die Gemeindepfarrer in regelmäßigen Abständen die Hauskreise ihrer Gemeinde aufsuchen und sich mit deren Leitern zu Gebet, Zurüstung und Absprachen treffen.

Umgekehrt ist zu wünschen, daß die Hauskreise bereit sind, immer wieder Dienste für das Ganze der Gemeinde zu übernehmen.

Sehen Sie Gefahren, vor denen sich die Hauskreise hüten müssen?

Es gilt, darauf acht zu haben, daß Hauskreise wie überhaupt alle Gruppen und Kreise in der Gemeinde sich vom Gesamtauftrag der Gemeinde und nicht von der Intensität ihrer Binnenkontakte her definieren. Hier sehe ich durchaus die Gefahr, wenn eine Gruppe, die doch nur eine unter vielen anderen Zellen im Leibe Christi sein soll, sich zu einem elitären Zirkel oder einer geschlossenen Gesellschaft entwickelt. Jeder Verselbständigung und Absonderung sollte mit Entschiedenheit widerstanden werden. Geistliche Selbstgenügsamkeit ist für jede Zelle der Anfang vom Ende.

Nicht weniger deutlich ist dem Versuch entgegenzutreten, Hauskreise als Plattform für die Verbreitung von Sondererkenntnissen zu mißbrauchen. Eine Zelle, die sich auf sich selbst zurückzieht, die für ihre Mitglieder und deren geistliches Leben bestimmte Frömmigkeitsformen zum Gesetz macht oder die für sich in Anspruch nimmt, durch besondere Offenbarungen Gottes ausgezeichnet zu sein, wird nicht nur früher oder später den Schritt in die Separation tun, sie bildet zugleich einen Infektionsherd im Leibe Christi und ist schädlich für die Gemeinde als ganze.

Welchen Wunsch hätten Sie für die weitere Entwicklung der Hauskreise in der evangelischen Kirche?

In den Texten der Apostelgeschichte wird immer wieder deutlich, daß der Gottesdienst der Vielen und die Hauskreise der Wenigeren ganz dicht beieinander gesehen werden. Es gibt hier keine Abstufung und Abgrenzung. Beide Formen des Zusammenkommens der Gemeinde bedingen einander und sie brauchen einander. Im Gottesdienst sollen sich die Gruppen, Kreise und Zellen begegnen, im Hauskreis begegnen sich die Einzelnen. Im Gottesdienst steht das Hören im Vordergrund, im Hauskreis eher das Fragen, wobei beides, das Hören und das Fragen, elementare Äußerungen des Glaubens sind.

Daraus ergibt sich für mich, daß Hauskreise dann auf dem rechten Weg sind, wenn sie sich als Teil der ganzen Gemeinde verstehen und bereit sind, am Aufbau und an der Gestaltung des Gemeindelebens nach Kräften mitzuwirken. Ich weiß, daß es in unseren volkskirchlichen Gemeinden viele Probleme und mancherlei Defizite gibt. Nicht wenige ernsthafte Christen leiden darunter. Aber das »Weggehen« ist keine Lösung, auch das »Abkapseln« nicht.

Wir brauchen Menschen, die mit ihren Gaben und Kräften das neue geistliche Leben, das Gott in unserer altgewordenen Kirche schenkt, mitgestalten und tragen. Es ist mein Wunsch, daß in diesem biblischen Doppelschritt von Gottesdienst und Hausgemeinde sich ein Stück »Kirche von morgen« verwirklichen möge und daß sich darin die strukturelle und theologische Spannung von kirchlichem Amt und allgemeinem Priestertum der Gläubigen fruchtbar entfaltet.

Wir danken Ihnen, Herr Bischof Sorg, für dieses Gespräch.

Eine Gemeinde der Schwestern und Brüder

Kirche gibt es, weil Christus unser Bruder wurde. Die weltweite, Zeiten und Räume, Generationen und Nationen übergreifende Gemeinde Christi hat ihre Wurzeln in der konkreten menschlichen Zuwendung Jesu von Nazareth zu Petrus, Andreas, Jakobus, Johannes und Judas, zu Maria und Martha, zu Zachäus, Levi usw. In der Verbundenheit mit Jesus wuchs eine messianische Gemeinschaft, eine Gemeinde von Brüdern und Schwestern, in der das kommende Gottesreich jetzt schon gegenwärtig ist, trotz allen menschlichen Versagens. Ohne ein gelebtes geschwisterliches Miteinander gibt es keine Kirche.[1]

Immer wieder setzte sich Jesus mit Menschen an einen Tisch, mit Petrus, Andreas, Levi, Zachäus und den anderen Gerechten und Ungerechten. Er nahm das Brot und teilte es unter sie, er gab den Weinbecher in der Runde herum. Das waren Mahlzeiten, in denen die Freundschaft zwischen Menschen ihren Ausdruck fand. Und zugleich war es viel mehr: In Jesus wurde Gott ihr Bruder – trotz allem, was sie gegen den Willen und den Geist Gottes gelebt und getan hatten und trotz allem, was sie gegen ihn leben und tun würden. Durch Jesus wurden sie selber füreinander zu Brüdern und Schwestern über alle Unterschiede hinweg.

Vergebung, Liebe, Geschwisterlichkeit, das sind für den christlichen Glauben keine abstrakten Ideen. Sie sind durch Jesus Christus leibhaftig geworden. Wenn die Gemeinde als Leib Christi bezeichnet wird, dann bedeutet das, daß in ihr die Nähe Gottes leibhafte Gestalt gewinnt in der Art und Weise, wie Menschen miteinander umgehen. Diese versöhnte Gemeinschaft von Menschen nennen wir messianisch. Die messianische Gemeinschaft ist keine abstrakte Idee, sondern hat eine leibhafte Gestalt.[2]

Die Gemeinde hat von ihrem Herrn einen Auftrag und eine Berufung zum ewigen Leben, zur Herrlichkeit des Reiches, zur messianischen Gemeinschaft und zum Zeugnis und Dienst in der Welt. Der Inhalt dieser Berufung ist nicht in das Belieben der Gemeinde gestellt. Ihre jeweilige Gestalt muß sich nach ihrem Auftrag richten. Der Auftrag darf nicht um der jeweiligen Gestalt von Kirche willen verkürzt werden. So kann die Kirche nicht die gelebte geschwisterliche Gemeinschaft zurückstellen, weil das in volkskirchlichen Strukturen auf Schwierigkeiten stößt. Vielmehr muß sie Gemeindeformen schaffen, die ein geschwisterliches Miteinander fördern.

Das apostolische Glaubensbekenntnis bezeichnet Kirche als *communio sanctorum*. Das kann, wie am Tisch Jesu, »Teilhabe an den Heilsgütern«, aber auch »Gemeinschaft der Heiligen« bedeuten.

Die Confessio Augustana unterstreicht die Gemeinschaft, wenn sie von der *concregatio sanctorum*, der »Versammlung der Heiligen« redet.

Die 3. These der Barmer Theologischen Erklärung präzisiert diese Übersetzung mit dem Satz: »Die christliche Kirche ist die Gemeinde von Brüdern.«[3]

Dies soll die Kirche mit ihrer Botschaft wie mit ihrer Ordnung bezeugen. Mit der »Gemeinde von Brüdern« ist mehr gemeint als eine Versammlung mit dem Zweck, die Predigt zu hören und die Sakramente zu empfangen. Die Gemeinde der Brüder schließt an die Bruderschaft Jesu an.

Als mit der konstantinischen Wende die Kirche Staatskirche wurde, trat ihre Gestalt als geschwisterliche Gemeinschaft in den Hintergrund. Sie wurde geographisch organisiert nach Regionen, Staaten, Bistümern und Pfarreien. Weil die Kirche die gesellschaftliche Aufgabe einer staatstragenden, öffentlichen Religion übernommen hatte, paßte sie sich auch in ihrer Organisation der Gesellschaft an. Noch heute stimmen die Grenzen von Kirchengemeinden, Kirchenbezirken und Landeskirchen mit den entsprechenden politischen Grenzen weitgehend überein. So ist es leichter möglich, Menschen zu betreuen und dabei, wo nötig, mit staatlichen Organen zusammenzuarbeiten. Die Gemeinschaft in der Kirche spielt nun eine untergeordnete Rolle im Vergleich zur Gemeinschaft mit der Kirche v. a. anläßlich von Amtshandlungen, die von kirchlichen Amtsträgern am Volk vollzogen werden.

Dennoch ging das geschwisterliche Wesen von Kirche nie völlig verloren. Es wurde an den Rand gedrängt und bewahrt von kirchenreformerischen Gruppen, wie z. B. den Klostergemeinschaften und mußte, wo es keinen Platz mehr fand, in Sekten auswandern. Wo die Kirche freilich einen ihrer elementarsten Wesenszüge preisgibt, wird sie selbst sektiererisch.

Nach dem Rechtfertigungsglauben der Reformation konnte es die unterschiedlichen Glaubensstände von Laien und Ordensleuten nicht mehr geben. Es sollte nur noch eine Gemeinde geben, in der Nachfolge, Askese und Brüderlichkeit mitten in der Welt gelebt werden sollten. Also wurden die Klöster geschlossen und die Orden abgeschafft. Es erwies sich aber als unmöglich, ebenso radikal die Betreuungskirche abzuschaffen. Die Kirchen der Reformation wurden vielmehr Landeskirchen der Fürsten und damit wiederum an staatliche Strukturen angepaßte Betreuungskirchen, denen zunächst das geschwisterliche Korrektiv der Ordensgemeinschaften fehlte. Erst die Reformideen Speners verlangten mit den *collegia pietatis* wieder nach einem stärkeren Gemeinschaftscharakter der Kirche. In den Chören Zinzendorfs und in den pietistischen Gemeinschaften nahmen die Spenerschen Forderungen soziale Gestalt an. Aber auch außerhalb der pietistischen Frömmigkeit bilden sich in Jugend-, Friedens-, Selbsthilfegruppen usw. Gemeindeformen, deren bestimmendes Merkmal das eigenverantwortliche Handeln im Unterschied zum Betreutwerden ist.

Kirche in Gemeinden und Gemeindezellen

Großkirchen müssen Kompromisse mit der Gesellschaft eingehen, in der sie wirken wollen. Wenn sie sich als Volkskirche im Sinne einer Kirche für alle verstehen, müssen sie sich auch ein ganzes Stück weit der Durchschnittsmeinung der Bevölkerung anpassen. Um so wichtiger sind konsequente Nachfolgegruppen, die kompromißloser und radikaler die Freiheit Christi demonstrieren. Ohne sie steht die Großkirche in der Gefahr, nur noch als ein Teil der jeweiligen Gesellschaft zu existieren.

Andererseits stehen die radikalen Nachfolgegruppen in der Gefahr, sich so stark von der Gesellschaft abzugrenzen, daß sie die Chance verspielen, die irdischen Verhältnisse zu verändern. Ohne Einbindung in eine weltoffene Kirche verlieren sie leicht den Bezug zur Welt und die Wirkung auf die Welt.

Weltoffene Großkirche und die kleinen Nachfolgegruppen brauchen einander. Die Kirche darf diese Kleingruppen weder ausgrenzen noch total integrieren wollen. Die Kleingruppen dürfen die Großkirche nicht verneinen und aus ihr auswandern. Die Kirche würde sich reformerischen Impulsen verschließen, die Kleingruppen würden in Bedeutungslosigkeit versinken und ihren Auftrag verfehlen.

Hauskreise sind Gemeinde im Sinne von Gemeindezellen. In ihnen spielen sich elementare Lebensvorgänge der Gemeinde ab, aber sie können nur leben als Teil eines größeren Ganzen. Auch eine Zelle im Körper kann nicht alle Funktionen wahrnehmen, die zum Leben des Leibes nötig sind. Genausowenig kann ein Hauskreis allein den ganzen Auftrag der Gemeinde oder gar der Kirche abdecken. Erst indem Gemeindeglieder und Gemeindegruppen stellvertretend füreinander handeln und einander und miteinander dienen, kommen sie dem Auftrag, den Christus seiner ganzen Gemeinde gegeben hat, näher.

Dieses Miteinander braucht einen konkreten Ort und eine konkrete Gestalt. Die örtliche Kirchengemeinde bietet sich als Ort einer solchen Verzahnung kleiner Gemeinschaften und Dienstgruppen an. Hier kann man aufeinander hören und miteinander dienen. Dazu ist es notwendig, daß vom Pfarrer und vom Ältestenkreis (Pfarrgemeinderat) »Dienstbesprechungen« angeboten und daß diese von den Gruppen angenommen werden.

Auf der Suche nach einer neuen Volkskirche

Der Anspruch der Volkskirche, Kirche für alle zu sein, kann immer weniger eingelöst werden. Längst wird die zugeschriebene Mitgliedschaft nicht mehr fraglos akzeptiert: Viele Menschen wehren sich dagegen, mit derselben Unausweichlichkeit, mit der sie in eine Familie und in ein Volk hineingeboren wurden, auch Mitglied einer Kirche zu sein.[4] Sie ziehen daraus die praktische Konsequenz und treten aus.

Zum andern ist das Volk differenzierter geworden. Es gibt heute einige Millionen Italiener, Türken und Menschen aus verschiedensten Ländern in unserer Mitte. Es gibt keine einheitliche christliche Weltanschauung evangelischer oder katholischer Ausprägung mehr. Wir leben in einer immer mehr multireligiösen Gesellschaft. Schließlich sind die Gemeindeleiter überfordert, die Menschen flächendeckend zu versorgen.

Der Auswanderung aus der Kirche entspricht auf der anderen Seite eine Privatisierung des Christseins. Immer weniger Menschen sehen es als notwendig an, das eigene Leben als Christ in dieser einen Volkskirche zu praktizieren. Kann eine Volkskirche, die v. a. um das »Amt« herum und nur auf einer zugeschriebenen Mitgliedschaft aufgebaut ist, diesen veränderten Rahmenbedingungen gerecht werden? »Entspricht dieses Bild von der Volkskirche dem biblischen und reformatorischen Verständnis so unmittelbar, daß an ihm trotz aller Veränderungen in den geschichtlichen und gesellschaftlichen Bedingungen festgehalten werden muß?«, fragt Wolfgang Huber und kommt zu dem Schluß: »Beide Fragen muß man verneinen.« Für eine mögliche Veränderung gibt er auch die Richtung an: »In der Kirche müssen die Möglichkeiten aktiver Teilnahme und bewußter Mitgliedschaft gestärkt werden. Dann muß das kirchliche Amt eingebettet werden in die Vielfalt der Dienste in der Gemeinde …«.[5]

Zu Recht wird darauf hingewiesen, daß die gegenwärtigen Krisenerscheinungen der Volkskirche zugleich die Chance zu ihrer Erneuerung bieten. Es treten nicht nur Menschen aus der Kirche aus; zugleich fangen Christen an, in einer neuen Weise als Gemeinde zusammen zu leben. Nicht aus einer Reform der Amtsstrukturen, sondern aus einer Wiedergeburt konkreter Gemeinschaft wird eine Erneuerung der Kirche erwachsen. Die Wiedergeburt konkreter Gemeinschaft wird freilich notwendigerweise eine Reform der Ämter und institutionellen Strukturen zur Folge haben.

Die Hauskreisbewegung ist einer der Orte, an denen eine solche Veränderung schon begonnen hat. Auch Hauskreise sind Volkskirche, aber im Sinne einer Kirche des Volkes, in der die Menschen von Objekten der Betreuung, Planung und Verwaltung zu Subjekten des Gemeindelebens werden. Diese Volkskirche versucht, die Lehre vom Priestertum aller Gläubigen in praktische Formen des Gemeindelebens umzusetzen, in denen möglichst jedes Gemeindeglied die Möglichkeit hat, sich einzubringen und die Gemeinde mitzugestalten. Hauskreise und andere Basis- und Initiativgruppen sind Bausteine einer erneuerten Volkskirche.

Wie soll mit diesen Bausteinen umgegangen werden? Sollen sie in den Dienst der landeskirchlichen Organisation gestellt werden oder soll sich diese in den Dienst der neuen Volkskirche stellen? Solange unsere Kirche deutlich den Charakter einer Kirche für das Volk hat, einer Kirche mit einem Übergewicht des Amtes, das Menschen betreuen und versorgen will, muß es eine Spannung zwischen der Basiskirche und der Amtskirche geben. Diese Spannung wird sowohl von den Amtsinhabern wie von den Hauskreisen wahrgenommen, sie wird manchmal als Problem empfunden, kann aber für beide Seiten sehr fruchtbar werden. Solange es diese Unterschiede gibt, müssen sich die Basis- und Initiativgruppen dagegen wehren, nahtlos in den Bau der Kirche integriert zu werden.

Eine offene Kerngemeinde

Es kommt nicht nur darauf an, irgendeine neue Kirche zu bauen, sondern eine, in der sich das kommende Gottesreich widerspiegelt. Das kann nur dann der Fall sein, wenn keine neue Ausgrenzungen praktiziert werden, wenn sie nicht gegen andere, sondern mit anderen gebaut wird.

Ein Hauskreis ist eine kleine »Kerngemeinde«. Dieser problematische Ausdruck wird hier bewußt verwendet, um die Chance und Gefährdung solcher Gemeindebildungen auf einen Begriff zu bringen. Die Chance besteht darin, in einer profilierten Weise Gemeinde Jesu zu sein, ein Kern zu sein, um den herum etwas wachsen kann. Gleichzeitig bildet jede Versammlung von Menschen aber eine eigene Identität aus, die es anderen schwer macht, sich zu integrieren.

Der Charakter einer Menschengruppe wird um so profilierter, je intensiver die Teilnehmer miteinander kommunizieren, je mehr man einander kennt, je vertrauter man miteinander wird. Damit entsteht unausweichlich ein Defizit an Offenheit. Hat ein solcher Kreis dann noch den Charakter einer radikalen Nachfolgegruppe, wird sie leicht zum elitären Zirkel mit einer hohen Zugangsschwelle. Nicht selten werden diejenigen, die nicht zu diesem Kern gehören, abqualifiziert oder fühlen sich zumindest diskriminiert.

Die pfarrlich gegliederte Kirche ist viel offener, weil die Mitgliedschaft in der Kirche und das Wohnen in der Pfarrei die formale Zugehörigkeit begründen. Aber sie hat ein entscheidendes Defizit: Ihre Gemeinden sind von Hause aus Verwaltungsbezirke und bauen sich nicht aus einer gelebten Gemeinschaft auf.

Die Gemeinschaft, zu der Jesus einlädt, umfaßt beides: Zusammengehörigkeit und Offenheit. *Ekklesia* im Neuen Testament ist eine »Versammlung« um das Evangelium und um die Sakramente. Diese Versammlung ist zugleich Gemeinschaft und zwar in einem theologisch sehr profilierten Sinn: In der Versammlung um das Wort Gottes und um das geheimnisvolle Wirken Gottes in den Sakramenten entsteht etwas Neues, bricht die messianische Gemeinde des kommenden Gottesreiches an.

Aber diese Gemeinschaft des Gottesreiches ist nicht exklusiv. Jesus hat sich denen draußen, den Sündern, vorbehaltlos und bedingungslos zugewandt und damit das »drinnen und draußen« grundsätzlich überwunden.

Er hat ihnen das Reich Gottes nicht verschlossen, sondern geöffnet. Darum kann auch seine neue Gemeinde nur eine offene Gemeinde sein und kein geschlossener Kreis, der sich vor allem abgrenzt.

Der Vorwurf an Hauskreise, sie seien geschlossene Gesellschaften, kommt nicht von ungefähr. Das ist die Schattenseite des geschwisterlichen Miteinanders. Die Kirche würde sich aber selbst aufgeben, wenn sie um der Offenheit willen auf die Gemeinde der Schwestern und Brüder verzichten wollte. Sie würde dann zu einem Bahnhofswartesaal werden, in dem einzelne beziehungslos nebeneinander stehen oder bestenfalls kleine Cliquen bilden.

Die Hinwendung zu Christus schafft Offenheit für Menschen

Um der Gefahr einer elitären Abgrenzung zu begegnen, ist es notwendig, ein Selbstverständnis und eine Identität zu entwickeln und zu pflegen, die nicht auf der Abgrenzung gegenüber andern aufbauen, sondern auf der Verbundenheit zu Christus, dem Herrn, und zu den Schwestern und Brüdern. Dazu ist es hilfreich, sich auf die Bruderschaft zu besinnen, die Jesus seinen Jüngern vorgelebt hat und in die er sie hineinrief.

Er setzte sich an den Tisch der Pharisäer und Zöllner und begegnete ihnen damit vorbehaltlos als Bruder. Er lehrte die Jünger, im geringsten Menschen Christus und darin den Bruder zu erkennen. In dieser geschwisterlichen Gemeinde soll es keine Rangunterschiede geben je nach dem Grad der Erkenntnis oder Reife. Alle sollen gleich sein, weil es nur einen Herrn, einen Lehrer und einen Vater gibt (Mt 23,8-12).

In dieser Offenheit und in diesem Zutrauen können Jünger Jesu anderen Christen begegnen, gleich welche theologische Prägung und welchen Frömmigkeitsstil sie mitbringen. Man muß einander das Christsein nicht absprechen oder anderen unterstellen, zu wenig oder einen falschen Glauben zu haben. Erst ein Verständnis von Geschwisterlichkeit, das andere nicht ausschließt, sondern grundsätzlich einschließt, macht eine christliche Gruppe mit einer hohen Binnenkommunikation zu einer Gemeinde im Geist Jesu Christi.

Man muß die Differenzen nicht suchen, sie werden sich von selbst einstellen. Auch Jesus hat Ablehnung erfahren. Sein Angebot zur Bruderschaft wurde ausgeschlagen und hat ihm sogar tödliche Feindschaft eingetragen. Andere haben sich selbst aus dem Gottesreich ausgegrenzt, das mit ihm angebrochen ist. Die Weherufe Jesu zeigen, daß es ernste Konsequenzen hat, wenn sich Menschen dem Anbruch des Gottesreichs verschließen. Aber er selbst hat keinem die Teilhabe daran abgesprochen.

Am offensten ist eine Gemeinschaft, die im Werden ist. Eine Gemeinde oder Gemeindegruppe, die nur noch den erreichten Zustand bewahrt, wird unausweichlich zum geschlossenen Kreis. Für die Kirche insgesamt, aber auch für Hauskreise müssen Lebensformen gefunden werden, die nach Zeiten der Konsolidierung auch immer wieder Aufbrüche auf die Tagesordnung setzen. Die *Ekklesia semper reformanda* (Die Kirche, die sich immer erneuern muß) ist zugleich die offene Kirche und damit die missionarische Kirche. Das *semper reformanda* darf nicht abstrakte Theorie bleiben, sondern muß von Zeit zu Zeit Tagesordnungspunkt Nr. 1 werden. Einem Hauskreis z. B. kann unter Umständen eine neue Zusammensetzung gut tun.

Wo ist die eindeutige Gemeinde?

Eine Kirche oder eine Gemeindegruppe, die vorbehaltlos offen sein will für andere Christen über alle Unterschiede der Konfession und Frömmigkeitsstile hinweg, wird gefragt werden, wie es mit ihrer Eindeutigkeit steht, zumal wenn sie sich der Gesellschaft weniger anpassen und so deutlicher Nachfolge leben will. Wenn alles unterschiedslos akzeptiert wird, was sich christlich nennt, können Fehlentwicklungen, die es auch in der christlichen Kirche gibt, nicht mehr entschieden genug in Frage gestellt werden, so lautet der Einwand.

Wer an den Messias glaubt, darf und soll sich nach dem Gottesreich in seiner Endgültigkeit und Vollkommenheit sehnen. Jesus selbst hat uns die Bitte in den Mund gelegt: »Dein Reich komme!« Freilich steht die Vollendung der Welt und der Gemeinde noch aus. Eine eindeutige Kirche oder eine eindeutige Gemeindegruppe kann es darum noch nicht geben. Auch wenn wir uns dem Wirken Gottes, der selbst seine Gemeinde baut, bewußt zur Verfügung stellen, wird eine Gemeinde immer auch ein Ort sein, an dem Menschen tätig sind – und die Motive der Menschen sind vieldeutig. Wo sich Gruppen innerhalb einer Kirche oder freie Gemeinden außerhalb der Kirche bilden, spielen z. B. auch Generationenkonflikte, Verletzungen, die man einander zugefügt hat und materielle Interessen eine Rolle. Geistliche und sehr menschliche Motive wirken mit, wenn sich eine Gemeinde oder eine Gemeindegruppe bildet oder weiterentwickelt.

Das Gespräch zwischen den verschiedenen Gruppen und Richtungen würde viel leichter werden, wenn wir uns die Vieldeutigkeit unserer Motive eingestehen würden und wenn wir darauf verzichten könnten, sie mit Glaubensargumenten zu verdecken.

Verschiedene Generationen und unterschiedliche soziale und kulturelle Gruppen machen je ihre eigenen Glaubenserfahrungen und gewinnen ihre eigenen Einsichten. Diese Erfahrungen und Einsichten sollen ernst genommen, aber nicht verabsolutiert werden. Der Glaube der Väter und Brüder, Mütter und Schwestern muß den eigenen Glauben korrigieren dürfen, sonst wird die eigene Gruppe zur Sekte.

Die Bereitschaft, andere als Schwestern und Brüder oder als Kirche Jesu Christi anzuerkennen, bedeutet außerdem noch lange nicht, das eigene Profil aufzugeben. Freilich sind wir anderen, die mit uns zusammen auf dem Weg der Nachfolge Christi sind, Rechenschaft schuldig.

Wir haben das Recht und die Pflicht, einander zu fragen: »Wie verhält sich das, was ihr lebt und lehrt, zum Leben und zur Botschaft Jesu Christi?« Darüber sollen wir miteinander reden und, wenn es sein muß, miteinander streiten. Aber wir haben nicht das Recht, dem andern, der bekennt, »Jesus Christus ist mein Herr und Retter,« die Zugehörigkeit zu Christus abzusprechen. Indem wir uns zu Christus bekennen, indem wir in der Liebe, die er uns lehrt, aneinander festhalten, sind wir eher Zeugen Christi, als wenn wir uns voneinander abgrenzen. Eindeutig sind wir in unserem Herrn, nicht in unseren Werken.

Die Gaben fördern

Nur in der Gemeinschaft kann der einzelne wirksam handeln. Aber in zu großen Gemeinschaften wird er nicht mehr wahrgenommen. Die große Gemeinde braucht daher Unterstrukturen. Indem Christen einander dienen, wird die persönliche Zuwendung, die Jesus vorgelebt und zu der er seine Jünger berufen hat (Mt 20,25-28), konkret. Man kann die Dienste, die Christen einander tun sollen, vierfach untergliedern: Sie sollen einander das Evangelium sagen, die Gemeinschaft mit Gott und untereinander feiern und leben, einander Dienste der helfenden Liebe tun, und sie sollen mit- und füreinander beten.

Das sind zugleich die vier Säulen des Gottesdienstes. Für diese Dienste hat Jesus seiner Gemeinde besondere Gaben (Charismen) geschenkt. Man wollte diese Dienste aber nicht dem freien Spiel der Kräfte überlassen, sondern hat dafür gesorgt, daß sie auf Dauer und regelmäßig geschehen, indem man Ämter eingerichtet hat. Diese Ämter dürfen aber nicht verhindern, daß alle Christen ihren Auftrag erkennen und ausüben, einander zu dienen. Das Problem in unserer Kirche ist, daß der Dienst des einen Amtes, des Pfarramtes, einen festen Ort hat, der Dienst der Gemeindeglieder aneinander aber keinen ebenso klar definierten Sitz im Leben. Jedenfalls kommt in der Großgemeinde der einzelne mit seinen Bedürfnissen und Gaben nicht vor oder fällt hinter dem einen Amt weit zurück. Wenn Christen einander dienen sollen, wenn die Institutionalisierung der Dienste wieder personalisiert werden soll, sind kleinere Personenverbände nötig, in denen das einfache Gemeindeglied vorkommen kann.

In einer Gemeinde von Schwestern und Brüdern wird Raum sein für die verschiedenen Gaben und Dienste. Sie ist damit zugleich eine charismatische Gemeinde, in der die Gaben und Kompetenzen aller anerkannt werden, in der mit diesen Gaben und Kompetenzen gerechnet wird und in der es Orte gibt, an denen sie zum Tragen kommen können.

Das geschieht ansatzweise in der evangelischen Kirche schon lange, wenn z. B. in Synoden Laien gleichberechtigt mit Amtsinhabern beraten und beschließen und dabei sogar in der Überzahl sind. Dort, wo am Ort konkret Gemeinde gestaltet wird, im Gottesdienst und in anderen Zusammenkünften der Gemeinde, hat dagegen das Amt noch zu oft allein das Sagen.

Das Haus der lebendigen Steine

Neben dem Leib ist das Haus der lebendigen Steine eines der schönsten und aussagekräftigsten Bilder des Neuen Testaments für die Gemeinde Jesu. Die Fremdlinge, die verstreut wohnen in Pontus, Galatien, usw. werden als solche lebendige Steine bezeichnet. Das werden sicher nicht nur einzelne Christen, sondern kleine Hausgemeinden gewesen sein. Sie haben keine schönen Tempel, in denen sie von einer Priesterschaft betreut werden. Ihnen sagt Petrus: Für euch gibt es einen viel schöneren Tempel. Er ist nicht aus toten, sondern aus lebendigen Steinen erbaut. Ihr selbst seid lebendige Steine im Haus Gottes.[6]

In diesem Bild werden einige Wesensmerkmale der Kirche deutlich. Die Kirche Jesu ist kein totes Gebäude, sondern besteht aus den lebendigen Steinen der kleinen Gemeindezellen und der Gläubigen. Sie werden nicht von Priestern versorgt, sondern sind selbst Priester.

Mit dem Bild von den lebendigen Steinen, die sich zum Haus Gottes erbauen, werden die Bestandteile zugleich aufgewertet und relativiert: Sie sind selbst Tempel, sie sind selbst Priester. Damit sind sie viel mehr als bloß »Besucher« eines Tempels oder »Teilnehmer« einer Feier. Aber nur in diesem Haus sind die Steine etwas Heiliges, zu Gott Gehöriges. Alles Sich-Aufbauen hat sein Ziel nicht im einzelnen Stein, sondern im Zusammenhang des großen Hauses.

Im Bild von den lebendigen Steinen ist Aktivität und Passivität, Tun und Sein zugleich enthalten. Es kommt nicht nur auf das Tun an, sondern auch auf das Sein: Teil eines Hauses sein, in dem Gott in dieser Welt wohnen kann. Das Bild hat Tiefe. Wir haben noch viel zu lernen und zu meditieren, damit uns mehr aufgeht, was wir als lebendige Steine im Hause Gottes sind.

---

1 Vgl. dazu Jürgen Moltmann, Kirche in der Kraft des Geistes, München 1975, S. 341 ff

2 Ausführlicher bei Wolfgang Raupp, Hauskreise – lebendige Steine im Bau der Gemeinde, Orientierungshilfen zum Selbstverständnis und für die Praxis, Konstanz 1990 (Arbeitshilfen für den Gemeindeaufbau 3)

3 In der »Gemeinde von Brüdern« waren die Schwestern natürlich eingeschlossen. Heute würde man sie ausdrücklich erwähnen.

4 Vgl. dazu Eberhard Mechels, Volk Gottes – Volkskirche – Gemeindekirche, in: Die Kirche im Wort, Arbeitsbuch zur Ekklesiologie, hrsg.v. Eberhard Mechels und Michael Weinrich, Neukirchen-Vluyn 1992

5 Wolfgang Huber, Kirche, Stuttgart 1979, S. 121f

6 1 Petr 1,1; 2,1-10

Guten Tag, Herr Blohm. In Ihrer Doktorarbeit haben Sie sich sehr gründlich mit der Hauskreisarbeit in Deutschland und seinen angrenzenden Gebieten beschäftigt. Im Rahmen dieser Arbeit untersuchten Sie auch, welche Bedeutung das Haus als religiöse Gemeinschaft in der biblischen Überlieferung spielt.
Ist bereits für die alttestamentliche Zeit von einer solchen Bedeutung zu sprechen? Welches Wort kennt die hebräische Sprache für »das Haus« und welche Rolle spielt das Haus neben dem Tempel als Sitz des religiösen Lebens?

Im Alten Testament findet sich tatsächlich das Haus im Zusammenhang mit dem Glauben. Die hebräische Sprache kennt das Wort *bajit* für »Haus«. Sein Bedeutungsspektrum ist weit gefaßt: Besitz, Gebäude, Vieh, Werkzeuge ebenso wie Familie, Sippe, Verwandtschaft oder Hausgesinde. *Bajit* ist ein Oberbegriff für einen juristischen, sozialen und auch religiösen Verband. In der jüdischen Religion hatte und hat das Haus wichtige Funktionen. Das gesamte *bajit* nahm am religiösen Leben teil (wenn auch von Männern, Frauen und Kindern in unterschiedlicher Weise), das Haus war der Ort, an dem der Bund mit Gott bewahrt oder verleugnet wurde (3 Mose 17/18; 1 Sam 2,27ff; 3,12; 2 Sam 7,11ff). Abraham wird gerufen, ein neues Haus zu gründen und in den Dienst Gottes zu stellen (1 Mose 12). Josua stellt sich und sein Haus Gott zu Diensten (Jos 24,15). Das *bajit* war der Raum für die persönliche Frömmigkeit.

Neben dem offiziellen und öffentlichen Jahwekult gab es eine sehr ausgeprägte, im Haus gepflegte Frömmigkeit. Diese war nach innen gerichtet, familiär und persönlich orientiert. Es ging um das persönliche Verhältnis zu Jahwe, während der öffentliche Kultus mehr politisch orientiert und nach außen gerichtet war. Gerade in den Zeiten, in denen der öffentliche Kultus nicht mehr möglich war (z. B. Exilszeit), sicherte die Frömmigkeit im Haus das Überleben des Jahweglaubens. Jesus war diese Tradition sicherlich bekannt. Deshalb war es für ihn keine Frage, in die Häuser zu gehen (Mt 9,1ff; Lk 5,27ff; 19,1ff), dort die frohe Botschaft zu verkündigen und zum Glauben zu rufen.

Im Neuen Testament hat das Haus in den jungen christlichen Gemeinden eine große Bedeutung. Können Sie das kurz einmal beschreiben?

Im Neuen Testament, dessen Sprache ja griechisch ist, finden wir für Haus das Wort *oikos*. Der Wortstamm ist in den verschiedensten Ausformungen (*oikia, oikodome, oikodomein*) zu finden. In ihren Bedeutungen sind die verschiedenen Begriffe oftmals gar nicht exakt zu trennen. Erstaunlicherweise findet sich dieses Wort immer dann, wenn wesentliche Aussagen über die Gestaltung der christlichen Gemeinde gemacht werden. Für das, was uns interessiert, wurde eine Formulierung geprägt, insbesondere durch den Apostel Paulus, die von großer Bedeutung ist: die *kat oikon ekklesia* (Röm 16,5; 1 Kor 16,19; Phlm 2; Kol 4,15). Am besten wird das wiedergegeben mit der »hausweise« oder »häuserweise sich versammelnden Gemeinde«.

Dadurch kam es zur Bildung von ersten Glaubenszellen, aus denen dann die Gemeinden entstanden sind. Hausgemeinden gehörten von frühester Zeit an zur Christenheit, z. B. in Jerusalem (Apg 1,13; 2,46; 5,42; 12,12), in Philippi (Apg 16,15; 16,34), in Korinth (Apg 18,7), in Troas (Apg 20,8) oder in Ephesus (Apg 20,20). Im gesamten Missionsgebiet des Paulus gab es diese *kat oikon ekklesia*. Für ihn gehörten sie selbstverständlich dazu. Für ihn war das Haus einschließlich der darin wohnenden Gemeinschaft (Familie, Diener, Sklaven) die Zelle der Gemeinde, von der aus sich die weitere gemeindliche Gemeinschaft aufbaute.

An 1 Kor 1,16 ist abzulesen, daß tatsächlich das gesamte Haus gemeint ist und nicht nur die Einzelperson des Haus- oder Familienvorstandes, wenn die Entscheidung für den christlichen Glauben getroffen wurde. Ob ein Mann (1 Kor 1,16; Apg 16,31ff) oder eine Frau (Apg 16,15) die Entscheidung zum Christsein traf, war ohne Belang. Wichtig ist, daß diese Entscheidung von der gesamten Hausgemeinschaft mitgetragen wurde.

In der Zeit der ersten Gemeinden gab es ja auch Sklaven. Wie war das wohl in einer christlichen Gemeinde? Setzten sich tatsächlich Herr und Sklave nebeneinander? Oder gab es da vielleicht bessere Plätze für die einen und eine »Sklavenecke« für die anderen?

Sicherlich waren die gesellschaftlichen Unterschiede tief im damaligen Denken verwurzelt. So darf man vielleicht die Andeutungen in 1 Kor 11,21f und Jak 2,2-7 hören. Greifbar für uns aber ist etwas anderes. Von Anfang an kam es zu einem für die Heiden ganz erstaunlichen Miteinander von Arm und Reich, Abhängigen und Freien (Apg 10,2; 11,14; 16,15; 16,31; 18,3). Ganz deutlich wird dies am Beispiel der Gemeinde in Korinth, trotz 1 Kor 11.

Daß diese unterschiedlich geprägten Menschen zu einer Gemeinschaft zusammenwuchsen, ist nicht soziologisch, sondern theologisch begründet. In den Gemeinden wurde beispielhaft die Bindung aller an Christus als den Herrn sichtbar (Gal 3,27; 1 Kor 1,26; 12,12f). Dies wurde als »neue Schöpfung« erlebt (Röm 6,4; Gal 6,15ff). Die bisherigen soziologischen, kulturellen oder ethnisch-religiösen Grenzen wurden überwunden. Die Offenheit für alle Menschen aus allen sozialen Schichten und jeder kulturellen und religiösen Herkunft war charakteristisch für die ersten christlichen Gemeinden, gerade dann, wenn sie sich hausweise versammelten.

Gleiches gilt für das soziale Engagement der Gemeinden untereinander und für einzelne Mitglieder. Zu denken ist an die erste Gemeinde in Jerusalem (Apg 2,45) oder an die Kollektensammlung des Paulus für Jerusalem in den heidenchristlichen Gemeinden (2 Kor 8,9). Mit Sicherheit fanden die Bitten des Apostels große Zustimmung. Auch dadurch kam es zu einer großartigen Annahme der verschiedensten Menschen untereinander.

Ist etwas von dem Programm dieser Hausgemeinden bekannt? Und wäre das mit dem vergleichbar, wie wir unsere Hauskreise heute gestalten?

Es gibt von der ersten Gemeinde in Jerusalem einen prägnanten Bericht über das, was dort getan wurde: »Sie aber blieben beständig in der Lehre der Apostel und in der Gemeinschaft und im Brotbrechen und im Gebet … Und sie waren täglich einmütig beieinander im Tempel und brachen das Brot hier und dort in den Häusern.« (Apg 2,42 ff). Da diese Gemeinde für die anderen Gemeinden Vorbildfunktion besaß, wird sich auch andernorts wenig an der programmatischen Gestaltung geändert haben. Mit anderen Worten: Lehre, Abendmahl, Gebet und Gemeinschaft waren die wesentlichen Inhalte der Zusammenkünfte. Insbesondere die Sammlung um das Wort Gottes und um die frohe Botschaft, das Evangelium von Jesus Christus, stand von Anfang an im Mittelpunkt (Apg 5,42; 20,20). Um dieses Wort entstand eine intensiv gelebte Gemeinschaft. So finden sich von Anfang an alle bedeutsamen Kennzeichen von christlicher Gemeinschaft bei den Hausgemeinden: Lehre, Verkündigung, Unterweisung im Glauben, Sakrament, Gebet und Gemeinschaft.

Heute ist viel von der missionarischen Ausstrahlung der Hauskreise die Rede. Waren damals die Hausgemeinden denn »missionarisch«?

Das ist ganz eindeutig mit »Ja« zu beantworten. Trotz ihrer ohnehin starken Anziehungskraft blieben die Christusgemeinden weiterhin missionarisch aktiv, getreu dem Wort und Auftrag Christi in Matthäus 28,19 ff. Für sie war es gar keine Frage, die frohe Botschaft von der Liebe Gottes zu allen Menschen zu verbreiten und die Menschen zu Jüngerinnen und Jüngern Jesu zu machen.

Ebenso selbstverständlich war es, daß die Hausgemeinden sich als Stützpunkte für die weitere Missionsarbeit in den angrenzenden Gebieten verstanden (Röm 16,5; Apg 18,7-8; 20,20-24; Kol 4,15-16). Für Paulus wurden sie zu einem unverzichtbaren Bestandteil seiner Arbeit, vergleichbar mit Brückenköpfen beim Bau von Straßenbrücken. Auch in späterer Zeit behielten die Hausgemeinden diese Bedeutung. Erst mit der staatlichen Zulassung und Förderung als Religionsgemeinschaft und damit verbunden einer starken Zunahme von öffentlichen Kulträumen wurden die Hausgemeinden in ihrer Bedeutung zurückgedrängt. Es dauerte über 1 000 Jahre, bis die Hausgemeinschaften für die Kirche wieder an Bedeutung gewannen. Immer wieder kam es zu Aufbrüchen, Neuanfängen in der Frömmigkeitspflege, bei denen die Hausversammlungen eine wichtige Rolle spielten. Als missionarisch aktive Zellen gelebten Glaubens werden sie auch für die Zukunft diese tragende Bedeutung für Gemeinde und Kirche haben.

Wir danken Ihnen, Herr Blohm, für dieses Gespräch.

Das Zeugnis des Neuen Testamentes ist überraschend deutlich. Wie aber »überlebte« der Gedanke der Gemeinde, die aus vielen einzelnen Gruppen besteht, in der Kirchengeschichte? Johannes Blohm ist mit wissenschaftlicher Gründlichkeit dieser Frage nachgegangen.

In den letzten beiden Jahrzehnten sind Hauskreise in beachtlicher Zahl gegründet worden. Frauen und Männer jeden Alters haben sich entschlossen, geistliche Gemeinschaft in dieser Form zu erleben und zu gestalten. Parallel dazu kam es darüber zu einer anhaltenden kontroversen Diskussion, ob und in welcher Form Hauskreise eine die christliche Gemeinde förderliche oder nicht förderliche Einrichtung sind. Bezeichnungen von Hauskreisen als »Spaltpilze«, »elitäre Zirkel« oder »Sektierertum« machten die Runde. Für die einen gehören Hauskreise unabdingbar zur Gemeinde dazu, für die anderen können sie innerhalb der Gemeinde keinen Platz haben, weil »Gemeinde ein Ganzes« ist und sich nicht in geistlichen Grüppchen verlieren kann. Ein Blick in die Geschichte der Hauskreisbewegung kann helfen, die eigene Position zu überdenken und sie entweder bestätigen oder korrigieren zu lassen.

Hausgemeinschaft als Glaubensort im Alten Testament

Hausgemeinschaften sind in der Geschichte der Kirche nichts Neues. Sie gehören wie selbstverständlich dazu. Nicht erst in der Zeit der ersten christlichen Gemeinden, sondern bereits im Alten Testament ist die Bedeutung des Hauses für die Ausübung des Glaubens überliefert. Denn das Haus oder die Hausgemeinschaft, das *baijt*, hatte eine bedeutsame religiöse Funktion. Das gesamte Haus nahm am religiösen Leben teil, das Haus war der Ort, wo der Bund mit Gott bewahrt oder verleugnet wurde (3 Mose 17/18; 1 Sam 2,27ff; 2 Sam 7,11ff). Abraham wird gerufen, ein neues Haus zu gründen und in den Dienst Gottes zu stellen (1 Mose 12). Josua stellt sich und sein Haus Gott zu Diensten (Jos 24,15).

Das Haus war somit auch der Raum der individuellen Glaubenspflege. Neben dem Jahwekult gab es eine sehr ausgeprägte, im Haus gepflegte Frömmigkeit. Ihre Ausrichtung war mehr nach innen gerichtet. Es ging um die persönliche Gottesbeziehung, während die kultische Religiosität mehr politisch und nach außen gerichtet war. Mit dem Zusammenbruch des offiziellen Jahwekultes in der Zeit des Exils war es dann gerade diese Haus- und Familiengemeinschaft, die das Überleben des Jahweglaubens sicherte.

Hausgemeinschaft im Neuen Testament

Jesus war diese Tradition sicher bekannt. Deshalb ging er ganz bewußt in die Häuser oder sandte seine Jünger dorthin, denn im Haus fiel die Entscheidung für ihn oder gegen ihn.

Für die Zeit der ersten Gemeindebildungen war das Haus ein zentraler Ort. An vielen Stellen wird von Hausgemeinden berichtet. Sie gehörten von Anfang an zur Christenheit, z. B. in Jerusalem Apg 1,13; 2,46; 5,42; 12,12; in Tyatira Apg 16,15; in Korinth Apg 18,7; in Troas Apg 20,8 oder in Ephesus Apg 10,20. Im gesamten paulinischen Missionsgebiet gab es die »hausweise sich versammelnde Gemeinde«, die *kat oikon ekklesia*. Für Paulus gehörte sie selbstverständlich dazu, war sie doch die anfangs einzige Möglichkeit, Gemeinde Jesu Christi zu bauen (1 Kor 16,19; Kol 4,15; Phlm 2; Röm 16,5).

Die christlichen Hausgemeinden

Die Entwicklung der hausweise sich versammelnden Gemeinde war nicht nur ein Ergebnis der anfänglich geringen Personenzahlen, sondern auch eine gewisse Anlehnung an bereits bestehende Kultversammlungen im Haus. Die religionsgeschichtliche Vergleichbarkeit, zumindest für die Augen der Regierenden, erleichterte den Christen den Beginn einer Organisation. Sie wurden ebenso wie die anderen als religiöse Vereine toleriert. So waren die christlichen Hausgemeinschaften in ihrer organisatorischen Form eigentlich nichts Neues, wohl aber in ihrer inhaltlichen Gestaltung und soziologischen Zusammensetzung.

Die christlichen Hausgemeinden waren für alle Menschen aus allen sozialen Schichten offen. Von Anfang an lebten begüterte und einflußreiche Christen mit besitz- und einflußlosen Christen in einer Gemeinschaft zusammen. Bisherige gesellschaftliche und religiös-ethnische Schranken waren zugunsten der einen großen Gemeinschaft durchbrochen. Verkündigung, Sammlung um das Wort Gottes und Unterweisung darin, Sakramentsfeier, Gebet und Lobpreis Gottes wurden in einer intensiv gelebten und erlebbaren Gemeinschaft geübt. Wegen der so gelebten Gemeinschaft hatten die hausweise sich versammelnden Gemeinden eine große Anziehungskraft. Dennoch hielten sie bewußt und aktiv am Missionsauftrag Jesu fest und wurden überall zu Stützpunkten einer weitergehenden Evangelisation.

Beim Prozeß der Entstehung kirchlicher Strukturen hatten in den ersten Jahrhunderten die Hausgemeinschaften eine tragende Bedeutung. In ihnen sammelten sich die zum Glauben Bekehrten und festigten ihren Glauben und die Gemeinschaft untereinander. In der Folge wurden die Hausgemeinschaften für ein Haus üblicher Größe aber zu groß und auch ihre Anzahl legte einen Zusammenschluß zu einer großen Ortsgemeinde nahe. Damit verlor das Haus etwas von seiner Bedeutung. Aber mit den Schwierigkeiten für die großen Versammlungen infolge der aufkommenden Christenverfolgungen kamen die Christen wieder vermehrt in den Häusern zusammen. Erst als das Christentum im Römischen Reich zur Staatsreligion wurde, verlor das Haus für die Ausübung des Glaubens für lange Zeit seine Bedeutung.

Die Ordensgemeinschaften im Mittelalter

Schon wenige Jahrhunderte später aber erinnerte man sich wieder an diese kleinen Zellen christlicher Gemeinschaft. Die einst kleinen Zusammenkünfte waren ersetzt worden durch große Massenveranstaltungen, in denen die direkte persönliche Glaubensgemeinschaft miteinander verlorenging. Die Suche nach einer Neugestaltung christlicher Gemeinschaft begann mit der Rückbesinnung auf die neutestamentlichen Anfänge. Gemeinschaften mit intensiver Glaubensgemeinschaft wurden ins Leben gerufen. Namen wie Benedikt von Nursia, Augustinus oder Franz von Assisi verbinden sich mit nachhaltigen Erweckungen.

Auch wenn diese Bewegungen eine andere Organisationsform als Hauskreise in Gang gesetzt haben, nämlich die der Ordensgemeinschaften, ist eine Erinnerung an sie insofern von Bedeutung, weil sie an dem Gedanken der überschaubaren, geistlichen Zellen und Gruppen, zumindest von der Idee her, festgehalten haben. Mit der Entstehung von personell großen Ordens- und Kirchengemeinschaften aber trat der Gedanke der »hausweise sich versammelnden Gemeinschaft« wieder in den Hintergrund. Nur die gesellschaftlich exponierten und wohlhabenden Adelshäuser konnten sich eine »Hauskirche« leisten.

Die Reformationszeit: Martin Luther

Erinnnert wurde an die Einrichtung der »hausweise sich versammelnden Glaubensgemeinschaft« erst wieder durch Martin Luther mit dem Vorschlag der »Dritten Weise« (☞S. 373). Diesen Versammlungen gab Luther den Charakter von wirklichen Gemeinden. Nicht nur die Glaubensstärkung durch eine intensive Beschäftigung mit der Heiligen Schrift, Gebet und Lobpreis waren wichtig, sondern auch die Wahrnehmung von diakonisch-karitativen Aufgaben und auch der katechetischen Unterweisung. Und er gestand den Versammlungen nach der »Dritten Weise« auch eigenständige sakramentale Verantwortung zu.

Die wichtigste Voraussetzung für die Hausgemeinschaften sah Luther in der Freiwilligkeit der Teilnahme. Keiner durfte dazu gedrängt oder gezwungen werden. War die Entscheidung aber einmal gefallen, dann forderte Luther eine klare und eindeutige Verbindlichkeit in der Zugehörigkeit und in der Mitverantwortung bei der Gestaltung der Gemeinschaft.

Leider hat sich Luther selbst nicht mehr um die Einrichtung von solchen hausweise sich versammelnden Glaubenszellen kümmern können. Für Luther war noch nicht der richtige Zeitpunkt gekommen. Er sah zu seiner Zeit noch niemanden, der die »Dritte Weise« mit Leben füllen wollte. Auch hielten ihn andere Aufgaben von einer konsequenten Umsetzung seiner Vorstellungen ab. Nur noch wenige Male hat er sich mit diesem Thema befaßt. Es sind von ihm einige Predigten, Briefe und Gesprächsnotizen überliefert, in denen er auf seine in der »Dritten Weise« gemachten Vorstellungen zurückkommt und zu ihrer Umsetzung ermuntert.

Lambert von Avignon

Nach Luthers Entwurf der »Dritten Weise« kam es in der folgenden Zeit der Kirchengeschichte immer wieder zu tiefgreifenden, innerkirchlichen Erneuerungsbewegungen, die alle als wichtiges Element die Hausgemeinschaft von Christen in den Vordergrund stellten. Leider begann diese Geschichte mit einem Mißklang. Landgraf Philipp von Hessen, ein begeisterter Anhänger der Reformation, hatte zur Einführung der lutherischen Lehre in seinem Land eine theologische Disputation zwischen den Vertretern der römischen Kirche und lutherischen Theologen angesetzt, die die Letztgenannten mit großer Überlegenheit für sich entschieden. Daraufhin beauftragte Philipp den Theologen Lambert von Avignon mit der Ausarbeitung einer Kirchenverfassung (1526,27).

Es ist nicht zu übersehen, wie dabei Lambert auf die »Dritte Weise« Luthers zurückgreift. Für ihn ist es ganz klar, daß diese neuzuschaffende Kirchengemeinschaft sich aus lauter kleinen, geistlich aktiven Gruppen zusammensetzen sollte. Wie in dem Bild von zwei konzentrischen Kreisen sollten sich die Gläubigen sammeln. In dem inneren Kreis befinden sich diejenigen, die die eigentlichen Brüder und Schwestern der Gemeinschaft seien und die die anderen im äußeren Kreis dann zu einer ebensolchen Glaubensintensität bringen oder die diejenigen, die sich überhaupt nicht zum Glauben bekennen könnten, aus der Glaubensgemeinschaft ausschließen müßten. Unter dem Begriff der *seperatio*, der »Trennung« der falschen von den wahren Mitgliedern, führte Lambert seine Vorstelllungen aus. Er legte Philipp von Hessen die Verfassung zur Inkraftsetzung vor. Aber Philipp schickte diese an Luther mit der Bitte um Begutachtung.

Luther konnte nicht anders, als diesen Entwurf abzulehnen, denn das von ihm hochgehaltene Prinzip der Freiwilligkeit war ersetzt worden durch ein verbindliches Rechtssystem für alle. Das war eine völlig andere Art von Verbindlichkeit als Luther sie sich vorstellte. Diesem Entweder-Oder-Prinzip konnte er sich nicht anschließen. So kam es, daß ein erster großangelegter Versuch der Umsetzung der »Dritten Weise« mißlang, was Luther selbst sehr bedauerte.

Martin Bucer

Einige Jahrzehnte später (1546-1551) kam es in Straßburg unter dem Theologen Martin Bucer zu einem erneuten Versuch, christliche Gemeinschaft bewußt aus Hausgemeinschaften aufzubauen. Längere Zeit schon hatte sich Bucer mit solchen Gedanken beschäftigt und auch Luthers Vorstellungen dazu intensiv studiert, bis er in Straßburg an deren Verwirklichung ging. Eine ihn leitende Vorstellung war, die Gläubigen zu einem angemessenen Empfang der Abendmahlsgaben zu führen. Im Unterschied zu Luther legte Bucer großen Wert darauf, daß dem Handeln Gottes ein entsprechendes Verhalten der Menschen zu folgen habe. Dazu müßten sie angeleitet werden, notfalls auch mit Strenge und dem Instrumentarium der Kirchenzucht. Diese Anleitung oder Vorbereitung geschehe am besten in Hausgemeinschaften, den »christlichen Gemeinschaften«, wie Bucer sie nannte. Selbstverständlich gehörten auch ein intensives Lesen der Bibel, das Gebet, der Lobpreis Gottes und der Vollzug der christlichen Nächstenliebe dazu. In den Beschreibungen der »christlichen Gemeinschaften« finden sich zum Teil wörtliche Anlehnungen an Luthers »Dritte Weise«. Aber wiederum wurde gegen Luthers Grundsatz verstoßen: die Freiwilligkeit. Dies ist neben anderem der Grund dafür, daß die »christlichen Gemeinschaften« nie in größerem Umfamg eingeführt wurden. Die Menschen wollten sich dem damit verbundenem Druck und Zwang nicht aussetzen.

Philipp Jakob Spener

Knapp 150 Jahre (1680) später kam es dann zu einem erneuten Aufbruch, dessen Auswirkungen bis in unsere Zeit spürbar sind. Philipp Jakob Spener, ein um das geistliche Leben sehr bemühter Theologe und Pfarrer, war es, der in seiner programmatischen Schrift »Pia Desideria oder herzliches Verlangen nach gottgefälliger Besserung der wahren evangelischen Kirchen« von 1675 tiefgreifende Schritte zur Reform der Kirche vorschlug. Spener war zu der Erkenntnis gekommen, daß alles Lamentieren und Klagen über den trostlosen Zustand in der Kirche nichts nütze, sondern daß aktives Handeln zur Belebung des Glaubens nötig sei.

Unter anderem machte Spener den Vorschlag der *Collegia pietatis*, der Erbauungsversammlungen im kleinen Kreis. Spener bemühte sich, daß diese sich innerhalb der Kirche trafen. Keine Absonderung von der Kirche, sondern bewußte Integration war sein Anliegen. Die anderen Menschen sollten so mit einem lebendigen Glauben in Berührung gebracht und davon angesteckt werden. Ziel der *Collegia pietatis* war die persönliche Glaubenserbauung durch die Sammlung um Gottes Wort, insbesondere einem Nachgespräch zur Predigt bzw. zum Predigttext und die Anleitung zu einem christlichen Lebenswandel. Speners biblisches Vorbild ist die Hausgemeinde, wie sie in 1 Kor 14 oder 1 Tim 2 beschrieben wird. Auch auf Luther bezieht sich Spener ausdrücklich. Mit den *Collegia pietatis* hat Spener eine Einrichtung geschaffen, die für die Hauskreisbewegung von eminenter Bedeutung geworden ist.

Nikolaus Ludwig Graf von Zinzendorf

Von Luthers »Dritter Weise« und Speners *Collegia pietatis* hat sich fast 50 Jahre (1727) später Nikolaus Ludwig Graf von Zinzendorf bei der Neugestaltung der Herrenhuter Brüdergemeinde anregen lassen. Wie Spener war auch Zinzendorf davon überzeugt, daß der gegenwärtige Zustand der Kirche sehr schlecht sei, was die Förderung und Pflege der persönlichen Frömmigkeit anbelangt. Nur wenig Raum und Möglichkeiten seien geboten, um diese zu entfalten und erleben zu können. Damit fehle der Kirche ein ganz wesentliches Element. So schritt Zinzendorf zur Sammlung überzeugter Christen und solcher Menschen, die sich auf dem Weg dazu befanden und dabei Hilfestellung brauchten. In Herrenhut richtete er eine Gemeinschaft ein, die sich aus lauter kleinen Hausgemeinschaften aufbaute. Diese nannte er »Banden«, weil sie einander in Christus »verbunden« waren.

Ihre Mitglieder kamen zusammen zur Glaubensstärkung, um einander zu trösten, einander in schweren Lebenssituationen beizustehen und dem Wohle der Gesamtgemeinschaft zu dienen. Bibelstudium, Lobpreis Gottes, Gebet und Nächstenliebe wurden zu einer intensiven Synthese geführt, die ihren Ausdruck fand in einer lebendigen und missionarisch aktiven Glaubensgemeinschaft. (☞ Der Pietismus und die Hauskreise)

Johann Hinrich Wichern

Ein Jahrhundert verging, ehe es wieder zu einem starken Impuls durch Johann Hinrich Wichern in Hamburg (1839) kam. Hintergrund war erneut eine Auseinandersetzung um die Gestalt der Kirche und um die Gestaltung des Glaubens. Im Laufe dieser Auseinandersetzung kam es zur Gründung einer Freikirche. Wichern kam darüber zu einem intensiven Nachdenken über Gestalt und Struktur der Kirche. Eine Neubelebung konnte nur durch eine Neubelebung des Glaubens erreicht werden. Eine Spaltung der Kirche war für Wichern kein Thema. Seine Vorstellungen, wie diese Neubelebung sich gestalten könnte, hielt er in der programmatischen Schrift »Die wahre Gemeinde des Herrn« von 1839 fest. Darin gab er folgende Vorschläge:

1. Es sollten sich gleichgesinnte Christen treffen und sammeln, um auf Gottes Wort zu hören und darüber ins Gespräch zu kommen. Dazu dürften diese Kreise nicht zu groß sein.
2. Allmählich würden diese kleinen Kreise immer zahlreicher werden und das allgemeine christliche Leben bereichern.
3. Alle Hauskreise müßten notwendigerweise untereinander in Verbindung stehen. Dazu sollten Treffen von gewählten Repräsentanten eingerichtet werden.
4. In den Hauskreisen sollte durch das intensivierte christliche Bewußtsein das Bedürfnis erwachen, über die eigenen Grenzen hinaus den Segen und die Kraft des Wortes zu verbreiten durch praktische Dienste nach außen.

Durch die Hauskreise – so die Vorstellung Wicherns – würden einerseits die gesamten Gemeinden belebt und sich wiederum in weiteren Hauskreisen sammeln. Andererseits würden die Hauskreise jedem Christen entscheidende Glaubens- und Lebensimpulse geben. Eine Doppelbewegung, gleichzeitig nach innen und nach außen oder zumindest in kurzer Folge aufeinander, setzte Wichern in Gang, die sich schon bei früheren Reformbemühungen in der Kirche als gut erwiesen hatte.

Wilhelm Löhe

Fast gleichzeitig (1848) geschah in Bayern Ähnliches. Wilhelm Löhe, der Gründer der Neuendettelsauer Anstalten, kam zu der Überzeugung, daß für die Kirche die Zeit zu einer grundlegenden Besserung gekommen sei. Durch die Streitereien der Vertreter von unterschiedlichsten weltlichen und geistlichen Anschauungen würden die Gemeinden in eine Glaubensresignation geführt, die nicht mehr zu ertragen und zu verantworten sei. Er machte deshalb 1848 den Vorschlag, daß sich in den Gemeinden ein »Lutherischer Verein für apostolisches Leben« gründen sollte. In diesem Verein würden sich anfangs die noch gläubigen Christen sammeln, in ihrem Glauben weiter stärken und vergewissern und dadurch wie ein Sauerteig in der Gemeinde wirken. Ganz wichtig ist Löhe neben der Umsetzung eines »apostolischen« Lebens, das in Anlehnung an die im Neuen Testament beschriebenen Hausgemeinschaften gestaltet sein sollte, die weitere Zugehörigkeit zur Kirche. Dies zeige sich ganz deutlich am regelmäßigen Besuch des gemeindlichen Gottesdienstes. Damit könnte dem Vorwurf der Separation von der übrigen Gemeinde entgegengetreten werden und das Anliegen der Glaubensbelebung für alle Christen ganz deutlich gemacht werden. Löhe war klar, daß dieser Weg ein langer sein würde, weil die Herde des Herrn anfangs immer klein ist. Aber eine andere Möglichkeit, den Glauben in der Kirche wieder lebendig werden zu lassen, sah Löhe nicht.

Die Deutsche Gemeinschaftsbewegung

Ganz eindeutig am Gedanken der kleinen, geistlich lebendigen Zellen hielt auch die »Deutsche Gemeinschaftsbewegung« fest. Die von Luther noch formulierte Einschränkung, daß es nicht genügend Menschen gebe, die »mit ernst Christen seyn wollen«, gelte nun nicht mehr, stellte Pfarrer Heim auf der Hauptversammlung der freien-sozialen Konferenz 1901 fest. In der Gemeinschaftsbewegung seien genügend Menschen, die sich ernsthaft um einen lebendigen Glauben bemühten. Dazu sind die Hauskreise geradezu ideal. Intensiv erlebbare Gemeinschaft im Glauben, aber auch im alltäglichen Leben, sind Kennzeichen dieser Hauskreise.

Wenn es auch in manchen Gegenden zu separatistischen Tendenzen oder gar auch bewußten Absonderungen gekommen ist, gilt für die Gemeinschaftsbewegung insgesamt ein Festhalten an der kirchlichen Gemeinschaft. (☞ Gemeinschaftsbewegung und Hauskreisarbeit S.???)

Im 20. Jahrhundert

Im Laufe des 20. Jahrhunderts gab es immer wieder Zeiten, in denen es zu heftigen Diskussionen kam über eine bessere Gestaltung des kirchlichen Lebens, insbesondere um die Stärkung des persönlichen Glaubens. Um die Jahrhundertwende vertraten Theologen wie K. Müller, P. Drews, G. Hilbert oder E. Sulze die Anschauung, daß vor einer grundlegenden Änderung der Kirchenstruktur erst einmal der persönliche Glaube eines jeden Christen gestärkt werden müsse für die Zeiten der Glaubensanfechtungen und -zweifel. Erlebbare christliche Gemeinschaft müsse gegen einen weitverbreiteten religiösen Individualismus gesetzt werden. Für die Gestaltung solcher Gemeinschaften gebe es ja genügend Vorbilder und Beispiele, unter anderem auch Luthers »Dritte Weise« oder die neutestamentliche »hausweise sich versammelnde Gemeinde«.

Im weiteren Verlauf kam es dann um 1933 durch C. Pabst und E. Brunner und nach 1945 durch Theologen wie F. Gogarten, K. Barth, R. Bohren, J. Moltmann, H. Frankemölle, M. Seitz u. a. zu Vorschlägen der Belebung von christlicher Gemeinschaft im Rahmen der Gemeindeaufbaudiskussion. Dabei haben die Hauskreise eine tragende Funktion für die Glaubensstärkung. Als »Zellen intensiv gelebten Glaubens« (M. Seitz: Erneuerung der Gemeinde, Gemeindeaufbau und Spiritualität, Göttingen 1985, S. 45) bieten sie die besten Möglichkeiten, Glauben und Alltag der Menschen zusammenzubringen und dadurch der Kirche Zukunft zu eröffnen.

Im Welthorizont

Auch ein Blick in andere Länder und Kontinente zeigt eindrücklich, wie wichtig Hauskreise für die Kirche sind. Besonders in geographisch weiträumigen Gemeinden, Diasporagebieten oder in Ländern mit antikirchlichen Ideologien oder Staatsformen hat christlicher Glaube eine besondere Heimat in den Hauskreisen gefunden. Berichte aus Afrika, Südamerika und Asien belegen dies. Ganz besonders eindrücklich sind dabei die Berichte über die »Graswurzel-Gemeinden« in China. (☞ »Aufbruch im Reich der Mitte« Projektion J Verlag 1994)) Nur durch die Hausversammlungen hat dort christlicher Glaube die Zeit der schweren Bedrängnis überstanden. Auch für den Einflußbereich des europäischen Kommunismus hat sich nach dessen Niedergang gezeigt, welche tragenden Säulen die Hauskreise für das Überleben des Glaubens gewesen sind.

Gleiches gilt für die »Basisgemeinden«. Dabei macht es keinen Unterschied, welcher speziellen Prägung (politisches Umfeld) oder in welcher Region der Welt (Lateinamerika/Nordamerika/Europa) sie sich befinden. Die »Basisgemeinden« verstehen sich nicht als kirchliche Parallelstruktur, sondern als Gemeinschaften gelebten Glaubens, »in die die drei Komponenten des Glaubens, der Hoffnung und der Liebe eingebracht sind.« (C. Floristan: Die Basisgemeindenbewegung in Spanien, in: ThQ 166 (1986) München 1986, S. 54) »Basisgemeinden wollen das, was grundlegend ist: die konkrete Gemeinde neu situieren.« (J. Caldentey: Die Bedeutung der christlichen Basisgemeinden für die Kirche, in: Concilium 11 (1975) Einsiedeln/Zürich/Mainz 1975, S.270)

Auf die Entwicklung im anglo-amerikanischen Bereich kann an dieser Stelle nicht weiter eingegangen werden außer durch den Hinweis auf die dort gleichermaßen zu findenden Hausgemeinschaften, die *House-Churches*, für die ebenfalls die schon öfters benannten Vorstellungen und Bedingungen gelten.

Ein Rückblick auf die Kirchengeschichte und der Blick in unsere Zeit zeigen, daß es immer wieder zu nachhaltigen Aufbrüchen in der Verlebendigung des Glaubens gekommen ist und kommt und daß dabei Hauskreise immer eine wichtige Bedeutung als Orte der Glaubensvergewisserung und Verlebendigung des Glaubens gehabt haben. Gegen die zunehmende Individualisierung, ja Isolation der Menschen braucht es diese Zellen gelebten Glaubens. In ihnen und mit ihnen kann es eine Zukunft für die Kirche geben, ohne sie oder gegen sie ist diese nur schwer vorstellbar.

Ein besonderes Kapitel der Hauskreisgeschichte stellt die Reformationszeit dar. Vor allem Luther hatte eine klare Vorstellung von dem, was die Gemeinden lebendig halten könnte: seine »Dritte Weise« …

In den reformatorischen Kirchen haben die Aussagen Martin Luthers bis heute große Geltung. Bei den unterschiedlichsten Fragestellungen wird gerne auf sie zurückgegriffen. Ist es nicht schade, daß er gerade zu dem Thema Hauskreis, das doch viele Christen bewegt, nichts gesagt hat?

So kann man das nicht sagen. Martin Luther hat sich sehr wohl intensive Gedanken über das geistliche Leben in den Gemeinden gemacht. Es war ihm ein ganz besonderes Anliegen, die Menschen im Glauben an den dreieinen Gott zu stärken und zu überzeugenden Botschaftern des Glauben zu machen. Und dafür hat er mit der »Dritten Weise« einen ganz wichtigen Vorschlag gemacht. *(Literaturhinweis S. 495)

»Dritte Weise« – das klingt nach Insidersprache. Was ist damit gemeint?

In der Vorrede zur Deutschen Messe aus dem Jahr 1520 beschrieb er drei Möglichkeiten der Gestaltung des Gottesdienstes: die lateinische Messe, die Deutsche Messe und die »Dritte Weise« des Gottesdienstes für die Gläubigen, die »mit ernst Christen wollen seyn und das Evangelion mit hand und munde bekennen«. Die beiden ersten Messformen waren gedacht für diejenigen, die noch zum christlichen Glauben geführt werden mußten. Die »Dritte Weise« sollte für diejenigen sein, die weitergehende Glaubensstärkung suchten.

Luther war der festen Überzeugung, daß die »Dritte Weise« nicht angeordnet werden sollte, so wie die beiden erstgenannten Formen, sondern von den Gläubigen selbst gewünscht werden müßte. Für seine Zeit mußte er feststellen, daß noch kein großer Bedarf danach war. Deshalb hat er diesen Vorschlag zu seinem eigenen Bedauern nicht in die Praxis umgesetzt, sondern auf einen späteren Zeitpunkt verschoben. Leider haben sich seine Hoffnungen in diesem Punkt nicht erfüllt.

Die »Dritte Weise« ist damit eigentlich ein Vorschlag zur Gottesdienstgestaltung. Was hat sie denn mit Hauskreisen zu tun?

Vorab ist zu sagen, daß Luther die Versammlungen nach der »Dritten Weise« für die adäquateste evangelische Art der christlichen Zusammenkunft hielt. Diese Zusammenkünfte sollten nun nicht in den großen Gottesdiensträumen der Kirchen stattfinden, sondern in den Häusern oder in kleineren Räumlichkeiten. In Luthers Überlegungen zum Gemeindeaufbau spielten die kleinen, aber geistlich lebendigen Zellen eine tragende Rolle. Aus ihnen sollte sich die Gemeinschaft der Gläubigen zusammensetzen. In diesen Zellen gelebten

Glaubens würden die zu finden sein, »die mit ernst Christen wollen seyn«. Luther hat diese Beschreibung mit großem Bedacht so gewählt und nichts von vollkommenen oder von wahren Christen geschrieben, damit es nicht zu einer Spaltung der Gemeinde komme. Ganz im Gegenteil. Die Zusammenkünfte nach der »Dritten Weise« hatten deutlich missionarischen Charakter und waren keineswegs nur Treffpunkt vermeintlich besserer Christen.

Wie stellt er sich die Gestaltung der Zusammenkünfte nach der »Dritten Weise« vor? Hat er dazu konkrete Vorschläge gemacht?

Luther wies den Zusammenkünften nach der »Dritten Weise« eine hohe Verbindlichkeit zu. Die Entscheidung für die »Dritte Weise« war für ihn gleichbedeutend mit dem bewußt vollzogenen Schritt zu einem christlich gestalteten Leben.

Inhalt und Zweck dieser Zusammenkünfte ist die beständige Vertiefung und Einübung in den Glauben durch Gebet, Schriftlesung, Feier der Sakramente und der Ausübung der christlichen Nächstenliebe. Zu der karitativ-diakonischen Verantwortung kommen weiter die katechetische Unterweisung im Glauben und die missionarische Verpflichtung. Diese muß ein unbedingtes und ständiges Anliegen sein, damit auch andere Menschen zum Glauben gebracht werden. Der gestärkte und gefestigte Glaube ist die Basis, aber gleichermaßen auch die Verpflichtung zur christlichen Zeugenschaft.

Habe ich das richtig gehört, daß für Luther die Feier der Sakramente zu diesen Hausgemeindeversammlungen dazugehörte?

Luther hat in der Tat in seinem Entwurf der »Dritten Weise« diesen Versammlungen die Sakramentsverwaltung zugestanden. Nicht, weil er der Meinung gewesen wäre, daß diese in der Kirche nicht in rechter Art und Weise gefeiert würden. Sondern weil er der Überzeugung war, daß gerade in diesen Zusammenkünften das Priestertum aller Gläubigen verantwortlich gelebt werden könne. Da er niemandem in diesen Versammlungen eine besondere Rolle zuwies, stehen alle Mitglieder in derselben Verantwortung und Sorgsamspflicht für eine evangeliumsgemäße Sakramentspraxis. Keineswegs darf Luther an diesem Punkt aber mißverstanden werden, als ob er damit einen ersten Schritt zu einer von der kirchlichen Gemeinschaft losgelösten Sondergemeinschaft vorgegeben habe. Es muß klar gesagt werden: Die »Dritte Weise« samt ihren neuen Gestaltungsformen bleibt eingebunden in die Gemeinschaft der Gläubigen am Ort und ist aus dieser nicht herauszutrennen. Auf der anderen Seite aber ist Luther ebenso ernst zu nehmen: Er wollte es nicht zu einer Einschränkung im Erleben der Glaubensgemeinschaft kommen lassen. Dort, wo es die Mitglieder dieser Zusammenkünfte für ihre Gemeinschaft wichtig und förderlich erachten, soll es auch möglich sein, ohne daraus einen Zwang zu machen, miteinander die Sakramentsgemeinschaft zu gestalten.

Hat Luther seine Vorstellungen über die »Dritte Weise« eigentlich ganz neu entwickelt oder gab es Vorbilder für ihn?

Luther hat sich auch hier leiten lassen von der biblischen Überlieferung, insbesondere der über die ersten christlichen Gemeinden. Die zentrale Stelle ist dabei Apg 2,42: »Sie blieben aber beständig in der Apostellehre, in der Gemeinschaft und im Brotbrechen und im Gebet.« Dazu hat Luther die Überlieferungen von den neutestamentlichen Hausgemeinschaften (z. B. Apg 1,13; 5,42; 12,12 oder 16,15) gestellt. Für ihn gaben diese biblischen Vorbilder genügend Anregungen, die »Dritte Weise« zu formulieren und in ihr seine Vorstellungen über christliche Gemeinschaft festzuhalten.

Würde Luther der heutigen Hauskreisbewegung aufgeschlossen gegenüberstehen?

Wichtigstes Kriterium für Luther hierbei ist das Verhältnis von Hauskreis – so können wir die Versammlung nach der »Dritten Weise« nennen –, und Gemeinde. Gibt es ein gutes Verhältnis zueinander oder betrachten sich beide Parteien argwöhnisch wie »Pharisäer« und »Zöllner« (Lk 18,9ff)? Ist der Hauskreis ein elitärer Zirkel, der sich selbstgefällig aus der Gemeinde zurückzieht oder lebt er als missionarisch lebendige Zelle in der Gemeinde? Und umgekehrt: Akzeptiert die Gemeinde den Hauskreis als Element der geistlichen Bereicherung oder wird er als Infragestellung der Gemeinschaft empfunden und deshalb ausgegrenzt?

Luthers Anliegen ist es, in den Versammlungen nach der »Dritten Weise« Christinnen und Christen im Glauben zu stärken und sie zuzurüsten als überzeugende, sendungsfähige und sendungswillige Botschafter des Evangeliums in der Welt. Ihm geht es darum, die christliche Gemeinschaft aufzubauen durch Zellen gelebten Glaubens. Wo das der Fall ist, würde Martin Luther Hauskreise nach Kräften fördern, um den Menschen, die »mit ernst Christen wollen seyn«, einen Ort der Sammlungen anzubieten und mit ihnen dann Gemeinde Jesu Christi zu bauen.

Guten Tag, Herr Hasselhorn. An Sie als Kenner des Pietismus die Frage: Was ist eigentlich Pietismus? Was sind seine Kennzeichen?

Mit Pietismus (lat. *pietas* = Frömmigkeit) wird die umfassende religiöse Reformbewegung in den evangelischen Kirchen des 17./18. Jhdt. bezeichnet. Diese Bewegung wollte durch Bekehrung und Wiedergeburt Christen zu einem neuen Leben erwecken. Die Wiedergeborenen sollten sich durch Werke der Liebe auszeichnen. Ihr Leben in der Gemeinschaft und in der Heiligung sollte so anziehend wirken, daß in anderen Menschen auch Verlangen geweckt würde auf ein erfülltes Leben in Jesus Christus. Der Pietismus wollte nicht nur in der Kirche, sondern in der ganzen Gesellschaft Sauerteig sein. Schon ein wenig Sauerteig hat ja eine starke Wirkung auf eine große Menge Mehl (Mt 13,33).

Der Pietismus begann als Gemeindeerneuerungsbewegung und brachte auf vielen Gebieten Fortschritte, so z. B. in der Pädagogik, in weiten Bereichen der Sozial- und Krankenfürsorge, in Mission und Evangelisation, in den Sprachwissenschaften und in der Erforschung der Bibel. Indirekte Einflüsse gingen auf die Naturwissenschaften aus.

Ein Freund des Pietismus war der Leipziger Professor der Rhetorik, Joachim Fuller. Er hat 1689 das Wesen des Pietismus auf den Punkt gebracht: »Was ist ein Pietist? Der Gottes Wort studiert und nach demselben auch ein heilig Leben führt.« Es gab in der Kirche auch Widerstände gegen den Pietismus, da man Abspaltungen fürchtete. So setzte sich das Wort »Pietismus« erst langam durch, denn die Bewegung war tatsächlich immer auch begleitet von völlig überzogenen Vorstellungen. Immer wieder waren Separationen die Folge der Erweckung und es traten Gruppen auf, die das reformatorische Bekenntnis beiseite schoben.

Seit wann gibt es Pietismus und wo in Deutschland ist der Pietismus verbreitet?

Der Wunsch nach einer tiefgreifenden Erneuerung von Kirche und Gesellschaft hat seine Wurzeln im 30jährigen Krieg, der seinerzeit halb Europa zerstört hatte. Nach Beendigung des Krieges (1648) wird an vielen Stellen eine Erneuerung vorgenommen, an der vor allem die Kirchen beteiligt waren (Gemeindeaufbau, Katechismus). Die Anfänge des Pietismus liegen in den Niederlanden und sind verbunden mit Namen wie Professor Coccejus in Leiden (gest. 1699) und Professor Votius in Utrecht (gest. 1676). Neben der Erneuerung der reformierten Gemeinden in Holland begann in Deutschland der lutherische Pietismus, insbesondere durch Philipp Jakob Spener (gest. 1705). In seiner Schrift *Pia desideria* (= »Frommes Verlangen«) von 1675, bezog er sich neben Paulus (1 Kor 14) besonders auf Martin Luthers Vorrede zum Römerbrief, 1522, und auf die Vorrede zur »Deutschen Messe«, 1526. Die Einführung der Konfirmation und die Erneuerung des Katechismusunterrichts folgten.

August Hermann Francke in Halle (gest. 1727) war nicht nur ein hervorragender Pädagoge und Waisenvater, sondern auch ein Förderer der Bibelwissenschaften und der Mission. Von ihm übernahm der Pietismus den Bußkampf als Bekehrungserlebnis und Vorstufe der Wiedergeburt.

Nicolaus Ludwig Graf von Zinzendorf (gest. 1760) vermittelte eine tiefe und fröhliche Jesusfrömmigkeit und eine neue Dienstordnung der ganzen Gemeinde. Auch entwickelte er eine weltweite Missionsarbeit (u. a. 1732 Westindien; 1737 Südafrika).

Der Württembergische Pietismus, der in der Zeit der Aufklärung von dieser nicht völlig überrollt wurde, ist beeinflußt von Spener und Zinzendorf. Seine biblische Eigenart der Erwartung des »Tausendjährigen Reiches« stammt von dem Prälaten Johann Albrecht Bengel (gest. 1752).

Der Pietismus hat alle Länder Deutschlands erreicht, ist aber oft streng verboten worden (z. B. in Oldenburg, Mecklenburg). Nur in Württemberg gab es 1743 ein staatliches »Pietistenreskript«, das dieser Gemeindeerneuerungsbewegung Heimatrecht in der Kirche gewährte und sich bis heute bewährt hat.

Man sagt, der Pietismus sei eine Hauskreisbewegung gewesen?

Wenn Christen sich außerhalb der Gotteshäuser treffen wollten, waren sie (nicht schon vorher?) immer auf Häuser angewiesen. Pietistische Gruppen hatten im letzten Jahrhundert bereits Vereinshäuser. Gemeindehäuser in größerer Zahl gibt es erst seit dem Zweiten Weltkrieg, Konfirmandensäle oder Kinderschulen seit dem letzten Jahrhundert. Darum ist es ganz natürlich, daß äußerlich gesehen der Pietismus eine »Hauskreisbewegung« sein mußte.

Viel wichtiger aber ist, darauf zu achten, was in den Häusern geschah. Mit Ausnahme des württembergischen Pietismus, der schon recht bald zum »Brüdertisch« überging, d. h. mehrere Gläubige an der Wortausteilung beteiligte, herrschte in den Zusammenkünften in den Häusern selbstverständlich das Predigerprinzip, das in der Kirche auch üblich war, allerdings in den pietistischen Versammlungen mit verkürzter Liturgie (Lied – Predigt – Gebet).

Professor Adolf Schlatter, Tübingen (gest.1938), war ein Freund des Pietismus, beklagte aber, daß der Pietismus keine neue Gemeindeform gefunden habe nach der Grundregel: »Dienst ist das Ziel der Gnade«. Vielmehr habe er das »Zwitterding des Halbpastoren ohne Beruf« hervorgebracht.

Der englische Erweckungsprediger John Wesley (gest. 1791) hatte bei Zinzendorf das geordnete Dienen der ganzen Gemeinde kennengelernt und für seine Methodistenkirche fruchtbar gemacht. Auch der linke Flügel der Reformation, aus dem der Baptismus hervorgegangen war, hatte Formen des geordneten Dienstes entwickelt, wie sie in der Hauskreisarbeit angestrebt werden. Der Pietismus wurde nach 1780 weitgehend von der Aufklärung überrollt, fand aber nach den Napoleonischen Kriegen (um 1820) eine Neuerweckung durch die Erweckungsbewegung. Diese Erweckungsbewegung war noch deutlicher als der ältere Pietismus angewiesen auf Erweckungsprediger, die das Leben der Gläubigen tief beeindruckt haben. Diese Prediger am Anfang des 19. Jahrhunderts sind bis heute geradezu richtungsweisend für diese Bewegung. Der Pietismus der Erweckungsbewegung ist also eine Predigerbewegung geblieben. Das Wesen der Hauskreisarbeit als einer geistlichen Laienbewegung ist ihm so fremd geblieben wie der Kirche auch.

Welches Verhältnis hat der Pietismus heute zur Arbeitsform des Hauskreises?

Die Hauskreisbewegung kann grundsätzlich auch angesehen werden als eine Emanzipation vom Predigerstil, wie er in Kirche und Gemeinschaft immer noch vorherrschend ist. Hauskreis – das ist nicht nur das Lebensgefühl einer jungen Generation, die sich nicht mehr anpredigen lassen will. Es ist Rückkehr (In den paulinischen Gemeinden galt selbstverständlich Gal 3,28: Alle waren unterschiedslos am Gemeindeaufbau beteiligt! Erst als »das Weib schweigen mußte in der Gemeinde«, schwiegen auch sehr bald die Männer und überließen den Gemeindeaufbau dem »Priester«!) zur Urchristenheit und (Luthers Forderung nach dem Priestertum aller Glaubenden und das notwendige gegenseitige brüderliche Gespräch (*mutua consolatio fratrum*) waren ihm Kennzeichen der Kirche) zur Reformation. Wo sich diese Vorgänge mit den Hauskreisen durchsetzen, verändern sich die Versammlungsformen auch in den Gemeinschaften. Das führte in der Vergangenheit zur Skepsis gegenüber den Hauskreisen. Je mehr das »Predigerprinzip« zurücktreten kann in Kirche und Gemeinschaft, wird die neue Form der Hauskreise Kirchengemeinden und Gemeinschaften öffnen für neue geistliche Formen des gemeinsamen Lebens.

Sie sagten, inwiefern der Pietismus bzw. die Erweckungsbewegung von der Arbeit der Hauskreise profitieren kann. Was kann umgekehrt die Hauskreisarbeit vom Pietismus bzw. der Erweckungsbewegung lernen?

Hauskreise, die sich ganz bewußt im Sinne des Apostolischen Glaubensbekenntnisses: »Ich glaube an den Heiligen Geist, die eine heilige christliche Kirche, Gemeinschaft der Heiligen etc.« verstehen, können ungeahnte Früchte tragen für Kirchengemeinden und Gemeinschaften, wenn sie bei den Grundforderungen des Pietismus bleiben:

- Wie kommt ein Mensch zum lebendigen Glauben?
- Wie gestaltet sich das Leben der Glaubenden als Gemeinschaft der Heiligen?
- Wie kommt es zu einem Leben in der Heiligung?

Herr Hasselborn, wir danken Ihnen für das Gespräch.

Guten Tag, Herr Bittighofer. Von Kindesbeinen an in der Gemeinschaftsbewegung zu Hause, an Sie die Frage: Können Sie unseren Leserinnen und Lesern, die mit dem Fachausdruck nichts verbinden, kurz erklären, worum es sich bei der »deutschen Gemeinschaftsbewegung« handelt?

Die Wurzeln der »Gemeinschaftsbewegung« liegen im Pietismus. Die Anfänge des Pietismus liegen in der 2. Hälfte des 17. und in der 1. Hälfte des 18. Jahrhunderts. Phillip Jakob Spener (1635-1705) veröffentlichte 1675 in Frankfurt/Main seine Thesen *Pia desideria* (»Frommes Verlangen«). Mit dieser Programmschrift rief Spener seine lutherische Kirche auf, geistliches Leben in neuen Formen zu wagen. Zur Belebung der erstarrten Kirche schlug er die Bildung von *collegia pietatis* vor, von »Versammlungen zur Frömmigkeit« vor allem für Laien. Von diesen haben die »Pietisten« ihren (Schimpf-) Namen erhalten.

Die von Spener genannte Zielsetzung bestimmt bis zum heutigen Tag den Pietismus. Spener ging es nicht um die Gründung neuer Institutionen; ihm lag die Erneuerung des vorhandenen kirchlichen Lebens am Herzen. Er ging dabei theologisch aus vom »allgemeinen Priestertum aller Glaubenden«, gehört dies doch zu den wesentlichen Entdeckungen der Reformation Martin Luthers.

Die Evangelischen Kirchen reagierten verschieden auf den Impuls Speners. In Württemberg z. B. stellte sich das Konsistorium – und damit die Landesregierung unter Herzog Karl Friedrich – zu den mit dem »Pietistischen Reskript« (1743) entstandenen pietistischen Zusammenschlüssen und gab damit dem Pietismus Heimatrecht in der Kirche.

Ein weiterer erwecklicher Aufbruch innerhalb der Evangelischen Landeskirchen im ausgehenden 19. Jahrhundert und zu Anfang des 20. Jahrhunderts führte zur Bildung neuer »Gemeinschaften«, die sich in Landesverbänden zusammenschlossen. 1888 gründeten diese Verbände den »Deutschen Verband für Gemeinschaftspflege und Evangelisation«, der heute die Bezeichnung »Evangelischer Gnadauer Gemeinschaftsverband e.V.« (kurz: »Gnadauer Verband«) führt.

Die zu diesem Dachverband gehörenden Gemeinschaftsverbände verstehen sich als innerkirchliche Bewegung, als sogenannte »Landeskirchliche Gemeinschaften«.

Was ist kennzeichnend für die Landeskirchlichen Gemeinschaften ?

Kennzeichnende Merkmale dieser Gemeinschaften sind u. a.:

- Predigt von der Notwendigkeit einer Bekehrung: Umkehr des Menschen aus Unglauben zum Glauben und Annahme des Heilsangebots im Evangelium.
- Pflege der Gemeinschaft der Glaubenden untereinander.
- Nachfolge Jesu im Gehorsam des Glaubens und in der Heiligung des Lebens.
- Beteiligung der Laien an der Wortverkündigung und damit Verwirklichung des Priestertums aller Glaubenden.

Zum »Gnadauer Verband« gehören neben den Gemeinschaftsverbänden auch Ausbildungsstätten für Prediger sowie Diakonissenmutterhäuser. Diakonie und Mission gehören nämlich zum Selbstverständnis der Gemeinschaften.

Können Sie uns die Namen einiger Gemeinschaftsverbände nennen und wo geographisch die Schwerpunkte der Gemeinschaftsarbeit in Deutschland liegen?

Geographische Schwerpunkte der Gemeinschaftsbewegung liegen in Württemberg, Westfalen (Siegerland) und in Sachsen. Große Gemeinschaftsverbände sind in Württemberg, z. B. der »Altpietistische Gemeinschaftsverband« oder der »Liebenzeller Verband«; zu diesem Werk gehört auch eine große Arbeit in der Äußeren Mission (»Liebenzeller Mission«). Aber das ist nur ein Ausschnitt, wenn ich an die Verbände denke, die »St. Chrischona« (Bettingen/Schweiz) oder an den »Hannoverschen Gemeinschaftsverbund« angeschlossen sind.

Wie ist das Verhältnis der Gemeinschaften zur Kirche bzw. der Gemeinschaftsleute vor Ort zur Gemeinde?

Die »Gemeinschaftsleute« sind in der Regel die treuesten Glieder in ihren Kirchengemeinden, auch in der aktiven Mitarbeit. Die Entwicklung in den letzten Jahren – vor allem in den Großstädten – nötigt aber zu einer Neubesinnung über das Verhältnis der Gemeinschaften zur Landeskirche und umgekehrt. Die fast selbstverständliche Zugehörigkeit zur Landeskirche, wie das in früheren Jahren der Fall war, ist heute so nicht mehr gegeben. Die Gründe dafür sind vielschichtig.

Wenn die Gemeinschaften ihrem Auftrag treu sind, arbeiten sie missionarisch – dann finden auch Menschen den Weg in die Gemeinschaften, die keine »kirchliche Sozialisation« haben. Daher ist es unausweichlich, daß die Landeskirche mit den Gemeinschaftsverbänden zu Vereinbarungen kommt, die das Miteinander regeln, zumal die Gemeinschaften keine Freikirchen werden wollen. Einige Landeskirchen haben weitgehende Absprachen getroffen – bis hin zur Sakramentsverwaltung durch den Prediger. Andere Landeskirchen tun sich mit solchen Regelungen jedoch schwer.

Warum fördern die Gemeinschaften heute die Hauskreise in ihren Verbänden selber so stark? Haben daneben die »Gemeinschaftsstunden« aufgehört?

Die Gemeinschaften im »alten Pietismus« waren in manchem ähnlich wie die heutigen Hauskreise, z. B. daß man sich bei den Zusammenkünften gemeinsam über einen biblischen Text austauschte und geistliche Erfahrungen weitergab. Einige saßen am »Brüdertisch«, andere hörten zu. Diese Form besteht weiterhin.

In den Gemeinschaftsverbänden wurde aber in den letzten Jahren erkannt, daß Hauskreise zum einen noch gemeinschaftsfördernder sind und zum anderen größere missionarische Möglichkeiten bieten, Menschen einzuladen und mit ihnen ins Gespräch zu kommen. Auch bieten sich Hauskreise als Ort der Sammlung für unterschiedliche Altersgruppen an. Hauskreise innerhalb der Gemeinschaftsverbände sind eigentlich eine selbstverständliche Konsequenz echter Gemeinschaftspflege.

Nun interessiert uns in unserem Zusammenhang natürlich die Frage nach dem Verhältnis der Gemeinschaften zu den landeskirchlichen Hauskreisen in den Gemeinden. An welchen Stellen können Sie sich ein Miteinander von Hauskreisen und Gemeinschaftsverbänden vorstellen?

Das Verhältnis der Gemeinschaften zu den Hauskreisen und zur Hauskreisarbeit war – meiner Beobachtung nach – immer etwas »gespannt«. Auf der einen Seite sah man seitens der Gemeinschaften, wie positiv sich Hauskreise auf das Gemeindeleben auswirkten, andererseits erkannte man sehr wohl auch eine gewisse Konkurrenz in der sich bildenden Hauskreisarbeit zu den bestehenden örtlichen Gemeinschaften.

Umgekehrt entwickelte sich die Hauskreisarbeit, in Württemberg gut organisiert, so daß sich auch von den Strukturen her Parallelen ergaben, ohne daß dies beabsichtigt war. Aber auch das soll nicht verschwiegen werden: In Württemberg sind es vor allem theologische Gründe, die eine engere Verknüpfung Hauskreisarbeit/Gemeinde erschweren. Zwischen charismatischen und pietistisch-evangelikalen Prägungen bedarf es noch des Ausbaues tragfähiger Brücken. Daß das Verhältnis nicht in Gegensätzen erstarren muß, ist eine gute neue Erfahrung, die ich mache.

Entscheidend wichtig ist für mich angesichts der Entchristlichung unserer Gesellschaft, daß die Hauskreise und die Gemeinschaften ihre gemeinsame Verantwortung im missionarischen Auftrag erkennen und bei der notwendigen Neugestaltung des Gemeindelebens in unserer Kirche mithelfen. Die Weitergabe des Glaubens und die Einladung zur Nachfolge Jesu Christi ist die den Gemeinschaften wie den Hauskreisen vorgegebene erste Aufgabe. Wird das gesehen und angenommen, dann wächst auch die Gemeinsamkeit von Hauskreisen und Gemeinschaften vor Ort und auf Landesebene. Daraus könnte die Planung und Durchführung gemeinsamer Aktionen erwachsen – selbstverständlich unter Berücksichtigung der je eigenen unterschiedlichen Prägung.

Gerade die Vielfalt ist eine Chance missionarischer Arbeit – und sie ist ein Übungsfeld in der Wahrung der Einheit auf dem Weg der Nachfolge. Ein Miteinander setzt gegenseitiges Vertrauen voraus. Dazu muß man sich kennenlernen und Vorurteile abbauen. Ich wünsche mir, daß dies mehr und mehr gelingt. Ein gemeinsamer Weg ist dann bald beschritten.

Herzlichen Dank für dieses Gespräch, Herr Bittighofer.

Literaturübersicht mit Kurzrezensionen von Veröffentlichungen zum Thema Hauskreise aus den Jahren 1978-1993.

Das Amt für missionarische Dienste – Hauskreisarbeit – der ev. Landeskirche in Württemberg gibt eine immer wieder revidierte vollständige Liste der Veröffentlichungen und Materialien zur Hauskreisarbeit heraus. Sie kann angefordert werden (Postfach 101352, 70012 Stuttgart).

I. Theologische Grundlegungen

Über die Art der Gemeinschaft in den Gemeinden des Neuen Testaments, ihre geistlichen Voraussetzungen und ihre strukturellen Bedingungen findet sich Grundlegendes u. a. in folgenden Büchern:

Brunner, Emil: *Das Mißverständnis der Kirche*. Zürich 1951.

Snyder, Howard A.: *Neues Leben! – Alte Formen? Gemeindeaufbau in unserer Zeit.* Witten 1978.

Klauck, Hans-Josef: *Hausgemeinde und Hauskirche im frühen Christentum* (SBS 103). Stuttgart 1981.

Lohfink, Gerhard: *Wie hat Jesus Gemeinde gewollt? Zur gesellschaftlichen Dimension des christlichen Glaubens.* Freiburg 1982.

Schwarz, Fritz und Christian A.: *Theologie des Gemeindeaufbaus.* Neukirchen-Vluyn 1987.

Auch die in Abschnitt II besprochenen Bücher von **Raupp**: *Hauskreise* und **Blohm**: *»Die Dritte Weise«* müssen in diesem Zusammenhang genannt werden.

Zentrale Bedeutung für die Hauskreisarbeit haben die Begriffe »Haus« (gr. *oikos*) und »Gemeinschaf«t (*koinonia*). Die Beziehungen in der Gemeinschaft sind durch das »Miteinander« (*allelon*) gekennzeichnet. Brunner arbeitet heraus, daß *koinonia* sowohl »Anteilhabe« als auch »Miteinandersein« bedeutet. Der Heilige Geist macht aus vielen getrennten Individuen eine Einheit, den Leib Christi. In diesem Leib, der *ekklesia*, besteht eine unzertrennliche Einheit der christologischen Vertikale und der zwischenmenschlichen Horizontale. Das eine ist ohne das andere nicht zu haben. Christuswahrheit kann man nur in der Gemeinschaft empfangen. – Auch Snyder setzt sich intensiv mit den geistlichen

Grundlagen und Wesenseigenschaften von Gemeinschaft auseinander. Dabei hebt er hervor, daß bestimmte Gemeindestrukturen erforderlich sind, damit *koinonia* Wirklichkeit wird: Versammlung in kleinen Gruppen zu Austausch, Bibelstudium und gegenseitiger Fürsorge. »Die kleine Gruppe von 8-12 Leuten, die sich zwanglos in den Häusern trifft, ist die wirkungsvollste Struktur für die Gemeinschaft des Evangeliums in unserer modernen säkular-pluralistischen Gesellschaft«.

Schwarz und Schwarz sehen in Glaube, Gemeinschaft und Dienst die elementaren Grundlagen der Gemeinde und definieren diese folgendermaßen: »Ekklesia ist eine personale Gemeinschaft mit Jesus und mit Schwestern und Brüdern, deren Glaube in der Liebe tätig wird«. »Das volle Maß der Fülle Christi gewinnt der einzelne Christ nur im Lebenszusammenhang mit dem Haupt des Leibes und den vielen Gliedern«. Sie analysieren eingehend die Voraussetzungen, wie in unseren Gemeinden in dieser Weise *ekklesia* entstehen kann. (Die praktischen Aspekte werden weiter ausgeführt in dem Buch von Christian A. Schwarz: *Praxis des Gemeindeaufbaus*. Neukirchen-Vluyn 1987)

Lohfink und Klauck betonen das Gottesvolk als Kontrastgesellschaft. Diese Gemeinschaftswirklichkeit entsteht in den Hausgemeinden, in denen alle in liebevoller Weise füreinander sorgen. In dieser neuen Lebensweise sind die Christen Licht und Salz für die Welt.

II. Bücher mit spezieller Ausrichtung auf die kleine Gruppe innerhalb der Gemeinde.

Faix, Wilhelm: *Die Basisgruppen-Arbeit.* MFB-Hefte für den missionarischen Dienst, Heft 9; Großalmerode: MFB-Produktion, 2. Auflage 1978. 32 Seiten.

In diesem kleinen Heft sind Erfahrungen lebendiger Gemeindearbeit zusammengefaßt, die der Verfasser in Ludwigshafen und Itzehoe machte. Es wird eine Möglichkeit gezeigt, wie der Leib Christi unter den Bedingungen der modernen Gesellschaft Gestalt gewinnen kann. Die Basisgruppe besteht aus zwei bis drei, höchstens vier Leuten, die sich zu einer geistlichen Einheit zusammenschließen (kommen mehr dazu, dann teilt sich die Gruppe). Grund der Sammlung ist der anwesende Herr, dem alle Macht gegeben ist. Die Gruppe versteht sich als Teil der Gemeinde, ihr Ziel ist eine Offensive der Liebe. Die einzelnen Basisgruppen treffen sich mindestens einmal in der Woche zu Austausch und Gebet. Diese Treffen sind bewußt kurz gehalten, sie können dadurch auch am Morgen vor der Arbeit oder in der Mittagspause erfolgen. Das gibt den Teilnehmern Freiraum zu evangelistischer Arbeit. Jeder trifft sich darüber hinaus wöchentlich mit einem Freund oder Kollegen, um mit ihm über Glaubensfragen und Lebensprobleme zu sprechen. Der Kontakt der Gruppen untereinander erfolgt in vierwöchigen Treffen, die dem Feiern, dem Erfahrungsaustausch und der Planung gemeinsamer missionarischer Veranstaltungen in Absprache mit der Gemeinde dienen. Basisgruppenarbeit ist Gemeindearbeit. Sie ist die Ebene, auf der das geistliche Leben eingeübt und dann in selbständiger Weise von den Gliedern untereinander gelebt wird. Die Basisgruppe ist eine Ausprägung evangelistischer Kleingruppenarbeit, die sich in der Praxis bewährt hat.

Nater, Hans: *Mut zum Hauskreis. Anregungen und Modelle,* herausgegeben vom Arbeitskreis »Mut zur Gemeinde«. Neukirchen-Vluyn: Schriftenmissionsverlag. 2. Auflage 1985, 124 Seiten.

Das Buch ist die erweiterte Neubearbeitung einer Broschüre, in der Nater langjährige Erfahrungen des Arbeitskreises »Mut zur Gemeinde« in der Schweiz zusammenfaßt. Es wurde aus der Praxis für die Praxis geschrieben. Neutestamentliche und kirchengeschichtliche Vorbilder für die Hauskreisarbeit werden kurz behandelt. Als Beispiele für die Vielfalt werden offene, gebetsorientierte und dienstorientierte Hauskreise vorgestellt. Ensprechend dem Anliegen von »Mut zur Gemeinde« wird auf die Einbindung der Hauskreise in die Gemeinde und ein klares Gemeindeaufbaukonzept großer Wert gelegt. Der Schwerpunkt des Buches liegt in ganz praktischen Anleiungen, z. B. zur Gründung, Leitung, Teilung, Krisenbewältigung, Seelsorge und Schulung. Dafür dienen auch die auf 43 Seiten im Anhang abgedruckten Arbeitsblätter. Sie umfassen Checklisten für die Gestaltung der Zusammenkümfte, für das geistliche Leben der Leiter und Mitarbeiter und Fragen zur Bewertung der Arbeit des Hauskreises als Ganzes. Besonders ausführlich werden Hilfen für das Bibelstudium in der Gruppe gegeben. Dafür werden für acht Themenbereiche sechsundvierzig Einzelthemen vorgeschlagen und die entsprechenden Bibelstellen durch Fragen erschlossen. Ein gutes Arbeitsbuch besonders für Hauskreise, die neu anfangen!

Schweitzer, Ortwin: *Werkbuch Hauskreis.* Wuppertal: R. Brockhaus Verlag 1986, 151 Seiten.

Dieses Buch ist aus den Erfahrungen heraus geschrieben, die O. Schweitzer als Referent für Hauskreisarbeit im Amt für missionarische Dienste der Evangelischen Landeskirche in

Württemberg sammeln konnte. Es ist als Steinbruch gedacht, aus dem sich die Hauskreise passende Bausteine für ihre Arbeit heraussuchen können. Denn Hauskreise sind so unterschiedlich wie die Menschen, die in ihnen zusammenkommen.

Das wird aus Erfahrungsberichten deutlich, die im ersten Abschnitt zusammengestellt sind. Dort werden unter dem Motto »Zellen des Lebens in der Gemeinde« auch die grundlegenden Fragen abgehandelt: Einladen, einen Hauskreis beginnen, Konzepte, Gesprächsführung, Leitung, Teilung, Hauskreis und Kirchengemeinde. Dabei gibt es hilfreiche Hinweise, wie die üblichen Fehler vermieden werden können. Dies wird auf humorvolle Art vermittelt und die Karikaturen von Küstenmacher im Text bringen manche Dinge auf den Punkt. Ein geschichtlicher Überblick mit den neutestamentlichen Grundlagen und kirchengeschichtlichen Wurzeln der Hauskreisarbeit rundet diesen Teil ab. Der zweite Abschnitt bringt Material für Hauskreisabende. Darunter sind fünf Entwürfe für Bibelgespräche über Markus 1,1-45; einer über die Führung der Gemeinde durch den Heiligen Geist (Apg 13+15); eine Bildbetrachtung und ein thematisches Gespräch über Autorität in der Erziehung. Alle Abschnitte sind gut gegliedert und für die Anwendung aufbereitet. Ein grundlegendes Buch für alle, die mit einem Hauskreis beginnen wollen.

Cho, Paul Yonggi: *Erfolgreiche Hauszellgruppen*. Siegen: Verlag Gottfried Bernard 1987. 16 Seiten.

Wohl kein Buch hat im Bereich der Hauskreise weltweit mehr in Bewegung gesetzt als das 1979 erschienene Werk *Successful Home Cell Groups*, das hier in deutscher Übersetzung vorliegt. In erzählerischer Form berichtet Cho, wie er durch die Leitung einer Gemeinde von 2 400 Mitgliedern völlig an seine Grenzen kam. Die systematische Einführung von Hauskreisen brachte eine entscheidende Wende. Durch mancherlei Pannen und Mißerfolge hindurch wurden Prinzipien und Strukturen entwickelt, die ein stetiges Wachstum der Gemeinde (auf inzwischen mehr als 700 000 aktive Mitglieder) ermöglichte. Diese Erfahrungen gelten nicht nur für koreanische Verhältnisse, sondern lassen sich in der Mehrzahl auch bei uns anwenden. Besonders für die Einbindung der Hauskreise in die Gemeinde enthält das Buch bedenkenswerte Anregungen. Dazu gehören Schulung und Begleitung der Hauskreisleiter sowie die Bereitstellung von Lehrmaterial, das eine Vertiefung der Sonntagspredigten ermöglicht. Ermutigend sind zahlreiche Beispiele, wie die Hauskreise ihre Nachbarschaft durchdringen und sich dadurch vervielfältigen.

Wieske, Günter: *Öffnet die Häuser. Der missionarische und katechetische Auftrag von Hauskreisen.* Stuttgart: Christliches Verlagshaus 1988. 93 S.

Der langjährige Leiter des Referates Missionarischer Gemeindeaufbau im Bund Evangelisch-Freikirchlicher Gemeinden in Deutschland berichtet aus seinen reichen Erfahrungen bei den Baptisten und Brüdergemeinden und darüber hinaus. Seine Überzeugung ist: »Die Gemeinde der Zukunft wird zum Überleben und zum Wachsen kleine geistliche Zellen brauchen.« Hier lassen sich unterscheiden: Missionarische Hauskreise, Hauskreise als Lebens- und Lerngemeinschaft, Hausbibelkreise, Bibelgruppen, Jüngerschaftsgruppen. Wieske stellt die verschiedenen Ausprägungen durch Beispiele aus der Kirchengeschichte und durch zeitgenössische Modelle im In- und Ausland vor. Theologische und soziologische Gründe für die Bildung kleiner Zellen werden genannt. Solche Gruppen müssen ein zielorientiertes Programm haben. In acht Schritten werden praktische Hilfen für die Vorbereitung und Gründung eines neuen Hauskreises gegeben. Alles wird in einem leicht lesbaren, durch viele Beispiele veranschaulichten Stil vermittelt.

Kretz, Mechthild und Dörr, Ute: *Neues vom Gruppenleiten.* Bonn: NavPress 1988. 132 S.

Die Kapitelüberschriften sprechen für sich selbst: Kennzeichen einer Gruppe; den Anfang einer neugebildeten Gruppe erleichtern; Ziele und Inhalte einer neuen Gruppe festlegen; mit Spannungen und Konflikten in einer Gruppe umgehen; ein Gruppentreffen vorbereiten; Teilung und Auflösung in einer Gruppe verarbeiten. – Sieben hilfreiche Arbeitsblätter unterstützen die Leiter bei ihren Aufgaben in den Bereichen Kennenlernen, Leitungsstil, Gruppensituation, Spannungen, Gaben, Bibelarbeit und Gebet. Gruppenabende über den Galaterbrief und über Maria und Martha sind näher ausgearbeitet. Durch gute Gliederung und treffende Karikaturen ist das Buch ansprechend gestaltet. Eine Arbeitshilfe aus der Praxis für die Praxis!

Neue Schritte im Glauben. Ein Leitfaden für die Gestaltung offener Gesprächskreise. Gießen: Institut für Gemeindeaufbau, Am Unteren Rain 2, 1990. 57 Seiten.

Campus für Christus unterstützt seit Jahren Gemeinden bei der Durchführung der ☞ Aktion »Neue Schritte«. Dabei wird nach einer Telefonaktion durch einen Besuchsdienst ein Taschenbuch mit Glaubenszeugnissen in die Häuser gebracht.

Interessierte werden in offene Gesprächskreise eingeladen. Das sind Gruppen von 6-10 Personen, die sich für einen begrenzten Zeitraum wöchentlich oder 14tägig treffen. Die Leiter dieser Gruppen werden in dem nachfolgend beschriebenen Seminar »Kleine Gruppen im Gespräch« vorbereitet und arbeiten dabei mit diesem Leitfaden. Im Teil I werden Anliegen und Arbeitsweise der offenen Gesprächskreise kurz beschrieben. In Teil II sind 10 Themen anhand bekannter biblischer Texte aufgearbeitet. Nach einer Einführung ist der Text im vollen Wortlaut der Einheitsübersetzung abgedruckt. Es folgen jeweils Einstiegsfragen, Entdeckungsfragen, Verständnisfragen und Anwendungsfragen.

Kleine Gruppen im Gespräch. Ein Seminar zum Thema »Missionarische Gesprächskreise«. Teilnehmerheft, 50 S. DIN A 4, Spiralbindung. Gießen: Institut für Gemeindeaufbau, Am Unteren Rain 2.

Mit diesem Seminar werden die Gesprächsgruppenleiter für die Nacharbeit bei der Aktion »Neue Schritte« ausgebildet. Dafür gibt es beim Institut für Gemeindeaufbau auch einen Leiterordner und (im Verleih oder zum Erwerb) Projektionsfolien und eine Diaserie »So ist´s bei uns – Erfahrungen mit offenen Gesprächskreisen«. Das Teilnehmerheft informiert über Sinn und Arbeitsweise offener Gesprächskreise. Es enthält Raum zum Beantworten von Fragen und zum Mitschreiben während des Seminars. Der Anhang enthält einen ausführlichen, von O. Schweitzer verfaßten Überblick über die neutestamentlichen und kirchengeschichtlichen Wurzeln der Hauskreise, der im wesentlichen textgleich mit dem entsprechenden Kapitel im »Werkbuch Hauskreis« ist. Ein Sketch führt drastisch vor Augen, wie ein Gesprächskreis nicht verlaufen sollte. Gemeinden, die missionarische Hauskreise beginnen wollen, können sich mit den vorstehend genannten Materialien selbständig oder unter Anleitung von Mitarbeitern des Gießener Instituts auf diese Aufgabe vorbereiten und vielfältige Anregungen und Motivation erfahren.

Raupp, Wolfgang: *Hauskreise, lebendige Steine im Bau der Gemeinde. Orientierungshilfen zum Selbstverständnis und für die Praxis.* Konstanz, Christliche Verlagsanstalt 1990, 192 S. (= Arbeitshilfen für den Gemeindeaufbau 3).

Der Verfasser, Pfarrer und Referent für die Hauskreisarbeit in der badischen Landeskirche, denkt in Teil I gründlich über das Thema Gemeinde nach. Das führt zu bedenkenswerten Erkenntnissen. Ausgehend von Situationen aus dem

Gemeindealltag fragt er danach, was denn eine Gemeinde ausmacht. Dabei wird deutlich, wie stark sich das volkskirchliche Gemeindeverständnis von dem neutestamentlichen Gemeindekonzept unterscheidet. Durch ihre geschichtliche Entwicklung und die soziokulturellen Veränderungen der letzten Jahrzehnte ist die Volkskirche zu einer Veranstaltungskirche geworden, die auf Teilnahme hofft. Viele sehen in ihr einen Dienstleistungsbetrieb, aus dessen Angebot man bei Bedarf etwas auswählt. Dagegen beruht die Gemeinde des Neuen Testaments auf den engen, verbindlichen Beziehungen der Glieder des Leibes Christi. Sie ist Gemeinschaftskirche, die Teilhabe voraussetzt. Weil die Hauskreise an dieses Gemeindeverständnis anknüpfen, geraten sie vielfach in Konflikt mit der kirchlichen Tradition.

Teil II behandelt die Praxis im Hauskreis. Dabei werden folgende Themen besprochen: Charismen, Leitung, Themen, Ablauf des Abends, Gebet, Gemeinschaft, in Demut Gemeinde bauen. Die Kapitel sind so abgefaßt, daß sie auch als Grundlage für ein Gespräch im Hauskreis dienen können. Für die Gestaltung eines solchen Gespräches werden Anregungen gegeben. Das Literaturverzeichnis weist auf weitere Arbeitshilfen für Hauskreise hin. Stichwortregister und Bibelstellenverzeichnis erleichtern den Zugang zum Text. Ein sehr anregendes Buch für diejenigen, die gründlicher über Voraussetzung der Hauskreisarbeit und den Platz der Hauskreise in der Gemeinde nachdenken möchten.

Meiß, Klaus: *Hauskreisarbeit* Marburg/L.: Verlag der Francke-Buchhandlung 1990, 95 S.

Meiß gibt einen knappen, aber ausgewogenen Überblick über Ursprung, Bedeutung und Praxis der Hauskreisarbeit. Einleitend werden Arbeitsweise und Bedeutung der neutestamentlichen Hausgemeinden beschrieben. Der Verlust dieser Gemeinschaftsform im Verlauf der Kirchengeschichte und ihre Wiedergewinnung durch die von Luther, Spener und den Pietisten ausgegangenen Impulse werden dargestellt. Meiß beschreibt dann die soziokulturellen Gegebenheiten unserer Zeit, gekennzeichnet durch Vereinsamung, Individualismus, Säkularisierung, Zerfall der Familien. Diese Verhältnisse rufen geradezu nach Kleingruppen, in denen Gemeinschaft erfahren und eingeübt werden kann. Hierin liegt eine evangelistische Chance für die Gemeinden. Hauskreise gehören in die Gemeinde. Es werden Vorschläge gemacht, wie Vorurteile überwunden werden können, die der Hauskreisarbeit noch entgegenstehen. Die verschiedenen Typen von Hauskreisen (vertiefend, missionarisch) und ihre Arbeitsweise werden knapp besprochen. Für alle, die noch keine Erfahrungen mit Hauskreisen haben und sich orientieren möchten, ein hilfreiches Buch.

Malm, Magnus: *Tips für Hauskreise.* Wuppertal und Kassel: Oncken Verlag1990, 61 Seiten.

Der Text dieses Büchleins stammt aus Schweden. Er wurde schon als photokopierte Broschüre und als Serie in der Zeitschrift »Punkt« verbreitet. Die Hauskreise werden als Gebetsgruppen angesprochen. »Eine Gebetsgruppe ist eine Jüngergruppe um Jesus herum.« In kurzen, im allgemeinen nur 2-4 Druckseiten umfassenden Impulsen werden folgende Themen behandelt: Zusammensetzung, Verbindlichkeit, Leitung, Zusammenkunft, Geistesgaben, Seelorge, Schwierigkeiten, Dienst. Das alles wird nicht problematisiert, sondern in einer so unbekümmerten, positiven Weise angesprochen, daß man durch die Lektüre ermutigt wird. Bibelstellen mit Fragen am Ende jeden Abschnittes regen zum Gespräch in den Gruppen an.

Jacks, Bob und Betty: *Mit Freundschaft fängt es an. Zur Praxis missionarischer Hauskreise.* Wuppertal: Oncken Verlag; Witten: Bundes-Verlag1990, 124 Seiten.

Ein aus 20jähriger Praxis in den USA heraus geschriebenes Buch über monatliche Bibelstunden mit kirchenfernen Menschen. Es verfolgt einen gabenorientierten Ansatz. Ein evangelistisches Team, das von einer Gemeinde geistlich getragen wird, bereitet sich durch Bibelstudium auf seinen Auftrag vor. Zwei Ehepaare mit der Gabe der Kontaktfähigkeit bauen Beziehungen zu möglichen Teilnehmern auf und laden sie ein. Das Leiterpaar mit den Gaben der Lehre und der Evangelisation hält die Abende. Es werden biblische Berichte von Jesus behandelt. Danach kommt man bei Erfrischungen ins Gespräch. Jedes Mal wird erklärt, wie man Christ wird. Das Wie der Vorbereitung, Durchführung und Nacharbeit wird eingehend beschrieben. Die eingestreuten Erfahrungsberichte zeigen die tiefgreifenden Veränderungen, die solche Gruppen im Leben von Teilnehmern bewirkt haben. Die Vorteile dieses Modells sind ein erträglicher Zeitaufwand, stetig wachsende Beziehungen zu zahlreichen Personen aus dem natürlichen Umfeld (*Oikos*), viele Entscheidungen für Jesus. Durch bekehrte Teilnehmer entstehen neue missionarische Kreise. Im Anhang werden die einzelnen Schritte noch einmal übersichtlich zusammengefaßt. Zu Stellen aus dem

Johannesevangelium sind Fragen für den Gesprächseinstieg zusammengestellt. Ein Programm zur Schulung von Leitern missionarischer Hauskreise beschließt das Buch. Es ist ein praktischer und stark motivierender Bericht über ein in sich schlüssiges, in der Praxis bewährtes Modell missionarischer Hauskreisarbeit.

Gleiß, Peter und Dorothee: *»Macht sie zu Jüngern«. Arbeitsblätter für Leiter von Hauskreisen und Jugendgruppen – mit Grundkurs des Glaubens.* Lüdenscheid: Verlag Gottfried Bernard 1991, 171 Seiten.

Das Buch enthält in logisch aufgebauter Folge Arbeitsanweisungen für 45 Treffen, in denen Menschen mit Jesus Christus bekannt gemacht und zum Leben als Christen angeleitet werden. Sie beginnen mit einem 8-teiligen Glaubenskurs. Es folgen Anleitungen zur »Stillen Zeit«. In der Folge »Vergebung – innere Heilung – Befreiung« wird das im Grundkurs behandelte unter seelsorgerlichen Aspekten vertieft. Weitere Abschnitte sind: Umgang mit Sorgen, Denken und Reden, die Güte Gottes, Psalmen, Zeugendienst. Für jedes Thema ist ein Vorschlag für den Ablauf gegeben. Ein Bibeltext steht jeweils in der Mitte. Er wird durch Erklärungen ergänzt und durch Fragen erschlossen. Als weitere Hilfsmittel werden die »Bendorfer Kärtchen« eingesetzt, auf denen biblische Wahrheiten und Weisungen konzentriert zusammengefaßt sind. Das Buch enthält auch eine größere Anzahl eindrucksvoller Erfahrungsberichte. Zur Fortsetzung der Arbeit in Form missionarischer Hauskreise haben die gleichen Autoren das weiter unten besprochene Buch »… so sende ich euch« geschrieben.

Logan, Robert E.: *Mehr als Gemeindewachstum. Prinzipien und Aktionspläne zur Gemeindeentwicklung.* Frankfurt/M: Aquila Verlag 1992, 283 Seiten.

Der Baptistenpastor Robert Logan gründete und leitete in Kalifornien mehrere große Gemeinden. Seine Erfahrungen gibt er jetzt in Seminaren im In- und Ausland weiter. Mehrere seiner Bücher und Arbeitsunterlagen sind in deutscher Sprache verfügbar. Sie sind klar, einleuchtend, praktisch und stark motivierend. Im vorliegenden Buch behandelt er zehn Grundlagen des Gemeindewachstums: Vision, pastorale Leiterschaft, Dienstphilosophie, Lobpreis, Jüngerschaftsausbildung, Hauskreise, Leiterschaft, Gaben, Planung, Vervielfältigung. Fast alle Abschnitte enthalten Aspekte, die auch für Hauskreise wichtig sind. Kapitel 6 »Ausbau eines Netzwerks von Zellen« (S. 149-177) betrifft direkt die Hauskreisarbeit. Hier wird der Typ evangelistischer Zellgruppen beschrieben, der z. Zt. weltweit ein explosives Wachstum zeigt und zu kraftvollen Gemeinden führt. Es sind »Fürsorgegruppen«, in denen die Mitglieder auf biblischer Basis einander mit ihren Gaben dienen. Weil diese Zellen ganz in ihr soziokulturelles Umfeld integriert sind, erreichen sie Menschen in ihrer Nachbarschaft. Sie können ihnen in ihren konkreten Nöten dienen und sie zugleich mit Jesus Christus bekannt machen. Das ist der Grund für das phänomenale Wachstum solcher Gruppen und Gemeinden. Hier und in anderen Abschnitten des Buches werden praktische Hinweise zur Leiterschaft in Hauskreisen und zur Einbindung der Gruppen in die Gemeinde gegeben.

Masemann, Heino: *Hauskreise, Baustein der Gemeindearbeit.* Gießen: Brunnen Verlag 1992. 95 Seiten.

Im Gegensatz zur Mehrzahl der übrigen Hauskreisbücher geht es Masemann um den Platz der Hauskreise im Gemeindeaufbau. Einleitend wird ein kurzer Überblick über Luthers Plan einer dritten Weise des Gottesdienstes und seine teilweise Verwirklichung in den *collegia pietatis* bei Spener gegeben. Ausführlich werden dann die beiden Hauptkonzepte des Gemeindeaufbaus dargestellt: »Kirche für andere« (Ökumenischer Rat der Kirchen, Krusche, Hoekendijk, Margull) und »Überschaubare Gemeinde« (Fritz und Christian Schwarz, M. Herbst u. a.). Trotz der sehr verschiedenen theologischen Ansätze spielen in beiden Konzepten die Hauskreise eine wesentliche Rolle.

Im zweiten, umfangreicheren Teil werden die Ergebnisse einer Umfrage (a) unter Laien, (b) unter Pfarrern über Erfahrungen mit Hauskreisen in der Gemeindearbeit dargestellt. Die Antworten stammen von 275 Personen aus 43 verschiedenen Hauskreisen in 30 Kirchengemeinden und zusätzlich von 57 Pfarrern aus 49 verschiedenen Gemeinden in Norddeutschland. Die gestellten Fragen und die prozentuale Verteilung der Antworten sind im Anhang abgedruckt. Die Ergebnisse zeigen deutlich, daß Hauskreise keine Konkurrenz, sondern eine Ergänzung der übrigen Gemeindestrukturen sind. Der Kontakt der Hauskreise zur Kirchengemeinde ist überwiegend gut, die Mitglieder gehören zu den engagierten Mitarbeitern und Gottesdienstbesuchern. Auch die befragten Pfarrer sehen das so. Deshalb sind sie größtenteils positiv zu den Hauskreisen eingestellt und fördern deren Arbeit. Damit ist der immer wieder geäußerte Verdacht separatistischer Tendenzen widerlegt. In zwei Drittel der

Gemeinden wird der Isolierung und Cliquenbildung durch eine Einbindung der Hauskreise über ein koordinierendes Gremium vorgebeugt (Leiterkreis). Unter Einschluß eigener Erfahrungen und prägnanter Aussagen von Hauskreis-mitgliedern werden die Chancen und auch die Gefahren der Hauskreisarbeit ausführlich dargestellt. Das Buch enthält hilfreiche Denkanstöße und Handlungsanweisungen.

Blohm, Johannes: *»Die Dritte Weise«. Zur Zellenbildung in der Gemeinde. Betrachtungen und Überlegungen zur Hauskreisarbeit unter Zugrundelegung einer empirischen Erhebung.* Calwer theologische Monographien. Stuttgart: Calwer Verlag 1992, 250 Seiten.

Die unter Anleitung von Prof. Manfred Seitz, Erlangen, angefertigte Dissertation wurde dankenswerterweise in dieser gekürzten Fassung der Öffentlichkeit zugänglich gemacht. Durch ihr Literaturverzeichnis und die reichlichen Verweise in Fußnoten erschließt sie eine Fülle von weiteren Informationen. Blohm analysiert zunächst den Text von Luthers »Vorrede zur deutschen Messe«. Trotz seiner Kürze enthält dieser geniale Entwurf Luthers eine Vielfalt von zukunftsweisenden Vorstellungen und Absichten. Deren Rezeption im Verlauf der Kirchengeschichte wird über Spener, Zinzendorf, Wiechern, Löhe bis ins 20. Jahrhundert verfolgt. In weiteren Kapiteln werden der *Oikos*-Begriff des Neuen Testaments analysiert und soziologische Überlegungen zur Gruppe angestellt. Im zweiten Teil des Buches werden die Methoden und Ergebnisse einer in den Jahren 1984/85 bei 190 Hauskreisen durchgeführten Befragung ausführlich dargestellt. Die Befragung war umfangreich und betraf alle wesentlichen Aspekte der Hauskreisarbeit. Ebenso wie in der oben besprochenen Erhebung von Masemann (1992) ergab sich auch hier eindeutig, daß die überwiegende Mehrzahl der Hauskreise in einem guten Verhältnis zu ihrer Kirchengemeinde steht. Die Mitglieder sind als Gottesdienstbesucher und Mitarbeiter aktiv am Gemeindeleben beteiligt.

Schaible, Günther: *Christliche Lebensgemeinschaften aufbauen.* Neukirchen-Vluyn: Aussaat-Verlag 1992, 77 Seiten.

Obwohl dieses Buch nicht direkt auf Hauskreise ausgerichtet ist, behandelt es Themen, die für deren Arbeit von zentraler Bedeutung sind. Schaible überlegt, wie die Lebensstruktur der Gemeinde Jesu in den nächsten Jahren aussehen könnte. Menschen, die sich als Christen engagieren wollen und mit dem Zustand der Kirche unzufrieden sind, stellen von

Gott her ein positives Kapital dar. Ihr geistliches Potential kann in missionarischen Lebens- und Dienstgruppen gereinigt und freigesetzt werden. Wie das für den Einzelnen und die Gruppe aussehen könnte, wird in vielen Aspekten entfaltet. Dabei geht es um die Themen Gemeinschaft, geistliches Wachstum, Gebrauch der Gaben, Gottesdienst feiern, Verantwortung übernehmen. Eingehend wird nach der Platzzuweisung gefragt. Welcher Zielgruppe wollen wir dienen? Was sind ihre Bedürfnisse, wie können wir sie erreichen? Hier werden viele Anregungen gegeben, die für missionarische Hauskreise/evangelistische Zellgruppen wichtig sind.

Koinonia-Gruppen. Leiterkurs (6 Lektionen). Zürich: Missionarischer Gemeindeaufbau, Josefstrasse 206/Campus für Christus, Schweiz, o.J. Paperback, 92 Seiten. (Erhältlich über AGGA, Postfach 1108, 89537 Giengen)

Dies ist die überarbeitete Übersetzung der Broschüren »Basics« und »I Believe« der *Serendipty Biblestudies for small Groups*, herausgegeben vom *Serendipty House*, Littleton, Colorado. (Siehe auch Coleman). Sie gibt Anleitung und Material für Leiter evangelistischer Gesprächsgruppen. Die Leiter werden darüber hinaus angeleitet, eine Gemeindediagnose durchzuführen, d. h. sich einen Überblick über die Nöte und Probleme der Menschen in ihrem Umfeld zu verschaffen. Das hilft ihnen, besser auf die Bedürfnisse der Gruppenmitglieder einzugehen. Einstieg und Inhalte der beiden, je sechs Treffen umfassenden Kurse sind auf entkirchlichte, aber suchende Menschen ausgerichtet. Der Kurs »Fundamente« hilft zum Kennenlernen und Zusammenwachsen als Gruppe. Die Mitglieder erzählen einander aus ihrem bisherigen Glaubensleben, betrachten gemeinsam eine biblische Geschichte und beziehen sie auf ihr Leben. Im Kurs »Ich glaube« werden Kenntnisse über Gott, Jesus Christus und den Heiligen Geist anhand des Glaubensbekenntnisses vermittelt. Das Material ist didaktisch gut aufgearbeitet. Es enthält viele lockere, humorvolle Kennenlernspiele. Empfehlenswert für offene Gesprächskreise und für den Einstieg in einen neuen Hauskreis!

Leiterhandbuch für ein evangelistisches Zellgruppensystem. Herausgegeben von der Arbeitsstelle für Pfarrei-Bibelarbeit, Grünfeldstr. 1, CH-6208 Oberkirch. Ordner mit 121 Seiten.

Dieses Arbeitsmaterial wurde von der kath. Pfarrei *St. Boniface* in Florida erarbeitet. Die Pfarrgemeinde *St. Eustorgio* in Mailand übernahm diese Unterlagen. Sie war eine sterbende Pfarrei. Nach Vorbereitung der Gemeinde und einem Grundkurs für Zellgruppenleiter wurde mit dem Aufbau von evangelistischen Zellgruppen begonnen.

Nach 7 Jahren zählt die Pfarrgemeinde 50 Zellgruppen und 700-800 aktive Gemeindemitglieder. Der Begriff »Zellgruppe« wird verwendet, weil in katholischen Kreisen der Ausdruck »Hauskreis« negativ belastet ist als ein Zirkel ohne evangelistische Perspektive. Das Kursmaterial umfaßt sechs Lehreinheiten, die jeweils bei den in 14tägigem Abstand stattfindenden Treffen durchgearbeitet werden. Jeder Kursabend dauert ca. zwei Stunden. Das Material enthält weitere Tagesstudien und Aufgaben, die in den dazwischenliegenden Tagen bearbeitet werden.

Einheit 1 erklärt den Begriff des *Oikos* und das Vorgehen bei der persönlichen Evangelisation (Dienen, Teilen, Erklären, Entscheidung, Gemeinschaft).

Einheit 2 gibt Hilfen, wie wir Christus mitteilen können und wie Gespräche geführt werden.

Einheit 3 beschreibt Phasen geistlichen Wachstums, listet die gängigen Kritikpunkte auf, die gegen Kirche und Glauben vorgebracht werden und zeigt, wie man mit Ablehnung umgeht.

Einheit 4 behandelt die Praxis der Zellgruppe: Definition, Gründe für Zellgruppen, Leiterschaft, Größe, Ziele, Ablauf der Treffen, Gebet.

Einheit 5 vertieft die mit Leiterschaft zusammenhängenden Bibelstellen unter besonderer Behandlung der »Hirtentexte«.

Einheit 6 befaßt sich mit Jüngerschaft: die Zellgruppe als Jüngerschule. Der Text ist ansprechend gestaltet. Insgesamt ein hilfreiches, vielseitiges Material zur Schulung von Hauskreisleitern. Der Auftrag, Menschen zu einer Lebenshingabe an Jesus Christus zu führen, bleibt immer im Blick.

Paarmann, Klaus: *Erfolgreiche Hauszellgruppen auch in Deutschland!* Köln: Christliche Gemeinde Köln 1992, 44 Seiten.

Paarmann ist Zellgruppen-Koordinator in einer Freien Gemeinde, die Gemeindeaufbau durch Hauszellgruppen betreibt. In diesem Heft werden Grundsätze dafür vorgelegt. Zugrunde liegt die Vision einer Gemeinde, die durch Zellgruppen, die sich immer wieder teilen, wächst. Laien sind berufen, als Zellgruppenleiter andere zum Glauben zu führen und im geistlichen Wachstum zu begleiten. Zellgruppen unterscheiden sich von Hauskreisen durch ihre Dynamik und evangelistische Ausrichtung. Sie umfassen nur 7-10 Mitglieder, was Leitung und Wachstum erleichtert. Die drei Hauptaufgaben der Zellgruppen sind Evangelisation, Gemeinschaft und Mitarbeiterausbildung.

Dienst und Wachstum der Zellgruppen werden durch die Gemeinde auf vielfältige Weise gefördert: Hauszellgruppen haben nächst dem Gottesdienst die höchste Priorität. Lehre und Training der Leiter sind »Chefsache«, sie gehen vom Pastor aus. Alle Zellgruppenleiter treffen sich wöchentlich zur Schulung. Die Zellgruppenleiter werden durch den fünffachen Dienst in der Gemeinde (Apostel, Propheten, Hirten, Lehrer und Evangelisten) für ihre Aufgaben zugerüstet. Bezirksleiter betreuen 5-10 Hauszellgruppen und geben den Leitern Hilfen für ihren Dienst. Die Lehre des Sonntagsgottesdienstes wird in den Gruppen aufgenommen und vertieft. Ein Bibeltrainingszentrum in der Gemeinde rüstet die Mitglieder zu. Eine Besonderheit sind unterschiedlichste zielgruppenorientierte Hauszellgruppen. In ihnen werden beispielsweise Geschäftsleute oder »Kalorienbewußte« zusammengefaßt. Die Mitglieder unterstützen sich gegenseitig in Krisen und lernen gemeinsam, Privatleben und Beruf nach christlichen Prinzipien zu führen. Regionale Gruppen entwickeln und entfalten die gemeinsame Vision für ihre Nachbarschaft. Hausbesuche haben einen hohen Stellenwert. Sie sind praktizierte Nächstenliebe. In allem wird in einer dienenden Haltung den Nöten der Menschen begegnet. Dieses Büchlein ermutigt zu evangelistischer Hauskreisarbeit und gibt wichtige Denkanstöße für die Beziehung Gemeinde – Hauskreise.

Olmstead, Rick (Vineyard Christian Fellowship, Fort Collins, Colorado) *Handbuch für Kleingruppenleiter.* Deutsche Ausgabe 1993. Verlag und Vertrieb: Bücher im Dienst der Erneuerung, Bei der Jakobskirche 2, 86152 Augsburg. 103 Seiten DIN A4 und 12 Grafikblätter im Ringordner. Es können Ergänzungsblätter im Abonnement bezogen werden.

Eine breit angelegte, gründliche Leiterschulung. Rick Olmstead hat seine Erfahrungen aus einer großen, wachsenden Gemeinde schon mehrfach in Deutschland in Leiterschaftsseminaren weitergegeben. Der vorliegende Arbeitsordner enthält den für diesen Zweck überarbeiteten Text. Die Themen: Grundsätzliche Überlegungen zur Kleingruppenarbeit, das Leben der Kleingruppe, Ziele, Multiplikation, Mitarbeiter gewinnen und freisetzen, Leiter und Mitarbeiter und deren Aufgaben, der Dienst der Kleingruppe und Evangelisation, die Kinderkleingruppe, Probleme und Problemlösung in Kleingruppen. Grundsätze und Vorgehen werden biblisch begründet; an vielen Einzelheiten spürt man, daß sie in der Praxis erprobt sind. Die Leidenschaft, Menschen, die keinen Bezug zur Kirche haben, mit dem Evangelium Jesu Christi zu erreichen, kommt vielfältig zum Ausdruck.

Ein herausfordernder Text, der eine Vorstellung davon gibt, was Gott durch Hauskreise tun möchte, die unter hingegebenen Leitern verbindlich vorangehen. Olmstead schreibt: »Ich bin zutiefst überzeugt, daß Kleingruppen ein absolutes Muß im Leib Christi sind. Es muß ein Umfeld entstehen, wo Jüngerschaft und geistliche Nahrung geboten und Leitungsgaben erprobt werden können und wo man einander vor Gott Rechenschaft gibt«. Wahrscheinlich ist dies die umfassendste und beste Anleitung für Hauskreisleiter, die z. Zt. in deutscher Sprache zur Verfügung steht.

Gleiß, Peter und Dorothee: *»... so sende ich euch«. Missionarische Hauskreisarbeit* Band II mit 31 Materialblättern für Leiter von Hauskreisen und Jugendgruppen. Verlag Licht und Salz, Weberstr. 1A, 12309 Berlin 1993. 89 Seiten in Plastik-Ringheftung.

Dieses Buch ist die Fortsetzung der oben besprochenen Veröffentlichung der gleichen Autoren »Macht sie zu Jüngern«. Es beschreibt eine umfassende Hauskreisarbeit, die vier Stadien durchläuft: 1. Grundkurs im Hauskreis, 2. Vertiefender Hauskreis. Das Material für diese beiden Stadien ist in Band I enthalten. Hier werden nun gut ausgearbeitete Anweisungen für die nachfolgenden Stadien 3. Vorbereitung missionarischer Hauskreis-Arbeit und 4. Der Hauskreis als Missions-Team gegeben. Das vorliegende Arbeitsheft ist stark inspiriert von dem oben besprochenen, inzwischen aber vergriffenen Buch von Jacks und Jacks »Mit Freundschaft fängt es an«. Es überträgt diesen aus Amerika stammenden Ansatz in deutsche Verhältnisse und in ganz praktische Lern- und Arbeitsschritte. Für mindestens 44 Treffen werden jeweils Vorbereitung, Ablauf, Materialien, Fragen und Gebetsanliegen beschrieben. Dadurch sollen Hauskreis-Mitglieder zugerüstet werden, Kontakte zu Außenstehenden aufzubauen und sie zu Gästeabenden einzuladen, in denen über Glaubensfragen gesprochen wird. Das Buch ist aus der Erfahrung in evangelischen Kirchengemeinden heraus geschrieben.

Ergänzung: Bücher in englischer Sprache

Beim Studium der englischsprachigen Literatur über Hauskreise fällt (wie schon bei der vorstehend besprochenen Übersetzung) auf, daß Hauskreisen ein höherer Stellenwert eingeräumt wird als bei uns. Das hängt mit der anderen Gemeindesituation zusammen, die eine stärkere Verbindlichkeit ermöglicht. Die Hauskreise arbeiten mit der klaren Zielsetzung, ihre Mitglieder zu geistlich mündigen Christen heranzubilden und sie zu befähigen, ihre Nachbarn und Freunde für Christus zu gewinnen. Hinter dieser Arbeit steht ein klares Gemeindeaufbaukonzept, das sicherstellt, daß neue Christen zugerüstet werden und in neuen Hauskreisen Heimat finden. Dies ist nicht nur Theorie, sondern wird im Alltag erfahren. Das gibt der ganzen Arbeit Dynamik und Frische, die auch in den Büchern zum Ausdruck kommt.

Um nur einige Titel anzuführen:

Grigor, Jean C.: *Grow to love.* A resource Book for Groups. Edinburgh: The Saint Andrew Press 1980. TB, 226 S.

Prior, David: *Sharing pastoral Care in the Parish.* Bramcotte, Notts.: Grove Books 1980, 24 S.

Prior, David: *The Church in the Home.* Basingstoke, G.B.: Marshall, Morgan & Scott 1983. 192 S.

Haydon-Knowell, Richard: *How to lead a House Group.* A Training Manual on House Groups and House Group Leadership. Coastlands 21-23 Clarendon Villas, Hove, East Sussex BN3 3RE. 1984, 62 S.

Hadaway, C. Kirk, DuBose, Francis M., Wright, Stuart A.: *Home Cell Groups and House Churches.* Nashville, Tennessee 1987. 264 S.

Coleman, Lyman: *Training Manual for Small Group Leaders.* Littleton, Colorado: Serendipty House 1987. 63 S.

Neighbour, Ralph W.: *Where do we go from here?.* A Guidebook for the CELL GROUP CHURCH. Houston, TX: TOUCH Publications 1990, 463 Seiten, zahlreiche Grafiken im Text.

Nach Redaktionsschluß erhielten wir noch ein wichtiges Buch von Dr. Paul Toaspern, einem unserer Mitautoren:

In der Schule des Heiligen Geistes. Biblische Aussagen und heutige Erfahrungen. Berlin 1994, 160 Seiten,

in dem er vor allem auf den Seiten 133 bis 143 auf die Hauskreisarbeit eingeht. Ein hilfreiches Buch, das den Blick für die biblischen Grundlagen neu öffnet.

Teil III

Gruppen, Werke und Initiativen

ADORAMUS-Gemeinschaft
Akademikerarbeit (AKA) der SMD
Arbeitsgemeinschaft Missionarischer Dienste
Christliches Männertraining
CVJM
Diakonische Hausgemeinschaften
Evangelische Akademikerschaft (ea)
Frühstückstreffen für Frauen
»Gang nach Emmaus«
Gebetsbewegungen in Deutschland
Geistliche Gemeinde-Erneuerung
Grundkurs des Glaubens
Internationale Studentenarbeit der SMD
Kinder-Evangelisationsbewegung
Marburger Kreis
Missionarische Familienarbeit
»Mut zur Gemeinde«
»Neue Schritte«
Projekt: »neu anfangen«
»Religionsunterricht für Erwachsene«
Sportler-Hauskreis
Studenten-Hausbibelkreis
Zellgruppen
2x2-Kurs

Guten Tag, Frau Schweiker. Sie sind stellvertretende Vorsitzende der »ADORAMUS-Gemeinschaft e. V.«. Was bedeutet dieses fremde Wort und warum haben Sie als Gemeinschaft diesen Namen gewählt?

»ADORAMUS« kommt aus dem Lateinischen und heißt: »Wir beten an.« Dieses Wort drückt in kürzester Form das aus, was wir nicht nur als innerstes Anliegen auf dem Herzen tragen, nämlich Gott anzubeten und ihm die Ehre zu geben, sondern was wir auch praktizieren, was für uns persönlich und in unserer Gemeinschaft zum Lebensstil wurde.

Was hat die ADORAMUS-Gemeinschaft mit der Hauskreisarbeit zu tun?

Der größte Teil der Gründungsmitglieder war, und einige sind es noch immer, Mitarbeiter bei Seminaren der Hauskreisarbeit und Mitglieder in Hauskreisen am Ort. Sie hatten sich im Sommer 1987 zu einem Gebetswochenende getroffen. Dabei legte ihnen Gott aufs Herz, für ihre evangelische Kirche, für ihr Land und seine Politik, aber auch für die Einheit der weltweiten Christenheit zu beten. So entstand ein Gebetskreis, zu dem sich bald auch Beter aus der Geistlichen Gemeinde-Erneuerung und Jugendarbeit einfanden.

Aus diesem Kreis und einem Parallelkreis mit drei Ehepaaren erwuchs die ADORAMUS-Gemeinschaft als verbindlichere Gemeinschaft unter der Leitung von Ortwin Schweitzer, dem Hauptamtlichen der württembergischen Hauskreisarbeit.

Dann ist die ADORAMUS-Gemeinschaft also ein »Kind« der württembergischen Hauskreisarbeit. – Worin drückt sich nun die verbindlichere Gemeinschaft aus, die über das hinausgeht, was Sie als Hauskreis-Mitarbeiter ohnehin schon gelebt haben?

Jeder, der in die ADORAMUS-Gemeinschaft aufgenommen wird als Freund oder Mitglied, übernimmt Mitverantwortung für die »Geschwister« wie in einer Familie, d.h. er sucht den Kontakt, denkt, betet und arbeitet nach seinen Möglichkeiten mit. Auch finanziell unterstützt er die Arbeit der Gemeinschaft und ihrer hauptamtlichen Mitarbeiter. Verbindlich sind gemeinsame und regionale Treffen der Gemeinschaft, die jeweils monatlich stattfinden, sowie ein Gebetswochenende, eine mehrtägige Klausur, das Jahresfest und zwei Familientage pro Jahr, die für geistliche Impulse, Rückhalt und Gebetshilfe der einzelnen wichtig sind. Eine Gebetskette ermöglicht in kürzester Zeit den Gebetseinsatz der Gemeinschaft bei aktuellen internen und externen Anlässen. Natürlich sind auch private Initiativen zur Förderung der Gemeinschaft neben den in unserer Lebensordnung festgehaltenen Verbindlichkeiten der Gemeinschaft erwünscht.

Sie sind aber keine evangelische Bruderschaft, oder?

Nein. Wir nennen uns »bruderschaftliche Gemeinschaft«. Unsere »Geschwister« leben nach wie vor, im Gegensatz zu einer Bruderschaft mit gemeinsamem Leben, an ihren Orten und ohne Gütergemeinschaft. Sie engagieren sich in ihren örtlichen Gemeinden als Mitarbieter, wofür sie durch den Rückhalt in der ADORAMUS-Gemeinschaft immer wieder gestärkt werden.

Wir haben keine festen Gebetszeiten, aber ein gemeinsames Gebet aus der frühen Kirche, das uns im täglichen Lobpreis verbindet und ein Fürbittegebet für Israel.

Was will die ADORAMUS-Gemeinschaft, was sind ihre Ziele?

Wir wollen selber um Erweckung und Erneuerung in unseren Gemeinden, unserer Kirche und unserem Land beten, uns dafür engagieren und auch unsere Mitchristen dazu ermutigen und Hilfestellung dazu geben.

Weil Erweckung die Einheit aller, die Jesus lieben, voraussetzt, fördern wir die Einheit im Leib Christi, wo wir können.

Diese Ziele gehen wir durch intensive Gebetsarbeit mit Angeboten von offenen Gebetsabenden, Studientagen, Seminaren und Gebetsschulungen an; durch Gemeindeabende zu Lebensthemen und Themen der Erneuerung; durch Freizeiten mit Verkündigung und der Möglichkeit zur Seelsorge; durch Seelsorge-Seminare, wo auch ganz praktisch um Heilung an Leib, Seele und Geist gebetet wird; durch Schulung von Seelsorgern für den Dienst in ihren Gemeinden und indem wir Kontakte suchen und pflegen über die evangelische Kirche hinaus zu anderen christlichen Kirchen und Gemeinschaften.

Am bekanntesten wurde die ADORAMUS-Gemeinschaft, auch über Württemberg hinaus, durch ihr Büchlein »Macht Bahn!«. Es wurde weithin als direkter Angriff auf die evangelische Kirche verstanden. Ist das richtig?

»Macht Bahn!« greift nicht die evangelische Kirche als solche an, sondern benennt zugespitzt in Thesenform Defizite in zehn konkreten Bezügen. Obwohl Adressat des Büchleins die evangelische Kirche ist, haben es inzwischen auch Katholiken und Freikirchler angefordert, weil sie erkennen, daß Erweckung und Erneuerung in der Kraft des Heiligen Geistes nicht nur ein Thema der evangelischen Kirche ist.

Hat das Buch denn etwas in der Kirche verändert?

Ja, es hat zum einen viele Christen wach gemacht und in die Buße über ihr eigenes Glaubensleben geführt. Zum anderen hat es bis zu diesem Tag Menschen, die in ihrem Hunger und großer Unzufriedenheit über die Mängel unserer Kirche und ihrer Gemeinden auf der Suche nach lebendigeren Gemeinden waren, ermutigt, die Hoffnung für ihre Kirche nicht aufzugeben und sich darin für die Erneuerung zu engagieren. Und nicht zuletzt sah sich die Kirchenleitung durch diesen Anstoß zu einer Definition über die Stellung des Heiligen Geistes und über den Platz der sog. »Charismatiker« in der Evangelischen Kirche in Württemberg veranlaßt.

Sie sprechen immer wieder davon, daß Ihr Auftrag als ADORAMUS-Gemeinschaft in der evangelischen Kirche sei. Manche Analytiker der Situation sagen, die Kirche sei ein sinkendes Schiff. Wollen Sie mit untergehen?

Wir wollen weder für unsere Kirche noch für uns selber den Untergang oder Tod, sondern neues Leben im Heiligen Geist. Dafür beten, arbeiten und hoffen wir. Wir fühlen uns zum Dienst in und an der evangelischen Kirche gerufen, so bleiben wir, weil es einfach unser Platz ist.

Ist Gottes Reich nicht größer als die evangelische Kirche? Warum legen Sie sich so fest?

Oh ja, Gottes Reich umfaßt alle Kirchen und Gemeinden, in denen Gott als der Schöpfer und Vater, Jesus Christus als der gekreuzigte und auferstandene Herr und der Heilige Geist als der göttliche Begleiter geehrt und geliebt werden und die auch miteinander als Glieder eines Leibes in Liebe verbunden sind, füreinander einstehen und einander achten.

Nicht wir legen uns fest, sondern Jesus hat uns, wenn Sie so wollen, auf die Kirche festgelegt durch seinen Auftrag. Wir haben aber sehr wohl dabei auch die Einheit des ganzen und weltweiten Leibes Christi im Blick und auf dem Herzen.

Frau Schweiker, wir danken Ihnen für das Gespräch.

Guten Tag, Herr Schlüter. Sie sind der hauptamtliche Sekretär der Akademikerarbeit, einem Arbeitszweig der »Studentenmission in Deutschland« (SMD). Wieviele AKA-ler bzw. AKA-Gruppen gibt es denn zur Zeit in Deutschland?

Die Akademikerarbeit geschieht in Regionaltagungen, Fachtagungen, Freizeiten, einigen wenigen Hauskreisen und einigen speziellen Gruppen wie z. B. der Doktoranden-arbeit und der Jungakademikerarbeit. Es gibt pro Jahr ca. zwanzig Regionaltagungen, vierzehn Fachtagungen, zwölf Freizeiten und diverse Aktivitäten in den übrigen Bereichen. An Hauskreisen gibt es derzeit in der Akademikerarbeit nur eine geringe Anzahl.

Die von Ihnen betreuten Akademiker leben doch zumeist als Mitglieder in örtlichen Gemeinden und arbeiten dort mit. Warum gehen Sie dann nicht in die »normalen« Hauskreise? Was wollen bzw. bieten die AKA-Hauskreise mehr?

Es wird (soll!) in der Tat der »Normalfall« eines SMD-Mitarbeiters sein, sich nach dem Studium einer Gemeinde anzuschließen und dort u. a. auch in Hauskreisen mitzuarbeiten. Das ist bei der überwiegenden Zahl der ehemaligen SMDler auch der Fall. Dort, wo es Hauskreise der Akademikerarbeit gibt, handelt es sich zum größten Teil um Kreise, die sich nur in größeren Abständen treffen (monatlich, vierteljährlich).

Was wollen bzw. was bieten die AKA-Hauskreise mehr?

Sie sind oft Kreise von solchen, die sich durch das Studium und die Mitarbeit in der SMD kennen. Von daher ergibt sich eine vorgeprägte und in Stil und Inhalt sich verstehende Gemeinschaft. Ferner werden durchaus häufiger wissenschaftliche Themen, die für den Glauben oder das Leben von Christen relevant sind, bearbeitet.

Und als letztes ergibt sich der Aspekt, Kollegen aus dem Studium bzw. Beruf anzusprechen und zu einem Gespräch über den Glauben an Jesus Christus einzuladen.

Vielen Dank! Das sind die Vorteile eines reinen Akademikerkreises. Gibt es aber auch erkennbare Gefahren?

Sicherlich! Ein solcher Kreis steht in der Gefahr, sich abzuschotten, wie übrigens wohl alle Hauskreise. Er kann die Tendenz eines elitären Zirkels entwickeln. Er kann überhaupt ein elitäres Bewußtsein fördern. Schwierig wird es, wenn sich Akademiker als die »Besseren« in der Mitarbeit in einer Gemeinde fühlen und aufführen. Allerdings halte ich es für gerechtfertigt, daß sie auf sachlich hohem Niveau ihre Themen, Referenten und Antworten suchen.

Das zu den örtlichen Gruppen. Was bietet nun die Zentralstelle der Akademikerarbeit ihren Mitgliedern?

Die Zentralstelle kann nur begleitende Aufgaben wahrnehmen: Hilfe bei der Vorbereitung, Organisation und Verwaltung, Hilfe bei der Suche von Themen und Referenten, Unterstützung bei den Bibelarbeiten und Gottesdiensten. Alle anderen Aufgaben werden von Ehrenamtlichen wahrgenommen:

a) Die Durchführung von Regionaltagungen zu geistlich wichtigen Themen, z. B. Seelsorge, die politische Verantwortung des Christen, sprachfähig werden für den Glauben.
b) Die Durchführung von Fachtagungen, auf denen sich Christen mit wichtigen Themen ihrer Fachgebiete befassen: Medizin, Jura, Wirtschaft , Pädagogik …
c) Die Durchführung von Freizeiten, auf denen täglich Bibelarbeiten und Referate angeboten werden.

Was, würden Sie sagen, ist die Einstellung Ihrer Mitglieder zur evangelischen Landeskirche?

Die SMD selbst ist ein überkonfessionelles Werk. Lassen Sie mich aber persönlich antworten: Ich freue mich über alle Gemeinden und Aktivitäten, die geistliches Leben atmen und so unseren Mitgliedern die Möglichkeit bieten, nach einer oft wechselvollen Lebensphase ein geistliches Zuhause zu finden.

Wir danken Ihnen für dieses Gespräch.

Guten Tag, Herr Riewe! Sie sind Pfarrer der westfälischen Landeskirche und seit fünf Jahren bei der »AMD« tätig. Was verbirgt sich hinter dieser Abkürzung?

Die »Arbeitsgemeinschaft Missionarischer Dienste« in der EKD ist auf Bundesebene der Dachverband der landeskirchlichen missionarischen Dienste/Gemeindedienste, dem sich auch die methodistische Kirche angeschlossen hat. Etwa 70 freie Werke und Verbände wie der Gnadauer Verband, der CVJM, der Bibellesebund u. a. sind ebenfalls Mitglieder. Sie alle schließt das gemeinsame Anliegen zusammen, unsere Gesellschaft auf verschiedenen Ebenen missionarisch zu durchdringen.

Strukturell sind wir als Fachverband in die Theologische Abteilung des Diakonischen Werks der EKD eingebunden. Ich selbst leite die Studienabteilung, verantworte die Zeitschrift »Brennpunkt Gemeinde« und die »Studienbriefe« und bin zuständig für die Bereiche Gemeindeaufbau, Hauskreis- und Besuchsdienstarbeit, Kirchengemeinderatsarbeit, Lektorendienst und für die Grundkurse des Glaubens. Hier arbeite ich aber mit den Referenten der einzelnen missionarischen Ämter und Dienste zusammen.

Sie sagen, daß es in jeder Landeskirche ein solches »Amt für Missionarische Dienste« gibt. Gestalten die Referenten dieser Ämter auch Vorträge, Seminare oder Evangelisationen in Gemeinden? Können Gemeinden und Gruppen diese Mitarbeiter zu speziellen Diensten einladen?

In den neuen Bundesländern und in den kleineren westlichen Landeskirchen ist bisher meist nur ein Hauptamtlicher für die missionarischen Dienste tätig, in den größeren Landeskirchen gibt es meist für jedes Fachgebiet einen oder mehrere »Spezialisten«. Wir haben Mitarbeiter in den Ämtern, die die besondere Gabe der Evangelisation haben und Gemeinden für Großveranstaltungen, Gottesdienste und Seminare zur Verfügung stehen. Dabei hat sich in den letzten Jahren aber eine Erfahrung klar gezeigt: Große Evangelisationen mit bekannten Predigern und auch Zeltevangelisationen erreichen in der Regel kaum mehr die Zeitgenossen, die für den Glauben an Jesus Christus neu oder wieder neu gewonnen werden müssen, sondern eher »Insider«. Daher haben wir mit dem Glaubenskurs »Christ werden – Christ bleiben« eine Evangelisation in Seminarform entwickelt, die als regelmäßig eingesetzter Impuls mit der Zeit auch die vielen »wohlwollend kritisch-distanzierten« Kirchenmitglieder erreicht.

In über achtzig Gemeinden Deutschlands werden diese Evangelisationen in Seminarform inzwischen angeboten. Ich bin glücklich, daß wir als AMD diese Form von Gemeindeseminaren gefördert haben, weil sie – trotz vieler Widerstände – im ganzen gesehen doch eine sehr starke Aufnahme gefunden haben. Wichtig ist nur von Anfang an, daß Kirchengemeinderat, Gemeindediakone und Pfarrer eine solche Form der Glaubensvermittlung auch wollen und als Baustein im Gemeindeaufbau gezielt einsetzen.

Liegt hier nicht aber oft genau das Problem: Es gibt Ehrenamtliche in der Gemeinde, die wünschen sich eine Evangelisation oder einen Grundkurs. Und dann kann es trotzdem sein, daß sich der Pfarrer/die Pfarrerin, andere Hauptamtliche oder Mitglieder des Kirchengemeinderats querlegen. Geben die Ämter in solchen Konflikten Hilfestellung?

Es ist in der Tat so, daß Kirchengemeinderat und Pfarrer gewissermaßen das »Nadelöhr« der Gemeinde sind. Ich halte das auch im wesentlichen für richtig, daß die gewählte Gemeindeleitung die Konzeption des Gemeindeaufbaus festlegt und verantwortet, wenn dies nicht in der Weise mißbraucht wird, daß andere theologische Richtungen keinen Platz mehr haben. Bei solchen Konflikten bemühen sich die Mitarbeiter aus den Ämtern daher, sich mit den Kirchengemeinderäten, Pfarrern und den anderen haupt- und ehrenamtlichen Mitarbeitern zusammenzusetzen, um gemeinsam die Elemente zu entdecken, die »dem Aufbau der Gemeinde« dienen.

Ich habe z. B. schon oft in ganz konfliktträchtigen Situationen Gemeinden helfen können, anhand von Texten wie 1 Kor 12 oder Röm 12, die missionarische Kraft der »begabten Gemeinde« zu entdecken. Pfarrer, die zuerst skeptisch waren, ob es richtig ist, Menschen so direkt auf ihren Glauben anzusprechen, halten inzwischen schon den vierten oder fünften Grundkurs und sind froh, daß diese Auseinandersetzung sie dazu geführt hat, noch einmal den »roten« Faden theologischer Grundaussagen für sich gefunden zu haben. Ich plädiere also sehr stark dafür, zu versuchen, Pfarrer und Kirchengemeinderäte für neue Formen missionarischer Verkündigung zu gewinnen und miteinander die Zielrichtung der Gemeindearbeit insgesamt zu verabreden. Zumindest sollten alle Gruppen versuchen, missionarische Aktivitäten mit der

Gemeindeleitung abzustimmen. Die Mitarbeiter der Ämter für misionarische Dienste helfen zur Entscheidungsfindung, haben aber nicht die Möglichkeit, einer Gemeindeleitung »von oben« etwas aufzudrücken, was nicht gewollt ist.

Sie sagten vorhin, daß die Ämter auch die Hauskreisarbeit fördern. Wie geschieht das konkret?

In mehreren landeskirchlichen Gemeindediensten gibt es hauptamtliche Referenten für Hauskreisarbeit, deren Aufgabe es ist, den Bibel- und Gesprächskreisen, die sich in Wohnzimmern treffen, Anregungen und Impulse für ihre Arbeit zu geben. Dies geschieht zum einen in schriftlicher Form wie etwa durch Hauskreisrundbriefe und Zeitschriften. In besonderer Weise sind hier die Arbeitshilfen »Bibel aktuell« (Württemberg) und »Zum Gespräch« (Hannover/Braunschweig/Rheinland) zu nennen, aber auch hilfreiche Buchveröffentlichungen. Bei Seminaren und Wochenendtagungen werden von den Referenten der Ämter geistliche Anstöße weitergegeben, aber auch das Gespräch der Gruppen untereinander gefördert.

Oft leidet die Hauskreisarbeit an einer Frömmigkeit ohne Gemeindebezug, an einer Verinnerlichung des Glaubens ohne Weltbezug, an der Einübung eines Christseins ohne missionarische Lebensgestaltung. Innerhalb der AMD möchten wir daher in Zukunft noch viel stärker Hauskreise als »Nachfolge-Gruppen« anregen, um die Einübung in ein ganzheitliches Christsein zu gewährleisten. Jedes Treffen der Nachfolge-Gruppen soll aus vier Elementen bestehen:

- *Begegnen* (Teilen der Lebens- und Glaubensgeschichte – miteinander vertraut werden)
- *Betrachten* (der biblische oder thematische Impuls)
- *Bewegen* (den Handlungsbezug des Textes reflektieren, die Folgerungen für ein missionarisches Leben bedenken, Anleitung zu praktischer Umsetzung im Alltag vermitteln)
- *Beten* (gemeinsame Spiritualtität einüben, auf das miteinander Gehörte und Bedachte in der Hinwendung zu Gott antworten).

Solche Anregungen zu geben und immer wieder Ideen aufzunehmen und weiterzugeben für die biblische, thematische und methodische Arbeit der Hauskreise, ist die Aufgabe der theologischen Referenten in den Ämtern. Geschieht dies nicht oder nur unzureichend, schmoren viele kleine Gruppen auf die Dauer »im eigenen Saft« und bekommen keine neuen Anstöße.

Kann man also einfach an »sein« Amt schreiben und darum bitten, daß einmal der/die Hauskreisreferent/in kommt und einen Kreis besucht?

Grundsätzlich ist es für jeden Hauskreis möglich, sich mit den Hauskreisbeauftragten in Verbindung zu setzen, sie einzuladen oder an den Wochenendseminaren der Hauskreisarbeit teilzunehmen. Angesichts der erfreulich hohen Zahl dieser Wohnzimmergruppen sollte man aber daran denken, daß ein Hauptamtlicher in einer großen Landeskirche nicht alle Kreise besuchen kann. Deswegen sind Verabredungen mehrerer Gruppen einer Region nützlich bei langfristiger Terminabsprache.

Gibt es eine kirchliche Statistik über die Zahl der Hauskreise in der evangelischen Kirche in Deutschland?

Ich muß zugeben, daß ich mich nicht so sehr für Statistiken interessiere. Aus meinen Erfahrungen aber, die ich bei Reisen in West- und Ostdeutschland mache, kann ich jedoch sagen, daß die Hauskreisarbeit in den vergangenen Jahren ein enormes Wachstum erfahren hat.

Wer wäre auf katholischer Seite das Gegenüber zu Ihrer Stelle? An wen können sich katholische Kreise wenden?

So weit ich weiß, ist auf katholischer Seite die Hauskreisarbeit nicht in gleicher Weise strukturiert. Zuständig sind aber die bischöflichen Seelsorgeämter. Hervorragende Anregungen gibt katholischen Hausbibelkreisen das Katholische Bibelwerk in Stuttgart, Silberburgstr. 121. Den neuen »Schnupperkurs Bibel« von Anneliese Hecht, den man dort anfordern kann, möchte ich besonders empfehlen. Daneben gibt es dort die Reihe »Bibelarbeit in der Gemeinde« und »Bibelauslegung für die Praxis«, den »Grundkurs Bibel« und methodische Hilfen für die Bibelarbeit mit dem Titel »Zugänge zur Bibel in Gruppen«. Die Referenten dort kommen auch zu Kursen für praktische Bibelarbeit in die Diözesen.

Wie steht es mit der Hauskreisarbeit in den östlichen Bundesländern?

Auch hier hat es schon zu DDR-Zeiten viele kleine Zellen gegeben, die sich um die Bibel sammelten und meist den Kern der Kirchengemeinden bildeten. Ich weiß von Hauskreisen, die z. B. in Hochhausblocks in Leipzig zusammenkamen. Sie wußten genau, daß der »Blockwart« darüber Bericht erstattete, wer an solchen Treffen teilnahm. In diesen Gruppen hat es sehr viel Treue im Kleinen gegeben – die Bibelkreise in der früheren DDR haben durch ihr Gebet viele Nöte getragen und damit, so meine ich, auch zur Wende beigetragen. Dr.Dr. Paul Toaspern, der frühere Leiter der AMD Ost, hat diesen Gruppen viele gute, geistliche Impulse gegeben. Diese Bibelkreise haben übrigens oft auch die eindrucksvollen »Friedensgebete« mit initiiert. Wenn manche bei uns spöttisch fragen, was Gebete bewirken, finden sie hier die Antwort: Gebete können bewirken, daß Mauern zusammenfallen, »Mächtige vom Thron stürzen« (Lk 1,52).

Nach der Wende waren viele Gemeindeglieder stark mit der Neuorganisation ihres Lebens beschäftigt. Nur langsam pendelt sich das Gemeindeleben wieder ein. Zu einem großen missionarischen »Durchbruch« ist es bisher nicht gekommen. Wohl aber wachsen kleine hoffnungsvolle »Pflänzchen«. Dazu gehören z. B. Bibelkreise, die nach einem Grundkurs des Glaubens entstehen. Den Mitarbeitern empfehle ich, kleine geistliche Zellen in der Gemeinde zu bilden, sich in einer Wohnung oder in einem angemieteten Laden zu treffen, also dorthin zu gehen, wo in den großen Satellitenstädten die Menschen wohnen. Sie kommen nicht von selbst in die Kirchen. Die kleine Gruppe, welche die Bibel und das Leben miteinander teilt und die Beteiligung des einzelnen ermöglicht, ist auch in den neuen Bundesländern die Gestalt der Kirche, die Zukunft hat.

Herr Pfarrer Riewe, vielen Dank für diesen Überblick.

Guten Tag, Herr Bäurle! Sie arbeiten mit in einem Team vom »Christlichen Männertraining«. Können Sie uns erklären, was das CMT will?

Unser Leben heute wird in starkem Maße von Ansprüchen und Maßstäben einer Gesellschaft geprägt, die weit von dem entfernt sind, was die Bibel uns als Bestimmung des Menschen lehrt. Eine solche Fehlorientierung führt zu Nöten und Versagen in verschiedenen Lebensbereichen, bspw. in Ehe, Familie, Beruf ... Erfahrungsgemäß haben Männer mehr Schwierigkeiten mit der Bewältigung von Krisensituationen im Leben als Frauen, d. h. es fällt ihnen in der Regel nicht leicht, sich zu öffnen, Schwächen einzugestehen und Hilfe in Anspruch zu nehmen. Verdrängung, Kompensation durch Leistung und Rückzug ins »Schneckenhaus« sind häufig Lösungsversuche, die natürlich in einer Sackgasse enden.

Das CMT möchte Männern einen geschützten Raum bieten, in dem sie ihre Berufung zum Mannsein von Gott her verstehen lernen, wo sie wagen, Mißstände und Defizite in ihrem Leben wahrzunehmen und lernen, in guter Weise damit umzugehen. Der so beginnende Heilungsprozeß soll Männer ermutigen, »Männer nach dem Herzen Gottes« zu werden und sie so – im Sinne der Bibel – für ihre Leitungsaufgaben in Familie, Beruf und Gemeinde auszurüsten.

Und wie wird diese Absicht konkret umgesetzt?

Eine Gruppe von 20-40 Männern im Alter zwischen 17 und 80 Jahren, aus verschiedenen Konfessionen und sozialen Schichten, kommt ein Jahr lang monatlich einmal an einem Samstag für ca. vier Stunden zusammen. Das Treffen findet in einem Raum mit ansprechender Atmosphäre statt; nach Möglichkeit gibt es ein kleines Frühstück zum »Warmwerden«. Nach der Begrüßung beginnt der Vormittag mit Lobpreis- und Anbetungsliedern, die in die Gegenwart Gottes führen. Darauf folgt die sog. »Austauschphase«, deren Ziel es ist, daß Männer lernen, den Mut zu haben, aufzustehen und der ganzen Gruppe mitzuteilen, was sie im Augenblick bewegt. Oft sind dies Erfahrungen, die sich aus Impulsen des Referats vom letzten Treffen ergeben haben und die in einem Zeugnis von Gottes wunderbarem Wirken Ausdruck finden, oder es sind einfach notvolle Situationen der einzelnen. Diese werden dann im Gebet gemeinsam vor Gott gebracht.

Nach einer ca. fünfzehnminütigen Pause folgt dann ein Referat mit einem männerspezifischen Thema; »ausgebrannt« – Der passive Mann – Vaterbeziehung – Sexualität des Mannes etc.

Anschließend wird entweder damit begonnen, das jeweilige Thema in einem Handbuch, das jeder Teilnehmer besitzt, zu vertiefen, oder es beginnt ein Austausch in Kleingruppen an den einzelnen Tischen. Auch hier wird, wenn es die Situation ergibt, immer wieder füreinander gebetet. Die Hauptbeschäftigung mit dem CMT-Handbuch ist allerdings für die häusliche Trainingsphase vorgesehen. Da die Teilnehmer jedes Referat auch auf Kassette erhalten, haben vor allem die Ehefrauen, aber auch andere Interessierte Gelegenheit, das Gesagte mitzubekommen. Dies ist noch konkreter möglich bei den besonderen Treffen mit den Ehefrauen, die in der Mitte und am Ende des Jahres eingeplant sind.

Wie wird man zu einem CMT eingeladen bzw. erfährt man davon?

Die Einladung erfolgt durch Plakat- und Handzettelwerbung in christlichen Gemeinden und Buchläden und durch Mundpropaganda. Interessierte Männer können auch zum letzten Treffen eines ablaufenden Jahres eingeladen werden, oder sie bekommen das CMT bei einem Einführungsabend vorgestellt. (Interessanterweise sind es oft die Ehefrauen, welche Hinweise auf ein beginnendes CMT entdecken, den Wert und die Notwendigkeit erkennen und – den Ehemann motivieren.) Wo und wann in Deutschland CMT-Kurse geplant sind bzw. beginnen, kann man erfragen bei:

Manfred Frischke, Christliches Männertraining e. V.
Rosenstr. 34, 74653 Künzelsau, Tel.: 07940-57970

Gibt es eine Verbindung vom CMT zur Hauskreisarbeit?

In der Regel ist es so, daß viele Männer, die am CMT teilnehmen, einem Hauskreis angehören. Wo dies nicht der Fall ist, kann durch das intensive Erleben von Gemeinschaft der Wunsch entstehen, diese Erfahrung weiter zu suchen und zu pflegen, sei es in einer Kleingruppe mit Männern oder in einem Hauskreis. So ist für mich vorstellbar, daß das, was im CMT praktiziert und positiv erlebt wurde, als fruchtbarer Impuls in die Hauskreise einfließen kann.

Herr Beurle, wir danken Ihnen für dieses Gespräch.

Guten Abend, Herr Roth. Sie sind Vorsitzender des CVJM in Heimerdingen bei Stuttgart. Wie groß ist Ihr Ort und der dortige CVJM?

Heimerdingen ist ein Teilort von Ditzingen mit etwa 3 400 Einwohnern, davon sind 1 860 evangelisch. Unser CVJM besteht seit 1895 und hat heute 150 Mitglieder. Wir sind dankbar, daß sich zur Zeit 95 Mitarbeiter/innen aktiv im CVJM, in der Erwachsenenarbeit, im Ort, im Bezirk, in der Jugendarbeit, in Eheseminaren, in der Freizeitarbeit, bei Kinderbetreuung, in der Mission … also in den verschiedensten Bereichen engagieren. Einige von ihnen sind z. Zt. als Mitarbeiter beurlaubt, weil sie durch Studium, Schule oder Zivildienst verhindert sind. Der CVJM führt in insgesamt zwanzig Gruppen und Kreisen für Kinder und Jugendliche sowie in zehn für Erwachsene regelmäßig ca. 350 bis 400 Personen zusammen.

Diese Zahlen lassen ein starkes Wachstum vermuten. Ist das richtig? Wodurch wurde das ausgelöst?

Das stimmt tatsächlich. Seit Anfang der 70er Jahre hat der CVJM eine entscheidende Wendung vollzogen. Sie wurde ausgelöst durch die Frage: Wie können wir unserem Auftrag, junge Menschen zu Jesus zu führen, besser gerecht werden? Damals empfanden wir ein Unbehagen über die geringe Ausstrahlung in der Gemeinde und in die Gruppen hinein; einige Mitarbeiter fühlten sich alleine gelassen. In dieser Situation kamen uns zwei entscheidende Ereignisse zu Hilfe:

- Im Jahre 1971 erlebten wir eine kleine »Erweckung«, als wir mit den Christusträgern in Heimerdingen eine Evangelisation durchführten. Seitdem bestehen Verbindungen zu ihnen durch Familienfreizeiten, Mitarbeitertagungen, weitere Evangelisationen, Arbeitseinsätze auf CT-Baustellen sowie seelsorgerliche Kontakte.
- Durch einen ehemaligen Mitarbeiter, der 1969 aus beruflichen Gründen nach München verzog und beim dortigen CVJM als Mitarbeiter Anschluß fand, kamen wir in Kontakt mit dem CVJM München.

Von beiden Gruppen erhielten wir entscheidende Impulse im Hinblick auf Nachfolge Jesu, auf verbindliche Lebensgemeinschaft sowie auf Verbindlichkeit in unserer Entscheidung für Jesus.

Wir erkannten auch, daß die Organisation unserer Vereinsarbeit neu zu strukturieren war und daß wir als geistliche Zurüstung verbindliche Treffen aller Mitarbeiter brauchten. Diese Veränderungen waren bis zum Ende der 70er Jahre abgeschlossen. Sie fanden in den »Leitlinien für Mitarbeiter« ihren Ausdruck, die wir jährlich anläßlich eines Mitarbeiterfestes neu bestätigen.

Seitdem wir Verbindlichkeit leben, auch in bezug auf die Mitarbeiterzusammenkünfte und auf die Zugehörigkeit zu unserer Gemeinde, sehen wir qualitatives Wachstum. Während wir 1979 erst 35 Mitarbeiter hatten, wuchs ihre Zahl von 50 (1985) auf 95 Mitarbeiter 1993.

Sie haben eben von Ihren Kontakten zu den Christusträgern und zum CVJM München gesprochen. Gab und gibt es noch weitere Kontakte zu anderen Organisationen, die Ihnen Impulse gegeben haben?

Wichtige Personen und Organisationen waren für uns auch das Evangelische Jugendwerk in Württemberg (speziell Fritz Gaiser), das Amt für missionarische Dienste (Wolfgang Schumann), der CVJM Stuttgart (damals Wilhelm Bläsing), der »Wörnersberger Anker« (Günther Schaible) und »Jugend mit einer Mission«, die uns seit 1989 begleiten und von denen wir entscheidende Impulse für unser geistliches Wachstum empfangen haben. Einige Verantwortliche unseres CVJM unterhielten daneben auch Kontakte zur Christusbruderschaft in Selbitz sowie zur Jesusbruderschaft in Gnadenthal.

Meine Frau und ich arbeiten seit Beginn der 80er Jahre in der Hauskreisarbeit des Amtes für missionarische Dienste bei Eheseminaren mit und haben von dort für die Eheseelsorge unter unserer Mitarbeiterschaft wesentliche Hilfen erhalten. Auch gehören wir von Anfang an zu den Gründern und Mitgliedern der ADORAMUS-Gemeinschaft, die besonders in Württemberg für eine Erweckung in unserer Kirche eintritt und betet.

Wie ist das Verhältnis des CVJM zur örtlichen Gemeinde?

Wir verstehen uns als die Gruppe, die im Auftrag der Kirchengemeinde selbständig die Jugendarbeit verantwortet. So können wir auch seit Jahrzehnten ungehindert in Heimerdingen arbeiten. Weder die Pfarrer noch der Kirchengemeinderat haben uns entscheidend behindert oder bevormundet. In den letzten Jahren haben wir allerdings den Kontakt zu unserem Pfarrer intensiviert, indem wir uns regelmäßig austauschen, informieren und besonders im Gebet gegenseitig

Hilfestellung und Rückendeckung geben. Als Kirchengemeinderat informiere ich in diesem Gremium über alle wesentlichen Entscheidungen des CVJM.

Welche Rolle spielen die Hauskreise in Heimerdingen?

Seit Mitte der 70er Jahre sind in Heimerdingen durch Initiative des Pfarrers und unter seiner Anleitung mehrere Haus-, Eltern- und Gesprächskreise entstanden. Diese Kreise haben sich aktiv am Gemeindeleben beteiligt. Zeitweise waren sie die Träger und Organisatoren des »Offenen Abends« in Heimerdingen. Auch bei der Vorbereitung und Durchführung der jährlichen Bibelwochen übernehmen einige noch heute Verantwortung. Aus einer Hauskreisinitiative ist das monatliche Abendgebet für Frieden, Gerechtigkeit und Bewahrung der Schöpfung hervorgegangen.

Augenblicklich sehen wir allerdings die Hauskreissituation bei uns in einer Krise. Einige Kreise haben sich aufgelöst, weil statt eines geistlichen Fortschritts Stillstand oder sogar Rückschritte erkennbar wurden. In anderen Kreisen »schmort man im eigenen Saft«; es wird viel diskutiert, aber wenig Wert auf die persönliche Umsetzung im Alltag gelegt. Dort, wo das Gebet füreinander und im Lobpreis gewagt und geübt wird, die Teilnehmer selber mit ihren Fragen und Befindlichkeiten vorkommen, Gastfreundschaft praktiziert wird, auch gemeinsam gefeiert und Freizeit verbracht wird, da »leben« die Hauskreise. Wir sind deshalb z. Zt. dabei, vom Kirchengemeinderat aus, die Hauskreisarbeit in Heimerdingen neu zu überdenken. Pfarrer und Kirchengemeinderat sind sich darüber im klaren, daß die Hauskreise in unserer Gemeinde stärker in das Leben der Gesamtgemeinde eingebunden und in geistlichem Wachstum gefördert werden müssen.

Betrachten Sie diese Gruppen als Hauskreise des CVJM oder der Kirchengemeinde?

Einige dieser Kreise werden von CVJM-Mitarbeitern geleitet, ohne daß wir sie als Kreise des CVJM führen – das würden einige Teilnehmer auch gar nicht wollen. Andere Kreise sind dadurch entstanden, daß CVJM-Jugendkreise in Hauskreise übergegangen sind. Diese Kreise werden weiterhin von unseren Mitarbeitern geleitet und von uns verantwortet. Allerdings wurden bisher diese eigenen »Hauskreise für junge Erwachsene« nur so lange geführt, bis die Teilnehmer in die verbindliche Mitarbeiterschaft des CVJM eintraten oder ausschieden, weil z. B. das Studium oder der Zivildienst andere Schwerpunkte verlangte.

Sind die Mitglieder der Hauskreise zugleich alle Mitglieder im CVJM?

Von den augenblicklich zehn Haus-, Bibel- und Elternkreisen werden sechs von Mitgliedern oder Mitarbeitern des CVJM geleitet, wobei die meisten Teilnehmer nicht zum CVJM gehören, sondern einige katholisch sind oder auch Kontakt zu Freikirchen haben.

Wenn man unsere sechs CVJM-Mitarbeiterteams, die sich 14tägig bei den Teamleiter-Ehepaaren treffen, auch zu den Hauskreisen zählt, dann muß die Antwort auf die obige Frage natürlich anders beantwortet werden: Hier sind alle 95 Teilnehmer zumindest Mitarbeiter, fast alle aber auch Mitglieder des CVJM.

Was ist Ihre Absicht mit den Hauskreisen: Arbeiten die CVJMler dort mit, um die Gemeinde zu beleben, oder will man über die Hauskreise dem CVJM neue Mitglieder zuführen? Beides ist ja berechtigt.

Den eigentlichen Auftrag für den CVJM sehen wir natürlich in der Hinführung von Kindern und Jugendlichen zum Glauben an Jesus. Das versuchen wir in den insgesamt 20 Gruppen und Kreisen. Darüber hinaus ist es uns wichtig – und dazu hat uns die große Mitarbeiterschaft geholfen –, auch mitzuhelfen, daß Erwachsene von der erneuernden Botschaft Jesu erreicht und ergriffen werden. Einzelne Mitarbeiter arbeiten daher auch im Erwachsenenbereich mit. So leiten Mitarbeiterinnen von uns zwei Hausfrauenkreise und einen Frauen-Workshop, der seine Bastelerzeugnisse zugunsten der Lepra-Arbeit der Christusträger-Schwestern verkauft.

Die Gewinnung von neuen Mitgliedern ist uns an dieser Stelle nicht wichtig. In enger Gemeinschaft und Zusammenarbeit mit unserem Pfarrer möchten wir helfen, daß die Gemeinde Jesu in Heimerdingen wächst und viel Frucht bringt – zur Ehre Gottes und nicht des CVJM. Allerdings bieten wir unter gewissen Voraussetzungen denen, die von unserer Mitarbeiterschulung und -begleitung profitieren wollen, an, bei unseren gemeinsamen Treffen im Plenum oder in den Teams als Gäste für eine gewisse Zeit teilzunehmen, auch wenn sie (noch) nicht im CVJM mitarbeiten wollen.

Ich bin dankbar, in dieser Gemeinde und in diesem CVJM mitarbeiten zu dürfen. Ich habe hier Jesus kennengelernt und bin hier im Glauben gewachsen. Und nun erlebe ich hier als Leiter Gottes Kraft und seine spürbare Gegenwart. Ich bin Gott sehr dankbar!

Herr Roth, wir danken Ihnen für dieses Gespräch.

Guten Tag, Herr Franz. Sie sind Sonderpädagoge und haben auch einige Semester Theologie studiert. Sie haben dem Schuldienst den Rücken gekehrt, da Sie für sich den Auftrag gesehen haben, Ihre Kraft für modellhafte diakonische Dienste einzusetzen. Sie haben den Verein »Diakonische Hausgemeinschaften« gegründet. Wie ist es dazu gekommen und was ist der Zweck des Vereins?

In der sehr umfassenden Betreuung eines tumorkranken Freundes habe ich selbst wesentliche Glaubenserfahrungen gemacht. Ich habe erlebt, wie Bibelworte sogar noch im tiefen Koma offensichtlich als Evangelium verstanden worden sind. Dafür sensibilisiert, habe ich dann während vieler Monate eine Patientin seelsorgerlich betreut, die im apallischen Syndrom, also ohne jegliche Großhirnfunktion, von den Ärzten als völlig hoffnungsloser Pflegefall abgeschoben worden war. Durch die traurige Vorgeschichte gab es Anlaß genug, mit ganzer Kraft die Lebens- und Liebeszusagen aus Gottes Wort gegen eine unheilvolle Krankheits- und Lebenssituation zu proklamieren, auch wenn der Neurologe meine regelmäßigen Besuche für unsinnig hielt. Nach fünf Monaten fing die Patientin -allen Prognosen zum Trotz – plötzlich wieder an zu sprechen. Doch – wie für eine große Zahl von Patienten mit schweren Gehirnschädigungen – gab es keinen Platz in einer Reha-Klinik für sie. So kam ich dazu, die schwerstpflegebedürftige Patientin bei mir aufzunehmen.

Das wirklich ganzheitliche Reha-Projekt hatte große Anziehungskraft für freiwillige Helfer, die selbst in einer Krise steckten. Es kam spontan zu einer »diakonischen Hausgemeinschaft«, geprägt von seelsorgerlicher Tiefe und missionarischer Ausstrahlung. Das Wort aus Jesaja 58 wurde für uns lebendig: »… den Bedrängten nimm ins Haus, so wird deine eigene Heilung schnell voranschreiten …, die Gegenwart Gottes wird bei dir sichtbar und wenn du ihn anrufst, wird er sagen: siehe, hier bin ich.«

Heute ist aus dem kleinen Anfang eine Art große Familie geworden, in der die unterschiedlichsten Personen endlich eine Heimat und Lebensorientierung finden können. In der Nachbarschaft zu einem Gemeinschaftshaus (großer Gemeinschaftsraum, Wohnung des Leiter-Ehepaares) leben Behinderte, Gäste in Lebenskrisen, Praktikanten, Studenten, Berufstätige in verschiedenen angemieteten Häusern und Wohnungen. Wir sind befreundet mit verschiedenen Kirchengemeinden in Freiburg, denn die meisten der 12-14 Mitbewohner halten sich zu irgendeiner Gemeinde, auch wenn wir selbst schon so etwas wie eine kleine Hausgemeinde sind. Wir sind gut integriert in das nachbarschaftliche Umfeld, wo unsere Praktikantinnen zuweilen auch mobile und soziale Hilfsdienste leisten.

Was tun Ihre Helferinnen da anderes als die Arbeitskräfte der kirchlichen Sozialstation, die doch auch die Kranken in einer Kirchengemeinde versorgt?

Wir haben sicher nicht die qualifizierteren Leute und wir sind keine Konkurrenz – im Gegenteil: Wir arbeiten unmittelbar mit der Sozialstation oder mit dem Mobilen Sozialen Hilfsdienst des Diakonischen Werkes zusammen. Dort wird z. B. die ganze Verwaltung für uns abgewickelt. Aber für uns ist der Auftrag nicht erfüllt, wenn der Verband gewechselt oder der Einkauf erledigt ist. Diakonischer Dienst und das Leben in der Gemeinde gehören für uns untrennbar zusammen. Da denken wir nicht nur an die offensichtlich Hilfsbedürftigen.

Wir setzen uns auch dafür ein, die Praktikantinnen persönlich so zu begleiten, daß sie nicht nur in den praktischen Tätigkeiten weiterkommen, sondern durch diese Mithilfe an der diakonischen Gemeindearbeit auch persönlich reifen und wesentliche Erfahrungen im Glauben machen. Dabei ergeben sich durch die Gemeinschaft mit Notleidenden in unseren Häusern oder außerhalb besondere Chancen: »Immer wieder«, sagen sie, »wollten wir gerne davonlaufen und können es doch nicht!« Wenn wir nicht nur isolierte Hilfeleistung gewähren und uns dabei als starke Helfer fühlen, sondern von der Not Mitbetroffene werden, erleben wir unsere eigenen Grenzen und Schwächen. Die existentiellen Fragen von Tod und Leben kommen vor. Wir bemerken immer wieder, daß dies ausgezeichnete Gelegenheiten sind, Gott gemeinsam zu suchen. Daher finden wir die enge Verbindung von Diakonie, Seelsorge und gottesdienstlicher Verkündigung so wichtig … und wir sprechen von »gemeindenaher Diakonie«. Wenn dagegen aus fachspezifischen Rationalisierungstendenzen die Diakonie und die übrige Gemeindearbeit auseinanderfallen, so bleiben alle Beteiligten mit den wesentlichen Fragen alleine.

Gibt es für Ihr Verständnis von gemeindenaher Diakonie schon hilfreiche Modelle und konkrete Beispiele?

Unser Verein hat ja nun nichts Neues erfunden. Wir sind nur darum bemüht, daß ein Charisma, die Gabe des Helfens und der Barmherzigkeit, die Gott in das Leben der Gemeinde hineingibt (1 Kor 12,28), nicht vor lauter gesellschaftlich und politisch nahegelegter Arbeitsteilung immer mehr in Vergessenheit gerät. Aber da, wo z. B. ein Pfarrer, die Mitarbeiter einer Sozialstation und freiwillige Helfer für jene Menschen beten, mit deren Not sie konfrontiert werden, da kann man tatsächlich von gemeindenaher Diakonie sprechen, ohne daß eigentlich nur ambulante soziale Dienste gemeint sind.

Wo die Erfahrungen aus dem Bereich diakonischer Dienste in die übrigen Lebensbezüge einer Kirchengemeinde – sagen wir z. B. in den Gottesdienst, in die Konfirmandenarbeit oder in Gebetskreise – eingebracht werden und Menschen mit einem besonderen diakonischen Dienst z. B. von Hauskreisen bewußt unterstützt werden, da geschieht wirkliche gemeindenahe Diakonie.

Ein gelungenes Modell aus unserer Vereinsarbeit möchte ich hier kurz schildern: Ein Neurologe, der von unserer Arbeit für Koma-Patienten wußte und der für einen Patienten sonst keine Fördermöglichkeit fand, bat uns um Hilfe. Der Patient war im Kirchenchor einer katholischen Gemeinde sehr aktiv gewesen und so kam es, daß der Pfarrer eine Abendveranstaltung ansetzte, in der ich über häusliche Förderung von Koma-Patienten referieren sollte. Daraus entstand eine dynamische Gemeinde-Initiative, der es nicht an Spendengeldern mangelte. Das wichtigste aber waren zwanzig Freiwillige, Männer und Frauen, die den Patienten im Schichtdienst bei Tag und Nacht ein halbes Jahr lang betreuten. Doch dieser Helferkreis beschränkte sich nicht auf die bloße Pflege. Wir kamen regelmäßig zusammen, um für den Patienten zu beten, um uns über die brennenden Fragen, die im Raum standen, ehrlich auszutauschen, um über Bibeltexte nachzudenken und um fachlich angeleitet zu werden. Eine hervorragende Zusammenarbeit war möglich mit Ärzten, Therapeuten, ambulanten Pflegediensten und den zuständigen Verwaltungsstellen. Ein Großteil des Aufwandes wurde am Ende von öffentlichen Kostenträgern übernommen. Dies war der Prototyp für einen »Diakonischen Hauskreis«.

Während einer anderen, vergleichbaren Initiative haben Menschen ganz bewußt Jesus in ihr Leben aufgenommen, haben Seelsorge wegen ihrer Eheprobleme in Anspruch genommen oder haben entdeckt, wie gut es ist, wenn man an der Grenze seines Lebens beten kann.

Dies sind ja wohl außergewöhnliche gemeindenahe Diakonie-Projekte. Wie kann denn ein ganz gewöhnlicher Hauskreis das Anliegen »gemeindenaher Diakonie« aufgreifen?

Ich denke, daß die unmittelbare Betroffenheit von Hauskreismitgliedern der eigentliche Ausgangspunkt für diakonische Dienste ist. Wenn Menschen, die sich zum Bibelstudium treffen, erschüttert sind von einer Notlage ihres Nächsten und entdecken, daß die Liebe Jesu den Glaubensmut schenkt, in einer schrecklichen Situation im Gebet und im Handeln Verantwortung zu übernehmen, dann entsteht ein »Diakonischer Hauskreis«. Da kann es sein, daß eine Familie in große Not geraten ist, daß ein Artzt seine Hilflosigkeit bei der Suche einer guten Bleibe für einen AIDS-Kranken darlegt, eine Krankenschwester ihre Verzweiflung über das einsame Sterben in unseren Krankenhäusern oder ein Gemeindediakon seine Trauer über die Isolation alter Menschen zum Ausdruck bringt. Wenn der Hauskreis dabei entdeckt, daß Gott das Charisma zu helfen schenkt, dann kann es zu Abenteuern der Liebe Gottes kommen. Wenn verstanden worden ist, daß es beim diakonischen Dienst um mehr geht als um bloße Fürsorgeakte, so wird man im Gebet um Weisheit und um Impulse von Gott bitten. Bei allem konkreten Tun ist dann der Kontakt zum Pfarrer, zu einem seelsorgerlich begabten Menschen, manchmal sogar zu einem Arzt oder psychotherapeutisch qualifizierten Berater wichtig.

Immer wenn es um konkrete Hilfeleistungen – und sei es nur um Hilfe bei der Haushaltsführung – geht, so ist der enge Kontakt mit der Diakoniestation sehr wichtig. Es kann nämlich sein, daß ein Hauskreis z. T. Dinge unternehmen wird, die durch die immer bessere Finanzierung ambulanter Dienste von einem öffentlichen Kostenträger bezahlt werden. Durch die Zusammenarbeit mit einem anerkannten Leistungserbringer kann dabei sogar Geld zusammenkommen, das vom Hauskreis gezielt für weitere diakonische Dienste eingesetzt wird. In vielen Fällen kann man nämlich durch finanzielle Unterstützung weiterhelfen: So können mehrere Hauskreise einer Gemeinde z. B. einen arbeitslosen Pädagogen anstellen, der Helfer in einem Diakonischen Jahr oder Freiwillige aus der Jugendgruppe, dem Seniorenkreis oder aus Hauskreisen so begleitet, daß ihnen ihre diakonischen Dienste an den notvollsten Herausforderungen des Gemeindelebens selbst zu einer geistlichen Bereicherung werden. Ganz oft begreifen Menschen gerade im Miterleben größter Ohnmacht, daß Jesus uns in unserer Schwachheit annimmt.

Vielen Dank, Herr Franz, für diesen Einblick in Ihre segensreiche Arbeit.

Guten Tag, Herr Falkenstörfer. Sie sind seit Jahren Generalsekretär der Evangelischen Akademikerschaft in Deutschland (Sitz in Stuttgart). Gibt es diese Vereinigung schon lange?

Ja, seit fast hundert Jahren – wenn auch nicht unter diesem Namen. Vorläufer der Evangelischen Akademikerschaft, üblicherweise »ea« genannt, sind die 1895 gegründete Deutsche Christliche Studenten-Vereinigung (DCSV) und deren weibliche Ent-sprechung, die Deutsche Christliche Studentinnen-Bewegung (DCSB), die unter dem Namen »Deutsche Christliche Vereinigung Studierender Frauen« 1908 gegründet wurde. Beide Organisationen wurden 1938 von der Gestapo verboten und 1947 gemeinsam unter dem Namen »Altfreundschaft der Evangelischen Studentengemeinde in Deutschland« neu gegründet. Seit 1954 heißen wir »Evangelische Akademikerschaft in Deutschland« (z. Zt. etwa 3 500 Mitgl.)

Wie arbeitet Ihre Organisation?

Es gibt drei Ebenen: Die Hauskreise am Ort; Tagungen auf der Ebene der zwölf Landesverbände und Veranstaltungen auf Bundesebene. Unter den zwölf Landesverbänden ist als erster Verband in den neuen Bundesländern der Landesverband Sachsen entstanden. Weitere Landesverbände hoffen wir in Kürze gründen zu können. Die Evangelische Akademikerschaft arbeitet fast völlig ehrenamtlich. In Stuttgart gibt es außer dem Generalsekretär eine Geschäftsstelle mit dreieinhalb Stellen. Die ganze Arbeit in den Landesverbänden – und das sind allein vierzig Tagungen im Jahr – wird von ehrenamtlichen Vorständen gestaltet. Themen: »Wieviel Entfremdung verträgt unsere Gesellschaft?«; »Die Chancen der mittleren Generation – über 40 und schon überflüssig?«; »Fragen an Antroposophie und Theologie«; »Die Macht der Medizin über den Einzelnen und über die Gesellschaft«.

Höhepunkte auf der Ebene des Bundesverbandes sind die Jahrestagungen zu bestimmten Themen sowie alle zwei oder drei Jahre ein Symposion zu Fragen von Glauben, Wissenschaft, Ethik und Erkenntnis in Partnerschaft mit den Evangelischen Student/Innengemeinden, jeweils einer Hochschule und unterschiedlichen anderen Trägern. 1990 war unser Thema in Darmstadt »Welche Natur wollen wir? – Welche Natur haben wir?« und 1993 in Dresden »Zwischen Resignation und Aufbruch – die Wissenschaften im Systemwandel«.

Sagen Sie, ist das so gut, wenn in einem Kreis alle nur Akademiker, also Studierte sind? Wird's dann nicht gleich etwas »abgehoben«?

Also zunächst: Die Evangelische Akademikerschaft nimmt keineswegs nur »Studierte« auf, sondern – so heißt es in der Satzung – »alle, die sich ihre Ziele zu eigen machen«. Aber sie hat von ihrer Herkunft aus studentischen Vereinigungen sicher eine besondere Nähe zu Hochschulen und deren Absolventinnen und Absolventen. Daß es in Gesprächen zu »hoch« wird, kann ich eigentlich nicht bestätigen, eher beklagen sich die Teilnehmer/Innen gelegentlich über Vorträge, die ihnen zu hoch sind.

Ihr Ziel ist also, Akademiker auf ihrer Ebene zu begegnen. Was heißt in diesem Zusammenhang nun das Wort »evangelisch«?

Das heißt, daß die Mitglieder sich auf allen Ebenen des Lebens im Verband vielfältig mit der Bibel und Fragen der Theologie befassen. Anders als die DCSV, welche eher pietistisch orientiert war, ist die heutige »ea« offen für eine den Fragen der Gegenwart sehr nahen Schriftauslegung und Theologie. Wir wissen sehr wohl um die geistliche Flachheit und die Gefahren einer nur ethischen und politischen Theologie und Verkündigung; Gegengewicht dazu sind zahlreiche Meditationstagungen und Tage Biblischer Besinnung. Auch die Hauskreise lesen zum einen die Bibel, zum anderen befassen sie sich mit ethischen und politischen Fragen, die ohne Blick in Bibel und christliche Tadition nicht entschieden werden sollten. Also: Wir sind evangelisch sowohl im Sinne des Hörens auf die Botschaft von der Rechtfertigung als auch im Sinne der Mitverantwortung für das Schicksal unserer Welt.

Ein wesentliches Motiv für die meisten, in einen Hauskreis zu gehen, ist die Suche nach einer tragfähigen Gemeinschaft. Ist das bei »Ihren« Akademikern auch so, oder zieht da mehr das Thema beziehungsweise die Diskussion?

Sicher beides; es gibt auf der einen Seite Hauskreise, die stark von den wechselnden Themen leben; es gibt auf der anderen Seite – und dies ist ein Problem – Hauskreise, die inzwischen so sehr Gemeinschaften geworden sind, daß sie nur ungern neue Mitglieder aufnehmen. Und es gibt vielerlei dazwischen.

Vielen Dank, Herr Falkenstörfer, für diese Informationen.

Guten Tag, Frau Jacob. Frühstückstreffen für Frauen – inzwischen weit bekannt. Wie und wann hat das angefangen und was ist das Ziel dieser Treffen?

Die Frühstückstreffen für Frauen sind 1983 in Zürich entstanden und haben sich vor allem im deutschsprachigen Europa zu einer großen missionarischen Bewegung ausgebreitet.

Hauptziel der Frühstückstreffen für Frauen ist es, die säkularisierte Frau von heute zu erreichen, die oft schon seit Jahren keine Kontakte mehr zu christlichen Gemeinden oder zum christlichen Glauben gehabt hat. Sie wollen ein Forum schaffen, in dem Frauen über Lebens- und Glaubensfragen miteinander ins Gespräch kommen können.

Wo und wie oft treffen sich die Frauen?

Um die Frauen wirklich »weit draußen« abzuholen, wird bei den Treffen auf jegliche kirchliche Form wie z. B. gemeinsames Singen oder auf Gebet bewußt verzichtet, nach dem Motto: »Der Wurm muß dem Fisch schmecken, nicht dem Angler.« – Natürlich wird von den aktiven Mitarbeiterinnen viel gebetet – vor und nach den Treffen! Viele Frauen haben wirklich eine Barriere, in kirchliche Räume zu gehen. Diesen Schwellenängsten will das Frühstückstreffen für Frauen begegnen, indem die Veranstaltungen immer in neutralen Räumlichkeiten, z. B. in einem Hotel oder in einer Kongreßhalle, stattfinden. Die Treffen werden je nach Ort zwei bis vier Mal jährlich durchgeführt, und zwischen 150 bis über 1 000 Besucherinnen nehmen jeweils teil. Der Besuch der Treffen ist in keiner Weise verpflichtend, und es werden keine Mitglieder geworben. Die Frauen können auch ihre Kinder mitbringen; es wird immer auch für ein Kinderprogramm gesorgt.

Steht eine bestimmte Kirche hinter Ihnen?

Die Frühstückstreffen für Frauen sind konfessionell unabhängig. Die Mitarbeiterinnen gehören verschiedenen christlichen Kirchen und Gemeinden an und finden sich zusammen, um gemeinsam die Treffen für andere Frauen zu gestalten. Dies hat sich als sehr fruchtbar für die einzelnen Frauen und die verschiedenen Gemeinden erwiesen. Denn die dem Glauben Fernstehenden sind dann an unserer Botschaft interessiert, wenn sie sehen, daß Christen untereinander Liebe haben und in Einheit zusammenarbeiten, anstatt konfessionelle Mauern aufzubauen und sich abzugrenzen.

Wenn Besucherinnen durch die Großtreffen angeregt wurden, wie machen Sie mit diesen weiter?

Die wesentliche Arbeit der Frühstückstreffen geschieht nach wie vor in den kleinen Gesprächsgruppen zu Glaubensfragen, die im Anschluß an die Treffen angeboten werden. Hunderte solcher Gruppen sind entstanden. Dort finden Frauen Antwort auf ihre Fragen und erfahren, wie der Glaube an Christus ganz praktisch in den Alltag hineinwirken kann. Diese Gruppen sind auch oft das Bindeglied zu örtlichen Gemeinden, oder Frauen finden nach den »Gesprächsrunden auf Zeit« Anschluß in schon bestehenden Hauskreisen.

Sehen Sie die Frühstückstreffen als einen Beitrag zur Frauenemanzipation?

Wir Frauen sind dazu aufgerufen, unseren Beitrag zu leisten in einer Zeit, in der alle christlichen Werte über Bord geworfen werden und viele Menschen sich in einem Vakuum wiederfinden. »Die Hand, die die Wiege bewegt, bewegt die Welt«, heißt ein Sprichwort und deutet damit die Wichtigkeit von uns Frauen an. Wir sind immer noch diejenigen, die den prägendsten Einfluß auf die kommende Generation haben. Aber damit sind ja nicht nur die Mütter gemeint. Wir Frauen sollten heute mehr denn je – auch angesichts der »Wirren« der ganzen Emanzipation – anderen zeigen, wie Frau- und Christsein in unserer modernen Kultur gelebt werden kann. Dies nicht, indem wir uns den Veränderungen der Rolle der Frau verschließen, sondern positiv mit den Herausforderungen umgehen und vor allem im zwischenmenschlichen Bereich der Isolation und Vereinsamung entgegenwirken. Ich finde es wichtig, daß wir Frauen zeigen, wie »attraktiv«, interessant und abenteuerlich ein Leben mit Jesus Christus sein kann.

Vielen Dank, Frau Jacob, für dieses Gespräch.

Kontaktadressen:	Schweiz:	Österreich:
Deutschland:	Sekretariat Frühstücks-	Frau
Frau	treffen von Frauen für	Ute Kettwig
Margarete Behrens	Frauen, Josefstr. 206	Schloß Klaus
Kirchenweg 6	CH-8005 Zürich	A-4564 Klaus
27 419 Sittensen	Tel.: 01-271-66 24	Tel.: 07585/441

»Gang nach Emmaus«

Sie führen, Herr Pastor Dauner, seit 1992 in der evangelisch-methodistischen Kirche Wochenendtagungen durch, die sich »Gang nach Emmaus« nennen. Was verbirgt sich hinter diesem Namen, und um was handelt es sich dabei?

Das Lukas-Evangelium erzählt die Geschichte von zwei Männern, die sich auf dem Weg von Jerusalem nach Emmaus in großer Hoffnungslosigkeit über das Leiden und Sterben Jesu unterhielten. Der auferstandene Jesus Christus gesellte sich zu ihnen – von ihnen unerkannt – und erklärte ihnen die Aussagen der Heiligen Schrift, bis sie ihn als den vom Tod Auferstandenen erkannten. Verwandelt durch diese Begegnung gingen sie voller Freude zu den Jüngern nach Jerusalem zurück.

Diese Erzählung ist Aussagepunkt und Sinnbild für das Emmaus-Programm: Bei diesem 72-Stunden-Erlebnis, von Donnerstagabend bis Sonntag, geht es um eine gemeinsame Wegstrecke der Teilnehmer mit Jesus. Die Zuwendung und Liebe Gottes zu jedem Menschen soll in das Leben des Einzelnen hineinleuchten und zu einer Lebens-Erneuerung und Hingabe an Jesus führen.

Wie läuft ein solches Wochenende ab und wer führt es durch?

Insgesamt werden 14 Referate von Laien und Pastoren gehalten. Über die Inhalte der Referate liegen Stichworte vor; diese Inhalte werden aber immer nur weitergegeben in Verbindung mit Erfahrungen aus dem Leben des Vortragenden. Die Teilnehmer – an Tischgruppen – besprechen das Gehörte und verarbeiten dann die Aussagen in kreativer Weise: z. B. in Form einer Pantomime, einer Zeichnung, eines Sketches, eines Lied-Textes …Viel Freude wird ausgelöst, wenn die Tischgruppen ihr Erarbeitetes den anderen Teilnehmern vorführen!

Die Lieder, Gebete, Gottesdienste und das tägliche Feiern des Abendmahls sind weitere Elemente des Wochenendes. Durch einige Überraschungen an diesem Wochenende wird erfahrbar, daß Agape-Liebe nicht nur gepredigt, sondern gelebt wird.

Aus welchem Kreis kommen die Mitarbeiter und wie sehen die Vorbereitungen aus?

Für jedes Wochenende werden 24 Mitarbeiter benötigt. Jeder Teilnehmer (Pilger) eines »Gang nach Emmaus« wird am Schluß eingeladen, die hilfreichen Erfahrungen auch an andere weiterzugeben und sich als Mitarbeiter für einen der nächsten »Gänge« zu melden. Aus Erfahrung kann ich sagen, daß dies von fast allen Teilnehmern gerne aufgegriffen wird und sie dann zu großen Opfern bereit sind, denn die Mitarbeiter müssen zur Vorbereitung zwei Wochenenden zur Verfügung stellen. Auch die Reise- und Tagungskosten werden von ihnen selbst getragen.

Handelt es sich bei den Teilnehmern um Gemeindeglieder, die ermutigt werden sollen, oder um Kirchenferne?

Für Kirchenferne wäre die Teilnahme eine Überforderung, darum werden nur Christen eingeladen, die eine »Runderneuerung« ihres Glaubens wünschen.

Gibt es in Zukunft für solche Teilnehmer an einem »Gang nach Emmaus« noch weitere Berührungspunkte und Verbindungen?

Ja, denn durch die Teilnahme gehört diese Person zur weltweiten Emmaus-Gemeinschaft. Dies bedeutet zunächst, zu regelmäßigen Treffen (Hauskreis) am Wohnort eingeladen zu werden, sich auszutauschen über Erfahrungen und zuzurüsten für die Aufgaben des Alltags. Einige dieser Gruppen kommen wöchentlich an einem Morgen (vor der Arbeit) zusammen, andere wöchentlich abends.

Eine andere Verbindung entsteht durch die Fürbitte für Teilnehmer an einem »Gang nach Emmaus«: Wo immer weltweit ein solcher durchgeführt wird, wird ununterbrochen, während dieser 72 Stunden, für diese Personen gebetet. Eine Emmaus-Zentrale in USA sorgt über einen Rundbrief für die Vermittlung der Informationen.

Ist dieser »Gang nach Emmaus« nur für Ihre Kirchenglieder zugänglich und wo liegen die eigentlichen Quellen dieser Bewegung?

Der Ursprung liegt in der spanischen Cursillo-Bewegung innerhalb der römisch-katholischen Kirche in den 40er Jahren. Nach 1970 hatten auch Protestanten Zutritt, die dann 1981 in den USA eine eigenständige Arbeit als Emmaus-Gemeinschaft begannen. Daraus entwickelte sich der *Walk to Emmaus*, der von *The Upper Room* einer Teilorganisation der *United Methodist Church*, verwaltet wird. Mit einer Reisegruppe aus unserer Kirche in Deutschland nahm ich im

Jahre 1990 in Texas an einem solchen Wochenende teil. Wir waren alle so stark davon beeindruckt, daß wir uns entschlossen, die Unterlagen ins Deutsche zu übersetzen und auch bei uns zu beginnen. Sieben solcher Wochenenden liegen hinter uns; die Auswirkungen haben uns derart ermutigt, daß wir uns freuen, wenn auch Glieder anderer Denominationen daran teilnehmen und die positiven Erfahrungen in ihre Kirchen und Gruppen tragen.

Wo ist der »Gang nach Emmaus« eine Inspiration für die Hauskreisarbeit einer Gemeinde?

Leider gibt es Gemeinden, die noch keine Hauskreise eingerichtet haben. Wenn sich nun eine Emmaus-(Hauskreis)-Gruppe an einem Ort gebildet hat, so werden auch weitere Interessierte dazu eingeladen – auch solche, die noch bei keinem »Gang nach Emmaus« dabei waren. Auf diese Weise können in einer Gemeinde Hauskreise ins Leben gerufen werden und in eine Gemeinde Begeisterung und Inspiration einfließen.

Herr Dauner, wir danken Ihnen für dieses Gespräch.

Guten Tag, Herr Pastor Vogel. Im Jahr 1990 haben Sie alle Ihnen bekannten Gebetsbewegungen angeschrieben und zu einer Begegnung eingeladen. Welche Überlegungen standen hinter dieser Einladung und was nennen Sie eine »Gebetsbewegung« ?

Es war auf dem Internationalen Kongreß für Weltevangelisation, Lausanne II, in Manila. Wir hatten als deutsche Delegation unser erstes nationales Treffen. Dabei bewegte uns das Thema Gebet in ganz besonderer Weise. Ich wurde sehr spontan aufgerufen, dazu einiges zu sagen und eine Gebetsperspektive für unser Land zu entwickeln. Dabei wurde unter anderem auch dieser Gedanke geboren, mit allen Gebetsbewegungen in Deutschland in Verbindung zu treten. Allerdings stand schon eine geistliche Vision im Hintergrund. Monate zuvor legte mir Gott in einer sehr frühen Gebetszeit den Gedanken ins Herz, eine Verbindung zu allen Gebetskreisen in unserem Land herzustellen. Ich konnte mir zwar nicht vorstellen, wie so etwas möglich ist, aber ich betete dafür. Und dann öffnete sich eine Tür nach der anderen.

Es war für mich eine Gebetserhörung, daß alle Leiterinnen und Leiter von Gebetsbewegungen eine solche Begegnung begrüßten, ob sie nun aus dem evangelikalen oder mehr aus dem kirchlich orientierten oder aus dem charismatischen »Lager« kamen.

Noch einige Sätze zum Begriff »Gebetsbewegung«. Die Bibel zeigt, daß geistliche Bewegung, wir nennen das Erweckung, nur durch Gebet geschieht. Eine Gebetsbewegung ist eine Organisation, die das in besonderer Weise erkannt hat und dem Gebet die zentrale Stellung dabei einräumt. Sie möchte dabei multiplizierend tätig sein. Beter sollen gewonnen werden. Christen sollen im Gebet geschult werden. Konkrete und aktuelle Anliegen sollen vor Gottes Thron gebracht werden. Neue oder vernachlässigte Möglichkeiten des Gebets sollen entdeckt und praktiziert werden.

Wieviele Gruppierungen ließen sich denn ansprechen ?

Auf meiner Anschriftenliste stehen bis jetzt 17 Gruppen. Ich halte die Liste nicht für vollständig.

Können Sie ein paar Namen nennen?

Die älteste und bekannteste Bewegung ist die »Allianzgebetswoche«, die jeweils am Anfang des Jahres in vielen Orten stattfindet.

Verhältnismäßig junge Bewegungen sind »Fürbitte für Deutschland«, und »Gebetsnetz über Deutschland« – zwei mehr charismatisch orientierte Bewegungen. Dann wäre z. B. »Gebet für die Jugend« zu nennen und »Gebet für die Obrigkeit« oder die »Pfarrergebetsbruderschaft«. Es sind Gebetsbewegungen, die spezielle Personengruppen erreichen wollen. Weiter wäre »Gebet für unser Land« zu nennen und die weltweit ausgerichtete »Lausanner Gebetsbewegung«, die konkrete Gebetsinformationen an einzelne Beter und an Gebetsgruppen versenden.

Wie können so verschieden geprägte Gruppierungen denn zusammengehalten werden? Oder ist dies gar nicht die Absicht?

Als wir uns zum erstenmal trafen, es war im Dezember 1989, stellten die Leiterinnen und Leiter zunächst die von ihnen geführte Gebetsbewegung vor: Sie sprachen von den Inhalten und Zielen ihrer Bewegung. Dabei entdeckten wir viel Gemeinsames, und uns wurde bewußt, daß wir zwar in manchen theologischen Aussagen unterschiedlich geprägt und geführt sind, aber daß uns gemeinsame Ziele verbinden: Die Verherrlichung Gottes, die Rettung von Menschen durch Jesus Christus und das brennende Verlangen nach einer Erweckung in unserem Land und in Europa. Es wurde uns neu bewußt, daß nicht durch theologische Diskussionen Einheit entsteht, sondern durch Gebet. Und wo gebetet wird, muß nichts »zusammengehalten werden«; es muß nur zum Gebet zusammengeführt werden.

Was war bzw. was ist Ihre Vision für diese Treffen? Sollen sie weitergehen ?

Ja, wir wollen uns, wenn möglich, zweimal im Jahr treffen und weiter als verantwortliche Leiterinnen und Leiter miteinander beten, aufeinander hören und voneinander lernen. Konkret beten wir darum, daß der Heilige Geist uns zeigt, wie wir klarer und geschlossener für unser Land beten können.

Meine Vision ist nach wie vor, daß alle Beter und alle Gebetsgruppen in unserem Land voneinander wissen und auch die kleinen Gebetszellen und Mini-Gebetskreise in den oft unterkühlten Gemeinden erkennen: Wir stehen nicht auf verlorenem Posten. Mit uns beten viele. Wir erfüllen den wichtigsten Auftrag, den Jesus Christus seinen Nachfolgern gegeben hat, den Auftrag des Gebets. Denn in der Bibel lesen wir: »Das erste und wichtigste, wozu ich die Gemeinde rufe, ist das Gebet« (1 Tim 2,1).

Wir danken Ihnen für dieses Gespräch, Herr Vogel.

Friedhold Vogel ist Pastor der Evangelisch-methodistischen Kirche und freigestellt für die Aufgabe der Evangelisation. Er gehört zum Leitungskreis der Lausanner Bewegung deutscher Zweig.

Gebetsbewegungen in Deutschland

Die Zusammenstellung verschiedener größerer und kleinerer, regionaler und weltweiter Gebetsbewegungen ist zusammen zu lesen mit dem Interview mit Pastor F. Vogel.

Es sei an dieser Stelle ausdrücklich noch einmal darauf hingewiesen und dazu ermutigt, persönlich in Kontakt zu treten mit Bewegungen, deren Ansatz oder deren geographische Lage einem auffällt. Aus diesem Grund sind immer die Adressen und Telefon-Nummern gleich dazu angegeben.

Die Anordnung ist alphabetisch nach der Liste von Pastor F. Vogel.

1. ADORAMUS-GEMEINSCHAFT

Die ADORAMUS-Gemeinschaft ist aus einer Mitarbeitergruppe der Hauskreisarbeit der evangelischen Landeskirche in Württemberg hervorgegangen. Sie sieht ihre Aufgabe in der Anbetung Gottes (*adoramus* lat. = »wir beten an«) und in der Fürbitte für Land und Kirche. Dies geschieht im Rahmen einer verbindlichen »bruderschaftlichen Gemeinschaft«. Dieser Zusammenschluß ermöglicht verschiedenartige Initiativen mit dem Ziel der Erneuerung der Kirche. Dazu gehört die Veröffentlichung der Schrift »Macht Bahn !! – 10 Thesen zur Erweckung der Kirche« ebenso, wie die Initiierung von »Gebetspartnerschaften«.

»Gebetspartnerschaft« meint, daß sich je zwei Beter regelmäßig treffen, um für Anliegen von Einzelnen, aber vor allem auch der Gemeinden und der Welt zu beten. Dies geschieht ein halbes Jahr lang. Während dieser Zeit motivieren beide Gebetspartner jeder eine neue Person zum regelmäßigen Gebet. So verdoppelt sich nach einem halben Jahr die Zahl der Beter – nicht durch Appelle, sondern durch persönliches Mitnehmen. Material zur Anleitung von «Gebetspartner-Arbeit« steht zur Verfügung.

Kontaktadresse: Helmut Schweiker
Waldenbucher Weg 57
72141 Walddorfhäslach 1
Telefon/Fax: 07127-34431

2. AKTION IN JEDES HAUS (AJH)

Der Auftrag von AJH ist, weltweit jede Familie mit »der wiederholbaren Botschaft« zu erreichen. Dies erfordert alle Kräfte.

Schon seit mehr als zwei Jahrzehnten organisiert die weltweite AJH Schulungsseminare auch zum Gebet. Seit 1977 führt die deutsche AJH Gebetsseminare durch. Christen, die sich zum regelmäßigen Gebet verpflichten, nennen wir seither »Gebetsmissionare«. Sie unterstützen und bereiten den Dienst der Einsatzgruppe, der »Hausmissionare« vor. Im Grunde lassen sich beide Seiten (Beten und Gehen) nicht trennen; jeder Gebetsmissionar sollte auch Hausmissionar sein und umgekehrt.

Gebetsseminare werden allgemein im Vorfeld missionarischer Aktionen geplant. Das AJH-Arbeitsfeld ist so weit, wie es nur denkbar ist: die ganze Welt. Die Größe der Aufgabe muß uns an den Punkt führen, daß wir über künstliche Grenzen erschrecken und Buße tun.

Gebetsseminare und praktische AJH-Einsätze bringen daher nicht selten die verschiedensten Gruppen vor Ort an den gemeinsamen (Arbeits-) Tisch.

Die Welle der Freiheit, die beinahe den gesamten ehemals kommunistischen Teil Osteuropas erfaßt hat, zwingt uns zu besonderen Anstrengungen. Ausgehend von Gideon, dessen Stärke nicht ein Großheer, sondern eine kleine Gruppe von 300 hingegebenen Leuten war, begann die »Gruppe 300« ihren Dienst. Hauptschwerpunkt sind zunächst die Länder des ehemaligen Ostblocks. Es gilt, die richtigen Mitarbeiter zu finden, die Christen vor Ort zu motivieren und zu schulen, geeignetes Material für Evangelisation und Nachbararbeit zu erstellen und die nötigen Mittel zu erhalten.

Kontaktadresse: Helmut Bittner
Gunzenhausener Str. 42
91572 Bechhofen a.d.H.
Telefon: 09822-7780

3. ALLIANZGEBETSWOCHE
Evangelische Allianz
Kontaktadresse: Manfred Kern
Drosselstieg 24
10318 Berlin

4. BASIS-GRUPPEN-ARBEIT
Die Basisgruppen sind Gebetsgruppen in der Gemeinde. Sie arbeiten auf dem Zellteilungsprinzip. Zwei Personen bilden eine Gebetsgruppe. Sie beten für eine dritte und vierte Person, dann teilt sich die Gruppe. Auf diesem Weg wird versucht, die ganze Gemeinde zum Gebet zu gewinnen. Sind einige Gebetsgruppen entstanden, treffen sich diese zu einem Gebetsgruppentreffen (Basisgruppentreffen), das in regelmäßigen Abständen stattfindet. Bei diesem Treffen werden Glaubensziele, Verbindlichkeiten, Gebetsanliegen sowie der Ablauf und die Neuaufteilung einzelner Gruppen abgesprochen.

Die einzelnen Basisgruppen treffen sich wöchentlich. Wann und wie lange sich jede Basisgruppe trifft, bestimmt jede Gruppe selber.

Die Basisgruppen verstehen sich als erweckliche geistliche Zellen, die das Gemeindeleben geistlich durchdringen und für persönliche, gemeindliche und übergemeindliche Anliegen (Mission, Politik, Gesellschaft u. a.m.) beten.

Literatur: **W. Faix**, Basis-Gruppen-Arbeit, MFB Verlag Großalmerode 1978 (zur Zeit vergriffen. Eine überarbeitete Neuauflage ist für 1994 geplant. Eine Kurzfassung, als Faltblatt, liegt vor. Kurzfassung und Neuauflage können bezogen werden beim

Lebenszentrum Adelshofen
Matthias Böker
Wartbergstr. 13
75031 Eppingen-Adelshofen
Telefon: 07262-608-89

5. FREIE CHRISTLICHE JUGENDGEMEINSCHAFT (FCJG) e. V. LÜDENSCHEID
Aus einem kleinen Gebetskreis für Stadtarbeit entstand 1975 die FCJG, die den Schwerpunkt auf Rehabilitationsarbeit für Drogenabhängige legte. Leiter der FCJG ist Walter Heidenreich. Aus dieser Arbeit sind durch Gebet die folgenden Bereiche entstanden:

1. Barmherzigkeitsdienste (Drogenrehabilitation in Lüdenscheid 1975/Wien 1988/Philippinen 1991/Obdachlosenarbeit, Arbeit unter Randgruppen.

HELP International e. V. zur Durchführung von Hilfsgütertransporten und zur Unterstützung in Kriegsgebieten.

2. Evangelisation und Weltmission, Stadtmissionarische Arbeit, überkonfessionelle Gottesdienste, Missionseinsätze im In- und Ausland.

3. Schulung (Mitarbeiterschule für Evangelisation und Weltmission.

4. Teenager Arbeit, Teenager Magazin CHAMP (1989).

5. Hauskirchenarbeit.

Über Drogenrehabilitation und Stadtarbeit hinaus erhielt die FCJG eine Schau für das gesamte Volk Gottes und die Einheit des Leibes Christi in Deutschland. In besonderem Maße erkannten sie hierbei, daß Gott gerade die Teenager in besonderer Weise zur Evangelisation beruft. 1986 entstand, wiederum aus einer kleinen Gebetsgruppe, eine Lebensgemeinschaft (Teenager Centrum), die zum einen kaputten Teenagern Lebenshilfe bot, zum anderen eine evangelistische Arbeit unter und mit Teenagern aufbaute. Neben Jüngerschaft, Lehre, Evangelisation entstand die Vision, Teenager zu sammeln, zuzurüsten und zu senden. Unter dem Motto: Sage nicht »Ich bin zu jung, sondern gehe, wohin ich Dich sende …« (Jer 1,7) fand 1989 der 1. deutsche Teenager Kongreß mit über 1 000 Teenagern statt. Zwei Jahre später folgte der 2. Teenager Kongreß mit 2 400 Teilnehmern.

Inzwischen steht ein Europäischer Teenager und Jugendleiter Kongreß für 1994 in Planung, zu dem 10 000 Christen erwartet werden.

6. DIE MARSCH FÜR JESUS BEWEGUNG IN DEUTSCHLAND

Die Marsch für Jesus Bewegung aus England wurde durch einige Leiter verschiedener Denominationen (Graham Kendrick, Roger Forster/Ichtys, Gerald Coates/Pioneer, Lynn Green/Jugend mit einer Mission) initiiert, die die Vision hatten, daß Christen aller Konfessionen und Denominationen öffentlich auf Englands Straßen die Herrschaft Jesu proklamieren und in Einheit für ihr Land beten sollten. 1987 fand in London der 1. Marsch für Jesus mit 15 000 Teilnehmern statt, zwei Jahre später waren es über 200 000 Christen, 1990 bereits über eine Million Christen in 60 verschiedenen Städten

Englands. Im gleichen Jahr wurde die Vision des Marsches für Jesus auf einem Europäischen Leitertreffen in De Bron/ Holland vorgestellt, in großer Einmütigkeit aufgenommen und hatte somit auch das europäische Festland erfaßt.

In Deutschland hat diese Gebetsbewegung weitreichende geistliche Veränderungen bewirkt. Als Meilenstein in der deutschen Kirchengeschichte kann man den Marsch für Jesus in Berlin bezeichnen, der am 23. Mai 1992 60 000 Christen aller Konfessionen auf die Straße brachte. Das Volk Gottes trat gemeinsam ein für:

- Erweckung unter Christen
- den Segen Gottes für Regierung und Gesellschaft
- Freisetzung von Evangelisation in Deutschland.

1993 wurde zu einem Jahr der Gebets- und Jesus-Märsche in ganz Deutschland ausgerufen; am 25. Juni 1994 fand ein »Marsch für Jesus« in jeder Hauptstadt der Welt statt, an dem Millionen Christen aller Konfessionen teilnahmen.

Kontaktadresse: Marsch für Jesus
Bahnhofstraße
58507 Lüdenscheid
Telefon: 02351-38919
Fax: 02351-21387

6. FÜRBITTE FÜR DEUTSCHLAND

Kontaktadresse: Berthold Becker
Nagolder Str. 27
71083Herrenberg
Telefon: 07032-928330
Fax: 02351-21387

7. GEBET FÜR DIE JUGEND / GEBETSTRIOS (JFC)

Viele Gemeinden und Gruppen erleben, wie ihr gemeinsames Gebet zu lasch und uneffektiv ist. Das ändert sich schlagartig, wenn man anfängt, in Dreiergruppen zu beten. »Gebetstrios« sind sehr motivierend zum Gebet und wesentlich mehr Personen beten auf diese Weise regelmäßig. Keine Methode ersetzt den Heiligen Geist, aber manche Methode ersetzt der Heilige Geist, weil eine andere besser ist. Anleitung zu Beginn und Durchführung von »Gebetstrios« auf dem Hintergrund weltweit gemachter Erfahrungen werden gegeben in der Schrift: »Ihr habt nichts, weil ihr nichts bittet.«

Starthilfe für »Gebetstrios« erhältlich bei:

Jugend für Christus
Alfons Hildebrandt
Postfach 1180
Am Klingenteich 16
64367 Mühltal
Telefon: 06151-145194
Fax: 06151-144399

8. GEBET FÜR UNSER LAND

Eine Initiative des Instituts für Gemeindeaufbau, einem Arbeitszweig von Campus für Christus.

»Gebet für unser Land« ist eine Gebetsinitiative, die Christen mit gleichem Anliegen fördern möchte. Der Gebetsbrief ist ein Hilfsmittel zum Gebet für Politik und Soziales. Er erscheint 3 x jährlich und ist kostenlos. Er ist überkonfessionell, erreicht Jung und Alt, Pfarrer, Gemeinden, christliche Erholungsheime, die Christliche Polizeivereinigung (mit 250 St.), Politiker in Bonn und einige gehen auch ins Ausland.

Die momentane Auflage beträgt 8 000. Es ist unser Ziel, Christen das »Beten ohne Unterlaß« zu erleichtern, so daß es ein Teil ihrer Existenz wird wie das Atmen.

Folgende Hilfen bieten wir Gebetskreisen, Verbänden und Gemeinden an:

- Kreatives Beten mit Schwerpunkten für die eigene Stadt: Stadtgebet!
- Gebetsworkshops.
- Hilfen zur Einrichtung eines Gebetsnetzes in Deutschland.

Kontaktadresse:

Campus für Christus (CfC)
Ursula Friedemann
Am unteren Rain 2
35394 Gießen
Telefon: 0641-72099

9. GEBETSNETZ ÜBER DEUTSCHLAND

Seit 1980, nachdem Gott einen klaren Hinweis gegeben hatte, daß ein »Gebetsnetz über Deutschland« geknüpft werden solle, entstehen immer mehr Frauengebetsgruppen in verschiedenen Kirchen und Gemeinden. In diesen kleinen Gruppen (2-4 Frauen), die auf einer Vertrauensbasis aufgebaut sind, werden die Frauen zunächst selbst gestärkt, ermutigt und oft auch innerlich geheilt und wiederhergestellt. Dadurch wird es dann möglich, Gottes Plan auszuführen und in einen Fürbittedienst einzutreten, der über den persönlichen Bereich weit hinausreicht.

Es ist eine Bewegung des Heiligen Geistes, der überall Frauen und jetzt auch Männer zum Gebet ruft, in ganz Deutschland und in einigen benachbarten Ländern.

Kontaktadresse: Jugend-, Missions- und Sozialwerk
Gertrud Rothacker
Bahnhofstraße 47
72213Altensteig
Telefon: 07453-2750

10. GEBET FÜR DIE OBRIGKEIT

Kontaktadresse: Dieter Boy
Brentanostr. 20
53113 Bonn 1
Telefon: 0228-232170

11. GEBETSKREISE IN DER EMK

Kontaktadresse: Evangelisch-method. Kirche
Pastor Reiner Dauner
Sonnenuhrweg 40
70499 Stuttgart 31
Telefon: 0711-864958

12. GEISTLICHE GEMEINDE-ERNEUERUNG (GGE)

Die Geistliche Gemeinde-Erneuerung ist Teil des weltweiten charismatischen Aufbruchs. Sie will die Impulse dieses Aufbruchs in die Landeskirchen und ihre Gemeinden einbringen. In Lobpreisgottesdiensten und Glaubensseminaren, die oft in Hauskreise einmünden bzw. dazu ermutigen, wird geistliches Leben eingeübt und gelebt. Ziel ist es, Menschen zu ermutigen, die Gaben des Heiligen Geistes anzunehmen und für die Gemeinde fruchtbar zu machen. Schwerpunkt sind Seelsorge und Gottesdienste. Dort wird die Gegenwart des »Helfers«, des Heiligen Geistes erfahren. Die GGE will zur verbindlichen Jesus-Nachfolge anleiten und sie leben. Dies geschieht basismäßig in den Hauskreisen, die in das Gemeindeleben integriert sind. (Friedrich Aschoff)

Kontaktadresse: Geistliche Gemeinde-Erneuerung
Im Speersort 10
????Hamburg
Telefon:
Fax:

13. HAUSKREISARBEIT / GEBETSGRUPPEN

Hauskreise treffen sich in großer Zahl überall im ganzen Land in wachsender Zahl. Seit einigen Jahren ist zu beobachten, wie Teilnehmerinnen und Teilnehmer aus den Hauskreisen zusätzlich noch zu einem Gebetskreis zusammenkommen. Dabei treffen sich die Berufstätigen unter Umständen schon um 6.00 Uhr oder noch früher, die Frauen mit Kindern im Lauf des Vormittags. Allgemein gibt das Empfinden den Ausschlag, daß man im Hauskreis zu wenig Zeit habe zum Beten im Vergleich zu den vielen Anliegen. Schön ist, daß die Hauskreis-Leute zu diesen Gebetstreffen oft auch andere Gemeindeglieder einladen, die ansonsten nicht zu einem HK gehören. Außerdem treffen sich auf diese Weise auch Leute aus verschiedenen Hauskreisen. So wachsen Einheit und Gebetskraft in den Gemeinden.

Kontaktadresse Ortwin Schweitzer
Erlachstraße 45
70771 Leinfelden.-E./Stetten
Telefon/Fax: 0711-793882

14. JUGEND MIT EINER MISSION (JMEM)

Von Anfang an war es ein Prinzip von Jugend mit einer Mission (JMEM), auf Gott zu hören und zu tun, was er sagt. So wurden unsere Dienste »im Gebet geboren«, und Fürbitte war schon immer ein zentrales Element unseres Auftrags. Seit 1990 bieten wir im Rahmen der *University of the Nations* eine dreimonatige Ausbildung in diesem Bereich an, die »Schule für Fürbitte, Anbetung und Geistlichen Kampf«. Sie dient der Zurüstung von solchen, die sich schwerpunktmäßig zu diesem Dienst gerufen sehen und andere darin anleiten wollen. Dazu entsteht hier in Altensteig ein vollzeitiges Gebetsteam, das Gemeinden und Gebetskreisen zur Verfügung steht, um über diese Themen zu lehren und praktische Anleitung zu geben. Wir führen auch Gebetseinsätze durch, um vor Ort einige Wochen strategisch im Gebet zu arbeiten und so die Ortsgemeinden zu unterstützen.

Kontaktadresse: Angela Giehrl
Postfach 1330
72213 Altensteig 1
Telefon: 07453-27542

15. LAUSANNER BEWEGUNG

Kontaktadressen: Pastor Hugo Danker
Berliner Ring 62
35576 Wetzlar
Telefon: 06441-5050

Pastor Friedhold Vogel
Siebenbürgenweg 2
70794 Filderstadt 4
Telefon: 0711-776709

16. PFARRERGEBETSBUND (PGB)

Der PGB ist hervorgegangen aus dem geistlichen Hintergrund des Pietismus und der Erweckungsbewegung um die Jahrhundertwende. Sie wurde im Frühjahr 1913 in Halle/S. von Männern wie E. Modersohn, W. Michaelis, E. Lohmann, A. Christlieb, Th. Krawqelitzki, L.Thimme und anderen als »Pastoren-Gebets-Bund« ins Leben gerufen.

Sie erkannten, daß gerade auch der Pfarrer persönliche Seelsorge und verbindliche Bruderschaft nötig hat, wenn er in seinem Glauben nicht Schaden nehmen und in seinem Dienst nicht in Leerlauf geraten soll.

Es ging ihnen in einer Zeit herrschender liberaler Theologie um einen geistlichen Zusammenschluß im Hören auf das Wort der Schrift und um das Gebet zur Stärkung für ihren Dienst in Gemeinde, Kirche und Welt.

Nach dem letzten Krieg gab sich die Bruderschaft unter Erich Schnepel zur stärkeren Betonung des bruderschaftlichen Lebens den Namen »Pfarrer-Gebetsbruderschaft«. Auch Pfarrerinnen kamen dazu.

In der Zeit der Auseinandersetzung um die Entmythologisierung und der existenzialen Interpretation der Heiligen Schrift erwuchs der PGB eine besondere theologische Aufgabe. Neben der Pflege bruderschaftlichen Miteinanders in kleinen örtlichen Kreisen und auf Bezirks- und Landestagungen sowie besonderen theol.-evangel. Pfarrerseminaren in einzelnen Gemeinden wurden jetzt regelmäßige Ferienseminare für Theologiestudenten veranstaltet. Daraus erwuchsen dann die »Theologischen Beiträge«, eine inzwischen anerkannte theologische Zeitschrift.

Z. Zt. gehören über 750 Pfarrerinnen und Pfarrer aus Ost und West zur Bruderschaft, der ähnliche Zusammenschlüsse in Österreich, im Elsaß und in der Schweiz gefolgt sind.

Kontaktadresse: Geschäftsstelle des PGB
Im Paradies 10
35041 Marburg
Telefon: 06421-83325

17. PFARRFRAUENBUND

Der Pfarrfrauenbund ist im Jahr 1916 aus freier Initiative entstanden als Angebot einer verbindlichen Gemeinschaft von Pfarrfrauen für Pfarrfrauen. Seit seinen Anfängen steht er unter dem Leitwort: »So ihr in mir bleibt und meine Worte in euch bleiben, werdet ihr bitten, was ihr wollt, und es wird euch werden« (Joh 15,7).

In regelmäßigen, meist monatlichen Zusammenkünften in ca. 70 überschaubaren Kreisen, auf größeren gemeinsamen Tagestreffen mehrerer Kreise und auf den großen Regionaltagungen, jeweils im Bereich der verschiedenen Landeskirchen, geschieht durch intensives Hören auf die Bibel, durch Gebet und Seelsorge Zurüstung für Pfarrfrauen für ihre Aufgaben in Familie, Gemeinde und Beruf. Die Fürbitte für die Pfarrfamilien, die Pfarrerinnen und Pfarrer und für die Kirchenleitungen ist dem Pfarrfrauenbund ein besonderes Anliegen.

Kontaktadresse: Pfarrerin Ingeborg Fischer
Hauptstraße 1
77963 Schwanau 3
Telefon: 07824-4213

18. »WÖRNERSBERGER ANKER«
Christliches Lebenszentrum für junge Menschen e. V.

Die Arbeit des »Wörnersberger Ankers« und die Gemeindeimpulse, die vom »Wörnersberger Anker« ausgehen:

Der »Wörnersberger Anker« ist ein christliches Lebenszentrum für junge Menschen im Schwarzwald. Er arbeitet in enger Verbindung mit dem Evangelischen Jugendwerk und dem CVJM Landesverband in Württemberg. Das Lebenszentrum möchte mithelfen, daß junge Menschen und junge Familien durch das gemeinsame Leben zugerüstet werden für ihren Dienst in der Gemeinde, der christlichen Jugendarbeit und in der Gesellschaft. Insofern versteht sich »der Anker« als Trainingszentrum für christliche Mitarbeiter und Leiter.

Von Anfang an ist es ein wichtiges Anliegen für uns, daß wir im Gebet vor Gott stehen und andere zum Gebet einladen. Vor Jahren entstand daraus unser regelmäßiger Gebetsabend einmal pro Woche. Dazu kommen inzwischen viele Leute, zum Teil von weither angereist. Durch unseren Gebetsabend angestoßen sind viele ähnliche Gebetsabende im Lande entstanden, die von Jugendgruppen und Gemeinschaften, Kirchen und ganzen Kirchengemeinden durchgeführt werden. Das Ziel ist, daß viele eingeladen und dann angeleitet werden zum Gebet, damit sie in Dank, Lob und Anbetung, Bitte und Fürbitte Gott die Ehre geben und ihn um seine Gaben bitten.

Neben den Gebetsabenden finden Gebetsschulungen bei uns im »Wörnersberger Anker« statt. Für die Gemeinschaft im Haus gibt es regelmäßige Gebetszeiten morgens und abends. Hin und wieder machen wir einen Gebetstag (manchmal eine Gebetsnacht) für ganz bestimmte Anliegen. Auch das Gebet um Heilung hat einen wichtigen Platz bei uns und bei den anderen Lebenszentren, die in enger Verbindung mit dem »Anker« leben. Darüber hinaus ermutigen wir dazu, daß sich Christen im ganzen Land – einmal pro Woche – in kleinen Gruppen zum Gebet treffen.

Kontaktadresse: Jugendreferent Günther Schaible
72299 Wörnersberg
Telefon: 07453-6011

Guten Tag, Herr Aschoff. Sie sind Leiter der sogenannten »Geistlichen Gemeinde-Erneuerung in der evangelischen Kirche in Deutschland« (GGE). Was ist die GGE?

Die »Geistliche Gemeinde-Erneuerung« (kurz GGE) ist eine Erneuerungsbewegung, die sich in den evangelischen Landeskirchen beheimatet weiß. Unsere evangelische Kirche ist uns Heimat und Arbeitsplatz zugleich. Dabei sind wir uns bewußt, daß diese Kirche – wie jede Kirche – immer wieder durch den Geist Gottes erneuert werden muß. Deswegen steht in unserem Namen »Erneuerung«. Der Ort, an dem diese Erneuerung stattfindet, ist die »Gemeinde«, in der wir konkret leben. Was sich hier verändert, in Gottesdienst und Seelsorge, hat seine Auswirkung sowohl auf die einzelnen Menschen als auch auf die Kirche insgesamt. Wir erkennen, daß die biblische Reihenfolge des Satzes stimmt: »Verändere den Menschen und du wirst die Gesellschaft verändern.«

Dies ist jedoch auch bei großem, menschlichem Bemühen letztlich das Werk des Heiligen Geistes. Er muß die Herzen verändern, überwinden oder erschüttern, wenn wirklich Erneuerung geschehen soll. Darum das erste Wort im Namen »Geistliche Gemeinde-Erneuerung«. Mit Martin Luther bekennen wir: »Ich glaube, daß ich nicht aus eigener Vernunft noch Kraft an Jesus Christus, meinen Herrn glauben oder zu ihm kommen kann, sondern der Heilige Geist hat mich durch das Evangelium berufen.« Die Betonung des dritten Glaubensartikels vom Heiligen Geist hat hier ihre theologische Begündung.

Meinen Sie nicht, daß »Gemeinde« größer ist und »Erneuerung« überall nötig ist, nicht nur in der »evangelischen Kirche«? Wieso diese Einschränkung?

Sicher ist »Gemeinde« größer und Erneuerung nicht nur in der evangelischen Kirche vonnöten. Unser Name ist auch nur ein Arbeitstitel und kein Anspruch. Wir verstehen uns vielmehr als Teil einer großen Erneuerungsbewegung, die auf den Rationalismus der dritten Aufklärungswelle antwortet. Es ist kein Zufall, daß das Wort »Erneuerung« zur Zeit von vielen Gruppierungen in Anspruch genommen wird. Sie alle erkennen, daß sich die Kirchen erneuern lassen müssen, wenn sie den künftigen Aufgaben gewachsen sein wollen. Am wichtigsten ist mir, daß wir diese Erneuerung von Gott erwarten: »Es soll nicht durch Heer oder Kraft geschehen, sondern durch meinen Geist, spricht der Herr« (Sach 4,6). Darum auch unser Gebet: »Herr, verändere deine Kirche und fange bei mir selber an.«

Wie weit verbreitet oder groß ist die GGE?

Die Frage nach der Verbreitung der GGE ist nicht leicht zu beantworten. Die GGE sammelt und koordiniert geistliche Aufbrüche innerhalb der verfaßten Kirchen, die sich dem charismatischen Aufbruch zurechnen. Es gibt sie in allen Landeskirchen, wenn auch in unterschiedlicher Zahl und Stärke. Da es keine formelle Mitgliedschaft gibt, sind Zahlen nur schwer zu geben. Immerhin sind zu den letzten Kongressen fast 5 000 Besucher gekommen.

Gibt es Hauskreise oder Gebetskreise der GGE?

Hauskreise und Gebetskreise sind ein wichtiger Teil des Gemeindeaufbaus. Sie entstehen meist aus den Glaubensseminaren, die einmal im Jahr gehalten werden. In den Haus- und Gebetskreisen werden Menschen, die ein ganzes »Ja« zu Jesus Christus gefunden haben, begleitet und geistlich zugerüstet. Neben den Lobpreisgottesdiensten ist die persönliche Seelsorge ein Schwerpunkt unserer Arbeit.

Was sind »Lobpreisgottesdienste«? Sind das Konkurrenzangebote zum Sonntagsgottesdienst?

Die sogenannten »Lobpreisgottesdienste«, oft auch »Gottesdienste in freier Form« genannt, wollen eine Ergänzung zu dem Hauptgottesdienst der Gemeinde sein. Diese Gottesdienste bestehen aus den vier biblischen Grundbausteinen: Lehre der Apostel, d. h. zupackende biblische Verkündigung; Brotbrechen in der Feier des Heiligen Abendmahls; Gebet in Form von Gebetsgemeinschaft und mit anbetenden Liedern und der Möglichkeit, auch die neutestamentlichen Charismen, wie das Sprachengebet oder das Sprachensingen auszuüben; dann die Gemeinschaft, die sich in anschließender Tischgemeinschaft oder im Segnungsdienst nach dem Gottesdienst fortsetzen kann.

Wo solche, oft sehr frei gestalteten Gottesdienste gefeiert werden, muß nicht ständig am Hauptgottesdienst der Gemeinde herumexperimentiert werden. Hier entfalten sich die Gaben, die Gott einer Gemeinde anvertraut hat. Der Verlauf eines Lobpreisgottesdienstes hat zwar eine gewisse Struktur, die sich herausbildet, ist jedoch offen für Hinweise und Änderungen, die der Geist Gottes schenkt.

Zum Schluß, Herr Aschoff: Ihre Meinung zur Arbeit der Hauskreise – und was Sie ihnen wünschen aus der Sicht des GGE-Vorsitzenden.

In den Hauskreisen wurde uns etwas anvertraut, was sich schon Luther wünschte: daß Christen ihr Priestertum ernstnemen und sich in überschaubaren Gruppen gegenseitig im Glauben stützen und ermutigen – und wo nötig auch ermahnen. A und O eines gesunden Hauskreises ist seine Anbindung und Zuordnung an eine gesunde Gemeinde und eine dafür offene Gemeindeleitung, die ihre von Gott verliehene Autorität wahrnimmt. Offenheit und Kritikfähigkeit, d. h. auch Bereitschaft, selbst Kritik anzunehmen und sie als hilfreich zu empfinden, ist unentbehrlich.

Insgesamt bin ich dem Herrn der Kirche sehr dankbar, daß er in unserer immer unpersönlicher werdenden Zeit in den Hauskreisen »Instrumente« bereitstellt, die dem christlichen Glauben eine glaubwürdige Gestalt geben.

Herr Aschoff, wir bedanken uns für das Gespräch und die ermutigenden Worte.

Guten Tag, Herr Dr. Krause. Auch Sie haben einen Grundkurs des Glaubens vorgelegt und haben ihm den Titel »Gemeindeseminar: Christ werden – Christ bleiben« gegeben. Wie ist Ihr Kurs aufgebaut?

Lassen Sie mich zunächst etwas über die Zielsetzung dieses Kurses sagen. Der Kurs wendet sich primär an Personen, die sich aus biografischen oder intellektuellen Gründen mit Christsein, Glaube und Kirche schwer tun. Es gibt inzwischen immer mehr Menschen, die durch die Angebote auf dem religiösen »Markt der Möglichkeiten« irritiert werden. Sie suchen – ohne kirchlich vereinnahmt oder bedrängt werden zu wollen – nach verstehbaren Informationen und praktischen Zugangshilfen zum Glauben. Der Kurs ist informativ in der Sache, seelsorgerlich im Umgang mit Menschen, glaubensweckend in der Intention. Das Seminar verknüpft lebensgeschichtliche und biblisch orientierte Themen miteinander und leitet zu persönlichen Erfahrungen im Glauben an. Er ist wie ein Weg angelegt, der aus insgesamt 8 Stationen besteht:

1. Vom Land des Glaubens – und wie man dahin aufbricht.
2. Vom Sinn des Lebens – und wie man ihm auf die Spur kommt.
3. Von Glaubenshindernissen – und wie man damit umgehen lernt.
4. Von der Krankheit des Mißtrauens – und wie man davon geheilt werden kann.
5. Vom Himmel auf Erden – und wie man darüber ins Staunen gerät.
6. Von Gottes Anfang mit uns – und wie man Christ wird.
7. Von Gottes Treue zu uns – und wie man Christ bleibt.
8. Von Gottes Menschenfreundlichkeit – und wie man sie feiert (Abschlußgottesdienst).

Ist das Seminar bewußt für volkskirchliche Rahmenbedingungen konzipiert worden?

Ja – und das nicht nur aus pragmatischen, sondern auch aus theologischen Gründen. Das Seminar knüpft bewußt an die volkskirchliche religiöse Sozialisation (Taufe, Konfirmation) an. Man kann natürlich an die Kindertaufpraxis unserer

Volkskirche viele Fragen haben. Nur: Solange es ein Heer von getauften Menschen gibt, die die Verheißung ihrer Taufe nicht entdecken und ergreifen, kann glaubenweckende Verkündigung nicht an diesem Datum der Taufe vorbeigehen. Die Taufe ist Zeichen einer Erwählung Gottes, auf die wir Menschen positiv ansprechen können und müssen. Glaubenweckende Verkündigung bedeutet: zeigen, worin diese Erwählung besteht und wie man die Wahl Gottes annehmen kann. Das Seminar setzt weder erfahrungs- noch wissensmäßig irgend etwas voraus. Damit kommt es dem Traditionsabbruch in unserer Kirche entgegen, durch den bei vielen Menschen elementare Kenntnisse und Vollzüge des Glaubens verlorengegangen sind.

Wie läuft so ein Einzelabend ab? Ist das immer dasselbe Muster?

Die Abende haben in der Regel folgende Struktur:

Beginn im Plenum mit einer thematischen Einführung (ca. 45 Min.). Dann folgt eine Gesprächsphase von ca. 30 Minuten, in der die Teilnehmer des Seminars in kleine Gesprächsrunden auseinandergehen. Abschluß: wieder im Plenum mit einer thematischen Weiterführung (ca. 30 Min.). Zwischenfragen an den Referenten während der Referate und nach der Gesprächsrunde sind möglich.

Wenn Sie nach einem Arbeitstag den Leuten noch zwei Vorträge mit insgesamt 75 Minuten Dauer zumuten – wie schaffen Sie es, daß die Leute nicht abschalten?

In der Tat muten wir den Teilnehmern eine ziemliche Menge an Stoff zu. Trotzdem herrscht während der Abende eine unglaublich gespannte Aufmerksamkeit. Daß die Leute nicht abschalten, hat mehrere Gründe: Zum einen spüren sie sehr deutlich, daß es in den Fragen des Glaubens um ihren praktischen Lebensalltag geht, zum andern ist jeder Abend von einem Spannungsbogen durchzogen, der von Station zu Station immer wieder neues Interesse weckt. Außerdem wird jeder Gedankenschritt durch Overhead-Folien visualisiert, so daß Auge und Ohr gemeinsam angesprochen werden. Für das Seminar wurden ca. 130 Grafiken entwickelt, die auch in einem Begleitheft für die Teilnehmer enthalten sind. Schließlich ist der Referent der Abende nicht nur neutraler, sachlich informierender Berichterstatter, sondern engagierter Zeuge der Sache selbst – und das spüren die Menschen sehr deutlich.

Sie waren als Referent mit diesem Kurs nun schon in vielen Gemeinden. Ging das immer über den Pfarrer? Haben Sie den Eindruck, daß Sie mit Ihrem Kurs auch skeptische Pfarrer und Älteste mit einem Aber gegen »allzu Frommes« gewinnen konnten – und wie?

Wir führen den Kurs in Gemeinden nicht am Pfarramt vorbei durch. Zwar wird in jeder Gemeinde ein engagierter Trägerkreis aufgebaut, der den Kurs ca. 1/2 Jahr geistlich und organisatorisch vorbereitet und mitträgt. Zu diesem Trägerkreis gehört aber immer der Pfarrer der Gemeinde dazu. Das ist schon deshalb notwendig, weil das Seminar »Christ werden – Christ bleiben« nur Sinn macht innerhalb einer Gemeindeaufbau-Perspektive, die der Pastor teilen muß. Das Seminar dient dem missionarischen Gemeindebau innerhalb volkskirchlicher Rahmenbedingungen.

Der glaubenweckende Impuls des Kurses wird bewußt mit der Einladung zu Hauskreisen bzw. Gesprächsgruppen verbunden, die nach dem Seminar beginnen. Viele Teilnehmer des Seminars suchen im Anschluß daran diese »Schutzräume des Glaubens« auch gerne auf, um mit anderen zusammen das Erfahrene zu vertiefen und gemeinsam erste Schritte des Glaubens zu gehen. Weil diese »Nachgeschichte« zum Ansatz des Kurses gehört, kann das Seminar nicht in Gemeinden durchgeführt werden, deren Pastoren dies nicht wollen.

Viele Pastoren aber wünschen sich eine geistig mündige Gemeinde, in der die pastoren-zentrierte Versorgungsmentalität aufgebrochen ist. Im übrigen erlebt mancher »evangelisationsgeschädigte« Pfarrer unser Seminar als große Befreiung. Hier begegnet ihm ein seelsorgerlich-informatives »Erwachsenenkatechumenat« mit einer ungesetzlichen Form der »Evangelisation in lutherischem Gewand«. Der Kurs arbeitet nämlich nicht mit einer »freischwebenden Entscheidungstheologie«, sondern knüpft an Gottes »vorgreifender« Gnade im Taufgeschehen an. Das Seminar macht keinen Bekehrungsdruck, sondern erzählt die Gottesgeschichte im Kontext unserer Lebensgeschichte so, daß dadurch Lust zum Glauben entsteht.

Gibt es Rahmenbedingungen, die erfüllt sein sollten, bevor man mit solch einem Seminar erstmals in einer Gemeinde startet?

Wenn es eine Rahmenbedingung gibt, dann die: Es braucht eine Gruppe geistlich engagierter Gemeindeglieder, die Gott für ihre Gemeinde etwas zutrauen. Gott wartet darauf, daß wir ihm die leeren Gefäße unseres Glaubens hinstellen, damit er sie füllen kann. Das Seminar ist ein solches Gefäß – und darum braucht es Beter, die es Gott erwartungsvoll hinhalten. Das Gebet derer, die das Seminar für ihre Gemeinde wollen, entscheidet in ganz erheblichem Maße mit über die Wirkung des Kurses an diesem Ort.

Stimmt es, daß man Ihr Material nur in die Hand bekommt und erwerben kann, wenn man zuvor einen Multiplikatorenkurs besucht hat? Bedeutet dies nicht eine Beschränkung?

Es ist richtig, daß der Kurs »Christ werden – Christ bleiben« nicht im freien Handel erhältlich ist. Das würde nämlich dazu führen, daß ihn viele als Steinbruch benutzen, durch eigene theologische Ansätze verändern und damit die »Werktreue« des Projekts gefährden. Wir möchten mit denen persönlich verbunden bleiben, die sich aus der Fülle der Angebote gerade unseren Kurs mit gerade diesem theologischen Profil ausgewählt haben. Darum veranstaltet die Arbeitsgemeinschaft Missionarischer Dienste (AMD) regelmäßig sogenannte »Multiplikatoren-Kurse«, in denen Pastoren oder evangelistisch arbeitende Personen mit der Theologie, dem Inhalt und den methodisch-didaktischen Einzelheiten des Seminars vertraut gemacht werden. Die Teilnahme an einem »Multiplikatoren-Kurs« ermächtigt dann zur eigenständigen Durchführung des Seminars. Natürlich bedeutet das eine Beschränkung – aber sie ist heilsam, weil sie hilft, den Geist zu erhalten, aus dem der Kurs lebt. Außerdem ist es gut, wenn Pastoren den Kurs zunächst aus den Perspektiven der Teilnehmer erfahren. Denn nur das, was sie selbst erlebt haben, können sie nachher auch lebendig weitergeben.

Herr Dr. Krause: Ihre Perspektive für die Zukunft Ihres Kurses?

Man redet heute von der Krise der klassischen Evangelisation, vielleicht wird man morgen von der Krise der »Grundkurse des Glaubens« reden. Ich weiß nicht, wie lange Gott diese Form der glaubenweckenden Verkündigung segnet. Im Moment tut er das. Die Nachfrage nach dem Seminar wächst ständig, die geistliche Wirkungsgeschichte ist erfreulich. Ob wir mit unserem Glaubenszeugnis als Christen der rapide zunehmenden Säkularisierung in unserem Land auch künftig gewachsen sein werden, ist für mich eine noch offene Frage. Verkündigung bleibt immer nur sachgemäß, wenn sie auch zugleich zeitgemäß bleibt. Erste Erfahrungen mit dem Seminar in den neuen Bundesländern z. B. zeigen, daß der Wandel des gesellschaftlichen-kirchlichen Kontextes Veränderungen nötig macht, da immer mehr Menschen als Ungetaufte in das Seminar kommen. Aber solche Überarbeitung sollte dann auch mutig gewagt werden. Ich jedenfalls bin dazu bereit. Inzwischen sind auch Vorarbeiten angelaufen für Aufbauseminare, die glaubensvertiefende Themen behandeln und unter dem Stichwort »Ins Wasser fällt ein Stein – Impulse zu einem Christsein, das Kreise zieht« praktische Anleitung zu einem missionarischen Leben geben.

Vielen Dank für das Gespräch, Herr Dr. Krause.

Guten Tag, Herr Lagershausen. Sie sind der Beauftragte für die Arbeit mit ausländischen Studenten der »Studentenmission in Deutschland« SMD. Wie versuchen Sie, ausländische Studenten anzusprechen? Wo liegen deren spezifische Nöte, und wo können Sie helfen?

Deutsche helfen ausländischen Studenten in den vielen Belangen des täglichen Lebens: »Man kann praktisch keinen Afrikaner mehr allein auf Wohnungssuche schicken«, so neulich ein Mitarbeiter. Persönliche Einladungen zum deutschen Kaffeetrinken oder zu chinesischen Köstlichkeiten ergeben sich aus zufälligen Begegnungen im Studentenwohnheim, der Mensa, im Hörsaal oder beim Fahrradflicken. Schnell entdecken die deutschen Studenten, daß sie mit den ausländischen Gästen so einfach über Religion und Glauben ins Gespräch kommen wie mit ihresgleichen über das Wetter. Nicht selten bekunden die Besucher Interesse an der Bibel, und während es so zum regelmäßigen Bibellesen zu zweit kommt, kann der Gast zugleich seine Deutschkenntnisse vervollkommnen. Aus solchen Zellen entsteht nicht selten ein internationaler Kreis, zu dem dann andere eingeladen werden und der inhaltlich ganz unterschiedlich gestaltet werden kann. Dabei sind es oft die internationalen Gäste, die um Substantielleres, sprich Bibelarbeiten und Themen mit christlichem Inhalt, bitten.

Wenn ich das richtig verstehe, ist Ausländerarbeit in der SMD vor allem Hauskreisarbeit?

Ja, ohne das immer auch so zu nennen. Das ergibt sich einfach so. Man lädt einander ein, spricht über religiöse und ganz persönliche Glaubensfragen und liest dann plötzlich gemeinsam die Bibel. Ausländische Freunde bevorzugen in der Regel diesen ganz persönlichen, privaten Rahmen, weil für Leute, z. B. aus islamischen Ländern der Besuch einer öffentlichen christlichen Veranstaltung gefährlich werden kann. Eine Erfahrung vom Büchertisch mit einem türkischen Studenten: Er sei Moslem, der Islam habe ihn aber nicht überzeugt, nun würde er gern das Christentum kennenlernen, am liebsten durch Gespräche; Schriften seien ihm zu unpersönlich.

Und was passiert, wenn diese Leute zum Glauben kommen? Kommt das überhaupt vor?

Neulich schrieb mir eine Sinologie-Studentin, deren internationale Arbeit sich zu einem reinen Chinesenkreis entwickelt hatte: »Im Juni war ein taiwanesischer Pastor aus Frankfurt bei uns. An diesem Abend haben sich zwei Taiwanesinnen und ein Mädchen aus Tianjin (V.R. China) für Jesus entschieden. Sie haben inzwischen ganz deutliche Fortschritte im Glauben gemacht.«

Wie trägt Ihre Arbeit Frucht nach der Rückkehr der Studenten in ihre Herkunftsländer?

Meine Frau und ich haben neulich einige Tage in Beijing bei einem chinesischen Ehepaar gewohnt, mit dem wir uns angefreundet hatten, während sie in Deutschland waren. Fragen Sie nicht, wie die uns die Gastfreundschaft »heimgezahlt« haben!!! Wir waren dann auch gemeinsam in Beijing im Gottesdienst, wo unsere Gastgeberin inzwischen aktiv mitarbeitet. Während sie damals in Deutschland waren, stand sie der wiedererstehenden chinesischen Kirche äußerst skeptisch gegenüber.

Hat die Ausländerarbeit der SMD Kontakte zu Familien und Gemeinden, wohin die ausländischen Studierenden eingeladen werden?

Hat sie! Und zwar vor allem durch das sogenannte »Gastfreundschaftsprogramm«. Das hat ein Amerikaner bei uns eingeführt. Der hatte wohl gemerkt, daß Gastfreundschaft bei uns Deutschen – im Unterschied zu Asiaten und Afrikanern – nicht automatisch funktioniert und folglich haben wir ein »Programm« daraus gemacht. Mit Handzetteln und auf alle mögliche Art und Weise – und wir freuen uns, wenn das auch durch dieses Interview geschieht – laden wir Gastgeber-Familien ein und durch Plakate und persönliche Einladungen in den Wohnheimen und Unis die ausländischen Gäste. Überregional vermittelt das eine Mitarbeiterin.

In B. haben die Studenten z. B. gute Drähte zu verschiedenen Gemeinden und so elf Gastgeber-Familien einen ausländischen Weihnachtsgast zugeführt, von denen einige seither schon wieder einmal zu Besuch dort waren.

Gibt die IA Anleitung für Studenten oder Familien, die sich für eine solche Arbeit interessieren?

Ganz sicher! Vieles gerade aus diesen Erfahrungen ist in ein Handbuch eingeflossen: »Die Welt vor unserer Haustür«

veranschaulicht die missionarischen Möglichkeiten und gibt Hilfen in die Hand, wie sie wahrzunehmen sind. Die Horizonterweiterung im Kontakt mit Menschen anderer Kulturen, um die es hier geht, erstreckt sich eben nicht nur auf die Speisekarte; es ist ein umfassendes Erlebnis und eine Bereicherung auch für uns!

Abschließend möchte ich noch sagen, daß in den letzten Jahren von ausländischen Christen missionarische Organisationen, die vor allem unter Ausländern tätig sind, gegründet worden sind, mit denen wir zusammenarbeiten und die uns Deutschen immer wieder einmal den Spiegel vorhalten.

Vielen Dank, Herr Lagershausen, für dieses interessante Gespräch. Vielleicht fühlt sich ja jemand durch diesen Beitrag angesprochen und kommt auf Sie zu.

Guten Tag, Herr Hahn. Sie sind leitender Mitarbeiter der Kinder-Evangelisationsbewegung (KEB). Auf welche Weise erreichen Sie die Kinder am besten mit dem Evangelium?

In erster Linie möchte die KEB gemeindefremde Kinder mit dem Evangelium erreichen, sie durch den Heiligen Geist zu Jesus Christus führen und im Glauben stärken und pflegen. Da die KEB keine Gemeinde ist, möchten wir die Kinder in eine bibeltreue Gemeinde integrieren. Dies geschieht alles am besten durch »Kinder-Hauskreise«.

Warum sollen Kinder-Hauskreise eingerichtet werden?

Hierzu kurz sechs Gründe:

1. Die Bibel weist uns hin in Apg 2,46 auf das Missionsprinzip »… hin und her in den Häusern!«
2. Jesus zeigt uns in seinem Wort die Notwendigkeit, auch schon Kindern das Evangelium zu sagen!
3. Es fehlt heutzutage an Eltern, die ihre Kinder zum Besuch von Kindergottesdiensten anhalten!
4. Der Weg zur nächsten Gemeinde ist oft weit!
5. Kinder-Hauskreise bieten die Möglichkeit, vor allem gemeindefremde Kinder aus der Nachbarschaft zu erreichen!
6. Jeder kann kommen, ganz gleich zu welcher Konfession oder Nationalität er gehört.

Und welches Alter sprechen Sie an?

Die Altersspanne ist oft sehr groß. Sie reicht vom Vorschulkind bis zum Teenager. Oftmals bringen die Älteren ihre jüngeren Geschwister mit. Gibt es genügend Helfer und auch Platz, so werden altersspezifische Gruppen eingerichtet. Doch wichtig ist, daß die »älteren« zu Helfern und Mitarbeitern ausgebildet werden, sonst bleiben sie sehr bald weg.

Evangelisation zielt darauf, daß sich ein Mensch bekehrt. Was heißt »Bekehrung« für ein Kind in seinem Alter und Lebenshorizont?

Wenn sich ein Kind unter der frohen Botschaft von der Liebe Gottes öffnet und bewußt mit Jesus Christus leben will, so hat sich eine »Bekehrung« vollzogen. Sie geschieht, bei Kindern wie auch bei Erwachsenen, einzig und allein durch die Wirkung des Heiligen Geistes. Der Glaube ist immer durch Gottes Geist dem Alter und somit dem Verständnis des Kindes angepaßt. Erhält ein neunjähriges Kind ein Kleid, so paßt das tiptop. Wird das Kind dann ein dreizehnjähriger Teenager, so paßt das Kleid nicht mehr. Warum nicht? Weil es nicht mitgewachsen ist! Damit dasselbe, im übertragenen Sinn, nicht mit dem Glauben eines Kindes passiert, muß derselbe unaufhörlich weiter wachsen (2 Petr 3,18).

Und wie werden die Kinder, wenn sie Jesus liebgewonnen haben, weitergeführt? Inwieweit schulen Sie dazu erwachsene Mitarbeiter/innen am Ort.

Die Betreuung gläubiger Kinder kann in einem Kinder-Hauskreis leicht und optimal durchgeführt werden. In jeder Darbietung einer biblischen Geschichte muß berücksichtigt werden, ob gläubige Kinder anwesend sind, die »wachsen« müssen. Sie brauchen andere »Kost« als solche, die Jesus in ihrem Leben noch nicht erlebt haben. Die Betreuung und »Nacharbeit« sollte solange geschehen, bis die zu Betreuenden »mündig« geworden sind.

Oftmals geschieht die Pflege gläubiger Kinder auch in sogenannten Gebets-Zellen (GZ). Wöchentlich treffen sich junge Christen bei einer »Gebets-Mutter«, die eine Anlaufstation der Kinder darstellt. Die Gebets-Mütter kommen aus der jeweiligen Gemeinde. Sie erhalten von der KEB in unregelmäßigen Abständen GZ-Briefe, die sie den Kindern weitergeben.

Was für Themen werden in den Kinder-Hauskreisen behandelt?

Hier gibt es wohl den größten Unterschied zu Hauskreisen Erwachsener. Bei Kindern muß zunächst ein solides Fundament aus dem Wort Gottes gelegt werden, sowohl was die biblischen Geschichten angeht als auch, was die Lehre betrifft.

Von daher ist es wichtig, wie diese »Bibelspeise« zubereitet und auch weitergegeben wird. Wir legen darum auf die Schulung der Kinder-Hauskreis-Mitarbeiter/innen großen Wert. Dies geschieht in wöchentlichen Lehrabenden, in Tagesseminaren oder auch kurzen oder längeren Kursen und Workshops.

Was sollte man bei der Leitung eines Kinder-Hauskreises beachten? Geben Sie uns doch einmal ein paar Stichworte.

• Werbung • Planung • Vorbereitung des Raumes • Gebetspartner • Helfer • Wiederholung • Disziplin • Audiovisuelle Hilfsmittel und andere Medien •

Die Programmpunkte:

a. feststehende: Singen, Gebet, Merkvers, Wiederholung, biblische Geschichte;
b. flexible: Gebetszeit, Bibelzeit, lehrmäßige Vertiefung, Missionszeit, Gegenstandslektion, Gesprächskreis, Hilfe zum Zeugendienst, Ausdruckübungen, Quizzeit.

Eine Frage zum Schluß: Was können Erwachsenen-Hauskreise von Kinder-Hauskreisen lernen?

Bei dieser Frage muß ich passen. Da weiß ich keine Antwort, nur einen Wunsch oder eine Bitte: Unsere Mitarbeiter in den z. Zt. 16 Zweigstellen in Deutschland suchen und beten ständig um offene Häuser und Stuben, um bereite Eltern und Familien, die bei sich in der Wohnung einen Kinder-Hauskreis aufnehmen. Jesus sagt in Mt 18,5: »Wer ein solches Kind aufnimmt in meinem Namen, der nimmt mich auf.« Für jede Meldung sind wir dankbar.

Wir danken Ihnen, Herr Hahn, und wünschen, daß Sie viele Meldungen bekommen.

Guten Tag, Herr Kock. Sie sind einer der Hauptverantwortlichen des Marburger Kreises. Ist das ein »Kreis« und wieso gerade Marburg ?

Ein »Kreis« sind wir, weil diese Bezeichnung Ende der 50er Jahre, als unsere Gruppe gegründet wurde, modern war. »Marburg«, weil unsere Gründerväter, die die missionarischen Impulse der Gruppenbewegung aus der Vorkriegszeit in der Nachkriegszeit konkretisieren wollten, sich in Marburg trafen und keine andere Bezeichnung gefunden haben.

Was will der Marburger Kreis? Welche Zielgruppe möchte er ansprechen?

Der Marburger Kreis sieht als seine Zielgruppe den Menschen, der in seinem Alltag nicht mehr von den christlichen Kirchen erreicht wird. Ihm versuchen wir Mitarbeiter des Marburger Kreises in seiner normalen Umgebung zu begegnen, ihn durch unseren »anderen« Lebensstil zu interessieren und dadurch sein Vertrauen zu gewinnen. Dann können wir ihm auch eine persönliche Lebensverbindung mit Jesus anbieten. Christen, die schon ein lebendiges Verhältnis zu Jesus Christus haben und in unserer Arbeit einen Hauskreis suchen, bitten wir normalerweise, eine andere christliche Gruppe zu wählen, eben weil unsere Zielgruppe die Fernstehenden sind.

Wie kommen Sie an solche Leute denn heran? Das ist ja bekanntlich nicht so ganz einfach. Gibt es da bestimmte Methoden und Erfahrungen bei Ihnen?

Die Möglichkeiten, Menschen zu gewinnen, sind so vielfältig wie die Menschen selbst. Es gibt Mitarbeiter, die im Gebet erkennen, wen sie ansprechen können. Andere wirken so vertrauenswürdig, daß sie geradezu von Fragern überlaufen werden. Andere gewinnen die Herzen von Familienmitgliedern. Ich kenne einen Mitarbeiter, der zweiundzwanzig Jahre gebetet hat, bis seine Verwandten Jesus begegneten.

Eine gute Möglichkeit, solche Kontakte zu vertiefen und auch konkret von Jesus zu reden, sind unsere Wochenenden und Tagungen. Sie werden jeweils durch Teams von 10 bis 30 Mitarbeitern verantwortet und über das ganze Jahr hin im deutschsprachigen Raum durchgeführt.

Was geschieht mit den Menschen, die auf einer Ihrer Tagungen Glaubensvertrauen zu Jesus gefaßt haben?

Wir sagen allen Teilnehmern unserer Veranstaltungen, die Jesus ihr Leben anvertrauen, daß sie eine christliche Gemeinschaft suchen sollen, die ihnen in ihrer speziellen Situation am besten weiterhilft. Neue Christen, die mit uns leben und arbeiten wollen, nehmen wir in unsere örtlichen Gruppen auf. Wir bemühen uns, ihnen die Grundbegriffe des Christseins wie Beten, Bibellesen, Seelsorge, Gemeinschaft, (missionarischer) Dienst, soziale Verantwortung vorzuleben und erstrebenswert zu machen.

Wir wollen aber bewußt keine Konkurrenz für irgendeine Kirche oder Denomination sein, sondern eine interkonfessionelle, missionierende Arbeitsgruppe, die der Gesamtchristenheit dient und zuarbeitet.

Warum nennen Sie Ihre Gruppen »Mannschaften«?

Unsere Gründerväter nannten die örtlichen Gruppen »Mannschaften«, weil sie das englische Wort »Team« übersetzen wollten. Teamarbeit und die Bereitschaft zu einem verbindlichen Lebensstil sind wesentliche Strukturelemente unserer Arbeit. Wir erwarten voneinander als Mitarbeiter, daß wir uns je nach den persönlichen Möglichkeiten ausreichend Zeit für die Gewinnung Fernstehender nehmen. Damit eine solche Erwartung nicht zu falschem Leistungsdruck, Einseitigkeit und Verkrampfung führt, wird uns immer wichtiger, daß über dem Auftrag nicht die lebendige, persönliche Verbindung zu Jesus Christus vernachlässigt wird, sondern wächst.

Eine Mannschaft ist also mehr als ein Hauskreis, straffer, verbindlicher? Kann das jeder so durchhalten? Und was ist, wenn nicht?

Ich denke nicht, daß eine Mannschaft mehr ist als ein Hauskreis. Durch den speziellen missionarischen Auftrag des Marburger Kreises sind die Aufgabe und die Erledigung der Aufgabe leichter zu beschreiben als bei vielen anderen Kreisen. Die darin liegende gewisse Engführung und die erforderliche Disziplin sind sicher nicht für jeden Christen der gottgewollte Weg. Wir sind eben nur eine kleine Arbeitsgemeinschaft neben vielen anderen Gruppierungen und Möglichkeiten im Bereich der Christenheit.

Mit gutem Gewissen kann ich sagen, daß wir niemanden halten, der in unserer speziellen Art nicht leben kann oder möchte. Wichtig ist uns, niemanden an unsere spezielle Gruppe zu binden. Wir wollen mit unserer Arbeit nicht unbedingt Mitarbeiter gewinnen oder nachweisbaren Einfluß erreichen. Jeder Mitarbeiter soll die Freiheit haben, sich dort einzubringen, wo Gott ihn haben will.

Wie groß ist denn der Marburger Kreis im Augenblick? Und wo kann man an Informationsmaterial herankommen?

Jetzt, Ende 1993, haben wir im ganzen Bundesgebiet etwas mehr als 5 000 Mitarbeiter in gut fünfhundert örtlichen Mannschaften. Auskünfte über unsere Arbeit können unsere Mitarbeiter vor Ort geben und unser zentrales Büro unter folgender Anschrift und Telefonnummer:

Fichtestraße 4,
97074 Würzburg
Tel. 0931-71025

Wir danken Ihnen für dieses Gespräch, Herr Kock !

Guten Tag, Frau Fuchs. Sie haben nun viele Jahre Kinderwochen in Gemeinden durchgeführt und haben nun sogar ein eigenes Werk für diese Arbeit gegründet. Wie läuft solch eine Kinderwoche ab? Wie alt sind die Kinder? Und was streben Sie an als Ziel solch einer Woche?

Eine Kinderwoche sollte ein Höhepunkt für Kinder und Eltern einer Gemeinde sein. Hierzu wurden alle Kinder der Gemeinde eingeladen, nicht nur die regelmäßigen Kindergottesdienstbesucher, sondern dieses Mal besonders auch die Kinder, die nicht zur Kirche/ Gemeinde kommen.

In einer Kinderwoche sollten alle Altersgruppen von den Kindern erreicht werden (4-12 Jahre). Das bedeutet, die Chancen wahrzunehmen, die vorschulpflichtigen Kinder am Morgen in den Kindergärten zu besuchen, mit ihnen zu singen, zu beten und eine Geschichte zu erzählen. Wenn Möglichkeiten bestehen, arbeiten wir auch im Religionsunterricht in den schulpflichtigen Altersgruppen mit.

Am Nachmittag laufen dann die Sonderveranstaltungen: für 5- bis 9jährige (1 Stunde) und die 9- bis 12jährigen (1 Stunde) mit einer halben Stunde Pause dazwischen.

Ein Elternabend mit einem interessanten Thema gehört in dieser Woche dazu. Wenn gewünscht, können auch Mitarbeiterschulungen am Abend angeboten werden.

Der Samstag könnte im Sommer freigehalten werden für ein Kinderfest. Abschluß und Höhepunkt der Kinderwoche ist der gemeinsame Familiengottesdienst am Sonntagmorgen, der jung und alt in die Kirche führt.

Der Gottesdienst enthält normale Elemente, aber auch spezielle für Eltern und Kinder. Kinder führen etwas vor und es wird eine biblische Geschichte erzählt mit Anwendung für Eltern und Kinder (kleine Predigt). Es ist wichtig, daß auch Großeltern gern in den Gottesdienst kommen.

Eine Kinderwoche ist ein Fest für die ganze Gemeinde und hat das Ziel, Kinder und Eltern mit der frohen Botschaft von Jesus Christus zusammenzubringen. Aber das besondere Anliegen ist, Kinder in dieser Woche in eine Lebensgemeinschaft mit Jesus zu führen.

Was sind die Rahmenbedingungen in einer Gemeinde, wenn sie sich überlegt, solch eine Kinderwoche durchzuführen? Wie wird das von Ihnen vorbereitet? Und von Seiten der Gemeinde?

Die Gemeinde lädt zu allererst einmal einen Jugendmissionar/in unseres Werkes ein. Dieser gestaltet hauptsächlich mit den Mitarbeitern und dem Pfarrer/Pastor die Woche.

Die Gemeinde übernimmt die Werbung und motiviert die Mitarbeiter an jedem Tag, soweit sie können, mitzumachen. Der Pfarrer/Pastor ist die Schlüsselfigur des Ganzen. Hat er ein Herz für Kinder, läuft meistens eine gute Nachwuchsarbeit.

Der Jugendmissionar gestaltet themenmäßig mit Liedern und Geschichten die Woche. Das Ziel ist, die Kinder durch Geschichten, biblische Prinzipien, Gleichnisse verschiedener Art und sehr viel Kreativität und Gestaltung zu informieren über Gott den Vater, Jesus den Erlöser und den Heiligen Geist, dem Helfer, und so die Kinder zu einem persönlichen Erlebnis für ihr Leben zu führen, wenn sie es wollen.

Was heißt für ein Kind »Bekehrung« mit seinem Lebenshorizont?

Den Kindern wird in der Woche eine Möglichkeit geboten, Jesus Christus in ihr Leben hineinzubitten. Das betrifft hauptsächlich die älteren Kinder zwischen 9 und 12 Jahren, die von der alterspsychologischen Entwicklung her klar erfassen können, daß sie von Gott getrennt sind durch ihre Sünde, daß Jesus ihnen vergeben will und sie wieder in die Gemeinschaft mit Gott zurückführt. Bei den jüngeren Kindern erleben wir auch oft eine Reaktion, aber mehr in die Richtung: »Jesus, ich will dich lieb haben.« Aber auch dieses ist ein erster Schritt in die Lebensgemeinschaft mit Jesus Christus.

Die Statistiker sagen, daß die meisten Begegnungen mit dem Evangelium im Kindesalter stattfinden und hier sehr häufig die ersten Schritte getan werden, denen später natürlich viele weitere folgen müssen.

Wie werden Kinder, wenn sie Jesus liebgewonnen haben, weitergeführt? Eignen sich dazu eigentlich nur Frauen?

Dazu brauchen Kinder unbedingt die Erwachsenen. Eigentlich hat Gott für die religiöse Erziehung die Eltern, insbesondere den Vater vorgesehen (Ps 78). Im Judentum ist das bis heute der Fall. Der Vater übernimmt die religiöse Erziehung der Kinder. Doch aus der Entwicklung der Familie in unserer Zeit wird immer mehr sichtbar, daß die religiöse Erziehung in der Familie nicht mehr geleistet wird. Deshalb hat in den letzten Jahrzehnten die Gemeinde bzw. ihre Mitarbeiter diese religiöse Erziehung übernommen. Aber eine sehr gute Möglichkeit, um Kindern auf diesem Gebiet wieder mehr zu bieten, sehe ich in dem Potential von christlichen Eltern, die »Paten-Eltern« sein können in den Kinder-Hauskreisen.

Paten-Vater und Paten-Mutter setzen sich ein, um Kindern nach so einer Kinderwoche ihre Fragen zu beantworten, mit ihnen zu beten, zu singen, sie im Wort Gottes weiterzuführen, ihnen Gelegenheit in der Familie zu geben. Dieser Aufruf kann natürlich auch an Mütter alleine gehen, Großmütter oder Singles.

Wie werden die Leiterinnen ausgewählt und für die Aufgabe geschult?

»Wie erzähle ich eine Geschichte«, oder »Mit Kindern singen«, oder »Mit Kindern beten«. Dies wird vermittelt über Jugendmissionare. Noch eines: Kinder-Hauskreise sollten unbedingt integriert sein in die Gemeinde und es sollten alle zwei Monate Veranstaltungen für alle Hauskreise stattfinden, damit Kinder entdecken, daß es außer ihnen noch viele Kinder gibt, die von Jesus hören wollen.

Was sollte man bei der Leitung einer Kindergruppe beachten? Geben Sie uns doch mal eine kleine Stichwortliste.

Christliche Eltern (Mütter etc.) sind bereit, einmal wöchentlich zwei bis drei fremde Kinder in die eigene Wohnung zu ihren eigenen Kinder einzuladen, ihnen elterliche Wärme zu geben, eine biblische Geschichte zu erzählen (oder TV-Sendungen anzuschauen), mit ihnen zu singen (Lieder sind die offene Tür in die Seele) und mit ihnen zu beten. Das sind die einfachsten Elemente, um Kinder im Glauben weiterzuführen. Aber sie übernehmen auch eine Gebetsverpflichtung täglich vor Gott, für diese Kinder einzustehen. Einige Tips:

- Der Vater sollte, wenn es geht, mitmachen.
- Der Kinder-Hauskreis sollte eine Stunde nicht überschreiten.
- Kinder lehren, Regeln einzuhalten (Ein »Ja« ist ein »Ja«, ein »Nein« ist ein »Nein«).

Frau Fuchs, vielen Dank für dieses Gespräch.

Guten Tag, Herr Bürgi. Sie sind Leiter von »Mut zur Gemeinde« in der Schweiz. Seit wievielen Jahren gibt es »Mut zur Gemeinde« und was steckt hinter dem doch sehr eindeutigen Namen?

Uns gibt es seit 1970. Wir sind eine Laienbewegung und wollen zur geistlichen Erneuerung des Einzelnen und der Gemeinden beitragen.

Und wie werden diese Ziele angestrebt? Was tut »Mut zur Gemeinde« konkret?

Unser Hauptangebot besteht in einem Wochenendprogramm, das auf Einladung hin durch ein Team von auswärtigen Gemeindegliedern in einer örtlichen Gemeinde durchgeführt wird. Der Akzent dieser Wochenenden liegt auf Begegnung, persönlichen Erfahrungsberichten und Gruppengesprächen, in sogenannten »Kaffeestuben«, wozu Gemeindeglieder vor Ort in ihr Wohnzimmer einladen.

Konkret sieht das so aus, daß je nach Größe des Anlasses sechs bis fünfzehn freiwillige Team-Mitarbeiter/Innen aus verschiedenen Gemeinden von Freitagabend ca. 18.00 Uhr bis Sonntagmittag zur einladenden Gemeinde zu Besuch kommen. Am Freitag- und Samstagabend finden öffentliche Veranstaltungen für die Gemeinde statt. Programm-Punkte sind Singen neuerer Lieder, einige persönliche Berichte von auswärtigen Gästen über ihre Erfahrungen als Christen im Alltag und Gespräche in Gruppen, die von den auswärtigen Team-Mitgliedern geleitet werden. Am Samstagnachmittag leiten die Team-Mitarbeiter/Innen Kaffeegruppen-Gespräche in Privathäusern.

Der Sonntags-Gottesdienst wird vom Ortspfarrer und dem Gästeteam gemeinsam gestaltet. Für die Gäste werden in der Gemeinde Privat-Unterkünfte gesucht. Dies ergibt eine weitere Gelegenheit zu persönlichen Begegnungen.

Welche Ergebnisse hat so ein Einsatz in der Regel?

Es ist immer wieder erstaunlich, wieviele Gemeindeglieder im Glauben ermutigt und zu vertrauensvollen Beziehungen gestärkt werden während eines solchen Wochenendes.

Unter Gottes Segen werden durch diese Begegnungen viele geistliche Impulse ausgelöst. Fast nach jedem Wochenend-

Einsatz entstehen ein oder mehrere Hauskreise in einer Gemeinde und eine tiefere Gemeinschaft unter den Beteiligten, wie auch zwischen den bereits bestehenden Gruppen. Dadurch, daß hier neue Gruppen durch einen offiziellen, gemeindeeigenen Anlaß entstehen, sind sie auch von Anfang an viel besser als Gruppen der Gemeinde anerkannt und integriert.

Betreuen Sie entstandene Hauskreise weiterhin?

Wir haben von Beginn unserer Arbeit an betont, daß Gruppen, die durch ein »Mut zur Gemeinde«-Wochenende entstehen, Gruppen der betreffenden Gemeinde sind, und daß die Gemeinde am Ort für die Leitung, Schulung und Betreuung zuständig ist. Wir von »Mut zur Gemeinde« stehen aber gerne für Schulungskurse in den Gemeinden zur Verfügung. Im weiteren bieten wir auch überörtliche Seminare und Ferienkurswochen an zur Schulung in Hauskreisarbeit, Leitung, Seelsorge und Gemeindeaufbau an.

Wieviele Hauskreise durch »Mut zur Gemeinde« gibt es denn in der Schweiz? Und gibt es so was auch in Deutschland oder Österreich?

Wir führen keine Statistik, aber durch einige hundert Gemeindewochenenden haben wir sicher dazu beigetragen, daß viele hundert Hauskreise entstanden sind. Über die Jahre hin sind wir in fast allen Kantonen der deutschsprachigen Schweiz tätig gewesen. Auch in Deutschland gab es wohl schon über hundert Wochenendeinsätze. Seit einigen Jahren gibt es einen eingetragenen Verein »Mut zur Gemeinde«, der für Deutschland selbständig die Wochenendeinsätze organisiert.

Dann kann man also ein Team von »Mut zur Gemeinde« einfach einladen zu einem Wochenendeinsatz in seiner Gemeinde?

Ja, wir sind jederzeit gerne zu einem Einsatz bereit und werden mit interessierten Gemeinden im Gespräch abklären, welche Form unseres Dienstes der Gemeindesituation am besten entsprechen könnte.

Was für Vorbereitungen muß eine Gemeinde für solch einen Einsatz treffen?

Es ist wichtig, daß eine Gruppe von Gemeindegliedern für die Vorbereitungsarbeit gewonnen werden kann. Je mehr Leute an den Vorbereitungsarbeiten beteiligt sind, desto mehr Breitenwirkung wird der Wochenend-Einsatz auslösen. Für die Vorbereitungsarbeiten geben wir eine schriftliche Anleitung und eine Checkliste die nötigen Anregungen und Hilfen.

Gehört »Mut zur Gemeinde« zu einer bestimmten Kirche?

»Mut zur Gemeinde« ist ein selbständiges Werk und steht gerne allen Gemeinden, gleich welcher Denomination, mit ihren Programmen und Kursen zur Verfügung.

In der Schweiz arbeiten wir vorwiegend in reformierten Kirchengemeinden. In Deutschland liegt der Schwerpunkt unseres Dienstes hauptsächlich in der evangelisch-methodistischen Kirche.

Was wünschen Sie sich für die Zukunft für »Mut zur Gemeinde«?

Ich wünsche mir, daß es in den Gemeinden nicht bei einer Anzahl lose verbundener Hauskreise bleibt, sondern daß Mitarbeitergemeinden entstehen, die missionarisch, diakonisch und wachstumsfähig sind.

In Deutschland wünsche ich mir zudem vermehrte »Mut zur Gemeinde«-Einsatzmöglichkeiten in den Landeskirchgemeinden. Ich glaube, daß unser Wochenend-Begegnungsprogramm noch vielen Gemeinden zum Segen werden könnte.

Herzlichen Dank für dieses Gespräch, Herr Bürgi.

Mut zur Gemeinde
Schönhaldenstr. 38
CH-8708 Männedorf
Telefon: 01-920 20 15

Kontaktadresse in Deutschland:
Karlheinz Wallhäuser
Bosslerstr. 18
D-73265 Dettingen-Teck
Telefon: 07021-55670

»Neue Schritte«

Guten Tag, Herr Runkel. Sie sind verantwortlich für »Neue Schritte«. Was ist »Neue Schritte«?

»Neue Schritte ist ein missionarisches Gemeindeaufbau-Projekt, in dessen Mittelpunkt die Evangelisation einer Gemeinde steht, die nicht von einem Evangelisten, sondern nur von den Mitarbeitern getragen wird. Dieses Projekt möchte das Sendungsbewußtsein der Christen fördern. Sie werden als Mitarbeiter entdeckt, ausgerüstet und ausgesandt für ein konkretes evangelistisches Projekt in ihrer Gemeinde.

Die Kontakte zur Bevölkerung entstehen durch verschiedene aufeinanderfolgende, öffentlichkeitswirksame Schritte, die denen von ☞ »Projekt: neu anfangen« ähnlich sind. In ländlichen Gebieten wird jedoch auf den Einsatz des Telefons verzichtet. Im allgemeinen ist die Resonanz aus der Bevölkerung höher, wenn ein Mitarbeiter persönlich vorstellig wird

»Neue Schritte« wird im Gegensatz zu »Projekt: neu anfangen« von einer einzelnen Gemeinde durchgeführt. Dies liegt daran, daß »Neue Schritte« den Hauptakzent auf die Gemeindeentwicklung einer Ortsgemeinde legt. Der Vorteil der örtlichen Aktion liegt darin, daß sich die Gemeinde mit ihren Möglichkeiten, Begrenzungen und ihrem eigenen Tempo ihren individuellen Weg zur Vorbereitung gehen kann.

Wenn in einer Gemeinde Leute sind, die solch eine missionarische Initiative gerne ergreifen würden, wie sollen die vorgehen?

In einem Vorgespräch mit dem Pfarrer bzw. der Pfarrerin denken wir über die Realisierung nach. Anschließend folgt eine ausführliche Darstellung des Projektes vor der Gemeindeleitung und den Mitarbeitern. Sie stellt die »Neuen Schritte«-Konzeption vor und gibt der Gemeinde Entscheidungskriterien an die Hand.

Die meisten »Neue Schritte-Gemeinden« haben zuvor einige Vertreter zu sogenannten Infoabenden gesandt. Diese Abende werden während des eigentlichen Einsatzes in den entsprechenden Gemeinden für andere Gemeinden, die in der Vorbereitungsphase stehen, angeboten.

Gibt es Voraussetzungen in einer Gemeinde, die erfüllt sein sollten? Welches Stadium der Gemeindeentwicklung ist geeignet, welches nicht?

Die Gemeinde sollte möglichst geschlossen das Anliegen des missionarischen Gemeindeaufbaus vertreten. Sie sollte die Sehnsucht in sich spüren, Menschen mit dem Evangelium zu erreichen und gleichzeitig offen sein, neue Beziehungen aufzubauen. Mindestens 50 % der beim Projekt benötigten Mitarbeiter sollten bei der Entscheidung für dieses Projekt bereitstehen. Erfahrungsgemäß versammeln sich ca. 5-10 % der angesprochenen Personen (Haushalte) nach der Aktion in offenen Gesprächskreisen. Für diese Menschen sollten die »Kornkammern« (Kapazität an Gesprächskreisen und -leitern) aufgebaut sein oder noch gebaut werden.

Wie bereitet sich nun eine Gemeinde konkret auf solch einen Einsatz vor?

Die Gemeinde erfährt Begleitung durch einen Mitarbeiter des Instituts für Gemeindeaufbau. Er steht für Fragen stets zur Verfügung bzw. kann die eine oder andere hilfreiche Erfahrung weitergeben. Für die 6 bis 7 wichtigsten Teilverantwortungen (z. B. Telefondienst, Besuchsdienst, Werbung, Finanzen usw.) braucht es jeweils einen Mitarbeiter. Alle zusammen bilden das »Projektteam«, das ebenfalls durch einen Mitarbeiter koordiniert wird. Jedes Mitglied des Projektteams erhält ein Projekthandbuch, in dem die drei Phasen sowie die einzelnen Teilverantwortungen genau beschrieben sind. Außerdem steht dem Projektteam eine Ideenmappe zur Verfügung, dies ist eine Sammlung mit Anregungen von anderen Gemeinden.

Wenn sich das Projektteam formiert hat, können die Schulungseinheiten geplant werden. Als Grundausrüstung empfehlen wir die drei Seminare »Herr, lehre uns beten«, »Vom Glauben reden lernen«, »Gesprächskreisleitung«. Einige Gemeinden führen zusätzlich das Gabenseminar »Mein Platz in der Gemeinde« durch oder vertiefen das Thema »Seelsorge«. Während der Schulungen und bei jeder anderen Gelegenheit wird immer wieder auf das gemeinsame Ziel hingewiesen. Der Höhepunkt der Vorbereitungsphase könnte ein Sendungsgottesdienst sein, in dem jeder an der Aktion beteiligte Mitarbeiter für seine Aufgabe ausgesandt wird.

Die Gemeinde hat also eine großartige Mitarbeiterschulung, noch bevor ein Außenstehender erreicht worden ist. Und wie geht es dann weiter?

Nach den Schulungen geht's richtig »zur Sache«. Die sogenannte »heiße Phase« nimmt je nach Gemeindegröße 2-3 Wochen ein. Die Bevölkerung ist durch die Öffentlichkeitsarbeit vorbereitet. Jetzt nehmen Mitarbeiter Kontakt mit den Menschen auf und bieten ihnen ein kostenloses Taschenbuch mit christlichen Zeugnissen an. Die Kontaktaufnahme geschieht durch einen Besuchsdienst oder von einer Telefonzentrale im Gemeindehaus aus. Eine Woche später entsteht erneut ein Kontakt zu den Menschen, die das Taschenbuch angenommen haben (ca. 70-100 %). Diese werden dann zu befristeten Gesprächskreisen (fünf bis sieben Mal) eingeladen. Nach den Rückmeldungen werden die Interessierten und die Gesprächsleiter in Gruppen eingeteilt. Die Gesprächsleiter besuchen die ihnen Zugeteilten und stellen sich ihnen persönlich vor: Sie überreichen eine schriftliche Einladung, aus der hervorgeht, wann der erste Gesprächsabend beginnt.

Wenn der Einsatz vorbei ist – was bleibt? Gibt es dazu Erfahrungen?

»Neue Schritte« ist eine Beziehungsevangelisation. Sie gibt den Mitarbeitern Anlaß und Chance zugleich, Beziehungen zu Außenstehenden aufzubauen, zu denen sie sonst vielleicht keinen Zugang hätten. Was bleibt, richtet sich hauptsächlich nach dem Interesse und der Beziehungsfähigkeit der Mitarbeiter. Das Projekt ist so gut wie die Leute, die es durchführen. Darum müssen die Mitarbeiter verstehen: Nicht die Aktion »Neue Schritte« tut für uns die Arbeit. Es kommt darauf an, Jünger zu bekommen, was ein längeres und andauerndes Engagement erfordert. Wenn eine Gemeinde diesen christlichen Gedanken wirklich in sich trägt, kann sie allerdings durch »Neue Schritte« völlig umgekrempelt werden und zu blühendem Leben erwachen.

Was bieten Sie den Gemeinden als Nacharbeitsmaterial an?

Zunächst kann sich der Glaubenskurs »Wendepunkt« anschließen, der innerhalb von acht Wochen den Angesprochenen Jesus nahebringt. Anschließend empfehlen wir die verschiedenen Nacharbeitsmaterialien von Campus für Christus, die den Gedanken der Jüngerschaft gut entfalten.

»Neue Schritte«

Wenn die Grundlagen des christlichen Glaubens gelegt sind, bietet sich der intensive Jüngerschaftskurs ☞ »2x2« an, durch den die Teilnehmer innerhalb von zwei Jahren zu echten Mitarbeitern werden können. Hier schließt sich der Kreislauf. Die taufrischen Christen von damals werden selbst zu Gesandten und haben ihren Platz in der Gemeinde gefunden.

Was kostet die Gemeinde solch ein Einsatz?

Je nach Werbeaufwand muß die Gemeinde mit DM 3-6 pro getauftem Gemeindeglied rechnen. Hinzu kommen Fahrtkosten und eine Aufwandspauschale für die Praxisbegleitung durch einen unserer Mitarbeiter.

Vielen Dank, Herr Runkel, für das Gespräch.

Projekt: »neu anfangen«

Guten Abend, Herr Fuchs. Als Mitarbeiter des Amtes für missionarische Dienste in Stuttgart haben Sie nun schon einige Jahre Erfahrung in der Begleitung und Durchführung des »Projektes: neu anfangen«. Zunächst: Was ist »neu anfangen?«

»neu anfangen« ist ein missionarisches Projekt, das vor einigen Jahren entwickelt wurde und bis heute in nahezu 40 Regionen der Bundesrepublik durchgeführt wurde. »neu anfangen« ist ein Laienprojekt! Nicht der Evangelist bzw. Verkündiger »von außen« ist gefragt, sondern das missionarische Engagement Ehrenamtlicher.

Ein weiteres Kennzeichen ist die ökumenische Kooperation evangelischer, katholischer und freikirchlicher Christen. Was die Aktion schließlich aber bekannt gemacht hat, ist die Einbeziehung des Telefons. Der Erstkontakt wird über einen Anruf hergestellt. Wo dies gewünscht wird, schließt sich ein persönlicher Besuch an, bei dem ein Taschenbuch überbracht wird, das eigens für die Aktion hergestellt wird. Christen aus der Region berichten darin über ihre Glaubenserfahrungen. Bei vier bis sechs Gesprächsrunden, zu denen in private Wohnungen eingeladen wird, werden Grundfragen des Glaubens vertieft mit denen, die bei der Überreichung des Taschenbuches Interesse an solchen Gesprächsabenden bekundet haben.

Jahr	1. Jahr 6789101112	2. Jahr 1234567	8910 11 12	3. Jahr 1234567	89
Information					
Entscheidungsfindung					
Seminarangebot Gebet/Glauben					
Schulungen: Telefon/Besuche Gesprächsrunden					
Öffentlichkeitesarbeit					
Kontaktphase					
Gesprächsrunde					
Weiterführung					

Und so sieht zusammengefaßt das ganze Projekt in einem Schaubild aus, in Vorbereitung – Durchführung – und Nacharbeit.

Kann eine Gemeinde in dieser Zeit eigentlich noch irgend etwas anderes tun?

Es ist klar, daß das Projekt während der »heißen Phase« (Telefon- und Besuchskontakte) Priorität hat. Im Vorfeld und im Rahmen der Nacharbeit wird die Gemeindearbeit aber kaum berührt. Wichtig ist nur, daß alle Angebote der Gemeindegruppen thematisch irgendwie mit dem Projekt »neu anfangen« verflochten werden.

Gibt es da immer genügend Mitarbeiter für all die vielen Aufgaben?

Die Tatsache, daß es meist gelingt, gerade für dieses Projekt neue Mitarbeiter und Mitarbeiterinnen zu gewinnen, verteilt die Aufgaben auf viele Schultern. Dies liegt daran, daß neue, oft sehr praktische Aufgaben getan werden müssen, an die sich plötzlich Leute herantrauen, die in dem üblichen »Gemeindebetrieb« sonst im Schatten stehen.

Welche Rolle spielen bei diesem Projekt Hauskreise?

Soweit ich sehe an drei wichtigen Stellen. Zum einen stellen sich viele Hauskreise, wenn das Projekt: »neu anfangen« bei ihnen durchgeführt wird, gerne zur Verfügung. Gibt den Mitarbeiterinnen und Mitarbeitern dieses Projekt doch (endlich) einmal die Möglichkeit, missionarisch aktiv zu werden.

Zum anderen waren es immer wieder in der Nacharbeit Leute aus den Hauskreisen, die aus ihrer jahrelangen Erfahrung in Gruppenarbeit heraus bereit waren, die Leitung von Gesprächsgruppen zu übernehmen, wozu sie dann eine Vorbereitung und Material erhielten.

Und drittens hat sich gezeigt, daß nach Beendigung der vier bis sechs Gesprächsabende interessierte Teilnehmer ein Zuhause in Hauskreisen fanden bzw. daß die Gesprächsgruppe weitermachen wollte und so zu einem regelmäßigen Hauskreis wurde.

Am Anfang lädt man die Interessierten, wie Sie erwähnten, ein zu einer begrenzten Zahl von Gesprächsabenden in verschiedenen Häusern. Welche Themen bzw. Texte werden in diesen Gruppen behandelt?

Bei diesen Gesprächsabenden geht es um Grundfragen des Glaubens. »Wer ist Gott?«, »was heißt Glaube?«, »Wege zum Beten«: Das sind einige Themen, die bearbeitet werden.

Wichtig ist, daß aber auch für die persönlichen Glaubens- und Lebensfragen der Teilnehmer Raum ist. Nur wo sich jemand persönlich äußern konnte, empfindet er bzw. sie auch »Heimat«

Das Entscheidende ist, daß Menschen miteinander ins Gespräch über den Glauben kommen und ihnen dadurch weitergeholfen wird zu einer eigenen Gottesbeziehung.

Wie viele der Gesprächskreise machen eigentlich nachher weiter?

Dazu muß zunächst gesagt werden, daß das Projekt aus gutem Grund zeitlich begrenzt ist! Für viele ist es wichtig zu wissen: Nach dem fünften bzw. sechsten Abend kann ich mich wieder verabschieden, ohne ein schlechtes Gewissen haben zu müssen.

Für andere Teilnehmer werden die Gesprächsabende zu »Brücken in die Gemeinde«, d. h. sie engagieren sich danach in unterschiedlichen Gemeindegruppen.

Und schließlich gibt es Gesprächsrunden, die weitermachen, weil sie merken: »Wir sind eigentlich noch nicht fertig; es gibt noch so viele offene Fragen«. Sie wählen daher für ihre weitere Zusammenarbeit die Form des Hauskreises.

Die Erfahrung zeigt, daß ein Jahr nach dem Abschluß des Projekts noch ca. die Hälfte der Kreise beieinander sind! An dieser Zahl allein sollte allerdings der Erfolg von »neu anfangen« nicht gemessen werden, denn die Wirkung des Projekts muß mindestens auf vier Ebenen betrachtet werden:

a. Es werden durch die Vorbereitung
   - neue Mitarbeiter gewonnen,
   - alle Mitarbeiter durch gute Kurse geschult (vom Gebet bis zur Gesprächsführung),
   - die Mitarbeiterschaft einer Gemeinde wächst unge heuer zusammen.

b. Durch gute, d. h. breite und ebenso gezielte Öffentlichkeitsarbeit wird das »Christ-sein« für einige Wochen zum Ortsgespräch.

c. Durch die systematisch durchgeführte Telefonaktion wird praktisch jeder Bürger der Region einmal von Christen freundlich kontaktiert und hat die Möglichkeit, sich zu äußern. Auf diese Weise kommt die Gemeinde in lockerer, gefälliger Form einmal wirklich an »Fernstehende« heran.

d. Und sie macht die erstaunliche Entdeckung, wie viele dieser »Fernstehenden« gar nicht ablehnend, sondern oft sehr interessiert, ja sogar bereit sind, sich auf vier bis sechs Gesprächsabende einzulassen – und wie gesagt, eventuell auch auf mehr.

Projekt: »neu anfangen«

Wo überall in Deutschland hat dieses Projekt schon stattgefunden?

Das erste Projekt in Deutschland wurde 1985 im Hamburger Norden durchgeführt. Weitere Aktionen in Hamburg schlossen sich an. Lörrach und Erlangen waren die ersten Projekte im Süden. 1990 folgten Braunschweig, Herne, Ludwigshafen und Projekte im Ruhrgebiet und in Württemberg (Marbach). Für 1994 sind vier Projekte geplant, unter anderem das zweite in Württemberg (Region Freudenstadt/Sulz).

Wichtig war bei allen Projekten die Erfahrung, daß »neu anfangen« sich sowohl für städtische als auch für ländliche Regionen eignet.

Was fasziniert Sie an diesem Projekt am meisten?

Beeindruckend ist zunächst einmal, daß über »neu anfangen« wirklich kirchen- und glaubensfremde Menschen und distanzierte Christen angesprochen werden. Zum anderen sind es schon auch die Zahlen. Bei kaum einer anderen missionarischen Aktion werden so viele Menschen angesprochen. Die Zahl derer, die einen Besuch bzw. das Taschenbuch wünschen, liegt in der Regel bei 40-65 % der Angerufenen. Wenn man weiterhin sieht, daß bei den Projekten bis zu 3 000 Menschen an den Gesprächsgruppen teilnehmen, dann zeigt dies, daß »neu anfangen« vielleicht die größte und wirkungsvollste missionarische Möglichkeit unserer Zeit darstellt.

Wir danken Ihnen für dieses Gespräch, Herr Fuchs.

Kontaktadresse: Amt für Missionarische Dienste
Wagenburgstr. 28
70184 Stuttgart

»Religionsunterricht für Erwachsene«

Guten Tag, Frau Mäschle. Sie sind ausgebildete Katechetin. Vor etlichen Jahren entwickelten Sie das Programm »Religionsunterricht für Erwachsene«. Was ist das?

Es handelt sich um ein Gemeindeaufbaumodell. Zweimal jährlich werden Kurse »Religionsunterricht für Erwachsene«, »Reli« genannt, angeboten mit je vier Gesprächseinheiten. Diese dauern immer zwei Stunden und können vormittags oder abends besucht werden. Ebenfalls gehört jeweils als Gemeindebezug ein Abend der Begegnung dazu. Zielgruppe sind hauptsächlich Menschen in der Lebensmitte, die am Rande der Gemeinde stehen.

Es handelt sich beim »Reli« also um einen zeitlich begrenzten Kurs. Haben Sie nie empfunden, daß den Leuten dabei der Titel »Religionsunterricht für Erwachsene« im Wege steht? Da gibt's ja bei den meisten Erinnerungen …

Ich habe die Erfahrung gemacht, daß genau dieser Titel gerade das Reizwort ist, sich auf die Einladung einzulassen. Wenn Kursteilnehmer Menschen neu zum »Reli« einladen, hört man sie oft sagen: »Das ist ganz anders als in der Schule, ich habe gemerkt, das hat etwas mir mir selbst zu tun!« Es geht also darum, bereit zu werden, sich neu ansprechen zu lassen.

Ein zweiter Grund für den Namen: Ich bin Katechetin und die Arbeit »Religionsunterricht für Erwachsene« ist aus meiner Betroffenheit im Gespräch mit Schuleltern entstanden. Ich wollte mit meinem Angebot klar und deutlich von vornherein zum Ausdruck bringen, um was es in den Kursen geht – nämlich dem Glauben und dem Leben auf die Spur zu kommen anhand von biblischen Geschichten, so wie das bei einem guten Religionsunterricht geschieht: glaubend leben lernen! Und das soll nicht durch Frontalunterricht oder in diskutierender Weise geschehen, sondern im lernenden Hineinhören und sich Einlassen auf biblische Texte, um daraus in einen gemeinsamen Dialog zu kommen über all das, was den Einzelnen betrifft.

Wenn ich Sie richtig verstehe, steht hinter dem ganzen ein Team. Wie kommen Sie zu Ihren Mitarbeiterinnen und Mitarbeitern? Bekommen diese Schulungen?

Zunächst habe ich die Arbeit im Alleingang angefangen mit klaren Zielen und Vorstellungen. Aus der Kursarbeit sind im Lauf der Zeit Mitarbeiter herausgewachsen. Es sind Männer und Frauen, die neu Freude an ihrem Glauben fanden.

Von Anfang an war einmal im Monat Mitarbeiter-Zurüstung mit dem klaren Konzept, eine Stunde lang organisatorische Fragen zu besprechen und eine Stunde lang die Mitarbeiter biblisch/seelsorgerlich zuzurüsten und zu schulen. Es war mir von Anfang an wichtig, daß die Mitarbeiter nicht mit zu viel ehrenamtlichen Ämtern beladen sind, um für den »Reli« noch ausreichend »Luft« zu haben. Daraus erwuchsen im Laufe der Jahre Mitarbeiter, die auch in ihrer Gemeinde Verantwortung als Kirchengemeinderäte, Hauskreisleiter etc. übernehmen.

Wie kommen Sie denn nun an die Leute heran, die Sie erreichen wollen? Und kommen auch Männer?

Das ist eine Frage, die immer wieder neu gestellt werden muß. Ich habe mir vorgenommen, alle die Männer und Frauen persönlich einzuladen, die mir gerade einfallen, denen ich irgendwo begegnet bin, mit denen ich irgendwann etwas zu tun hatte. Entweder ich schrieb ein Kärtchen mit Einladungszettel oder ich sagte telefonisch Bescheid, daß ich den Zettel in den Briefkasten werfen werde oder ich ging persönlich an die Haustüre. Es fiel mir schwer und ich kam mir manchmal vor wie ein Staubsaugervertreter, bis mir bewußt wurde, daß ich nichts wollte von den Leuten, sondern ihnen etwas zu bringen habe.

Gleichzeitig sollte der »Reli« zum Ortsgespräch werden. Dies geschah, indem ich in den Geschäften die Prospekte auslegte, im Mitteilungsblatt des Ortes darauf aufmerksam machte oder über Jugendkreise und Vereine den »Reli« zur Sprache brachte.

Die eigene Betroffenheit der Kursteilnehmer und das Mitteilen »komm und sieh« ist die beste Möglichkeit, Menschen am Rande der Gemeinde zu erreichen. Das persönliche Einladen ist trotz allem mühsam und kostet viel Engagement der Mitarbeiter. Wir haben gemerkt, daß Prospekte wichtig sind, um etwas in die Hand zu geben, aber sonst haben sie nicht viel Durchschlagkraft. Unsere Erfahrung zeigt, daß ein langer Atem nötig ist und manche Eingeladene oft zwei Jahre brauchen, bis sie es »packen«.

Sie fragen, ob auch Männer den »Reli« besuchen. Daran liegt uns sehr viel. Es sind ungefähr 1/3 und manch ein

Ehemann wird im Laufe der Jahre von seiner Frau »mitgeschleppt«, weil sie das teilen will, was sie erfaßt hat – oder auch umgekehrt!

Stufen des Lebens

Religionsunterricht für Erwachsene

Kommen Sie wirklich an ganz Fernstehende heran? Was für Leute machen am ehesten beim Kurs mit?

Das ist eine schwierige Frage! Was sind »ganz Fernstehende«? Für mich sind das auch Männer und Frauen, die einmal in einem christlichen Elternhaus großgeworden sind oder früher in eine Kinderstunde oder Jugendkreis gingen oder eine fromme Großmutter hatten, aber jetzt viele, viele Jahre dem allen den Rücken gekehrt haben. Solche Menschen lassen sich sehr wohl ansprechen, allerdings nur ganz individuell! Vielleicht haben sie gerade eine Scheidung hinter sich oder die Kinder gehen außer Haus, oder sie stecken sonst in einer der vielerlei Krisen, denen wir um die Lebensmitte ausgesetzt sind. Für mich ist immer wieder das Überraschende, daß in biblische Texte hinein die Fäden zur Lebensbewältigung und Lebensorientierung für heute gewoben sind. Auf sie gilt es, dialogisch zu antworten.

So wird »Religionsunterreicht für Erwachsene« nicht eine Wissensvermittlung von Fakten, sondern ein Begegnen mit den Glaubensinhalten der Bibel.

Im »Reli« habe ich die biblische Methodik der Bildsprache übernommen. Die sogenannten »Bodenbilder«, die von mir entwickelt und typisch für den »Reli« sind, prägen sich tief ein und arbeiten über den Kurs hinaus weiter. Das ist wohl auch mit das Geheimnis, daß Fernstehende sich »heimisch« und angesprochen fühlen und sich ein breites Spektrum von Menschen einladen läßt. Menschen, die sich nicht verändern wollen, steigen bald wieder aus und Menschen, die sich nur auf intellektueller Ebene auseinandersetzen wollen, haben Mühe.

Eine anscheinend sehr gute Möglichkeit, Menschen von heute näherzukommen. Gibt es schon Erfahrungen, wie sich der »Reli« übertragen läßt?

»Religionsunterricht für Erwachsene«

Es liegt eine Arbeit vor, in der die Übertragbarkeit des »Reli« überprüft wurde. Sie ist über den Evangelischen Gemeindedienst – Referat »Religionsunterricht für Erwachsene« – zu beziehen. In Württemberg haben schon 40 Gemeinden dieselben guten Erfahrungen mit dem »Reli« gemacht.

Menschen werden durch den Kurs für den Glauben interessiert. Wie geht das nun weiter, daß die Teilnehmer ganz zum Glauben finden und Teil der Gemeinde werden?

Da die Kurse klar seelsorgerlich orientiert sind, fällt aus der Kursarbeit im Laufe der Zeit eine Seelsorgearbeit an. So ergibt es sich, daß Teilnehmer »ganz zum Glauben finden«.

Dadurch, daß sie im »Reli« sind, sind sie schon Teil der Gemeinde, da »Reli« eine Arbeit in der Gemeinde ist. Damit die »Reli«teilnehmer in andere Gemeindekreise oder in den Gottesdienst hineinwachsen, braucht es einen Weg, der vom Kursleiter und Mitarbeiter abhängt und natürlich von der Gemeindestruktur. »Reli« soll ein Sprungbrett sein zum Glauben – zur Gemeinde aber bedarf es oft noch Zwischenstufen wie Freizeiten und sonstige Begegnungen wie Hauskreise, Familiengottesdienste oder andere offene Angebote. Dazu bedarf es Menschen, die »die Neuen« mit hineinnehmen.

Wie können sich denn die Teilnehmer am »Reli« mit der Arbeit der normalen Hauskreise zurechtfinden? Braucht es da nicht neue Hauskreise?

Hauskreise und »Reli« gehören nahe zusammen. Ich bin froh, daß bei uns eine so große Auswahl von unterschiedlichen Hauskreisen da ist, so daß Menschen, die weiter suchen, gezielt in bestehende Hauskreise eingeladen werden können. Sehr oft entsteht auch ein Hauskreis aus dem »Reli« heraus, der sich dann in die normale Hauskreisarbeit eingliedert. Es soll keine Fortführung von »Reli« sein, aber eine Fortführung im Hören, Fragen, Erleben und Dazugehören. So denke ich, könnten Hauskreise da oder dort unter Umständen »Geburtsorte« einer »Reli«-Arbeit sein, für die sich durch diese Arbeit ein neues missionarisches Aufgabenfeld in ihrer Gemeinde auftut.

Frau Mäschle, ich danke Ihnen für dieses Gespräch.

Hallo, Rune Bratseth! Sie stammen aus dem schönen Norwegen, spielen nun aber schon seit Januar 1987 als Libero bei Werder Bremen und damit in der deutschen Bundesliga. Sie sind aber nicht nur ein Spitzensportler, sondern von Ihnen ist auch bekannt, daß Sie sich offen unter Ihren Kollegen als Christ bekennen. Was ist Ihnen für Ihr Leben wichtig, Rune?

Das Wichtigste in meinem Leben ist momentan meine Familie. Aber darüber steht noch mein Glaube. Mein Glaube kommt noch vor meiner Familie.

Stimmt es, daß Ihr Großvater ehrenamtlicher Prediger einer christlichen Gemeinschaft war?

Das stimmt.

Hat das auf Sie irgendeinen Einfluß gehabt? Auf Ihren Glauben, auf Ihr Leben?

Ja, denn ich hatte viel Kontakt mit ihm, und er war ein Vorbild für mich in vielen Beziehungen. Er war ein sehr positiver Mensch, fröhlich und sehr am Sport interessiert. Das war für mich sehr wichtig.

Wie sind Sie denn zum Glauben gekommen? Wurden Sie bereits als »frommer Mann« geboren?

Ich bin in einer christlichen Familie aufgewachsen. Meine Eltern waren beide Christen, mein älterer Bruder auch. Und ich bin eben mitgegangen zur Kirche. Aber was auch ganz wichtig war: Das war nie ein Zwang für mich. Zuhause bei uns war immer Superstimmung, gut gelaunt alle und das ist das Entscheidende, glaube ich. Christentum darf nicht so traurig und triste sein, sonst hat es keine Anziehungskraft.

Ich möchte noch etwas sagen: Ich war ja von Anfang an sehr interessiert am Sport. Ich habe sehr viele Sportarten betrieben und meine Eltern haben mich da sehr unterstützt. Das war entscheidend für mich. Ich meine, wenn sie gesagt hätten: »Du darfst nicht« oder so, dann weiß ich nicht, ob ich da ein Christ geblieben wäre.

Wenn ich Sie richtig verstanden habe, sind Sie langsam in den christlichen Glauben hineingewachsen?

Das stimmt. Es gab eigentlich nicht so einen besonderen Tag oder ein besonderes Erlebnis. Es war ein Hineinwachsen. Obwohl es schon Schlüsselerlebnisse gab. Das hat wieder mit Sport zu tun. Es war z. B. ein Skiwettbewerb für Jungen, und ich hatte fast nie richtig gesprungen in diesem Winter. Ich habe so eine Angst gehabt, als ich da oben stand. Und da habe ich richtig gebetet. Ich glaube, es war das erste Mal, daß ich so richtig gebetet habe – ich war 12 oder 13 Jahre alt. Und dann bin ich da runtergeflogen, und es war ein super Skisprung. Mein Vater stand da unten und hat nur den Kopf geschüttelt. Er hat nichts mehr verstanden. Er hatte mich ja auch vorher gesehen. Also, ich habe zum ersten Mal gebetet und auch Antwort bekommen. Ein Leben mit Jesus ist immer ein Erlebnis. Es gibt jeden Tag neue Herausforderungen. Und wenn man bewußt lebt, merkt man das auch.

Das hört sich sehr glaubensstark an, was Sie sagen. Viele Menschen sagen, wer zum Gottesdienst geht usw., ist im Grunde auch nicht besser, als jene, die es nicht tun.

Das stimmt ja auch! Die Leute gehen in den Gottesdienst, weil sie nicht besser sind als die anderen. Weil wir alle Probleme haben, weil wir jeden Tag versagen – das ist das Problem. Viele Leute sagen: Er steht ja im Sport ganz oben und hat eine schöne Familie, gesunde Kinder und so, und es fehlt da nichts. Aber ich weiß, daß ich jeden Tag versage und Vergebung brauche. Wenn wir zur Kirche gehen, haben wir eingesehen, daß wir Vergebung brauchen.

Rune, Sie gehören auch noch zu der Initiative »Sportler ruft Sportler«. Erzählen Sie doch ein wenig davon.

Das ist eine Organisation für christliche Sportler. Und da haben wir einen Hauskreis bei mir zu Hause angefangen. Mit Spielern von Werder Bremen. Da kommen regelmäßig vier bis fünf Spieler mit ihren Frauen zusammen. Jede zweite Woche treffen wir uns, lesen in der Bibel und reden zusammen. Wir erleben, was das bedeutet, was in der Bibel steht. Das ist schon eine große Veränderung, wenn das passiert. Aber man trifft sich auch im Hauskreis, um ganz normal über das tägliche Leben zu reden. Christentum ist auch tägliches Leben.

In die Bibel gucken – ist das nicht etwas langweilig für »Aktivmänner« wie Sie?

Nein, ist es nicht! Wenn man einen vernünftigen Plan hat und jemanden, der sich da gut auskennt, der ein bißchen erklären kann und die Geschichte in der Bibel ein bißchen besser ins Licht rücken kann. Es ist ja vieles sehr, sehr interessant, was da drin steht. Man kann auch sehen, wie das in unser tägliches Leben gut paßt.

Wo haben Sie erlebt, daß das, was Sie im »Sportler ruft Sportler«-Hauskreis gelesen haben, real in Ihr Sportlerleben gesprochen hat?

Das ist eine schwere Frage, die ich so spontan nicht beantworten kann. Ich kann nur allgemein sagen, daß mir der Hauskreis hilft, Abstand zu der ganzen Hektik meines Berufes zu finden. Und dafür eine ganz andere Perspektive zu bekommen. Das ist das Entscheidende!

Was meinen Sie mit der »anderen Perspektive«?

Naja, daß Sport nicht das Wichtigste ist. Er bedeutet mir nicht alles. Und gerade dadurch, daß ich diesen Abstand habe, kann ich bessere Leistungen bringen.

Laden Sie nur Sportler zu Ihrem Hauskreis ein?

Ja, dies ist ein reiner Hauskreis für Sportler. Ich selbst gehöre aber mit meiner Frau auch noch zu einem Hauskreis in unserer Bremer Kirchengemeinde. Wir treffen uns immer donnerstags.

Beim Stichwort »Bibel« fällt mir noch ein, daß mir jemand gesagt hat: »Der Rune Bratseth hat in seiner Umkleidekabine eine Bibel im Netz liegen.« Stimmt das?

Nein, Wynton hat eine Bibel da, aber ich habe keine Bibel da. Ich meine, ich weiß, was da drinsteht. Für mich ist es wichtig, daß ich vor jedem Spiel bete, bevor ich rausgehe. Das gibt mir die nötige Sicherheit, und daß ich auch ein bißchen gelassen sehen kann, daß Fußball nur ein Spiel ist. Es ist für mich nicht das Wichtigste. Und das ist auch ein wichtiger Grund, warum ich bis jetzt ziemlich gut gespielt habe, weil ich ein bißchen Abstand dazu habe.

Vielen Dank für das Gespräch!

(Das Interview führte Heino Masemann, Pastor in Bremervörde.)

Guten Tag, Herr Haizmann. Sie sind Leiter der Abteilung »Studentenarbeit« in der Studentenmission in Deutschland (SMD). Wie groß ist z. Zt. diese Studentenarbeit?

An über fünfzig Hochschulorten zwischen Kiel und Konstanz, Aachen und Dresden haben sich christliche Studenten aller Fachrichtungen zu SMD-Studentengruppen zusammengetan. Zwischen fünf und achtzig Studentinnen und Studenten arbeiten in den Gruppen verbindlich mit. Sie kommen aus den unterschiedlichsten Kirchen und Gemeinden. An den einzelnen Hochschulorten lebt die Arbeit ausschließlich vom Engagement der Studierenden, und die Gruppen werden von Studierenden geleitet. Unterstützt werden sie durch zehn hauptamtliche Mitarbeiter, die als Reisesekretäre jeweils fünf bis acht Gruppen begleiten.

Was will Ihre Studentenarbeit an den Unis und Hochschulen erreichen?

Wir haben eine doppelte Zielsetzung für unsere Arbeit: Auf der einen Seite geht es uns um eine verbindlich gelebte Gemeinschaft von christlichen Studierenden – »... uns gegenseitig zu einem Leben der Heiligung im Gehorsam gegen Gott und sein Wort anzuhalten, damit wir im Glauben als lebendige Glieder seiner Gemeinde wachsen.« Unser zweiter Schwerpunkt ist die missionarische Arbeit unter Studierenden – »durch persönliche und gemeinsame Bezeugung des Evangeliums Studenten zur Begegnung mit Jesus Christus zu bringen, damit sie errettet werden« (aus: Richtlinien der SMD, studentischer Arbeitszweig).

Und wie geht die Studentenarbeit diese Ziele an? Wie arbeitet eine Hochschulgruppe ganz konkret daran?

Die missionarische Arbeit geschieht in vielfältiger Art und Weise. Mit Liebe und Kreativität müssen immer wieder neue Wege gesucht werden, auf denen sich Studierende heute ansprechen lassen. Entscheidend ist, ob Mitarbeiter zu echten Begegnungen mit anderen Studenten willig und fähig sind. Arbeitsformen im einzelnen sind: Büchertisch in der Mensa, Plakataktionen (z. B. »Ein Studium ohne Gott ist wie ein Kuß ohne Liebe«), Konzerte, Kleinkunstabende oder Vortragsveranstaltungen (ausgehend vom Fachgebiet »Würfelt Gott?

Naturgesetze, Zufall oder Gottes Handeln?« oder von persönlichen Fragestellungen »Studentsein '93 – Jeden duzen, keinen kennen«). Manche gehen in Studentenwohnheimen von Tür zu Tür, um mit anderen ins Gespräch zu kommen oder laden ihre Mitstudenten zum gemeinsamen Bibellesen ein.

Einige Gruppen veranstalten Hochschulevangelisationen: eine Woche lang über Mittag Seminarprogramm mit christlichen Dozenten und an den Abenden evangelistische Veranstaltungen. Zu den anschließenden »Grundkursen christlicher Glaube« lassen sich regelmäßig eine ganze Anzahl von Studenten einladen.

Besondere Chancen bieten zur Zeit 14tägige Freizeiten. Sommer für Sommer sind Hunderte von Studierenden bereit, 2 Wochen zu investieren, um anhand von Texten aus dem Neuen Testament die Person Jesus von Nazareth kennenzulernen. Die Kombination von – oft erstmaligem – Bibellesen und erlebter christlicher Gemeinschaft bewegt jedes Jahr viele Studenten, den Anfang eines Vertrauensverhältnisses mit Jesus zu machen. In den Zeugnissen von Studenten, die Christen geworden sind, tauchen immer wieder zwei Dinge als entscheidende Anstöße auf: das überzeugende Lebensbeispiel eines Christen und das persönliche Angesprochensein beim Lesen der Bibel.

Wie gestaltet sich das Leben einer Studentengruppe nach innen und welche Rolle spielen bei Ihnen Bibel- und Gebetskreise?

Der Mitarbeiterkreis einer Studentengruppe trifft sich in der Regel in einem vierzehntägigen Rhythmus einmal als Gesamtgruppe und das andere Mal in Form kleiner Zellen/Hauskreise (fünf bis acht Personen). Beide Formen des Zusammenseins decken unterschiedliche Wünsche und Erfordernisse ab. In den Zellen können Vertrauensbeziehungen aufgebaut werden, kennt jeder jeden, können sich alle beteiligen, können Dinge wie Vorbereitung und Leitung eines Bibelgesprächs gelernt werden. Die Treffen der Großgruppe ermöglichen ein gutes Schulungsprogramm durch Referenten und ermutigen, sich auch größere Projekte gemeinsam vorzunehmen. Der Besuch beider Treffen ist verbindlich. Viele Mitarbeiter treffen sich darüber hinaus in sogenannten »Zweierschaften«. Diese Zweierschaften sind eine wesentliche Hilfe für die Umsetzung von geistlich Erkanntem in konkrete Schritte.

Neben den Treffen des Mitarbeiterkreises gibt es noch eine Vielzahl von kürzeren Gebetstreffen: Frühstücksgebet in der

Wohngemeinschaft, ein zwanzigminütiges Mittagsgebet in einem Seminarraum der Uni oder auch ein Wochenschlußgebet am Freitagabend.

Haben Ihre Studentenbibelkreise auch Kontakte zu den Hauskreisen der Gemeinden am Ort oder sind sie nur Hochschul-orientiert?

Die Mitarbeiter in den Studentenkreisen bleiben Mitglieder ihrer Kirchen und Gemeinden. Aufgrund des intensiven Miteinanderlebens und -arbeitens in der SMD gehen die Gemeindekontakte aber meist nicht über den sonntäglichen Gottesdienst hinaus. Zu einer Gemeinde am Hochschulort besteht aber oft eine intensive Beziehung: Vorstellung der Gruppe im Gottesdienst, Gebet der Gemeinde für die Arbeit an der Hochschule, Mitarbeit von Gemeindegliedern bei größeren Aktionen und bei sich anschließendem »Grundkurs christlicher Glaube«. Spezielle Kontakte von Hauskreis zu Hauskreis gibt es wohl kaum.

Welchen Problemen begegnen Sie in diesen Studenten-Bibelkreisen häufig? Lassen sich da ein paar Beobachtungen nennen?

Es ist natürlich schwer, über alle Kreise pauschal etwas zu sagen. Zudem sind die einzelnen Kreise sehr unterschiedlich geprägt: Das Temperament der Berliner ist ein anderes als das der Kaiserslauterer; die Geisteswissenschaftler in Freiburg haben andere Probleme als die Ingenieure in Karlsruhe ... Dennoch lassen sich einige Dauerprobleme und einige Tendenzen nennen. Unpünktlichkeit am Anfang und am Ende dämpft die Freude an der Gemeinschaft und hinterläßt das Gefühl einer »zähen Sache«. Im Gespräch schweift man oft schnell vom Thema ab. Der Bibeltext wird dann nur als Sprungbrett benutzt, um sich selbst sowie eigene Probleme und Gedankengebäude zu thematisieren. Der Wille und die Fähigkeit zu harter Denkarbeit an biblischen Texten wird geringer. Oft findet gar kein echtes Gespräch statt. Die Beiträge der Einzelnen stehen beziehungslos in der Luft, anstatt daß man einander zuhört, sich in die Gedanken des anderen hineindenkt, sie aufgreift und weiterführt.

Daß Studierende in diesen Kreisen unter sich sind, hat seine Chance: Offenheit, freimütiges Äußern von kritischen Anfragen und Zweifeln und ein unkomplizierter Umgang miteinander. Nicht überall aber sind geistlich reife Mitarbeiter dabei, die eine Sicht haben für das, was die Gruppe und die einzelnen Teilnehmer brauchen, um als Christen zu wachsen. Ein Lernen an Vorbildern im Glauben fehlt vielfach. Manche Kreise finden es unnötig, einen Gesprächsleiter bzw. einen Hauptverantwortlichen für den Abend zu haben. Es soll alles spontan sein. Was herauskommt, ist aber ein Abend ohne klare Linie und Ziel. Die Fähigkeit zur Gesprächsleitung bringt kaum ein Student mit. Die Kreise bieten aber gute Möglichkeiten, solches einzuüben.

Sie haben jetzt einiges zu Hauskreisen für Mitarbeiter erzählt. In der Studentenarbeit laufen aber doch auch eine Menge missionarisch ausgerichteter Bibelgesprächskreise.

Unter dem Stichwort »Missionarisches Bibellesen« haben in den vergangenen Jahren viele Studierende ihre Mitstudenten zum gemeinsamen Bibellesen eingeladen: »Wir wollen an sechs Abenden miteinander Kerntexte des Neuen Testamentes kennenlernen – hast du Interesse mitzumachen?« Ein Sportstudent und ein Mathematiker treffen sich dann über einige Wochen mit vier bis fünf ihrer Freunde. Gelesen werden Evangelientexte. Vorwiegend Geschichten, in denen Jesus Menschen begegnet. Anhand vorbereiteter Fragen entsteht ein intensives Gespräch über den Text. Studierende sollen das Neue Testament, sollen Jesus kennenlernen. Wir erwarten und haben es oft erfahren, daß es über der Begegnung mit den Texten zu einer Begegnung mit Jesus kommt. Wir machen Mut, genauso wie die Menschen damals Schritte auf Jesus hin zu tun und vielleicht ein erstes Gespräch mit ihm zu wagen.

Zum Schluß: Gibt es bei Ihnen für diese Arbeit Perspektiven, seien es inhaltliche, personelle oder zahlenmäßige?

In den letzten Jahren haben wir vor Ort und auf überregionalen Tagungen vermehrt Schulungen für die Leiter der Zellen/Bibelgesprächskreise angeboten. Inhalte dieser Schulungen sind: Hilfen zur Gesprächsleitung, Ideen zur kreativen Gestaltung und das Vermitteln einer geistlichen »Vision« für den Kreis und die Teilnehmer. Mehr Gedanken wollen wir uns über hilfreiches Bibelstudienmaterial machen. Dabei soll die Arbeit am biblischen Text gefördert werden. Wir wollen, daß Studierende lernen, sich selber Bibeltexte zu erschließen und die Bibel in das eigene Leben hineinreden zu lassen.

Wir danken Ihnen für dieses Gespräch, Herr Haizmann.

Guten Tag, Herr Eickhoff, – 2x2 = 4. Das haben wir alle einmal gelernt. Was heißt aber 2x2 bei Ihnen als Kurs?

Im 2x2-Kurs geht es um mehr, als um das kleine 1x1 des Glaubens. Er ist im Gegenüber zu einem Grundkurs des Glaubens ein Grundkurs der Nachfolge. Wir nennen ihn auch die wöchentliche Lehrwerkstatt der Gemeinde. 2x2 steht für: 2 Stunden, 2 Jahre, 4 Elemente. Die vier Elemente sind: Gottes Wort, Gebet, Gemeinschaft und Gaben entfalten.

Für wen ist der 2x2-Kurs entwickelt worden?

Zum einen für Leute, die bereits in der Gemeinde mitarbeiten und dafür besser unterstützt werden möchten. Zum anderen für bisher passive Gemeindeglieder, die in Zukunft in der Gemeinde mitarbeiten wollen.

Das kleine 1x1 des Glaubens ist und bleibt wichtig. Es ist gewissermaßen die Grundlage, auf der sich alles aufbaut, zu der wir immer wieder zurückzukehren haben. Aber wehe uns und der Welt, wenn wir dabei stehen bleiben würden. Wir blieben unmündige Kinder, kämen nicht in das Erwachsenenstadium eines Christen und der Welt würde das Evangelium vorenthalten.

Es handelt sich also um einen Kreis zur geistlichen Weiterführung von Mitarbeitern und solchen, die es werden wollen. Wo liegen dabei die Schwerpunkte? Worauf kommt es Ihnen am meisten an?

Unter den genannten Elementen finden Sie drei, die wohl in jedem gut geleiteten Hauskreis vorkommen, nämlich Gottes Wort, Gebet und Gemeinschaft. Das vierte Element findet sich eher selten, nämlich »Gaben entfalten«. Auf dieses Element »Gaben entfalten« kommt es uns darum am meisten an, weil es nicht nur in unseren herkömmlichen Hauskreisen fehlt, sondern in unseren Gemeinden notorisch unterentwickelt ist! Dieses Element befruchtet die anderen Elemente in ungeahnter Weise, ja inspiriert sie geradezu.

Das Element »Gaben entfalten« führt nämlich auf einen Weg, der uns über das ständige Hören, Reflektieren, Diskutieren und Definieren hinausführt. Der Glaube dringt nicht nur vom Kopf ins Herz, sondern auch vom Herzen in die Hände und Füße und sogar auf die Lippen. Der Glaube bekommt in einem geistlichen Werdegang Stimme, Hand und Fuß.

Wieso aber befruchtet das Entfalten der Gaben die anderen Elemente?

Stellen Sie sich vor, Sie haben gerade gelernt, wie man seine eigene Glaubensgeschichte ohne fromme Worte anderen Leuten weitersagt. Nun heißt die Aufgabe: Versuchen Sie in der kommenden Woche, Ihre Glaubensgeschichte jemandem zu erzählen, der von sich selber sagen würde, daß er nicht glaubt. Was meinen Sie, wie so etwas das Gebet inspiriert, die Gemeinschaft und sogar das Bibelstudium. Plötzlich kommt Leben in die Sache und auch ein bißchen Furcht und Zittern. Das tut uns wirklich gut. Wir lernen durch Einüben und Ausüben, durch Erleben, durchs schlichte Tun.

Wie geht das Ganze denn vor sich? Was gewährleistet, daß die Teilnehmer des Kurses wirklich vorankommen?

Um einen echten Lernprozeß zu gewährleisten bedarf es einiger Regeln, an die sich alle halten. Die Teilnehmer verpflichten sich freiwillig zur Treue und Verbindlichkeit. Aus dem Beachten schlichter gemeinsamer Regeln erwächst ihnen allen ungeahnte Freude und die Freiheit, das zu erreichen, was man sich vorgenommen hatte. Kleine Treue hat große Wirkungen. Das, wozu Gott sich nicht zu schade ist, nämlich treu und verbindlich zu sein, wird auch uns zur selbstverständlichen Praxis. Die folgenden zehn hilfreichen Vereinbarungen haben sich hervorragend bewährt.

1. Wir kommen regelmäßig – keiner fehlt.
2. Wir kommen pünktlich – wir schließen pünktlich.
3. Wir sind gut vorbereitet.
4. Wir denken und reden nicht schlecht von einander.
5. Wir sind bereit, einander Anteil zu geben und zu nehmen.
6. Wir sind verschwiegen.
7. Wir beten füreinander.
8. Wir sind verfügbar und hilfsbereit.
9. Wir sind lernbereit.
10. Wir sind und bleiben bescheiden.

Da es sich um gemeinsame Vereinbarungen handelt, ist es erforderlich, diese Punkte zu diskutieren, bevor man sich endgültig zum 2x2-Kurs zusammentut. Jeder soll wissen, worauf er sich einläßt.

Mündige Christen, zwei Jahre trainiert und nun zum Einsatz bereit: Wo, denken Sie, daß diese Leute sich nun einbringen?

Das kommt darauf an, welche Gaben die einzelnen für sich selbst erkannt haben. Die meisten sind in der Lage, nun selbst einen 2x2-Kurs zu leiten oder einen Hauskreis. Andere, die für sich die Gabe der persönlichen Evangelisation entdeckt haben, werden vielleicht in einem missionarischen Besuchsdienst gebraucht. Eine Gemeinde, die nach einem Konzept arbeitet, wird viele Aufgabenfelder für die Kursabsolventen bereithalten.

Woher kommen die Leute, die in einem Kurs einsteigen? Verlassen die z. B. während dieser Zeit ihren Hauskreis?

Das kann sehr gut sein. Es ist auch möglich, daß ein bestehender Hauskreis beschließt, sich zum 2x2-Kurs umzuwandeln – das wäre eine tolle Idee. Im Normalfall versuchen wir jedoch bislang weniger engagierte Gemeindeglieder für den 2x2-Kurs zu gewinnen. Das geschieht in intensiven persönlichen Gesprächen, was viel mehr Resonanz findet, als wenn man öffentlich und allgemein im Gottesdienst dazu einlädt.

Wenn der Kurs zu Ende ist, machen die Teilnehmer dann einfach als Hauskreis weiter? Oder wohin gehen sie? Sie werden ja weiter als verbindliche Christen leben.

Sie berühren ein wichtiges Thema. Es geht um die Frage nach einem klaren Gemeindekonzept. Darüber habe ich mich anderenorts ausführlich geäußert (s. Klaus Eickhoff, »Gemeinde entwickeln für die Volkskirche der Zukunft«, Vandenhoek & Ruprecht, Göttingen 1992). Das klare Konzept versetzt die Gemeinde in die Lage, für alle Mitarbeiter die ihnen entsprechenden Aufgaben anzubieten.

Was haben sich durch 2x2-Kurse für Veränderungen in den Gemeinden gezeigt, in denen der Kurs durchgeführt wurde?

Zunächst einmal läßt sich sagen: Die Gemeinden haben verantwortliche, mündige Mitarbeiter hinzugewonnen. Das allein ist Grund genug, 2x2-Kurse durchzuführen. Ich räume allerdings ein: Wenn eine Gemeinde gezielten, konzeptionellen Gemeindeaufbau betreibt, kommt die Wirkung unserer wöchentlichen Lehrwerkstatt erst richtig zur Entfaltung. Wenn man sich zum konzeptionellen Arbeiten nicht aufschwingen kann, sind 2x2-Kurse in der Gemeinde dennoch sinnvoll, denn verantwortliche Mitarbeiter kann jede Gemeinde, wie immer sie auch geartet ist, gebrauchen.

Wie kommt man nun an das Kursmaterial heran?

Verschiedene Institute führen für zukünftige 2x2-Kurs-Leiter Intensivseminare durch (z. Zt. in Deutschland das Institut für Gemeindeaufbau in Gießen und die Aktion Gemeindeaufbau in Schifferstadt, in Österreich das Werk für Evangelisation und Gemeindeaufbau der evangelischen Kirche A. B. in Sierning). Erst nach Absolvierung eines Intensivseminars sind alle Materialien erhältlich. Näheres Informationsmaterial ist bei diesen Instituten natürlich vorab erhältlich.

Wichtige Adressen für Hauskreise

Die hier aufgeführten Anschriften sind z. T. an anderer Stelle im Buch schon aufgeführt. Um sie besser finden zu können, sind sie hier noch einmal zusammengestellt und ergänzt mit weiteren wichtigen Anschriften.

Arbeitsgemeinschaft Missionarischer Dienste (AMD)

Die AMD ist der Dachverband aller Volksmissionarischen Ämter und Dienststellen der verschiedenen evangelischen Landeskirchen. Im folgenden werden die Namen der in jedem Amt für Hauskreisarbeit zuständigen Mitarbeiter sowie die Adressen der jeweiligen Dienststellen genannt.

Die angegebenen Personen können jederzeit auf die Hauskreisarbeit in ihrer Landeskirche angesprochen werden und helfen entweder selbst oder vermitteln praktische Hilfe.

Arbeitsgemeinschaft Missionarischer Dienste
Geschäftsstelle Berlin
Schönhauser Allee 59, 10437 Berlin
Postfach 78, 10411 Berlin
Tel.: 030-4400216 Fax: 030-4482804

Geschäftsstelle Stuttgart
Pfarrer Wolfgang Riewe (2159-475)
Wagenburgstraße 28, 70184 Stuttgart
Tel.: 0711-2159-0 Fax: 0711-2153-512

Amt für Missionarische Dienste in Baden
Pfarrer Wolfgang Raupp
Blumenstraße 5, 76133 Karlsruhe
Tel.: 0721-9175-309 + 310 Fax: 0721-9175554

Missionarische Dienste in Anhalt
Büro für Gemeindeaufbau
Leiterin: Gudrun Discher
Ruststraße 10, 06844 Dessau
Tel.: 0340-2204909 Fax: 0340-2202996

Amt für Gemeindedienst in der Ev.-Luth. Kirche in Bayern
Pfarrer Jürgen Körnlein
Sperberstraße 70, 90461 Nürnberg
Tel.: 0911-4316-0 Fax: 0911-4316-101

Mission in Berlin und Berliner Stadtmission
Pfarrer Axel Nehlsen
Lenaustraße 1-4, 12047 Berlin
Tel.: 030-6935199 + 6915060 Fax: 030-6947785

Wichtige Adressen für Hauskreise

AMD in Gemeinde und Arbeitswelt Braunschweig
Pfarrer Gerhard Williges
Haus Kirchlicher Dienste
Klostergang 66, 38104 Braunschweig
Tel.: 0531-371011 Fax: 0531-371015

AMD der Ev. Kirche der schlesischen Oberlausitz
Referent Friedemann Gerlach
Bautzener Straße 38, 02826 Görlitz
Tel.: 03581-407357 Fax: 03581-407359

AMD im Amt für Gemeindedienst Hannover
Leiter: Superintendent a. D. Helmuth Reske
Archivstraße 3, 30169 Hannover
Tel.: 0511-1241444 Fax: 0511-1241499

AMD und Gemeindeaufbau in Hessen und Nassau
Leiter: Pfarrer Gerhard Köhnlein
Elisabethstraße 51, 64283 Darmstadt
Tel.: 06151-405447 + 405446 Fax: 06151-405454

Missionarische Dienste in der Pommerschen Ev. Kirche
Landespfarrer Wolfgang Breithaupt
Hauptstraße 31, 17498 Weitenhagen
Tel.: 03834-811422

Amt für Kirchliche Dienste der Ev. Kirche in Kurhessen-Waldeck
Fritz Sinning
Wilhelmshöher Allee 330, 34131 Kassel
Tel.: 0561-9378-1 Fax: 0561-9378-409

Missionarische Dienste in der Lippischen Kirche
Ausschuß für Volksmission:
Pfarrer Holger Tielburger
Leopoldstr. 27, 32756 Detmold
Tel.: 05231-740311 Fax: 05231-740345

Gemeindedienst der Nordelbischen Evang.-Luth. Kirche
Leiter: Pastor Dr. Klaus Kasch
Ebertallee 7, 22607 Hamburg
Tel.: 040-896705 Fax:040-8904950

Missionarische Dienste in der Ev.-Luth. Kirche Sachsens
Oberlandeskirchenrat Dieter Auerbach
Lukasstraße 6, 01309 Dresden
Tel.: 0351-4692140 Fax: 0351-4692144

Amt für Missionarische Dienste in Württemberg
Leiter: Pfarrer Jens Plinke
Gymnasiumstraße 36, 70174 Stuttgart
Tel.: 0711-2068266 Fax: 0711-2262946

Weitere volksmissionarisch-evangelistische Dienste und Werke:

Gang nach Emmaus
Pastor Reiner Dauner
Sonnenuhrweg 40, 70499 Stuttgart
Tel.: 0711-864958 Fax: 069-239375

Volksmissionskreis Sachsen
Pfarrer Gottfried Rebner,
Lutherstraße 7, 08312 Lauter/Sachsen
Tel.: 03771-256589

Missionswerk Frohe Botschaft e. V.
Missionsleiter Wolfgang Heiner
Nordstraße 15, 37247 Großalmerode
Tel.: 05604-5066 Fax: 05604-7397

Missionswerk Neues Leben e. V.
Missionsdirektor Peter Schulte
Kölner Straße 23, 57610 Altenkirchen
Tel.: 02681-9410 Fax: 02681-941100

Marburger Kreis e. V.
Klaus Kummer
Fichtestraße 4, 97074 Würzburg
Tel.: 0931-71025 Fax: 0931-885001

action 365 – ökumenische Basisgruppen
Otmar Dittmeier
Kennedy-Allee 111a, 60596 Frankfurt
Tel.: 069-632063 Fax: 069-6314110

Maulbronner Kreis
Freunde missionarischer Gemeindearbeit e. V.
Prof. Dr. Rainer Mayer
Schönblickstraße 19, 70794 Filderstadt
Tel.: 0711-771339 Fax: 0711-4062618

Pfarrer-Gebetsbruderschaft
Pfarrer Friedrich E. Walther
Geschäftsstelle:
Im Paradies 10, 35041 Marburg
Tel.: 06421-83325

Adoramus Gemeinschaft
Emma Schweiker
Waldenbucher Weg 57, 72141 Walddorfhäslach

Wichtige Adressen für Hauskreise

Aktion: In jedes Haus e. V.
Missionsleitung: Helmut Bittner
Markgrafenstraße 15, 58332 Schwelm
Tel.: 02336-3511 Fax: 02336-3647

Arbeitskreis für Gemeindeaufbau in Deutschland e. V.
Pfarrer Sven Jacobsen
Geschäftsstelle:
Postfach 1108, 89526 Giengen
Tel.: 07322-950250 Fax: 07322-950257

Missionarische Dienste im Elsaß
Pasteur Henri Hartnagel
2, rue Albert Schweitzer, Ostheim
F-68150 Ribeauville
Tel.: 003389-479155

Missionarische Dienste in Österreich – Werk für Evangelisation und Gemeindeaufbau in der evangelischen Kirche A.B. Österreich
Rektor: Pfarrer Klaus Eickhoff
Mitterweg 4, A-4522 Sierning
Tel.: 0043-7259-28720 Fax: 07259-28724

Arbeitsgemeinschaft für Gemeindeaufbau (AGGA)
Geschäftsstelle: Dr. Jörg Knoblauch
Postfach 1108, 89526 Giengen/Brenz
Tel.: 07322-950250 Fax: 07322-950257

Aktion Gemeindeaufbau
Martin Wollin
Lilienstraße 5, 30827 Garbsen
Tel.: 05131-91075 Fax: 05131-97145

Aktion:In jedes Haus (AjH)
Helmut Bittner
Markgrafenstr. 15, 58332 Schwelm
Tel.: 02336-3511 Fax: 02336-3647

Anskar Kirche
Wolfram Kopfermann
Lippeltstr. 1, 20097 Hamburg
Tel.: 040-339770 Fax: 040-33977-290

Bund Evangelisch-Freikirchlicher Gemeinden
Referat missionarischer Gemeindeaufbau, Hans Guderian
Postfach 1262, 61282 Bad Homburg
Tel.: 06172-800426

Biblische Glaubensgemeinde (BGG)
Peter Wenz
Talstr. 70, 70188 Stuttgart
Tel.: 0711-484054

Wichtige Adressen für Hauskreise

Bund Freier evangelischer Gemeinden
Wolfgang Schulze
Postfach 4005, 58452 Witten-Bommern
Tel.: 02302-39926 Fax: 02302-31463

Charismatische Erneuerung in der katholischen Kirche
Mechthild Humpert
Marienstr. 80, 76137 Karlsruhe
Tel.:0721-378787 Fax: 0721-358606

Christliches Männertraining
Peter Bäurle
Giengener Weg 47/1, 73072 Donzdorf
Tel.: 07162-29414

Christliches Zentrum Berlin
Peter Dippl
Herwarthstr. 5, 12207 Berlin
Tel.: 030-7689040 Fax: 030-7736376

Diakonische Hausgemeinschaften
Ingo Franz
Rodensteiner Str. 3, 64385 Reichelsheim
Tel.: 06164-5645

Evangelische Missionsstation Itzehoe
Hinrich Bues
Twietbergstr. 53, 25524 Itzehoe
Tel.: 04821-41099 Fax: 04821-42399

Geistliche Gemeinde-Erneuerung in der evangelischen Kirche
Lorenz Reithmeier, St. Petri Haus
Speersort 10, 20095 Hamburg
Tel.: 040-336043 Fax: 040-322463

Gebetsbewegungen in Deutschland ☞ S. 430 ff

Gemeinde auf dem Weg
Wolfhard Margies
Babelsberger Str. 37, 10715 Berlin
Tel.: 030-3249434 Fax: 030-3249443

Familienseelsorge und -arbeit
Erzbischöfl. Seelsorgeamt
Okenstr. 15, 79108 Freiburg
Tel.: 0761-5144-201

Gemeinschaft Immanuel, Ravensburg (kath.)
Herbert Lüdtke
Römerstr. 6
Tel.: 0751-17035 Fax: 0751-23899

Institut für Gemeindeaufbau
Klaus Runkel
Postfach 100262, 35332 Gießen
Tel.: 0641-9751810 Fax: 0641-9751840

Wichtige Adressen für Hauskreise

Jugend für Christus
Alfons Hildebrandt
Am Klingenteich 16, 64355 Mühltal
Tel.: 06151-145194 Fax: 06151-144399

Kinder-Evangelisationsbewegung KEB
Wilhelm Hahn
Am Eichelsberg 3, 35236 Breidenbach-Wolzhausen
Tel.: 06465-4383

Missionarischer Gemeindeaufbau der ev.-method. Kirche
Reiner Dauner
Sonnenuhrweg 40, 70499 Stuttgart
Tel.: 0711-864958 Fax: 0711-863750

Mut zur Gemeinde, Deutschland
Karl-Heinz Wallhäußer
Bosslerstr. 18, 73265 Dettingen/Teck
Tel.: 07021-55670

Ökumenische Kirchenwochenarbeit
Brigitte Krause
Geschwitzstr.15 02625 Bautzen
Tel.: 03591-47122

Pfarrei-Bibelgruppen (kath.)
Marcel Bregenzer
Grünfeldstr.1, CH-6208 Oberkirch
Tel.: 0041-4521-8494

Religionsunterricht für Erwachsene
Sportler ruft Sportler
Helmfried Riecker
Kölner Str. 23a, 57610 Altenkirchen
Tel.: 02681-4066 Fax: 02681-6842

Studentenmission in Deutschland e. V.
Universitätsstr. 30, 35037 Marburg
Tel.: 06421-24014 Fax: 06421-21277

Bewußt wurde bei diesen Adressen eine Bandbreite gewählt, wie sie sonst nicht leicht zu finden ist. Ein Kriterium für die Auswahl war, daß in all diesen Kirchen und Werken Menschen ganz besonders zu Hauskreisen, Zellgruppen, Basisgemeinschaften und ähnlichen Formen christlicher Gemeinschaft hingeführt werden. Sie können also auch alle auf ihre Erfahrungen hin angesprochen werden. Denn in all diesen Vereinigungen versammeln sich die, »die mit Ernst Christen sein wollen« (Luther).
(Weitere Adressen in: Die Guten Seiten 94/95 des Johannes-Instituts, zu beziehen über Projektion J, Niederwaldstr. 14, 65187 Wiesbaden.)

Index

Index

Index

Index

Index

CHARLES R. SWINDOLL

ZEIT DER GNADE

DIESES BUCH GIBT HOFFNUNG UND FÜHRT UNS IN DIE ÜBERWÄLTIGENDE, BEFREIENDE GNADE GOTTES

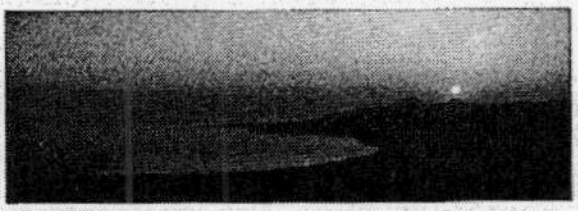

VORWORT VON GEORGE VERWER, OM

Projektion J

Charles R. Swindoll möchte den »Gnadenkillern« das Handwerk legen, die in und um uns herum ihr Unwesen treiben und nur einen Zweck zu verfolgen scheinen: uns das Leben mit Gott so schwer und traurig wie möglich zu machen. Er weist einen wunderbaren, neuen Weg: gerade dort, wo wir unfrei sind, unter Druck gerieten, wo wir vergeblich versucht haben, Gott und anderen alles recht zu machen, läßt uns der Autor in unnachahmlicher Weise erfahren, was eigentlich Gnade ist. Ein Buch wie ein Geschenk des Himmels …

Gb., 352 Seiten, ISBN 3-89490-031-8 DM/sFr 32,- /öS 250,-

Was missionarische Hauskreise suchen: eine gründliche, leicht zu lesende Einführung ins Christentum für Anfänger

Eine zeitgemäße Einführung in den Glauben wird zum Bestseller in England – Anworten auf die zentralen Fragen an das Christentum, wie sie immer wieder gestellt werden.

Pb., 247 Seiten, ISBN 3-89490-010-5, DM/sFr.18,80 /öS 147,-

**Woher bekommt ein Hauskreis Hilfe,
wie kommt er zu neuen Kontakten …**

Noch gibt es nichts Vergleichbares im deutschsprachigen Raum: Ein Nachschlagewerk mit über 10 000 Adressen, Tips und Informationen aus der christlichen Welt.

Pb., DIN A 4, 390 S., ISBN 3-925352-63-5 DM/sFr 29,80/öS 233,-